〈1학년 국어 교과서(6권) 비판〉
올바른 일기 쓰기 및 생활문 쓰기 지도는 이렇게

〈1학년 국어 교과서(6권) 비판〉

올바른 일기 쓰기 및 생활문 쓰기 지도는 이렇게

글	김녹촌
초판 1쇄 인쇄	2005년 11월 1일
초판 1쇄 발행	2005년 11월 4일
펴낸이	김용항
펴낸곳	온누리

충북 청주 상당 수동 90-4 · 서울사무실 마포 합정동 393-11
전화 324-4790 · 팩시밀리 333-6287

출판등록	1982년 12월 6일
등록번호	제아-20호

값 20,000원
ISBN 89-8367-073-7

ⓒ온누리 2005

〈1학년 국어 교과서(6권) 비판〉
올바른 일기 쓰기 및 생활문 쓰기 지도는 이렇게

머리말

먼저, '올바른 일기 쓰기와 생활문 쓰기 지도는 이렇게' 란 이론서를 쓰기 시작한 지 4여 년 만에, 드디어 어려운 출간을 보게 되어, 무엇보다도 반갑습니다.

1999년에 '어린이시' 쓰기에 대한 이론서를 낸 후, 자매 이론서로서, '일기 쓰기 및 생활문 쓰기'에 대한 이론서를 하나 내야 되겠다는 필요성은 절실하게 느끼고 있었으나, 내용이 워낙 방대한 데다, 참고서적과 적절한 예문도 부족하고, 또 옆치기 청탁 원고에 시달려 차일피일 하다 보니, 이렇게 늦어지고 말았습니다.

그런데, 그렇게 어려움이 많은 데도, 기어코 이 이론서를 내려고 했던 것은, 꼭 한 마디 하고 싶은 이야기가 있어서였습니다. 그것은, 이 나라의 초등학교 국어교육이 '국어교육 부재론(不在論)' 이 나올 정도로 잘못 돼 있고, 따라서, 일기 쓰기 · 생활문 쓰기 · 시 쓰기 · 독후감 쓰기 · 논설문 쓰기 등도 너무나 잘못되어, 한글도 옳게 모르고, 글 한 줄 제대로 못 쓰는 국어 부진아(不振兒)가 수두룩한 데도, 그 '근본문제(根本問題)' 는 하나도 해결하려 하지 않으면서, 만날천날 '논설문(論說文)' 타령만 하고 있는, 완전히 본말(本末)이 전도(顚倒)된 크나큰 어리석음을, 꼭 지적해 주고 싶었기 때문이었습니다.

그 '근본문제' 란, 다름 아니라, 바로 국어교육과 글쓰기 교육의 근본이 되는, 한국의 ABC인 '기본 음절표(한글 본문장)' 에 대한 지도가 부정확하고 불철저해, '한글' 을 바르고 정확하고 철저하게 알고 있는 어린이가 거의 없다는 사실입니다.

또, 거기다가 더 큰 문제는, 일기 · 생활문 · 시 · 독후감 쓰기 등이 숙달된 후에야, 비로소 지도할 수 있는 '논설문' 쓰기를, 그것만 잘하면 마치 모든 교육문제가 다 해결되는 것처럼, 초등학교 저학년 어린이들에게까지도 강요하는, 무서운 죄를 짓고 있으면서도, 오히려 득의양양해 있다는 사실입니다.

이 얼마나 가소로운 일입니까? 근본문제는 하나도 해결하려 하지 않고, 쓸데없는 지엽말단(枝葉末端)의 문제에 매달려 허송세월만 하고 있다니, 이 얼마나 어리석고 바보스런 짓들입니까? 가치전도가 되고, 본말전도가 되어도, 이만저만 잘못된 게 아닙니다.

ABC를 모르면, 영어공부를 옳게 할 수 없듯, '기본 음절표(한글 본문장)' 의 'ㄱ · ㄴ · ㄷ · ㄹ……' 이나, '가갸거겨, 나냐너녀……' 를 잘 모르면, 한글공부 · 국어공부는 물론이고, 일기 쓰기 · 생활문 쓰기 · 시 쓰기 · 독후감 쓰기 · 논설문 쓰기도 도저히 옳게 할 수가 없습니다.

한글 자모(子母)인 자음(子音)과 모음(母音)의 글자모양(字樣)과 소리값(音價)과 한글 창제원리(創製原理)와 맞춤법 등, 글쓰기의 기초 중의 기초인 문자(文字)와 어휘(語彙)의 정확한 이해에 대한 문제가 하나도 해결이 안 되었는데, 어떻게 글쓰기나 논설문 지도를 하겠다는 것입니까?

그것은, 마치 우리나라 속담 그대로, '기도 못하는 아이한테 날으라' 는 것과 똑같은 이야기인 것입니다. 기는 아이가 날려면, 앉고 · 서고 · 걷고 · 달리는, 4단계의 과정을 거쳐야 할 판인데, 그러한 구체적인 중요한 과정은 다 생략해 버리고, 어떻게 최종 목표인 나는 단계로 바로 직행할 수가 있단 말입니까?

한글을 옳게 몰라, 국어책도 더듬더듬 읽고, 글 한 줄 옳게 못 쓰는 어린이한테 논설문을 쓰라는 것은, 바로 주춧돌 다지기 없는 집짓기요, 모래땅 위에 누각짓기인 것입니다. 근본이 옳게 안 된 문제는, 아무리 몸부림쳐 봐도 절대로 제대로 되지도 않고, 또 반드시 실패하고 마는 법입니다. 그러니, 이제는 제발 하늘의 구름 잡는 소리 같은 허튼 짓 그만 하고, 모름지기 '한글 빨리 깨치기'의 기초작업부터 하루 빨리 다시 시작하도록 해야 하겠습니다.

그런데, 내가 이렇게 이 나라 국어교육과 글쓰기 교육의 핵심적인 잘못을 꼬집고 나서게 된 것은, 내가 해방 후인 1947년부터 현재까지 60년 가까이, 글쓰기 지도를 직접 실천해 오면서, 어린이들의 국어학력 실태를 예의 주시해 왔었는데, 논설문이란 괴물이 등장하면서부터, 급격한 국어학력 저하현상이 일어나더니, 그 현상이 근래에 와서, 드디어 극에 달하고 말았기 때문입니다.

지금 이 나라는 큰일이 났습니다. 모든 교과의 핵심인 국어과의 기초지도, 즉, '기본 음절표(한글 본문장)'의 정확하고 철저한 지도나, 국어책 소리내어 읽기(音讀·朗讀)나, 독해지도나, 일기 쓰기·글쓰기·독후감 쓰기 지도는 하나도 안 하면서, 오직 논설문 논설문 하며, 오로지 논설문에만 미쳐 있기 때문입니다.

이 나라의 국어교육이 이래 가지고서는 절대로 안 됩니다. 뿌리는 썩을 대로 다 썩어 가고 있는데, 지엽말단인 이파리 장식에만 정신이 팔려 있는, 천하의 순리에 하나도 맞지 않는, 바보 같은 짓만 되풀이하고 있기 때문입니다.

하루 빨리 썩을 대로 썩어 버린, 이 나라 국어교육에 일대 메스를 가해야 하겠습니다. 전국적으로 받아쓰기를 하든지, 시 한 편, 아니면 원고지 5장 정도의 생활문 써 내기를 하든지, 학력검사를 하든지 해서, 전국 어린이들의 국어학력 실태를 있는 그대로 명명백백히 다 까발려 버려야 하겠습니다. 하나도 숨기지 말고, 있는 그대로 치부를 다 드러내 놓고, 정직하게 인정할 것은 인정하고 난 뒤, 거기에 알맞는 시정방안과 치료대책을 강구해 나가도록 해야 하겠습니다.

　그래서, 나는, 이번에 이 이론서를 쓰면서, 잘못된 이 나라 국어교육의 '근본문제' 해결을 위한 '대안(代案)'을 제시할 양으로, 60년 동안 연구해 온, 여러 가지 비책(秘策)들을 상세히 서술해 놓았습니다. '한글 빨리 깨치기 비상작전 6가지'라든가, '일기 쓰기 싫어하는 어린이들의 지도법'이라든가, '바르게 읽기', '자세히 쓰기', '도움말 쓰는 요령', '받아쓰기'·'베껴쓰기'·'낱말카드' 등의 활용법, 취재(取材)·구상(構想)·기술(記述)·퇴고(堆敲) 등에 대한 상세한 해설 등이 그것들입니다.

　그리고, 선생님들이 실제 지도에서 편리하도록, 구하기 힘든 여러 나라의 좋은 예문들을 많이 실어 놨으니, 많이 활용해 주시기 바랍니다.

　그리고, 일기 쓰기·생활문 쓰기의 부진이나 국어학력 저하에 대한 이야기를 할 때, 선생님들을 너무 책망한 것 같아, 못내 마음이 무겁습니다. 그러나, 명명백백하게 확연히 드러난, 너무도 형편없는 어린이들의 국어학력과 글쓰기 능력의 엄연한 사실 앞에서, 도저히 곡필(曲筆)할 수가 없었던 저의 심정도 이해해 주시기 바랍니다.

　끝으로, 게으름 피우고 있는 나를 채찍질해 탈고하도록 제촉해 주셨을 뿐 아니라, 출판계의 불황을 무릅쓰고 방대한 책을 흔쾌히 내 주신 온누리 김용항 사장님과, 찜통 더위 속에서 책 만드느라 수고하신 편집부 여러분께도 깊은 감사를 드립니다.

2005년 9월 12일
궁동 뒷산　기슭 산방에서　**김 녹 촌**

차례

제1부 일기 지도의 목표

제1장 일기는 왜 쓰일까? 15
제2장 일기 지도의 목표 21
1. 1대1의 인간적(人間的)인 대화(對話)를 위해 21
2. 어린이 자신의 인간적(人間的)인 성장(成長)을 돕기 위해 27
3. 한 사람 한 사람의 어린이를 더 깊이 알기 위해 33
4. 사물(事物)을 보고 느끼고 생각하는 법의 심화(深化)를 위해 37
5. 문장표현력(文章表現力)을 풍부하게 하기 위해 41
6. 개성(個性)을 더욱 신장시키기 위해 44
7. 교사(敎師)의 생각을 어린이들에게 전하고, 어린이들과의 신뢰(信賴)를 굳건히 쌓기 위해 48

제2부 일기 지도가 잘 안 되는 이유

제1장 교사(敎師) 쪽의 문제점 51
1. 인간교육(人間敎育)과 일기 지도에 대한 교사들의 확고한 신념(信念)이 부족하다 51
2. 일기 지도에 대한 실천(實踐)과 지도법(指導法) 연구가 부족하다 53
3. 일기 봐 줄 시간(時間)이 없다 54

제2장 어린이 쪽의 문제점 56
1. 한국 어린이들이 앓고 있는 〈무서운 16가지 중병(重病)〉 56
2. 일기 쓰기의 절대적 무기(武器)인 한글조차 잘 모르고 있다 59
3. 아파트에 갇혀, TV·비디오나 컴퓨터의 사이버 세계에 사로잡혀 살다 보니, 자연사물(自然事物)엔 아예 관심조차 없다 61
4. 너무 편리(便利)하고 안락(安樂)한 생활을 하다 보니, '게으름'으로 꽉 차 있다 64
5. 글씨쓰기의 힘(서자력-書字力)이 모자라, 일기 쓰기 등, 글씨 쓰는 것 자체를 싫어한다 67

제3장 학부모(學父母) 쪽의 문제점 77
1. 일상생활(日常生活)을 너무 무의미(無意味)하게 지나쳐 버린다 78
2. 일기 쓸 계기(契機)는 만들어 주지 않고, 놀고 먹는 나쁜 버릇부터 가르친다 80
3. 자녀교육(子女敎育)을 오로지 학원과 학교에만 의존하려 한다 82

제3부 '한글 빨리 깨치기' 초특급 비상작전(非常作戰) 6가지

제1장 '기본 음절표(한글 본문장)' 바르고 정확하게 가르치기를 통한 '한글 빨리 깨치기' 89

1. 모음(母音-홀소리)과 자음(子音-닿소리)의 개념과 음가(音價-소리값)와
   발음법 바르게 알고 익히기   89
2. '기본 음정표(한글 본문장)' 다룰 때 유의할 점   113

제2장 한글 '바르게 읽기'를 통한 '한글 빨리 깨치기'   125
1. 연음법칙(連音法則-내려읽기)과 절음법칙(絶音法則-끊어읽기)   127
2. 기타 받침(자음)의 발음(發音) 지도에 유의해야 할 것들   129
3. 음독(音讀)과 낭독(朗讀) 지도에 관한 것   130

제3장 '낱말카드' 활용을 통한 '한글 빨리 깨치기'   135
1. 낱말카드 만드는 방법   136
2. 글씨 쓰는 도구   136
3. 낱말카드에 써 넣을 낱말이나 어구(語句) 고르기   137
4. 낱말카드 이용방법   138
5. 짧은글(口頭作文) 짓기   140

제4장 '받아쓰기'를 통한 '한글 빨리 깨치기'   141
1. 손쉬운 '받아쓰기'의 실시요령(實施要領)   141
2. '받아쓰기'에 얽힌 나의 체험담(體驗談)   142
3. '받아쓰기'로 전국의 한글 정착실태(定着實態) 명명백백하게 다 밝혀 내자   146

제5장 국어책이나 본보기글 베껴쓰기(서사-書寫)를 통한 '한글 빨리 깨치기'   148
1. 한글 부진아가 많이 생기는 이유와 구제방안(救濟方案)- '베껴쓰기'   148
2. '베껴쓰기'의 지도요령(指導要領)   149
3. '바르게 읽기'가 서툰 어린이 지도에도 효과가 큰 '베껴쓰기'   150
4. '베껴쓰기'와 세종대왕의 '백독백습(百讀百習)' 학습법   150

제6장 그림일기와 생활일기 및 생활문 쓰기를 통한 '한글 빨리 깨치기'   151

제4부 그림일기 지도

제1장 '그림일기'란?   155
제2장 '그림일기' 지도 이전에 꼭 명심(銘心)해야 할 문제   158
1. 교사의 가치관(價値觀)과 인간 됨됨이가 가장 중요하다   158
2. 교실의 딱딱한 분위기(雰圍氣) 깨뜨리기   165
제3장 그림일기의 입문기(入門期) 지도   172
1. 자기가 한 일을 그림으로 그리기   172
2. 한글(문자-文字) 바르게 가르치기가 잘 안 되는 이유   173

3. 생활과 밀착된 문자(文字-한글) 지도   194
4. 긴 문장(文章)으로 그림일기 쓰기   195
5. 바른 표기법(表記法) 공부-'병(病) 걸린 글' 고치기   202

제5부 '그림일기'에서 '생활일기(生活日記)'로……

제1장 그림에서 문장(文章)으로   211
제2장 일기 쓰기(글쓰기)를 싫어하는 어린이와 '게으름병'   214
제3장 재미있는 글 읽어 주기   226

제6부 취재범위(取材範圍) 넓히기 – '제재(題材) 붙잡기' 지도의 중요성

제1장 제재(題材)의 다면화(多面化)와 제재의 심화(深化)   236
1. '가장 쓰고 싶은 것'을 찾아내 취재하도록 할 것   237
2. 어린이에게 '절실(切實)한 문제'를 붙잡아 취재하도록 할 것   238
3. 자기 생활을 야무지게 '응시(凝視)'하고서 취재하도록 할 것   239
4. '취재의 기회'를 붙잡도록 할 것   239
제2장 제재(題材)의 개성화(個性化)로 '그 어린이다운 글'을 쓰게 할 것   239
1. 한 사람 한 사람의 어린이가, 지금 살고 있는 '생활환경(生活環境)'에 의거해 취재토록 할 것   240
2. 학급에 갖가지 성격의 어린이들이 있으므로, '그 독특한 어린이다움'에 의거해 취재토록 할 것   241
3. 어린이들의 '생육력(生育歷)의 다름'에도 눈을 돌려서, 거기에서 취재토록 할 것   242
제3장 '취재수첩(取材手帖)' 갖기와 '제재일람표(題材一覽表)' 및 '제재력(題材歷)' 만들기   242
1. '취재수첩(取材手帖)' 갖기   243
2. '제재일람표(題材一覽表)' 만들기   244
3. '제재 달력(題材歷)' 만들기   244
제4장 '과제(課題) 글쓰기'로 '자유제(自由題) 글쓰기'의 폐단 막기   245
제5장 '보고 듣고 느끼고 생각한 것 이야기하는 시간(時間)' 갖기   248
제6장 남의 좋은 작품(作品)' 읽어 주기와 스스로 많이 읽기   250
1. '남의 좋은 작품' 읽어 주기   250
2. '남의 좋은 작품(作品)', 스스로 많이 읽기   267
제7장 심부름 등, 여러 가지 '일' 많이 하기〔실제체험(實際體驗) 많이 하기〕   272

제8장 친구들과의 관계(關係) 속에서 일어난 일 279
제9장 감동(感動)한 것' 붙잡기[사물에의 흥미(興味)와 관심(關心) 끌기] 287
제10장 부모(父母)와 자식(子息)간의 '대화(對話)'에서 취재하기 292
제11장 9개 교과의 교과활동(敎科活動)이나 특별활동(特別活動)의 활동 중에서 취재하기 298
제12장 '사랑받는 일'과 '사랑하는 일' 중에서 취재(取材)하기 305
제13장 '대자연(大自然) 체험(體驗)'하며 보고 느낀 것에서 취재하기 311

제7부 '얼거리 짜기 지도(구상지도-構想指導)

제1장 '얼거리 짜기' (구상-構想)의 참뜻 323
제2장 저학년(低學年)에서의 '얼거리 짜기' 지도(구상지도-構想指導) 325
제3장 중학년(中學年)에서의 '얼거리 짜기' 지도 326
제4장 고학년(高學年)에서의 '얼거리 짜기' 지도 328
1. '시간의 순서(順序)를 바꾸어, 구성(構成)에 의한 구상(構想)을 하는 경우'의 얼거리 짜기 329
2. '마음속에 강하게 남아 있는, 좀 오래된 가족의 이야기 등을 모아서
  설명풍(說明風)으로 쓰는 경우'의 얼거리 짜기 330

제8부 '자세하고 길게 쓰기' (기술-記述) 지도

제1장 글의 '서두' (序頭-첫머리) 지도 335
1. '시간'과 '주어'를 생략하고, '행동(行動)'이나 '동작(動作)'부터 쓰기 335
2. 사건(事件)이 일어난 '장소(場所)'를 서두로 하는 것도 좋다 337
3. '대화문(對話文)'을 서두로 하는 것도 좋다 337
4. 여러 가지 '서두 쓰는 법' 지도해야 한다 338
제2장 남이 잘 알 수 있도록, 눈에 보이게 구체적(具體的)으로 자세히 쓰는 법 익히기 340
1. [줄거리가 선 '바른 문장(文章)'을 쓰는 '기초(基礎)의 힘' 다지기]의 본보기글 340
2. ['묘사(描寫)하는 것처럼 쓰는 법'의 연습으로서, 어떤 한정된 일을
  '스케치풍'으로 쓰기]의 본보기글 341
3. '설명풍(說明風) 문장의 기초를 이해시키기 위해, 어떤 일을 설명풍의
  짧은 문장으로 쓰기'의 본보기글 342
제3장 순서(順序) 있게 쓰기 342
제4장 잘 생각해 내서, '구체적(具體的)'으로 '자세하게' 쓰기 344
1. '어제의 일'을 생각해 내서, 자세하게 쓰기 346
2. 짧은 시간의 일을 잘 생각해 내서, 자세하게 쓰기 352

3. 공통(共通)으로 경험(經驗)한 것 자세히 쓰기 … 356
4. 구체적인 본보기 작품 감상을 통한, '잘 생각해 내서 자세히 쓰기' … 358
제5장 '대화문(對話文)' 넣어서 쓰기 … 363
1. '대화(對話)'가 있는 실제생활(實際生活) 속에서, 대화 붙잡는 법 익히기 … 363
2. 극히 초보적(初步的)인 '대화문(對話文)' 넣는 법의 지도 … 367
3. 글에 '대화문(對話文)'을 너무 많이 넣는 경우의 지도 … 368
4. '대화문' 앞뒤의 모습을 설명(說明)하는 글 넣어서 쓰는 법 지도 … 368
제6장 '느낀 것, 생각한 것'을 글 끝에다 몰아 쓰지 말고, 글 가운데 그때 그때 쓰기 … 369
제7장 잘 보고 자세하게 쓰는 '묘사법(描寫法)'의 지도 … 370
제8장 '묘사풍(描寫風)'의 문장 도중에, 필요한 '설명(說明)' 넣어서 쓰기 … 373
제9장 좀 긴 동안의 일을 통해, 느끼거나 생각해 온 것을 정리해서, '설명풍(說明風)'으로 쓰기 … 375
1. '테마'를 확실(確實)히 해야 한다 … 375
2. '서술(敍述)·기술(記述)'하는 법의 지도 … 376
제10장 '베껴쓰기(서사-書寫)'를 통한 '자세히 쓰는 법' 익히기 … 377
제11장 고학년(高學年)이 되어도, 사건(事件)의 대충의 줄거리밖에 못 쓰는 어린이를 어떻게 할까? … 382

제9부 '글고치기(퇴고-推敲)' 지도

1. 다 쓰면, 반드시 다시 읽어 보는 습관(習慣)을 몸에 붙여 줄 것 … 386
2. 옆의 어린이들과 '교환(交換)'해 읽고 고치기 … 387
3. 교사(敎師)와의 '1대1 대면지도(對面指導)' … 387
4. '고쳐쓰기' 보다는 '보태쓰기' 위주로…… … 388

제10부 '감상(鑑賞)·비평(批評)' 지도는 어떻게 할까?

1. 한 '단위시간(單位時間)'에 작품을 읽고 서로 이야기하는 경우 … 390
2. 지도과정(指導過程) 속에서의 '감상·비평'의 경우 … 391

제11부 일기 쓰기, 글쓰기 작품의 '평가(評價)'는 어떻게 할까?

1. 씌어진 내용(內容)이, '잘 알 수 있게' 씌어 있는가? … 394
2. '사실(事實)'을 확실(確實)하게 붙잡고 있는가? … 395
3. '자기(自己)' 말로 글을 쓰고 있는가? … 396

제12부 일기의 종류(種類)와 일기의 형식(形式)

제1장 일기의 종류	399
1. 그림일기	399
2. 생활일기(生活日記)	399
3. 독서일기(讀書日記)	399
4. 관찰일기(觀察日記)	400
5. 사육일기(飼育日記)	400
6. 재배일기(栽培日記)	401
7. 여행일기(旅行日記)	401
8. 기타	402
제2장 일기(日記)의 형식	402
1. 생활문(生活文) 형식	402
2. 감상문(感想文) 형식	405
3. 시(詩) 형식	409
4. 메모 형식	413
5. 반성문(反省文) 형식	413
6. 편지글 형식	416
7. 논설문(論說文) 형식	419

제13부 일기 '봐 주기'와 '도움말' 써 주기

제1장 일기 '봐 주기'	427
1. 일기 '봐 주기'	428
제2장 '도움말' 써 주기	432
1. '생활태도(生活態度)'에 관계되는 일 칭찬하기	433
2. '표현기법(表現技法)'에 관계되는 일 칭찬하기	435
제3장 '도움말' 쓸 때 유의할 점	436
제4장 '도움말'의 교육적(敎育的) 효과	452
제5장 도움말의 보기	460

제14부 '생활문(生活文)' 쓰기 지도의 지름길

1. 우리나라 생활문 쓰기 교육의 현황(現況)과 문제점(問題點)	467
2. 살아 있는 생활문(生活文) 쓰기 지도법	469

제1부 일기 지도의 목표

제1장 일기는 왜 쓰일까?

　어린이들이, 하루의 생활 중에서, 가장 인상에 남는 일을 쓰는 것이 일기입니다. 어린이들의 생활은, 매일 같은 것 같으면서도 같지 않습니다. 먹고 공부하고 놀고 자는 생활의 틀은 비슷하지만, 어린이들은 항상 자라고 있고, 또 어린이를 둘러싸고 있는 세상도, 자연도, 시시각각으로 변하고 있기 때문에, 똑같은 것은 하나도 없습니다.
　어린이들의 몸과 마음이 날마다 달라지고, 세상이 날마다 진보 발전함에 따라, 생활 양식과 내용도 달라집니다. 어린이들 노는 장소도, 사용하는 물건도, 어린이들이 다니는 길도, 거리의 모습도, 세상의 풍속도, 다 변해 갑니다.
　어린이를 둘러싸고 있는 사람들도, 모두 변합니다. 모두 나이가 들어 성장하면서, 사고방식도 달라집니다. 가까운 가족이나 친척들과 학교의 친구나 선생님, 그리고, 동네 어른들이나 친구들까지도, 모두모두 다 변해 갑니다.
　또, 자연도 날마다 변해 갑니다. 싹이 트고 자라서 봉오리졌던 꽃이 피어나고, 곱게 물들었던 단풍은, 초겨울 찬바람에 다 떨어지고 맙니다. 동장군이 찾아와 눈이 내리고, 얼음이 얼고 칼바람이 불고 하다가, 어느새 봄이 찾아와, 따뜻한 봄바람이 뺨을 어루만지기도 합니다.
　이런 모든 변화 속에서, 어린이들은 눈·귀·코·입(혀)·손(살갗)의 5감(五感)을 통해 받아들인, 감각체험(感覺體驗)을 바탕으로, 놀라고·기뻐하고·즐거워하고·슬퍼하고·생각하고 하기도 합니다. 또 어린이들은, 그 5감에 따라 행동하기도 하면서, 어린이 자신도 날로 달로 변해 가는 것입니다.
　이런, 변화무쌍한 어린이들의 생활을 쓰는 것이 일기입니다. 다시 말하면, ① 어린이들이 하루 생활을 통해, 보고 · 듣고 · 느끼고 · 생각하고 · 행동한 일들 가운데서, 가장 마음을 강하게 움직이게 한 것을 골라 쓰거나, ② 하루 생활의 대강을 되돌아보고, 중요한 것을 정리해서 쓰는 것이 일기인 것입니다. 또 일기를 쓰는 동안에, 갑자기 떠오른 생각을 쓰는 것도 일기인 것입니다. 그러나, 초등학교에서는, 글쓰기 교육과 연관시켜, ①의 방법을 취하는 것이 좋습니다.

그래서, 일기는, '변화하는 매일의 생활을 되돌아보고, 그중에서, 자기와 자기가 사는 세상에 대해 가치가 있는 생활을 골라, 기록하거나, 또 기록하면서 생각한 것도 쓰는 것'이라고 말할 수가 있을 것입니다.

따라서, 어린이의 일기는, 그 속에 어린이 자신이 펄떡펄떡 뛰는 것처럼 살아 있는, 바로 그 어린이의 생활 그 자체가 들어 있지 않으면 안 됩니다. 딴 사람은, 그 누구도 도저히 쓸 수 없는, 꼭 그 어린이만의 생활, 그 자체라야만 하는 것입니다. 가령, 다음 일기를 한 번 읽어 봅시다.

아버지

전남 진도군 조도면 외병도 상도 초등학교 외병도 분교 4학년　김예자

학교에서의 일이다. 첫 시간 공부를 하고 있는데, 느닷없이 교실 문을 확 여는 사람이 있었다. 술에 취한 아버지였다. 나는 깜짝 놀랐다. 다음 순간, 나는 창피한 생각에, 얼굴이 화끈 달아올라 고개를 숙이고 말았다. 선생님이 친절하게 타일러, 돌려보내는 기색이었다.

약주가 취했으면 집으로 돌아가실 일이지, 무엇하러 학교까지 오셔서, 많은 동무들 앞에서 무안을 주시는 것일까? 나는 야속하고 부끄러운 생각에, 한동안 얼굴을 쳐들 수가 없었다.

학교에서 돌아와 텃밭으로 갔더니, 마침 어머니가 김을 매고 계시다가, 나를 보시며
"이 풀을 잘 매라."
고 하신다.

김을 맨 지 며칠 되지도 않는데, 어느새 고구마 순 만치나 자라서, 살랑살랑 바람에 한들거리고 있었다. 고구마 순 속에는, 주래가 많이 나 있었다. 아직 익지는 않았지만, 3, 4일 있으면 익을 것이다. 그게 익으면 꼭 외와 같다.

그리고, 토마토도 있었다. 어서 익어 주었으면 좋겠다고 생각하면서, 경쾌한 기분으로 노래를 부르며 손으로 풀을 뽑고 있는데, 집 가까이에서 아버지의 컬컬한 목소리가 들려 왔다.

나는 가슴이 덜컥 내려앉았다. 술 취한 아버지가 제일 밉고 그리고 무섭다. 나는 아까 학교에서 술이 너무 취해, 눈을 반 이상이나 감고, 게슴치레해서 들어서던 것이 떠올라, 아버지가 몹시 원망스러웠다.

김을 다 매고 집으로 돌아오니, 아버지는 술이 곤드레만드레하게 취해서, 고래고래 소리를 지르시다가, 나를 보고 돈 40원을 달라는 것이었다. 무엇하시려느냐고 물었더니, 담배를 사신단다. 없다고 했더니, 미역 판 돈을 내놓으라고 소리 지르셨다.

나는 어디 있는지 모르겠다고 하며, 봉초를 종이에 말아 불을 붙여 드렸다.(1966.9.3.토. 맑음)

*주래 : 대변 속에 섞인 참외 씨가 땅에 떨어져, 싹이 터 자라서 열린 참외.

이 일기는, '구름은 흘러도'(안말숙-재일교포 소녀)와 '저 하늘에도 슬픔이'(이윤복)와 함께, 이 나라의 3대 유명 일기문집의 하나인, '차라리 이 섬이 없었더라면'(김예자)에 실려 있는 일기문입니다.

김예자 어린이는, 당시 전라남도 진도군 조도면 외병도에 있는, 상도 초등학교 외병도 분교 4학년에 다니고 있었는데, 외딴섬을 찾아온 조 선생님의 지도를 받아, 일기를 쓰기 시작했습니다. 그런데, 김예자 어린이는, 일기를 열심히 쓴 데다, 일기 내용도 하도 알차서, 1960년경에, '차라리 이 섬이 없었더라면'(조선일보 발행)이란, 아주 실감나는 일기문집을 내놓아, 당시 화젯거리가 되기도 했었습니다.

그 외병도는, 0.99㎢의 작은 섬으로서, 당시 25호에 135명의 주민이 살고 있었으며, 외병도 분교에서는, 30명의 어린이가, 한 교실에서 복식 수업을 받고 있었습니다.

김예자 어린이의 일기는, 위의 예문을 보아서도 알 수 있듯이, 가난하고 불편하기 짝이 없는, 낙도 주민들의 생활상을, 마치 비디오로 찍어 놓은 듯, 너무도 생생하고 절절하게 그려 놓아서, 어느 것 하나 실감나지 않는 게 없습니다. 또 김예자 어린이는 대단한 이야기꾼이기도 해서, 단순히 자기 집과 학교 이야기만이 아니고, 외병도에 얽혀 있는 모든 이야기들을 다 써 놓아서, 마치 외병도의 풍물지를 읽는 것 같은 느낌이 들 정도입니다.

위에 보기로 든, '아버지'란 일기도, 얼마나 실감나고, 문장이 정확하고, 또 세련되어 있습니까? 도저히 4학년 어린이가 쓴 일기라고 생각할 수가 없을 정도입니다. 학교와 가정에서, 술이 취해 실수를 하고 돌아다니시는, 주정뱅이 아버지의 비참한 모습을, 정확한 문장으로 냉철하고 담담하게 잘 그려 내 놓았습니다. '창피한 생각에 얼굴이 화끈 달아올라', '아버지의 컬컬한 목소리', '눈을 반 이상이나 감고 게슴치레해서', '술이 곤드레만드레하게 취해서', '고래고래 소리를 지르시다가' 등이, 이 일기문을 살아 있게 만든 빛나는 표현들입니다. 그리고, 마지막에 가서, 담배 산다고 미역 판 돈을 내놓으라고 무리한 말씀만 하시는, 밉고도 무서운 아버지를 달래어, 봉초담배를 종이에 말아, 불을 붙여 드리는 효성스런 모습에서, 김예자 어린이의 사려 깊은 따뜻한 인간성까지도 느낄 수가 있습니다.

김예자 어린이의 일기를 읽어 보면, 예자 어린이는, 일기를 또 하나의 자기로 생각하고서, 일기와 한몸 한덩어리가 되어, 일기와 이야기하고, 일기에게 하소연하고, 일기에게서 위로받기도 하며, 살아가고 있다는 것을 알 수가 있습니다. 식량도 물도 다 부족하고, 벌이도 별로 없는, 가난하고 불편한 섬 생활의 고통스러움을, 일기에게 남김 없이 다 털어놓고 하소연함으로써, 오히려 거기서 위로도 받고, 용기도 얻어, 스스로 고난을 극복해 나가며, 새로운 희망의 삶을 개척해 나가고 있다는 것도 알 수가 있습니다.

다시 말하면, 예자에게 있어서 일기는, 문제해결의 수단이었고, 고민해결의 상담역이었던 것입니다. 그리고, 또 일기는, 걱정 많은 예자의 마음속 진짜 친구였고, 정신적 의지처(依支處)였으며, 구세주(救世主)였던 것입니다.

이렇게 일기는, 김예자의 경우처럼, 자기에게 운명적으로 닥친 생활현실을, 어린이 자신의 온몸을 통해서 그대로 받아들여, 온몸으로 몸부림쳐 살아가며, 거기서 느낀 것을, 온몸을 통해서 생생하게 표현해야 하는 것이라고 생각합니다.

그런데, 실제로 일기 지도를 해보면, 특히 입문기 지도 때, 생활이 어제와 똑같아서, 쓸거리가 아무것도 없다며, 일기 쓰기를 싫어하는 어린이들이 참으로 많습니다. 앞에서도 말한 바와 같이, 어린이의 생활은, 자신과 주위 환경의 급격한 변화로, 단 1초 1분도 똑같은 것이 되풀이되는 일이 하나도 없는 데도 말입니다.

그러나, 좋은 일기문을 많이 감상시킨다든지, 체험활동을 많이 시키면, 어린이들이 서서히 생활현실에 눈을 뜨게 됩니다. 그리하여, 날마다의 생활이 날마다 확연히 다르다는 것을 알게도 되고, 자세히 보니, 일기에 쓰고 싶은 것이 너무도 많다는 것을 깨닫게도 됩니다. 그렇게 되면, 어린이들은 더욱더욱 눈을 크게 뜨게 되고, 행동도 폭이 넓어지게 됩니다. 여태까지는 아련하게만 보였던 자기의 주변의 세계가, 온통 살아 꿈틀거리는 생생한 세계로, 바뀌어 보이게 되는 것입니다.

어린이들이, 이렇게 자기의 주변을 의식적으로 보고, 그 상황을 자기와 관련시켜 붙잡게 될 때, 그것을 자기 문제로 생각하게도 되고, 그 변화나 움직임의 본질을, 응시하려는 마음이 생기게도 되는 것입니다.

도장

부산 동항 초등학교 6학년　이희성

5학년 때, 학기말 시험을 쳤을 때의 일이다.
나는 정확하게 19개를 틀렸다. 그런데, 선생님이 도장을 찍어 오라 하셨다.
'우짜노? 엄마한테 말하면, 바로 얻어터지는데. 그래, 아빠 도장 만들어서 찍어 가자. 그라면 안 들킬 끄다.'

나는 도장소에 갔다. 일주일 용돈을 털어서
"아저씨, 도장 하나 만들어 주세요."
"여기 이름 한번 써 봐라."
나는 아주 크게, '이현구'라고 적었다.
"느그 아버지 도장, 니가 만드나?"
나는, 아저씨가 아빠를 불러 오라 할 줄 알았다. 그러더니, 진짜로
"느그 아버지 사무소 전화번호 대 봐라."
나는 마음속으로
'가르쳐 줄까? 가르쳐 주면, 확인 전화 해볼 낀데. 에이, 그냥 가르쳐 주자.'
가르쳐 드리니, 아저씨는 전화를 하셔서
"아, 이현구씨입니까? 아드님이 댁 도장 만들라 하네요."
아저씨는 전화를 나에게 주셨다. 아빠가 나에게
"니, 와 도장 만들라 하노?"
나는 울면서, 사실대로
"아빠, 내 시험 많이 틀려서 내가 찍을려고."
아빠는 내게
"이놈 새끼, 너 집에서 기다려."
나는 그 말에 겁을 먹고, 도장 아저씨께
"아저씨, 도장 안 만들어 주셔도 돼요."
아저씨가 한심스러운 표정으로 날 보셨다. 나는 도장소에서 나왔다. 마음속으로
'엄마한테라도 말해서, 아빠보고 때리지 마라고 말리라 할까? 아니다. 엄마 성질에, 그게 뭐고. 바로 직이 삐지 할 끼다.'
집으로 와서, 밥도 안 먹고 겁에 질린 채
'아빠가 뭘로 때릴까? 지금 6시니까, 2시간 남았네. 빨리 옷걸이, 야구 방망이 숨기자.'
나는, 집의 옷이 안 걸린 옷걸이, 야구 방망이를 옥상에 숨기고, 다른 때릴 무기가 없나 찾고 있었다. 그런데, 예상 시간보다 1시간이나 빨리 와서, 나보고
"쌍놈의 새끼, 너 가만 기다려."
아빠가 마루에서 빗자루를 갖고 왔다.
'아, 빗자루가 있었네.'
아빠는, 양복을 벗고, 넥타이를 풀고, 와이셔츠 소매를 걷은 다음, 나보고

"너, 이놈 새끼, 몇 대 맞아야 해?"

나는 그 말에

"열 대요."

하고 대답했다. 아빠는 내 손을 잡고 종아리를 때렸다. 내 다리뼈가 부서지는 줄 알았다. 맞을 때마다 난 뒹굴었다. 나는 울며

"아빠, 다음부터 안 그럴게요."

그래도 아빠는 계속 때렸다. 다리에 피멍이 들었다. 이제 맞아도, 아무 감각이 없는 것 같았다. 도장 아저씨가 미웠다.(1995.5.19.)

〈주먹 만한 내 똥〉(보리 출판사)에서 옮김

그러면, 어린이 교육에 있어서, 일기 지도는 어떤 역할을 하는지, 일기 지도의 목표에 대해서 이야기하면서, 좀더 구체적으로 말해 보겠습니다.

제2장 일기 지도의 목표

1. 1대1의 인간적(人間的)인 대화(對話)를 위해

어린이와 교사와의 1대1의 인간적인 대화가, 모든 교육방법 중에서 가장 효과적이란 것은, 더 말할 필요조차 없을 것입니다. 어린이와 교사가 이마와 무릎을 맞대고, 나누는 인간적인 대화는, 바로 마음과 마음이 서로 통하고, 혼과 혼이 맞부딪히는, 진짜 교육 중의 진짜 교육이기 때문인 것입니다.

그러나, 이 나라는, 지금 다인수 학급에다, 교육행정의 관료화(官僚化)로, 공문이 많아진 데다, 교사들의 성의부족으로, 인간적인 정이 흐르는, 어린이와의 1대1 대화나 개별지도는, 사실상 어려워지게 되어 버렸습니다. 그리하여, 사제지간의 정이나, 교사에 대한 존경심이나 권위도 다 사라져 버려, 어린이들을 통제할 수조차 없게 되고 말았습니다. 그리하여

드디어는, 학생들이 교사의 말을 전혀 듣지 않는, 학생들의 방자한 행동과 따돌림 및 폭력의 난무로, 도저히 수업을 진행시킬 수 없는, 학급붕괴·학교붕괴의 지경에까지 이르고 말았습니다.

이런 학국교육의 위기사태(危機事態)를 극복할 수 있는 유일한 방법은, 오직 어린이들과 따뜻하고 인간적인 1대1의 대화를 나눌 수 있는, 일기지도밖에 다른 도리가 없다고 나는 생각합니다. 왜냐하면, 일기를 통해, 어린이들과 허물없는 이야기를 나누다 보면, 어린이들과 솔직하고 믿음이 오가는 따뜻한 인간관계가 이루어져, 어린이들은 스스로 깨닫고 행동하는, 올바르고 건전한 사람으로 성장할 수가 있기 때문입니다.

사실, 어린이들의 일기를 보고 있으면, 하도 재미가 있고 숨김이 없어, "그래, 참 잘했어.", "참 착하구나." 하고, 맞장구를 쳐 주고도 싶고, 또 무언가 용기를 북돋아 주는, 도움말을 써 주고도 싶어집니다. 왜냐하면, 아무리 짧은 일기라 할지라도, 한 자 한 자의 일기문 속에는, 어린이들의 생활의 진실과 속마음이 소롯이 다 거기 담겨 있어서, 어린이들의 모습이 떠오르면서, 마음이 움직여지기 때문입니다. 그러면서, 편지에 답장이라도 쓰듯, 그 어린이들에게, 무엇인가를 말해 주고도 싶어지는 것입니다.

이렇게, 몸으로 쓴 어린이의 진실한 일기와, 몸으로 쓴 교사의 진실한 도움말이 서로 어우러지게 되면, 사제지간에 참으로 진실에 찬 따뜻한 인간관계가 맺어져, 우리가 이상으로 추구하는, 진실에 찬 참다운 인간교육이 비로소 이루어지게 될 것입니다. 이것은, 오직 일기 지도만이 해낼 수 있는, 일기의 위대성 바로 그것인 것입니다. 그래서, 일기 지도는, 곧 인간교육 전체라고 말하고 있는지도 모르겠습니다.

전번에, 국가 인권위원회에서, 일기 검사는 어린이들의 인권을 침해할 위험이 있으므로, 초등학교에서 일기 검사를 안 하는 것이 좋겠다는 말을 한 적이 있었는데, 그것은 인권만 알고 교육은 전혀 모르는, 인권신경과민증(人權神經過敏症)에 걸린 사람들의 잘못된 주장이라고 생각합니다.

초등학교에서 하는 일기 지도는, 진짜 인간을 만들기 위한, 따뜻한 인간적 대화의 하나의 수단이지, 절대로 '일기 검사'가 아니라는 것을 알아야 할 것입니다.

다음 예문들을 읽어 보시면, 일기 지도를 통한, 사제지간의 1대1 대화의 극치를 알 수가 있을 것입니다.

김동식 선생님

대구 대명 초등학교 4학년　이윤복

셋째 시간이 끝나 갈 때입니다.

운동장에 나가니, 1학년 아이들이 체조를 마치고, 교실로 뛰어들어가고 있었습니다. 나는 변소에 갔다가 오는 길이었습니다.

내 옆으로, 김동식 선생님이 변소에 오셨다 나를 보고

"니, 몇 학년이고? 이리 와 봐."

하고 부르시기에, 나는 김동식 선생님 앞으로 갔습니다.

김동식 선생님은 찡그린 얼굴로

"니, 몇 학년 몇 반이고?"

하고 물으시기에

"4학년 13반입니다."

했습니다.

"이름은?"

"이윤복입니다."

"아버지 계시나?"

"예."

"임마, 아버지가 계시는데, 그 머리가 머꼬?"

하시며, 꾸중을 하셨습니다. 나는 고개를 숙이고, 선생님 묻는 말에만 대답하고 있었습니다.

며칠 전부터, 껌장사를 해서 돈을 벌면, 머리를 깎아야 하겠다고 생각하고 있었습니다만, 돈이 없어 머리를 깎지 못했기에, 머리카락이 보기 흉하게 길게 자라 있었습니다.

김동식 선생님은 무섭게 따져 물으시면서

"와 머리를 안 깎노? 길가 가지고 무얼 할래?"

하시기에, 나는 그만 눈에서 눈물이 핑 돌아, 땅에 뚝뚝 떨어졌습니다.

김동식 선생님은, 내가 흐느끼며 우니까, 불쌍했던지, 음성을 낮추시면서 다정하게 말을 했습니다.

"엄마는 있나?"

"계시는데, 집에 없어예."

"어데 가셨노?"

"집을 나가 버렸어예."

"우야다 나갔노?"

"아버지와 그전에 싸워서 나갔어예."

하고, 내가 대답하니, 김동식 선생님은, 잠시 동안 아무 말씀도 하시지 않고 계시다가

"식구가 모두 몇이고?"

"아버지와 동생 넷하고 다섯 식구인데, 하나는 집을 나갔어예."

"와 집을 나갔노?"

"배가 고파 나갔어예."

"지금 너거 집은 어데고?"

"앞산 비행장에서 조금 더 가면, 거기 안테나 있는 데 바로 그 밑이라예."

"아버지는 무얼 하시노?"

"전에는 판 만드는 일을 하셨는데예, 지금은 옆구리가 아프셔서 놀아예."

나는 눈물을 흘리면서 대답하니, 김동식 선생님은

"선생님 따라온나."

하시기에, 나는 선생님을 따라 이발소로 갔습니다. 이발소에 들어가니, 많은 아이들이 머리를 깎고 있었습니다.

김동식 선생님이

"저리 가 앉거라."

하시기에, 머리 깎는 의자에 앉았더니, 선생님이 머리 깎는 기계로 나의 머리를 깎아 주셨습니다.

머리를 다 깎고 난 뒤, 머리를 씻어 주시고 나서

"그럼, 교실로 가서 공부해."

하시며, 김동식 선생님은 직원실로 가시고, 나는 우리 교실로 돌아왔습니다.

공부를 마치고, 집으로 돌아오면서, 김동식 선생님이 정말 고마웠습니다. 제가 별 얘기 안 했어도, 잘 아시는가 봅니다.(1963.10.8.화.맑음)

〈윤복이의 일기〉(새벽소리 출판사)에서 옮김

선생님의 도시락

대구 대명 초등학교 4학년   이윤복

우리 선생님은, 어디가 편찮으신지, 첫 시간부터 몹시 괴로운 표정을 하셨습니다. 첫 시간 국어 공부를 좀 가르쳐 주시다가, 자습을 시켰습니다.

반 아이들은, 공부도 하지 않고, 장난만 치면서 떠들기만 했습니다. 나는, 동무들이 떠드는 소리에, 머리 속이 복잡해지고, 공부도 잘 되지 않았습니다.

오후에, 점심시간이 되어, 옥수수로 만든 빵을 학교에서 주기에, 나는 받아 맛있게 먹고 있을 때, 우리 선생님이 도시락을 가지고, 나의 곁으로 오셨습니다.

"윤복이, 내 도시락 먹어라. 선생님은 오늘 몸이 불편해서, 점심 먹을 생각이 없어."

하시며, 도시락을 주셨습니다.

"선생님, 많이 아프셔예?"

"응, 감기인지, 열이 조금씩 나는구나."

"그래도, 점심은 잡수이소."

"선생님 걱정은 말구, 윤복이 어서 먹어."

하시기에, 나는 선생님의 도시락을 받아 들고, 망설이다 용기를 내어, 풀어 맛있게 먹었습니다.

선생님 점심밥은, 보리쌀과 쌀이 반반씩 섞여 있고, 다꾸앙 몇 조각이 나란히 포개져 있었습니다. 아마 곡식 값이 비싸니, 선생님 집도 넉넉하게 살지 못하시는 모양입니다.

점심을 먹고 나니, 마음이 푸근했습니다.

동무들이 자꾸만 쳐다보기에, 선생님 도시락을 어떻게 돌려 드릴까, 퍽 걱정이 되었습니다.(1963.11.21.목.맑음)

〈윤복이의 일기〉(새벽소리 출판사)에서 옮김

숙제 안 한 날

부산 남산 초등학교 6학년 이홍기

나는, 며칠 전의 숙제를 아직까지 안 해서, 김재열 이재희 등과 남았다. 선생님께서, 미리
"오늘 4시 30분 이전에는, 집에 못 갈 줄 알아라."
하고, 으름장을 놓으셔서, 약간 두려웠다. 하지만, 학원을 다섯 시에 가기 때문에, 나는 별 문제가 없었는데, 다른 애들은 학원에 많이 늦는 것 같았다.

특히 준석이가 다닌다는, 문봉 학원 얘기는, 나를 공포에 질리게 만들었다. 학원에 5분 늦으면 한 대씩이고, 하루 안 오면 마구 때린다고 했다. 그 학원에서 쓰는 몽둥이는, 나무로 만든 것인데, 굵고 길쭉한 것에, 테이프를 감은 것이라고 했다. 준석이는, 한 중학생이, 한 시간 내내 엎드려 뻗쳐서 맞는 것도 봤다고 했다. 선생님께서는
"아니, 공부가 인생에 전부도 아니고, 벌써부터 그렇게 공부에 시달려서 되겠나? 세상에 그런 곳이 있나? 그래, 거기 선생님이 누구고?"
그러자, 준석이는
"과목마다 선생님이 다 다른데요."
선생님은
"만약 니 맞으면, 학원 속히 끊으래이. 알겠제? 그리고, 오늘 시간이 늦었는데, 가면 맞겠네? 학급에 중대한 일을 하느라고 늦었다고, 내가 편지 써 주께, 가져가라. 아이고, 애 살리려고 별짓을 다 하네."
선생님께서는 다 쓰시고는, 갑자기
"아, 참, 니 집에 갔다 학원 가지 않나? 그러면, 엄마한테 숙제 안 했다고 하면 혼나잖아?"
"그건 괜찮은데요."
"그러면, 이건 생각해 보고, 필요할 때 써 먹어라."
하시며, 편지 두 통을 주셨다. 그걸 보던 동국이가, 부러운 듯
"선생님, 저도 주세요."
했다. 선생님께서는
"왜? 니도 맞나?"
동국이는 아니라고 했다.
열심히 숙제를 하고 있는데, 선생님께서 캐비넷을 열더니
"내가 숙제 안 한 이놈들에게 과자도 다 주고, 참."
하시면서, 과자를 주셨다

"이건 우리 밀로 만든 과자다."

하면서, 다른 과자도 한 개씩 주었다. 대희가 책상 위의 찻잔을 보고

"선생님, 녹차 좀 주세요."

하니까, 선생님이

"그래, 자. 어, 그런데, 니 어떻게 마시는 줄 아네."

대희는 태권도 도장에서 배웠다고 했다. 재열이는

"나는 태권도 다녀도, 거기 한 번도 안 갔는데."

하여서, 나도 "나도." 하였다.

이렇게, 이야기를 하면서 숙제를 다 하고, 다 안 한 몇몇 애들을 도와 주었다. 그러면서, 장난도 치고, 웃고 놀고 정말 즐거웠다. 게다가 과자 먹었제, 녹차 마셨제, 또 학원 안 가도 되제, 너무 좋았다. 선생님께서도

"이러면, 아이들이 서로 숙제 안 하려고 하겠다."

하셨다. 그리고, 준석이가 내일 학교에 무사히 올지, 궁금하고 기대도 된다.(1997.6.25.)

〈주먹 만한 내 똥〉(보리 출판사)에서 옮김

2. 어린이 자신의 인간적(人間的)인 성장(成長)을 돕기 위해

어린이들은, 태어나면서부터 육체적 정신적으로 나날이 쉼없이 변하면서, 성장하고 발전합니다. 그러나, 가정교육과 학교교육의 잘잘못의 차이에 따라, 어린이가, 인간적으로 바람직한 방향으로 올바르게 자랄 수도 있고, 아니면, 그 반대의 방향으로, 잘못 자랄 수도 있습니다. 그래서, 어린이 교육에 있어선, 가정교육이건 학교교육이건, 올바른 교육목표와 방향 잡기가 무엇보다도 중요합니다.

그 올바른 교육 방향 잡기 방법의 하나로서, 어린이에겐 좀 어려운 문제일는지 모르겠지만, 사람은 왜 살아야 하며, 또 왜 공부를 해야 하며, 또 사람다운 사람이란 어떤 모습의 사람이며, 또 그런 사람이 되려면 어떻게 해야 되는지 등, 보다 근본적이고 철학적인 문제에 대해, 어린이가 스스로 의문을 갖고 생각해 보도록 하는 것도, 하나의 좋은 시도

일 것입니다.

그런 인간살이의 근본적인 문제 탐색(探索)에 있어서, 스스로 의문을 갖고, 스스로 파고들어 생각하고 하는 데는, 일기 쓰기가 가장 효과적인 방법일 것입니다. 왜냐하면, 그런 깊은 생각은, 생활현장에서 어떤 충격을 받았을 때, 마음이 크게 움직여져서, 생각에 발동이 걸리게 되는데, 그 마음속의 충격은, 누구에겐가 이야기하고 싶어져서, 자연히 자기와 가장 가깝고 허물이 없는, 일기에게 하소연하게 되기 때문입니다. 그리고, 또 그렇게 일기 쓰기는, 쓰면서 생각하고, 생각하면서 쓰는 사고과정(思考過程)을 통해서, 인간의 근본문제를 파고들다 보면, 자기 스스로 의문이 풀리고, 깨달음이 오고, 지혜의 문이 열리도록 해주기 때문입니다.

그리고, 어린이의 올바른 인간적인 성장을 꾀하려면, 세상살이에 대한 많은 체험을 쌓으면서, 세상일이 얼마나 어려운가를 느끼고 깨닫도록 해야 하는 것입니다. 즉 사람은, 자연체험·일체험·사육재배체험·사회체험·봉사체험·탐험체험·놀이체험·여행체험·예술체험 등, 실제체험을 많이 해볼수록 생각이 깊어지게 되는데, 그런 체험을 하면서 보고 듣고 느끼고 생각한 것을, 역시 일기에다 토로하도록 하면, 그때의 생각과 행동을 재인식하고, 재확인하게 되어, 역시 자기의 삶에 대한 생각이 깊어져, 스스로 인간적인 성장을 기할 수도 있게 되는 것입니다.

그리고, 또 한 가지 어린이들 성장에 가장 중요한 것은, 어린이들로 하여금 속마음을 다 털어놓게 함으로써, 정신적(精神的) 정서적(情緒的)으로 구김살이 없는, 건전한 어린이로 키우는 일입니다. 그런데, 그 어린이들로 하여금, 속마음을 털어놓게 하는 데 있어서도, 역시 일기 이상 더 좋은 방법이 없을 것입니다. 왜냐하면, 말로 하려면, 부끄럽거나 자존심이 상해 못할 말도, 마음속 이야기 상대인 일기장에게는, 어떤 비밀스런 이야기까지도, 거리낌 없이 다 털어놓을 수가 있기 때문입니다. 그것은, 또 왜 그러냐면, 사람의 심리상 양심에 찔리는 이야기는, 어떻게 해서든 다 털어 내 버려야만, 속이 시원해지는 것이기 때문에, 다 털어놓지 않을 수가 없어서 그런 것입니다.

　그래서, 특히 이 나라의 교육자나 학부모들은, 이 일기 지도의 장점에 대해 더욱 깊이 깨닫고, 더욱 많은 관심을 가져야 하겠습니다. 왜냐하면, 지금 가정교육과 학교교육의 잘못으로, 이 나라 어린이들이 너무도 많이 억압되어 있고, 스트레스가 많이 쌓여 있는 데도, 풀 길이 없어, 어린이들이 자꾸 나쁜 길로 빠져들고 있는데, 그 해결책 역시, 일기 지도밖에는 딴 방법이 없기 때문입니다.

　그러면, 어린이들이 억압을 많이 당하고, 스트레스가 많이 쌓이는 가장 큰 원인은, 도대체 어디에 있는 것일까요? 그것은 두말할 것도 없이, 대학입시에 대비하기 위한 무리한 과외공부의 강요와, 논설문 실력 기른답시고, 쓰는 방법도 가르쳐 주지 않고, 덮어놓고 써 오라고만 하는, 독후감과 논설문 숙제의 강요가 바로 그 장본인인 것입니다. 그런데, 독후감이나 논설문의 실력 향상은, 무작정 숙제를 낸다고 해서 되는 것은 아닙니다. 독후감과 논설문의 기초가 되는, 일기문이나 생활문 쓰기의 기초지도를 통한, 문장력(文章力)과 표현력(表現力)과 구상력(構想力)이 탄탄하게 길러진 후에야, 비로소 가능한 일인 것입니다. 그런데도, 이 나라의 모든 초등학교에서는, 일기나 생활문 쓰기의 기초지도는 하나도 하지 않고, 무작정 독후감과 논설문 쓰기만을 강요하고 있으니, 이 얼마나 본말(本末)이 전도(顚倒)된, 비교육적이고 비논리적인 어리석은 짓입니까?

　이 나라는 지금, 그런 비인간적이고, 비교육적인 모순투성이 교육 때문에, 큰일이 났습니다. 그 잘못된 교육으로 인한 병폐(病弊)의 심각성은, 이만저만이 아닙니다. 도저히 말로 다할 수가 없을 정도입니다. 한시라도 빨리, 다급한 문제의 심각성을 깨닫고, 일기 지도라는 보물스런 비법을 이용해, 병든 이 나라 청소년들 구제에, 모두가 함께 나서야 하겠습니다. 다음 예문을 읽어 보시면, 억압되어 있는 어린이들 속마음을, 조금은 알 수가 있을 것입니다.

고함 지르기

서울 신성 초등학교 6학년 송영익

나는, 오늘도 학원에 시달려, 8시가 다 돼서야 집에 들어왔다. 집에 와서, 닭고 밥부터 먹었다. 알림장을 뒤적이던 나는, 숙제를 발견했다. 다행히도 한 개였다. 별난 숙제였다. 점심 때 못한 나는, 동생과 옥상으로 올라갔다. 최고 높은 곳까지 올라가, 아주 위험한 곳에 앉았다. 배짱도 두둑해야 하고, 또 막상 소리를 지르려니, 할 말도 없었다. 동생과 난 잠시 허공을 바라보았다.

"과외하기 싫어요."

난 깜짝 놀랐다. 동생이 그런 배짱이 있는 줄은 몰랐다. 온 마을과 산이 쩌렁쩌렁 울렸다. 나도 소리쳤다.

"잘 먹고, 잘 살자."

할 말이 없어, 그냥 내뱉은 말이었다. 동생은 나한테 대항하듯

"자전거 좀 많이 타게 해주세요."

동생과 나의 싸움 아닌 싸움이 시작되었다.

"한문 배우기 싫어요."

"놀고 싶어요."

"자전거를 타고 싶어."

"비디오를 많이 보고 싶다."(1996.4.23.)

〈주먹 만한 내 똥〉(보리 출판사)에서 옮김

나는 짐승도 아닌 똥이다

경기 안양 인덕원 초등학교 6학년 박정길

나는 여름방학 때, 생수 사랑회에서, 50일 동안에 본드를 끊었다. 생수 사랑회는 꼭 천국 같았다. 왜냐하면, 마음씨 착한 선생님들이, 몸이 불편한 장애자들을 보살펴 주고 있었기 때문이다. 나는, 이 곳에서 아주 즐겁게 지냈다.

집에 와서는, 2일 만에 다시 본드를 불었다. 그런데, 선생님이 본드를 분 것을 쓰라고 하자, 도망을 갔다. 2주일 동안 집을 나가서, 본드를 많이 불었다.

선생님이 이번만큼은 봐주고, 다시 생수 사랑회에 보내 주었는데, 손이 떨리고, 책도 잘 못 읽고, 기운도 없고, 밥도 못 먹고, 물만 먹었다.

다시는 본드 마시면, 나는 짐승도 아닌 똥이다. 내가 본드를 불면, 하느님 마음대로 하라고 말한다. 또, 선생님과 약속을 지키지 않고, 집을 나가서 본드를 불고는, 또 다시는 안 분다고 말을 한다. 이러는 내 마음을 어찌할까?

선생님이 조금만 야단치면, 화가 나서 집을 나간다. 이러한 나의 모습이 꼭 악마 같다. 나의 몸과 마음은, 이렇게 구분된다. 몸은 사람이지만, 마음은 악마이다.

제발 하느님, 제 몸 속에 있는, 악한 마음을 쫓아 보내 주세요. 이 다음부터는, 선생님 말씀을 잘 듣고, 집도 안 나가고, 본드도 안 불게요. 제발, 저의 몸 속에 있는, 악한 마음을 쫓아 주세요.(1992)

〈주먹 만한 내 똥〉(보리 출판사)에서 옮김

불안한 점심시간

경남 충무 인평 초등학교 6학년   신소화

요즘 우리 학교에선, 많은 것을 하고 싶은 대로 하지 못하게 합니다. 그중 다른 것은, 그래도 우리가 잘 실천하지만, 급식소에서 말을 안 하고 먹는다는 것은, 너무하다고 생각합니다.

점심을 먹을 때, 여러 동무들과 이야기하며 먹는 것은, 옳다고 생각합니다. 제 동무 정원이만 해도, 저한테 귓속말을 했는데, 걸려서 숟가락을 물고 무대 위에 서 있다, 아이들이 다 먹고 난 후에 점심을 먹어야 했습니다. 그뿐이 아닙니다. 제 친구 진경이도, 아주 작게 말했는데, 교감 선생님한테 세게 한 대 맞았습니다. 밥을 먹을 땐, 누구나 말을 하고 싶은데, 말을 못하게 한다는 것은, 너무하다고 생각합니다.

전에는, 급식소에 있는 아이들이 많이 떠드니, 교감 선생님이 이렇게 말씀하셨어요.

"너희가 사람 새끼가, 짐승 새끼가?"

라는, 욕 같은 말을 하셨습니다. 그 말은, 우리가 짐승만도 행동을 못하는, 모자라는 사람이라는 뜻 아닙니까? 그 말을 듣고, 진짜 기분이 나빴어요. 말을 못하게 안 하나, 욕을 하지 않나!

이젠 급식소에 가기가 두렵고, 가기 싫어져요. 조금씩 동무들과 말하는 것을, 뭐라 하는 것은, 잘못되었다고 생각합니다. 우리가 먹는 급식소에서까지, 눈치를 봐 가며, 말을 못해

답답해하며 먹는 것은, 잘못되었다고 생각합니다.

많이 떠들면, 그 어린이에게 조용히 말로 끝내 주셨으면 해요. 그것도 좋은 말로요. 욕을 하며 벌을 세우면, 그 아이가 또 그런 짓을 하게 될 수도 있지만, 조용히 말로 그 어린이에게 말을 해주면, 그 어린이가 뉘우치고, 다시는 떠들지 않을 수도 있게 될 것입니다.

급식소에서 조금씩 떠드는 것은, 당연하다고 생각해요. 밥 먹을 때만큼은, 우리가 하고 싶은 말을 하게 해주시기 바랍니다.(1998.4.13.)

〈주먹 만한 내 똥〉(보리 출판사)에서 옮김

엄마, 다른 아이와 비교하지 마세요

경기 광명 연서 초등학교 4학년   이민경

엄마, 제가 어떤 것을 못했을 때, 이 일 잘하는 아이와 비교하지 마세요. 실수는 누구나 다 하고, 누구든 모든 일을 잘할 수 없잖아요?

어느 날, 제가 피곤해서 쉬려고 할 때, 엄마께선 말씀하셨지요?

"민경아, 보람이는 아직도 공부하고 있는데, 넌 뭐 하고 있니?"

그때, 전 정말 슬펐어요. 세상에 이 늦은 밤에, 공부하는 어린이가 어디 있겠어요? 그리고, 어린이는 9시 30분에는 자는데, 전 이게 뭐예요?

또, 며칠 전, 경시대회 발표회날, 전 시험을 못 보아, 속상해 터덜터덜 집에 왔지요. 그 날, 저는 당번이어서, 힘들어 쓰러질 것 같았는데, 엄마께서 그런 저를 보자마자 말씀하셨지요.

"민경아, 시험 어떻게 됐니?"

전 모기 만한 소리로 대답했어요.

"저……, 그러니까, 산수 34점, 자연 57점요."

"뭐어? 그럼, 몇 등인데?"

"28등이요."

엄마께서는, 반장이 돼 가지고, 그게 무슨 꼴이냐면서, 호통을 치셨지요. 그러면서, 또 물으셨어요.

"그럼, 윤아는?"

"4등이요."

"으이그, 그래도, 윤아는 4등이라도 해서 다행이지."

전 울음이 나왔고, 또 엄마께 반항하고 싶었지만 참았어요. 엄마, 보람이나 윤아가 못하는 것을, 내가 잘할 수도 있고, 보람이랑 윤아가 잘하는 것, 내가 못할 수도 있어요. 저나 윤아, 보람이가 뭐든지 잘하는 건 아니예요. 그러니까, 제가 잘하는 것이 있으면, 더욱 발전시켜 주시고, 제가 못하는 것은, 할 수 있도록 도와 주세요.(1994.6.20.)

〈아주 기분 좋은 날〉(보리 출판사)에서 옮김

3. 한 사람 한 사람의 어린이를 더 깊이 알기 위해

학급 어린이 한 사람 한 사람을, 더욱 깊고 정확하게 이해한다는 것은, 인간교육에 있어서, 무엇보다도 중요한 필수조건의 하나입니다. 교과학습 시간이나, 기타 학교생활의 관찰이나 접촉을 통해, 어린이들의 특성이나 성격에 대해, 대강은 알 수가 있으나, 학교 밖의 생활, 즉 가정이나 마을에서의 생활상이나, 깊은 마음속의 움직임 같은 것은, 도저히 알 도리가 없습니다.

그것은, 어린이가 학교에 있는 동안은, 하루 24시간 중 3분의 1 정도밖에 안 되고, 3분의 2 정도는 가정에서 생활하기 때문입니다. 가정과 마을에서, 그 어린이가 어떤 일과 행동을 하고, 어떤 생각을 했는지, 교사가 보지 못하기 때문에, 알 수가 없습니다.

또 그 어린이의 부모는, 무얼 하며, 부모 사이는 어떠하고, 또 형제간의 사이나 가정 분위기는 어떠한지, 역시 자세히 알 수가 없습니다.

그리고, 또 그들이 무엇에 관심이 있고, 무얼 생각하고 있으며, 무얼 걱정하고, 무얼 슬퍼하고 있는지, 겉모습만 봐 가지고서는, 도저히 알 도리가 없습니다.

그러나, 어린이들의 일기를 읽어 보면, 그 모든 것을 소상히 다 알 수가 있습니다. 가정과 마을에서의 활동상황과 가족들 간의 인간관계며 교우관계, 그리고, 마음속의 기상도(氣象圖)까지도 다 파악할 수가 있고, 또 그에 적합한 계속적인 생활지도도 할 수가 있습니다. 한마디로, 일기는,

어린이의 비밀스런 깊은 속마음까지도 다 살필 수 있는, 유일한 무기라고 할 수가 있을 것입니다.

　인간을 만드는 교육이란 사업은, 너무도 광범위하고, 또 그 뜻도 너무 심오해, 어린이를 지도하기가 너무도 어려운데, 다행히 일기라는 이런 보배로운 무기가 있어, 더욱 완벽한 교육을 할 수 있다는 것은, 참으로 다행스런 일이 아닐 수 없습니다. 교실붕괴라는, 심각한 교육위기를 맞고 있는 우리는, 일기 지도의 효과성과 중요성을 재인식하고, 일기 지도의 본질과 지도기술에 대한 연구를 더욱 철저히 하고, 더욱 열성적으로 실천을 해서, 이 심각한 교육위기를 꼭 극복하도록 해야 하겠습니다.

따돌림

서울 창일 초등학교 1학년　정아인

　무용을 시작하기 전이었다. 언니들은, 말괄량이 연극을 한다고 야단법석이었다.
　"정아인하고 강민지는 빼."
하면서, 모르는 척하였다.
　"못생긴 공주병."
변정윤 언니가 놀렸다.
　"공주병은 안 시켜. 화요일에 안 왔으니까."
　"뭘 봐?"
상영이와 정원이 언니가 말했다. 다른 언니들은 모두 기쁜 표정이었다. 나는 속이 상했다.
　"애들아, 같이 놀아야지. 아인이는 왜 빼놓니?"
하고, 발레 선생님께서 말씀하셨다.
　수업시간에도, 나는 줄을 서서 기다리지 않고, 의자에서 무릎을 껴안고, 슬픈 듯 앉아 있었다.
　내일은, 오늘보다 즐거운 무용이었으면 좋겠다. (1999.10.21.목.맑음)

〈정아인의 신나는 일기〉(온누리 출판사)에서 옮김

우리 식구들이 하는 일

경기 고양 행주 초등학교 4학년   유성훈

우리 가족은, 아빠·엄마·누나, 그리고 나, 이렇게 네 식구이다.

아버지께서 하시는 일은, 택시 운전기사이시다. 이 동네에서 몇 군데만 빼고, 아실 만한 길은 다 아신다. 새벽 5시 30분쯤에 나가신다. 아침에는 능곡 병원 앞에 계시고, 점심때에는 집에 들어와 점심을 잡수시고, 또 나가셔서 일을 하신다. 다른 때는, 버스 정류장 앞에 서 있다가, 탈 사람이 없으면 아무 곳이나 돌아다니신다.

한바탕 일을 하고 돌아오시면, 허리가 조금 뻐근하다고 하신다. 그 이유는, 뼈가 어긋났기 때문이다. 내가 3학년 겨울방학 때, 허리 디스크로 병원에 입원해 계셨다. 그 동안, 우리는 이천 효구 삼촌 댁에 있었다. 아버지는 우리 집의 가장이므로, 힘든 것은 아버지께서 다 맡아서 하신다. 그중에, 이삿짐 나를 때 아버지가 제일 힘쓰신다.

또 어머니께서는, 차 닦으실 물 받아 두기 등등, 어머니께서는 야채 장사를 하신다. 새벽 2시 10분쯤에 나가신다. 그 이유는, 물건을 사러 가시기 때문이다. 물건을 사서, 식당에서 주문한 것을 갖다 주고 나서, 12시에 집에 들어오셔서, 점심을 잡수시고 나가셔서, 본격적으로 파신다. 이 소리를 내면서……

"야채 차가 왔어요, 야채. 감자, 무, 오이, 양파, 꽈리고추나 풋고추, 호박이나 고구마가 왔어요. 야채 차가 왔어요, 야채."

이렇게, 스피커에 녹음시켜 놨다가 다시 틀면, 어머니가 말을 안 해도 된다. 능곡에서 아실 만한 사람은 다 아신다고, 늘 말씀하시곤 한다. 김장철에는, 바쁘게 뛰어다니셔야 한다. 그리고, 우리들이 준비물 값 달라고 하면, 돈이 무지하게 많이 나간다. 특히, 누나가 제일 많이 가져간다. 일요일과 수요일날만 쉬신다. 얼마나 힘드실까?

우리 누나는, 허구한 날 돈 돈 돈 돈타령이다. 그리고, 친구들과 놀러 다니질 않나, 돈 달라고 하질 않나, 한심한 우리 누나. 정말 한심하다. 공부는 그래도 조금, 아주 조금 잘한다. 나와도 잘 싸운다. 특기는 피아노. 취미도 역시 피아노. 피아노에 정신이 팔린 우리 누나. 엄마가 시켜야지만, 짜증 내며 설거지하는 누나. 또 잔소리 듣고 씻는 누나. 나와 비슷한 점이 많다. 누나는 밥 달라고 하면, 거의 다

"니가 차려 먹어라."

이렇게 말을 하곤 하지만, 알고 보면 착한 누나이다.

나는, 말썽꾸러기이며 우리 집의 기둥이다. 공부는 아주 조금 하고, 놀 때는 잘 뛰어 논

다. 취미는 축구, 특기는 키퍼. 선생님께는 혼이 많이 나는 편이다. 친구들과는 사이가 좋을 때도 있고, 나쁠 때도 있다. 또 다른 꿈은 화가. 그림은 자신 있다. 공부 시간에, 시간이 있으면 그림을 그린다. 공부 시간에는, 자꾸 그림이 그리고 싶어지기만 한다. 그러다가, 선생님한테 걸리면, 그대로 지압 치료. 발바닥을 맞고 나면, 발에 불이 붙는다. 가족 소개 이만 끝.(1995.11.23.)

〈아주 기분 좋은 날〉(보리 출판사)에서 옮김

빚

전북 장수 장수 초등학교 6학년 　우정화

오늘 저녁에, 가족들이 식사를 마치고, 모처럼 한자리에 모였다. 그런데, 어느 낯선 목소리가 들려, 나가 보았더니, 우리가 모르는 사람이었다. 어디서 왔냐고 물었더니, 조합에서 왔다면서, 뭐 얘기할 게 있다고 하는 것이다.

금방, 아빠의 얼굴은 짙은 모래처럼 변해 버렸다.

차례차례 무슨 돈을 갚아야 하는지 불러 주는데, 무슨 이자가 30만 원이나 오르고, 영농 자금도 몇 만 원이 아닌, 몇 백만 원이었다.

시골에서 빚은 다 있다고 보지만, 난, 우리가 그렇게 빚이 많은지 몰랐다. 아빠는, 새벽부터 저녁 늦게까지, 뼈가 빠지도록 일을 하는데, 발전은 없었다.

괜히 그 아저씨가 악마같이 보였고, 아빠의 풀이 죽은 모습이 정말 처량해 보였다.

그저 행복하게만 보였던 우리 가족이, 이 빚 때문에, 어느 순간 산산조각이 나야 한다는 게 너무도 슬펐다. 아빠께서는

"아이, 갚아야죠. 예, 알았어요."

하시지만, 아빠의 마음은 어떨까. 하지만, 이해된다. 우리 집은, 좀 괜찮겠지 하고 생각했는데……

남의 나라에 가, 돈 펑펑 쓰고, 메리야스 한 벌에 삼, 사십 만 원 하는 돈 가지고 있으면, 이 선량한 농민들을 위해 썼으면. 정말 정말 마음이 아팠다.

돈 때문에, 행복이 사라진다는 것은 불행하다. 하지만, 아빠는 웃었다. 마음은 어쩐지 모르겠지만. 우리 집만 그런다면 몰라도, 난 아빠를 믿겠다.(1991.12.15.)

〈주먹 만한 내 똥〉(보리 출판사)에서 옮김

4. 사물(事物)을 보고 느끼고 생각하는 법의 심화(深化)를 위해

어린이들에게, 사물을 보고 느끼고 생각하는 법을 심화시켜 주는 것은, 어린이들의 바른 인식력(認識力)을 길러, 올바른 사람이 되게 하는 데 있어서, 없어서는 안 될 가장 중요한 요소입니다. 왜냐하면, 올바른 사람이 되려면, 바른 인식력의 밑바탕이 돼 있어야 하고, 또 바른 인식력을 갖추려면, 바르게 보고 느끼고 생각하는 밑바탕이 돼 있어야만 가능하기 때문입니다. 그리고, 바르게 보기 위해선, 사물에 대한 자세하고 정확한 관찰(觀察)이 뒷받침되어야 한다는 것은, 두말할 것도 없습니다. 참으로, 사물을 바르게 보고, 바르게 느끼고, 바르게 생각하는 힘은, 올바른 인간형성(人間形成)에 있어서, 없어서는 안 될 기본 바탕이요, 근본 뿌리인 것입니다.

그런데, 사물을 바르게 보고 느끼고 생각하는, 바른 인식력을 기르는 데 있어서, 가장 효과적인 방법은, 역시 일기 쓰기입니다. 나날이 생활하는 동안에, 관심이 가는 것을 유심히 자세하게 보아 두었다가, 보고 느끼고 생각한 대로, 정확하고 소상하게 일기에다 적다 보면, 표현력도 늘고, 사물을 바르고 정확하게 보는 인식력도, 더욱 많이 늘게 될 것입니다. 그래서 일기 쓰기는, 글쓰기는 물론, 과학이나 학문연구의 기초를 닦는 데도, 큰 도움을 줄 수가 있는 것입니다.

그리고, 한 어린이의 일기 쓰기를 통한 바른 인식력의 심화는, 단순히 그 어린이 개인만의 성장발달로 끝나지 않고, 학급 전체 어린이의 상승적(相乘的) 성장발달로까지 영향을 미치게 됩니다. 왜 그렇게 되느냐 하면, 사물을 바르게 보고 느끼고 생각하고서 쓴 좋은 일기를, 학급 어린이들에게 읽어 주거나 복사해 나누어 주면, 그 자세하고 정확한 사물 관찰법은 물론, 아름다운 것이나 정의로운 것에 감동하는 법까지도, 학급 모든 어린이들이 배우게 될 것이기 때문입니다.

그런데, 그 급우들과의 정보교환(情報交換)을 통해서 배운 것은, 교사의 가르침보다도 그 영향력이 더 강해서, 어린이들 마음속으로 깊이 파고들어, 좀처럼 잊혀지질 않는 법입니다. 그래서, 일기는, 어린이들 각자의 것이면서, 동시에, 학급 어린이 모두의 것이라고도 할 수가 있을 것입니다. 이런 일기 지도를 통한, 학급 전체 어린이들 인식력의 집단적 상승효과는, 바로 일기 지도의 위대성(偉大性)이라고 할 수가 있을 것입니다.

다음 일본 2학년 어린이가 쓴, '씨앗 뿌리기'란 예문을 보면, 사물과 사실에 대한 정확하고도 날카로운 관찰력과 그리고, 정확한 설명(說明)과 묘사(描寫)에 의한 정확한 문장표현에, 놀라지 않을 수가 없을 것입니다. 정확한 관찰에 의한 정확한 표현을 해놨기 때문에, 마치 비디오의 한 장면을 보듯, 씨앗 뿌리기를 하는 모녀의 모습이 너무도 선명하게 잘 나타나 있고, 또 실감이 나서, 자꾸 몇 번이고 더 읽어 보고 싶어집니다. 특히, 노랑 코스모스와 해바라기와 분꽃 씨앗의 특징들을 정확히 붙잡고서, 정확히 표현하는 정신자세와 표현기법을, 한국의 교사들은 꼭 받아들여야 하리라고 생각합니다. 2학년짜리가 이 정도의 높은 수준에 오르기까지는, 1학년 때부터 정확하고도 알뜰한 일기 지도가, 이루어졌기 때문이라고 생각합니다. 짧으면서도 정확한 어린이의 문장표현력(文章表現力)과 아울러, 일본 교사들의 눈에 번쩍 띄는, 일기 지도의 훌륭한 기법들을, 꼭 정신 차리고 눈여겨 보아야 하겠습니다.

씨앗 뿌리기

일본 2학년   무라세 시게미

저녁때, 씨앗 뿌리기를 하려고, 씨앗을 물에 담가 놓았습니다. 5시경 씨앗을 뿌릴 곳을 찾고 있었더니, 어머니가 화분을 두 개 마련해 주었습니다. 나는 화분에 흙을 넣었습니다. 처음에 노랑코스모스 씨앗을 화분에 뿌렸습니다. 노랑코스모스는, 물에 담가 놨을 때, 씨앗이 똑바로 서 있어서, 차기둥(엽차를 찻잔에 넣었을 때, 곧추 뜨는 차의 줄기) 같았습니다.

또, 한 개의 화분에는, 해바라기 씨앗을 심었습니다. 해바라기 씨앗은, 타원형 모양으로서, 검정과 흰색의 선이 들어 있었습니다. 또, 분꽃의 씨앗이 남아 있었기 때문에, 화분에 뿌리려고 생각하고 찾아 보았더니, 분재 뒤에 조그만 화분이 있어서, 즉시 흙을 넣어서, 분꽃 씨앗을 뿌렸습니다. 분꽃 씨앗은, 검고, 둥그스름한 작은 씨앗입니다. 추워지면 좋지 않기 때문에, 비닐을 씌워 놓았습니다. 어머니는 곧잘 비닐을 씌워 놓기 때문에, 나도 똑같이 했습니다.

그 다음에, 세 개의 화분에, 컵으로 물을 한 잔씩 주려고 생각했더니, 어머니가 얼른 비닐을 벗겨 주었습니다.

어머니가

"비닐 위로부터는, 물이 안으로 들어가지 않지, 그치!"

하며 웃었습니다.

어둑어둑해졌기 때문에, 스콥을 치우고, 손을 씻었습니다.(4.12.토)

*스콥 : 자루가 짧은 소형의 삽.

부엌에서
부산 남산 초등학교 6학년 김현련

단소 연습을 한다고, 입을 너무 옆으로 벌려, 볼도 아프고 머리도 띵했다. 나는 물을 마시러 부엌에 갔다.

"어? 엄마, 깍두기 담나?"

"니는 부엌에 뭐 하러 왔다갔다 하노?"

"아까는 화장실이 부엌을 지나야 하니, 화장실에 볼일 좀 본다고 그랬고. 지금은 단소를 열심히 불어서, 물 마시러 왔다."

"아까 그거 단소 부는 거였나? 나는 바람 소리만 윙윙 나길래, 장난 치는 줄 알았는데……."

"엄마도, 참. 뭐 도울 거 없나?"

"깍두기 담게 김치통 좀 닦아 줘."

"지웅이네 거까지 다 하는데, 이거밖에 안 되나?"

"글쎄, 말이야. 깍두기 맛 좀 봐라."

"음, 맛있다."

우리는 깍두기를 다 담고, 콩잎을 김치 양념에 펴서, 밑반찬을 만들었다. 콩잎이 쭈글쭈글해서 펴는데, 시간이 많이 걸렸다.

"비닐장갑 끼고 해라. 손 맵다."

"우리 선생님이 일회용품 쓰지 말라고 했다."

"엄마 말은 죽어라 안 듣더만, 선생님 말씀은 한 번 만에 딱 알아듣네."

"선생님이깐. 그런데, 엄마는 왜 장갑 한 짝만 꼈노?"

"환경 생각한다고, 콩잎에 양념 버무릴 손만 꼈다. 우리 딸내미가 환경 오염 된다고 해서."

"처음부터 내 말 듣지, 우리 선생님이 한 말씀인데."

"아휴, 오늘은 빨래한다고 힘들어 죽겠다."

"내가 수학여행 가면, 더 힘들어서 우짜노?"

우리 집은 세탁기가 고장나, 몇 달째 손빨래를 한다. 일주일에 한 번씩은 내가 빨래하는데, 청바지하고 가디건 빨기가 제일 힘들다.

"오늘 경희랑 뭐 했는데?"

"교환일기 다 하고, 내가 경희 머리에 꽃 꽂아 줬거든. 그런데, 꽃하고 조화가 억수로 안 되데. 그런데, 내가 꽂으니깐, 너무 이쁜 거 있제?"

"웃기고 있네. 니 머리에 꽃 꽂으면 꽃이 놀란다."

"근데, 내 수학여행 때, 엄마 보고 싶으면 우야노? 아람단에서 2박3일 가도 엄마 보고 싶던데. 엄마 보고 싶어서 전화하면, 선생님들이 전화 못하게 한데이."

"왜?"

"전화하면, 부모님들이 무슨 일이 생긴 줄 안다고."

"나는 니 전화 왔을 때, 그렇게 생각한 적 한 번도 없는데?"

"맞제?"

"그래, 선생님들이 너무 부정적으로 생각한다."

"우와! 콩잎 다 했다."

"이 물 마시고, 빨리 일기 쓰고 자라."

"나는, 부엌이 우리 둘만의 공간 같다."

"엄마도 그렇게 생각한다."

내일 수학여행 간다고, 김밥 만들 거라, 내일이 기대된다. (1997)

〈주먹 만한 내 똥〉(보리 출판사)에서 옮김

5. 문장표현력(文章表現力)을 풍부하게 하기 위해

　일기 지도를 할 때, 가장 골치 아픈 것은, 한글을 잘 몰라 맞춤법도 엉망이고, 문장표현력도 서툴러, 무슨 말을 해 놓았는지, 도무지 알 수가 없을 때입니다. 그런 일기를 보면, 잘못 지도해 놓은 그전 담임에 대한 원망과 함께, 역정이 끓어올라, 그만 일기도 보기 싫어지고, 모처럼 용기를 냈던 일기 지도에 대한 의욕도, 깡그리 꺾이고 맙니다.
　그러나, 교사는, 또 어쩔 수 없이 고민에 휩싸이게 됩니다. 나와 인연을 맺은 어린이들인데, 중병을 앓고 있는 걸 뻔히 알면서도, 그대로 방치해 둘 수는 없는 일이고, 그래서, 치료지도(治療指導)를 하려고 해도, 병이 워낙 깊어 어디서부터 손을 대야 할지, 엄두도 나지 않고 해서, 난감해질 때가 참으로 많습니다.
　또, 일기 지도는, 끝끝내 생활지도가 목적인데, 국어과나 글쓰기 영역인 문자(文字) 지도나 문장표현 지도까지도 해야 되는 것인지, 안 해도 되는 것인지에 대해서도, 많은 의문과 망설임에 부딪히게도 됩니다.
　그러나, 일기 지도는, 글쓰기 지도의 일부인 데다가, 글쓰기와는 뗄래야 뗄 수 없는 관계가 있기 때문에, 어떤 어려움이 있어도, 생활지도와 함께 문자 지도와 문장표현 지도까지도 꼭 해주어야 합니다. 왜냐하면, 문자 지도나 문장표현 지도를 안 해주면, 당장 일기를 쓸 수 없게 되고, 일기를 쓸 수 없게 되면, 자기 심정표현도 옳게 할 수 없게 돼, 도저히 올바른 인간으로 성장할 수가 없게 될 것이 뻔하기 때문입니다.
　그래서, 운명이라 생각하고, 우선 발등에 떨어진 불인, 문자 미해득아(未解得兒)나 표현 미숙아(未熟兒) 해소 문제도, 병행해서 지도해 나가야 할 것입니다. 그리하여, 누적된 학력결손(學力缺損)으로 인한, 교육붕괴의 악순환의 고리 끊기에, 교사의 명예를 걸고 뛰쳐 나서야 할 것입니다. 왜냐하면, 그 누적된 학력결손의 원인은, 모든 교육자들이 책임져야 할 문제로서, 그것은, 모두가, 교육자들의 무관심·무책임·무실력·무능력·무연구·무성의·무제자애·무인간애·무민족의식·무애국심 등에서, 기인된 것이기 때문인 것입니다. 솔직하게 시인할 것은 시인을 하고서, 문제해결에 총력을 기울이도록 해야 하겠습니다.

아무튼, 문장표현 지도는, 일기 지도의 직접적인 목표는 아니지만, 현실적인 필요 때문에도, 꼭 해결하고 넘어가야 할 문제인 것입니다. 왜냐하면, 그 문장표현 문제를 해결하지 않고, 부정확하고 불충분한 표현력을 그대로 방치해 둔다면, 어린이들의 인식력과 사고력은 하나도 성장하지 못할 것이고, 서툰 문장표현력도 조금도 나아지지가 않을 것입니다. 여기서, 우리는, 얼마나 문장표현력의 위력이 크고, 또 문장표현력 여하에 따라, 인식력과 사고력의 발달에도 큰 영향을 준다는 것을 명확하게 알아야 할 것입니다.

바다
전남 진도군 조도면 외병도 상도 초등학교 외병도 분교 4학년　김예자

오늘은, 바다가 아주 잔잔하다. 물이 잔잔하니까, 물빛이 더욱 파랗다. 시커멀 정도로 파랗다. 참말로 오늘의 바다는 유리보다도 훨씬 더 잔잔하다. 잔잔한 게 아니라 미끈하다. 그 미끈한 유리 위로, 발동선 하나가 통통거리며 가느라고, 유리를 깨뜨려 버린다. 깨어진 유리는 다시 이어진다. 내가 커서, 오늘같이 잔잔한 바다는 처음 보았다.(1966.8.13.토.맑음)

이 일기는, 앞에서도 예를 든 일기문집 '차라리 이 섬이 없었더라면'을 낸 김예자 어린이의 일기인데, 마치 한 편의 시를 읽는 것 같은, 아주 훌륭한 표현의 일기입니다. 마치 한 폭의 아름다운 바다 그림을 보고 있는 것처럼, 어느 날의 잔잔한 바다 풍경을 잘 그려 냈습니다.

'시커멀 정도로 파랗다', '유리보다도 훨씬 더 잔잔하다.', '잔잔한 게 아니라 미끈하다.', '유리를 깨뜨리다.', '깨어진 유리는 다시 이어진다.' 등의 비유(比喩)나 강조(強調)나 묘사(描寫)가, 모두 정확하고 살아

있어, 실감이 너무도 많이 납니다.

　나는 아직 바다에 대한 글 중에서, 이만큼 바다 풍경을 잘 그려 낸 것을 보지 못했습니다. 참으로, 어느 시인이나 소설가의 글보다도, 더 훌륭한 표현의 글입니다. 그런 훌륭한 글을, 외딴섬의 한 소녀가 써 낸 것입니다. 날마다 일기를 쓰다 보니, 자기도 모르게 이렇게 훌륭하게, 문장표현력이 발전하고 성숙되어 갔던 것입니다.

　이 일기를 보면, 문장표현이 지향해야 할, 어떤 도달점은 물론이고, 일기 지도를 꾸준히 하면, 문장표현력이 이런 수준의 경지로까지 발전할 수 있는 가능성을, 동시에 보여 주는, 아주 좋은 일기문이라는 것을 알 수가 있을 것입니다.

가게에서
경북 청도 덕산 초등학교 6학년　박욱태

　과자 사러 가게에 갔더니, 방지 할아버지가 술을 마시고 계셨다. 또, 송내 할아버지가 왔다. 일하고 오시는지 힘이 없다. 터벅터벅 와서는, 의자에 털석 앉았다.
　"어, 왔나? 앉아라. 아지매, 술 한 빙 더 주소!"
　"봐라. 어요, 옥동 양반 우야노. 많이 다쳤다캐 쌌튼데."
　이때, 가게에 술 사러 온, 은실이 고모할머니가 이어 말했다.
　"아이구마, 말도 마이소. 구불러도 재수 없게 구불러가, 팔 뿌라지고, 엉덩이뼈에 금 갔다 안 캅니꺼."
　"그래? 허허, 이거 클났네. 옥동 양반 아지매는 우야노. 소도 미기야 되는데, 병원에 있으이."
　"아지매, 우야다 그랬다 캅디꺼?"
　"마을 회관 집 뜯다가, 톱 가지고 집에 가다가, 그짝 들어가는 문에서 툭 구불어져가, 그랬다 카데예."
　"어떤 사람들은, 농약에 취했다 카드데, 우옜든 재수 옴 붙었네."
　"할 수 없지예. 술 챘으마 술 챘다고 칼 낀데, 이도 저도 아이끼네, 더 윗기는 일이지예."

"옥동 양반 소는?"
"아들이 와가, 키우고 있데예."
"예수쟁이는 안 다치는데, 참 특별한 사람이다."
"와예. 예수쟁이도 세상이 하도 안 좋다 보이끼네, 많이 안 다치는교."
이야기하다, 가게 밖으로 나갔다. 새로 놓은 다리를 보고 이야기한다. 다리는, 내 건너편에 호텔 지을 사람이 놓은 것이다.
"에이 씨, 어떤 놈들이 저기다 지랄뻥이고. 식당 있는 것도 별론데, 러부러부 뭐라 카노?"
"러브 호텔 안 카나. 저쩌서 와가, 미친 지랄 하잖아."
"저래 되마예, 아들은 우얍니꺼. 이런 환경에서 자라면, 저 놀로 오는 놈매로 될 낀데."
"안 되지. 조용한가 싶디만은, 아이구."
"저런 놈은 바깥에 살리 노마, 안 된다 카이. 가다 놔야 되지."
"도시에나 물들이지, 여게 보이 줄 끼 뭐 있따꼬 짓노."
"이르키 맑고 깨끗한데 말이다."
"마을신문에, 요걸 탁 내가 면·군·도에 다 보내야 되는데."
"아들이 그란다 카드라. 우예 되겠지. 기다리 보는 기다."
마을신문은, 우리들이 지난 3월부터, 한 달에 한 번 마을마다 내는 신문을 말한다. 4월호에, 우리 마을에서는, 호텔 짓는 데 대한 기사를 크게 실을라고 한다.
"요새 마을 돌아가는 기 와 이카노."
"우리 마을만 그렇나 어데. 세상 돌아가는 꼬라지하고 똑같제."
"우리가 이캐 쌌는다꼬 되나 어데. 집에나 가자."
"그래, 가자."
모두 집으로 돌아가셨다.(1997.4.14.)

〈주먹 만한 내 똥〉(보리 출판사)에서 옮김

6. 개성(個性)을 더욱 신장시키기 위해

인간은 각자마다 개별자(個別者)요, 단독자(單獨者)입니다. 그것은, 각 개인이 갖는 독자적 특성인 개성(個性)이 있기 때문입니다. 그럼, 개성이란, 무엇일까요? 개성이란, 바로 나와 너, 자아(自我)와 타아(他我)를 서로 구별하는 근본 특색입니다. 나를 나답게 하고, 너를 너답게 하는 본질(本質), 나는 나요, 너는 너다 하고, 구별케 하는 특색(特色), 그것이 바로 개성인 것입니다.

이 지구상 60억 사람 중에, 얼굴이 같은 사람이 단 한 명도 없듯이, 개성이 같은 사람도 단 한 명도 없습니다. 얼굴과 개성이 각자 다 다르기 때문에, 개별적 독자적 존재인 인간은, 그래서, 그 존재가치가 있는 것입니다. 한마디로, 인간은 바로 개성적 존재인 것입니다. 인간은, 개성이 강하고, 또 발휘를 잘해야 성공할 수가 있고, 그래야, 국가 사회도 발전할 수가 있는 것입니다. 그래서, 우리는 타고난 개성을 소중히 하고, 서로 인정을 해주고, 또 서로 갈고 닦아, 더욱 신장시키도록 해야 할 것입니다.

그렇게, 어린이들의 개성을 갈고 닦아, 키워 주려면, 먼저 어린이들의 개성을 발견해서, 인정해 주고, 칭찬해 주면서, 신장시켜 나갈 방향을 제시해 주는 일이 가장 중요합니다.

그런데, 어린이들의 개성은, 어린이들이 아직 미분화시기(未分化時期)이고, 또 성장과정에 있기 때문에, 명확하게 잘 드러나질 않습니다. 그러나, 그들의 생활이나 놀이나 행동이나 취향이나 교우관계 등을 살피거나, 일기를 읽어 보면, 그 실마리가 잡히게 될 것입니다. 장난스럽고, 짓궂고, 거칠고, 어설프고, 유별나고, 성가시기도 한, 여러 가지 어린이들의 행동 속에, 그 개성의 싹이 숨겨져 있는 것입니다.

그래서, 어린이들 행동 속에서, 연장 다루기·기계 만지기·그림 그리기·노래 부르기·이야기하기·힘 겨루기·춤추기·글씨 쓰기·글쓰기 등의 특별한 개성이 발견되면, 먼저 그걸 인정해 주고, 칭찬해 주어야 합니다. 그런 특기나 개성은, 자기가 가지고 있으면서도, 자기는 잘 모르고 있는 수가 많기 때문에, 교사가 그걸 발견해서, "너는, 남과 다른 좋은 재주를 가지고 있구나. 너는, 커서 ○○가 될 수 있을 거야." 하고 인정해 주면서, 격려해 주어야 하는 것입니다.

소설 '콜리야'

경기 부천 상인 초등학교 4학년   정아인

요즘 난, 작가가 되고 싶은 꿈을 열심히 키워 나가고 있다. 쓰고 있는 소설도 많지만, 내가 고쳐야 할 것은, 어느 한 이야기를, 끈기 있게 끝까지 쓰지 않는다는 점이다.

지금 미완성인 소설이 3편이나 있다. 시간이 없어서, 거의 못 쓴 미완성 소설인, '매직 레미'와 '애니의 모험'은, 오래된 소설이 되어 버려서, 마지막까지 쓸 생각이 없다.

그 대신, 방학 동안 쓰고 있는 '콜리야'는, 꼭 완성시키고 싶다. 이제 중학교 3학년이 되는, 사촌 수연이 언니는, 나 만할 때 많은 이야기를 썼는데, 나도 그렇게 해보고 싶다. 수연이 언니처럼…….

언니가 참 부럽다. 공부도 잘해서, 전교 1등을 놓치는 적이 없고, 글도 많이 썼고 말이다. 나는, 이제 겨우 3학년 때 쓴, '꿈의 세계' 한 편밖에 완성시키지 못했는데……. '콜리야'는, 내가 봐도 내용은 흠잡을 데가 없다고 본다. 내가 생각해도, 너무 마음에 드는 소설이다. 이제 주인공이나 그림 등 디자인만 하면, 내가 이제까지 쓴 소설 중에, 가장 멋진 소설일 것 같다는 생각이 든다.

나는, 조앤 케이 롤링이 쓴 '해리 포터'처럼, 그런 소설을 꼭 한 번 쓰고 싶다. 그래서, 내 생각엔, 이번 소설은 엄청나게 긴 이야기일 것 같고, 개학할 때까지는, 완성하는 것은 어렵겠다는 생각도 든다. 하지만, 이번 '콜리야'는, 열심히 써서, 멋진 글을 만들어 볼 것이다.

아……! 얼마나 멋진 꿈인가! 나는 처음에는, 그림 그리기에 관심을 두어, 화가가 되기로 결심을 했었다. 그러나, 나보다 훨씬 잘 그리는 애들도 많고, 요즘 원하는 대로 그려지지도 않고, 그림 그리기가 아주 싫어졌다. 뭐 좀 좋긴 하지만, 암만 해봐도, 내가 원하는 데생이나 정물화는 나오지 않는다. 타고난 것처럼, 잘 그리는 다른 애들을 보면, 더 그렇다.

하지만, 나는 글을 잘 쓴다고 칭찬도 많이 받았고, 글쓰기에 대한 상도 많이 받았었다. 대부분의 상이 다 글쓰기에 대한 것이다. 나는 비록 독서록이나, 학교 대회에서 쓰는 건 좀 싫어하지만, 작가가 되기로 결심을 했다. 열심히 노력을 하면, 나도 멋진 작가가 될 수 있을 것이다! 나의 꿈이 이루어졌으면 하는 마음으로, 열심히 글을 쓸 것이다!!!(2003.1.17.금.맑음)

〈정아인의 진짜 신나는 일기〉(온누리 출판사)에서 옮김

흑인 폭동사건을 보고

경북 울진 삼당 초등학교 6학년   심명아

　미국 로스앤젤레스에서 일어난 흑인 폭동을 보고, 나는 생각했다. 흑인들이 살갗이 검다고 해서, 차별대우를 받을 이유가 뭐 있느냐고 말이다. 선생님께 들은 이야기로는, 어떤 흑인이 술을 마시고, 운전을 하다 교통법을 어겼는데, 이것을 본 백인 교통 경찰관 4명, 몽둥이로 그 흑인을 두들겨 팼다고 한다. 그런데, 그 흑인을 때린 교통 경찰관들은, 무죄로 판결이 나서, 아무런 형벌도 받지 않았다고 한다. 이게 어디 정당한 재판관이 할 재판인가?
　그 흑인을 몽둥이로 때린 교통 경찰관들은, 당연히 형벌을 받아야 한다. 그런데, 무죄로 판결이 났으니, 그 흑인을 비롯한 모든 흑인들은, 얼마나 분하고 억울했을까? 내가 생각해도 너무한 것 같다.
　그런데, 왜 흑인들은, 그 분풀이를 우리 한국사람들에게 하는 것일까? 말도 통하지 않는 외국 땅으로 가서, 힘들게 모은 재산을, 하루 아침에 흑인들이 산산조각내 버렸으니, 무척 놀라고 당황하고 억울했을 것이다. 미국에 살고 있는 한국사람들도, 흑인을 무시하지 말고, 흑인도, 한국사람을 무시하지 않고, 생각해 주면 얼마나 좋을까? 하는 아쉬움도 든다.
　내가 친구들에게 피부가 조금 검다고, 놀림받는 것이 죽기보다 싫듯이, 흑인들도 백인들에게 무시당하는 것이, 죽기보다 싫을 것이다.(1992.5.)
　〈주먹 만한 내 똥〉(보리 출판사)에서 옮김

보름달 뜬 날
경남 거창 거창 초등학교 6학년   이경화

　나는 언제나 집에 올 때 버스를 탄다. 요즘 같은 겨울엔, 막차인 다섯 시 차를 타고 집에 닿으면, 어느새 밤이다. 캄캄한 산길을, 혼자 뚜벅뚜벅 걸어 올라가기 마련이다.
　며칠 전이었다. 그 날은 왠지 둥근 보름달 탓에, 환한 길을 걸어갈 수 있었다. 한 걸음 한 걸음 걸을 때마다, 배에서 꼬르륵 하고, 배고프다며 난리였다. 춥고 배고프고 힘이 쭉 빠졌다. 그때, 눈앞에 보이는 넓은 사과밭이 나에게 힘을 주었다. 서리를 하면 나쁘다는 걸 알지만, 배가 너무 고픈 탓에, 사과밭이 있는 곳으로 발길을 옮겼다.
　'누구 없나?' 하고, 몇 번이나 둘레를 둘러보았다. 처음으로 서리라는 걸 해보는 날이었다. 몰래 들어가, 나는 먹음직스러운 사과 하나를 뚝 땄다. 그와 함께, 옆에 있던 사과나무에서 '우두두둑' 하고 사과들이 떨어졌다. 나도 모르게 온몸에 소름이 쫙 끼쳤다. "누구고?" 하고 몇 번을 말했지만, 인기척이 없었다.

다시 발걸음을 옮기며, 몇 번이나 뒤를 쳐다보고 또 쳐다봐도, 사람은 없었다. 하지만, 계속 뒤에서, 누가 "사과 내놔!" 하고, 따라만 오는 것 같았다. 그때부터 뛰기 시작했다.

"엄마야!" 하고 부르는데, 나도 모르게 눈물이 나와, 그치지 않고 쏟아지기 시작했다. 그러나, 저 산 너머로 보이는 보름달은, 빛만 환히 비추고 있었다.

사과도 다 던지고 뛰어왔다. 그리고 좀 앉아서 쉬며 보니까, 손가방이 없어졌다. '가지러 갈까, 말까?' 망설이다, 나는 다시 과수원으로 발길을 옮겨야만 했다.

보름달 뜬 날, 나는 길을 따라 뚜벅뚜벅 걸어갔다. 걸어가면서도, "누구고? 누구고?" 하고, 몇 번이나 뒤를 돌아봤다.(1995)

〈주먹 만한 내 똥〉(보리 출판사)에서 옮김

7. 교사(敎師)의 생각을 어린이들에게 전하고, 어린이들과의 신뢰(信賴)를 굳건히 쌓기 위해

인간교육에 있어서, 가장 효과적이고 이상적인 교육방법은, 무엇이든 마음 다 털어놓고 이야기할 수 있는 허용적(許容的)인 분위기 속에서, 교사와 어린이가 1대1의 대화를 나누며, 접촉을 하고 교류를 할 수 있을 정도로, 친숙하게 지내는 일인 것입니다. 그런데, 여러 가지 교육방법 중에서, 오직 일기 쓰기 지도만이, 그것을 가능하게 해줄 수가 있습니다. 그것은, 교사가 어린이의 일기를 읽고, 도움말을 써 주거나, 아니면, 직접 말로 도움말을 해주는 등의 일들을 통해서, 이 세상에서 가장 밀도 높은 대화를 나눌 수가 있기 때문입니다.

이렇게, 일기에 도움말을 써 주는 작업은, 일기 지도에 있어서 가장 중요한 일입니다. 그것은, 교사라는 한 인간을 송두리째 내던져서, 어린이들의 영혼에 호소하는 작업이기 때문입니다. 즉, 교사의 사물 보는 법·생각하는 법과 가치관과 따뜻한 사랑 등이 도움말을 통해서, 곧바로 어린이들의 영혼 속으로 스며들기 때문인데, 이것은, 다른 교육의 장에서는, 도저히 생각할 수도 없는 일인 것입니다.

더구나, 이 도움말 써 주기는, 그때 그때의 어린이들의 요구나, 역동적으로 움직이는 어린이들의 생활현실에 즉각적으로 대응해서, 교사의 생각을 써 주는 것이기 때문에, 보다 즉각적인 교육효과가 나타날 수도 있고, 또 교사와 어린이들 사이가 더욱 친밀해지고, 신뢰도 두터워질 수가 있어, 참으로 교육적 의의가 크다고 하겠습니다.

도움말을 써 줄 때는, 형식에 구애됨이 없이, 진심 어린 말로 진실되게 써 주어야 합니다. 어린이가 자기 주변의 일을 야무지게 보고 표현했거나, 착하고 고운 마음씨를 갖고 행동한 것을 썼거나 했을 때는, 마음껏 기뻐해 주며, 칭찬도 해주어야 합니다. 또, 어린이가 어떤 걱정에 잠겨 있을 때는, 어린이와 같이 걱정을 나누며, 그 걱정을 덜어 주도록 해야 합니다.

하나, 일기 속에 좋지 않은 생각이나 행동이 나타나 있을 때는, 엄하게 꾸짖으며 타일러, 깨달을 수 있도록 해주어야 하겠습니다.

그렇게, 일기에 도움말을 써 주면, 어린이들은 그것이 꾸짖음이건 칭찬이건, 무조건 좋아합니다. 일기를 되돌려 받자마자, 어린이들은 자리로 돌아가며, 일기를 펼쳐, 뚫어지게 도움말을 읽어 봅니다. 그러면, 교사는, 새삼 일기 지도의 보람을 느끼게도 되는 것입니다.

그래서, 어떻게 보면, 도움말은, 교사가 어린이들의 일기에다 쓰는, 교사의 일기라고도 할 수가 있을 것입니다. 그것은, 어린이들의 그 날 그 날의 일기를 읽고, 교사의 그 날 그 날의 마음의 움직임을, 속임 없이 그대로 어린이들의 일기장 여백에다 적고 있기 때문입니다.

그리고, 또 한 가지 주목해야 할 것은, 일기의 도움말과 학부모와의 관계에 대한 일입니다. 교사의 도움말을, 어린이들만이 보는 것이 아니고, 자기 자녀의 일기가, 교사에게 어떤 평가를 받고 있나 궁금해하는 학부모들이, 계속해서 도움말을 많이 본다는 사실입니다. 그러면서, 어떤 학부모들 중에는, 교사의 도움말을 읽고, 도움말에 대한 느낌이나 답장을 써 보내는 사람들도 있다는 것입니다.

　이렇게, 교사는, 도움말을 통해, 직간접적으로 학부모들에게, 교사의 학급운영 방침이나 교육관이며, 교육자적 신념·가치관 등을 알려서, 학부모들로부터 신뢰를 얻고, 또 협조를 받을 수도 있어, 도움말은 학급경영에 아주 유익한 것입니다.

　이 '일기 봐 주기'와 '도움말 써 주기'에 대한 더 깊은 이야기는, '제13부'에 자세히 나와 있으니, 거기를 참고하시기 바랍니다.

제2부 일기 지도가 잘 안 되는 이유

앞의 장에서도 살펴보았다시피, 인간교육에 있어서, 일기 지도는 거의 절대적인 교육적 효과가 있습니다. 그럼에도 불구하고, 우리나라에서는, 여러 가지 요인으로 인해, 일기 지도가 형식적 상식적인 지도에 그치고 있을 뿐, 교육적이고 연구적인 지도는, 전혀 이루어지지 못하고 있는 실정입니다. 손에 쥐고 있는 보물을 썩히고 있는 격이어서, 참으로 안타깝기 짝이 없습니다.

그 일기 지도가 잘 안 되는 이유를, 교사 쪽·어린이 쪽·학부모 쪽의 세 측면으로 나누어, 그 원인과 문제점을 살펴보도록 하겠습니다.

제1장 교사(敎師) 쪽의 문제점

1. 인간교육(人間敎育)과 일기 지도에 대한 교사들의 확고한 신념(信念)이 부족하다

우리나라 교육에 있어서 가장 큰 문제점은, 교사들이 인간교육이나 일기 지도에 대한, 확고한 이념이나 신념이 부족하다는 것입니다. 이 생각은, 현직에 있었던 45년 동안, 줄곧 나를 괴롭혀 왔었는데, 퇴직 후 서울에 올라와, 더 넓은 전국적인 시야에서 교육계를 살펴보니, 예상보다 더 사태가 심각해, 참으로 걱정이 아닐 수 없습니다.

서울에서, 학부모나 어린이를 상대로 한 글쓰기 강의를 다니면서, 나는 특히 어린이들 일기장에 눈독을 들여, 유심히 살펴보았습니다. 왜냐하면, 일기장만 보면, 다른 것을 안 봐도, 그 어린이의 학력과 정서와 정신상태의 모든 것은 물론, 담임 교사의 교육열(敎育熱)과 실력 및 그 학교가 돌아가고 있는 모든 상황까지도, 손금을 보듯 다 읽을 수가 있기 때문이었습니다.

그런데, 그 일기장을 살펴본 결과는 너무도 실망스러웠습니다. 10여 년 동안 살피고 돌아다녔는데, '참으로 진실되게 잘 지도하고 있구나. 이만하면 애들을 마음 놓고 맡길 수가 있겠어.' 하고, 공감이 가는 학교는, 아직 단 한 군데도 발견하질 못했습니다. 거의 모든 일기장들이 내용도 부실하고, '검'이란 멍텅구리 도장만 찍혀 있는 것이 대부분이었으며, 간혹 도움말을 써 놓은 것도 있긴 했으나, 일기 내용과는 별 상관이 없는, 아주 형식적이고 무성의한 것들뿐이었습니다. 우리나라에서 가장 교육 여건이 좋은 수도 서울인 데도 불구하고, 그 좋은 인재들을 데리고, 왜 이렇게밖에 지도하지를 못하고 있을까 하는 의문과 개탄이, 현재 나를 괴롭히고 있는 최대의 화두(話頭)인 것입니다.

만일 교사들에게, 이 나라 어린이들을, 한국혼(韓國魂)이 담긴 참으로 똑똑한 한국인으로 키우겠다는, 신념과 치열한 조국애와 민족애가 있었다면, 인간교육에 절대적인 힘을 가지고 있는, 최첨단 무기인 일기 지도를, 그렇게 소홀하게 다루지는 않았을 것입니다. 일찍이 페스탈롯치는, '먼저 어린이들을 사랑하라. 그러면, 가르치는 방법은 자연히 나올 것이니라.' 라는 요지의 말을 했다고 합니다. 그렇습니다. 지금 우리 교육계에 가장 필요한 것은, 어린이들에 대한 뜨거운 사랑입니다. 입에 발린 그런 형식적인 것이 아니고, 인간애(人間愛) · 조국애(祖國愛) · 민족애(民族愛)가 함께 녹아 있는, 진실로 가득 찬, 그런 진짜 어린이 사랑 말입니다. 인간교육 문제 해결에 대한 해답은, 이미 다 나와 있습니다. 일기 지도가, 인간교육에 있어서 가장 효과적이라는 사실 말입니다. 오직, 실천 방안과 어린이에 대한 뜨거운 사랑과 그리고 정열만 있으면 되는 것입니다. 실천 방안에 대한 선행연구(先行硏究)도, 이미 다 나와 있습니다. 특히 일본에 많습니다. 그러니, 만날 실패만 거듭하는, 그런 바보짓 교육은 이제 그만 하고, 선행연구들을 빨리 받아들여서, 만날 성공하는 교육을 함으로써, 빈사상태(瀕死狀態)에 빠져 있는, 이 나라 어린이들을 하루 빨리 구해 내도록 해야 하겠습니다.

2. 일기 지도에 대한 실천(實踐)과 지도법(指導法) 연구가 부족하다

교육사업의 모든 분야가 다 그렇지만, 특히 일기 지도는, 끈질기고 기계처럼 정확한 실천이 무엇보다도 중요합니다. 일기 지도는, 한마디로 교사와 어린이와의 끈기 싸움이라고 해도 과언이 아닐 것입니다. 교사가 먼저 열을 내어, 일기 지도를 꾸준히 실천하면서, 어린이들을 끌고 가지 않으면, 일기 지도는, 도중에 흐지부지 되고 말 것입니다.

그런데, 일기 지도를, 꾸준히 쉬지 않고 끈질기게 실천해 나가려면, 일기의 교육적인 효과나 가치에 대한, 이론적 연구에 따른, 확고한 신념(信念)이 있어야 할 것입니다. 이론적 연구가 없는 맹목적인 실천은, 난관에 봉착했을 때, 그것에 굴하기가 쉽지만, 이론적인 확신을 가지고 있으면, 어떤 어려움이 가로막더라도, 능히 극복해 나갈 수가 있기 때문입니다.

그래서, 일기 지도를 실천해 나가면서, 일기 지도의 목적과 지도법 등에 대한 이론 연구를, 문헌연구(文獻研究)를 통해, 꾸준히 해 나가야 할 것입니다.

그런데, 또 문헌연구나 이론연구를 하려면, 교사들에게 학구욕(學究欲)이나 진리추구심(眞理追求心)이 있어야 함은, 두말할 필요도 없을 것입니다. 그리고, 또 학구욕과 진리추구심은, 철학하는 마음이나 진리 애호심이 많은 사람만이 지닐 수가 있는 것입니다. 그런데, 우리나라 교사들에게, 이런 학구욕이나 철학하는 마음이 좀 부족해서 걱정입니다.

그러나, 이것도 노력하면, 얼마든지 극복할 수가 있는 문제인 것입니다. 어린이들을 보다 인간다운 한국인으로 키우겠다는, 어린이 사랑의 마음만 불타고 있으면, 얼마든지 그런 학구적인 연구도 할 수가 있기 때문인 것입니다.

3. 일기 봐 줄 시간(時間)이 없다

우리나라 교육자들은, 현재 어린이들을 가르치는 사람이 아니라, 공문(公文)을 만들어 보고나 하는 사무 보는 사람으로 전락하고 말았습니다. 박정희 군사정권이 들어선 이후, 그들의 부도덕성을 호도하고 합리화하기 위해, 교육자들을 정부시책을 홍보하는 선전요원(宣傳要員)으로 내세우는 바람에, 교육행정이 한없이 관료화되었을 뿐만 아니라, 그 홍보 결과를 공문으로 보고해야 했기 때문에, 학교는 공문 만드는 공장이 돼 버렸고, 교원들은 사무 보는 사람이 되고 말았던 것입니다. 그런데, 그 공문과 지시명령으로 교육을 이끌고 가려는 잘못된 풍조는, 민주화가 된 오늘날까지도 그대로 남아 있어서, 여전히 공문 때문에, 교육을 제대로 못할 지경에 놓여 있는 실정인 것입니다.

그리하여, 도시 학교는 거의가 학교가 커서, 다인구 학교 다인수 학급인 데다가, 보고해야 할 공문까지 많아져, 일기 봐 줄 시간이 거의 없어져 버리게 된 것입니다. 참으로 통탄스러운 일이 아닐 수 없습니다. 외부의 억압과 간섭 때문에, 국가 백년지대계인 교육이 본래적인 자기 할 일을 할 수 없게 되다니, 이게 말이나 될 일입니까? 참으로, 모순투성이 나라, 한국에서나밖에 볼 수 없는, 낯부끄러운 일인 것입니다.

그런 비인간적이고 비민주적인 관료화된, 교육행정의 억압구조(抑壓構造) 속에서는, 어떠한 인간교육도, 일기 지도도, 도저히 제대로 이룰 수가 없는 법입니다. 그래서, 이런 모순투성이 교육행정의 억압구조는, 어떻게 해서든 퇴출되고, 제거되어야만 하는 것입니다. 그러기 위해서는, 일대 혁명적인 개혁(改革)도 해야 하고, 또 반대투쟁(反對鬪爭)도 일어나야 할 것입니다. 일선 학교의 모든 교직원은 물론, 교원단체나 학부모단체·언론매체·사회단체 등도 다 일제히 함께 일어나, 공동투쟁을 전개해 나가야 할 것입니다.

그리하여, 자유롭고 민주적이고 인간적인 교육환경 속에서, 참으로 인간적이고 이상적인 교육을 할 수 있는, 자유와 권리가 보장되는, 교원들의 유토피아가 건설되어야 할 것입니다. 그러기 위해서는, 관료적인 행정구조를 대폭 축소할 뿐 아니라, 교육과정과 교과서를 완전무결하게 만들어 주고는, 일선 학교에서 소신껏 가르치도록 내맡겨 버리고, 교육행정 기관에서는, 일체 간섭하지 않도록 해야 할 것입니다. 그러려면, 먼저 교육행정 기관부터 대폭 축소해서, 간섭할 소지 자체를 없애 버려야 할 것입니다. 그 교육행정 기관의 축소를 어떻게 하느냐 하면, 교육청을 시·군마다 둘 것이 아니라, 3, 4개 시·군에 하나씩 두는 중간교육청제(中間敎育廳制)를 채택하도록 하고, 관리과를 대폭 축소해 학무과 밑에 둠으로써, 공문 만들 소지를 없애 버리고, 장학사도 대폭 감축해, 일선 학교 교직원들을 간섭할 기회를, 확 줄이도록 해야 할 것입니다.

그리고, 또 한 가지 문제점은, 교육행정의 기계화 전산화로 교육행정이 간편해진 게 아니고, 오히려 업무량이 많아져 버려, 일기 봐 줄 시간이 없을 뿐 아니라, 시도 때도 없이 전화기가 울려 대 싸서, 교사들은, 도저히 조용히 앉아 있을 시간조차 없을 지경이라고 합니다. 왜냐하면, 모든 공문과 업무 처리는, 반드시 컴퓨터로 쳐야 하기 때문에, 컴퓨터가 서툰 교사는, 밤늦게까지 일을 해야 하기 때문입니다. 또 교실마다 전화기가 있는 관계로, 수시로 교무실로 교사들을 불러 대는 바람에, 한 번 교무실에 갔다 오면, 30분 내지 1시간 정도의 시간이 흘러가 버린다고 합니다. 그래서, 일기를 도저히 그 날로 보고 돌려 줄 수가 없어, 할 수 없이 일기를 두 권에다 쓰게 하여, 학교에서 다 못 본 일기를, 집에까지 가지고 간다고 합니다. 그러나, 집에 가면, 또 어머니나 아버지로서 해주어야 할 일이 있기 때문에, 그렇게 마음 먹은 대로, 일기 보기나 도움말 써주기가 그리 쉽지 않다고 합니다.

이렇게 이 나라 교육현장에는, 심각한 문제점들이 너무도 많습니다. 그러나, 어린이들은 자꾸 성장해 가고 있으니, 교육을 안 할 수는 없고, 교육을 한다고 하면, 인간교육에 있어서 가장 효과적인 방법인, 일기 지도를 또 안 할 수가 없을 것입니다. 그래서, 교사들은, 한편으로 모순된 교육의 억압구조 제거를 위해 투쟁을 하면서, 또 한편으로는, 어떤 짬을 내서라도, 일기 지도를 안 할 수가 없고, 그렇게 되면, 또 어쩔 수 없이, 교사들의 초인적(超人的)이고도 희생적(犧牲的)인, 교육활동을 바라지 않을 수가 없는 형편인 것입니다.

그래서, 기왕에 어쩔 수 없이 해야 하는 일기 지도라면, 최선을 다해, 참으로 바람직한 교육적 효과를 올릴 수 있도록 해야 할 것입니다. 왜냐하면, 최선을 다하지 않으면, 일기 지도가 제대로 되지도 않고, 그러면, 또 양심의 가책으로 마음이 괴로워지기 때문입니다.

제2장 어린이 쪽의 문제점

1. 한국 어린이들이 앓고 있는 〈무서운 16가지 중병(重病)〉

① 다른 나라 어린이들에게 지지 않겠다는, 한국인(韓國人)으로서의 자존심과 한국혼과 민족의식이 전혀 없는, '얼이 빠져 있는 병'.

② 남의 말을 귀담아 깊이 있게 들으려 하지 않고, 건성으로 듣는 정신 나간, '무관심(無關心)의 병'.

③ 오감(五感)이 모두 병들어, 보고 듣고 맡고 맛보고 만져도, 깊고 강하게 느끼지 못하는, '불감증(不感症)의 병'.

④ 한국인이면서도, 제 나라 글인 한글조차 제대로 바르게 읽지도 쓰지도 못하는, '한글맹'의 '부끄러운 병'.

⑤ 너무 생각에 깊이가 없고, 그저 웃고 까불고 떠드는 것만을 좋아하는, '경박증(輕薄症)의 병'.

⑥ 더러운 음란물에 오염되어, 어린이의 생명인, 순수성(純粹性)·순진성(純眞性)·처녀성(處女性)을 잃어버려서, 이미 강 건너간 인간이 돼 버린, '무섭고도 불쌍한 병'.

⑦ 대자연(大自然)에 대해서 전혀 아무것도 아는 게 없을 뿐 아니라, 관심조차 가지려 하

지 않는, '자연맹(自然盲)'의 병.

⑧ 어려움을 견뎌 이기고, 무얼 꼭 정성스럽게 이룩해 보겠다는 성취의욕(成就意慾)이나 의지력(意志力)이 없는, '무성의(無誠意) · 무기력 · 무의지 · 무의욕의 병'.

⑨ 사물을 깊이 보고, 깊이 파고들어 깊이 생각하는, 야무지고 확고한 사고력이 없는, '천박증(淺薄症)의 병'.

⑩ 책을 깊이 있게 새겨 읽지 못하고, 대강대강 건성으로 읽고 치우는, 수박 겉핥기식의 진리추구심(眞理追求心)이 없는, '연구심부족병(研究心不足病)'.

⑪ 조상 전래의 검약정신(儉約精神)을 깡그리 잊어버린 채, 물건을 아낄 줄도 모르고, 마구 헤프게 쓰거나 함부로 버리는, '낭비벽(浪費癖)의 병'.

⑫ 남과 사귈 줄도 어울릴 줄도 전혀 모르면서, 이 세상에서 자기가 제일 잘났다고 자만하면서, 몽상에 빠져 있는, 공주병(公主病)과 왕자병(王者病).

⑬ 제법 똑똑한 체하지만, 실제적인 것을 물어 보면, 아는 게 하나도 없는, '헛똑똑이병'과 '멀쩡한 바보병'과 '학원건달병'.

⑭ 원하지 않아도, 부모가 무제한으로 공급해 주는 과잉보호(過剩保護) 때문에, 아이들이 포만증(飽滿症)에 걸려, 날 잡아먹어라 하며, 아무것도 하기 싫어하는, '게으름병'.

⑮ 설탕 · 과자 · 탄산음료 등의 과다섭취로, 몸이 나른해져서, 이해력(理解力) · 사고력(思考力) · 집중력(集中力) · 판단력(判斷力) 등이 감퇴되는, '머리 나빠지는 병'.

⑯ 인터넷 게임에 중독되는 바람에, 생활의욕(生活意慾)이나 학습의욕(學習意慾) 및 집중력(集中力) · 사고력(思考力) 등이 다 감퇴된 채, 사이버 세계와 현실세계(現實世界)조차 구별 못하고, 정신 나간 사람처럼 멍해져 있는 '인터넷 중독병(中毒病)'.

위의 표를 보시고, 한국 어린이들의 실상을 너무 비관적으로만 본 것이 아닌가 하고, 부정적으로 생각하실 분이 있을지도 모르겠습니다. 그러나, 절대로 그렇지가 않습니다. 위에 든 병들 중, 병의 정도가 너무도 심각할 뿐 아니라, 나아지기는커녕, 날로 그 상태가 악화돼 가고 있어, 그래서 더욱 걱정인 것입니다.

왜 그렇게 됐느냐 하면, 어린이들이 이 세상에 태어나자마자, 쾌락과 음란과 저질을 부추기는 미국식 상업주의 부패문명(腐敗文明)에 매몰되어 자라다 보니, 자기도 모르게 그렇게 병들어 버린 것인데, 가정이나 학교에서도, 부패문명의 무서운 독소에 대한, 경각심(警覺心)이나 가치판단(價値判斷) 교육 같은 것을 전혀 안 하고 있어서, 더욱 그 병집이 깊어만 가고 있는 실정인 것입니다.

①에서 ⑯까지의 중병 중, 어느 것 하나 심각하지 않는 것이 없지만, 특히, '한글을 잘 모르는 한글맹의 병'·'자연맹의 병'·'한국혼을 잃어버린 얼빠진 병'·'오감이 병든 불감증의 병'·'어린이로서의 순수성을 잃어버려, 이미 강 건너간 인간이 돼 버린 불쌍한 병' 등은, 인간으로서의 가치를 이미 상실해 버린, 사형선고와도 같은 참으로 비참한 중병인 것입니다. 인간으로 태어나서, 꿈 한 번 제대로 피워 보지도 못하고, 오갈병 걸린 새싹처럼, 어려서 노랗게 병들어 시들어 버리고 말다니, 참으로 딱하고 슬프고 안타까운 일이 아닐 수 없습니다. 그러니, 이 나라 모든 국민이 이 심각성을 하루 빨리 깨닫고, 켜켜이 밀려오는 부패문명의 탁류(濁流)와 맞대결해, 싸워 이길 수 있는 방책을 강구해서, 비상한 각오를 가지고 싸워 나가야 하겠습니다.

왜냐하면, 돈벌이만을 추구하는 미국식 상업주의 부패문명은, 항상 인간이 빠져들기 쉬운, 유흥·음란·마약·도박·음주·환락 등을 미끼로 청소년들을 유혹하는 관계로, 의식화(意識化)나 정신무장(精神武裝)이 잘 되어 있지 않은 청소년들은, 쉽게 그 부패문명의 마수에 걸려 들어, 타락하고 말기 때문입니다.

그리고, 한번 그 부패문명의 마수에 걸려든 청소년들은, 이미 마음과 몸이 도저히 치유할 수 없을 정도로 병들어 버려, 구제불능의 절망적인 상태가 되고 마는 것입니다. 그야말로, 다시는 되돌아올 수 없는, 이미 강 건너가 버린, 가련한 인간이 되고 마는 것입니다.

그래서, 청소년들로 하여금, 무서운 부패문명에 병들지 않게 하려면, 유행병에 대한 예방주사를 놓듯, 그 무서운 부패문명의 독소와 죄악성에 대한 경각심 심기와 비판정신 및 대결정신 기르기 등을 통해, 절대로 그 감미로운 유혹(誘惑)에 걸려 들지 않도록, 의식화 교육과 정신무장 교육을 철저히 해야 할 것입니다.

2. 일기 쓰기의 절대적 무기(武器)인 한글조차 잘 모르고 있다

이 문제는, 앞의 '16가지 중병' 중에 들어 있는 문제인데, 또 다시 여기서 들먹이는 것은, 그만큼 문제가 심각하고, 또 중대하기 때문입니다. 다음의 예를 보면, 한글을 잘 모르는 정도가, 얼마나 심각한가를 알 수가 있을 것입니다.

그레서(래)·않아고(안 하)·먺은 후(먹)·볶은 밥(볶)·그렀지만(렇)·깨닭고(단)·못한다(못)·않 된다(안)·많큼(만)·하지많(만)·온갖(갓)·돼어(되)·갓이(같)·됬다(됐,되었)·모든지(뭐)·조금한(그만)·3째(셋)·이럭게(렇)·새장 않을(안)·갇고 다니는(갖)·아쉾다(쉽)·앉 맞았다(안)·무릎(릅)·속의로(으)·묻혀(뭍)·끈내고(끝)·새겼다(사귀었)·몇일(며칠)·주저앉아서(앉)·'내'와 '네'의 구별 못하는 것

위에서 본 바와 같이, 한글 표기의 혼란상(混亂相)은 이루 다 말할 수가 없습니다. 얼마나 한글 교육이 불철저하고, 불성실하고 무책임했나 하는 것을, 이것만 보고도 능히 알 수가 있을 것입니다. 이것들이, 바로 무능하고 무성의한 한국 국어교육의 추악상(醜惡相)을 남김없이 그대로 폭로해 보여 주는, 산 증거물인 것입니다. 국어시간에 교사들이 아무것도 안 가르치고, 방치해 둔 채 시간낭비만 했다고 비난받아도, 어떠한 변명도 할 수가 없을 것입니다. 그래서, 지금 이 나라에는, 교사들이 국어교육을 안 하고 있거나 잘못하고 있다고 비난하는, '국어교육 부재론(不在論)'의 목소리가 팽배해져, 폭발 직전에 있는 실정인 것입니다. 국어교육의 실태를, 내용면으로 파고들어가면 들어갈수록, '국어교육 부재론'의 실상

이, 더욱 비참하게 드러나게 됩니다. 즉, 대부분의 어린이들이 국어책조차 제대로 읽지 못하고, 더듬거리는 것은 물론, 해석력·주제파악력·요약력 등이 전혀 없어, 읽어도 무슨 이야기인지, 내용을 잘 모를 뿐만 아니라, 문장표현력을 전혀 길러 놓지 않아서, 일기나 생활문이나 시 등, 글 한 줄 옳게 못 쓰는 어린이가 수두룩한 실정인 것입니다.

또, 고학년 어린이인 데도, '흙이'·'훑어'·'갉아'·'삯을'·'값을'·'읊었다'·'삶은' 등의 발음은 물론, '왜와 외'나 '내와 네'의 발음 구별도 전혀 할 줄 모르고 있습니다. 또, '부엌에'를 '부어게'로, '꽃을'을 '꼬슬'로, '빛을' 을 '비슬'로, '꽃밭에'를 '꼳바세'로, '무릎을'을 '무르블'로, 잘못 발음하고 있습니다.

이런 걸 보더라도, 이 나라의 국어교육이 얼마나 불철저하고, 무성의하고, 무원칙하게, 잘못 이루어지고 있는가를, 알고도 남음이 있을 것입니다.

일기는, 한글이란 문자를 통해 표현되는 것이기 때문에, 한글 습득이 빠르면 빠를수록, 일기 쓰기를 잘할 수가 있는 것입니다. 앞의 예에서 보다시피, 초등학교에서 1주일에 무려 5~7시간의 국어교육을 하고 있는데도, 한글을 정확하게 모르는 어린이가 수두룩해, 일기 쓰기는 물론, 글쓰기 및 독후감 쓰기며 독서지도 등에도 아주 지장이 많아, 그래서 큰 문제라는 것입니다.

그러면, 1학년부터 6학년까지, 매일 국어시간이 없는 날이 거의 없어, 매일 가르치는데도, 왜 그 배우기 쉬운 한글을, 정확히 모르는 어린이가 그렇게 수두룩한 것일까요? 그건 두말할 것도 없이, 초등학교에서 교사들이 한글 깨치기 교육과 국어수업 자체를 잘못하고 있어, 시간마다 국어교육이 성공하고 있는 게 아니라, 철저히 실패하고 있기 때문인 것입니다.

그러면, 초등학교 교사들은, 어째서 한글 깨치기 교육과 국어수업을 그렇게도 잘못해, 시간마다 국어교육이 실패하고 있는 것일까요? 그건,

또 두말할 것도 없이, 한글의 원리나 국어과 학습지도법이나 교재에 대한 깊은 연구도 없이, 그저 상식적으로 대강대강 가르친 데다가, 학력정착(學力定着) 여부를 확인하는 평가나 검증을 철저히 해보지도 않고, 그냥 흐지부지 시간만 때우고, 넘어가 버리기 때문인 것입니다.

　그러면, 또 어째서 교사들이 적당히 가르쳐 놓고, 학력이 정착됐는지 확인해 보지도 않고, 흐지부지 시간만 때우고 마는 것일까요? 그것은, 바로 우리 민족성 중 가장 두드러진 약점의 하나인, '대충대충'의 근성과 민족의식·조국애·제자애·인간애·교육자적 양심과 책임감·성의 등이, 철저히 결여되어 있기 때문입니다.

　이게, 바로 문제의 핵심인 것입니다. 한글 미해득아와 국어학력 부진아가 생기는 이유는, 학부모와 어린이 자신에게도 다소 요인이 있겠지만, 거의 모두가, 교사의 연구부족·성의부족·결과점검 소홀·책임감 부족·민족의식 부족 등에, 그 요인이 있는 것입니다. 그러니, 이 나라의 모든 교육자들은, 여러 가지의 모든 과오들을 솔직히 인정하고서, 한글과 국어과 지도법에 대한 연구를 철저히 하여, 국어과 수업을 시간마다 성공시킴으로써, 다시는 한글 부진아(不振兒)가 발생하지 않도록 함은 물론, 세계에서 모국어 교육을 제일 불성실하게 하고 있다는, 불명예를 하루 빨리 씻도록 해야 할 것입니다.

　모든 교육은, 기초지도가 가장 중요합니다. 한글 교육도 1학년 입문기 지도 때, 연구도 잘 하고, 지도도 잘 하고, 결과 점검도 철저히 해서, 한글 미해득아가 한 사람도 발생하지 않는, 완전학습(完全學習)을 지향하도록 해야 할 것입니다. 그리하여, 일기 지도의 필수 무기인 한글을, 1학년 때부터 자유자재로 능란하게 사용할 수 있게 하여, 내용이 풍부한 일기를 자유자재로 쓸 수 있게 함으로써, 사물을 바르게 보고 바르게 표현할 수 있는, 사고력과 정서가 풍부한 어린이가 되도록 해야 할 것입니다.

3. 아파트에 갇혀, TV·비디오나 컴퓨터의 사이버 세계에 사로잡혀

살다 보니, 자연사물(自然事物)엔 아예 관심조차 없다

어린이 시절에는, 자연이 풍부한 시골에서, 일을 하면서 자라는 것이 가장 이상적이라고 하는데, 요즘 대부분의 어린이들은, 도시의 아파트에 갇혀 대자연과 완전히 차단된 생활을 하고 있어, 참으로 큰 걱정입니다. 왜냐하면, 신비로움과 아름다움과 경이로움으로 가득 찬 대자연 속에서, 여러 가지 체험을 하며 살아야만, 대자연과 우주의 진리나, 또 그에 대한 신비성과 경이로움·위대성·아름다움 등을 깨달을 수가 있고, 또 그런 걸 먼저 깨달아야만, 생각이 바로 선 올바른 사람이 될 수 있을 텐데, 완전히 그와 반대된 인위적 환경에서 살고 있기 때문입니다.

요즘 도시 어린이들은, 대자연과는 완전히 격리된 기계적인 아파트에 갇혀, 기계적인 생활환경 속에서, TV·비디오나 보고, 컴퓨터 게임이나 하면서, 사이버 세계에 사로잡혀 살고 있기 때문에, 자연에 대해 전혀 알고 있는 게 없을 뿐 아니라, 자연의 신비성이나 의문점에 대해 알고 싶어 하는, 호기심(好奇心)이나 탐구심(探求心)까지도 다 죽어 버리고 말았습니다. 그리하여, 대부분의 어린이들은, 자연을, 우리 인간의 삶과는 아무 관계가 없는 걸로 생각할 뿐 아니라, 동식물이 징그럽다고, 싫어하거나 멀리 하는, 이상한 경향까지도 생기게 되었습니다. 또, 생명의 모태인 흙까지도, 똥 같다고 질겁을 하며 만지기조차 꺼려하는, 아주 잘못된 사고방식까지도 가지게 되었습니다.

그리고, 또 요즘 어린이들은, TV 화면이나 컴퓨터 사이버 세계에 나오는 것은 진짜이고, 가치 있는 것이지만, 대자연 속에 실존하는 자연사물은 오히려 가짜이고, 무가치한 것으로 생각하는, 아주 위험한 가치전도(價値顚倒)와 진위도착(眞僞倒錯)의 사고 속에서, 살고 있다는 것을 알아야 합니다. 요즘 어린이들은, 사이버 세계에 나오는 것은, 너무도 좋아하고 호기심을 갖지만, 바깥 세상에 있는 자연이나 동식물에 대해선, 아예 관심의 눈길조차 보내려 하지를 않습니다. 대자연은, 바로 진리와 철학과 과학과 예술과 학문의 원천이요, 근원지인데, 인류의 어머니인 대자연과 담을 쌓고 모른 체하고 살다니, 그게 어떻게 말이나 될 일입니까? 그래서 대자연과 담을 쌓는 아파트는, 바로 어린이를 죽이는 곳이라는, 극단적인 말이 나오기까지도 하고 있는 것입니다.

그러한 거꾸로 된 눈, 거꾸로 된 사고방식을 가진 어린이는, 도저히 정상적인 생활도 할 수가 없고, 또 정상적인 인간도 될 수가 없습니다. 그래서, 하루 빨리 어린이들에게 자연체험을 많이 시켜, 자연에 관심을 갖도록 해야 하겠습니다. 그래야만, 어린이들이 자연사물에 눈을 돌리게 될 것이고, 그래야, 사물을 자세히 보고 듣고 만지고 하게도 될 것입니다. 또 그래야, 느낌과 생각이 생기게도 되어, 표현욕구가 저절로 일어나, 일기나 생활문을 통해, 자기 느낌과 생각을 나타내 보고 싶어지게도 될 것입니다.

그래서, 그런 거꾸로 된, 이 나라 어린이들의 잘못된 시각과 생각 및 가치관을 바로잡기 위해, 일상생활의 생활방식부터 고쳐 나가야 하겠습니다. 우선 우리의 생활환경을 자연친화적으로 바꾸어야 하고, 생활방식을, 자연체험·일체험·사육재배체험·여행체험·봉사체험·노작체험·농어촌체험·사회체험·모험탐구체험 등, 어린이들을 아파트 밖으로 끌어내, 자연친화적인 직접체험을 많이 시키는 방향으로, 바꾸어 나가도록 해야 하겠습니다.

그렇게 어린이들에게 자연친화적인 직접체험을 많이 시키면, 오감(五感)의 감각기관도 발달하고, 관찰력과 인식력이 정확해져서, 사고력도 왕성해지고, 인간생활에서 가장 중요한 지혜까지도 생기게 됩니다. 지식은 주로 책과 학습 등 머리를 통해 습득되는 것이지만, 지혜는 주로 직접체험을 통해 몸으로 터득하게 되는 것입니다. 그래서, 지식은 쉽게 잊어버리게 되지만, 지혜는, 오래오래 몸에 붙어 있어 좀처럼 잊혀지지가 않고, 그래서, 긴 인생살이 동안, 현명한 나침반 노릇을 해주기도 하는 것입니다.

그래서, 어떻게 해서든, 직접체험을 많이 시켜서, 어린이들로 하여금, 바르게 보고 듣고 느끼고 생각하는, 바른 인식력을 갖도록 하기 위해, 모든 방책과 노력을 총동원해야 하겠습니다. 왜냐하면, 바른 인식력이, 바로 모든 인간의 바른 사고와 바른 행동의 튼튼한 기초가 되기 때문입니다.

4. 너무 편리(便利)하고 안락(安樂)한 생활을 하다 보니, '게으름'으로 꽉 차 있다

옛날에 비해 생활수준이 좀 나아지다 보니, 요즘 어린이들이, 주로 편리한 아파트에서 아주 안락한 생활을 하게 된 것은 좋으나, 그에 따른 좋지 않은 역효과도 나타나게 되어, 그래서 문제인 것입니다. 그 문제점들은, 다음 두 가지입니다.

첫째는, 안락한 환경과 부모들의 과보호 속에서, 원하는 것은 무엇이든 즉각 다 만족시켜 주기 때문에, 어린이들은 그만 포만증(飽滿症)에 걸려, 한없이 게을러져 버린 것이고, 둘째는, TV나 컴퓨터는 리모콘이나 버튼만 누르면, 원하는 것을 무엇이든 다 보여 주기 때문에, 어린이들은 자연히 수동적(受動的)인 사람이 돼 버려, 자기도 모르게 게을러져 있다는 것입니다.

그런데, 이 '게으름병 문제'는, 그냥 가볍게 생각해서는 절대로 안 된다는 것입니다. 게으름병에 한 번 걸리면, 좀처럼 고쳐지지 않는, 그 고질적인 '습관성(習慣性)'이 문제인 것입니다. 한 번 그 게으름병이 습관화되어 버리면, 아무것도 하기가 싫어져, 손 하나 까딱 안 하고, 편안하고 안락하게만 지내고 싶어지게 된다는 것입니다. 숙제도 심부름도 방청소도 일하기도 일기 쓰기도, 모두 다 싫어하고, 그저 먹고 놀고 까불기만을 원하며, 더 손쉽고 편안하고 안락한 것만을 추구하게 된다는 것입니다. 손 하나 까딱 하려 하지 않는, 게으름병이 극에 달한 어린이들은,

마침내 방만(放漫)과 방자(放恣)로 이어지고, 그것은 또, 방탕(放蕩)과 환락(歡樂)과 마약(痲藥)으로까지도 이어지게 되어, 결국엔 파멸의 불행한 종말을 맞게도 될 수가 있다는 것입니다.

지난번에 KBS에서 교실붕괴 현상을 다루면서, 어느 고등학교 교실의 수업시간의 실태를 비추는 것을 보았는데, 많은 학생들이 엎드려 자고 있고, 어떤 한 학생은 책도 안 내놓고 멍하니 앉아 있었습니다. 그때 기자가, 왜 책도 안 내놓고 그렇게 가만히 앉아 있느냐고 물으니, 책은 책가방 속에 있는데, 꺼내기가 귀찮아서, 그대로 앉아 있는 것이라고 대답했습니다. 나는 그때 그걸 보고, 저게 바로, 이 나라 학생들의 '게으름병'의 극치요, 또 교실붕괴·학교붕괴의 근본원인이라고, 단정 짓고 말았습니다.

그래서 옛날부터, '게으름은 마음의 잠이다.' (L.C. 보브나르그)라든가, '태만은 산 사람의 무덤이다.' (영국속담) '한 가지에 태만한 사람은 만사에 태만하다.' (영국속담)라고 하면서, 경계해 왔던 것입니다.

그래서, 어린이들을 게으름을 모르는, 건전하고 의지적인 사람으로 키우려면, 게으름의 고리를 끊어야 하고, 그리고, 어려서부터 그런 나쁜 게으름병이 습관화되지 않도록, 생활훈련을 잘 시켜야 하는 것입니다.

그런데, 일기 쓰기가 그 게으름병 고치는 데, 제일 효과적인 방법인 것입니다. TV나 컴퓨터 다루기 등, 모든 어린이들의 생활이 거의 다 수동적인데 반해, 오직 일기 쓰기만은, 능동적 적극적 창의적이기 때문입니다. 일기 쓰기는, 종합적인 사고와 실천이 소요되기 때문에, 처음 시작할 때는 좀 저항을 느끼지만, 갈증을 느끼고 있었던 표현욕구를 잘 자극하고, 또 상찬법(賞讚法)으로 잘 유도하기만 하면, 어린이들을, 게으름병의 깊은 잠에서 깨어나게 할 수가 있을 것입니다.

또, 어릴 때부터 게으름병에 걸리지 않도록 하려면, 일하면서 사는 부지런한 생활습관을 어려서부터 몸에 붙여 주도록, 의도적 교육적으로 시도를 해야 합니다. 어려서부터, 이불 개기·자기 방 청소하기·부모님

방 청소하기 · 화장실 청소 · 아파트 계단 청소 · 놀이터 청소 · 아파트 노인정 청소 · 아파트 쓰레기장 청소 · 화초와 채소 가꾸기 · 집짐승 기르기 등을 통해, 일하는 버릇을 몸에 붙여 주면, 세상살이에 대한 도리나, 자연의 진리에 대해 빨리 눈을 뜨게 되어, 슬기로움이 있는 지혜로운 사람으로 자라게 될 수가 있을 것입니다.

유치원 교육을 세계에서 제일 잘하고 있는 일본이나 이스라엘에서는, 좋은 버릇과 좋은 습관을 어려서부터 몸에 붙여 주기 위해, 질서 지키기와 남을 배려하는 예절에, 특히 역점을 두어 지도하고 있다고 합니다. 일본 어느 유치원에서는, 건강하고 씩씩한 인간으로 키우기 위해, 발목까지 오는 긴 내복을 입히지 않고, 추위를 이기는 교육을 시키고 있다고도 합니다. 기계문명의 발달로, 세상 모든 사람들이 보다 더 안락하게 살기를 원하고 있는 판인데, 기어코 시류를 역행하며 거친 강교육(强敎育)을 한다는 것은, 참으로 놀라운 일이 아닐 수 없습니다. 세 살 적 버릇 여든까지 간다는 진리를 깊이 깨닫고서, 그대로 실천에 옮기고 있는, 참으로 현명한 선각자적(先覺者的) 교육행위라고 아니할 수가 없습니다.

그리고, '게으름병'을 쫓는 데 또 하나의 가장 좋은 방법은, 우리 인간이 태어나면서부터 타고난 본성(本性)인 '정성스러운 마음(誠)'을 불러일으켜, 잠을 깨게 해주자는 것입니다. 사서삼경(四書三經) 중의 하나인 중용(中庸)에서는, 이 '정성스러움(誠)'을 '진실되어 거짓이 없는 마음'인데, '사물(事物)의 시작이요, 마침'이며, '정성스럽지(誠) 않으면, 사물이 없다.'라고까지 말하고 있습니다.

사서삼경을 숭상하며 공부하고 실천해 온 우리 조상들은, 이 '정성스러움(誠)'을 최고 진리로 알고, 그것을 높이 받들어 꼭 몸에 지니고 실천하려고, 무진 애를 썼습니다. 그래서, 제사도 온 정성 다해 지냈고, 농사 짓기나, 학문연구나, 자녀교육 하는 데도, 온 정성 다해 힘써 실천해 왔던 것입니다.

그런데, 유흥과 향락과 음란만을 일삼는, 미국의 부패문명(腐敗文明)의 탁류가 밀려들어오면서, 이 '정성스러움(誠)'을 깡그리 잊어버리고 만 것입니다.

이래서는 안 됩니다. 교사나 학부모들도, 모두가 사서삼경을 공부하면서, 어린이들로 하여금, 이 '성스러움(誠)'의 진리를 실천하도록 해야 하겠습니다. '정성스러움(誠)'은, 모든 사물을 성공으로 이끄는 진리입니다. 모든 사람이 성실한 태도로 임하면, 무슨 일이든 다 이룰 수가 있을 것입니다. 어린이들 마음속 깊은 데 잠들어 있는, 타고난 이 '성스러운 마음(誠)'을 불러일으켜서, 우리 모든 한국 어린이들이 조상 전래의 '한국혼'을 지닌, 정성스럽고 부지런한, 참된 어린이가 되도록 교육해 나가야 하겠습니다.

아무튼, 이 나라는 지금 가정교육과 학교교육의 잘못으로, 청소년들 사이에 게으름병이 만연되어, 교육붕괴의 위기에 직면해 있습니다. 우리는, 위기에 처한 인간을 구제하는 데 있어서, 일기 쓰기가 절대적인 효과가 있는, 훌륭한 교육수단이라는 것을 잘 알고 있느니만큼, 즉각적인 일기 쓰기 지도의 실천으로, 이 나라의 교육위기를 극복하도록 해야 하겠습니다.

5. 글씨쓰기의 힘(서자력-書字力)이 모자라, 일기 쓰기 등, 글씨 쓰는 것 자체를 싫어한다

TV 등의 영상매체의 유행과 컴퓨터의 등장으로, '책 이탈' · '문자 이탈' 현상이 가속화되면서, 글씨쓰기 지도를 소홀이 하는 바람에, 어린이들의 글씨 쓰는 힘(서자력-書字力)이 말할 수 없이 퇴화되고 말았습니다. 공책 한 쪽, 원고지 한 장을 채우는 데도, 무슨 중노동이라도 하는 것처럼, 끙끙대며 몇 번을 쉬어야만, 겨우 해낼 정도입니다.

요즘 도시 어린이들이 글씨 써 놓은 걸 보면, 삐뚤빼뚤 마치 지렁이가 기어 다니는 것 같고, 필체며 필순 · 맞춤법 · 띄어쓰기 · 줄바꿔쓰기 ·

문장부호 사용법 등, 제대로 된 게 하나도 없습니다. 그 어디에서도 교사나 부모님들의 지도 흔적을 찾아 볼 수가 없습니다. 쓰기 교과서가 있는 데도, 글씨쓰기 시간에 교사들은 뭘 했길래, 이 모양 이 꼴이 되었으며, 또 어린이들의 글씨쓰기 실태를 한 사람 한 사람 점검해 보지도 않는 사람을, 과연 교사라고 할 수 있을까 하고, 분노를 느낄 때가 참으로 많습니다.

 그것뿐이 아닙니다. 연필 쥐는 법도 지도가 안 돼 있어 엉망이고, 쓰는 자세 지도도 하나도 안 되어서, 머리를 좌우로 숙여, 책상에다 눕히고 쓰는 어린이들도 아주 많습니다. 또 샤프펜보다는 나무연필로 쓰도록 해야 되는 법인데, 그것도 관심을 갖고 지도하는 교사가 별로 없습니다. 연필 깎기를 어린이들이 귀찮아하니까, 편리한 쪽을 택하도록, 그냥 놔두고 보는 것이라고 합니다. 그러나, 나무를 쥐면서 느끼는 포근한 우주감각의 가치라든가, 연필을 손으로 깎거나 쓸 때의, 손끝의 자극이 오장육부(五臟六腑)로 전해져, 몸도 건강해지고, 머리도 좋아진다는 사실을 안다면, 그대로 두지는 못할 것입니다.

 또, 요즘 어린이들은, 책받침 사용법을 거의 모르고 있고, 따라서 공책 뒷면이 울룩불룩 튀어나와도, 전혀 보기 싫은 것을 느끼지를 못합니다. 이것 역시, 교사들의 침투된 자상한 지도가 안 되어 있어서 그런 것입니다. 평소에, 바르고 깨끗하고 깔끔한 것을 좋아하는 미의식(美意識)을 길러 놓았더라면, 어린이들이 공책을 곰보딱지처럼 만들어 놓고도, 그 흉측스러움을 전혀 느끼지 못하는, 그런 둔감한 바보 같은 짓을 매일 되풀이하고 있지는 않을 것입니다.

 이렇게, 어린이들의 글씨 쓰는 힘(서자력-書字力)이 급격히 쇠퇴해 가고 있는 결정적인 이유는, 교사도 어린이도 학부모도 모두가, 앞으로 컴퓨터가 다 해결해 줄 텐데, 구태여 힘들여 글씨쓰기 연습을 할 필요가 뭐 있겠느냐며, 글씨쓰기 자체를 경시하며 포기하고 있기 때문인 것입니다. 그러나, 절대로 그렇지가 않습니다. 그건, 글씨쓰기의 중요성이나 교육적 가치를 전혀 모르고 있기 때문에, 그런 경솔한 속단을 내리고 있는 것입니다. 앞으로 컴퓨터에 의한 글쓰기 기술도 급속하게 발달해 가겠지만, 손으로 쓰는 글씨쓰기나 글쓰기도, 손과 펜과 종이가 있는 한, 절대로 없어지지는 않을 것입니다. 어쩌면, 편리한 기계문명 때문에, 쇠퇴 소멸돼 가고 있는, 인간의 정신기능을 되살리기 위해서도, 앞으로, 오히려 연필로 쓰는 글씨쓰기나 글쓰기가 중시될지도 모르겠습니다. 그리고, 다음에 열거한, 연필로 쓰는 글씨쓰기의 중요성을 보시면, 더욱 확신을 얻게도 될 것입니다.

글씨쓰기의 중요성은, 다음과 같습니다.

(1) 수업 결과는 반드시 글씨로 써서, 문자언어(文字言語)에 정착(定着)시켜 놔야 한다

모든 수업은 주로 음성언어(音聲言語)로 이루어지는데, 그 수업의 결과는 반드시 문자언어(文字言語)로 정착(定着)시켜 놓아야 하는 것입니다. 왜냐하면, 음성언어로 설명하고 토론하고 한 것은, 소리와 함께 다 사라지고 말기 때문입니다. 학습내용을 오래 간직하려면, 반드시 글자로 종이 위에 써서, 학습 결과를 남김과 동시에, 의식 속에도 각인(刻印)시켜 두어야 합니다. 그래야, 기억이 오래 가고, 또 학습효과도 오래 지속되기 때문입니다. 그런데, 이런 중요한 원리를 모르는 교사들이, 음성언어에만 의존해 학습을 진행하고 있는 관계로, 만날 실패한 수업만을 거듭하고 있는 실정인 것입니다. 그래서, 모든 교사들이 글씨쓰기 교육의 중요성을 깨닫고, 학습 결과를 반드시 문자에 정착시키는, 글씨쓰기 교육을 착실하게 실천하여, 학습효과를 극대화시킴으로써, 성공한 국어교육이 되도록 해야 하겠습니다.

그 동안, 이 글씨쓰기 교육이 얼마나 경시되었느냐 하는 것은, 모든 서울 시내 문방구점들이, 초등학교용 공책이 잘 안 나가 아우성이라는 사실만 보아서도, 알 수가 있을 것입니다. 모든 초등학교 교사들이 컴퓨터에만 의존하고, 숙제도 워드로 쳐 오라고 하기 때문에, 공책이 잘 안 팔린다고 합니다.

또, 한 가지는, 내가 들은 이야기인데, 서울 중심지 어느 초등학교에서 있었던 일입니다. 어린이가 3학년인 데도, 공책을 한 권밖에 안 가지고 다녀서, 어느 학부모가 학부형 모임 때, 담임교사에게, 9개 교과에 애들이 공책을 달랑 한 권만 가지고 다니는데, 그래 가지고 공부가 제대로 되겠느냐고 질문했더니, 모든 교과서가 워크북 형식으로 되어 있어, 공책이 필요 없다고 하더랍니다. 참으로 기가 찰 이야기가 아닐 수 없습니다. 우선 국어과만 하더라도, 대강의 줄거리 잡기·대문 나누기·낱말의 뜻 조사·내용연구 등에 필요한 공책 1권, 글쓰기용 공책 1권, 서사력을 기르기 위한 베껴쓰기용 공책 1권 등, 적어도 3권이 꼭 필요합니다. 그런데, 3학년 어린이가 달랑 공책 1권 가지고, 9개 교과 공부를 한다니, 이게 어디 상식적으로 말이나 될 일입니까?

이렇게, 무성의하고 상식 밖의 행동으로 교육을 하기 때문에, 어린이들의 학력이 형편이 없고, 그래서, 그렇게 흐지부지하게 가르칠 바엔, 차라리 학교 문을 닫으라는 소리까지 나오고 있는 실정인 것입니다.

연필로 직접 쓰는 글씨쓰기 교육은, 모든 학력의 기초 중의 기초가 되므로, 글씨쓰기 교육을 중시해 착실하게 실천함으로써, 어린이들의 기초 실력을 알차게 다져 나가야 하겠습니다. 그리고, 글씨를 쓸 때는, 쓰기책에 나와 있는 글씨체인 궁체(宮體)로, 바르고 정확하고 야무지고 정성스럽게 쓰도록, 습관화시켜야 한다는 것을 잊어서는 안 될 것입니다.

(2) 육필(肉筆)로 글씨쓰기나 글쓰기를 하면, 문장을 훨씬 더 깊이 느끼고 생각하게 된다

연필이나 펜으로 글씨쓰기를 하면, 문장을 더욱 깊이 느끼고 깊이 깨

닫고, 더욱 깊이 생각하게 됩니다. 이 연필로 쓰는 글씨쓰기에는, 두 가지 경우가 있는데, 그 하나는 남이 써 놓은 좋은 글의 장점을 배우기 위해, 베껴쓰기(서사-書寫)를 해보는 경우이고, 또 하나는 자기가 자기 생각을 직접 적는, 창작의 자기 글을 쓰는 경우입니다.

앞의 경우, 즉 남의 글을 베껴 써 보게 하면, 그냥 읽기만 할 때보다는, 훨씬 더 깊고 정확하게 문장 내용을 파악할 수가 있습니다. 왜냐하면, 남의 글을 베껴 쓰는 동안에, 주어(主語)와 술어(述語)의 관계·수식어(修飾語)와 피수식어(被修飾語)와의 관계·단락(段落)과 단락의 관계·순접(順接)과 역접(逆接)의 문장 접속관계·지시어(指示語-가리키는 말) 등의 전체 문장구조(文章構造)에 대한 의문점을, 직접적으로 분석해 가는 독해과정(讀解過程)을 통해, 문장의 주제(主題)에, 보다 더 깊게 파고들 수가 있기 때문입니다.

또, 그뿐이 아니라, 맞춤법·띄어쓰기·문장의 주술호응(主述呼應) 관계·문장부호 사용법 등까지도, 직접적으로 바르게 체득할 수가 있기 때문입니다.

그리고, 뒤의 경우, 즉 연필로 문장을 창작해서 쓸 경우도, 워드로 칠 경우보다도, 썼다간 지우고, 지웠다간 다시 고쳐 쓰는, 문장의 창작과정(創作過程)과 퇴고과정(推敲過程)을, 직접 종이 위에서 자기 눈으로 살피면서, 훨씬 자유롭게 진행할 수가 있어서 좋습니다. 왜냐하면, 워드로 친 것은, 쳤던 걸 한 번 지워 버리면 화면에서 사라져 버려 안 보이지만, 종이 위에서 썼다 지웠다 한 작업과정은, 그대로 흔적이 남아 있어, 보다 좋은 방향으로 문장을 재구성해 창작해 나가기가, 훨씬 유리하고 편리하기 때문입니다.

그리고, 또 워드로 친 글은, 깨끗하고 뚜렷해 읽기는 편리하지만, 너무 규격화되어 있어, 좀 냉정하고 친근감이 안 갑니다. 그러나, 연필로 직접 쓴 육필(肉筆)의 글은, 지은이와 연필이 한덩어리가 되어 쓴 것이라, 연필을 통해 스며 든 지은이의 정신과 정성이 맥맥(脈脈)이 흐르고 있고, 지은이의 체온과 땀과 살냄새와 정감과 숨소리는 물론, 그 사람의 인격과 인간성까지도 느낄 수가 있어, 더욱 좋습니다.

그리고, 또 사람이 쓴 글은, 역사적으로 남기 마련인데, 그 역사적 유물이 활자로 된 인쇄물이 아니고, 육필원고일 때가, 훨씬 더 값어치가 있는 유물이 되는 것입니다. 그것은, 앞에서도 말한 바와 같이, 육필원고에는, 지은이의 인격과 인간성이 스며 있고, 그 원고를 썼을 당시의 지은이의 개인적 상황이나, 시대적 역사적 상황까지도, 다 살필 수가 있기 때문인 것입니다.

(3) 글씨에는 그 사람의 인격(人格)이 드러나므로, 반드시 궁체(宮體)로 바르게 쓰도록 지도해야 한다

연필로 글을 쓰는 육필일 때는, 바로 달필(達筆)과 졸필(拙筆)과 난필(亂筆) 등의 글씨체와, 그리고 글쓴이의 인격까지도 다 드러나게 됩니다. 졸필이나 난필일 때는, 글씨가 보기도 싫고, 또 다른 사람이 그 글의 내용을 알 수도 없기 때문에, 그 졸필과 난필의 글씨체를 바로잡기 위해, 어렸을 때 글씨 연습을 많이 해야 합니다. 특히, 난필은, 어떻게 해서든지 바로잡아 주어야 합니다. 졸필은 타고난 것이라, 어쩔 수가 없는 일이지만, 난필은 정신적 타락과 습관의 잘못에서 오는 것으로서, 그 악습을 어렸을 때 바로잡지 못하면, 올바른 사람으로 성장할 수가 없기 때문입니다. 난필 바로잡기는, 바로 인간 바로 세우기와 직통되는 중대한 문제이므로, 단단한 각오와 끈기를 가지고, 꾸준히 노력해야 할 것입니다.

그 글씨체 연습을 할 때는, 연필 쥐는 법이며, 글씨 쓰는 자세와 마음가짐까지도 단정히 가다듬고, 정성스럽게 써야 합니다. 그러느라면, 자연히 마음 수양이 되어, 글씨체도 달라지고, 따라서 마음의 자세도 달라져, 인격도 달라지게 되는 것입니다. 이와 같이, 연필로 직접 글을 쓰는 육필법은, 바로 글쓴이의 마음과 인격이 나타나게 되고, 그 글씨 솜씨를 갈고 닦으면, 글씨 쓴 이의 마음과 인격까지도, 자연히 닦아지는 묘한 힘이 있는 것입니다. 그래서, 글씨는 항상 정신을 똑바로 차리고, 온 정성을 다해 정성스럽게 쓰도록, 철두철미하게 지도해야 합니다.

내가 어려서 할아버지한테 붓글씨를 배울 때 이야기입니다. 일제시대는, 종이가 모자라, 신문지에다 붓글씨 연습을 했습니다. 그런데, 신문지까지도 귀한 때라, 한 번 쓴 신문지도 버리지 않고, 여백이 없어질 때까지, 거기다 계속 붓글씨 연습을 하는 것은 물론, 그 신문지가 새까매지면, 그 위에다가 또 덧칠해, 붓글씨 연습을 하곤 했습니다. 그런데, 한번은, 신문지가 새까매지면 붓자국이 잘 안 나타나기 때문에, 장난기가 동한 나는, 붓글씨를 아무렇게나 마구 휘갈겨 쓰고 있었던 것입니다. 그랬더니, 그걸 보신 할아버지께서

"애야, 그렇게 장난으로 붓글씨를 아무렇게나 휘갈겨 쓰면, 글씨가 너 보고 욕한다."

하시며, 나무라셨습니다. 나는 그때 글씨가 욕을 한다는 말에 마음이 섬뜩해져서, 그 후, 다시는 붓글씨 장난을 하지 않게 되었습니다. 지금도, 내 글씨가 마음의 게으름으로 흐트러질 때면, 그 옛날 할아버지의 말씀이 자꾸 떠오르곤 합니다.

아무튼, 연필로 글을 쓰는 글씨쓰기는, 이렇게 여러 가지 교육적 효과가 크므로, 워드로 치는 글쓰기 실력도 잘 익히면서, 동시에 연필로 쓰는 육필 글씨쓰기도 병행해서 잘 지도하는, 쌍두마차 전략을 추진해 나가도록 해야 하겠습니다.

그리고, 또 한 가지 꼭 덧붙여야 할 문제가, 필체(筆體)에 대한 이야기입니다. 초등학교 쓰기책에 나와 있는 표준 한글 필체는 궁체(宮體)입니다. 궁체란 것은, 사전에 보니, '조선 왕조 때 궁녀들이 쓰던, 선이 맑고 곧으며, 단정하고 아담한 한글 글씨체'라고 나와 있습니다. 궁체는, 이렇게 아름다운 글씨체인 데도, 초등학교 어린이들 중에, 이 궁체가 있는 것을 아는 어린이가 거의 없을 뿐 아니라, 또 이 궁체를 따라 쓰는 어린이

도 거의 없는 실정입니다. 거의 고딕체나, 아니면 자기 멋대로의 괴상한 필체로 마구 휘갈기고 있는 실정입니다. 쓰기책이 있는 데도, 교사들이 글씨체 지도를 안 하고 방치해 두고 있기 때문에, 그렇게 된 것입니다. 글씨 솜씨는, 바로 그 사람의 정성이나 정신상태, 사람 됨됨이를 그대로 내비쳐 보이는 거울입니다. 어려서 필체를 바로잡아 주지 않으면, 평생 정신이 바로 서지 못하는, 흐트러진 인간이 되기 마련이므로, 그 중대성을 깨닫고, 궁체로 쓰기 운동도, 철저하고 착실하게 펼쳐 나가야 하겠습니다.

(4) 육필(肉筆) 글씨쓰기를 하면, 인내력(忍耐力)과 차분한 성격(性格)도 기를 수 있다

연필로 글씨를 쓰는 육필 글씨쓰기를 하면, 인내력과 차분한 성격을 기를 수가 있습니다.

왜냐하면, 워드로 칠 때는, 별로 힘 안 들이고도, 키를 누르기만 하면 되지만, 연필로 글씨를 쓰려면, 한 획 한 획 손의 모든 근육과 온 신경을 총동원해 써야 하므로, 많은 에너지와 정신력과 인내력과 정성을 필요로 하는데, 그렇게 하려면, 그 고통과 하기 싫은 마음을 다 견뎌 이겨 내야 하기 때문입니다.

그래서, 침착성이 없거나, 문자 미해득아나, 문장력이 부족한 어린이 및 학습에 흥미가 없는 어린이들은, 그 치료법의 하나로서, 남의 좋은 글 베껴쓰기 훈련을, 좀 강제성을 띠더라도, 시켜 보도록 하는 것이 아주 좋을 것입니다.

(5) 연필로 글씨 쓰는 힘(書字力)은 대학입시(大學入試)의 논설문(論說文) 쓰기에도 큰 도움이 된다

연필로 글씨 쓰는 힘, 즉 서자력은, 대학입시에서 논설문을 쓸 때도, 큰 도움이 될 것입니다.

대학입시 때의 논설문은, 1,600자~3,000자(200자 원고지 8장~15장)의 논설문을, 1시간 반 내지 3시간 이내에 작성해 내야 합니다. 딴 종이에 내용을 한 번 연습해 보고, 정서해 내는 것이 아니고, 머리 속에서 구상한 것을, 바로 문장화해서, 정해진 길이로, 정해진 시간 내에 써야 하기 때문에, 보통 어려운 일이 아닙니다. 그래서, 초등학교 때부터, 글씨쓰기(서자력) 실력은 물론, 구상력이며 문장표현력·문장부호 사용법 등의 실력도, 철저하게 미리 잘 길러 놓아야 하는 것입니다.

그런데, 초등학교 쓰기책도 잘못돼 있을 뿐 아니라, 글씨쓰기나 글쓰기 지도도 거의 잘 이루어지지 않고 있어, 큰 걱정입니다. 거기다가 교육행정 당국의 잘못된 생각 때문에, 논설문 쓰기의 절대적인 기초가 되는, 일기 쓰기나 생활문 쓰기는 아예 내팽개쳐 놓은 채, 오직 논설문 쓰기만을 강요하고 있는 관계로, 일선 학교에서는, 방향을 못 잡은 채, 혼선만을 거듭하고 있어, 큰 문제가 아닐 수 없습니다.

논설문 쓰기 지도는, 생활문 쓰기 실력의 토대 위에서 이루어져야 정상인 것입니다. 생활문 쓰기를 통해, 논설문 쓰기에 필요한, 문장구상력·문장표현력·비판력·문제의식·주제파악력·서사력·요약력 등을, 충분히 미리 길러 놓아야 하는 것입니다.

비행기도, 활주로를 전속력으로 힘껏 달려서 생기는 도움닫기의 부력(浮力) 때문에, 하늘로 저절로 날아오르게 되는 것입니다. 비행기가 활주로를 전속력으로 달리지 않으면 부력이 안 생기고, 부력이 안 생기면, 비행기는 하늘로 날아오를 수가 없는 것입니다. 그 비행기의 활주로 달리기의 단계가, 바로 생활문 쓰기 지도단계이고, 부력으로 절로 치솟아 오르는 단계가, 바로 논설문 쓰기 지도단계인 것입니다.

이 비행기의 비상원리(飛翔原理)로, 이 나라 초등학교의 논설문 쓰기 지도의 잘못을 따져 본다면, 그것은, 마치 활주로에서의 도움닫기도 함이 없이, 바로 하늘로 날아오르려고만 하는 것과 똑같은 꼴인데, 그렇게 잘 못하다가는, 그만 추락하고 마는, 그런 사고 비행기와 똑같은 실패의 종말을 맞고 말 것입니다.

아무튼, 초등학교에서는, 정확하고 효과적인 표현으로, 중심이 잡힌 생활문을 자유자재로 써 낼 수 있는, 문장력을 기르는 데 주력해야 합니다. 그런 문장력의 기초가 다져진 후, 고학년, 즉 4·5·6학년이 되면, 논설문의 기초가 되는 '이래서야 될까?' 란 제목으로, 생활 주변과 학교와 사회의 문제점을 붙잡아, 원인과 문제점을 분석해 비판하고, 해결책을 제시하는 식의, 소논설문(간이 논설문)을 쓰이는 데 만족하도록 해야 한다는 것입니다.

그리고, 지금처럼, 논설문 쓰기의 기초가 되는 일기 쓰기나 생활문 쓰기 지도는 도외시한 채, 신문에 나오는 사설(社說)을 외우거나 모방하도록 강요하는, 관념적인 가짜 논설문 쓰기 지도는, 절대로 해서는 안 될 것입니다.

어느 논설문 학원에서, 고3 학생들에게 논설문 쓰기 강의를 하고 있는 분의 이야기를 들어 보니, 고3 학생들의 문장표현력·맞춤법·원고지 사용법 등의 실력이 엉망인 것은 물론, 글씨쓰기 실력과 글씨체도 바로 잡혀 있지 않아서, 무슨 글을 써 놨는지, 알아볼 수 없는 글이 수두룩하다고 합니다. 나는 그 이야기를 듣고, 초등학교에서 글씨쓰기 및 글쓰기 지도를 소홀히 한 결과가, 바로 고3 학생들에게까지 그대로 미친다는 것을 절실하게 느꼈습니다. 한 사람의 태만과 무책임한 행동이, 얼마나 무서운 죄과를 저지르게 되나 하는 것을, 나는 그때 통감하기도 했습니다. 그렇습니다. 한 번의 잘못이 이렇게까지 오래 가는 것입니다. 교육과정에서 요구하고 있는 학력은, 꼭 그때 그때 정착시켜 주어야 한다는 것을, 잊어서는 안 되겠습니다.

대학입시에서의 논설문 쓰기에 대한 이야기를 하다 보니, 글이 잠깐 곁길로 나가고 말았습니다. 아무튼, 초등학교에서는, 논설문보다는 생활문 쓰기나 일기문 쓰기에 역점을 두어, 구상력 · 문장표현력을 기름은 물론, 좋은 글 베껴쓰기 등을 통해, 글쓰는 요령 습득과 아울러, 글씨를 바르고 빨리 쓰는 서자력(書字力)도, 아울러 길러 주도록 해야 하겠습니다.

제3장 학부모(學父母) 쪽의 문제점

여러 학부모들을 만나 보면, 자기 자녀들이 일기를 잘 쓰질 않는다고, 걱정들을 많이 합니다. 그런데, 그런 학부모들일수록, 그 사람들의 가정생활을 파고들어가 보면, 소비적 · 유흥적 · 상식적 · 비교육적 · 비인간적 생활환경 속에서, 현실만족만을 추구하며, 너무도 평범하고 무의미하고 기계적인 생활을 하고 있는 사람들이었습니다. 다시 말하면, 무언가 내일을 내다보며, 새롭고 보람되게 살아가며, 자녀들을 올바른 사람으로 키워 보겠다는, 꿈이나 가치의식이 전혀 없는, 너무도 틀에 박힌 무의미한, 유흥적이고 소비적인 삶만을 추구하는 사람들이었습니다.

가정환경이 그러하고, 부모들의 삶이 그러하다 보니, 그런 잘못된 환경 속에서, 잘못 길들여진 어린이들의 생각이나 생활은, 보나마나 뻔한 일인 것입니다. 그들 역시, 현실만족과 게으름에 빠져, 무얼 새롭게 보려고도, 또 좀더 사람답고 보람 있게 살아 보려고도 하지 않음은, 두말할 필요조차도 없습니다. 왜냐하면, 세 살 적 버릇이 여든까지 가듯, 세 살을 전후해서 한 번 잘못 길들여진 나쁜 버릇은, 좀처럼 고쳐지지가 않기 때문인 것입니다.

아무튼, 현재 이 나라에는, 이런 잘못된 안이한 생각으로, 자녀교육을 하는 학부모들이 너무도 많아서, 큰일이라는 것입니다. 올바른 자녀교육을 하려면, 먼저 가정에, 동양윤리에 바탕을 둔, 올바른 규범이 서야 하고, 부모들이 먼저 솔선수범을 해서, 시범을 보여 주어야 하는 것입니다. 모든 일상생활과 명절 때의 제사 · 결혼 · 장례 등 집안의 여러 행사며, 가족여행 등을 할 때, 좀더 자녀들의 삶에 도움이 되게 하기 위해선, 그런 행사들을 보다 교육적으로 뜻있게 진행해 나가야 하는 것입니다.

그러면, 여기서, 학부모들이, 자녀들에게 일기 쓸 계기를 만들어 주려고 하지는 않고, 비교육적인 방향으로 생활을 이끌어 나가고 있는 사례들을, 몇 가지 들어 보도록 하겠습니다.

1. 일상생활(日常生活)을 너무 무의미(無意味)하게 지나쳐 버린다

대부분의 학부모들이, 날마다의 일상생활을, 아무 뜻이 없는 어제와 똑같은 흔해빠진 다반사로 생각하고서, 너무도 무의미하고 평범하게 그냥 지나쳐 버린다는 것입니다.

우리가 조금만 더 주의력을 기울여서 일상생활을 살펴본다면, 어제와 오늘의 생활이, 똑같은 날이 단 하루도 없다는 것을 알게 될 것입니다. 날짜, 날씨, 계절, 정치·경제·사회의 변동상황, 가족의 건강상태, 관혼상제 등의 집안 행사, 생활내용 등, 어느 것 하나 전날과 똑같은 게 있을 수가 없습니다. 그런데, 만날 똑같은 일만 되풀이되고 있다고 생각하는 것은, 바로 그 사람들의 의식이 잠들어 있기 때문에, 그런 것입니다. 사람이 살아가는 데 가장 중요한 것은, 의식이 깨어 있어야 하는 법인데, 의식이 잠들어 있다는 것은, 살아는 있어도 죽은 사람이나 마찬가지 상태인 것입니다.

학부모들이 이렇게 현실만족에 빠져, 의식이 잠들어 있어 가지고서는, 도저히 정신이 깨어 있는 올바른 자녀를 기를 수가 없습니다. 하루 빨리, 학부모들부터 현실만족의 깊은 잠에서 깨어나서, 매일 새롭게 전개되는, 자연과 사회의 모든 움직임을 날카롭고 새롭게 받아들이는, 그런 깨어 있는 사람으로 고쳐 태어나도록, 노력해야 할 것입니다.

그리하여, 어제와 다른 자연현상이나 사회상황 및 생활현실이 벌어지면, 학부모 쪽에서 먼저, 자녀들에게 그것에 대한 느낌을 묻거나 질문을 던져, 자녀들의 관심이나 의문을 불러일으켜, 자연과 인간과 사회와 생활현실로 눈을 돌리도록 해야 하겠습니다. 그리하여, 무관심과 무의욕·무취미·무흥미 등의 게으름병에 걸려, 깊이 잠들어 있는 어린이들의 영혼을, 흔들어 깨워 주어야 하겠습니다.

오늘은 신문을 보니, '요리만큼 효과적인 체험학습은 없다.' 는 걸 터득했다는, 어느 주부의 체험담이 실려 있었는데, 부엌에서 요리를 하면서, 이것저것 궁금해서 묻는 자녀들의 호기심을, 즉석에서 실습을 통해 해결해 주고 있다는 내용이었습니다. 즉, 달걀 껍데기 까기·어슷썰기·채썰기·밀가루 반죽하기·종이접기 등을 통해, 손가락에 다양한 자극을 받게 하여, 두뇌발달을 촉발시킨다든지, 오이나 피망을 만져 보게 하여, '오돌도톨하다.'·'매끄럽다.' 등의 감각적인 표현을, 말로 해보게 한다는 것입니다. 또, 식빵을 사선으로 자르면 삼각형이 두 개 나오고, 십자로 자르면 사각형이 네 개가 나온다는 것을 보여 준다든지, 시간이 지나면 시들시들해지는 야채를 보여 주며, '기화(氣化)'를 알게 한다든지, 달걀찜이 익는 것을 보며, '열에너지의 이동(移動)'을 설명해 준다든지 한다는 것들이었습니다.

그 가정주부는, 가정생활의 모든 활동을 헛되이 넘기지 않고, 치밀한 교육적 안목을 가지고, 오감(五感)을 자극하는, 생생한 체험학습을 자녀들에게 얼마나 잘 시키고 있습니까? 사실, 우리의 일상생활을 조금만 더 신경을 써서, 교육적 안목으로 들여다본다면, 모든 삶이 바로 과학공부·자연공부·역사공부·철학공부·말하기공부·글쓰기공부·일기쓰기공부·음악공부·미술공부·수학공부·인생공부·예절공부·독서공부의 교실이 될 수가 있다는 것을, 깨닫게 될 것입니다. 따라서, 가정환경을, 책이 별로 없는, 유흥적·소비적·비교육적으로 꾸밀 것이 아니라, 책이 많은, 학구적·도덕적·교육적 환경으로 꾸며서, 어려서부터 어린이 스스로 책도 많이 읽고, 관찰·실험실습·사육재배·일체험·모험체험 등도 많이 하는, 호기심 많고 창의성 많은, 어린이로 키워 나가도록 해야 할 것입니다.

2. 일기 쓸 계기(契機)는 만들어 주지 않고, 놀고 먹는 나쁜 버릇부터 가르친다

부모님들이 자녀들을 승용차에 짐짝처럼 싣고서, 고급식당·고급호텔·고급백화점·고급유흥지로 돌아다니며, 나쁜 버릇만 가르치고 있어 걱정입니다.

도시 어린이들의 생활에 있어서 가장 큰 문제점은, 어린이들 성장에 절대적으로 필요하고, 절대적으로 좋은 영향을 주는, 대자연과 어쩔 수 없이 담을 쌓고 산다는 것입니다. 그러면, 그 대자연과의 접촉을 방해하는 범죄자들은, 과연 무엇들일까요? 그게 바로 다름 아닌, 아파트와 승용차와 TV와 컴퓨터 들인 것입니다.

아파트는, 의식주와 문화생활에 필요한 모든 것을 다 만족시켜 주기 때문에, 어린이들이 한번 아파트에 들어앉게 되면, 다시는 밖에 나가려 하지를 않습니다. 그러다 보니, 어린이들이 풀이나 나무나 새나 꽃의 이름을 하나도 모르게 되었고, 빗소리·바람소리도 모르고, 계절의 변화도 모르게 되었을 뿐 아니라, 우리 인간들의 생명의 근원이요, 어머니인 흙을, 똥보다도 더 더럽다고 생각하며, 만지기조차 싫어하는 단계에까지 이르고 말았습니다.

또, 승용차도 문제인 것입니다. 그냥 걸어서 다니면, 골목길·들길·산길을 걸으며, 여러 동식물을 보고 만지고 관찰할 수도 있을 텐데, 승용차를 타고 다니다 보면, 큰길로만 다녀야 하기 때문에, 자연히 동식물과는 멀어지게 되어 버리고 마는 것입니다. 그리고 또, 승용차를 타고 여행을 가게 되면, 자연히 고급식당·고급호텔·고급백화점·고급유흥장을 드나들게 되고, 따라서 어린이들은, 거기서 그릇된 소비문화나 유흥문화에 물들어 타락하게 되고, 결국엔, 어린이로서의 순수성마저 잃어버리게 되고 마는 것입니다.

그래서, 그저 단순한 의식주 해결의 장으로만 생각해 온, 종전의 아파트 살이에 대한 잘못된 생각과 태도를, 근본적으로 바꿔야 하겠습니다. 사실, 고층 아파트 단지의 날카로운 직선 시멘트 구조물들이, 차갑고 매정스러워 정떨어지게도 하지만, 그래도 아파트 밖 수목원과 풀밭과 꽃밭을 살펴보면, 그런대로 아직 생태계가 살아 있어, 시골에 있는 풀이나 들꽃들도 그대로 남아 있고, 곤충들도 거의 그대로 살고 있는 것을 볼 수가 있습니다. 그래서, 자녀들과 함께 동식물 사전을 들고 나가, 아파트 밖 식물원의 계절에 따른 생태계 변화를 관찰 조사하며 연구해 본다면, 자녀들의 눈과 관심을, 아파트 밖에 방대하게 펼쳐져 있는, 신비롭고 불가사의한 대자연과 우주로, 돌려 줄 수가 있을 것입니다.

그리고, 또 한 가지 방법은, 녹색이 모자라 차갑고 매정스런 아파트를, 대담하게 농촌화하고 농장화시켜서, 기계적인 아파트에서도, 시골체험·농촌체험을 할 수 있게 만들라는 것입니다. 즉, 관리사무소 측과 협의해서, 서구풍 일변도의 수종(樹種)으로 꽉 차 있는 아파트 수목원을, 우리나라 풍토에 맞는 수종인, 진달래·복숭아나무·살구나무·매화나무·소나무·앵두나무·감나무·대나무·팽나무·가죽나무·찔레나무·백일홍나무 등을 심어, 고향 냄새가 물씬 풍기도록 하라는 것입니다. 또, 주차장 구석을 흙으로 채워, 농촌 체험장을 만들고, 거기에, 벼·콩·조·수수·고구마·보리·밀·무·배추·시금치·감자·호박·오이·옥수수·고추·당근·우엉·땅콩 등을 심는 것은 물론, 아파트 구석에 소동물원을 만들어, 토끼·닭 등을 공동으로 기르면서, 자녀들에게 사육재배체험을 스스로 해볼 수 있도록 시도해 보라는 것입니다.

그리고, 또 한 가지는, 아파트 베란다도 농장화·꽃밭화 하라는 것입니다. 화분에다 흙을 채워, 열무·시금치·파·미나리·상추·쑥갓·고추·나팔꽃·분꽃 등을 심으면, 그 화분은 바로 화분밭으로 변하게 되고, 깻묵을 큰 양동이에 넣고 물을 붓고 썩혀서, 그 깻묵물로 화분밭을 가꾸면, 베란다가 그만 아파트 농장이 돼 버리고 말 것입니다. 그러면, 무농약 채소도 직접 가꿔 먹을 수가 있고, 실내가 한층 푸르러져, 기계적인 아파트 살이가 한결 부드러워지기도 할 것입니다.

그리고, 승용차를 이용한 농어촌체험 여행도 문제인 것입니다. 자녀들에게 농어촌에 대한 견문을 넓혀 주겠다는 생각으로 간 사람들이, 자녀들을 승용차에 태운 채로 농어촌을 한 바퀴 빙 돌며, 차창 너머로, 농어촌 경치만 수박 겉핥기로 한 번 보게 하고는, 되돌아와 버리는 수가 대부분인 것입니다. 그래서는 절대로 안 됩니다. 자녀들에게 농어촌체험을 시키러 가려면, 계획을 야무지게 세운 뒤, 온 가족이 직접 일할 수 있는 작업복으로 갈아입고, 차도 세상 실정을 몸으로 체험하기 위해, 대중교통을 이용해 현지로 떠나도록 해야 합니다. 현지에 가서도, 그저 구경만 할 게 아니라, 농어촌 사람들과 함께 어울려, 풀 뽑기, 돼지우리·쇠우리의 똥 치우기 등, 온갖 궂은일을 가리지 않고 다 해보면서, 땀을 흘려 보도록 해야 합니다.

언젠가 신문을 보니, 어느 가족이 여름방학 때 텐트를 메고, 색다른 강원도 산골여행을 한 것을, 소개한 기사가 실려 있는 것을 보았습니다. 그 가족은 산골길을 걸으며 식물과 곤충과 물고기 관찰도 하고, 또, 더우면 계곡에서 목욕도 하고, 그러다가 해가 저물면, 산골 마을을 찾아가 방을 빌리거나, 아니면 텐트를 치고 자면서, 산골체험을 하는, 아주 서민적이고 교육적이면서도 풍류미 넘치는, 참으로 값진 산골여행을 했다는 내용이었습니다. 나는, 그런 파격적인 여행을 시도한, 그 부모의 현명성과 용기에 경의를 표하고 싶었습니다. 앞으로 우리들도, 돈도 별로 덜 들이면서, 도시와 산골을 같은 생활권으로 묶을 수 있는, 그런 창의성 넘치는, 도시생활을 꾸려 나가도록 해야 하겠습니다.

3. 자녀교육(子女敎育)을 오로지 학원과 학교에만 의존하려 한다

가정교육은 등한히 한 채, 자녀교육을, 오로지 학원과 학교에만 의존하고 있어 큰일입니다.

자녀교육은, 그 자녀를 낳은 부모가 책임 지고, 인간 됨됨이의 기초를, 어릴 때 가정에서 야무지게 다져 주어야 하는 것입니다. 왜냐하면, 인간 됨됨이의 기초는, 거의 3세를 전후해서 결판이 나 버리게 되고, 그렇게 해서, 그 세 살 적 버릇은, 여든까지 가는 법이기 때문입니다.

 그런데, 우리나라 학부모들이 하는 가정교육을 보면, 인간 됨됨이의 틀이 잡히는 3세 전후의 중요한 시기에, 전통에 따른 좋은 예절 익히기나, 좋은 버릇 들이기·좋은 행동거지 몸에 붙이기 등에는 조금도 관심을 두지 않고, 그저 기 키우기와 개성과 창의성을 기른다는 명목 아래, 애들이 하자는 대로 내버려 두고 있어, 이만저만 큰일이 아닙니다.

 우리나라에선, 옛날부터 가정교육을 중시해, 사서삼경(四書三經)을 읽히며, 삼강오륜(三綱五倫)이라든가, 수신제가(修身齊家)나 인의예지(仁義禮智)며, 군자구용(君子九容)·군자구사(君子九思) 등의 동양윤리를 가르치며, 예의 바른 사람이 되도록, 어려서부터 철두철미하게 가르쳤습니다. 그런데, 요즘 젊은 학부모들은, 그 동양윤리가 케케묵었다며, 헌신짝같이 내팽개쳐 버리고, 기와 개성과 창의성을 키운답시고, 자녀들을 너무 자유롭게 키우다 보니, 남의 말은 전혀 듣지를 않고, 오직 자기밖에 모르는, 굴레 벗은 망아지 같은, 아주 방자한 어린이들만을 양산해 내고 있는 실정인 것입니다.

 그런 가정에서 잘못 길러진, 남의 말이라곤 전혀 듣지 않는, 망나니 같은 불합격품들을, 학부모들은 사람 만들어 달라고, 유치원·초등학교·중고등학교로 보내고 있는데, 한 번 잘못 길러진, 엉덩이에 뿔 난 어린이들은, 절대로 질서 있는 학교생활을 할 수도 없고, 바람직한 사람으로 자랄 수도 없는 것입니다. 그래서, 이 나라 초중고등 학교에, 교실붕괴·학교붕괴 현상이 일어나고 있고, 또 청소년 범죄가 날로 급증하고도 있는 것입니다.

 그리고, 또 한 가지 문제점은, 학교교육에서 기대했던 만큼의 성과를 얻지 못하면, 생각이 모자란 학부모들은, 이번에는, 학원에다가 허욕에 찬 터무니없는 기대를 걸려고 한다는 것입니다. 그런데, 자기 자식이 학교교육에서 성공하지 못하고 있는 근본원인은, 자기 자식의 무능력과 불성실한 학습태도 때문인 것인데, 그 근본원인은 하나도 생각하지 않고, 오직 학원이라고 하는 엉뚱한 데서 돌파구를 찾으려 하고 있으니, 문제해결이 될 리가 절대로 없다는 것입니다.

그리고, 그 학원이란 곳이, 참으로 문제가 많은 곳이란 것을 학부모들은 알아야 합니다. 학원이란 곳은, 그 비교육성과 상업성으로 인해, 인간성을 파괴하는 무서운 병균이 버글버글한 곳인 것입니다. 그런데, 대부분의 학부모들은, 자기 자녀의 능력부족은 생각하지도 않고, 학원에만 보내면 만사가 다 해결될 줄 알고, 무작정 학원으로만 자녀들을 내몰고 있는 것입니다.

그러나, 학원은 절대로 만병통치의 해결사가 아닙니다. 거기 가서, 어린이들은 지식을 좀 얻어 올지는 모르지만, 거기서 타락된 청소년들과 접촉하면서, 부패문명의 무서운 병균에 감염되어, 더욱 구제할 수 없는, 중병환자가 돼 버릴 수도 있다는 것을, 잘 알아야 할 것입니다.

이렇게, 한번 인간교육의 기초 중의 기초인 가정교육이 잘못되면, 실패가 실패를 부르는 악순환만 거듭될 뿐, 도저히 근본적인 해결은 바랄 수가 없는 것입니다. 그래서, 사서삼경 중의 하나인 대학(大學)이란 책에서도, '근본이 어지럽고서, 끝이 다스려지는 법이 없느니라.(基本亂而末治者否矣)'라고, 갈파하고 있는 것입니다. 그렇습니다. 모든 일은 근본이 옳게 돼 있어야 하는 것입니다. 그러니, 인간을 만드는 교육도 그 근본으로 돌아가, 가정교육부터 올바르게 잘 하도록 해야 하겠습니다. 올바른 가정교육을 잘 해서, 정신이 깨어 있는 인간을 만드는, 기초공사만 잘 되어 있으면, 지엽적인 문제인 지식축적 문제는, 덩달아 순차적으로 잘 되어 나갈 수가 있을 것입니다.

제3부 '한글 빨리 깨치기' 초특급 비상작전(非常作戰) 6가지

　모든 교육을 실천에 옮기려면, 먼저, 어린이들의 신체발달 상황이나 기초체험 축적 여부 등의 준비상태를, 먼저 점검해 봐야 할 것입니다. 일기 지도도 마찬가지입니다. 일기 쓰기 지도나 글쓰기 지도를 하기 전에, 먼저 일기 쓰기에 있어서의 절대 필수조건인, 한글(문자)의 이해 정착 여부 및 기초체험과 기초지식 축적의 정도 등을 정확히 점검하고 들어가야, 실정에 맞는 올바른 지도를 할 수가 있을 것입니다. 이 나라 어린이들의 일기 쓰기나 글쓰기의 준비도를 점검해 보면, 가장 큰 문제가 역시 한글을 정확히 잘 모르는 '한글 미해득아'와, 자연을 잘 모르는 '자연맹(自然盲)' 및 세상 물정을 하나도 모르는 '멀쩡한 바보'들이 너무도 많아, 일기 쓰기 지도나 글쓰기 지도를, 도저히 진행할 수 없을 정도로, 심각한 상태라는 것입니다.
　그런데, 여기서 문제가 되는 것은, 어린이들이, 학습활동에 결정적인 영향을 주는, '한글 미해득'과 '자연맹' 및 '멀쩡한 바보'와 같은, 치명적인 그런 무서운 중병에 걸려 있는 데도, 담임 교사나 학부모들이 그걸 전혀 모르고 있거나, 또는 알고 있어도, 크면 자연히 어떻게 잘 되겠지 하고, 막연한 기대감만으로 그냥 방치해 두고 있다는 사실입니다.
　이런 위기불감증(危機不感症)은, 특히 이 나라의 한글교육에 두드러지게 여실히 잘 나타나고 있습니다. 즉, 한글 미해득아가 많은 이유는, 바로 교사들의 한글 실력이 모자란 데다가, 성의와 책임감도 없이, 잘못 가르쳐서 그렇게 된 것인 데도, 교사들은 아무 수치심이나 죄책감이나 안스러움을 전혀 느끼지도 않고, 무사태평한 태도로 그 한글 미해득아들을 그대로 방치한 채, 그저 수수방관만 하고 있기 때문인 것입니다.
　거기다가, 또 한 가지 문제점은, 한글교육을 학부모와 교사가 서로 미루는 바람에, 사실은, 어린이들이 학부모와 교사 그 어느 쪽으로부터도, 올바른 한글교육을 한 번도 지도받지 못하는, 한글교육 사각지대(死角地

帶)에 놓여 있다는 사실입니다. 즉, 학부모들은 학교에서 교사들이 한글을 전문적으로 옳게 잘 가르쳐 주려니 하고, 정착 여부를 점검해 보지도 않고 방치해 두고 있고, 또 교사들은 학력수준이 높은 부모들이니까, 한글을 가정이나 학원에서 잘 가르쳐서 보냈으려니 하고, 대충대충 지도를 하고 넘어가 버리는 관계로, 그런 허점이 생기고 있다는 것입니다.

그리고, 또 한 가지 문제점은, 교사들이, 한글의 원리에 대한 연구나 국문법 및 국어과 학습지도법 등에 대한, 전문지식도 없이, 지극히 천박한 상식만을 가지고, 국어를 가르치려 하고 있어, 1주일에 5시간 내지 7시간이나 되는 국어수업을, 매 시간마다 실패만 거듭하고 있다는 사실입니다. 국어시간마다 학습지도가 성공한다고 해도, 독해(讀解) 지도며, 주제파악(主題把握) 지도·국문법 지도 등이 너무 어려워, 국어교육의 내용충실을 기하려면, 좀처럼 만족감을 주기가 어려운 판국인데, 불행하게도 국어수업이 시간마다 실패만 거듭하고 있으니, 어린이들의 국어실력이 절대로 오를 리가 없는 것입니다. 그 때문에, 거의 매일 학교에서 국어를 배우고 있는 데도, 많은 이 나라 어린이들이 국어책을 제대로 읽지도, 또 글 한 줄 옳게 쓰지도 못할 뿐더러, 글을 읽어도 독해력이 없어, 내용파악조차 옳게 하지 못하는 어린이가 수두룩한, 정상인으로서는 도저히 이해할 수가 없는, 비참한 지경에까지 이르고 말았습니다. 그래서, 이 나라 초등학교엔 국어교육이 없다고 교육계를 질타하는, '국어교육 부재론(國語敎育 不在論)'의 성난 목소리가, 온 세상에 들끓고 있는 실정인 것입니다.

참으로 기가 막힐 일이 아닐 수 없습니다. 국어교육의 성패 여부는, 그 나라의 존망(存亡) 여부를 결정할 만큼 중요한 일인데, 어떻게 하다가 이 나라 국어교육이 이 지경에까지 이르고 말았을까요? 참으로 분통이 터질 일이 아닐 수 없습니다. 국어교육을 절대로 이런 상태로 방치해 두어서는 안 될 것입니다. 어떤 비상수단을 동원하든지 해서라도, 응급치료를 해서, 국어교육을 반드시 정상궤도에 올려놓도록 해야 하겠습니다.

왜냐하면, 한글(문자)은 일기 쓰기나 글쓰기는 물론, 모든 교과 지도에 있어서 없어서는 안 될, 절대불가결한 무기이기 때문입니다. 무기 없는 병사가 전쟁터에 나가 아무것도 할 수가 없듯, 한글을 모르는 어린이는, 모든 교과 학습에서 실패할 수밖에는, 딴 도리가 없는 일인 것입니다. 그래서, 지금 한글을 잘 모르는 어린이들은, 책을 읽어도 내용을 잘 모르기 때문에, 사고력도 퇴화할 대로 퇴화해 버려, 공부에는 아예 흥미를 잃어버리고, 그저 저질만화나 인터넷의 음란 싸이트 같은 것만 뒤지며, 오직 구제불능의 타락의 길로, 마구 곤두박질치고 있는 실정인 것입니다.

국어교육이, 절대로 이래 가지고서는 안 됩니다. 한글은, 1학년 때 완전히 습득이 되도록, 담임 교사가 책임을 지고, 전력을 기울여 철두철미하게 지도해야 합니다. 1학년을 마치고 나면, 어린이들이 한글을 자유자재로 능숙하게 사용할 수 있는, 문자력(文字力)·독서력(讀書力)·문장력(文章力) 등의 기초학력을, 완전히 갖출 수 있도록 해주어야 합니다. 그러려면, 입문기 지도 때부터, 말하고 듣고 읽고 쓰는 법을, 시청각적이고도 입체적인 종합지도로, 한글교육에 철두철미를 기하도록 해야 합니다. 그리고, 1학년을 마치면, 반드시 한글 정착 여부를 검증하는 학력검사를 실시해서, 그 검사 결과에 따라, 교사나 학교장에게 책임을 묻는, '한글 지도 책임제(責任制)'를 실시토록 해야 할 것입니다.

어린이들이 한글을 모른다는 것은, 한마디로 교사들이 한글을 잘 모르고, 또 잘못 가르쳐서 그렇게 된 것입니다. 양심과 책임감이 있는 교사라면, 한글을 가르치고 난 뒤, 반드시 한글 정착 여부를 검증한 다음, 치료 지도까지 해줌으로써, 한글 지도에 완벽을 기하도록 해야 하는 것입니다. 그런데, 한글을 가르치고 난 후, 정착 여부의 검증을 해보지도 않고, 한글 미해득아를 나 몰라라 그대로 방치해 둔다는 것은, 국가의 장래를 망치는, 반민족 반국가적 중대한 범죄행위가 아닐 수 없습니다. 그래서, 그런 범죄를 저지른 사람은, 마땅히 무거운 죄로 단죄를 해야 할 것입니다.

초중고교와 대학을 막론하고, 이 나라의 국어교육이 얼마나 잘못돼 있는가는, 온라인 리크루팅 업 '잡코리아'가, 지난 2005년 7월 5일, 기업 인사 담당자 728명을 대상으로, '신입사원의 가장 부족한 업무능력(業務能力)'을 조사한 결과, '국어능력'을 꼽은 응답자(5.6%)가, '외국어 능력'이라고 답한 응답자(5.1%)보다 많았다는 사실만 보아도, 충분히 알 수가 있을 것입니다.

'국어능력'은, '업무 전문성'과 '대인관계 능력'에 이어, 신입사원에게 세 번째로 부족한 분야로 꼽혔다고 합니다.

부족한 국어 실력 중에서는, '쓰기·말하기 등의 표현능력'이 부족하다는 응답이 39.7%로, 가장 많았다고 합니다. 또, 국어와 관련된 업무 중, 가장 부족한 부분은, '기획안·보고서 작성능력'(53.2%)으로, 절반이 넘었다고 합니다. 그리고, 대화능력(31.6%)과 프레젠테이션 능력(12.8%)도 문제로 꼽혔다고 합니다.

여러 사람 앞에서 설명하는 '쓰기와 말하기'와 프레젠테이션 능력은, 바로 자기표현능력으로서, 말을 잘해야 성공한다는 경쟁시대에는, 자기 견해를 정확하게 전달하고, 상대방을 설득하는, 절대적인 '생존의 무기'가 되는 것입니다. 그런데, 대학을 졸업한 이 나라의 직장인들이 가지고 있는, 중대한 '생존무기'의 성능이 그렇게 시원찮다고 하니, 참으로 우려스러운 일이 아닐 수 없습니다.

이것은, 오로지 초등학교 때부터의 한글 깨치기 교육이나, 일기 쓰기·글쓰기 교육 등, 전반적인 국어교육의 잘못에서 기인된 현상일 것입니다. 이것은, 또 초등학교에서의 잘못이, 얼마나 멀리, 그리고 오래도록, 한 사람의 장래를 망치고 있는가를, 알고도 남음이 있는 생생한 증거라고 아니할 수가 없을 것입니다.

사실, 한글 지도방법을 잘 연구해서 잘만 가르친다면, 1학년 1학기만 마쳐도, 어린이들이 한글을 완전히 깨쳐, 모든 글을, 자유자재로 잘 읽고 잘 쓸 수 있게 할 수가 있는 것입니다. 나는 교사 시절, 1학년 지도를 전공했기 때문에, 그 속전속결(速戰速決)의 비법을 많이 가지고 있습니다.

다음에, 그 비법인, '한글 빨리 깨치기 초특급 비상작전 6가지'를 소개하겠으니, 꼭 한 번 활용해 보시기 바랍니다.

그리고, 자연을 전혀 모르는 '자연맹'과 세상물정을 하나도 모르는 '멀쩡한 바보'들의 치료법에 대해서도, 구체적으로 기록해 두겠으니, 즉시, 어린이들의 고질병 치료에 적극 활용해 보시기 바랍니다. 그리하여, 이 나라의 모든 어린이들이, 제 목소리를 또렷이 낼 수 있는 건전한 사람이 되어, 뚜렷한 목표를 갖고, 보람 찬 자기 삶을 살 수 있도록, 유도해 나가시기 바랍니다.

제1장 '기본 음절표(한글 본문장)' 바르고 정확하게 가르치기를 통한 '한글 빨리 깨치기'

1. 모음(母音-홀소리)과 자음(子音-닿소리)의 개념과 음가(音價-소리값)와 발음법 바르게 알고 익히기

한글 모음과 자음의 개념과 음가(音價)와 발음법 및 한글 자모(子母)의 기초지도에 있어서, 유의할 점은 다음과 같습니다.

(1) 국어의 음운(音韻)에 대한 개념 정확하게 알기

문장은, 구(句)·어절(語節)·단어(單語)·형태소(形態素)로 차례차례 분석되는데, 가장 작은 문법적(文法的) 단위인 형태소는, 말소리가 모여서 이루어진 것에 뜻이 실린 것입니다.

국어에서, '방'과 '빵'이, 완전히 다른 형태소가 되는 것은, 이 말들의 첫소리 'ㅂ'과 'ㅃ'이 서로 다른 소리이기 때문이며, '창'과 '총'이 다른 뜻의 말이 되는 것은, 'ㅏ'와 'ㅗ'가 서로 다른 소리이기 때문입니다. 이

렇게, 말의 뜻을 구별해 주는 소리의 단위를 '음운(音韻)'이라 합니다.

   그런데, 같은 '음운'이라도, 발음할 때마다, 또는 그 앞뒤에 어떤 소리가 이어 나느냐에 따라, 조금씩 다른 소리가 되는데, 이렇게 되는 것을 그 음운의 '음성적 실현'이라 하며, 이렇게 조금씩 다른 소리 하나하나를 '음성(音聲)'이라 합니다.

   '고기'라는 형태소는, 'ㄱ, ㅗ, ㄱ, ㅣ'의 네 소리로 이루어져 있는데, 같은 'ㄱ'이지만, 첫 번째 'ㄱ'은 목청울림이 없고, 두 번째 'ㄱ'은 목청울림이 있어서 서로 다릅니다. 이러한 소리 하나하나가 바로 '음성'인 것입니다. 이러한 '음성'은 말의 뜻을 구별해 주지 못합니다.

   국어의 음운(音韻)에는, 단모음(單母音-홑홀소리) 10개(ㅏ·ㅐ·ㅓ·ㅔ·ㅗ·ㅚ·ㅜ·ㅟ·ㅡ·ㅣ), 이중모음(二重母音-겹홀소리) 11개(ㅑ·ㅕ·ㅛ·ㅠ·ㅒ·ㅖ·ㅘ·ㅙ·ㅝ·ㅞ·ㅢ), 자음(子音)이 19개(ㄱ·ㄴ·ㄷ·ㄹ·ㅁ·ㅂ·ㅅ·ㅇ·ㅈ·ㅊ·ㅋ·ㅌ·ㅍ·ㅎ·ㄲ·ㄸ·ㅃ·ㅆ·ㅉ)가 있습니다. 음운은 형태소를 분화시키는 기능을 하는, 한글 공부의 기본 중의 기본인 것입니다. 따라서, 이들을 분명히 구분해서 듣고 발음할 수 있어야 합니다. 따라서, 모음과 자음의 이름과 발음법을 분명히 익혀서, 자형(字形)과 음가(音價-소리값)를 정확히 구분할 수 있도록 해야 합니다.

(2) 단모음(單母音)과 이중모음(二重母音) 및 반모음(半母音)의 성질과 구분

   국어의 모음(母音-홀소리) 가운데, 'ㅏ·ㅐ·ㅓ·ㅔ·ㅗ·ㅚ·ㅜ·ㅟ·ㅡ·ㅣ'의 10개의 소리는, 아무리 길게 소리를 내더라도, 그 소리를 발음하는 도중에, 입술이나 혀가 고정되어 움직이지 않는데, 이러한 모음을 '단모음(單母音-홑홀소리)'이라 합니다. 단모음은, 혀의 앞뒤 위치, 입을 벌리는 정도, 입술을 둥글게 오므리는가 않는가에 따라, 구별됩니다. 혀의 앞쪽에서 발음되는 모음을 '전설모음(前舌母音)', 뒤쪽에서 나는 것을 '후설모음(後舌母音)'이라고 합니다.

또, 발음할 때, 입이 조금 열려서 혀의 위치가 높은 것을 '고모음(高母音)', 그보다는 입이 더 열려서, 혀의 위치가 중간인 것을 '중모음(中母音)', 입이 크게 열려서, 혀의 높이가 낮은 것을 '저모음(低母音)'이라 합니다.

또, 고모음을 '폐모음(閉母音)', 저모음을 '개모음(開母音)'이라 부르기도 합니다. 또, 발음할 때에, 입술을 둥글게 오므려 내는 것은 '원순모음(圓脣母音)'이라 하고, 원순모음이 아닌 것은, '평순모음(平脣母音)'이라 합니다. 위에서 말할 것을, 〔그림·Ⅰ〕과 〔그림·Ⅱ〕와 〔그림·Ⅲ〕을 보고, 실제도 발음 연습을 한번 해보시기 바랍니다.

매사는 근본이 올바르고, 기초가 잘 다져져야 일이 잘 되는 법입니다. 참된 국어교육을 잘 하려면, 먼저 그 기초 중의 기초인, '기본 음절표(한글 본문장)'부터, 읽는 법과 쓰는 법을 올바르고 철저하게 지도하여야 합니다. 어떤 수단을 써서라도, 모든 학급 어린이들이 100% 정착되도록, 전력투구를 해야 할 것입니다. 주입식이건 말건, 교육효과를 올릴 수 있는 방법이라면, 무엇이든 다 동원되어야 할 것입니다. 전통적인 교육방법이, 겉만 번지레한, 현대적 교육방법보다 더 효과적일 때가 많습니다. 수학공부의 필수조건인 99단 외우기를, 반강제적인 수단을 써서라도 무조건 외우게 하듯, '기본 음절표(한글 본문장)'의 읽고 외우고 쓰기도, 무조건 반복지도를 해서, 한글 입문기 지도 때, 꼭 정착시키는 데 성공을 해야 합니다.

기본 음절표(한글 본문장)

자음 (닿소리) \ 모음 (홀소리)		ㅏ	ㅑ	ㅓ	ㅕ	ㅗ	ㅛ	ㅜ	ㅠ	ㅡ	ㅣ	홑받침	겹받침
(기역)	ㄱ	가	갸	거	겨	고	교	구	규	그	기	ㄱ	ㄲ
(니은)	ㄴ	나	냐	너	녀	노	뇨	누	뉴	느	니	ㄴ	ㄳ
(디귿)	ㄷ	다	댜	더	뎌	도	됴	두	듀	드	디	ㄷ	ㄵ
(리을)	ㄹ	라	랴	러	려	로	료	루	류	르	리	ㄹ	ㄶ
(미음)	ㅁ	마	먀	머	며	모	묘	무	뮤	므	미	ㅁ	ㄺ
(비읍)	ㅂ	바	뱌	버	벼	보	뵤	부	뷰	브	비	ㅂ	ㄻ
(시옷)	ㅅ	사	샤	서	셔	소	쇼	수	슈	스	시	ㅅ	ㄼ
(이응)	ㅇ	아	야	어	여	오	요	우	유	으	이	ㅇ	ㄽ
(지읒)	ㅈ	자	쟈	저	져	조	죠	주	쥬	즈	지	ㅈ	ㄾ
(치읓)	ㅊ	차	챠	처	쳐	초	쵸	추	츄	츠	치	ㅊ	ㄿ
(키읔)	ㅋ	카	캬	커	켜	코	쿄	쿠	큐	크	키	ㅋ	ㅍ
(티읕)	ㅌ	타	탸	터	텨	토	툐	투	튜	트	티	ㅌ	ㅀ
(피읖)	ㅍ	파	퍄	퍼	펴	포	표	푸	퓨	프	피	ㅍ	ㅄ
(히읗)	ㅎ	하	햐	허	혀	호	효	후	휴	흐	히	ㅎ	
(쌍기역)	ㄲ	까	꺄	꺼	껴	꼬	꾜	꾸	뀨	끄	끼		
(쌍다귿)	ㄸ	따	땨	떠	뗘	또	뚀	뚜	뜌	뜨	띠		
(쌍비읍)	ㅃ	빠	뺘	뻐	뼈	뽀	뾰	뿌	쀼	쁘	삐		
(쌍시옷)	ㅆ	싸	쌰	써	쎠	쏘	쑈	쑤	쓔	쓰	씨		
(쌍지읒)	ㅉ	짜	쨔	쩌	쪄	쪼	쬬	쭈	쮸	쯔	찌		

기본 음절표(한글 본문장)

자음 (닿소리)	모음 (홀소리)	ㅐ	ㅒ	ㅔ	ㅖ	ㅚ	ㅟ	ㅘ	ㅙ	ㅝ	ㅞ	ㅢ
(기역)	ㄱ	개	걔	게	계	괴	귀	과	괘	궈	궤	긔
(니은)	ㄴ	내	냬	네	녜	뇌	뉘	놔	놰	눠	눼	늬
(디귿)	ㄷ	대	댸	데	뎨	되	뒤	돠	돼	둬	뒈	듸
(리을)	ㄹ	래	럐	레	례	뢰	뤼	롸	뢔	뤄	뤠	릐
(미음)	ㅁ	매	먜	메	몌	뫼	뮈	뫄	뫠	뭐	뭬	믜
(비읍)	ㅂ	배	뱨	베	볘	뵈	뷔	봐	봬	붜	붸	븨
(시옷)	ㅅ	새	섀	세	셰	쇠	쉬	솨	쇄	숴	쉐	싀
(이응)	ㅇ	애	얘	에	예	외	위	와	왜	워	웨	의
(지읒)	ㅈ	재	쟤	제	졔	죄	쥐	좌	좨	줘	줴	즤
(치읓)	ㅊ	채	챼	체	쳬	최	취	촤	쵀	춰	췌	츼
(키읔)	ㅋ	캐	컈	케	켸	쾨	퀴	콰	쾌	쿼	퀘	킈
(티읕)	ㅌ	태	턔	테	톄	퇴	튀	톼	퇘	퉈	퉤	틔
(피읖)	ㅍ	패	퍠	페	폐	푀	퓌	퐈	퐤	풔	풰	픠
(히읗)	ㅎ	해	햬	헤	혜	회	휘	화	홰	훠	훼	희
(쌍기역)	ㄲ	깨	꺠	께	꼐	꾀	뀌	꽈	꽤	꿔	꿰	끠
(쌍다귿)	ㄸ	때	땨	떼	뗴	뙤	뛰	똬	뙈	뚸	뛔	띄
(쌍비읍)	ㅃ	빼	뺴	뻬	뼤	뾔	쀠	뽜	뽸	뿨	쀄	쁴
(쌍시옷)	ㅆ	쌔	썌	쎄	쎼	쐬	쒸	쏴	쐐	쒀	쒜	씌
(쌍지읒)	ㅉ	째	쨰	쩨	쪠	쬐	쮜	쫘	쫴	쭤	쮀	찍

단모음(單母音─홑홀소리)…ㅏ, ㅐ, ㅓ, ㅔ, ㅗ, ㅚ, ㅜ, ㅟ, ㅡ, ㅣ

이중모음(二重母音─겹홀소리)…ㅑ, ㅕ, ㅛ, ㅠ, ㅒ, ㅖ, ㅘ, ㅙ, ㅝ, ㅞ, ㅢ

[그림·I] 음성기관 단면도

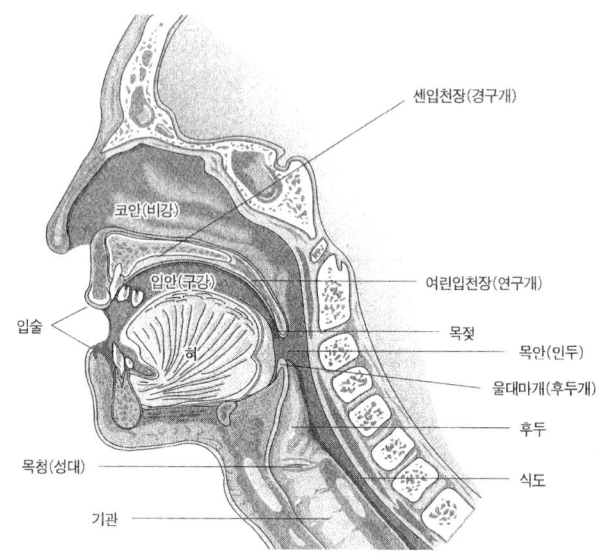

[그림·II] 모음 발음 상태 단면도

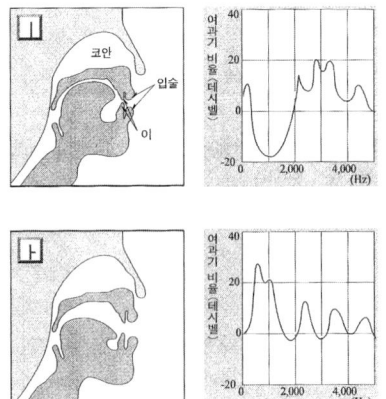

사람의 입에서 나는 소리 가운데에서, 말할 때 사용되는 소리를 음성이라고 한다. 이러한 음성은 사람마다 매우 다르다. 자료는 국어의 모음 [ㅣ], [ㅏ]를 발음할 때 나는 소리를 시각화한 음성 스펙트럼이다. 똑같은 국어의 모음을 발음하더라도, 사람에 따라 음성 스펙트럼의 모습은 조금씩 다르다.

[그림·Ⅲ] 자음 발음 상태 단면도

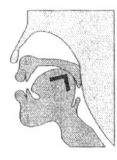 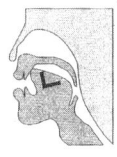 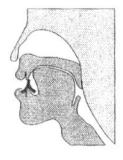 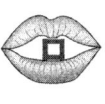 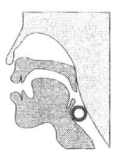

자음은 발음 기관의 · 天   하늘 (둥근 모양)
모양을 본떠서 만들었으 ㅡ 地   땅 (수평 모양)
며, 모음은 하늘과 땅과 ㅣ 人   사람 (수직 모양)
사람의 모양을 본떠서 만
들었다.

[표·Ⅰ] 단모음(單母音)의 구분

혀의높이 \ 입술의모양 \ 혀의 앞뒤	전설모음(前舌母音)		후설모음(後舌母音)	
	평순(平脣)	원순(圓脣)	평순(平脣)	원순(圓脣)
고모음(高母音)	ㅣ	ㅟ	ㅡ	ㅜ
중모음(中母音)	ㅔ	ㅚ	ㅓ	ㅗ
저모음(低母音)	ㅐ		ㅏ	

그리고, 모음 가운데에는, 소리를 내는 도중에, 입술 모양이나 혀의 위치가 처음과 나중이 달라지는 것이 있는데, 이러한 모음을 '이중모음(二重母音—겹홀소리)'이라 합니다. 국어에는, 혀의 위치가 'ㅣ'의 자리에서 시작되는, 'ㅑ·ㅕ·ㅛ·ㅠ·ㅒ·ㅖ'와, 'ㅗ'나 'ㅜ'의 위치에서 시작되는, 'ㅘ·ㅙ·ㅝ·ㅞ'와, 'ㅡ'의 위치에서 시작되어, 'ㅣ'의 위치에서 끝나는 'ㅢ', 이렇게 11개의 이중모음이 있습니다.

그리고, 이들 이중모음을 형성하는 'ㅣ'와 'ㅗ/ㅜ'를 '반모음(半母音)'

이라 합니다. 이중모음은, 반모음(半母音)과 단모음이 결합하여 이루어집니다. 혀가 'ㅣ'의 자리에서 다음 자리로 옮겨갈 때, 발음되는 반모음이 'ㅣ[j]'이고, 'ㅗ/ㅜ'의 자리에서 다른 자리로 옮겨갈 때 발음되는 반모음이 'ㅗ/ㅜ[w]'입니다. 반모음은, 온전한 모음이 아니므로, 반달표(˘)를 하여, 'ㅗ̆/ㅜ̆, ㅣ̆'로 표시합니다. 반모음은, 음성의 성질로 보면, 모음과 비슷하지만, 반드시 다른 모음에 붙어야 발음될 수 있다는 점에서, 자음과 비슷합니다. 그러나, 반모음은, 스스로 음절을 이루지 못하므로, 온전한 모음이 되지는 못합니다.

　모든 모음과 반모음은, 발음할 때에 목청이 떨어 울리는 '울림소리(유성음-有聲音-흐린소리-濁音)'입니다.

[표 · Ⅱ] 모음 사각도(四角圖)

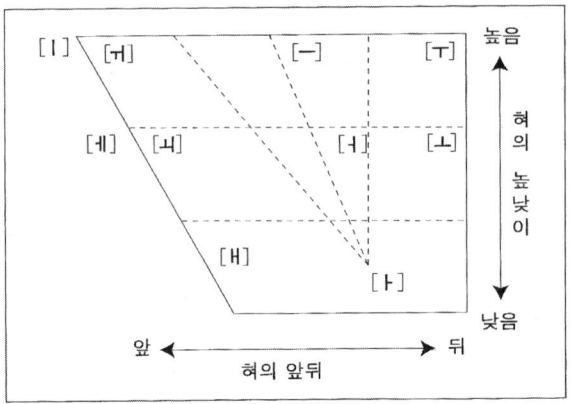

모음 사각도는 모음이 발음될 때 입안에서 혀의 최고점 위치를 간략하게 도표화한 것이다. 따라서 모음 사각도를 보면, 혀의 높이와 앞뒤에 따른 모음의 위치를 알 수 있다.

(3) 자음의 성질과 구분

　자음(子音-닿소리)은, 그 소리를 내는 자리에 따라, 몇 가지로 나뉩니다. 두 입술에서 나는 소리를 '입술소리〔순음(脣音)〕'라 하고, 혀끝이 윗잇몸에 닿아서 나는 소리를 '잇몸소리〔치조음(齒槽音)-혀끝소리(舌音)〕'라 합니다. 혓바닥과 센입천장〔경구개(硬口蓋)〕 사이에서 나는 소리를 '센입천장소리〔경구개음(硬口蓋音)〕'라 하며, 혀의 뒷부분과 여린입천장〔연구개(軟口蓋)〕 사이에서 나는 소리를 '여린입천장소리〔연구개음(軟口蓋音)〕', 목청 사이에서 나는 소리를 '목청소리〔후음(喉音)〕'라 합니다.

　또 자음(子音)은, 내는 방법에 따라 나뉘기도 합니다. 폐에서 나오는 공기를 일단 막았다가, 그 막은 자리를 터뜨리면서 내는 소리를 '파열음(破裂音)'이라 하고, 입 안이나 목청 사이의 통로를 좁혀서, 공기가 그 사이를 비집고 나오면서, 마찰하여 나는 소리를 '마찰음(摩擦音)'이라 합니다. 한편, 여린입천장과 목젖을 내려 콧길을 열어 놓은 뒤, 입 안의 통로를 막고, 코로 공기를 내보내면서 내는 소리를 '비음(鼻音)'이라 하며, 혀끝을 잇몸에 가볍게 대었다가 떼거나, 혀끝을 윗잇몸에 댄 채, 공기를 그 양 옆으로 흘려 내보내면서 내는 소리를 '유음(流音)'이라 합니다. 소리 가운데서, 파열음과 마찰음의 두 가지 성질을 다 가지는 소리를 '파찰음(破擦音)'이라 합니다.

　위의 파열음과 파찰음은, 다시 '예사소리', '된소리', '거센소리'로 나뉩니다. 자음 가운데서 비음(鼻音)인 'ㄴ·ㅁ·ㅇ'과 유음(流音)인 'ㄹ'은, 발음할 때에 목청이 떨어 울리므로, '울림소리'이며, 이 네 소리를 제외한 열 다섯 소리는, '안울림소리'인데, 이 중의 'ㅂ·ㄷ·ㄱ·ㅈ'은, 울림소리와 울림소리 사이에서는 울림소리로 발음됩니다. 그래서, '고기'의 둘쨋번 'ㄱ'이 울림소리가 되어, 첫쨋번 'ㄱ'과는 음성적으로 다르게 실현됩니다. 위에서 말한 것을 표로 만들면, 다음과 같습니다.

97

[표·III] 자음(子音)의 구분

조음 방법			두 입술	윗잇몸, 혀끝	센입천장, 혓바닥	여린입천장, 혀 뒤	목청 사이
안울림소리	파열음 (破裂音)	예사소리	ㅂ	ㄷ		ㄱ	
		된소리	ㅃ	ㄸ		ㄲ	
		거센소리	ㅍ	ㅌ		ㅋ	
	파찰음 (破擦音)	예사소리			ㅈ		
		된소리			ㅉ		
		거센소리			ㅊ		
	마찰음 (摩擦音)	예사소리		ㅅ			ㅎ
		된소리		ㅆ			
울림소리	비음		ㅁ	ㄴ		ㅇ	
	유음			ㄹ			

 이들 자음 가운데에서, 'ㄹ'과 'ㅇ'은 단어의 첫소리로는 쓰이지 않습니다. 또, 단어의 첫머리에서는, 'ㄴ'이 모음 'ㅣ'나 반음음 'ㅣ̆' 앞에 나타나지 않습니다. 다만, '라디오'·'뉴스'와 같은 서양 외래어나, '녀석' 같은 특수한 경우에만, 예외적으로 나타납니다.

(4) '한글 창제(創製)의 원리'를 가미해 지도하기

 '한글 창제(創製)의 원리'를 가미해, 한글 자모(子母) 기초지도를 하면, 훨씬 효과적입니다. 한글 입문기 지도 때는, 대부분 어린이들의 흥미 여부를 생각함이 없이, 모음(母音)과 자음(子音), 그리고, '기본음절표(한글 본문장)' 등의 지도부터 일방적으로 강요하게 됩니다. 그때, 다짜고짜

'ㅏ·ㅑ·ㅓ·ㅕ……', 'ㄱ·ㄴ·ㄷ·ㄹ……'이나, '가·갸·거·겨……', '나·냐·너·녀……'로 시작하면, 어린이들은 영문을 몰라 당황을 하게 되고, 그래서, 한글 공부에 그만 흥미를 잃고 맙니다.

그런데, 모음(母音) 'ㅏ·ㅑ·ㅓ·ㅕ……'는, '천(天)〈·〉', '지(地)〈ㅡ〉', '인(人)〈ㅣ〉'의 삼재(三才)를 상징적으로 상형(象形)해서 만들었고, 자음(子音) 'ㄱ·ㄴ·ㄷ·ㄹ……'은, 입술·혀·이·목구멍·입천장 등의 조음기관(調音器官)의 모양을 본따서 만들었다는, 한글 창제의 심오하고도 과학적인 원리를 설명하며, 세계에서 제일 가는 우리 한글의 우수성을, 애국심에 호소해 가며 지도를 하면, 어린이들이 깊은 잠에서 깨어나, 자긍심을 갖고 열심히 한글 공부를 하게 될 것입니다.

그리고, 모음(母音)은, 가점법(加點法), 즉 ,기본자양(基本字樣)에, 점을 한 개, 아니면, 두 개씩 더 찍어서, 글자 모양을 구성했습니다. 다시 말하면, 'ㅗ·ㅏ·ㅜ·ㅓ·ㅛ·ㅑ·ㅠ·ㅕ' 등이 그렇게 해서 생겨났으며, 자음(子音)은, 가획법(加劃法), 즉 'ㄱ·ㄴ·ㅁ·ㅅ·ㅇ'의 기본자양(基本字樣)에 획을 더해서, 'ㄱ→ㅋ, ㄴ→ㄷ→ㅌ, ㅁ→ㅂ→ㅍ, ㅅ→ㅈ→ㅊ, ㅇ→ㆆ→ㅎ' 등의 글자가 생겨났다는 것을 가르쳐 주면, 더욱 흥미와 호기심을 가지고, 한글 공부를 하게 될 것입니다. 한글 창제의 원리를, 더 자세하게 아래에 설명해 두겠으니, 참고하시기 바랍니다.

① 모음(母音) 창제(創製)의 원리……훈민정음(訓民正音)은, 한자와 마찬가지로, 상형(象形)의 원리를 원용해서 만들었습니다. 그것은, 해례(解例)의 제자해(制字解)의 '正音二十八字 各象其形而制字'라 한 것을 보아도, 충분히 이해할 수가 있습니다.

먼저, 모음(母音)의 창제원리부터 살펴보기로 하겠습니다. 모음(母音) 11자의 체계는 다음과 같습니다.

(A) · ㅡ ㅣ
(B) ㅗ ㅏ ㅜ ㅓ

(C) ㅛ ㅑ ㅠ ㅕ

모음은, 위 11개의 기본음(基本音)을, (A)·(B)·(C)의 세 유형으로 나누어 구성하였고, (A)형이 여타의 8개 음을 지배합니다.

기본형(基本形) 〔·ㅡㅣ〕의 구성원리는, 다음과 같습니다.

音聲的 特徵	性理學的 原理	制字의 基準
·	舌縮而聲深	天開於子 形之円	象乎天
ㅡ	舌小縮而聲不深不淺	地闢於丑 形之平	象乎地
ㅣ	舌不縮而聲淺	人生於寅 形之立	象乎人

〈·〉는 '천(天)'을, 〈ㅡ〉는 '지(地)'를, 〈ㅣ〉는 '인(人)'을, 암시적으로 상징해서 구성하였습니다. 즉, 〈·ㅡㅣ〉의 상형(象形)의 대상은, '천지인(天地人)'에 있습니다. '천지인'은, 음성적(音聲的)적 특징이 아니라, 성리학(性理學)의 이론체계를 형성하는 개념소(概念素)입니다. 성리학(性理學)에서는, 이것을 '삼재(三才)'라 하고, 우주의 생성을 지배하는 원리로 간주되어 온 것입니다.

자음(子音)의 구성이, 음성적(音聲的) 특징을 보이는, 구체적인 조음기관(調音器官)의 모양을 암시적으로 상징한 데 대하여, 모음(母音)은, 성리학적(性理學的) 이론에 입각한 추상적인 관념을 암시적으로 상징한 점에, 차이가 있다고 하겠습니다. 자음이, 구체적인 사물을 암시적으로 상징한, 한자(漢字)의 '상형(象形)'의 글자 구성법을 차용(借用)한 것이라고 한다면, 모음의 구성은, 추상적인 관념을 암시적으로 표상(表象)한, 한자의 '지사(指事)'의 글자 구성법을 차용한 것이라 하겠습니다.

그 밖의 8자는, 기본자양(基本字樣)에 점을 더해서, 가점법(加點法)으로 글자를 구성하였습니다. 자음이, 기본자양에 획을 더해서, 가획법(加劃法)으로 그 밖의 글자모양을 구성한 데 대하여, 모음은, 기본자양에 가점(加點)하여, 그 밖의 글자모양을 구성하는 점이 다르다 하겠습니다. 여기에는, 점 하나를 가점(加點)한 것과 점 두 개를 가점한 것의 두 가지로 나눌 수 있습니다. 전자는 '초출자(初出字)', 후자는 '재출자(再出字)'라고 합니다. 초출자(初出字)의 구성원리는 다음과 같습니다.

	音聲的 資質	制字의 基準	性理學的 理論
ㅗ	ㅗ 與 · 同而口蹙	其形則 · 與一合而成	天地初交之義也
ㅏ	ㅏ 與 · 同而口張	其形則 ㅣ 與 · 合而成	取天地之用發於事物待人而成也
ㅜ	ㅜ 與一同而口蹙	其形則一與 · 合而成	亦取天地初交之義也
ㅓ	ㅓ 與一同而口張	其形則 · 與 ㅣ 合而成	亦取天地之用發於事物待人而成也

여기서, 초출자(初出字) 구성의 기준이, 음성적(音聲的) 자질(資質)에 있었던가, 성리학적(性理學的) 이론(理論)에 있었던가를, 분명히 해 둘 필요가 있습니다. 〈ㅗ〉의 구성은, '〈 · 〉'와 '〈ㅡ〉'의 결합으로써 되었다고 하였는데, 음성〔 · 〕와 〔ㅡ〕를 복합해서, 〔ㅗ〕가 될 리가 없습니다. 그러므로, 이것은 〈 · 〉(天)와 〈ㅡ〉(地)의 결합이니, 성리학에서 말하는, '천지초교지의(天地初交之義)'를 기준으로 했다고 봐야 할 것입니다. 그러므로, 초출자(初出字)의 구성도, 기본자양의 구성과 마찬가지로, 성리학적 원리, 즉, 추상적인 관념을, 암시적으로 상징했다고 할 수가 있을 것입니다.

재출자(再出字) 〈ㅛㅑㅠㅕ〉의 구성도, 역시 동일한 원리에서 구성했다고 봐야 할 것입니다.

'ㅑ 與 ㅏ 同而起於 ㅣ ㅛ 與 ㅗ 同而起於 ㅣ ㅕ 與 ㅓ 同而起於 ㅣ ㅗ ㅏ ㅜ ㅓ 始於天地 爲初出也 ㅛ ㅑ ㅠ ㅕ 起於 ㅣ 而象乎人 爲再出也' (解例: 制字解)

초출자(初出字)가, 점 하나를 가점(加點)하여 구성한 데 대하여, 이것은, 점 두 개를 가점하여 구성하였습니다. 초출자가 '천(天)'과 '지(地)'의 결

101

합을 상징한 데 대하여, 이것은, '천·지·인(天地人)'의 삼재(三才)를 겸전(兼全)한다는 의미에서, 초출자보다 점 하나를 더 가점하여, 자형(字形)을 구별하게 되었다고 봐야 할 것입니다.

자음(子音)이 가획법(加劃法)을 이용한 데 대하여, 모음(母音)은, 어디까지나 가점법(加點法)을 이용하여, 자형(字形) 상호간의 관계를 구별하려 했다고 봐야 할 것입니다. 이와 같은 가획(加劃)·가점법(加點法)은, 한자(漢字)의 '분호자변(分毫字辨)'의 원리와 상통하는 것으로, 가점법(加點法)을 써서, 자형이 구별되도록 한 것 역시, 한자의 구성원리에서 차용한 것이라고 보아야 할 것입니다.

초출자(初出字)가, 성리학적 원리, 즉 추상적인 관념을 암시적으로 상징해서 구성했다고 봐야 할 것입니다. 이것은, 모음(중성-中聲) 11자가, 모두 같은 원리에 입각해서, 구성되었음을 의미하는 것입니다. 이러한, 추상적인 관념을 암시적으로 상징하는 방법은, 한자 '지사(指事)'의 글자 구성원리와 같다고 하겠습니다.

또한, 모음은 이것으로 그치지 않고, '합용(合用)'의 원리에 따라, 두 자, 또는 세 자를 합용해서, 〈ㅘ, ㅝ, ㅢ, ㅐ, ㅟ, ㅔ, ㅙ, ㅞ〉 등의 글자를 만들어 냈다는 것도 아울러, 알아 두어야 할 것입니다.

한편으로 우리는, 자음과 모음이, 각기 상형(象形)에서 그 대상을 달리한 점에, 철학적 깊은 배려를 생각해야 할 필요가 있습니다. 자음이 구체적인 사상(事象), 즉, 조음기관(調音器官)을 상형(象形)의 대상으로 삼은 것은, 성리학적(性理學的)으로는 '이(理)'에 해당하고, 모음이 추상적인 관념, 즉, 성리학적(性理學的) 자질(資質)을 상형의 대상으로 삼은 점은, '기(氣)'에 해당하는 것으로 봐야 할 것입니다.

여기에서, 성리학적(性理學的)으로 볼 때, 자음과 모음과의 관계는, '이(理)'와 '기(氣)'의 관계와 같다고 보고 있기 때문입니다. 이와 같이, 자음과 모음에 따라, 상형(象形)의 대상을 달리한 것은, '이기론(理氣論)'을, 그 근저에 깔고 있는 것이 아닐까 하는 생각이 드는 것입니다.

② 자음(子音) 창제(創製)의 원리……훈민정음(訓民正音)이, 상형(象形)할 대상의 기준을 어디에 두었던가는, '소리로 인하여 음은 칠조에 맞으니(因聲而音叶七調)'라고 한 사실에서, 스스로 그 성격이 규정되었다고, 보지 않을 수가 없습니다. 한자(漢字)와 같은 표의문자(表意文字)는, '자(字)'와 '어(語)'가 상응해야 하기 때문에, '어(語)'가 지시하는 개념을, 바로 형상화(形象化)할 수 있으나, 표음문자(表音文字)는, '자(字)'와 '음(音)'이 상응해야 하기 때문에, 청각적(聽覺的)인 '음(音)'을, 시각적(視覺的)인 '자(字)'로 형상화(形象化)하자면, 그것은, 필연적으로 '음(音)'이 가진 특징을 세밀히 관찰하고, 그 속에서 대상물을 선정하는 수밖에 도리가 없을 것입니다.

언어의 형식을 규정 짓는 음성적(音聲的) 특징은, 생리조음적(生理調音的) 조건과 음향물리적(音響物理的) 조건에서, 규정할 수 있습니다. 그러나, 그 당시 우리나라 학자들이 받아들인 음성학적(音聲學的) 이론은, 주로 중국의 운학(韻學)에 기반을 가지고 있었고, 중국의 운학(韻學)은, 또한 생리조음적(生理調音的) 여러 조건을 바탕으로 해서, 음성적(音聲的) 특징이 기술되어 왔던 것입니다. 그러므로, 그 당시의 음성의 기술(記述)은, 주로 생리조음적(生理調音的) 입장에 선, 조음기관(調音器官)의 구조나 운동양식(運動樣式) 등이, 그 대상으로 기술(記述)되는 것이, 일반적인 경향이었던 것입니다.

운학적(韻學的) 음(音)의 기술(記述)은, 먼저 조음(調音) 위치(位置)에 따라, '아(牙)·설(舌)·순(脣)·치(齒)·후(喉)'의 5음으로 분류하고, 여기에 '반설(半舌)·반치(半齒)'의 2음을 추가하여, 소위 '칠음체계(七音體系)'를 성립시켰던 것입니다.

훈민정음 28자 중, 자음(초성-初聲)은 17자였습니다. 그 17자를 칠음체계(七音體系)로 분류하면, 다음과 같이 됩니다.

	牙音	舌音	脣音	齒音	喉音	半舌音	半齒音
全淸	ㄱ	ㄷ	ㅂ	ㅈ	ㆆ		
次淸	ㅋ	ㅌ	ㅍ	ㅊ	ㅎ		
不淸不濁	ㆁ	ㄴ	ㅁ		ㅇ	ㄹ	ㅿ
全淸				ㅅ			

자형(字形)의 구성은, 먼저 위의 표에 따라, 각 음계별로 형상(形象)의 기준이 될 수 있는, 기본형(基本形)을 정합니다. 이 제자(制字)상의 기본형은, 위의 표에 나타난 음의 서열과 같은 것이 아닙니다. 이 점에서, 우리는 음(音)의 서열과 자(字)의 서열이 서로 달랐다는 점을, 분명히 해 둘 필요가 있는 것입니다. 음(音)의 서열이, '청탁(淸濁)'의 대립을 기준으로 기술된 데 대하여, 자(字)의 서열은, '여(厲)·불려(不厲)'라는, 독특한 개념을 대립적 조건으로 삼은 점에, 주의해야 할 것입니다.

해례(解例) 제자해(制字解)의 기준에 따라, 제자상(制字上)의 차례를 정하면, 다음 표와 같이 됩니다.

	牙音	舌音	脣音	齒音	喉音	半舌音	半齒音
A	ㄱ	ㄴ	ㅁ	ㅅ	ㅇ		
B	ㅋ	ㄷ	ㅂ	ㅈ	ㆆ		
C		ㅌ	ㅍ	ㅊ	ㅎ		
D	ㆁ					ㄹ	ㅿ

해례(解例)의 설명에 따르면, A계열이 상형(象形)의 기준이 되는데, 이것은, 그 음의 조음(調音)을 암시적으로 상징한 것입니다.

아음(牙音) ㄱ……象舌根閉喉之形(혀뿌리가 목구멍을 막는 모양을 본뜸.)

설음(舌音) ㄴ……象舌附上齶之形(혀가 윗잇몸에 붙는 모양을 본뜸.)
순음(脣音) ㅁ……象口形(입 모양을 본뜸.)
치음(齒音) ㅅ……象齒形(이 모양을 본뜸.)
후음(喉音) ㅇ……象喉形(목구멍 모양을 본뜸.)

사실, 훈민정음(訓民正音)은, 상형문자(象形文字)라 하더라도, 자음(초성) 17자를 전부 상형(象形)으로써 구성한 것은 아닙니다. 상형(象形)은, 위의 5자에 한하고, 그 밖의 12자는, 위의 5자의 변형(變形) · 가획(加劃)으로써, 구성된 것입니다. 그러므로, 위의 5자를 '기본자양(基本字樣)'이라고 합니다.

〈ㄱ〉의 횡선(橫線)은, '혀', 종선(縱線)은, 혀뿌리(舌根)가 소리문(聲門)을 막아 버린 상태를, 암시적으로 형상한 것이며,〈ㄴ〉의 종선은, 혀끝이 위로 올라가, 잇몸에 닿은 상태를 암시적으로 형상한 것입니다.〈ㅁ〉은, 입 모양인데, 이것이 한자(漢字)의 '입구(口)' 자와 그 형태가 유사함은, 결코 우연한 일이 아닙니다. 그것은, 우리의 'ㅁ'이나 한자(漢字)의 '입구(口)' 자가, 모두 동일한 대상을 상형한 것이기 때문입니다.〈ㅅ〉은, 위 아래 이의 접촉을,〈ㅇ〉은, 소리문(聲門)이 개방된 상태를 암시적으로 상형한 것입니다. 이러한 상형의 방법은, 한자(漢字)의 상형(象形)의 원리와 크게 다른 점이 없습니다.

한자(漢字)가, 구체적인 사물(事物)을 상징적으로 표시하여, 지시물(指示物)의 개념을 표상(表象)하게끔 한 데 대하여, 훈민정음(訓民正音)은, 조음기관(調音器官)의 모양이나 운동(運動)을 암시적으로 표시하여, 음성기호(音聲記號)를 표상(表象)하게끔 한 점이 다르다 하겠으나, 어느 구체적인 사물을 상징적으로 표상하였다는 점에 있어서, 그것은, 육서(六書)〔상형(象形) · 지사(指事) · 회의(會意) · 형성(形聲) · 전주(轉注) · 가차(假借)〕의 '상형(象形)'의 구성원리(構成原理)와 같다고 하겠습니다. 이와 같은 양자의 유사성(類似性)은, 훈민정음(訓民正音)이 그 기본자형을 구성함에 있어, '상형(象形)'의 원리를, 육서(六書)의 상형(象形)에서 차용(借用)해 왔다는 것을 의미하는 것입니다. '상형(象形)'이란, '지사(指事)'와 함께, 한자(漢字)의 형성에 있어서, 가장 기본이 된 한 유형으로서, 구체적인 사물(事物)을, 직접 상징적으로 표상(表象)하는 데서 이루어진 자형(字形)을 말합니다.

훈민정음(訓民正音)이 기본자양을, 한자(漢字)의 상형원리(象形原理)에 따라 구성한 것이라고 한다면, 그 밖의 글자 모양의 구성도, 육서(六書)의 어느 원리에 준거하여, 구성한 것이라고 생각할 수 있습니다.

훈민정음 해례(解例)의 제자해(制字解)를 보면, 자음 구성원리에, 가획자양(加劃字樣)과 이체자양(異體字樣)의 두 가지가 있었음을 알 수가 있습니다. 그 가획법(加劃法)은, 기본자양(基本字樣) 'ㄱ·ㄴ·ㅁ·ㅅ·ㅇ'에다 가획해서 만든 것이며, 이체자양(異體字樣)은, 기본자양(基本字樣)과 같이, 조음상태(調音狀態)를 직접 상형(象形)하기는 하나, 그 형태는 기본자양을 변형해서, 구성했다는 것입니다. 그 관계를 요약해 보면, 다음과 같습니다.

〈가획자양(加劃字樣)〉

ㄱ→ㅋ

ㄴ→ㄷ→ㅌ

ㅁ→ㅂ→ㅍ

ㅅ→ㅈ→ㅊ

ㅇ→ㆆ→ㅎ

〈이체자양(異體字樣)〉

ㄱ→ㆁ

ㅅ→ㅿ

ㄴ→ㄹ

이 가획자양(加劃字樣)과 이체자양(異體字樣)의 구성원리(構成原理)도, 역시 한자(漢字)의 가획원리(加劃原理)를 차용한 것입니다.
　이 한글 창제원리(創製原理)의 지도는, 어디까지나 학년성에 맞게, 그 창제원리의 오묘함과 우수성을, 대강만 가미해서 지도하라는 것이지, 절대로 전문적인 분야까지 파고들어 지도하라는 것은 아닙니다. 그런데도, 이렇게 장황하게 한글의 창제원리에 대해 소상하게 써 놓은 것은, 한글의 모음(母音)과 자음(子音)에, 이렇게도 오묘한 진리가 숨어 있다는 것을 강조함과 동시에, 선생님들의 문헌연구의 편의를, 도모해 드리기 위한 의도에서였습니다.

(5) 단모음(單母音)과 이중모음(二重母音) 낱자의 발음법(發音法) 바르게 익히기

　한글 입문기 지도 때, 단모음(單母音)과 이중모음(二重母音)의 낱자 하나 하나의 발음법을 바르게 익히도록, 되풀이해서 정확히 지도해야 합니다. 즉, 교사가 먼저 '발음기관 단면도'와 '모음 사각도'를 보고, 단모음과 이중모음을 발음할 때의 입의 크기·입술 모습·혀의 위치 등을 정확히 연습한 뒤, 어린이들에게 바른 발음 시범을 보이며, 입을 크게 벌려 바르게 발음하도록, 바르게 지도해야 합니다. 구형(口形) 지도를 할 때는, 어린이들로 하여금, 거울을 보면서 연습하도록 하는 것도 좋을 것입니다. 모음(母音)을 발음하고 표기할 때, 어린이들이 특히 많이 틀리는 곳을, 다음에 다 들어 놓겠으니, 유의해 지도하시기 바랍니다.
　① 'ㅐ'와 'ㅔ'의 혼동……'ㅐ'와 'ㅔ'는, 소리 나는 자리도 비슷하고, 글자 모양도 비슷해서, 소리값(音價)과 글자를 혼동하는 수가 아주 많습니다. 그래서, '내'와 '네'의 자타(自他) 구별도 잘 못하고, '그래서'를 '그레서'로, 틀리게 쓰는 수도 아주 많습니다. 그렇게 틀리게 쓰는 것이,

아예 정착되어 있을 정도로, 어린이들이 거의 습관적으로 'ㅐ'와 'ㅔ'를 혼동해서, 틀리게 쓰고 있는 실정입니다.

　일이 이렇게 된 것은, 입문기 지도 때, 'ㅐ'와 'ㅔ'의 소리값에 대한 올바른 개념 심기와, 소리 나는 자리에 따른 발음 훈련을, 정확하게 시키지 않아서 그런 것입니다. 'ㅐ'와 'ㅔ'는, 같은 전설모음(前舌母音)인 데다, 중모음(中母音) 'ㅔ'와 저모음(低母音) 'ㅐ'는, 입의 크기와 혀의 높낮이에 별로 차이가 나지 않아, 혼동하기 쉬우므로, 발음 훈련을 철저히 잘해야 합니다. 즉, 'ㅐ'는, 'ㅏ'를 발음하듯이 입을 크게 벌리고, 턱을 한껏 밑으로 내려 발음하도록 하고, 'ㅔ'는, 'ㅓ'를 발음하듯이 입을 'ㅏ'보다는 적게 벌리고, 턱도 적게 내려, 소리를 멀리 내보내는 것처럼, 발음하도록 지도하면 됩니다. 이때, '발음기관 단면도'나 거울을 이용해, 발음지도를 하면, 더욱 효과적일 것입니다.

　그리고, 'ㅐ'와 'ㅔ'의 자형(字形) 구별을 정확히 하기 위해선, 낱말을 익힐 때, 'ㅏ'에 'ㅣ'를 더했나, 아니면, 'ㅓ'에 'ㅣ'를 더했나를 확인시켜, 정확히 정착시키도록 하고, 또 그냥 말로 하는 음성언어 지도로 끝내 버리지 말고, 반드시 글자를 종이 위에 몇 번이고 써 보며, 문자에다 정착시키도록 해야 할 것입니다.

　② 'ㅚ'와 'ㅟ'의 발음 바르게 하기……'ㅚ'와 'ㅟ'는, 다 글자 모양은 각각 'ㅗ+ㅣ'와 'ㅜ+ㅣ'의 이중모음(二重母音=겹홀소리)으로 보이지만, 소리를 길게 내더라도 입술이나 혀가 고정되어 변하지 않으므로, 단모음(單母音=홑홀소리)인 것입니다. 따라서, 'ㅚ'와 'ㅟ'를 발음할 때는, 입술을 휘파람 불 때처럼 동그랗게 내밀고, 처음부터 끝까지 입모양의 변함이 없게 해야 하는 것입니다. 그런데, 대부분의 사람들이, 발음 후 이내 구형을 바꾸어 버려, 'ㅚ'는 'ㅙ'로, 'ㅟ'는 'ㅜㅣ'로, 이중모음 식으로 발음하는 수가 아주 많습니다.

　이렇게 모음 발음을 잘못 하니까, 'ㅚ'로 적어야 할 곳은 'ㅙ'로, 'ㅙ'

로 적어야 할 곳은 'ㅚ'로 적는 수가 아주 많습니다. 즉, '외로운'을 '왜로운'으로, '괴로운'을 '괘로운'으로 적거나, '됐다'를 '됬다'로, '왜 그래?'를 '외 그래?'로 혼동해 적는 것이, 다 그 예들입니다. 이것 역시, 입문기 낱말 지도 때, '외로운'과 '왜로운', 그리고 '됐다'와 '됬다'를 낱말카드로 만들어, 서로 대비시켜 가면서, 그 소리값과 자형의 다름을, 시청각적·이론적으로 명확하게 지도도 하고, 또 글씨로 써 보게 해서, 정확하고 확연하게 뇌리에 각인(刻印)시켜 주어야 합니다.

③ 'ㅐ'와 'ㅔ'의 혼동······ 'ㅐ'와 'ㅔ'도, 소리값에 대한 지도와 발음훈련을 시키지 않아, 어린이들이 잘 구별을 못해, 혼동하는 수가 많습니다. '웬일'을 '왠일'로, '화훼'를 '화해'로, 혼동해 쓰는 것은, 두 모음의 소리값과 자형에 대한 구별 지도가, 정확하게 이루어지지 않아서 그런 것입니다.

그래서, 'ㅐ'는, 저모음 'ㅏ'를 발음할 때처럼, 턱을 밑으로 한껏 내려 발음하도록 하고, 'ㅔ'는, 중모음 'ㅓ'를 발음할 때처럼, 턱을 덜 내리고 소리를 멀리 내도록, 정확하고 철저한 지도를 해야 할 것입니다.

④ 'ㅢ'의 소리값과 발음과 표기에 있어서의 혼동······ '표준어 규정' 제2부 '표준 발음법' 총칙 제5항을 보면, 〈'ㅢ'는, 이중모음으로 발음한다. 다만, 자음을 첫소리로 가지고 있는 음절의 'ㅢ'는 [ㅣ]로 발음한다. 그리고, 단어의 첫음절 이외의 '의'는 [ㅣ]로, 조사 '의'는 [ㅔ]로 발음함도 허용한다.〉로 되어 있습니다.

이것을 쉽게 풀이하면, 'ㅢ'는 이중모음이므로, '의사'나 '의회'의 '의'는 이중모음 그대로 '으이'로 발음하고, 자음을 첫소리로 가지고 있는 음절, 즉 '띄어쓰기'·'씌어'·'희망'·'유희'의 '띄·씌·희·희'는, '띠·씨·히·히'로 발음한다는 것입니다. 그리고, 단어의 첫음절 이외의 '의', 즉 '주의'나 '협의'의 '의'는 이중모음 '으이'로 발음하는 것이 원칙이나, '주이'와 '혀비'로 발음하는 것도 허용된다는 것입니다.

그리고, 또 '우리의'와 '강의의'의 '의'는 이중모음 '으이'로 발음하는 것이 원칙이나, '우리에'와 '강의에'로 발음하는 것도 허용된다는 것입니다.

그런데, 여기서 제일 문제가 되는 것은, 조사 '의'의 문제입니다. 조사 '의'는 원칙적으로 이중모음 '으이'로 발음을 해야 하고, '에'로 발음하는 것은, '허용' 하는 것에 불과한데, '에'로 발음하는 것이 원칙인 것처럼 착각하고서, 조사 '의'만 나오면, 무조건 모두 '에'로 발음하는 것으로 점점 그렇게 굳어져 버렸고, 따라서 표기할 때도, '우리의'나 '나의'로 해야 할 것을, '우리에'나 '나에'로, 또, '앞의 사람'을 '앞에 사람'으로, 표기하기까지에 이르고 말았습니다.

또, 특히 노래 부를 때, 조사 '의'를 이중모음 '으이'로 발음하면 어색해서, '에'로 발음하는 것이 관례화되다시피 되어 있는 관계로, 국어과에서도, '의'를 으레 '에'로 발음해야 하는 것으로 착각하고 있어, 조사 '의'를 '에'로 발음하고, 또 그렇게 표기하는 것이 당연한 걸로, 굳어져 버리게 된 것입니다.

이렇게, '의'를, '이'와 '에'로 발음해도 되는 예외가 허용되다 보니, 조사 '의'의 발음에 혼선을 가져와, 글을 읽다가, 단어의 첫음절 이외의 '의', 즉 '주의'·'협의'나, 조사 '의'가 나오면, 어린이들은 어떻게 발음해야 할지를 몰라 망설이다가, 적당히 엉터리로 발음해 버리는 수가 많습니다. 그래서, 교사들은, 이런 한글 낱자의 발음법도 깊이 연구를 해서, 바른 발음으로 시범을 보여 줌으로써, 입문기 때부터, 한글 바르게 읽기가 정착이 되도록 해야 할 것입니다.

⑤ 방언(方言)에 따른 모음(母音) 혼동현상……방언에 따라서는, 'ㅡ'와 'ㅓ', 'ㅐ'와 'ㅔ', 'ㅣ'와 'ㅓ'를 구분하지 않는 수가 있고, 또 'ㅘ, ㅝ, ㅟ'를 'ㅏ, ㅓ, ㅣ'로 발음하는 일이 있습니다. 그래서, '덜 : 들 : 널다 : 늘다', '재적 : 제적', '재정 : 제정', '이사 : 의사', '이장 : 의장' 등

을, 같은 소리로 발음하거나, '과정, 대학원, 귀' 등을 각각 '가정, 대학언, 기' 등으로 발음하는 일이 있습니다. 이것은, 언어가 서로 다를 때와 마찬가지로, 방언과 방언 사이의 음운(音韻)의 수가 다르기 때문입니다. 그러나, 표준어와 방언의 차이에 대한 구별을, 분명히 할 수 있게 지도하여야 할 것입니다.

⑥ 자음(子音) 14자의 이름을 잘 모르거나 틀리게 말한다……한글의 자모(子母)인, 모음(母音) 10자와 자음(子音) 14자를 합한 24자는, 영어의 자모인 ABC와 같은 것이기 때문에, 으레, 초등학교나 가정에서 철저히 기초지도가 잘 됐을 것이라고, 믿고 있는 수가 많습니다. 그러나, 실제로 이 나라 어린이들의 한글 실력을 파고들어가 보면, 너무도 기초지도가 안 되어 있어, 환멸을 느낄 때가 많습니다. 거의 국어수업을 받은 흔적을 찾아 볼 수 없을 정도로, 어린이들의 국어 실력이 형편이 없기 때문입니다. 한글의 기초지도를, 가정에선 학교에 미루고, 학교에선 가정에 미루다 보니, 어린이들은, 한글 공부 사각지대(死角地帶)에 놓이는 바람에, 학교와 가정 어느 쪽으로부터도, '기본 음절표(한글 본문장)'에 대한 기초지도 한 번 옳게 받아 보지도 못한 채, 한글 입문기 기초지도의 중요한 시기를, 허송세월해 버리고 말았기 때문에, 그리 되어 버린 것입니다.

거기다가 영어 열풍이 불면서, 어린이들은, 영어는 한 자 한 획도 안 틀리게 쓰려고, 자존심까지 걸고 최선을 다하면서도, 한글은 마치 남의 나라 글자인 양, 틀리건 말건 전혀 신경도 안 쓰는, 매국노적(賣國奴的) 한글 천시의 풍조까지 생겨 버리고 말았습니다.

그래서, 지금 이 나라 어린이들 대부분이, 한글 자음(子音)의 이름을, 정확히 알고 있는 어린이가 별로 없습니다. 특히 'ㅌ'의 이름을 'ㄷ'의 이름, 즉 '디귿'과 혼동을 해서, '티읕'이 아닌 '티귿'이라고, 발음하는 어린이가 거의 대부분입니다.

그리고, 또 어떤 어린이들은 'ㅎ'을 '히읗'이라고 하지 않고, 'ㅎ'자에 'ㅇ'이 있으니까, '히응'이라고 하는 경우도 꽤 많습니다. 참으로 기가 찰 일입니다. 한국의 ABC인, 한글 자음의 이름조차 옳게 읽을 줄 모르다니, 세상 그 어디에, 이런 수치스런 일이 또 있을 수가 있겠습니까? 교사들이, 1학년 한글 입문기 지도 때, 착실하고 성실하게 책임을 지고 지도하지 않고, 무책임하게 수박 겉핥기로, 그냥 넘어가 버려서 그런 것입니다. 그러니, 자음의 이름을 그냥 읽고만 넘어가지 말고, 꼭 글자로 써 보게 할 것이며, 또 받아쓰기를 해서 정착 여부를 확인한 뒤, 치료지도까지 해서, 완벽을 기하도록 해야 할 것입니다.

그리고, 자음 이름을 보면, 'ㄱ(기역)·ㄷ(디귿)·ㅅ(시옷)'만, 이름 끝자가 '역·귿·옷'으로 되어 있어, 다른 것과 다를 뿐, 다른 자음의 이름들은 다 '니은·리을·미음·비읍·이응·지읒·치읓·키읔·피읖·히읗'처럼, '으' 밑에, 해당되는 자음을 받침으로 쓰고 있다는 것을 알 수가 있습니다. 그래서, 자음의 이름을 지도할 때는, 'ㄱ·ㄷ·ㅅ'의 세 자에 한해, 그런 특수성을 깨닫도록, 그걸 특별히 지적해서 지도하면 더 좋을 것입니다.

⑦ '기본 음절표(한글 본문장)' 바르게 발음하기와 바르게 익혀 외우기……'기본 음절표(한글 본문장)'는, 우리말의 기본이 되고 근간이 되는, 우리말의 ABC입니다. ABC를 모르면, 영어공부를 할 수 없듯, 이 '기본 음절표(한글 본문장)'를 모르면, 국어공부를 제대로 바르게 할 수가 없을 것입니다. 그래서, '기본 음절표(한글 본문장)'를 한글 입문기 지도 때, 잘 보고 바르게 익히라고, 초등학교 1학년 1학기 국어교과서 맨 앞에, 대문짝 만하게 실어 놓고 있는 것입니다.

그런데도, 이 '기본 음절표(한글 본문장)'를 처음부터 끝까지 외우는 어린이는 물론, 바른 발음으로 바르게 읽어 내는 어린이가, 거의 없는 실정입니다. 어린이들을 파고들어가 보면, 그 누구에게서도, '기본 음절표

'(한글 본문장)' 바르게 읽기를, 확실하게 지도받은 흔적을 찾아 볼 수가 없습니다. '기본 음절표(한글 본문장)'를, 단 한 번도 소리 내어 읽어 본 적이 없는 어린이가 수두룩합니다. 이것이 바로, 잘못투성이·허점투성이, 얼빠진 엉터리 한국 국어교육의 현주소인 것입니다.

참으로, 땅을 치며 통곡해야 할 일입니다. 세상에, 이런 어이없는 일이 어디에 또 있겠습니까? 야무지게 옳게 가르치라고, 교과서 맨 앞에 실어 놓은 것을, 선생님이란 사람들이, 그냥 흐지부지 수박 겉핥기로 넘어가 버리고 말다니…….

이것은, 마치 주춧돌을 놓지도 않고, 집을 짓는 것과 똑같은 일인 것입니다. 우리 겨레의 혼이 담겨 있고, 국어교육의 기본 중의 기본인, '기본 음절표(한글 본문장)' 하나 옳게 읽지도 외우지도 못하는데, 그런 어린이들이, 어떻게 올바른 국어공부를 할 수가 있겠으며, 또, 그런 애들이 어떻게 한국혼이 담긴 올바른 인간이 될 수가 있겠습니까? 이런 인간의 기초부터 망가져 버린 병든 애들을 데리고, 허욕에 찬 이 나라 일부 학부모들이, 명문대니, 미국 조기유학 운운하면서, 영어교육에만 정신이 팔려 있는 걸 보면, 참으로 가소로움을 느끼지 않을 수가 없습니다.

2. '기본 음정표(한글 본문장)' 다룰 때 유의할 점

위에서, '기본 음절표(한글 본문장)'의 모음과 자음의 성질과 발음법과 바르게 익혀 외우기 등에 대한 이야기를 상세히 많이 했습니다. 그러나, '기본 음절표(한글 본문장)'를 바르게 지도하려면, 아직도 유의해야 할 점들이 너무도 많습니다. 그것들의 몇 가지 더 적어 두겠으니, 참고하시기 바랍니다.

(1) 모음(母音)과 자음(子音)의 합자원리(合字原理)

'기본 음절표(한글 본문장)'는, 자음(子音-닿소리) 'ㄱㄴㄷㄹㅁㅂㅅㅇㅈㅊㅋㅌㅍㅎㄲㄸㅃㅆㅉ'과 모음(母音-홀소리) 'ㅏㅑㅓㅕㅗㅛㅜㅠㅡㅣㅐㅒㅔㅖㅚㅟㅘㅙㅝㅞㅢ'가 만나, 한소리로 녹아 들어 탄생된, '가나다라마바사아자차카타파하까따빠싸짜', '개내대래매배새애재채캐태패해깨때빼쌔째' 등, 399개 글자에다, 자음(子音)과 모음(母音)을 합해서, 40개 자모(子母)를 합치면, 439개 글자나 되는 방대한 음절표입니다. 음절표 치고는, 참으로 글자의 수가 아주 방대한 음절표인 것입니다.

이처럼, 음절표 치고는 글자 수가 좀 많은 것 같으나, 자음과 모음의 합자원리(合字原理)가 논리정연하기 때문에, 자음 순과 모음 순만 알고 있으면, 금방 이해가 되고, 또 금방 외워 쓸 수도 있는 것입니다.

그리고, 여기서 우리가 또 주목해야 할 것은, 그 자음(초성-첫소리)과 모음(중성-가운뎃소리)의 합자원리(合字原理)에도, 심오한 철학이 들어 있다는 점입니다. 그래서, 우리는, 그 '기본 음절표(한글 본문장)'를 지도할 때, 그저 기계적으로 '가갸거겨……', '나냐너녀……' 하고, 앵무새처럼 소리 내 읽게만 할 게 아니라, 그 심오한 음절표 합자원리의 철학을 깨닫고서, 마치 '신의 소리'를 받들어 모시는 그런 경건한 마음으로, 한 자 한 자 되새기며, 읽고 외우게 해야 할 것입니다. 그 합자(合字)의 원리는, 다음과 같습니다.

우리말의 한 글자(음절-音節)는, '초성(初聲-첫소리)·중성(中聲-가운뎃소리)·종성(終聲-끝소리)'의 세 소리로 이루어지는데, 이 삼분법(三分法)도 역리(易理)와 결부되어 있습니다. 초성·중성·종성의 셋을 '삼극(三極)', 즉 '삼재(三才)'(天·地·人)와 결부시키면, 다음과 같이 됩니다.

初聲　　天之事也 五行在天則 神之運也

中聲　　人之事也 五行在人則 { 仁義禮智信 神之運也
　　　　　　　　　　　　　　　肝心脾肺腎 質之成也

終聲　　地之事也 五行在地則 質之成也

여기서, 중성(中聲)은, 천(天)의 '신지운(神之運)'과 지(地)의 '질지성(質之成)'을 겸하고 있습니다. 이것은, 중성이 '승초지생(承初之生) 접종지성(接終之成)'의 기능을 수행하는 것으로 보았기 때문입니다.

한편, 초성(初聲)과 중성(中聲)이 수행하는 기능에 있어서, 성리학(性理學)의 이기론(理氣論)을 암시적으로 뒷받침하고 있는 사실을, 간과해서는 안 될 것입니다. 그들은, 초성과 중성의 설명에 있어서, 음성학적(音聲學的) 특징과 성리학적(性理學的) 원리의 양면에서, 고찰하고 있음을 볼 수가 있습니다.

즉, 그들은 상형(象形)에 있어서, 초성(初聲)은, 음성학적 특징을 대상으로 하였고, 중성(中聲)은, 성리학적 특징을 상형의 대상으로 택했습니다. 성리학적으로 보면, 음성학적 특징은, 형이하적(形而下的)인 것이므로, '이(理)'라 할 수 있고, 성리학적 특징은, 형이상적(形而上的)인 것이므로, '기(氣)'로 볼 수 있습니다. 이와 같이, 그 대상을 달리한 것은, 이(理-初聲)와 기(氣-中聲)가 결합함으로써, 비로소 발화(發話) 가능한 언어음(言語音)이 될 수 있다는 이론을, 근거로 한 것입니다.

이와 같이, 그들은, 항상 언어를 역학적(易學的) 입장과 음운론적(音韻論的) 입장의 두 측면에서, 관찰한 점에 특징이 있다고 하겠습니다. 이러한 양면성은, 그 시대 학문의 성격에서 규정될 수 있으나, 양자는, 각기 분리된 입장에서 관찰된 것이 아니라, 상보적(相補的) 입장에서 잘 조화를 이루고 있는 점에, 특징이 있다고 하겠습니다. 즉, 한쪽의 입장은, 다른 한쪽의 입장을, 보다 구체적으로 보완(補完)하는 성질을 지니고 있는 점을, 짐작할 수가 있습니다.

이상의 문헌연구를 통해서, 우리는 '기본 음절표(한글 본문장)'가, 단순한 '가갸거겨……'나, '나냐너녀……'의 글자의 나열이 아니라, 그 속에는, 성리학적(性理學的) 이기론(理氣論)의 깊은 철학이 담겨 있음을 알게 되었습니다. 따라서, 그 '기본 음절표(한글 본문장)'를, 그저 기계적으로 달달 외우고 쓰는 데만 힘쓸 게 아니라. 그 합자(合字)가 된, 본문장의 신묘한 철학성(哲學性)을 되새기며, 경건한 마음으로 바르게 익히도록, 어린이들에게 잘 깨우쳐 주어야 하겠습니다.

그리고, 이것도 역시, 그런 학구적인 깊은 이론까지를 어린이들에게 가르치라는 것이 아니고, 교사들은, 그런 심오한 철학이 있다는 것을 알고, 학년성(學年性)에 맞게 강조해서 지도하라는 것입니다.

(2) 합자원리(合字原理)에 따라, '기본 음절표(한글 본문장)' 바르게 발음(發音)하기

또, '기본 음절표(한글 본문장)'를 가르칠 때, 무조건 '가갸거겨……'나, '나냐너녀……' 하고, 읽고 외우기만을 할 게 아니라, 합자(合字)를 이룬 '가갸거겨……'나, '나냐너녀……'를, 어떤 입모양으로 어떻게 발음해야 되는가를, 학년성에 맞는 이론으로, 상세하고 정확하게 지도해야 합니다.

'가'의 발음법을 예로 들어, 한글 글자의 발음 지도법을 설명해 보겠습니다. '가'는, 자음(子音) 'ㄱ'과 모음(母音) 'ㅏ'의 합자(合字)입니다. 다시 말하면, 'ㄱ'의 소리값(音價)과 'ㅏ'의 소리값이 서로 합해져, '가'란 소리가 된 것입니다. 'ㄱ'의 소리값은, 'ㄱ'의 이름인 '기역'의 '역'을 발음하고, 정지한 상태의 조음기관(調音器官)의 모습의 상태가, 바로 그것인 것입니다. 즉, 'ㄱ'자의 모양과 같은 혀의 모습으로, 혀뿌리(舌根)로 소리문(聲門)을 막아 버린 상태가, 바로 'ㄱ'의 소리값인 것입니다. 이때, 'ㄱ'은 '맑은소리(淸音)'(무성음―無聲音)이기 때문에, 'ㄱ'의 소리값은, 입 속 조음기관의 모습만 있고, 실제로 나는 소리는 없는 것입니다. 그러다가, '흐린소리(濁音)'(유성음―有聲音)인 모음(母音―가운뎃소리) 'ㅏ'를 만나면, 'ㄱ'의 소리값인, 혀뿌리로 소리문을 막고 있던 상태가 깨지면서, 혀뿌리가 소리문에서 떨어져 나오는 순간, '가'란 소리가 터져 나오게 되는 것입니다.

이와 같은 논리는, '나(ㄴ+ㅏ)'나 '다(ㄷ+ㅏ)', '라(ㄹ+ㅏ)', '마(ㅁ+ㅏ)', '바(ㅂ+ㅏ)' …… 등도, 다 마찬가지인 것입니다. 그래서, '기본 음절표(한글 본문장)' 발음을 지도할 때는, 자음 이름의 끝자, 즉, '역·은·귿·을·음·읍·옷·응·읒·읓·읔·읕·읖·읗' 등을, 발음하고 난 뒤의 조음기관의 모습, 특히, 혀의 위치를 정확히 해서 발음하도록 정확하게 지도해야 할 것입니다.

(3) '나·다·타' 줄의 바른 발음법(發音法)

'냐녀뇨뉴'나 '댜뎌됴듀'·'탸텨툐튜'를 발음할 때, 그 소리값대로 발음해야지, 전통적으로 구개음화(口蓋音化)된 소리, 즉 '야여요유', '자저조주', '차처초추'로 발음해서는 안 된다는 것입니다.

그렇게, 구개음화된 소리로 발음하는 것을 허용하면, 소리값대로 바르게 발음하는 기본태도가 흐트러져, '기본 음절표(한글 본문장)' 글자도, 바르게 쓰지 못하게 됩니다. 그래서, 한글 입문기 지도 때부터, 교사가 먼저 바른 발음을 익혀서, '기본 음절표(한글 본문장)' 바르게 읽기의 바른 시범을 보이도록 해야 할 것입니다.

(4) 한글 자모(子母) 'ㄷ·ㅅ·ㅊ·ㅋ·ㅌ·ㅍ·ㅎ'의 이름 바르게 발음하기

'표준어 규정' 표준 발음법 제16항을 보면, 〈한글 자모의 이름은 그 받침 소리를 연음하되, 'ㄷ·ㅅ·ㅊ·ㅋ·ㅌ·ㅍ·ㅎ'의 경우에는, 특별히 다음과 같이 한다.〉라 하면서, 'ㄷ·ㅅ·ㅊ·ㅌ·ㅎ'은, 'ㅅ'으로, 'ㅋ'은 'ㄱ'으로, 'ㅍ'은 'ㅂ'으로, 발음하도록 허용해 놓았습니다.

디귿이→디그시   디귿을→디그슬   디귿에→디그세

지읒이→지으시   지읒을→지으슬   지읒에→지으세
치읓이→치으시   치읓을→치으슬   치읓에→치으세
키읔이→키으기   키읔을→키으글   키읔에→키으게
티읕이→티으시   티읕을→티으슬   티읕에→티으세
피읖이→피으비   피읖을→피으블   피읖에→피으베
히읗이→히으시   히읗을→히으슬   히읗에→히으세

나는, 이 표준어 규정을 지키지 않고, 소리값대로 발음하도록 지도하고 있습니다. 왜냐하면, 자음 이름의 받침을, 그렇게 소리 내기 편리한 쪽으로, 발음을 하게 되면, 자음의 소리값에 대한 개념에 혼선이 생기기 때문입니다. 가령, '피읖이'를 '피으비'로 편리한 대로 발음해 버린다면, 'ㅍ'의 소리값이 'ㅂ'과 비슷하게 되어, 혼선이 생김으로써, 표기할 때도, '늪'을 '눕'으로 기록하는 일이 많아지게 된다는 것입니다. 참으로 잘못된 규정이어서, 하루 속히 이 규정은 삭제되어야 한다고 생각합니다. 그리하여, 반드시 아래와 같이, 소리값대로 발음되어야 한다고 생각합니다.

디귿이→디그디(지)   디귿을→디그들   디귿에→디그데
지읒이→지으지   지읒을→지으즐   지읒에→지으제
치읓이→치으치   치읓을→치으츨   치읓에→치으체
키읔이→키으키   키읔을→키으클   키읔에→키으케
티읕이→티으티(치)   티읕을→티으틀   티읕에→티으테
피읖이→피으피   피읖을→피으플   피읖에→피으페
히읗이→히으히   히읗을→히으흘   히읗에→히으헤

'히으히·히으흘·히으헤' 같은 것은, 좀 무리가 있을지 모르겠으나, 그래도 소리값대로 발음하게 해야, 'ㅎ'의 진짜 소리값을 깨닫게 되고,

따라서 '옳다'나 '않고'가, 왜 '올타'나 '안코'로 소리 나게 되는가를 알게도 될 것입니다. 다시 말하면, 마찰음(摩擦音)인 'ㅎ'이, 많이 좁힌 목청을 갈아 나오는 숨을 가지고 내는 소리인, 자기 소리값을 가지고 있기 때문에, 그의 뒤나 앞에 오는 소리에 반드시 영향을 주어, 거센 소리가 되게 한다는 것을 알게도 된다는 것입니다. 즉, '낳고→나코', '넣다→너타', '끓다→끌타', '입학→이팍', '착하다→차카다' 등이 그 예입니다.

그런데, '표준어 규정' 표준 발음법 제12항 4에, 〈'ㅎ(ㄶ·ㅀ)' 뒤에, 모음으로 시작된 어미나 접미사가 결합되는 경우에는, 'ㅎ'을 발음하지 않는다.〉로까지 되어 있어, '낳은→나은'·'쌓이다→싸이다'·'않은→아는'·'닳아→다라'·'싫어도→시러도' 등으로 발음하는 것이 허용되는 바람에, 요즘 어린이들은, 'ㅎ'이 제 소리값대로 발음되는 것을 별로 체험해 볼 수가 없게 되어 버렸습니다. 그래서, '않 되고', '않 간다', '하지많', '많큼', '괜찮다', '못했다', '않 지키고', '옳겼다' 등으로, 예사롭게 'ㅎ' 받침을 함부로 남용하는 수가 아주 많습니다. 그래 놓고도, 그들은 아무런 부끄럼을 느끼지 못합니다. 국어시간에, 한 번도 'ㅎ'의 소리값에 대해 지도받은 적이 없으니, 오히려 그것은 당연한 현상인지도 모르겠습니다. 그리하여, 그냥 있는 게 아니고, 밑의 말에 반드시 영향을 주어, '않 되고→안 푀고', '않 간다→안 칸다' 등으로 발음된다고, 아무리 귀에 딱지가 앉도록 이야기를 해도, 어린이들은 잘 이해하지를 못하고, 또, 'ㅎ'을 아무데나 마구 남용하는 버릇이, 좀처럼 고쳐지지가 않습니다. 그러니, 'ㅎ'의 소리값에 대한 지도를, 나의 주장대로 하는 것이 좋지 않을까 생각합니다.

(5) '아야어여……' 줄의 'ㅇ'의 소리값에 대한 올바른 지도

'기본 음절표(한글 본문장)'의 '아야어여……' 줄의 'ㅇ'의 소리값에 대해, 바르게 가르쳐야 합니다. 결론부터 이야기하자면, '자음 가운데서,

'ㄹ'과 'ㅇ'은, 단어의 첫소리로는 쓰이지 않는다.'는 규칙에 따라, 발음하지 않기 때문에, 그 동그라미는, 소리값이 없어, 'ㅇ'이 'ㅏㅑㅓㅕ……' 앞에 붙어 있어도, 아무 영향을 주지 않는다는 것입니다.

그런데, 여기서 문제가 되는 것은, 'ㄱㄴㄷㄹㅁㅂㅅㅇ' 할 때의 'ㅇ'은 분명히 '이응'이라고, 종성(終聲)으로 쓰이는 'ㅇ'과 똑같은 소리값으로 발음하면서, 'ㅇ' 줄을 읽을 때는, 왜 'ㅇ'의 소리값대로 발음하지 않고, 그냥 '아야어여……'로 발음하느냐는 것입니다. '기본 음절표(한글 본문장)'의 자음 'ㄱㄴㄷㄹㅁ……'은, 다 당당히 초성(初聲-첫소리)의 역할을 하고 있는데, 유독 '아야어여……' 줄만은, 그 논리가 먹혀들지 않고, 예외로 취급되고 있으니, 그 문제 제기는 너무도 당연한 일인 것입니다. 그러나, 옛날부터, 'ㅇ'이 '받침'으로 쓰일 때는, '이응'이란 제 소리값이 발휘되지만, '초성'으로 올 때만은 소리값이 없는, 단순한 하나의 기호로 써 왔기 때문에, 그 'ㅇ'의 특수성에 대해서, 어린이들에게 잘 이해시키고, 넘어가도록 해야 할 것입니다.

그리고, 이 'ㅇ'의 소리값의 이중성에 대한 문제점은, 한글 읽기의 연음법칙(連音法則-내려읽기)을 적용할 경우에도, 혼란스런 생각을 갖게 할 때가 많습니다. 즉, 우리말의 발음 규정에는, '앉아서'를 발음할 때는, 연음법칙을 적용해, 왼쪽에 있는 받침 'ㄴ'은 그 자리에 남고, 오른쪽에 있는 받침 'ㅈ'은 밑으로 내려와, '안자서'로 발음하도록 되어 있습니다.

그런데, 이때, 접미사 '아서'의 '아'의 'ㅇ'에, 소리값이 없다는 것을 모르는 어린이들은, '앉아서'의 내려읽기를 적을 때, '안ㅈ아서'로 표기해야지, '동그라미(ㅇ)'는 어디로 보내 버리고, 왜 그냥 '안자서'라고만 적느냐고, 의문을 제기하는 수가 더러 있습니다. 이것도 맞는 이야기인 것입니다. '아서'의 '아'의 앞에 당당히 'ㅇ'이란 기호가 있는데, 갑자기 그 동그라미는 어디로 가 버리고, 'ㅈ' 자가 와서 차지하고 앉았느냐고, 의아하게 생각하는 것은, 너무도 당연한 이야기인 것입니다. 사실, 교사로서 어린이를 지도할 때, 이런 문제가 제기되어 당황하는 수가 많기 때문에, 참고하시라고 언급해 두는 것입니다.

(6) 반드시 '기본 음절표(한글 본문장)' 베껴쓰기를 해서 정착시킬 것

'기본 음절표(한글 본문장)'의 발음훈련·외우기 등이 끝나면, 가로 13칸, 세로 19칸짜리 모눈종이를 만들어, 반드시 '기본 음절표(한글 본문장)'의 전체 베껴쓰기를, 두세 번 정도 실시해서, 반드시 정착을 시키라는 것입니다.

요즘 교사들의 수업하는 모습을 보면, 너무 영상매체(映像媒體)에만 의존해, 수업을 진행하는 수가 많습니다. 즉, 영상자료를 보고 난 후에, 여러 가지 이야기를 나누다가, 수업을 그냥 그것으로 끝내 버리기 일쑤라는 것입니다. 수업은, 반드시 시청각적(視聽覺的)인 기구를 총동원함은 물론, 노작교육(勞作敎育)과도 연결시켜, 반드시 몸을 움직여 직접 노동을 하거나, 애써 만들거나, 문자로 쓰는 과정 등을 거쳐, 수업을 마무리 짓도록 해야 하는 것입니다. 그래야, 학습한 내용이 정착이 잘 되는 것입니다. 따라서, 국어수업도, 말로 토론하고 설명하는 음성언어(音聲言語)만으로 끝나 버리지 말고, 문자언어(文字言語)와도 연결시켜, 반드시 글씨로 써서 문자에 정착시키도록 하라는 것입니다. 그래야, 말하기·읽기·쓰기의 삼위일체(三位一體) 교육이 되고, 그래야 교육효과도 뿌리를 내려, 그 교육효과가 오래 어린이들 마음속에 남게 되는 것입니다. 음성언어만으로 끝나 버리는 수업은, 아무리 화려해도, 교육내용은 말소리와 함께 사라져 버리고, 남는 게 아무것도 없는 것입니다. 그래서, 반드시 수업내용을 총정리해 문자로 써서 남김으로써, 정확히 정착시키도록 해야 하는 것입니다.

그런데, 여기서 또 문제가 되는 것은, 어린이들이 너무나도 서자력(書字力)도 없고, 인내심도 없어, 글씨쓰기를 잘 하려 하지 않는다며, 교사와 학부모들이 연필로 필기하는, 글씨쓰기 교육을 거의 포기하고 있다는 사실입니다.

　이런 경향은, 그릇된 미국식 흥미주의(興味主義) 교육의 악형향 때문인데, 그래 가지고서는 절대로 안 됩니다. 아이들이 흥미가 없어 하기 싫어한다고, 아이들한테 밀려 그대로 방치해 둔다면, 꼭 필요한 학력(學力)을 적기에 절대로 정착시킬 수가 없습니다. 그 학년의 학년성에 맞는 필수학력(必須學力)은, 그 시기에 꼭 붙여 줘야지, 그 적기(適期)를 놓치면, 다시는 지도하기가 퍽 어렵기 때문입니다.

　아이들이 하기 싫어한다고, 1·2학년 시절에 꼭 필요한, 글씨쓰기(서자력-書字力) 훈련을 시키지 않고, 그대로 넘어간다는 것은, 마치 애가 약을 먹기 싫어한다고 해서, 꼭 먹여야 할 양약을 안 먹이는 바람에, 병세를 더 악화시켜, 죽음에까지 이르게 한 것과 똑같은 이야기인 것입니다. 이 얼마나 어리석고, 바보 같은 이야기입니까?

　그러나, 현명한 부모는, 아이를 설득하거나 꾸짖거나 해서, 양약을 억지로라도 꼭 먹여서, 병을 낫게 할 것입니다. 그것이, 가장 타당하고 합리적인 처리방법일 것입니다.

　요즘 어린이들은, 무서운 '게으름병'에 걸려, 어린이들이 어려서 꼭 몸에 붙이고 넘어가야 할, 기본학력(基本學力)이나 기본예절(基本禮節)을 습득하지 못해, 학력결손(學力缺損)과 학습태도 불량으로, 공부를 따라가지 못하는 아이들이 수두룩합니다. 이것은 오로지, 자식들의 게으름병을 고치지 못하고, 자식들의 고집에 밀려, 오냐오냐 식으로 과잉보호를 하며, 자식들을 잘못 길렀기 때문인 것입니다.

　어린이는, 그렇게 기본예절도 안 돼 있고, 기초학력도 모자란, 무능한 어린이로 길러서는 절대로 안 됩니다. 인간 됨됨이는, 3세를 전후해서 거의 결정난다고 하니, 귀엽다고 그저 오냐오냐 하면서 그냥 내버려 두지만 말고, 버릇 들일 것은, 어려서부터 야무지게 버릇 들여 가면서, 행동거지(行動擧止)의 기초와 학습의 기초를, 착실히 하나하나 다져 나가야 하는 것입니다. 또, 서자력(書字力)이나 서사력(書寫力) 훈련도, 붓글씨(경필 쓰기) 공부 · 교과서 베껴쓰기 · 일기 쓰기 · 글쓰기 등을 통해서, 어려서부터, 연필(붓) 쥐는 법 · 쓰는 자세 · 글씨체 · 글씨 크기 · 문장부호 바르게 찍기 등의 기능을, 반드시 야무지게 하나하나 단련시켜 놓아야 하는 것입니다. 왜냐하면, 사람이 하는 모든 일에는, 다 때가 있는 법인데, 한 번 그 시기를 놓쳐 버리면, 다시는 그런 기회를 잡기가 어렵기 때문입니다.

또, 인내력도 마찬가지입니다. 이것도, 몸과 뼈에 박히도록 뼈가 부드러울 때부터 훈련시켜, 습관화가 되도록 해 나가야 하는 것입니다. 집안 청소 · 심부름 · 힘든 일 하기 · 체력단련 등을 통해, 어려움을 무릅쓰고 기어코 해내는, 인내력과 의지력을 길러 나가야 하는 것입니다. 야생동물들이 새끼를 기르는 걸 보면, 귀여워하면서도, 엄격하고, 강하게 길러서, 약육강식(弱肉强食)의 정글법칙의 살벌한 세계에서도, 능히 살아 남을 수 있는 아주 강한 동물로 키워 나갑니다. 그러나, 우리나라 학부모들은, 육아법을 잘 몰라, 어린이들의 기를 키워 준다는 미명 아래, 너무 자유방임(自由放任)에만 맡겨 두는 바람에, 마침내는 자녀들이 어느 누구의 말도 잘 안 듣는, 방자하고 방만한 어린이로 전락해 버려, 자녀교육은 번번이 실패만 거듭하고 있는 실정입니다. 자녀교육을 할 때, 뜨거운 사랑도 해주어야 하겠지만, 엄격할 때는 엄격해야 하고, 또, 좋은 버릇을 몸에 붙여 주어야 할 것은, 단단히 붙잡고 꼭 붙여 주고 넘어가야 하는 것입니다.

영어공부를 잘하려면, ABC 습득이 빠르고 완전해야 하듯, 국어공부를 잘하려면, '기본 음절표(한글 본문장)' 습득이 정확하게 빨리 이루어져야 합니다. 그래서, 교사들은, 종전처럼 '기본 음절표(한글 본문장)' 공부를, 가정에서 잘 지도했으려니 하고, 흐지부지 넘어가지 말고, 학교에서 기계처럼 정확하게 지도도 하고, 또, 정확하게 정착 여부를 점검한 뒤, 치료지도까지도 정확하게 해서, '기본 음절표(한글 본문장)' 지도에 완벽을 기하도록 해야 할 것입니다.

(7) '기본 음절표(한글 본문장)'의 가로와 세로로 읽기

'기본 음절표(한글 본문장)' 발음하기를 연습할 때, 가로로 읽기, 즉, '가갸거겨……'·'나냐너녀……'로 읽기만 하지 말고, 세로로 읽기, 즉, '가나다라……'·'갸냐댜랴……'로도, 읽게 해보라는 것입니다.

그러면, 재미도 있고, 구형 연습도 잘 되고, 우리말의 말소리가 얼마나 풍부한가에 대해서 깜짝 놀라게도 될 것입니다. 특히, 된소리 '꺼떠뻐써쩌'·'꼬또뽀쏘쪼'·'꾀뙤뾔쐬쬐'·'꽤뙈뽸쐐쫴'·'꿰뛔쀄쒜쮀' 등의 발음을 할 때는, 우리말의 소리의 풍부함에 깜짝 놀라, 모두 깔깔대며 웃습니다. 그러면서, 우리말에 대한 자랑을 새삼 느끼며, 흐뭇해하기도 합니다. 꼭 시간을 잡아서, 한 번 연습을 시켜 보시기 바랍니다.

(8) '기본 음절표(한글 본문장)'으로 '한글 책받침' 만들기

앞에 실려 있는, '기본 음절표(한글 본문장)'를 원고지 크기 용지 양면에 복사해 코팅을 해 가지고 책받침으로 활용하면, 한글 빨리 깨치기에 아주 효용성이 커서 좋습니다. 글씨를 쓰거나 글을 쓸 때, 의문이 생기면, 즉시 '한글 책받침'을 보고, 확인할 수가 있어, 그렇게 편리하고 좋을 수가 없습니다.

또, 시중 문방구에서 팔고 있는 책받침에는, 험악하게 생긴 우주인 그림이나, 음란스런 야한 그림이 많아, 어린이들 교육상 문제점이 많은데, 이런 '한글 책받침'을 사용하면, 우선 학구적인 냄새가 나서 좋고, 또 한글의 소중함과 세종대왕님에 대한 고마움도 함께 느낄 수가 있어서, 고상한 학습 분위기 만들기에도, 아주 그만일 것입니다.

(9) '한글 전문 자격증'이 없이는 1학년 담임이 될 수 없다

이상에서 본 바와 같이, '기본 음절표(한글 본문장)'에는, 이렇게도 어마어마하고도 무궁무궁한 진리가 들어 있는데, 교사들이 그것에 대한 본격적인 연구도, 학습지도도, 한 번 옳게 해보지도 않고, 대강 한 번 훑고는, 수박 겉핥기로 그냥 넘어가 버린다고 하니, 그게 어디 말이나 될 일입니까? 참으로, 모든 교육자들은 반성을 많이 해야 할 것입니다. 왜냐하면, 여태까지, 한글도 옳게 모르면서, 국어교육 한답시고 엉터리 교육만을 많이 해서, 우리 민족에게 많은 죄를 지어 왔기 때문입니다.

앞으로, 1학년 담임교사를 임명할 때는, '한글 전문 자격증'이 있는 사람에 한해서 임명하도록, 제도화해야 할 것입니다. 1학년 때, 한글교육과 국어교육만 완벽하게 잘해 놓으면, 초등학교에서 해결해야 할 교육문제의 거의 90%를, 완수해 냈다고 볼 수가 있기 때문입니다.

한글에 대한, 학구적인 깊은 연구 없이는, 절대로 국어교육을 할 수가 없습니다. 그러므로, 한국의 모든 교육자들은, 앞으로 한글 연구에 더욱 몰두해야 하겠습니다. 그리하여, KBS에서 시행하고 있는, '한국어 능력시험'에도 한번 도전해 보는 것도 좋을 것입니다. 그리고, 교육계에서, 그 시험의 고득점자를 우대하는 방안도, 국어교육과 한글교육 강화방안의 하나로서, 고려해 보는 것도 좋으리라고 생각합니다.

제2장 한글 '바르게 읽기'를 통한 '한글 빨리 깨치기'

국어교육, 특히, 한글 '바르게 읽기' 교육의 잘못으로, 저고(低高) 학년을 막론하고, 국어책에 실린 글이나 다른 책에 실린 글을, 소리 내어 읽어 보라고 하면, '한글 맞춤법'과 '표준어 규정'에 맞는 바른 발음으로, 바르게 읽는 어린이가, 거의 한 사람도 없을 정도로 비참한 상태입니다. 물론, 표준 발음법을 가장 중시하는, 아나운서만큼은 하지 못하더라도, 국어교육이란 이름 아래 하는 교육이니만큼, '한글 맞춤법'의 '소리에 관한 것'이나, '표준어 규정'의 '표준 발음법'에 맞게, 바르게 읽도록 노력은 해야 할 것입니다.

 그런데, 서울과 수도권 어린이들도, 바른 발음법으로 물이 흐르듯이, 술술 읽는 어린이는 별로 없고, 마치 외국인이, 한글을 처음으로 배워 서툴게 읽는 것처럼, 기어들어가는 자신 없는 목소리로, 더듬거리거나 틀리게 읽는 어린이가 너무도 많아, 절망감을 느낄 때가 많습니다. 특히 표준어의 본고장인 서울 어린이들 중에, 이런 어린이들이 더 많고, 더욱이 학력이 높다고 소문난, 강남지역 어린이들일수록 이런 현상이 더욱 심각합니다.

 그 어디에서도, 바른 국어교육을 받은 흔적을 찾을 수가 없을 정도로, 어린이들 한글 '바르게 읽기' 실력이 형편없습니다. 글쓰기 지도할 때, 고학년 어린이인 데도, 우리 글 하나 바르게 읽지 못하고, 더듬더듬거리는 현장과 맞닥뜨릴 때마다, 나는

 '이것 큰일 났구나. 이 나라의 국어교육이 어쩌다가 이 지경이 돼 버렸나?'

하는, 개탄과 함께, 분노를 느낄 때가 한두 번이 아닙니다. 이것은, 분명히 일선 학교에서 국어교육을 잘못하고 있다는, 명확한 증거인 것입니다.

 국어과 지도는, 읽기에서 시작해서 읽기로 끝난다고 합니다. 그런데, 이 나라 어린이 대부분이, 그 국어과 지도의 기초 중의 기초인, 바르게 읽기조차 못하고 있다는 것은, 국어과 지도의 첫출발부터가, 실패하고 있다는 증거인 것입니다. 이렇기 때문에, 이 나라의 국어교육이 무너져 버린 것입니다. 그래서, 그 실패를 바로잡기 위해서는, 바르게 읽기에 대한, 학문적이고도 이론적인 연구를 철저히 해서, 처음 시작부터 철저하고도 정확한, 완전학습을 해 나가도록 해야 하겠습니다. 요즘 잘 안 되고 있는, '바르게 읽기'에 대한 문제점들은, 앞에서 '기본 음절표(한글 본문장)'에 대해 이야기할 때, 거의 다 말해 두었기 때문에, 여기서는, 주로 '연음법칙'과 '절음법칙'을 중심으로 이야기하겠습니다.

1. 연음법칙(連音法則-내려읽기)과 절음법칙(絶音法則-끊어읽기)

홑받침이나 쌍받침이 있는 낱말이, 조사나 어미나 접미사나 실질형태소 등으로 연결될 경우, 연음법칙(連音法則-내려읽기)과 절음법칙(絶音法則-끊어읽기) 중 어느 것을 적용할 것이며, 또, 그중 한 가지를 적용한다 하더라도, 어떻게 발음해야 될지를 몰라, 망설여질 때가 많습니다. 그래도, 어른은 문법지식이 조금은 있으니까, 적절하게 판단해서 바르게 발음할 수 있지만, 어린이들은 문법지식이 없어, 많은 어려움을 겪게 되므로, 발음하기 어려운 곳이 나올 때마다, 학년성에 맞는 문법적 지도를 잘 해서, 낱말이나 어구의 발음법을 사례별로 완전히 몸에 익히도록, 해주어야 할 것입니다.

일반적으로, 받침 있는 낱말이 모음으로 시작된 조사나 어미·접미사와 같은, 형식형태소(形式形態素)와 연결될 때는, 연음법칙(連音法則-내려읽기)이 적용되고, 모음으로 시작된 실질형태소(實質形態素)와 연결될 때는, 절음법칙(絶音法則-끊어읽기)이 적용되므로, 이 요령을 어린이들이 이해할 수 있게 잘 연구해서 지도하면, 효과가 클 것입니다.

(1) 연음법칙(連音法則-내려읽기)에 대한 것

'표준어 규정'의 표준 발음법 제13항을 보면, '홑받침이나 쌍받침이 모음으로 시작된 조사나 어미·접미사와 결합되는 경우에는, 제 음가(音價-소리값)대로, 뒤 음절 첫소리로 옮겨 발음한다.'로 되어 있습니다. 그래서, '깎아→까까'·'옷이→오시'·'꽃을→꼬츨'·'쫓아→쪼차'·'밭에→바테'·'앞으로→아프로'·'덮이다→더피다' 등으로 발음되는 것은, 누구나 다 알고 있습니다.

그러나, 제14항의 겹받침의 경우에, 틀리는 수가 많습니다. 제14항을 보면, 〈겹받침이 모음으로 시작된 조사나 어미·접미사와 결합되는 경우에는, 뒤엣것만을 뒤 음절 첫머리로 옮겨 발음한다.(이 경우, 'ㅅ'은 된소리로 발음한다.)〉로 되어 있습니다. 그래서, '앉아→안자'·'젊어→절머' 등은, 비교적 틀리지 않고 내려읽기를 잘할 수 있으나, '넋이→너기(넉시)'·'닭을→다글(달글)'·'값을→가블(갑슬)' 등처럼, 사회에서 일반적으로 틀리게 잘못 발음하는 습관 그대로, 잘못 발음하는 경우가 아주 많습니다.

이 겹받침의 잘못된 발음의 바로잡기 지도를 할 때는, 그 겹받침을, 우리 조상들이 옛날부터 무엇인가 필요가 있어서, 그걸 고집하며, 오랫동안 그렇게 발음해 왔는 것이기 때문에, 그래서, 그렇게 어원을 밝혀 적는 참뜻을, 먼저 깨닫도록 해주어야 합니다. 그리고, 그런 말들에는, 우리 조상들의 가슴 설레게 하는 말소리와 입김과 그리고, 사는 모습까지도 스며 있으므로, 한 소리라도 죽이거나 소홀히 하지 말고, 꼭 다 살려 발음하도록 해야 한다는 것을, 민족혼에 호소하면서, 절실하게 가슴으로 느끼고 깨닫도록 해주어야 할 것입니다.

(2) 절음법칙(絶音法則—끊어읽기)에 대한 것

'표준어 규정'의 표준 발음법 제15항을 보면, 〈받침 뒤에, 모음 'ㅏ·ㅓ·ㅗ·ㅜ·ㅟ'들로 시작되는 실질형태소(實質形態素)가 연결되는 경우에는, 대표음으로 바꾸어서, 뒤 음절 첫소리로 옮겨 발음한다.〉라고 되어 있습니다. '실질형태소'라는 것은, 독립성이 있는 말을 가리키는 말인데, 받침 뒤에 모음으로 시작된 말이 오더라도, 뒤에 오는 말이 독립성이 있는 말일 경우, 그 사이에는 절음법칙(끊어읽기)이 적용돼, 위의 받침을 제 음가대로 뒤 음절 첫소리로 옮겨 발음하지 않고, 대표음 'ㄷ·ㅂ'으로 바꾸어서, 뒤 음절 첫소리로 옮겨 발음한다는 것입니다.

'밭 아래→바다래'·'늪 앞→느밥'·'젖어미→저더미'·'맛없다→마덥다'·'겉옷→거돋'·'헛웃음→허두슴'·'꽃 위→꼬뒤' 등이 그 예들입니다.

　그런데, 그 예외조항에, 〈다만, '맛있다'·'멋있다'는, 〔마신따〕·〔머신따〕로도 발음할 수 있다.〉라는 말이 나옵니다. 말하자면, '맛있다·멋있다'는 절음법칙(絶音法則) 적용을 원칙으로 하나, 연음법칙(連音法則) 적용도 허용한다는 것입니다. 일반 사람들이 '마신따·머신따'로 많이 발음하니까, 그것도 허용한다는 예외조항을 만들었는 모양인데, '있다'란 말은 실질형태소(實質形態素)인 만큼, '마믿따·머믿따'로 습관화시키는 것이, 절음법칙 개념에 혼선도 안 가져오고 해서, 훨씬 좋으리라 믿습니다. 그래서, 나는 언제나 예외조항에 따르지 않고, 원칙에 따라 발음하도록 지도하고 있습니다.

　또, 그 조항 〔붙임〕에는, '겹받침의 경우에는, 그중 하나만을 옮겨 발음한다.'는 것이 나와 있습니다.

　즉, '넋 없다→너겁따'·'닭 앞에→다가페'·'값어치→가버치'·'값있는→가빈는'으로, 발음된다는 것입니다. 참고로 하시기 바랍니다.

2. 기타 받침(자음)의 발음(發音) 지도에 유의해야 할 것들

　국어시간에, 바르게 읽기 지도를 할 때, 알 것 같으면서도, 막상 가장 바른 발음을 생각하다 보면, 어떻게 지도하는 것이 옳을지, 망설여질 때가 많습니다. 그래서, 아래 헛갈리기 쉬운 것들을 들어 놨으니, 참고하시기 바랍니다.

　국어에서 음절(音節)의 끝소리가 되는 자음(子音-받침)은, 'ㄱ·ㄴ·ㄷ·ㄹ·ㅁ·ㅂ·ㅇ'의 일곱 소리뿐입니다. 따라서, 이 일곱 소리 밖의 자음이 끝에 오면, 그것은 일곱 자음 중의 하나로 바뀝니다.

　(1) 음절의 끝자리의 'ㅍ'은, 'ㅂ'으로 바뀝니다. '잎→입'·'앞→압' 등이 그 예입니다.

　(2) 'ㅅ·ㅆ·ㅈ·ㅊ·ㅌ'은, 'ㄷ'으로 바뀝니다. '옷→옫'·'있고→읻

꼬' · '낮→낟' · '꽃→꼳' · '바깥→바깓' 등이 그 예입니다.
(3) 'ㄲ · ㅋ'은, 'ㄱ'으로 바뀝니다. '밖→박' · '부엌→부억' 등이 그 예입니다.
(4) 겹받침은, 하나만 발음되는데, 발음되는 소리는 위의 규칙을 따릅니다.

① 'ㄳ · ㄵ · ㄽ · ㄾ · ㅄ'은, 어말 또는 자음 앞에서, 각각 〔ㄱ, ㄴ, ㄹ, ㅂ〕으로 발음합니다. '몫→목' · '앉고→안꼬' · '외곬→외골' · '핥고→할꼬' · '값→갑' 등이 그 예입니다.

② 'ㄻ · ㄺ · ㄿ'은, 어말 또는 자음 앞에서, 각각 〔ㄱ, ㅁ, ㅂ〕으로 발음합니다. '닭→닥' · '젊다→점따' · '읊지→읍찌' 등이 그 예입니다.

③ 'ㄺ · ㄼ'은, 불규칙입니다. '읽고→일꼬' · '읽지→익찌' · '넓다→널따' · '밟다→밥따' 등이 그 예입니다.

(5) 끝에 자음을 가진 형태소(形態素)가, 모음으로 시작되는 형식형태소를 만나면, 그 끝 자음은 다음 음절의 첫소리로 발음됩니다. 만약 뒤에 오는 형태소가 실질형태소(實質形態素)이면, 절음법칙의 규칙을 따릅니다. '옷이→오시' · '옷을→오슬' · '옷 안→온안→오단' · '옷 아래→온아래→오다래' · '값이→갑시' · '값을→갑슬' · '값 없다→갑업다→가법따' 등이 그 예입니다.

이 밖에도, 한글의 소리(음운-音韻)에 대해서 이야기하자면, '두음법칙(頭音法則)', '음의 길이', '받침의 발음', '음의 동화(同化)', '경음화(硬音化)', '음의 첨가(添加)' 등, 너무도 복잡하고 어려운 이론들이 많기 때문에, 여기에서 다 언급할 수가 없습니다. 가르치다가 의문이 생길 때는, 책으로 나와 있거나, 국어사전 뒤에 붙어 있는, '한글 맞춤법'과 '표준화 규정'을 참고해, 연구해서 가르치시기 바랍니다.

3. 음독(音讀)과 낭독(朗讀) 지도에 관한 것

국어과 지도는, 읽기에서 시작해서, 읽기로 끝난다고 합니다. 국어과 학습지도에 있어서, 읽기가 그만큼 중요하다는 이야기일 것입니다.

사실, 국어과의 한 단원을 다룰 때, 적어도 한 8번 정도 읽혀야 완전 이해가 될 수가 있는 법입니다. 소독단계(素讀段階) 3번, 정독단계(精讀段階) 3번, 미독단계(味讀段階) 2번 정도 읽으며, 읽기의 해석과정(解釋過程)을 심화(深化)시켜 나가야, 그 단원의 내용을 완전히 이해시킬 수가 있습니다. 그래서, 국어수업을 시작할 때면, 언제나 수업 단계별로 읽기의 목표를 주어, 전 단원을 소리 내어 읽거나(음독-音讀), 눈으로 읽는(묵독-默讀), 읽기 작업으로부터 먼저 시작해야 하는 법입니다.

그래서, 국어과에서는, 읽기의 기초가 되는 소리내 바르게 읽는, 음독(音讀)과 낭독(朗讀)이 아주 중요합니다. 먼저 국어책을 바르게 읽을 수 있어야만, 내용연구로 들어갈 수가 있기 때문입니다. 이 소리내 바르게 읽기가, 바로 국어수업의 성패를 판가름하는 관건인 것입니다.

그런데, 요즘 교사들은, 국어시간에 시청각기구에만 의존해 수업을 진행하면서, 소리내 읽는 음독이나 낭독을 소홀히 한 나머지, 국어책조차 읽지 못하고, 더듬거리는 어린이들이 수두룩해 큰일이 났습니다.

어린이들의 음독과 낭독 실태를 보면, 대강 다음과 같은 세 가지 유형이 있습니다. 그것은,

① 한글을 잘 몰라, 글을 바르고 정확하게 읽지 못하는 어린이.
② 글을 바른 발음으로 바르게 잘 읽지도 못하고, 더듬더듬거릴 뿐 아니라, 한 번 읽은 곳을 또 되풀이해서 읽거나, 글자를 마구 빼먹기도 하고, 또는 없는 말이나 글자를 어림 짐작으로 집어넣어서, 자기 멋대로 읽는 어린이.
③ 글의 내용과 글맛을 알고, 내용표현을 하며, 낭랑한 목소리로 읽을 수 있는 어린이.

등의 세 가지입니다.

①항의 한글도 잘 몰라, 글을 바르고 정확하게 읽지 못하는, 어린이들

구제를 위한 지도법에 대해선, 앞에 여러 가지 방법을 제시하며, 상세히 서술해 놨기 때문에, 그것으로 충분할 것입니다. 그래서, 여기서는, ②항의, 글을 바른 발음으로 바르게 잘 읽지도 못하고, 더듬더듬거릴 뿐 아니라, 한 번 읽은 곳을 또 되풀이해서 읽거나, 글자를 마구 빼먹기도 하고, 또 없는 말이나 글자를 어림 짐작으로 집어넣어서, 자기 멋대로 읽는 어린이들의 지도 문제에 대해서, 이야기하겠습니다.

나는, 어린이들을 상대로 글쓰기 지도를 처음으로 시작할 때면, 글쓰기 지도를 받을 만한, 국어학력이 붙어 있나 없나의 여부를 테스트하기 위해, 먼저 문집의 본보기글을 읽히기도 하고, 또 받아쓰기도 해봅니다. 이 작업을 몇 십 년 동안 해 왔는데, '아, 그 선생님, 국어교육 참 잘 시켜 놨구나.' 하고, 느껴 본 적은 단 한 번도 없고, '아, 큰일 났구나. 글쓰기는커녕, 한글 깨치기 지도부터 다시 시작해야 할 판이니, 큰일 났구나.' 하고, 절망과 분노를 느낄 때가 대부분이었습니다. 그 정도로, 이 나라 어린이들의 '바르게 읽기' 실태가, 비참하다는 이야기입니다.

도대체, 그 원인은 그 어디에 있는 것일까요? 그 병집이 하도 깊고 무거워서, 지적할 것이 너무도 많지만, 지면 관계로 다 이야기할 수는 없고, 핵심적인 것만 몇 가지 집어 보겠습니다.

(1) '바르게 읽기'를 통한 학력부진아(學力不振兒) 발견과 즉석 치료지도

한 단원의 국어과 학습지도 과정에는, '대강의 뜻 붙잡기' · '바르게 읽기' · '낱말의 뜻 조사' · '대문 나누기' · '내용연구' 등의 단계가 있는데, 그 학습지도 과정의 하나인, 그 중요한 '바르게 읽기' 단계의 지도를, 철저하고 완벽하게 지도하지 않고, 대강대강 수박 겉핥기로 넘어가 버렸기 때문에, 그렇게 읽기가 서툰 것입니다.

'바르게 읽기'를 옳게 하려면, 그 단원 중 맞춤법도 어렵고, 발음하기도 어려운 곳을 찾아내, '흙이→흘기', '언짢다→언짠타', '흙과→흑과',

'많소→만쏘', '꽃망울→꼰망울', '값어치→갑어치', '쫓다→쫃다' 등으로, 소흑판에 써 놓고, 소리내 발음도 하고, 써 보게도 한 후, 공부하는 국어 단원을, 한 사람도 빠짐없이 다 읽히면서, 어린이들이 바르게 읽지 못하는 곳은 어디인가? 글자를 빼거나 집어넣거나 하면서, 엉터리로 읽는 어린이는 누구누구인가? 글의 내용을 음미하면서, 낭낭하게 잘 읽는 어린이는 누구누구인가? 등을, 이 잡듯 야무지게 점검해 파악해 두어야 하는 것입니다.

국어학력을 테스트하는 데, 국어책이나 문집을 읽히는 것 이상, 더 좋은 도구가 없습니다. 책 읽는 걸 보면, 그 어린이의 15가지 정도나 되는, 국어과 기초학력의 거의 모든 것을, 다 알 수가 있습니다. 심지어, 지능 정도까지도 감지할 수가 있습니다. 집필 테스트를 하려면, 돈과 노력과 시간 때문에 머리가 무겁지만, 이 책 읽기 테스트는, 아주 간편해서 아주 좋습니다.

그런데, 이렇게도, 어린이들 국어학력을 파악하는 데 간편하고 유익한 방법이 있는 데도, 책 읽기를 통한 국어학력 점검 한 번 하지도 않고, 중병상태 그대로 어린이들을 방치해 두고 있으니, 그런 사람들을 어찌 교육자라고 할 수가 있겠습니까?

학력결손(學力缺損)을 방지하고, 국어학력 부진아(不振兒) 발생을 막으려면, 충분한 교재 연구 및 학습자료 준비와 고도의 수업기술로 완전학습을 해야 함은 물론, 즉석 학력 테스트·즉석 학력부진아 발견·즉석 치료지도의 속전속결주의(速戰速決主義) 전략을 써서, 그 날 배운 것은, 그 날 반드시 완전히 정착(定着)시켜 버리는, 완벽주의(完璧主義) 학습지도법을 지향해 나가야 합니다.

(2) 범독(範讀)으로 낭독(朗讀)의 힘 끌어올리기

국어과 지도에 있어서, 소리내어 국어책을 바르게 읽는 것은, 아주 중요한 일입니다. 그런데, 컴퓨터가 등장한 이후, 책 읽기가 더욱 멀어져 버려, 책을 소리내서 읽는, 음독(音讀)이나 낭독(朗讀)의 풍경을 거의 볼 수가 없게 되어 버렸습니다. 옛날엔, 마을 서당에서 한문책 읽는 소리가 넘쳐 났었는데, 지금은, 마을에서건 학교에서건, 글 읽는 소리를 전혀 들을 수가 없게 돼 버렸습니다.

이래 가지고서는 안 됩니다. 적어도 국어과 읽기책은, 한 단원을 8번 이상 읽혀야 합니다. 거의 외울 수 있는 정도가 되도록, 특히 집에서도, 소리내 읽는 낭독 연습을 의도적으로 많이 시켜야 합니다. 국어시간에도, 반드시 읽기로 시작해 읽기로 끝나도록 해야 합니다.

그리고, 이 '바르게 읽기' 지도에 있어서, 가장 중요한 것이 교사의 범독(範讀)입니다. 교사가 미리 낭독연습을 충분히 해 가지고, 소리의 고저(高低)나 장단(長短)이나 억양(抑揚)은 물론, 반점(,)이나 온점(.) 있는 곳에서의 사이 두기며, 대화문 부분의 감정 넣어서 읽으며, 표준어 규정의 바른 발음법 등을 고려한, 완벽한 읽기의 모범을 단원마다 보여 준다면, 그 이상 더 좋은 효과적인 지도방법은 없을 것입니다.

낭독의 가장 능숙한 단계는, 바로 앞에서 말한, 글의 내용과 글맛을 알고, 내용 표현을 하며, 낭낭한 목소리로 읽을 수 있는 단계입니다. 틀리거나 더듬거리며, 글을 잘못 읽는 모든 어린이들을 훈련시켜서, 이 단계로까지 끌어올려 주어야 하는 것이, 교사들이 할 일이고, 또 책임인 것입니다. 어린이들의 '바르게 읽기'의 실력을, 이 정도로까지 끌어올려 놓으면, 일기 쓰기 · 생활문 쓰기 · 시 쓰기 · 독후감 쓰기 지도가 휠씬 수월하고, 또 잘 될 것입니다. 그래서, 기초학력 지도를 철저히 하자는 것입니다.

그런데, 이 ③항 수준의 어린이가 글 읽는 걸 보면, 다음과 같은 특징이 나타납니다. 첫째, 글 읽는 사이 두기의 조절을 잘하고, 둘째, 읽는 속도 조절도 잘하고, 셋째, 소리의 크기 조절도 잘하는 등, 글의 내용에 따라, 표현법을 연구하며 읽는다는 것을 알 수가 있습니다.

이것은, 기술을 익힌다고 되는 것이 아니고, '바르게 읽기'가 숙달되면, 자연히 나타나는 현상이므로, 읽기의 심화와 숙달에, 더욱 힘을 써야 할 것입니다.

제3장 '낱말카드' 활용을 통한 '한글 빨리 깨치기'

'낱말카드'는 국어수업에 있어서, 없어서는 안 될, 사용하기 편리하면서도 학습효과도 큰, 아주 중요한 학습자료입니다. 왜냐하면, '낱말카드'는 국어수업의 모든 단원의 전개과정(展開過程), 즉, 소독단계(素讀段階)·통독단계(通讀段階)·정독단계(精讀段階)·미독단계(味讀段階)나, 모든 국어 학습시간의 진행과정(進行過程), 즉, 도입(導入)·전개(展開)·정리(整理)의 모든 단계를 통해서, 새로 나온 낱말 지도·바르게 읽기 지도·낱말의 뜻 지도·맞춤법이나 문법 지도·짧은글(口頭作文) 짓기·문형(文型) 지도 등을 할 때, 아주 다목적(多目的)·다용도(多用途)로 활용할 수가 있기 때문입니다.

이처럼, 낱말카드는, 만들기도 쉽고, 다루기도 간편하고, 편리하고, 또 시각적 효과도 커서, 모든 어린이들의 주의력을 한군데로 금방 집중시킬 수도 있고, 또 그 간단한 낱말카드 하나 가지고도, 아주 다양한 의견 교환과 토론을 진행시킬 수도 있는, 실로 비장의 보도(寶刀)와도 같은, 무궁무진한 만능의 학습도구인 것입니다.

그런데, 문제는, 국어수업에 있어서 그렇게도 편리하고 학습효과도 큰, 전천후 만능무기의 가치를, 교사들이 전혀 잘 알지도 못하고, 또 사용하지도 않아서, 모든 국어수업이 번번이 실패만 거듭하고 있다는 사실입니다. 교사들의 국어수업 실패의 원인을 분석해 보면, 학습도구를 전혀 사용하지 않고, 오직 입으로만 수업을 진행하고 있거나, 아니면, 컴퓨터·녹음기·비디오·오바헷 등의 시청각 및 영상매체 자료를 너무도 많이 동원해 가지고, 그것에만 의존해 수업을 너무 화려하게 진행하려

하다가, 그만 '학습자료 과다동원 후유증' 때문에, 오히려 수업이 실패하고 마는, 두 가지 경우입니다.

특히, 국어수업에 있어서는, 교사의 실력이나 주체적인 수업진행 능력이 더 중요한데, 요즘 교사들이 하는 수업을 보면, 그런 중요한 일에는 신경을 하나도 쓰지 않고, 엉뚱한 데 신경을 쓰다가, 국어수업이 실패로 끝나 버리는 경우가 아주 많습니다. 그런 잘못된 관행을 보고 있노라면, 안타까울 때가 참으로 많습니다.

그러면, 여기서 낱말카드 만드는 법과 활용방법에 대해, 이야기해 보겠습니다.

1. 낱말카드 만드는 방법

종이는, 8절 켄트지를 사서 세로로 세워서, 가로로 두 번 접어, 4장의 낱말카드를 만들거나, 반으로 접어, 두 장의 큰 낱말카드를 만들거나, 아니면, 가로로 반으로 접고, 세로로 한 번 접어서, 4장의 낱말카드를 만들어, 낱말이나 어구의 글자 수에 따라, 그에 적합한 길이의 카드를 골라, 사용하면 됩니다.

그리고, 켄트지가 없을 때는, 백표지를 이용해, 위와 같은 방법으로 잘라서 활용해도 좋습니다.

2. 글씨 쓰는 도구

붓으로 쓰되, 궁체(宮體)로 바르게 쓰는 게 제일 좋습니다. 궁체가 국어과 글씨쓰기의 표준이기 때문입니다. 매직으로 써도 되지만, 고딕체 글씨가 돼 버려, 교과서의 활자체나 쓰기책의 궁체와 달라, 교육적 효과가 덜하다는 것만은, 알고 하시기 바랍니다. 교육은 백 년 대계의 일이기 때문에, 원칙대로 따라 하는 것이 무엇보다도 중요합니다. 붓글씨가 서툴 경우, 교사 스스로가 배우고 익혀서, 어린이들의 학습권(學習權)에 부응해, 만족시켜 주도록 노력해야 할 것입니다.

즉, 교사는, 우리 겨레의 소망이요 새싹인 어린이를 위해 있다는, 어린이 중심적 사고와 사명감, 그리고, 민족의식을 잊지 말고, 자기의 부족한 점을 항상 공부와 노력으로 메꿈으로써, 자기의 능력부족이나 성의부족으로 말미암아, 어린이들의 학습에 절대로 손해를 끼치는 일이 없도록 한다는, 자각적인 슬기로운 사고를 갖도록 해야 하겠습니다.

이런 이야기를 하다 보니까, 내가 어느 산골 학교에서 겪은 이야기가 생각났기 때문에, 여기 소개하겠습니다. 낱말카드 활용법에 대한 직원연수가 끝난 뒤, 어느 날의 일이었습니다. 직원실에 가 보니, 대구교대를 나온 지 얼마 안 된 어느 남교사가, 물감붓에 까만 포스터 컬러 물감을 묻혀 가지고, 지렁이 글씨로, 낱말카드에 글씨를 쓰고 있는 게 아니라, 그야말로 글씨를 그리고 있었습니다. 보기에 너무도 어설퍼서

"아니, 이 선생님, 붓으로 써야지, 물감붓으로 그렇게 어설프게 써서 되겠습니까?"

했더니, 내 말이 떨어지기가 무섭게

"교대 다닐 때, 붓대통 한 번 안 쥐어 봤습니다."

하고, 남의 일에 웬 잔소리냐는 듯, 퉁명스럽게 내뱉는 것이 아니겠습니까? 나는, 그 교사로서 차마 입에 담을 수 없는 말투와, 자기 무능력이나 무성의를 전혀 반성할 줄도, 부끄러워 할 줄도 모르는, 너무도 무교양하고, 뻔뻔스러운 태도에 환멸을 느끼고, 그만 얼른 그 자리를 피하고 말았습니다.

3. 낱말카드에 써 넣을 낱말이나 어구(語句) 고르기

낱말카드에 써 넣을 말들은, 그 단원에서 가장 중요한 낱말이나 어구들을, 잘 골라 내서 써야 합니다. 앞에서도 말했듯이, 새로 나온 낱말이

나, 문장표현에 많이 사용되는 동사나, 형용사나, 부사 어구, 맞춤법이나 문법상 중요한 어구, 바르게 읽기 등의 발음훈련상 필요한 어구 등, 꼭 필요한 것을 골라 써 넣도록 합니다.

그때 유의할 점은, 명사의 낱말만 취하지 말고, 명사에 조사(토씨)가 붙은 것이나, 동사나 형용사의 어미변화(語尾變化) 그대로의 어구들도 선택을 해서, 문법지도에 도움이 되게 하라는 것입니다.

그러면 여기서, 내가 어린이들에게 글쓰기 지도를 하면서, 본보기 생활문이나 전래동화 속에서, 꼭 다루어야겠다고 생각하고서 뽑아 낸, 중요어구들을, 아래 적어 보겠습니다.

'심술궂은 · 무릎을 꿇고 · 곧바로 · 꼼짝없이 · 경쾌한 · 꽃잎을 · 볶은 밥 · 우습다 · 몇 번씩 · 빚을 갚았고 · 까닭을 묻고 · 몇 날 며칠 · 덫을 놓았다 · 붙잡으러 · 넓죽 · 머리를 끓고 · 흐트러 놓아서 · 옮겨 다니며 · 뒤 곁에는 · 뵙게 되었군요 · 빛을 비춰 · 입에 괼 때 · 이불을 덮어썼다 · 둘러앉아서 · 꽃을 꺾으러 · 웬일이지? · 산 속을 헤매고 · 꽃밭이(은 · 에) · 끝이 난다 · 먹지 않아서 · 꺾어 놓은 지 · 읽어 봅시다······.'

낱말카드에 낱말을 써 넣을 때는, 한쪽 면만 이용해도 되고, 카드가 모자랄 때는, 뒷면을 이용해도 됩니다.

4. 낱말카드 이용방법

낱말카드 활용법에는, 두 가지가 있는데, 한 글자의 구조, 즉, 한 음절(音節)의 구조를 지도할 경우와, 한 낱말이나 한 구절(句節)의 뜻이나 맞춤법 등을, 지도할 경우가 그것들입니다.

한 글자, 즉 한 음절을 구성하는 닿소리(자음 子音)와 홀소리(모음 母音)의 결합관계를 설명할 때 쓰는 낱말카드는, 좀 좁다란 종이에, 한쪽 면에만 한글 자모(子母) 낱자만 써서, 활용하면 됩니다. 즉, '꽃'이란 글자의 구조를, 시각적으로 정확하게 각인(刻印)시켜 주려고 할 때는, 좁다란 낱말카드에, 각각 첫소리(초성-初聲) 'ㄲ'과 가운뎃소리(중성-中聲) 'ㅗ'와 끝소리(종성-終聲) 'ㅊ'을 적어서, 융판에다 붙였다 떼었다 하면서, 닿소리(자음)와 홀소리(모음)의 결합(結合)과 분리(分離)의 원리를, 시각적·입체적으로 인식시키며 지도하면, 그렇게 효과적일 수가 없습니다. 즉, 'ㄲ+ㅗ+ㅊ→꽃' 이런 식으로 말입니다.

또, 한 낱말(단어)이나 한 구절의 뜻이나 맞춤법 등을 지도할 때는, 가로로 낱말이나 구절을 써 넣어서 사용하면 되는데, 이 경우는, 손에 들고 사용하는 수가 많기 때문에, 뒷면에도 글씨를 써서 사용해도 됩니다. '꽃밭에서, 솥을 걸고, 교실을 닦았다, 빚을 갚았다, 앞의 사람, 돈을 빼앗았다, 침을 뱉고, 닭에게, 혀로 핥았다, 밭갈이, 앉아서, 무릎을 꿇고, 바뀌었다, 괜찮다, 덮었다, 옷을 입혔다, 맡겨 놓은, 썩어 있는, 발에 밟힌, 바깥으로……' 등으로 말입니다.

낱말카드 하나를 꺼내 들면, 바르게 읽기·낱말의 뜻·맞춤법(문법)·띄어쓰기·바르고 정확하게 쓰기·어미변화·짧은글 짓기(口頭作文)·공책에 글씨로 쓰기 등, 다각도로 다룰 수가 있기 때문에, 한 낱말·한 구절이 완전히 100% 이해가 되고, 정착이 되도록, 그 활용방법을 많이 연구해야 할 것입니다. 그렇게 국어시간에, 한 낱말 한 구절을 놓치지 않고, 이 잡듯이 정확하고 알뜰하게 다루며, 치료지도까지 해 나간다면, 한글 모르는 어린이가 생길 리가 없을 것입니다. 한글 미해득아는, 오로지, 교사와 학부모들의 무관심과 무책임과 능력부족과 지도불철저에서 오는 것입니다. 그러니, 어떻게 해서든, 이번 기회에, 한글 미해득아만을 양산하고 있는, 한국 국어교육의 불명예스런 악순환(惡循環)의 고리를, 꼭 끊도록 결심을 해야 하겠습니다.

위의 여러 낱말들 중, '심술궂은'·'무릎을 꿇고'·'까닭을 묻고'·'빚을 갚았고'·'몇 날 며칠'·'빛을 비춰'·'입에 괼 때'·'꺾어 놓은 지' 등은, 국어 학력을 높이기 위해, 다각적으로 다룰 수 있는, 아주 좋은 지도자료라고 생각됩니다.

그런데, 낱말카드 활용에 있어서 제일 중요한 문제는, 낱말카드를 어느 때 어떻게 제시해서, 어떻게 활용하느냐는, 사용방법의 문제인 것입니다. 아이들이 떠들고 있을 때, 낱말카드를 교사가 등 뒤에 숨기고 있다가, 어떤 어린이를 지명할 때는, 학력이 낮은 어린이부터 점차 학력이 높은 어린이로 옮겨 가도록 하는 것이 좋습니다. 먼저, 주의가 산만해 딴전을 피우고 있는, 저능아를 한 사람 골라 불러 세운 뒤, 학급 어린이들이 주의가 어느 정도 집중되었을 때, 극적으로 낱말카드를 내밀고서 읽어 보라고 하면, 교실 안은 갑자기 긴장감이 감돌 정도로 조용해집니다. 왜냐하면, 과연 그 어린이가 그걸 바르게 읽어 낼 수 있을까가 궁금해서이고, 그리고, 또 만약에 그 어린이가 틀리면, 자기가 그 기회를 놓치지 않고 손을 들겠다는, 스릴 때문인 것입니다.

이렇게, 학급 전체 어린이들의 주의가, 낱말카드 하나에로 완전히 집중되게 되면, 수업 진행의 주도권(主導權)을 교사가 완전히 쥘 수가 있게 되고, 그러면, 교사는 그 기회를 놓치지 말고, 자유자재로 어린이를 놓았다 쥐었다 하면서, 한 낱말·한 구절을 다각도로 되씹어 다루면서, 국어수업을 더욱 효과적으로 심화시켜 나갈 수가 있게 되는 것입니다. 그리고, 잊어서는 안 될 것은, 한 번 다룬 낱말이나 구절은, 그냥 음성언어로 이야기하는 것으로 끝내 버리지 말고, 반드시 공책에 써 보게 한 뒤, 문제를 10문제 정도 내서 받아쓰기를 실시해서, 채점을 하면서, 바르게 썼나 여부와, 완전히 이해하고 정착이 되었나의 여부까지도, 정확하게 점검해서, 다시 쓰게 하는, 그런 완벽한 지도가 되도록 해야 한다는 것입니다.

5. 짧은글(口頭作文) 짓기

끝으로, 낱말카드 활용에 있어서 가장 중요한 분야는, 역시 짧은글(口頭作文) 짓기입니다. 낱말이나 구절에 대한 모든 학습이 끝나면, 실제적인 활용법을 익히기 위해, 그 낱말이나 구절을 넣어서, 짧은글을 지어 보도록 하는 것입니다. 단순한 낱말뿐 아니라, 조사가 붙은 단어나, 동사·형용사·부사·관형사 등을 넣어서, 한 문장을 만들어 보게 하는 것입니다. 다음과 같이 말입니다.

- '심술궂은'……철수는 '심술궂은' 짓을 많이 한다.
- '무릎을 꿇고'……어머니 앞에 '무릎을 꿇고' 잘못을 빌었다.
- '꺾어 놓은 지'……학교에 가져가려고 진달래꽃을 꺾어다 놓았는데, '꺾어 놓은 지' 너무 오래되어, 다 시들어 버렸다.

그리고, 그 '짧은글 짓기'를 그저 입으로 지껄이는 말만으로 끝나 버리지 말고, 반드시 그 짧은글을 공책에 써 가지고 나오도록 해서, 일일이 점검을 함으로써, 바르게 쓰기까지도 정확하게 지도해서 정착시키는, 침투된 지도를 하면, 더욱 효과적일 것입니다.

제4장 '받아쓰기'를 통한 '한글 빨리 깨치기'

1. 손쉬운 '받아쓰기'의 실시요령(實施要領)

학습지도 후, 학력의 정착 여부를 점검하는 데 있어서, 받아쓰기 이상 간편하고 편리한 도구는 없을 것입니다. 받아쓰기 공책이나 A_4용지를 4등분한 쪽지종이만 있으면, 되기 때문입니다. 마음 내킬 때, 금방 실시해서, 금방 결과를 확인할 수 있으니, 그 얼마나 간편하고 신속해서 좋습니까?

받아쓰기 문제는, 5문제·10문제·15문제·20문제 정도로 해서, 학년성과 그때의 상황에 따라, 적당히 조절해 출제하면 될 것입니다.

이 받아쓰기는, 특히 1학년 '한글 빨리 깨치기 지도'에 있어서, 없어서는 안 될 아주 좋은 교육수단입니다. 그 받아쓰기는, 한글 깨치기 입문기 지도 때부터 적용해도 됩니다. 가령, '기본 음절표(한글 본문장)'의 바르게 읽기와 베껴쓰기 지도가 끝난 후, " '가' 줄을 외워 써 보아라. '르' 줄을 외워 써 보아라. 'ㅊ' 줄을 외워 써 보아라." 하고, 문제를 내도 되고, 국어책이나 본보기글에서, 받침이 없는 쉬운 낱말 5개 정도를 골라, 받아쓰기를 해도 될 것입니다. 조금씩 익숙해지려면, 문제도 10개 정도로 늘리고, 받침 있는 낱말도 도입하고 해서, 점차 난이도를 높여 가도록 하면 될 것입니다.

받아쓰기 문제를 부를 때는, 3번 정도 되풀이해 불러 주고, 부르는 낱말의 뜻을 잘 몰라 틀리는 일이 없도록 하기 위해, 적당한 설명을 가미해 가며, 부르는 것이 좋습니다. 받아쓰기 문제를 낼 때 유의할 점은, 명사만 내지 말고, 명사에 조사가 붙은 것이라든가, 형용사나 동사도 어미 활용 상태 그대로 내면, 훨씬 효과적이라는 것을 잊어서는 안 될 것입니다. 그리고, 띄어쓰기까지도 채점 기준에 넣어 실시하면, 띄어쓰기 실력이 확 바뀌게 되므로, 그 방법도 한번 적용해 보시기 바랍니다.

그리고, 처음엔, 받아쓰기 하기 전에, 교사가 받침이 어려운 곳을 불러 주어, 책에 밑줄을 치고 연습하게 한 뒤, 받아쓰기를 실시하지만, 좀 익숙해지면, 어린이 스스로 국어책이나 본보기글의 중요한 곳에 밑줄을 치고, 스스로 익힌 뒤 받아쓰기를 하면, 더욱 효과적일 것입니다.

2. '받아쓰기'에 얽힌 나의 체험담(體驗談)

나는, 36년 동안 교감과 교장으로 있으면서, 제일 큰 고민은, 일기 쓰기와 글쓰기를 지도하려고 해도, 고학년 어린이들까지도, 한글을 옳게 모르는 어린이들이 수두룩해서, 아무것도 할 수가 없다는 사실이었습니다. 그래서, 생각해 낸 것이 바로 이 '받아쓰기'였습니다. 한 달에 한 번씩 전교의 전 학급을 돌며 한 1년간 받아쓰기를 실시하면, 한글 바르게 쓰기에 대한 생각이 완전히 확 바뀌어, 한글 부진아가 일시에 사라지고, 일기도 시도 생활문도, 척척 잘 써 내게 되곤 했습니다. 그래서, 학급문집과 학교문집도 많이 만들어 냈습니다.

기왕에 받아쓰기 이야기가 나왔으니, 여기서 나의 귀중한 체험담 하나를 더 소개하겠습니다.

내가 1965년도에, 경북 영덕군 교육청에 있을 때의 이야기입니다. 어느 바닷가 학교에 장학지도를 나갔더니, 파리가 미끄러질 정도로 학교를 번지레하게 잘 다듬어 놓고, 학교경영에 대한 교장의 브리핑도, 청산유수로 너무도 잘하는 것이 아니겠습니까? 그 브리핑을 듣고 있던 나는, 말은 저렇게 잘하는데, 어린이들 실력은 과연 어떤 상태일까 하고, 은근히 속내를 한번 떠 보고 싶은, 짓궂은 생각이 떠올랐습니다.

그래서, 즉석에서 3학년 1학기 국어책에서 받아쓰기 문제를 10문제 내 가지고, 3학년 교실에 들어가 받아쓰기 시험을 쳐 봤더니, 0점짜리가 수두룩하고 해서, 총평균이 단 7점밖에 나오질 않았습니다. 그렇게, 총평균이 단 7점밖에 안 된다는 것은, 바로, 그 3학년 어린이들 거의 전부가, 한글을 제대로 알지 못하고 있다는, 뚜렷한 증거였던 것입니다. 나는, 그 결과를 보고, 깜짝 놀랐습니다.

받아쓰기 문제는, '괭이 · 밭갈이 · 숯을 굽던 아버지 · 맑은 시냇물 · 틀림없이 · 이야기를 듣고 나서 · 왜군을 무찌르고 · 굉장히 · 파랑새 · 머리를 쓰다듬으셨습니다' 였습니다.

너무도 놀란 저는, 이래 가지고서는, 교육이고 뭐고 아무것도 안 되겠다 싶어, 군 전체의 한글 정착도(定着度)를 알아보기 위해, 군내 전체 학교에도 가서, 받아쓰기를 해보기로 했습니다. 그러면서, 하는 김에 5학년 상황도 함께 알아 보기로 하고, 같이 실시를 했습니다.

5학년 받아쓰기 문제는, '학급신문 · 커다란 솥을 걸고 · 강가에 매 놓은 나룻배 · 몸이 편찮아서 · 알 잘 낳는 흰 닭 · 꽃밭을 이루고 · 걸레로 교실을 닦았다 · 빙그레 웃으셨다 · 여러분 생각은 어떻습니까 · 쪼그리고 앉아서' 였습니다. 받아쓰기 실시 후의 군 자체의 채점 결과는 다음 표와 같았습니다.

학년	낱말	응시자수	정답자수	정답률	무답자수	무답률	오답자수	오답률	오무답자수	오무답률	오류유형수
3	괭이	1,888	301	15.9%	165	8.7%	1,422	75.4%	1,587	84.1%	359
	밭갈이	1,888	241	12.8%	268	14.2%	1,379	73.0%	1,647	87.2%	268
5	흰 닭	1,778	724	40.6%	379	21.3%	675	38.1%	1,054	59.4%	127
	걸고	1,778	1,115	62.7%	255	14.4%	408	22.9%	663	37.3%	58

정답률이 15.9%(괭이), 12.8%(밭갈이), 40.6%(흰 닭), 62.7%(걸고)밖에 안 되고, 무답률이 8.7%(괭이), 14.2%(밭갈이), 21.3%(흰 닭), 14.4%(걸고)나 되며, 오류유형수(誤謬類型數)가 357가지(괭이), 268가지(밭갈이), 127가지(흰 닭), 58가지(걸고)나 되는 것을 보고, 깜짝 놀라지 않을 수가 없었습니다.

이래 가지고서, 어찌, 소위 배우고 익히는, 학습지도 과정을 거쳤다고 할 수가 있겠습니까? 안 가르치고 그냥 방치해 두었다고 해도, 이만한 정답율은 나올 수가 있을 것입니다.

이것이 60년대 당시의 한국 국어교육의 현주소였습니다. 문맹아(文盲兒)가 수두룩한데, 어떻게 정상적인 교육이 이루어질 수가 있었겠습니까? 이것이 바로, 그 당시 문교부 국어교육 방침인, 미국식 어형상주의적(語形象主義的) 국어교육과 4지선택식 객관적 교육평가의 병폐 때문에 야기된, 실패한 국어교육의 비참한 결과였던 것입니다.

그 이후, 70년대·80년대·90년대를 거치면서, 한글 문맹률은 다소 낮아지기는 했겠지만, 한글 맞춤법을 전혀 생각하지 않고, 아무렇게나 함부로 쓰는 버릇은 여전하고, 그리고, 한글을 바르게 쓰게 하려고, 애태우며 걱정하는 교육자가 별로 없는 것 같아, 안타깝기 짝이 없었습니다.

그래서, 나는, 가는 학교마다 '한글 바르게 쓰기 운동'을 벌이느라, 가슴앓이도 많이 했으며, 노예근성이 농후한 우리 민족성을 통탄하며, 한풀이 술을 혼자서 많이 마시기도 했습니다. 특히, 나의 교육계 마지막 학교였던, 경주 현곡교에서의 몸부림과 고통이 제일 극심했었습니다. 근무연한은 1년 반밖에 남지 않았고, 한글 모르는 문맹아는, 학교 안에 꽉 차 있었기 때문이었습니다. 그러나, 실망하지 않고, 받아쓰기와 일기 쓰기와 글쓰기 및 교내 백일장의 여행으로, 반 년 만에 한글 문맹아 퇴치에 성공한 뒤, '한울님'이란 훌륭한 학교문집까지 내고서, 저의 생애 마지막 학교를 가벼운 마음으로 떠나올 수가 있었습니다.

퇴직을 하고 서울로 올라올 때, 서울은 학부모들의 교육수준이나 문화 수준도 높고, 다 표준말을 쓰고 있으니, 한글 바르게 쓰기나 글쓰기 수준이, 상당히 높을 것이라고 잔뜩 기대를 하고 있었습니다.

그러나, 그 기대는 완전히 무너지고 말았습니다. 10여 년 동안, 서울과 인천·성남·일산 등지 학교나 도서관을 돌아다니며 글쓰기 강의를 해보니, 어린이들의 한글 실력이나 글쓰기 실력이, 시골과 별 다름 없이, 역시 엉망진창이었습니다. 글쓰기 지도를 해보면, 그 어디에서도, 올바른 한글 교육이나 글쓰기 지도를 받은 흔적을, 전혀 찾아 볼 수 없는 지경이었습니다. 그래서, 서울에 와서도, 또 그 잘못된 한글 교육과 글쓰기 교육 때문에 가슴앓이를 많이 했는데, 그것은, 시골에서의 가슴앓이보다도 훨씬 더 분통 터지는, 아픈 가슴앓이였습니다.

왜냐하면, 서울과 인천과 경기도는 한국을 대표하는 수도권인데, 어린이들의 실력이 이렇게 없어서야 되겠느냐고 하는, 실망감 때문이었습니다. 너무도 형편이 없고 실망스러워, 말이 안 나올 지경이었습니다. 그래서, 나는, 드디어 '한글도 못 가르칠 바엔, 차라리 학교 문을 닫아라.'라는 심한 말까지, 함부로 하고 돌아다니기에 이르렀던 것입니다. 저의 말은 절대로 빈 말이 아닙니다. 수도권에서, 10여 년 동안 수도권 어린이들을 다루어 보고서, 그 증거를 꽉 잡고서 하는 이야기입니다. 한글 교육이나 글쓰기 교육에 대한 증거물이나 참고자료를 제시하라고 하면, 얼마든지 제시하겠습니다. 산더미처럼 수집해 놓았으니까요.

3. '받아쓰기'로 전국의 한글 정착실태(定着實態) 명명백백하게 다 밝혀 내자

이 나라의 국어교육이 이래 가지고서는 절대로 안 됩니다. 모든 교과교육의 기초가 되는, 국어교육이 이렇게 부실한데, 어떻게 이 나라 교육의 알찬 발전을 바랄 수가 있겠으며, 어린이들의 건실한 성장을 기대할 수가 있겠습니까?

이 나라의 국어교육을, 처음부터 다시 시작해야 합니다. 먼저, 숨기지 말고, 어린이들의 국어실력이 어느 정도인가, 명명백백하게 만천하에 다 까발려 버려야 합니다. 하루 빨리 전국 어린이들을 상대로, 받아쓰기를 해보자는 것입니다. 그러면, 당장에 그 현장에서, 모든 실태가 다 드러나게 될 것입니다. 한 학교분, 아니면 한 학급분의 쪽지종이만 있으면 됩니다. 무슨 거창한 학력검사 같은 것은, 필요가 없습니다. 떠들 필요도 없습니다. 각 학급 · 학교별로, 국어 받아쓰기를 해보면, 모든 것이 다 숨김없이 명명백백하게 드러나게 될 것입니다.

그러면, 그 결과를 양심적으로 순수하게 받아들여서, 교육 잘못한 것을 정직하게 인정하고, 한글 연구를 다시 해서, 바르고 권위 있게 열심히 다시 가르치면 됩니다. 앞에서도 저의 경험담을 이야기했듯이, 한 달에 한 번씩 1년 동안, 전국 어린이를 상대로, 학교별 학급별로 받아쓰기를 실천하면, 일시에 한글 문맹아들이 없어지면서, 일기 쓰기와 글쓰기도 잘하게 될 것입니다. 하면 됩니다. 안 될 리가 없습니다. 모든 교육자가 양심으로 돌아가, 각 학급별 · 각 학교별로, 한글 문맹아 박멸운동을 실천해 나가면, 반드시 좋은 결과가 나타날 것입니다. 여태껏 말로는 큰소리 치면서도, 실천을 안 해서, 이 나라 국어교육이 그만 쑥대밭이 되고 말았던 것입니다.

그렇게 되면, 교실붕괴나 학교붕괴 현상이 일어날 리가 없을 것입니다. 그런 붕괴현상이 나타난 것은, 한글 문맹아가 많고, 따라서 글쓰기도 할 줄 모르는, 바보 같은 어린이들이 많기 때문에, 그렇게 된 것이라고 나는 확신합니다.

그러므로, 각 학급별·각 학교별로, 빨리 자주 국어 받아쓰기를 실시해서, 한글 문맹아들을 일소한 후, 일기 쓰기와 글쓰기로, 가슴 깊이 맺혀 있는, '응어리 토해 내기 운동'을 펼쳐 나간다면, 그런 잘못된 교실붕괴 현상은, 금방 씻은 듯이 사라져 버리게 될 것입니다.

그런데, 얼마 전에 신문을 보니, 받아쓰기를 하면, 초등학교 1학년 어린이들이 스트레스를 받기 때문에, 삼가는 것이 좋겠다는 내용의 기사가 실려 있었습니다.

나는 그 기사를 읽고, 코웃음을 쳤습니다. 왜냐하면, 하나는 알고, 하나는 모르는, 그리고, 초등학교 1학년 어린이 지도를 한 번도 안 해 본 사람들의, 근거없는 공허한 이론이기 때문이었습니다.

한글 깨치기는, 무슨 일이 있어도, 1학년 때 꼭 해결해야 하는 법인데, 스트레스 무서워 받아쓰기를 하지 말라고 한다면, 그러면, 도대체 한글은 언제 깨치게 할 것이며, 날마다 더욱 병집이 깊어만 가는, 맞춤법을 마구 틀리게 함부로 쓰는 버릇이나, 글씨를 마구 휘갈겨 쓰는 나쁜 버릇은, 또, 언제 어떻게 고칠 것이냐는 것입니다.

세 살 적 버릇 여든까지 간다고 했듯이, 한 번 잘못된 습관이 잘못 들면, 도저히 고칠 수가 없는 법입니다. 그래서, 1학년 입문기 지도 때는, 학습면이나 생활면에서, 나쁜 버릇이 들지 않도록, 세심하게 지도를 잘 해야 하는 법입니다.

그래서, 어린이들이 스트레스를 받는 한이 있더라도, 받아쓰기 등, 학습지도상 꼭 해야 할 일은, 요령 있게, 그때그때 꼭 실천하고, 넘어가야 하는 것입니다.

제5장 국어책이나 본보기글 베껴쓰기(서사-書寫)를 통한 '한글 빨리 깨치기'

1. 한글 부진아가 많이 생기는 이유와 구제방안(救濟方案)-'베껴쓰기'

 몇 년씩 한글을 배우고도, 한글을 모르는 이유에는, 두 가지가 있습니다.
 첫째 이유는, 미국의 어형상주의(語形象主義) 문자지도 이론에 따라, 한글 낱자(자모-子母)나 낱말(단어-單語)을 눈으로만 익힐 뿐, 우리 한글의 특징인, 초성(첫소리) · 중성(가운뎃소리) · 종성(끝소리)이 서로 결합되어, 한 글자를 이루는 합자(合字)의 원리에 따라, 자음과 모음을 결합도 해보고, 분리도 해보며, 잘 알 수 있게 이론적이고 합리적으로, 가르치지도 않고, 그냥 눈으로만 익히고, 넘어가 버리기 때문입니다.
 가령 '꽃' 이란 낱말이 나왔을 때, 우리말은 모음과 자음이 결합되어, 글자도 이루고, 소리도 만들어 내는 것이기 때문에, 초성 'ㄲ'과 중성 'ㅗ'와 종성 'ㅊ'으로, 분리(分離)도 하고 결합(結合)도 하면서, 이론적으로 지도해야 합니다. 그런데, 미국식으로, '꽃'을 그냥 눈으로만 익혀서 알도록 한다는 것은, 우리말에서는, 도저히 알맞지도 않고, 또 있을 수도 없는 엉터리 국어교육 이론인 것입니다. 그래서, 한글을 가르칠 때는, 반드시 우리 조상 전래의, 초성 · 중성 · 종성의 합자원리(合字原理)를, 이론적으로 명확히 설명하면서, 지도해야 할 것입니다.
 둘째 이유는, 한글 자모(子母)나 낱말을 익힐 때, 눈으로 익히고 입으로 말하는 것으로 그치고, 글씨로 써서 되풀이해 익히지도 않고, 그냥 흐지부지 넘어가 버리기 때문입니다. 다시 말하면, 음성언어(音聲言語)에만 의존하고, 가장 효과적인 문자언어(文字言語)에 의한, 반복연습을 너무도 소홀히 했기 때문인 것입니다.
 특히, 1학년 어린이들의 한글 입문기 지도 때, 이 단어나 문장을 글씨로 써서 익히기, 즉, 반복된 베껴쓰기(서사-書寫)는, 교육적 효과가 아주 큽니다. 실제로 실천해 보시면, 그 효과는 실로 깜짝 놀랄 정도라는 것을 알게 될 것입니다.

그런데, 베껴쓰기는, 시간도 많이 걸리고, 아주 힘들 뿐 아니라, 공책에 어떻게 쓸 줄도 잘 모르기 때문에, 어린이들은 아주 싫어합니다. 그러나, 어린이들의 싫증에 절대로 밀리지 말고, 어린이들을 달래 가며, 기어코 실천에 옮겨서, 끈질기게 되풀이해 실시해야 합니다. 그래야, 진짜 국어실력이 많이 늘게 됩니다.

2. '베껴쓰기'의 지도요령(指導要領)

이 베껴쓰기를 할 때는, 먼저 단락이 시작될 때나, 대화문이 나올 때의 한 칸 들여쓰기 등의 규칙을, 복사한 본보기글을 보고 한 번 연습해서, 공책 사용법을 완전히 익힌 뒤에, 실시하는 것이 좋습니다. 그러면, 공책이, 바로 세로줄이 없는 원고지와 같다는 것을 깨닫고서, 원고지 사용법에 따라, 공책에 베껴쓰기 하는 것도 잘하게 됩니다.

그리고, 글씨를 바르고 깨끗하게 쓰되, 반드시 궁체로 쓰도록 길들여 주어야 합니다. 막대기 글씨체나, 지렁이 글씨체는, 되풀이해 교정지도를 해서, 궁체로 쓰도록 유도해야 합니다.

그리고, 1학년 어린이들에게 베껴쓰기 숙제를 내면서, 5번 쓰기나 10번 쓰기 등, 과도한 회수를 요구해서는 안 됩니다. 긴 문장은, 한 번으로 족하고, 짧은 것은, 한두 번 정도로 하는 것이 좋습니다.

공책도, 베껴쓰기 공책을 따로 만들어 쓰도록 하고, 베껴쓰기를 한 뒤에, 중요어구에 밑줄을 치게 한 후, 받아쓰기로 마무리를 하면, 한글 빨리 깨치기에, 굉장히 효과적일 것입니다. 한글을 모르는 어린이라도, 한 10번 정도 베껴쓰기와 받아쓰기를 같이 실시하면, 이내 한글을 깨치게 될 것입니다. 한글 빨리 깨치기에, 이 이상 더 좋은 방법이 없으니, 꼭 한 번 실천해 보시기 바랍니다.

3. '바르게 읽기'가 서툰 어린이 지도에도 효과가 큰 '베껴쓰기'

그리고 또 한가지, 덧붙이고 싶은 것은, 한글을 완전히 깨친 어린이이라 할지라도, 아주 좋은 일기문이나 생활문이나 시가 있을 때, 그걸 충분히 감상하고, 한 번 베껴쓰기를 하도록 하면, 글쓰기 기능향상에 굉장한 효과가 있으니, 이 방법도 꼭 한 번 활용해 보시기 바랍니다.

어린이들이, 글자를 빼기도 하고 집어넣기도 하며, 글을 틀리게 읽거나, 더듬거리며 한 번 읽었는 데를 또 한 번 되씹어서 읽거나 하는 것은, 학교나 가정에서, 한 번도 소리 내서 읽기에 대한 지도를, 옳게 받아 본 적이 없어서 그런 것입니다.

이런 어린이들의 잘못된 읽기 버릇을 고치려면, 반복해서 바르게 읽기 연습을 시키는 것도 좋지만, 가장 효과적인 방법은, 그 단원이나 다른 좋은 교재를, 몇 번이고 베껴 쓰게 하는 것입니다. 베껴쓰기 공책을 따로 만들어서, 새 단원이 나올 때마다, 베껴쓰기를 되풀이해 보라는 것입니다. 그러면, 글씨체도 발라지고, 맞춤법 바르게 쓰기 · 띄워쓰기 · 줄바꿔쓰기 · 문장부호 바르게 찍기 등의 부대효과는 물론, 주제파악과 문장구조 이해 등에도, 놀랄 만한 특효가 나타날 것입니다. 그러니, 불완전한 한글 깨치기로 인한, 국어학력 부진아 때문에 고민하시는 선생님들께서는, 학부형들의 협조를 얻어, 이 베껴쓰기 방법을 시행해 보시기 바랍니다. 그 이상 더 좋은 효과적인 방법이 없다는 것을, 금방 깨닫게 되실 것입니다.

4. '베껴쓰기'와 세종대왕의 '백독백습(百讀百習)' 학습법

앞에서, 책을 틀리게 읽거나 더듬거리면서 읽는, '바르게 읽기 부진아'의 치료지도에, '글 베껴쓰기'가 특효가 있다고 앞에서 말했는데, 그것을 실증할 만한 이야기가 하나 있어, 여기 소개하겠습니다.

그것은, 다름 아니라, 세종대왕(世宗大王)께서 몸소 실천하셔서, 큰 학습효과를 보셨다는, '백독백습(百讀百習)'에 대한 이야기입니다.

세종대왕께서는, 어린 시절부터 책을 좋아하셔서, 책을 많이 읽으셨는데, 책 속의 지식을 완전히 습득하기 위해, 고안해 내 실천하신 독서법이, 바로 '백독백습(百讀百習)', 즉 백 번 읽고, 백 번 베껴 쓰는 독서법이었다고 합니다.

일찍이 세종의 재능을 발견하신 아버지 태종(太宗)께서는, 세종에게 '사서삼경(四書三經)' 등의 많은 책을 선물하셨는데, 세종은, 그 책들을 밤을 새워 가며 읽으셨다고 합니다. 그럴 때마다, 베껴쓰기의 특효를 아신 세종께서는, 꼭 책을 한 번 읽고는 꼭 한 번 베껴 썼는데, 그때마다 '바를 정(正)' 자로 표시해 가며, 백 번을 읽고 백 번을 쓰셨다고 합니다. 그 결과, 태종께서 시험 삼아 묻는 것에 대해, 항상 능숙하게 답변함으로써, 태종을 경탄케 했다고 합니다.

이렇게 세종께서는, 몸소 고안해 낸 '백독백습'의 독서법으로, 책을 반복해 읽고 또 베껴 써서 익힘으로써, 책 속의 지식을 완전히 습득해, 자기의 피가 되고 살이 되게 하셨던 것입니다.

500여 년 전에, 세종대왕께서 이미 이 '글 베껴쓰기'의 효과를 아시고 실천하시다니, 참으로 놀라운 일이 아닐 수 없습니다. 우리도, 이 조상 전래의 '글 베껴쓰기' 비법을 십분 활용함으로써, 한글을 옳게 읽지도 쓰지도 못하는, 고질화된 국어학력 부진아 일소에 더욱 힘쓰도록 했으면, 좋겠습니다.

제6장 그림일기와 생활일기 및 생활문 쓰기를 통한 '한글 빨리 깨치기'

'한글 빨리 깨치기'에 있어서, 가장 효과적인 수단은, 그림일기와 생활일기 및 생활문 쓰기의 여행일 것입니다. 그 그림일기와 생활일기 및 생활문 쓰기는, 간절한 문장표현 욕구 때문에, 한글을 빨리 알고 싶어, 한글 깨치기를 어린이 스스로 서두르기 때문입니다.

　이것은, 마치 수요(需要)와 공급(供給)의 시장원리와도 같습니다. 수요가 많아지면, 생산과 공급도 많아지고 활발해지듯이, 문장표현 욕구가 강렬하면 강렬할수록, '한글 빨리 깨치기' 욕구도 강렬해지기 때문입니다.

　그래서, 1학년 어린이들이 학교에 입학해, 한글 입문기 지도인 '기본 음절표(한글 본문장)' 지도가 끝나면, 곧 잇따라, 그림일기 지도부터 시작해야 합니다. 그렇게, 하루의 생활활동 속에서, 가장 인상 깊고, 꼭 하고 싶은 이야기를 하나 골라, 그림일기로 표현하도록 하면, 어린이들은, 아직 모르는 글자도 많고, 어휘 수도 많이 부족하지만, 그래도, 서투름 속에서도, 기어코 어떻게 해서든, 자기 생각을 표현해 보려고, 글자와 낱말을 찾고 묻고 더듬느라, 무척 애를 쓰며 몸부림을 치게 됩니다.

　그렇게 애를 쓰고 몸부림을 쳐도, 필요한 글자나 낱말이 잘 생각이 안 나면, 끈기가 없는 어린이는, 그만 그림일기 쓰기를 포기해 버리는 수가 많습니다. 그래서, 그렇게 글자나 낱말을 모를 때는, 모르는 그 자리에, 그냥 동그라미(○)를 쳐 놓고, 넘어가도록 지도하면 됩니다. 그러고는, 나중에, '기본 음절표(한글 본문장)'나 국어책을 보고, 모르는 글자나 낱말을 찾아내, 써 넣도록 하면 됩니다. 이런 과정을, 매일 되풀이해 가다 보면, 한글도 점차 깨치게 되고, 낱말 수도 늘게 되어, 점차 문장다운 문장도 쓰게 되고, 따라서, 생각도 많이 넓고 깊어지게 될 것입니다.

　그림일기를 쓰려고, 모르는 글자와 낱말을 탐색하고, 문장구성을 잘 해보려고 몸부림을 치며, 머리를 짜 내는, 그 창작과정과 사고과정은, 모든 교육활동 중에서, 그보다도 더 가치 있고, 뜻 있는 것은 절대로 없을 것입니다.

　이렇게, 그림일기 지도는, '한글 빨리 깨치기'와 어린이들 사고력 신장에, 이루 헤아릴 수 없는 특효가 있음에도 불구하고, 어린이들이 힘들어하고 어려워한다고 해서, 1학년 1학기의 그 중요한 시기를, 그냥 팔짱만 끼고 허송세월만 하다가, 한글 부진아를 마구 양산(量産)해 내고 있는 학교가 많은 걸 보면, 참으로 안타깝기 짝이 없습니다.

　그러한데도, 일부 생각이 모자란 교사들은, 한글을 완전히 깨치고 난 후에, 그림일기 지도를 한답시고, 1학년 2학기나 2학년이 되어서야, 그림일기를 지도하는 분이 있는데, 그것은, 참으로 잘못된 생각입니다. 그래서, 앞에서 말한 바와 같이, '기본 음절표(한글 본문장)' 익히기가 끝나는 4월경부터, 그림일기 지도를 곧 시작해야 합니다. 그래야, 그림일기 때문에, 한글 깨치기가 빨라지고, 한글 깨치기가 빨라지면, 그림일기의 내용이 알차지는, 그런 상호보완의 상승효과(相乘效果)를, 배가시킬 수도 있게 되는 것입니다.

　그리하여, 그림일기 쓰기가 숙달되어, 생활일기와 생활문 쓰기로 발전하게 되면, 한글 맞춤법이나 문법에 대한 것도 지도를 하여, 한글 깨치기를 좀더 이론적인 단계로까지 심화하도록 시도해야 합니다. 가령 '쉬웠다'는, 왜 '엎'이 아니고 '웠'이어야 하고, '안 됐다'는, 왜 '됬'이 아니고 '됐'이어야 하고, '하지 않았다'는, '안'이 아니고 '않'이어야 하는가 등에 대한 것을, 무조건 그냥 그렇게 외워 두라고만 할 것이 아니라, 문법적으로 왜 그렇게 쓰지 않으면 안 되는 이유를, 이론적으로 자세히 설명을 해서 이해시켜야 합니다. 흔히 이 문법지도에 대해서, 중학교에 가야만 하는 걸로 잘못 알고 있는 수가 많은데, 초등학교 저학년 때부터, 그 학년성에 맞게, 알기 쉽도록 설명을 해서, 이론적으로 납득시켜 주면, 어린이들도 아주 흥미 있어한다는 것을 아셔야 할 것입니다.

제4부 그림일기 지도

제1장 '그림일기' 란?

'그림일기' 란 것은, 어린이들이 아직 한글을 완전히 모를 때, 어린이들의 표현욕구(表現欲求)를 충족시킴과 동시에, 빠른 한글 깨치기의 한 방안으로서, 그림과 글자의 양쪽을 사용해서, 하루 생활 중 가장 인상 깊은 것을 하나 골라, 표현해 나타내는 일기를 말합니다.

이렇게, '그림일기' 를, 그림과 글자의 양쪽을 사용해 표현하는 일기라고 하니까, 그러면, 그림과 글자의 어느 쪽에다 더 무게를 두어야 하느냐고, 문제를 제기하는 수가 많습니다. 그러나, 그렇게 꼭 편을 갈라서 편협하게 생각하는 것은, 좋지가 않습니다.

왜냐하면, 그림일기는 그림만 지도하는 것도 아니고, 글자 지도만 하는 것도 아닙니다. 그림일기는, 아직 신체나 지능이 충분히 발달해 있지 않고, 표현수단도 아주 유치한 유치원생이나 1학년 어린이들이, 초기의 소박한 생각과 생활을, 서툰 그림과 서툰 글자로 표현한 서툰 일기인 것입니다. 그렇기 때문에, 글자로 충분히 표현할 수 없는 것은, 그림으로 보충하고, 그림으로 충분히 표현할 수 없는 것은, 글자와 문장으로 표현하기도 하는 것입니다. 따라서, 어느 쪽에도 중점을 둘 수가 없는 것입니다.

그러나, 여기서 꼭 한 가지 유의해야 할 점이 있습니다. 그것은, 어린이들이 어려서부터 그림을 많이 그려 온 관계로, 그림일기를 쓰라고 하면, 그림 그리는 것은, 아무 저항을 느끼지 않고 열심히 그리면서도, 정작 힘을 쏟아야 할 문장 쓰기는, 그림 그리는 데 힘을 다 쏟아 버린 나머지, 흐지부지 끝내 버리고 만다는 사실입니다.

그래서, 그림일기를 지도할 때는, 정식 미술시간처럼 색칠까지 하는, 큰 그림을 요구하지 말고, 생활내용을 알 수 있도록 그린, 간단한 선그림을 그리도록 하고, 문장표현에 더 신경을 쓰도록 유도해야 합니다. 왜냐하면, 얼마 안 있어서, 그림이 있는 그림일기를 졸업하고, 문장만으로 된 생활일기로 넘어가야 하기 때문입니다.

아무튼, 그림일기를 처음 지도할 때는, 그림과 글자를 따로 나누어 생각하지 말고, 자기가 나타내고자 하는 생활내용, 즉 주제(主題)에 초점을 맞추어, 양자의 장점을 십분 발휘해, 양자를 통일해 나가는 방향으로 이끌어 나가야 할 것입니다. 그러다가, 그림일기 지도가 한 반 년 정도 진행되면, 자연히 그림과 문장이 분화가 되어, 그림은 회화 쪽으로 발전해 나갈 것이고, 문장은 글쓰기 쪽으로 독립해 나가게 될 것입니다.

그리고, 또 한 가지 유의할 점은, 그림일기 쓰기 지도의 시기가 점차 빨라져, 유치원 때부터 시작하는 경우가 많다는 사실입니다. 나는, 능력이 되는 어린이는, 유치원 때부터 해도 괜찮다고 생각합니다. 따라서, 초등학교 1학년 어린이들에 대한 그림일기 지도에 있어서도, 조기속성지도법(早期速成指導法)을 도입해, 1학년 말까지, 지겹도록 칸막이 공책에다만 쓰라고 하는, 그릇된 그림일기 지도를 지양하고, 1학기 말이나 2학기 초부터는, 옆줄 무제공책에다 쓰는 생활일기로, 빨리 상승 발전해 나가도록 해야 한다는 것입니다. 그리하여, 왕성한 도전정신과 창의력 및 성취의욕을, 충분히 발휘할 수 있도록 해주어야 한다는 것입니다.

그리고, 또 한 가지 유의할 점은, 그림일기 지도는, 1학년 1학기 초부터 시작해야 하는 법인데, 내도록 방치해 두었다가, 여름방학이 닥치니깐, 사전 지도도 없이, 그림일기 쓰기를 갑자기 여름방학 숙제로 내면 안 된다는 것입니다. 그렇게 벼락치기로, 그림일기 쓰기를 시작해 가지고서는, 제대로 된 성과를 거두지도 못할 뿐 아니라, 갑자기 부과된 숙제라는 인상 때문에, 그림일기에 대한 나쁜 선입견만을 심어 주게 되므로, 유의해서 지도해야 할 것입니다.

아래, 그림일기 쓰기의 보기를 제시해 두었으니, 참고하기 바랍니다.

〈'칸막이 그림일기'의 보기〉

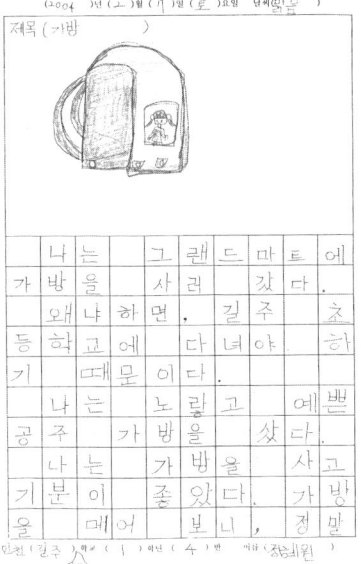

〈'옆줄 그림일기'의 보기〉

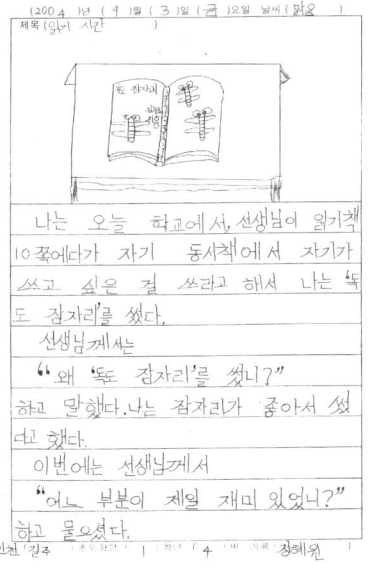

제2장 '그림일기' 지도 이전에 꼭 명심(銘心)해야 할 문제

1. 교사의 가치관(價値觀)과 인간 됨됨이가 가장 중요하다

본격적인 생활일기 쓰기의 도입단계인 그림일기 지도는, 그림에다 글을 몇 줄 붙이면 되는 것이니까, 적당히 지도하면, 금방 애들이 잘 따라 하겠지 하고, 간단히 생각하는 수가 많습니다. 그러나, 실제로 지도해 보면, 절대로 그렇지가 않습니다. 그림일기를 쓰라고 했을 때, 모든 학급 어린이들이 금방 척척 다 써서 낸다면, 그 얼마나 편하고 좋겠습니까?

하지만, 현실은 너무도 많은 어려운 문제들이 가로막고 있어, 그림일기 지도를, 한치도 손쉽게 밀고 나갈 수가 없습니다. 그 어려운 문제들이란, 교사와 학부모들이 다 같이 고민하고 있는, 한민족 특유의 어리석음에서 기인된, 참으로 치유하기 어려운, 어린이들의 '중병(重病)' 문제인 것입니다.

그걸 좀더 구체적으로 말하자면, 만연된 상업주의 부패문명의 영향과 가정교육의 실패로, 한국 어린이들이 16가지나 되는 중병에 걸려 만신창이가 된 채, 방향을 잃고 허우적거리고 있다는 것입니다. 이 한국의 어린이들이 앓고 있는 16가지 중병은, 제2부에 제시해 놓은 것을 보면 아시겠지만, 그중에서도 가장 중대한 일은, 한국 어린이들이 모든 교육의 기본이 되고, 그림일기나 생활일기 쓰기 · 글쓰기에 있어서의 필수도구(必須道具)인, '한글' 조차 제대로 옳게 모르고 있다는 사실입니다.

거기다가, 모든 학습의 기초가 되는, 성실성 · 근면성 · 창의력 · 성취의욕 · 문제해결력 · 인내력 · 문장력 등이 결여되어 있어, 그림일기나 생활일기, 생활문이나 시 등을 써 보라고 하면, 아예 아무것도 쓸 게 없다고 하며, 하늘만 쳐다보고 있는 수가 대부분입니다.

이것은 오로지, 가정교육과 학교교육의 실패 때문에, 학습자(學習者)로서의 기본정신이나 기본태도나 학습의 기초 등이, 하나도 안 돼 있어서 그런 것입니다. 이렇게 병집이 깊은 어린이들을 데리고, 도대체 무엇을 어떻게 해 볼 수가 있겠느냐는 것입니다. 아무것도 할 수가 없습니다. 그래서, 글을 좀 써 보라고 하면, 어린이들은 날 잡아먹어라 하고, 하늘만 쳐다보며, 장난만 치고 있는 수가 많습니다. 이것이 이 나라의 글쓰기 교육의 현실인 것입니다.

이래서, 이 나라에선, 일기 쓰기나 글쓰기 지도하기가 너무도 어렵고 힘듭니다. 그래서, 일기 쓰기나 글쓰기 지도를 좀 옳게 해보려고 한다면, 인간 만들기 · 한글 깨치기 · 나쁜 버릇 고치기 · 정신 깨우치기 등, 저 기초의 기초에서부터 새로 시작해야 되기 때문에, 너무 힘들어서, 아예 일기 쓰기나 글쓰기 지도를 포기해 버리거나, 아니면, 적당히 편법을 써서, 눈가림으로 가짜 글이나 쓰게 하는 수가 많은 실정인 것입니다.

그 '편법'이 뭣이냐 하면, 적어도 200자 원고지 5장 이상을 메꾸어 낼 수 있는 본격적이고 본질적인 글쓰기 지도는, 도저히 불가능하니까, 수련장식 강의자료에다, 짧은 답만 다는 것으로 끝나 버리는, 상업적인 '사기성 글짓기 지도'를 말하는 것입니다. 이 편법이, 이 나라의 모든 '글짓기 학원'과 '떠돌이 글짓기 강사들'에게 만연되어, 악순환만 거듭하고 있어서, 이 나라의 글쓰기 교육은, 거의 절망상태에 빠져 있다고 해도 과언이 아닐 것입니다.

그러면, 이런 만신창이가 되어 빈사상태에 놓여 있는, 이 나라의 글쓰기 교육을, 누가 어떻게 되살릴 수가 있을까요? 그건 두말할 것도 없이, 일선 교사들의 각성된 자각적인 활동에 의존할 수밖에, 딴 도리가 없는 일인 것입니다. 왜냐하면, 한국의 글쓰기 교육을 이 지경에까지 빠뜨린 것도, 일선 교사들의 잘못 때문이고, 만일에 일선 교사들이 글쓰기 교육의 위대한 가치와 효용성을 깨닫고서, 대오각성해 전력투구를 하기만 한다면, 금방 글쓰기 교육을 정상화시킬 수도 있기 때문인 것입니다.

이때, 가장 중요시되는 것이, 교사의 능력과 교육관과 인간 됨됨이 등, 교사의 질에 대한 문제들인 것입니다. 교사가 우수한 실력과 올바른 교육관과 글쓰기 교육에 대한 굳건한 신념을 가지고, 열성적으로 공부하고 노력하고 실천만 한다면, 일기 쓰기·생활문 쓰기·시 쓰기·독후감 쓰기·논설문 쓰기 등 무엇이든 정상적으로 금방 다 해낼 수가 있기 때문인 것입니다. 그런데, 이 나라 교사들은, 지금 글쓰기 교육에 대한 연구열과 실천력, 그리고, 제자애·민족애·교육열 등이 부족해서, 참으로 걱정인 것입니다.

특히나, 이 나라의 1학년 담임교사들의 실력부족과 책임감부족으로, 1학년을 마쳤는 데도, 한글을 옳게 읽지도 쓰지도 못하는 어린이가 수두룩할 뿐 아니라, 국어과 지도법의 미숙으로, 어휘력·독해력·주제파악력 등을 하나도 길러 놓지 않아, 생활일기나 생활문 한 줄 옳게 못 쓰는 어린이가 너무도 많아, 참으로 큰 걱정이 아닐 수 없습니다.

이 나라의 1학년 어린들이, 이렇게 한글실력이나 국어과에 대한 기초실력이 부족한 것은, 1학년 초기의 문자 지도와 국어과 지도 및 글쓰기의 입문기 지도가 잘못돼서, 그렇게 된 것입니다. 초등학교 1학년은, 학교생활의 첫출발이요, 본격적인 인생살이의 첫발을 내딛는, 아주 중요한 시기인 것입니다. 그래서, 1학년 때, 실력 있고 열성 있는 좋은 담임교사를 만나, 1학년 입문기 지도를 잘 받으면, 어린이의 학교생활이나 장래의 인생살이가 잘 풀릴 수가 있지만, 담임교사의 실력부족과 열성부족으로, 1학년 입문기 지도가 실패할 경우, 한 어린이의 학교생활은 물론, 장래의 인생살이까지도, 다 망치는 수가 아주 많습니다.

이렇게, 1학년 담임교사의 질의 문제는, 한 어린이의 인생을 좌우할 정도로, 중요한 문제인 것입니다. 그래서, 1학년 담임교사들은, 한 어린이의 장래를 망치는 죄를 짓지 않기 위해서도, 항상 교육이론 연구와 교육기술 연마에, 더욱 힘써야 할 것입니다.

그러면, 여기서, 1학년 담임교사가 갖추어야 할, 교육관과 인간 됨됨이와 기본태도에 대한 것을, 구체적으로 하나하나 들어 보겠습니다.

(1) 자유로움 속에서도 질서(秩序)가 잡혀 있는 교실 만들기

　먼저, 어린이들을 하나의 틀에다 집어넣는, 통제교육이 아니고, 한 사람 한 사람이, 모두 자기의 개성과 능력과 창의성을 충분히 발휘할 수 있는, 허용적이고 자유로우면서도, 질서가 잡혀 있는 교실을 만드는, 교사이어야 하겠습니다.

　난생 처음으로 학교에 들어온, 아이들을 어떻게 다룰 것인가 하는 문제는, 굉장히 어렵고 또한 중요한 문제입니다. 여기에는, 세 가지 관점이 있습니다. 즉, 처음부터 너무 자유를 주면, 나중에 손을 쓸 수 없게 되기 때문에, 처음부터 좀 엄하게 버릇 들이기를 해야 한다는 '통제형(統制形) 교육관'과 자유로운 시대니까, 어린이가 하고 싶은 대로 맡겨 두면, 나중에 자연히 스스로 질서를 잡게 된다는 '자유방임형(自由放任形) 교육관'과 두 관점의 나쁜 점은 버리고, 좋은 점만을 따 와서 통합한 '통합형(統合形) 교육관' 등의 세 가지가 그것들입니다. 이 세 가지 관점 중에서, 내가 오랫동안 1학년을 담임해 본 경험으로는, 자유롭고 허용적인 학급 분위기 속에서도, 버릇 들일 것은 엄격하게 버릇을 들이면서, 스스로 질서를 지켜 나가는 '통합형 교육관'이, 이 나라의 현실에 가장 맞지 않을까 생각합니다.

　만일 '통제형 교육관'에 따라, 어린이들에게 좋은 버릇 들인답시고, 엄하게 다루다 보면, 어린이들을 교사에게 절대복종시키는 결과가 오게 되어, 어린이들의 자유로운 지껄임이나 요구나 소원까지도 억눌려져, 말조차 옳게 못하는, 차갑고 위축된 학급 분위기가 되고 말 것입니다.

　이런 통제형 교실에서는, 어린이들이 고분고분 교사가 하라는 대로 말을 잘 들어, 어린이들 다루기가 아주 편리합니다. 그러나, 그렇게 틀에 갇힌 어린이들은, 겉으로는 착한 척하지만, 점차 개성도 창의성도 없는, 무감각 무감동의 어린이로 변해서, 나중에는 어떤 체제 속에서 갇혀 버려, 자기 스스로 자기 삶을 개척해 나갈 수가 없는 인간이 되고 맙니다.

흔히 교사들은, 자기 편의를 위해, 어린이들을 하나의 틀 속에 집어넣어, 꼭두각시로 만드는 수가 많습니다. 그러나, 그건 도저히 있을 수 없는 일인 것입니다. 어린이는, 물건이 아니고, 살아 있는 인간입니다. 한 사람 한 사람이, 개성이 있고, 생활이 있고, 인격이 있는 존귀한 존재인 것입니다. 따라서, 어린이들의 진정한 목소리에 귀기울여, 어린이들의 요구와 소망과 눈높이에 맞는, 진정한 교육을 해 나가도록 해야 할 것입니다.

따라서 교사들은, 어린이들을 통제할 것을 생각하기 전에, 한 사람 한 사람의 어린이가 생생하게 살아 있는, 생동감 넘치는, 교실이 되게 해야 할 것입니다. 조금 어린이들이 교실에서 설치고 돌아다녀도 좋습니다. 시끄러워도 좋습니다. 틀 속에 갇혀, 말도 옳게 못하는, 위축된 어린이가 아니고, 활발하게 자기표현을 할 수 있는, 적극적인 어린이로 키워야 합니다. 실생활 속에서, 자기 눈으로 보고, 자기 머리로 생각을 해서 행동할 수 있는, 주체적인 어린이로 만들어야 합니다. 그것이, 나중에 자기가 자기를 스스로 다스리는, 힘이 되기 때문입니다.

(2) 어린이나 학부모들 앞에, 군림(君臨)하는 교사가 돼서는 안 된다

어린이나 학부모들은, 누구나 다 실력 있고, 열성 있고, 인간성이 풍부한 존경스런, 담임교사를 만나기를 원합니다. 그러나, 어린이도 학부모도, 마음에 드는 담임교사를 자유로이 선택할 수 없는 현행 제도의 모순 때문에, 배정된 교사가 마음에 안 들더라도, 어린이를 볼모로 잡힌 채, 1년 동안은, 한마디 말도 못하고 입 다물고 가만히 있어야 합니다.

그런데도, 대부분의 교사들은, 이런 제도적 모순과 자기의 자질부족·실력부족을 조금도 깨닫지 못한 채, 어린이나 학부모 앞에 군림하며, 불친절하고 거만하게 구는 수가 많습니다.

절대로 그렇게 경솔하게 굴어서는 안 됩니다. 요즘, 교사들의 실력부족과 무성의하고 무책임한 태도에 대한, 학부모들의 불신과 불만이 최고조에 달해, 폭발 직전에 있다는 것을, 빨리 눈치 채 깨달아야 합니다. 그리하여, 겸허한 자세로 돌아가, 어린이들을 진심으로 사랑하고, 열심히 연구도 하고, 매사에 열성을 다해, 경쟁력 있고 신망받는, 교사가 되도록 노력해야 할 것입니다.

(3) 어린이들의 '감탄하는 말' 적어 두었다가, '그림일기'로 연결시키기

　틀에 집어넣는 통제교육이 아니고, 한 사람 한 사람을 소중히 하는, 따뜻한 애정이 흐르는 인간적인 교육을 해서, 어린이들의 모든 가능성을 다 끄집어내 주는, 알찬 교육을 하려면, 어떻게 하는 것이 좋을까요?
　그러려면, 어린이 인성개발에 가장 효과적인 방법인, 일기 쓰기나 글쓰기 교육을 소중히 생각하고, 그것을 입학식 때부터 적용하도록, 의도적으로 시도해야 합니다. 그 의도적인 시도는, 다른 게 아니고, 어린이들이 무심코 혼자 지껄이거나 토해 내는, '감탄하는 말'을 붙잡아 수첩에 적어 두었다가, 그것을 문자화(文字化)해서, 그림일기 지도나 글쓰기 교육에 활용하는 방법인 것입니다.
　어째서 그러냐 하면, 어린이들이 무심코 혼자 지껄이거나 토해 내는, '감탄하는 말' 속에는, 어린이들의 참된 진실과 신선한 감동이 담겨 있어, 그것이 시나 일기나 생활문의 '종자'가 되어 주기 때문입니다. 그 '감탄하는 말'을, 교사가 수첩에 얼른 적어 두었다가, 그것을 문자화(文字化)하고 문장화(文章化)해서, 지껄인 본인에게 보여 주면서, 아주 재미있고 멋진 표현을 했다고 칭찬해 주며, 그것을 그림일기로 써서 나타내면 아주 좋은 일기가 될 거라고 말해 주면, 그 어린이는, 자기가 무심코 지껄인 말이, 그렇게 값어치가 있는 것인가 하고 놀라게 됩니다. 그리고, 자기 말이, 바로 글자로 나타나는 것을 보고, 깜짝 놀라며, 말과 글자와의 관계도 스스로 깨닫게 됩니다.

이렇게 해서, 문자에 대한 호기심을 자극해, 한글 깨치기를 서두를 뿐 아니라, 문장표현에 대한 흥미도 유발시켜, 그림일기나 생활일기로 연결시켜 나가면, 어린이들의 언어나 사고의 성장발달이, 굉장히 빨라지게 될 것입니다. 왜냐하면, 일기 쓰기 지도나 글쓰기 교육은, 어린이들의 참삶을 가꾸는 데 있어서, 가장 효과적인 도구이기 때문입니다. 즉, 기쁘거나 슬프거나 성나거나 한 일 중에서, 도저히 쓰지 않고서는 못 뱃길 만한 것을 하나 골라, 보고 듣고 느끼고 생각한 대로, 자기의 실감(實感)을 바탕으로 해서, 진솔하게 표현한 것을, 어린이들이 서로 읽고, 서로 생각하고 서로 배우게 하면, 학급 어린이들 모두가 함께 성장해 갈 수가 있기 때문입니다.

그때 유의할 점은, 슬픈 일이나 기쁜 일을 쓸 때, 다른 사람이 모두 잘 알 수 있고, 또, 그 감정이 다른 사람에게도 여실히 전해질 수 있도록, 생생하고 자세하게 구체적으로 쓰도록 지도하는 일입니다. 그렇게 다른 사람이 잘 알 수가 있도록 자세하게 써야만, 한 사람 한 사람의 문제를, 서로 모든 사람의 문제로서 붙잡고서, 같이 생각하며 공부할 수가 있기 때문입니다.

그래서, 어린이들이 써 온 글을, 교사가 자세히 봐 주면서, 자기중심으로 써 놔서, 잘 알 수 없는 곳은 없는가? 묘사나 설명이 부족한 데는 어디인가? 필요 없는 군더더기 부분은 어디인가? 더 생각하지 않으면 안 될 일은 무엇인가? 등을 따지면서 지적해 주면, 문장을 객관적으로 쓰는 기술연마는 물론, 참삶을 가꾸는 데 있어서도, 굉장한 효과가 있을 것입니다.

그리고, 또 한 가지 유의할 점은, 글쓰기를 단순히 줄거리가 선 미문(美文)을 쓰는, 기술연마의 수단으로 생각하거나, 논설문 쓰기의 기초단계 정도로 생각하는, '글짓기' 유파의 관점을 따라서는 절대로 안 된다는 것입니다. 어린이들의 참삶을 가꾸는 참된 글쓰기는, 그런 아무 내용도 없는, 단순한 것이 아닙니다. 어린이들이, 자기의 삶 속에서, 일의 옳고 그림이나, 사물의 아름다움과 추함 등을 정확히 판단하고서, 바르고 아름다운 생활을 추구해 갈 수 있는, 지성과 정서를 길러 주는 것이, 참된 생활 글쓰기가 지향해 나가야 할 목표인 것입니다.

2. 교실의 딱딱한 분위기(雰圍氣) 깨뜨리기

그렇게, 살아 있는 올바른 일기 쓰기나 글쓰기를 통해 올바른 어린이를 기르려고 해도, 교실 분위기가 딱딱하게 얼어붙어 있어 가지고서는, 어린이들의 자유스런 진짜 목소리를 들을 수가 없습니다. 그래서, 먼저 교실의 딱딱한 분위기 깨뜨리기부터 시도해야 합니다.

(1) 밖에 나가서 놀기

어린이들은, 자연스런 상태일 때, 참으로 잘 지껄이거나 외치거나 혼잣말을 잘합니다. 그 어린이들의 지껄이는 말이나 혼잣말 속에는, 많은 진실이 담겨 있어, 보석처럼 값지고 중요한 것입니다. 그래서, 어린이시(兒童詩) 쓰기의 초보지도에 있어서도, 그 지껄이는 말이나 혼잣말을 중시하는 것입니다. 어린이들이 입을 다물고 있는 상태로선, 언어가 발달할 수도 없고, 사고가 깊어질 수도 없습니다. 어린이들은, 자유롭게 많이 지껄이도록 해주어야 합니다. 그래서, 교사는, 학급의 모든 어린이들이, 마음놓고 뭐든지 말할 수 있는 자유를 보장해 주어야 합니다.

그러나, 어린이들은, 처음 보는 교실이나 교사가 낯설어서, 교사와 빨리 친숙해지질 않습니다. 어린이들의 옷이나 가방을 화제 삼아, 말을 걸어 보지만, 단답으로 끝날 뿐, 쉽사리 입과 가슴을 열지 않습니다. 억지로 입을 열려고 해봐도, 잘 되질 않습니다. 역시 자연스럽게 입을 열 방법을 연구해야 합니다.

그중 제일 좋은 방법이, 애들을 교실 밖으로 데리고 나가, 자유롭게 놀도록 하는 것입니다. 술래잡기, 정글짐·그네·시소 등 타기, 업어주기, 모래놀이, 고무줄놀이, 학교 동물원이나 식물원 관찰하기 등을 통해, 같이 놀며, 같이 이야기도 나누고, 같이 관찰하기도 하면서, 애들 손도 잡아 주고, 안아 주고 하다 보면, 어린이들과 친해져, 자연히 어린이들이 입을 열게 됩니다.

이렇게, 어린이들과 노는 일을 빼고서, 어린이들과 친해지는 방법이 별로 없습니다. 여러 가지 잡무에 쫓겨, 어린이들과 놀 시간 내기가 어렵겠지만, 적어도 1학년 1학기만이라도 실컷 놀면서, 어린이들 한 사람 한 사람과 친해지도록 하지 않으면 안 됩니다. 어린이들과 놀면, 어린이들 이름도 빨리 외우고, 어린이들의 성격이나 개성도 빨리 알 수가 있고, 어린이들과 허물없는 사이가 되어, 허용적(許容的)인 관계가 형성될 수도 있기 때문입니다.

어린이들과 놀 때도, 꼭 어린이들 사이에 끼어서 놀아야 합니다. 의도적으로 어린이들 그룹 사이를 옮겨 다니며, 많은 어린이들과 접촉하며, 말도 나누고, 서로 몸과 몸이 부딪히도록 노력해야 합니다.

그러면서, 어린이들이 지껄이는 말이나 혼잣말을 놓치지 말고, 유심히 귀기울여 들어야 합니다. 왜냐하면, 그 말들 속에는, 어린이들의 진실과 개성·성격 등의 보배로운 정보들이, 많이 들어 있기 때문입니다.

그런데, 말은 이내 사라져 버리기 때문에, 꼭 수첩을 가지고 다니면서, 그 자리에서 적도록 해야 합니다. 또, 학부모들에게도 부탁을 해서, 가정에서 어린이들이 기특한 말을 하거든, 적어서 보내 달라고 하는 것도, 좋은 방법일 것입니다.

(2) 산과 들에 나가 놀며 자연 관찰(觀察)하기

또 하나, 어린이들 입을 열게 하는 좋은 장소는, 들과 산입니다. 그 곳은, 놀이와 동시에, 관찰공부를 할 수 있는 곳입니다.

봄 들에 애들을 데리고 나가면, 봄의 따사한 햇살과 풀의 향기가, 마음을 풀어 해방시켜 줍니다. 들에 나간 어린이들은, 토끼풀 꽃으로 꽃목걸이를 만들기도 하고, 민들레 꽃대로 풀피리를 만들기도 하고, 풀밭으로 뛰어다니며 놀기도 합니다.

교실에선 입다물고 있거나, 내성적인 어린이들도, 밖에 나가면, 많이 지껄이기도 하고, 또 많은 이야기를 걸어 오기도 합니다.

"봉숭아 싹이 묘하게

모여서 나 있어요.

이것들 형제인가 봐요."

"선생님, 민들레 씨앗은 할머니 머리 같아요.

훅 불면, 아주 멀리 날아가요."

이렇게, 놀며 관찰하는 사이에, 호기심에 찬 어린이들의 눈은 날카롭게 움직입니다.

(3) 체육시간(體育時間)도 흥미진진한 시간이다

체육시간도 흥미진진한 시간이라, 어린이들이 많이 지껄이고 해서, 딱딱한 분위기를 깨기에 좋은 시간입니다. 어린이들과 몸도 부딪히고, 살갗도 스치며, 아주 친숙하게 지낼 수 있는 좋은 기회입니다. 어린이들이 흥분해서 지껄이는 말을, 붙잡아 적기에도 아주 좋은 시간입니다.

뜀틀 위 구르기를 할 때, 잘못하면 옆으로 굴러 떨어지기 때문에, 어린이들은 흥분해서 마구 떠듭니다.

"아, 무섭다. 무서워. 잘못하면, 옆으로 굴러 떨어져 버려. 아, 무섭다."

"뜀틀 위에 머리를 댈 때, 잘 대야 옆으로 안 떨어져. 창식이는 참 잘 구른다."

어린이들은 운동을 하면서, 흥분되어 자꾸 지껄이며 떠듭니다. 체육수업 중에는, 쓸데없는 말 하지 말고, 규칙 바르게 운동만 하는 것이 좋다고 하는 교사도 있지만, 말을 지껄이며 운동을 하는 것은, 더 열심히 운동을 하는 증거이기 때문에, 괜찮다고 생각합니다.

(4) 미술시간(美術時間)도 어린이들에겐 즐거운 시간

미술시간도, 어린이들에겐 아주 즐거운 시간입니다. 그런데도, 어떤 어린이는 움츠러든 조그만 그림을 그리곤 합니다. 그림도, 곧잘 어린이들의 성격을 나타냅니다. 어느 어린이든지, 도화지 밖으로 삐져 나올 정도로, 구애됨이 없이, 대담하고 자유롭게 그리도록 유도해야 합니다.

솜씨 좋은 어린이들은, 무어라고 혼잣말을 지껄이며, 대담하게 열심히 그려 갑니다. 자전거도 그리고, 경운기며 고릴라도 그려 갑니다. 어린이들에게

"이것 무얼 하고 있는 장면이야?"

하고 물어 보면, 차근차근 그림 이야기를 다 해줍니다. 그래서, 미술시간은, 어린이들의 진짜 목소리를 들을 수 있는, 절호의 기회이기도 한 것입니다.

"어제 엄마가 두발자전거 사 주셨어. 30만 원 주었어. 아주 멋진 자전거야."

하고, 혼잣말을 지껄이며, 철이가 열심히 그림을 그리고 있습니다. 그때 교사가 그 말을 수첩에 기록해 두었다가, 철이의 도화지 뒤에, 그 말을 적어 줍니다. 그러면, 철이가 깜짝 놀라며 좋아합니다. 그러면서, 자기 말이 글로 변한 것을 보고, 신기해하기도 합니다. 그러다가, 철이는

"나도 이런 것 쓸 수 있어요."

하며, 다른 그림을 그리고, 거기다가 자기 힘으로 설명을 써 넣기도 합니다. 이것이 바로, 그림일기의 초보(初步) 지도단계인 것입니다.

(5) 하고 싶은 이야기 실컷 할 수 있게

미술시간 외에도, 국어·수학·과학·사회·음악 시간이나, 점심시간·청소시간·특활시간 등, 어린이들이 자기 의견을 발표하거나, 떠들며 지껄일 수 있는 기회는 얼마든지 있습니다. 교사는, 언제 어디서나, 자기가 하고 싶은 이야기는, 자유로이 실컷 이야기하도록, 허용적인 학급 분위기를 만들어 주는 것이 가장 중요합니다. 그러면서, 어린이들이 무심코 토해 내는 기발한 목소리들은, 그 자리에서 수첩에 얼른 적어 두었다가, 수업시간에 활용하도록 하면, 참으로 좋습니다.

(6) 뒤떨어진 어린이일수록 더 많이 지껄이게

학급에는, 으레 부진아(不進兒)와 지진아(遲進兒)가 있기 마련이고, 또, 그런 어린이들은 똑똑한 어린이들에게 밀려, 기가 죽어 있기 마련입니다. 그래서, 기회를 봐서, 그들의 기를 살려 주도록 해야 합니다. 가령, 기를 못 펴는 식이란 어린이가, 새 옷을 입고 왔으면
"야, 오늘 좋은 옷 입고 왔구나."
하고 말을 걸면, 그 어린이는, 얼른 신주머니에서 운동화를 꺼내며
"운동화도 엄마가 사 주셨어요. 신 예쁘지요?"
하고, 운동화를 보이면서 자랑을 합니다.
그러면, 그 어린이가 한 말을 수첩에 적어 두었다가, 어린이들에게
"지금 식이가 선생님에게 말한 것을 그대로 적은 거예요. 잘 보세요. 이렇게 말한 것을 글자로 적으면, 아주 재미있는 글이 돼요. 여러분도 빨리 글자를 알도록 하세요."
하며, 철이가 한 말을 그대로 칠판에 적습니다.
'이 좋은 옷, 엄마가 사 주셨어요.'
'이 운동화도, 엄마가 사 주셨어요. 신 예쁘지요?'
이렇게, 부진아와 지진아의 기도 키워 주며, 문자표현에 대한 자극도 주고, 호기심도 일으키도록 해야 합니다. 부진아와 지진아 지도를 잘 하

지 않으면, 학급운영을 제대로 할 수가 없기 때문입니다.

입시위주의 교육과 교사들의 능력부족 및 관심부족으로, 학력 우열에 대한 차별이 심해, 부진아와 지진아가 자꾸 늘어나고 있습니다. 교사들은, 어린이들의 피교육권(被敎育權)을 지키기는커녕, 부진아와 지진아들을 '귀찮은 존재'나 '방해꾼'으로 소외시키며, 치료지도나 보충지도를 전혀 안 하고 있어, 학력차는 더욱 심해지고 있습니다.

이러한 이 나라 교사들의 무성의와 무능력 때문에, 한글을 제대로 읽지도 쓰지도 못하는 어린이가 수두룩해, 학교 교육이, 제대로 이루어지지 못하는 지경에까지 이르고 말았습니다. 내 말이 믿어지지가 않거든, 당장 자기 학급 어린이나 전교 어린이를 상대로, 국어책 읽기와 받아쓰기 검사를 한 번 해 보라는 것입니다. 아마도, 어린이들이 너무도 한글 실력이 없고, 여러 가지 병집이 너무도 깊어, 어디서부터 손을 대야 할지를 몰라, 환멸을 느끼고 말 것입니다. 이래 가지고서는 절대로 안 됩니다. 이 나라 초등학교 교사들은 대오각성해서, 만신창이가 된 어린이들의 국어학력 실태를 정확히 파악하고서, 부진아와 지진아의 치료지도에 전력을 기울여야 하겠습니다. 그러려면, 먼저 학급경영부터 잘 하여, 즐겁고 자유롭고, 그러면서도, 공부 열심히 하는 학급 분위기부터 만들어 나가야 하겠습니다. 그리하여, '즐겁고 재미있는 학교', '늘 가고 싶어지는 학교'가 되도록, 노력과 정성을 다해야 하겠습니다.

어린이들이 지껄이는, '번쩍이는 말' 적기는, 귀찮은 일이지만, 그러나, 소중한 일입니다. 그 일은, 어린이 곁을 떠나서는 할 수 없는 일이기 때문에, 그 작업을 계속하다 보면, 교사들은, 어린이 교육에 대해 많은 것을 느끼고, 또 배우게 됩니다. 그리고, 어린이들을 더욱 깊게 이해할 수도 있게 됩니다. 이것은, 단순히 말의 지도나 글쓰기 지도라고 하는, 좁은 범위의 이야기가 아니라, 바로 교육의 기초고, 근본이고, 원점(原點)이기 때문인 것입니다.

(7) 말을 글자(文字)에 연결시키기

　1학년의 아침 교실은, 언제나 신선한 이야기로 가득 찹니다. 학교에 출근을 해 교실로 가 보면, 할 말이 많은 어린이들이 교사 곁으로 모여듭니다. 숙제 한 걸 집에 놔두고 왔다는 어린이, 오다가 넘어져서 무릎을 다쳤다는 어린이, 가정연락부를 봐 달라는 어린이 등, 사연도 많습니다.
　또, 어디 구경 가서 본 이야기를, 자랑 삼아 하는 어린이들도 많습니다.
　"선생님, 어제 바닷가에 가서, 게도 잡고, 망둥어도 봤어요."
　"지난 일요일에 수족관에 가서, 상어를 봤는데, 이빨이 광장히 무서웠어요."
　"선생님, 어제 시골에 놀러 가서, 풀밭에서 토끼풀 꽃을 꺾어서, 꽃목걸이를 만들었어요."
등의 말을 하며, 자기가 감동한 것을 알려 주려고 애를 씁니다. 그러면, 교사는 그 감동 어린 말들을 듣고 있지만 말고, 수첩에 얼른 적어 두어야 합니다.
　그렇게 적고 있으면, 어린이들은, 선생님이 무얼 적는가 싶어, 선생님 옆으로 와서, 수첩을 서로 보려고 덤벼 듭니다. 그러면, 교사는, 어린이들이 지껄인 말들을 그대로 읽어 주거나, 칠판에다 글자로 써서 보여 주면, 어린이들은 눈이 뚱그래져 신기해합니다.
　어린이들은, 자기가 아무 생각 없이 무심코 지껄였는데, 그 말을 교사가 글자로 기록한 걸 보고 놀랍니다. 그러면서, 자기가 한 말에 대해, 새삼스럽게 깊이 생각하게 됩니다. 동시에, 입으로 무심코 지껄인 말이, 추상적(抽象的)인 문자로 나타난 걸 보고, 문자가 자기들의 지껄인 말과 깊이 연결돼 있다는걸 깨닫고서, 문자에 대해 깊은 관심을 나타내게 됩니다. 그러면, 교사는, 그런 호기를 놓치지 말고, 그림일기 쓰기로 유도해 나가면 되는 것입니다.

제3장 그림일기의 입문기(入門期) 지도

1. 자기가 한 일을 그림으로 그리기

　그림일기의 입문기 지도는, 어린이들의 '빛나는 말' 붙잡기가 시작되는, 입학식 직후부터 곧 시작하는 것이 좋습니다. 맨 처음엔, 시중에서 파는 칸이 쳐진 그림일기장 말고, 백지로 돼 있는, A_4용지 크기의 스케치북을 준비시켜, 학교에서 약 한 달 정도 지도하는 것이 좋습니다.
　"이 노트는 '그림일기'라고 해서, 그 날 한 일을 그림으로 그리는 노트입니다. 하루의 일 중에서, 가장 인상 깊었던 일을 하나 골라, 그림으로 그리면 됩니다. 글자를 아는 사람은, 하고 싶은 말을 글자로 써 넣어도 됩니다."
하고, 먼저 그림일기 쓰는 요령을 설명해 줍니다. 그러면서
　"그러면, 자, 그림을 그리기 전에, 오늘 한 일을 잘 생각해 봅시다. 오늘 아침에 어떻게 했는지, 늦잠을 자거나 울지는 않았는지……. 아침밥을 먹을 때는 어떻게 했고, 학교에 올 때는 어떻게 했는지……. 학교에 와선, 어떤 일을 했고, 재미있는 일이나 어려웠던 일은 없었는지……. 잘 생각해 내서, 그중에서, 그리지 않고서는 못 배길 만한, 가장 인상 깊은 것을 골라 그리세요."
하고, 자기 생활 속에서, 그릴 것을 찾는 요령을, 구체적으로 가르쳐 주며 훈련시켜야 합니다.
　이렇게, 자기 생활 속에서, 가장 인상 깊은 것을 골라잡는 일은, 단순히 그림의 소재를 고르는 일만이 아니고, 바로 주제(主題) 붙잡기의 기초훈련도 되는 것이고, 또 자기 생활을 주시하는 눈을 기르는, 근원이 되기도 하는 것입니다. 그리고, 또한 자기 생활을 주시하는 일은, 바로 자기 발견, 즉, 자아(自我)를 찾는 중요한 첫걸음이 되기도 하는 것입니다.
　그릴 것이 결정되면, 어린이들은, '술래잡기', '미끄럼틀 타기', '강아

지와 놀기', '가방 메고 학교 가기' 등의 그림을 그릴 것입니다. 잘 그리는 그림도 있고, 서툰 그림도 있고, 대담하게 그리는 그림이며, 조그맣게 그리는 그림도 있을 것입니다.

그런데, 그림일기의 그림은, 생활내용을 나타내는 실용적인 그림이기 때문에, 내용만 알도록 간단하게 그리면 되는데, 어떤 어린이들은, 그림일기의 특성을 잊어버리고, 본격적인 미술작품을 그릴 때처럼, 너무 색칠도 열심히 하면서, 시간과 노력을 그림 그리는 데 다 써 버리는 수가 많습니다. 그림일기에 있어서의 글과 그림과의 관계는, 어디까지나 글이 위주이고, 그림은 보조 역할을 하는 것이기 때문에, 그림은, 선그림 위주로 그리도록 하는 것이 좋을 것입니다.

그리고, 그림일기를 쓸 때는, 일기 쓰기의 기본요건인, '날짜'를 꼭 맨 위에 써 넣도록 습관화시켜야 합니다. 잘 못 쓰는 어린이는, 교사가 도와 써 주도록 하면 좋을 것입니다. 그리고, 또 연필 쥐기가 서툰 어린이는, 베껴쓰기 공책을 하나 마련해 가지고, 국어책이나 좋은 글 베껴쓰기 연습을 계속하면, 한글 익히기 · 맞춤법 바르게 쓰기 · 띄어쓰기 등의 능력 향상과 함께, 많은 교육적 효과를 얻을 수가 있을 것입니다.

2. 한글(문자-文字) 바르게 가르치기가 잘 안 되는 이유

1학년 교육에 있어서 가장 중요한 것은, 뭐니뭐니 해도, 한글을 바르고 정확하게 빨리 가르쳐, 빨리 정착시키는 일일 것입니다. 그렇게 한글을 바르고 정확하고 빠르게 가르치려면, 입학식 직후의 한글 입문기 기초지도 때부터, 가장 학구적이고 권위 있는 방법으로, 정확하게 가르쳐 나가야 합니다.

그런데, 지금 우리나라는, 이 한글의 입문기 기초지도와 국어과 읽기 · 쓰기 교육의 잘못으로, 고학년이 되어도, 한글을 제대로 읽지도 쓰지도 못할 뿐 아니라, 시나 생활문 한 줄 옳게 못 쓰는 어린이가 수두룩한 실정입니다. 이렇게, 모든 교과교육의 기초가 되는, 한글 깨치기와 국어과 교육이 부정확하고 부실하다 보니, 기타 교과에까지 영향을 미쳐, 모든 교과의 학력부진으로 이어질 뿐 아니라, 그 한 번 입은 치명상은, 중·고등학교 교육과 대학 교육까지도 부실하게 만들어, 실력 없고 쓸모 없는 학생들만 양산해 내는, 악순환만 되풀이되고 있는 실정입니다. 그래서, 이 나라 교육은, 기초교육의 잘못으로 지금 큰일이 났습니다. 교사의 단 한 번의, 무책임과 무성의와 무실력으로 저질러진 잘못은, 이처럼 오래도록 한 어린이를 골병 들게 하여, 그의 장래까지도 망쳐 버리게 하고 있는 것입니다.

이 한글 부진아가 많은 이유와 한글 빨리 깨치기 문제에 대해선, 앞에서 귀가 따가울 정도로 누누이 이야기를 해놓았으니, 더 자세한 것을 알고 싶거든, 그쪽을 읽어 보시기 바랍니다.

그러면, 어째서 이런 잘못이, 고질적으로 계속 일어나고 있으며, 또 왜 그것이 고쳐지지 않고 있을까요? 그 문제점(問題点)과 해결책(解決策)을, '교과서 쪽'과 '교사 쪽'으로 나누어, 검토해 보도록 하겠습니다.

(1) 교과서(敎科書) 쪽의 문제점

① 본질적(本質的)이고 근원적(根源的)인 문제에서 빗나간, 허튼 소리가 많음
1학년 국어 교과서, '읽기', '말하기', '쓰기'의 1·2학기 책 6권을 다 읽어 보니, 아, 참 국어책이 잘 만들어져 있구나 싶은 데는 거의 없고, 이래 가지고서, 언제 한글을 바르고 빠르게 깨쳐서, 어휘력·문장력·독해력 등을 길러 가지고, 그림일기·생활일기며 시나 생활문·독후감 등도 척척 써 낼 수 있고, 책도 척척 읽어 낼 수가 있을까 하는, 의문만 잔뜩 품게 해주었습니다.

한마디로, 국어과에 대한 전문지식도 부족하고, 1학년 담임 경험도 없고, 또 1학년 어린이들의 현실생활도 잘 모르는 사람들이, 교과서 집필

을 하지 않았나 하는 의심이 들 정도로, 합리성과 실용성과 적합성이 아주 부족한 책들이었습니다. 내가, 서울·인천·일산 등지에서, 저학년 어린이들 상대로 글쓰기 지도를 할 때, 어린이들이 한글조차 옳게 모를 뿐 아니라, 국어과 독해지도며 글쓰기 지도를 받은 흔적이 전혀 없어, 한탄을 하며, 한글 깨치기의 기초지도부터 새로 시작하곤 했었는데, 이번에 1학년 국어 교과서를 연구해 보고서야, 드디어 그 원인을 속속들이 알 수 있게 되었습니다.

다시 말하면, 교과서에 인용된 예문도, 어린이들의 현실생활과 밀착된 살아 있는 글들이어야 하는데, 거의 그렇지가 못했고, 모든 것이 형식적이고, 지엽말단(枝葉末端)의 기교만 익히도록 되어 있고, 보다 핵심을 찌르는 본질적이고 근본적인 문제는, 하나도 다루지 못하고, 허튼 소리만 늘어놓는 내용이 너무도 많았습니다.

② '기본 음절표(한글 본문장)'에 대한 천시(賤視)와 홀대(忽待)

'기본 음절표(한글 본문장)'이 1학년 1학기 읽기책 22쪽과 24쪽에 나와 있는데, 그냥 배열표만 나와 있을 뿐, 그에 대한 명칭이 그 표 위에 적혀 있지가 않았습니다. 그전 교과서엔 '기본 음절표'라고, 표에 대한 명칭이 나와 있어서, 배열표에 대한 이름을 당당히 부를 수 있었는데, 이번 교과서에는, 아무것도 표시된 이름이 없어, 그걸 부를 명칭이 없으니까, 〈'아래 표'의 글자를 읽어 봅시다〉, 〈'24쪽의 표'를 보며〉 등으로, 표시되어 있었습니다. 우리말이나 우리 한글의 기본이 되는 보배로운 본장문을, '아래 표'나 '24쪽의 표'로, 이렇게 천대(賤待)해서야 되겠습니까?

이렇게, 세계에서 가장 과학적이고 창의적이고 합리적인, 우리말의 기본 중의 기본인 한글을, 경시하며 함부로 다루고 있기 때문에, 1학년 1학기 한글 입문기 지도에 딱 드러맞는, 올바른 교과서도 하나 만들지도 못하고, 그래서, 학교에서, 바르고 빠른 한글 깨치기 지도도, 옳게 못하고 있는 것입니다.

우리나라에서, 옛날엔, 한글 배열표를 '본문장', 또는 '반절 본문장'이라고 했으니, 옛날 이름 따라 '본문장', 또는 '한글 본문장' 이라고 부르거나, 아니면, 그전 교과서에 실린 대로, '기본 음절표' 라고 부르는 것이 옳을 거라고 생각합니다. 소위 국정교과서에다 그 귀중한 한글 배열표를 실으면서, 아무 명칭도 쓰지 않고, 그냥 배열표만 제시하다니, 그 무성의하고 무책임한 처사에, 새삼 실망도 하고, 또 분노를 느끼지 않을 수가 없습니다.

③ 한글 자모(子母)의 이름과 소리값(音價) 등, 문법에 대한 지도가 모자람

본문장 맨 위 왼쪽 귀퉁이에, 빈 칸이 하나 있는데, 그 빈 칸을 그냥 놔두지 말고, 그 빈 칸 왼쪽 위 귀퉁이에서 반대쪽 귀퉁이로 대각선을 긋고, 왼쪽 공간에는, '자음(子音-닿소리)' 이라고 쓰고, 오른쪽 공간에는 '모음(母音-홀소리)' 이라고 표시해야 한다고 생각합니다. 그래야, 1학년 1학기 한글 입문기 공부 때부터, 'ㅏ·ㅑ·ㅓ·ㅕ' 는 '모음(母音-홀소리)' 이고, 'ㄱ·ㄴ·ㄷ·ㄹ……' 은 '자음(子音-닿소리)' 이라는 개념을 명확히 알게 되고, 그래야만, 한글의 습득이 빨라지기 때문입니다.

그런데, 교과서에, '기본 음절표(한글 본문장)' 이며, '모음', '자음' 같은 명칭을 생략한 것은, 1학년 어린이들이, 개념 구분이나 명칭 외우기를 어려워할까 봐 그런 것 같은데, 그런 개념 구분 지도를 안 함으로 해서 오는, 모음과 자음을 구분 못해, 마구 혼용(混用)하는 부작용이 오히려 더 크기 때문에, 한글 자모(子母)의 개념 구분이나, 좀 어려운 명칭 사용을, 그렇게 두려워할 필요는 없다고 나는 생각합니다.

문자지도는, 그걸 처음 시작하는 입문기 지도 때부터, 그 명칭이나 개념 구분 등을 명확히 지도해서, 정착(定着)시켜 놔야, 혼용(混用) 현상이 안 일어나는 것입니다. 그런데, 우리나라에선 모음·자음의 개념 구분이며, 자모(子母) 낱자의 '글자모양(자양-字樣)' 이나 '소리값(음가-音價)' 에 대한 문법적인 기초지도는, 중학교에 가서나 하는 것이지, 초등학교에선 어려워, 해서는 안 되는 걸로 생각하고서, 여태껏 그럭저럭 지도하는 둥 마는 둥 하면서, 넘어가곤 했던 것입니다.

그래서, 지금 초등학교 저학년 어린이들은 물론, 고학년 어린이들까지도, '한글 본문장'의 읽고 쓰기와 한글 낱자(子母) 구별하기를, 제대로 할 줄 모를 뿐 아니라, 모음과 자음의 한글 낱자 하나하나의 글자모양과 소리값도, 정확히 모르는 관계로, 'ㅐ'와 'ㅔ', '네'와 '내', 'ㅢ'와 'ㅔ' 등의 혼용은 물론, 'ㅎ'과 'ㅊ', 'ㅈ'과 'ㅊ', 'ㅌ'과 'ㅍ', 'ㄿ'과 'ㄼ', 'ㄾ'과 'ㄿ', 'ㄺ'과 'ㄳ' 등의 혼용현상(混用現象)이 다반사로 일어나고 있어 큰 문제입니다.

문제가 이렇게 된 것은, 한글 입문기 지도 때, 개념 구분과 기초적인 문법지도와, 받아쓰기를 통한 한글 정착 여부의 확인지도나 치료지도 등을 하나도 하지 않고, 유야무야로 한글 깨치기 기초지도 시기를, 흐지부지 넘어가 버렸기 때문입니다.

그러니, 한글 자모(子母)의 이름과 소리값(音價) 등에 대한 문법지도도 입문기 지도 때부터 야무지게 해서, 야무지게 정착이 되도록 해야 할 것입니다.

④ 읽기와 베껴쓰기를 통해, '기본 음절표(한글 본문장)' 완전히 이해시키기

'기본 음절표(한글 본문장)' 지도를 할 때, 자음과 모음이 모여서, 하나의 글자(형태소-形態素)를 이루는 원리는 물론, '가갸거겨……' 하고 가로로 읽기와, '가나다라……' 하고 세로로 읽기도, 익숙해질 때까지, 시간이 나는 대로 되풀이해 연습을 하기도 하고, 또 공책이나 '한글 본문장'에 맞는 용지를 만들어, 거기다 '한글 본문장' 베껴 쓰는 것을, 꼭 여러 번 되풀이해서, 완전히 이해가 되도록 해야 합니다. 왜 꼭 베껴쓰기를 해야 하느냐 하면, 눈으로만 익히는 것보다는, 베껴 써 보는 것이, 문자 이해에 효과가 훨씬 더 크기 때문입니다. 우리나라 한문 고전인 '격몽요결(擊蒙要訣)'에도, '스무 번 읽기보다도, 한 번 써 보는 것이 훨씬 더 낫다.'는, 문자학습에 대한 원리가 나와 있다는 것을 명심하시고, 이 방법을, 1학년 1학기 한글 입문기 지도 때, 꼭 한번 활용해 보시기 바랍니다.

그리고, 또 한 가지 유의할 점은, '한글 본문장'을 익힐 때, 그저 표 전체를 눈으로 보며 익히기만 하지 말고, 모음 10자와 자음 14자를 낱말카드에 각각 써서, '가'는, 'ㄱ+ㅏ=가'하는 식으로, 분리(分離)와 결합(結合)의 원리를 시각적으로 보여 주며 지도함으로써, 한글 글자의 구성원리를, 뇌리에 야무지게 각인시켜 주도록 꾀해 보라는 것입니다.

⑤ 눈으로만 익히도록 돼 있는 '글자의 짜임' 지도의 잘못

1학년 1학기 국어 교과서 읽기책을 보면, '글자의 짜임' 공부에 관한 것이 나와 있는데, '받침이 없는 글자'와 '받침이 있는 글자' 만들기와 읽기에 대한 것이, 22쪽에서 27쪽까지 6쪽에 걸쳐 나와 있었습니다. '받침이 없는 글자'는, '무, 고추, 고구마'를, 닿소리는 빨간색, 홀소리는 파란색으로 구별해 제시되어 있고, 받침이 있는 글자는, '가+ㅁ→감', '치+ㄴ→친' 등으로만 제시되어 있을 뿐, 무엇과 무엇을 어떻게 붙여 읽으라는, 문법적 설명이 하나도 나와 있지 않습니다.

그런데, 한글의 음절(音節) 구성원리인 '글자의 짜임'이란, 문법적으로 아주 중대한 문제를 다루면서, 이렇게 시각적(視覺的) 원리에 따라 눈으로만 익히게 하는, 그런 희미한 지도방법 가지고서는, 음절을 도저히 명확하게 이해시킬 수가 없습니다.

그래서, 이렇게, 어려운 개념이나 문법적 용어를 쓰지 않고, 쉽게 가르치려고 하는, '우회작전(迂廻作戰)'을 쓰지만 말고, 바로 한글의 창제원리(創製原理)에 따른 '정면돌파작전(正面突破作戰)'을 쓰자는 것입니다. 즉, '감'이란 글자의 짜임을 가르칠 때, 그냥 '가+ㅁ→감'으로만 가르치지 말고, 첫소리(초성-初聲) 'ㄱ'+가운뎃소리(중성-中聲) 'ㅏ'+끝소리(종성-終聲) 'ㅁ'→'감'이란 식으로, 바르게 가르치자는 것입니다.

이 '정면돌파작전'을 두고, 어떤 사람들은, 1학년 어린이들이 그런 어려운 문법적 개념을 잘 이해하겠느냐고, 의문을 가질지도 모르겠지만, 저의 오랜 1학년 어린이 지도 경험에 의하면, '우회작전'에 따른 '희미한' 지도보다는, '정면돌파작전'에 따른 '명확한' 이론적 지도가, 훨씬

효과적이더라는 것입니다. 즉, 1학년 어린이들이, 처음엔, '첫소리(초성)·가운뎃소리(중성)·끝소리(종성)' 같은 문법적 용어를 낯설어하지만, 그 좀 어렵고 낯선, 문법적 용어가 시사하는 개념이, 한글 글자의 짜임을, 훨씬 명확하게 이해시켜 주기 때문에, 이해도 더 빨리 되고, 또 어려운 말도 알게 되었다며, 어린이들이 그 어려운 말을 더 좋아하는 걸, 나는 많이 보았습니다.

그리고, '한글 글자의 짜임' 지도의, 또 한 가지 편리한 방법을 소개하자면, 다음과 같습니다. 즉, '한글 글자의 짜임'을 형태적으로 보자면, '병서방식(竝書方式—가·나·다·라……)'과 '연서방식(連書方式—성·강·불·풀……)'이 있고, 또 '연서방식'에는 '2층구조(방·절·벌·먹……)'와 '3층구조(꽃·종·쫓·좋……)'가 있는데, 그런 글자의 짜임의 형태적 특징을 지적하며, 글자를 초성·중성·종성으로 분리(分離)도 해보았다가, 또 결합(結合)도 해보았다가 하면서, 입체적(立體的)으로 지도하면, 글자 구조의 이해가 훨씬 빠르고 정확합니다. 받아쓰기 할 때, 받침을 잘 몰라, 기연가미연가 하다가 그만 틀리게 써 버리는, 그런 경우가 훨씬 줄어들게 될 것입니다.

그렇게 받침을 잘 틀리게 쓰는 글자 가운데, 가령 '좋' 자를 예로 들어 설명하자면, '첫소리(초성) ㅈ + 가운뎃소리(중성) ㅗ + 끝소리(종성) ㅎ→좋' 식으로 가르치거나, 아니면, '1층엔 받침(끝소리) ㅎ, 2층엔 가운뎃소리 ㅗ, 3층엔 첫소리 ㅈ' 식으로 지도하면, 입체적인 글자 모습이 떠올라서 그런지, 어린이들이 빠르고 정확하게 잘 이해하게 됩니다.

그런데, 그렇게 분리결합식(分離結合式)으로 합리적으로, 지도하지 않고, 그냥 글자 모양을 눈으로만 익히는, 미국에서 온 소위 어형상주의(語形象主義) 이론으로 지도하거나, 국어 교과서에 나오는 방식으로, 막연하고 비합리적으로 지도하면, 이해도 늦고 정확도도 낮아, 그래서, 자꾸 한글 글자를 틀리게 쓰게 된다는 것입니다.

⑥ 눈으로만 익히는 문자지도의 한글 낱자의 '혼용현상(混用現象)'의 보기

그 대표적인 예가, '좋'과 '꽃'을 '좋'과 '꽃'으로, 틀리게 써 버리는 경우입니다. 왜 그렇게 됐느냐면, '좋'은, '첫소리(초성) ㅈ + 가운뎃소리(중성) ㅗ + 끝소리(종성) ㅎ→좋'의 식으로, 또, '꽃'은, '첫소리(초성) ㅉ + 가운뎃소리(중성) ㅗ + 끝소리(종성) ㅊ→꽃'의 식으로, 분리결합식(分離結合式)으로 지도하지 않고, '좋'과 '꽃'을, 하나의 형상으로, 그냥 눈으로만 익혔기 때문입니다. 그래서, 글자 맨 끝에 있는 받침, 'ㅎ'과 'ㅊ'을, 한글 자모의 하나의 닿소리로 보지 않고, 그냥 글자 모양만, 그림 그리듯 대강 그리다 보니, 'ㅎ'과 'ㅊ'의 맨 위에 있는 '점'을 그만 놓쳐 버리고, 'ㆆ'과 'ㅈ'으로 써 버리게 되는 것입니다.

그리고, 일이 이렇게 된 또 하나의 이유는, 한글 낱자 기초지도의 잘못으로, 대부분의 어린이들이, 'ㅎ'과 'ㅊ'의 맨 위의 획이 '점'이란 것을 모르고, 그냥 그림 그리듯 가로선을 긋다 보니, 'ㅎ'나 'ㅊ' 모양으로 써 버린다는 것입니다. 따라서, 그렇게 그림 그리듯 가로선을 긋다 보니, 가운뎃소리 'ㅗ'의 가로 획 'ㅡ'와 합해서, 가로 선이 두 개던가, 세 개던가 하고 망설이다가, 그만 두 개만 긋고 말기 때문에, 'ㆆ'과 'ㅈ'으로 써 버리게 되는 것입니다.

'ㅎ'과 'ㅊ'을 'ㅎ'과 'ㅊ'으로 잘못 쓰는 어린이는, 아마도 90%가 넘을 것이고, 'ㅎ'과 'ㅊ'을 'ㆆ'과 'ㅈ'으로 쓰는 어린이도, 50%가 넘을 것입니다. 제대로 된 한글교육이 시작된 지, 해방 후 60년이나 됐는데도, 이런 잘못에 대한 단 한 번의 문제제기도 없이, 똑같은 잘못을 바보처럼 만날천날 똑같이 되풀이하고만 있다는 것은, 참으로 한국 국어교육의 수치가 아닐 수 없습니다.

이 문제에 대해, 어떤 사람들은

"받침 좀 틀리게 쓰는 게, 뭐 그리 큰 문제야? 어린이는, 받침 다 틀리게 쓰기 마련 아니야? 컴퓨터로 치면, 컴퓨터가 틀린 곳을 다 알아서 지적해 주는데, 그런 사소한 문제 가지고, 어린이들 구박할 필요가 뭐 있어?"

하며, 반론을 펴기도 합니다. 그러나, 그것은, 1학년을 가르쳐 본 경험이 없는 사람들의 하나의 궤변입니다. 세 살 적 버릇 여든까지 간다는 속담도 있듯이, 어려서 한 번 잘못 쓰는 버릇은, 좀처럼 고치기가 어렵다는 것을, 모르고 하는 말인 것입니다. 어린이들은, 한 번 잘못 가르쳐서, 잘못 쓰는 버릇이 들면, 골백번을 말해도, 좀처럼 고쳐지지가 않습니다. 더구나, 상업주의 부패문명에 깊이 병들어 가지고, 학교에 들어온 어린이들은, 더욱 말을 잘 안 듣고 해서, 한글 틀리게 쓰는 버릇 고치기가 이만저만 어려운 게 아닙니다. 그래서, 도산(島山) 안창호(安昌浩) 선생님께서도, 민족개조론(民族改造論)을 부르짖으시면서, 한번 잘못 든 버릇 고치기가, '천병만마(千兵萬馬)를 무찌르기보다 더 어렵다.'고 갈파하신 바가 있습니다.

아무튼, 한글을 바르게 읽고, 바르게 쓰고, 바르게 자기 생각을 글로 써 낼 수 있는 한글공부는, 1학년 1학기 한글 입문기 지도 때, 기어코 해결해 내야 합니다. 왜냐하면, 이 시대가, 너무도 빨리 변하는 초고속 시대이고, 또 과열경쟁 시대이기 때문입니다. 그때, 꼭 해결해야 할 근본문제는, 무슨 일이 있어도, 그때 꼭 비상수단을 써서라도, 해결하고 넘어가야만 하는 것입니다. 그렇지 않으면, 또래 집단에서 뒤떨어져 지진아가 되고, 문제아가 되고, 드디어는 인생낙오자가 되어, 자기 탓은 하나도 안 하고, 만날천날 남의 탓, 세상 탓만 하고 돌아다니는, 구제불능의 골칫거리가 될 게 뻔하기 때문입니다.

유치원 들어가기 전에, 한글을 떼고 들어가거나, 아니면, 유치원 때 한글 깨치기를 해결해 버리는, 초고속의 시대인데. 초등학교 1학년에 들어가서도, 한글 깨치기 문제 하나 옳게 해결하지 못하고, '학년이 높아지면 차츰 알게 되겠지, 그리고, 글씨 휘갈겨 쓰는 버릇도 나중에 차츰 고쳐지겠지, 뭐.' 하고, 무사태평으로 방치해 두는 사람들이 많은데, 참으로 세상을 모르는, 정신 나간 사람들이라고 아니할 수가 없습니다.

그때 그 적기(適期)에, 꼭 해결하고 넘어가야 할 근본문제를, 그때 근본적으로 해결하지 않고, '내가 안 해도, 나중에 누가 어떻게 하겠지 뭐.' 하고, 수수방관 하고 있는, 무책임하고 몰지각하고 성의 없는 교사와 학부모들 때문에, 이 나라의 국어교육이 이렇게 엉망이 되어, 고학년이 되어도, 한글을 바르게 읽고 쓰기를 제대로 하지 못함은 물론, 일기 · 시 · 생활문 · 독후감 한 줄 옳게 못 쓰는, 비참한 지경에까지 이르고 만 것입니다.

지금, 이 나라의 국어교육이 앓고 있는 중병은, 이만저만 큰 게 아닙니다. 그 중병은, 다 1학년 1학기의 한글 입문기 지도를 잘못해, 한글을 정확히 잘 모르는 데서 온 병인 것입니다. 한글도 하나 못 가르치는 이 나라의 초등학교들……. 이대로 두어서야 되겠습니까? 학교 문닫아야 되지 않겠습니까? 한글도 옳게 못 가르치면서, 교육한답시고 앉아 있는, 교사 · 교감 · 교장들……. 그대로 두어서야 되겠습니까? 책임 지고, 학교를 떠나야 되지 않겠습니까?

모든 교과의 기반이 되고 기초가 되는, 국어교육이 병들면, 기타 모든 교과교육도 병들고, 교육이 병들면, 민족과 국가도 망하게 되는 것입니다. 그래서, 이 나라 국어교육이 앓고 있는 중병문제를, 꼭 해결하고 넘어가야 하겠습니다. 세계의 모든 나라들이 자기나라 발전을 위해, 일사분란하게 매진해 나가고 있는데, 유독 우리나라만, 나라의 기반이 되는 한글교육 문제 하나 옳게 해결하지 못하고서, 꾸물거리고만 있어서야 되겠습니까?

⑦ 중병에 걸린 국어교육의 구제방안(救濟方案)과 '모국어 받아쓰기 대회'
이 국어교육의 중병문제를 해결하려면, 먼저 그 병집이 얼마나 크고 깊은지를, 정확하게 빨리 진단을 해야 할 것입니다. 그 진단방법은, 전국적인 규모의 학력검사를 해야 되겠습니다만, 그 방법은 돈도 많이 들고, 시간도 많이 걸리기 때문에, 다음 기회로 미루어 두고, 받아쓰기 문제를 10문제 정도 내서, 쪽지시험 치기를, 시 · 도 · 군별, 아니면, 학교별 · 학급별로 실시한다면, 아주 간편하고 편리할 것입니다. 그렇게 하면, 한글

이해 여부, 맞춤법 실력의 유무 여부, 국어학력의 고저 여부 등을, 아주 간편하게 금방 정확하게 알 수가 있을 것입니다. 그래서, 전국적으로 받아쓰기를 빨리 실시해서, 국어의 기초학력 실태를 정확히 파악함은 물론, 시급히 한글 부진아 치료지도를 해서, 이 나라에, 한글 미해득아가 하나도 없도록, 빨리 비상조치를 취해야 하겠습니다.

모국어(母國語) 교육을 세계에서 제일 잘하고 있는 프랑스에서는, 매년 전국적으로, '모국어 받아쓰기 대회'를 연다고 하지 않습니까? KBS가 금년 5월부터 '한국어 능력시험'을 실시하고 있다고 하는데, 교육계에서도, 고학년이 되어도, 한글을 옳게 읽지도 쓰지도 못하는 중병환자들을, 문책당할까 봐, 무작정 감추어 두고서 쉬쉬 하고만 있지 말고, 비밀을 다 백일하에 명명백백하게 까발려 놓고, 중병의 근원을 냉철하고 정확하게 파악한 후, 온 교육자와 국민이 다 함께 나서서, 한글 부진아 해소를 위해, 총력전을 펼쳐 보는 게 어떻겠습니까?

그러나, 사실, 이 문제해결에 있어서, 가장 간편하고 효과적인 방법은, 뭐니뭐니 해도, 각 학교별 각 학급별로, 스스로 해결하는 방안입니다. 즉, 각 학교별 각 학급별로, 한글 미해득아나 국어학력 부진아가 발생하지 않도록, 깊은 교재연구와 높은 수업기술로, 완벽한 국어수업을 진행할 뿐 아니라, 일단 발생한 한글 미해득아나 국어학력 부진아는, 즉각 치료지도를 해서, 즉각 구제한다면, 안 될 리가 없을 것입니다.

안 된다는 것은, 한마디로 말해서, 안 해서 안 되는 것입니다. 능히 할 수 있고, 또 마땅히 해야 할 일을 안 하는 것은, 교육자들의 정신상태와 민족의식에 문제가 있어서 그런 것입니다. 조금만 정신 차리고 대들면, 안 될 리가 없는 것입니다. 그러니, 이 나라 교육자들 모두가, 교육혁명·학교혁명·교실혁명을 일으킨다고 생각하고, 대오각성해서 신바람나게 모두가 덤빈다면, 따갑게 비난받고 있는, 국어교육 부재·교원들의 성의부족 실력부족이란, 치욕스런 불명예는 금방 씻을 수가 있을 것입니다.

끝으로, 한글의 우수성을 크게 칭찬한 외국의 보도자료가 있어서, 여기 소개하니, 더욱 강렬한 한글에 대한 사랑과 긍지를 가지시고, 한글 바르고 빠르게 깨치기 운동에, 적극 참여해 주시기 바랍니다.

그 기사는, 1994년 5월 25일에 발행된, 미국에서 가장 권위 있는 과학 잡지인, '디스커버리' 6월호에, '제이드 다이어먼드'란 사람이, '쓰기, 정확함'이란 제목 아래 쓴 글입니다. 한글이 세계에서 가장 합리적인 문자이며, 그 독창성과 기호배합의 효율성 면에서, 특히 돋보인다는 찬사를 보냈다고 합니다. 그리고, 한글의 그런 장점 때문에, '지식의 확산'이란, 문화적 측면에서 뛰어난 성과를 얻고 있다고 평가하면서, 한글의 우수성을, 대략 다음 세 가지로 요약해 말했다고 합니다.

첫째, 모음과 자음이 쉽게 구별된다.

둘째, 또 자음이 입술·입·혀의 위치를 확실히 해준다.

셋째, 28개 자모(子母—현재는 24개)가 수직 수평의 조합으로, 반듯한 사각 형태를 이루면서, 질서정연하게 배열되어 있다.

그리고, 그 글은, 또 영어를 한글과 비교하면서, 영어의 경우, 단어 구성이 지극히 불규칙적이어서, 학습에 혼란을 주고 있다는 점을 들고, 그 때문에, 컴퓨터에 오자(誤字) 수정 소프트웨어가 필요하며, 초등학교 4학년 미만 아이들이, 틀린 단어를 쓰는 경우가 다반사라고 지적했다고 합니다.

나는, 이 기사를 읽으면서, 열등의식에 사로잡혀 있는, 우리나라 어린이들의 부끄러운 모습이 떠올라, 굉장히 괴로웠습니다. 우리나라 어린이들이, 단어 구성이 지극히 불규칙적이어서, 학습에 혼란을 주어, 미국 초등학교 4학년 미만 어린이들은, 단어를 틀리게 쓰는 경우가 다반사라고 하는 영어는, 열심히 공부해서 별로 안 틀리면서, 24개 자모가, 수직과 수평의 조합으로 반듯한 사각 형태를 이루면서, 질서정연하게 배열되어 있어, 배우기도 쉽고, 쓰기도 정확하다는 한글은, 왜 그리 열심히 익히려 하지도 않고, 틀려도 아무런 부끄러움도 느끼지 않는, 약소국 어린이들의 노예근성 같은 것을 느꼈기 때문이었습니다.

'한글 바르고 빠르게 깨치기 운동'을 펼치려면, 먼저, 자기와 자기 것을 비하하는 열등의식에 사로잡혀 있는, 이 나라 어린이들의 잘못된 정신상태부터 뜯어고치도록 해야 하겠습니다. 그리하여, 자기 정체성(正體性)에 대한 긍지와, 자기 나라 문화에 대한 사랑과 하면 된다는 자신감을 가지고, 어떤 어려움도 이겨 나가는 도전정신을 기르도록 해야 되겠습니다.

⑧ 1학년 교육과 별로 관련이 없는 쓸데없는 '흉내내는 말' 타령

6차 교육과정 국어 교과서에서, 시에 대한 이야기만 나오면, '흉내내는 말'만 넣기만 하면, 금방 좋은 시가 되는 것처럼 '흉내내는 말' 타령만 하더니, 7차 교육과정 1학년 1학기 국어 교과서에서도, 읽기책, 쓰기책, 말하기·듣기책 할 것 없이, 다 너무도 많은 지면을 할애해, 국어학력 향상에 별로 도움이 되지도 않는, 쓸데없는 '흉내내는 말' 타령을, 또 너무도 많이 늘어놓고 있어 깜짝 놀랐습니다. 다음에 제시해 놓은, 국어 교과서에 뭘 하라고 지시해 놓은, '지시하는 말'의 일부를 보시면, 그것이 1학년 수준에 맞지도 않고, 교육과정 목표에도 부합되지 않는, 잘못된 짓이라는 것을 금방 알 수가 있을 것입니다.

① 흉내내는 말이 주는 느낌을 살려, 글을 읽을 수 있다.(1-1 읽기책 p.40)
② 시를 읽고, 흉내내는 말을 찾아봅시다.(1-1 읽기책 p.40)
③ 시를 읽고, 흉내내는 말을 찾아, 다른 말로 바꾸어 봅시다.(1-1 읽기책 p.42)
④ 흉내내는 말이 주는 느낌을 살려, 시를 읽어 봅시다.(1-1 읽기책 p.44)
⑤ 이야기를 읽고, 흉내내는 말을 찾아봅시다.(1-1 읽기책 p.46)
⑥ 흉내내는 말이 주는 느낌을 살려, 이야기를 읽어 봅시다.(1-1 읽기책 p.50)
⑦ 흉내내는 말이 주는 느낌을 살려, '흉내놀이'·'아기의 대답'·'비누방울'을 읽어 봅시다.(1-1 읽기책 p.54~58)
⑧ 보기의 말은, 아기가 어떻게 하는 모양을 흉내내는 말인지 이야기하여 봅시다.(1-1 읽기책 p.57)
⑨ 석호가 아기물고기를 구하는 장면을, 흉내내는 말을 넣어 이야기하여 봅시다.(1-1 읽기책 p.65)

⑩ 파란색으로 쓴 낱말은 무엇을 흉내낸 말일까요?(1-1 말하기·듣기책 p.24)
⑪ 시를 듣고, 흉내내는 말이 주는 느낌을 말할 수 있다.(1-1 말하기·듣기책 p.25)
⑫ 흉내내는 말을 넣어, 이야기를 꾸며서 말할 수 있다.(1-1 말하기·듣기책 p.25)
⑬ 시에서 흉내내는 말의 쓰임을 알아봅시다.(1-1 말하기·듣기책 p.26)
⑭ '산토끼'를 읽어 봅시다. 그리고, 흉내내는 말이 어떤 느낌을 주는지 말하여 봅시다.(1-1 말하기·듣기책 p.27)
⑮ 이야기에서 흉내내는 말을 사용하면, 어떤 점이 좋은지 말하여 봅시다.(1-1 말하기·듣기책 p.31)
⑯ 흉내내는 말을 넣어, 이야기를 꾸며서 말하여 봅시다.(1-1 말하기·듣기책 p.32)
⑰ 그림을 보고, 흉내내는 말을 더 찾아봅시다. 그리고, 그 말이 주는 느낌을 말하여 봅시다.(1-1 말하기·듣기책 p.39)
⑱ 흉내내는 말을 넣어, 문장을 만들 수 있다.(1-1 쓰기책 p.25)
⑲ 소리를 흉내내는 말을 찾아서 써 봅시다.(1-1 쓰기책 p.26)
⑳ 길에서 들을 수 있는 소리를 흉내내어 봅시다.(1-1 쓰기책 p.27)
㉑ 소리를 흉내내는 말을 넣어, 문장을 만들어 봅시다.(1-1 쓰기책 p.28)
㉒ 모양을 흉내내는 말을 찾아 써 봅시다.(1-1 쓰기책 p.32)
㉓ 그림을 보고, 모양을 흉내내는 말을 써 봅시다.(1-1 쓰기책 p.33)
㉔ 38쪽의 그림을 보며, 소리를 흉내내는 말과 모양을 흉내내는 말을 써 봅시다.(1-1 쓰기책 p.39)
㉕ 학교에 오면서 있었던 일을, 친구에게 말하여 봅시다. 흉내내는 말을 넣어 말하여 봅시다.(1-2 읽기책 p.91)

어느 항목을 보아도, 이것이 과연, 1학년 어린이들이 배워야 할 내용인지, 의심이 갈 정도로 정도도 높고, 너무 한쪽으로 치우쳐 깊이 들어갔지 않았나 하는, 의문이 자꾸 생깁니다. '흉내내는 말' 공부에 할애한 지면도 너무 많아, 읽기책은 28쪽, 말하기·듣기책은 17쪽, 쓰기책은 16쪽으로, 도합 61쪽이나 됩니다. 재미있는 '흉내내는 말'이 풍부한 우리말의 특징을, 한 번 소개했으면 그만이지, 세 권의 책에다 같은 내용을, 중언부언 신물이 나도록 되풀이해서 설명하며, 또 연습시키고 있습니다.

마치 '흉내내는 말'만 이해하면, 한글 깨치기나 국어학력에 관한 모든 문제가, 다 해결될 것처럼 말입니다.

특히, ③, ④, ⑦, ⑨, ⑬, ⑭, ⑯, ⑰, ㉔, ㉕ 항목을 보면, 아직 한글도 옳게 깨치지 못한 1학년 어린이들을 데리고, 마치 '흉내내는 말'에 대한 '박사'를 만들려고 하고 있는 것은 아닌가 하는 의문과 함께, 집필자의 정신 상태를 의심해 보지 않을 수 없는 정도였습니다.

도대체 이게 무슨 짓입니까? 1학년 1학기는, 한글 깨치기의 입문기 지도단계인 만큼, 한글의 정확한 이해와 습득을 위해, 한글 낱자나 낱말이나 짧은 문장의 바르게 읽기(발음하기)와 내용 익히기와 맞춤법에 맞게 바르게 쓰기 등을 거쳐, 일상생활에서 겪은 일 중에서, 꼭 이야기하고 싶은 것을 골라, 그림일기나 생활일기로 정확하고 자세하게 표현하는 문장 표현력을 길러 주는 것이, 입문기 국어과 지도의 정도(正道)인 것입니다. 그런데, 마땅히 해야 할 일은 하나도 하지 않고, 1학년 한글 입문기 어린이들로선 도저히 이해할 수 없는, 언어기교에 치우친, 죽어 있는 동시를 가져와서, 양성모음(陽性母音)과 음성모음(陰性母音), 그리고, 모음조화(母音調和)에 따른, '흉내내는 말'의 울림의 대소(大小)와 같은, 1학년 국어과 지도의 기본방향에서 벗어난, 고도의 언어기교(言語技巧)나 표현기술(表現技術)에 매달려, 시간과 노력을 낭비하고 있으니, 도대체 이게 말이나 될 일이냐는 것입니다.

본말전도(本末顚倒)가 되어도 이만저만 된 게 아닙니다. 이렇게, 국어 교과서가 마땅히 꼭 해야 할 일은 하지 않고, 해서는 안 될 허튼 일만 찾아서 하고 있기 때문에, 세계에 유례가 없을 정도로 많은, 세 권의 국어책을 만들어 가르치면서도, 한글 깨치기 하나 옳게 못해 내고 있는 것입니다. 이 얼마나 어리석고 비참한 일입니까?

내가 지방에서 정년퇴임을 하고 서울로 올라와, 독서지도와 글쓰기 지도 관계로, 서울과 수도권의 초등학교 어린이들을 많이 다루면서, 가장 큰 고민이 하나 있었습니다. 그것은, 거의 대부분의 어린이들이, 그 어디에서도 국어교육을 받은 흔적을 찾을 수 없을 정도로, 문장력도 맞춤법 실력도 없음은 물론, 한글조차 옳게 읽지도 쓰지도 못하는 어린이가 수두룩해서, 글쓰기 이전에, 한글 깨치기 지도부터 먼저 시작해야 했었는데, 한번 실기(失期)를 해서 생긴 병집이라, 병 근원이 워낙 깊어, 좀처럼 치료지도가 잘 안 되더라는 사실입니다.

그러면서, 학부모의 경제수준과 학력수준이 전국적으로 가장 높은 곳에서, 별로 어렵지도 않은, 한글 바르고 빠르게 깨치기 지도 하나 옳게 못해 내는 원인이, 도대체 어디에 있을까 하고, 고민도 하고 가슴앓이도 많이 하면서, 무책임하고 무성의하고 연구가 부족한, 교사들이 하도 원망스러워, "한글도 하나 옳게 못 가르치는, 서울의 530여 개 초등학교, 차라리 문 닫아 버려라." 하고, 독설을 퍼붓고 돌아다니기도 했습니다.

그런데, 이번에, 1학년 1·2학기 국어 교과서 6권을 본격적으로 분석 연구해 본 결과, 모든 교과서들이, 한글 깨치기를 오히려 방해하고 더디게 하도록, 아주 비합리적이고 비효율적으로 만들어져 있는 데도, 한글 미해득아 양산의 한 원인이 있다는 것을, 깊이 깨닫게 되었습니다.

이런 알맹이도 없고, 쓸모도 없는 잘못된 교과서는, 빨리 뜯어고쳐야 합니다. 어린이들이 하루라도 빨리 한글을 바르고 정확하게 깨친 후, 곧바로 실생활에 투입해서, 그림일기나 생활일기는 물론, 시나 생활문이며 독후감까지도 척척 써 낼 수 있는, 그런 실용성 있고 속효성 있는 좋은 국어 교과서를, 빨리 새로 만들어야 하겠습니다.

⑨ 국어책에 실감나는 어린이들 작품(作品)이 없다

1학년 국어 교과서에 실린 글들을 보면, 어린이들의 실생활이나 생활 감정과 꼭 들어맞는, 어린이들이 직접 쓴 실감나는 일기문이나 어린이시나 생활문은 하나도 없고, 어린이들 생각이나 생활과 너무도 동떨어진, 어른들이 쓴 기교위주·말의 재미 위주의 동시나, 내용도 없고 감동도 주지 않는 동화로 가득 채워져 있어, 어린이들의 흥미나 관심을 끌지 못해, 국어공부에 대한 강한 의욕이나 자극을 일으키지 못하고 있습니다.

우리나라는, 한 학기에 다루어야 할 국어책이 3권이나 돼, 집중적으로 지도하기가 어려운데, 일본은, 한 학기에 국어책이 단 한 권밖에 안 돼, 교재를 집중적으로 깊이 있게 다룰 수가 있고, 또 거기다가 시의 경우, 어린이들이 쓴 어린이시를, 어른이 쓴 동시보다 배가 더 넘게 많이 실어서, 어린이들에게 친근감을 주고 있습니다.

　그래서, 우리나라에서도, 앞으로 국어교과서를 만들 때, 어른 중심에서 어린이 중심으로 생각을 바꾸어, 어린이들 작품을 많이 싣도록 하고, 특히 쓰기책에는, 글쓰기의 본보기가 될 만한 실감나고 감동을 주는, 어린이시나 어린이들의 일기문이나 생활문이며 독후감 등을 많이 실어, 어린이들의 문장표현력이나 창작의욕을 북돋아 줄 수 있도록, 해야 하겠습니다.

　⑩ '일기 쓰기' 지도에 관한 것이 단 한 마디도 안 나와 있다

　한글 깨치기 지도에 있어서, 가장 중요하고 효과적인 방법의 하나인, '그림일기'나 '생활일기' 쓰기 지도에 대한 것이, 바르게 쓰기 지도의 지도자료로서, 1-1 쓰기책에 두 군데 나와 있을 뿐, 1·2학기 국어교과서가 6권이나 되는 데도, 단 한 군데도 언급한 데가 없습니다. 1학년 어린이들이 한글공부 하는 데 별로 중요하지 않는, 쓸데없는 '흉내내는 말' 타령을 하는 데는, 무려 61쪽이나 할애하면서 말입니다. 이렇게 한글 바르고 빠르게 깨치기 지도는 물론, 인간 만들기에 있어서도 가장 핵심문제의 하나인, 그림일기나 생활일기 쓰기 지도에 대한 것을, 1학년 국어교과서에서 완전히 배제하였다는 것은, 국어 교과서 집필자들의 중대한 실수가 아닐 수 없습니다.

　소위 국정교과서를 만드는 사람들이, 1학년 국어교육에 있어서, 가장 중요한 문제를 놓쳐 버리고, 책을 만들다니, 참으로 가소로운 일이 아닐 수 없습니다. 나는, 국어과 지도법에 대한 식견이 전혀 없는, 그런 자격이 없는 사람에게, 교과서 집필을 맡긴 것에 대해, 새삼 분노를 느끼지 않을 수가 없었습니다.

앞으로 교과서를 만들 때는, 한글을 빠르고 정확하게 깨쳐서, 독해력과 어휘력을 기름과 동시에, 글쓰기 실력도 빨리 길러, 자기가 하고 싶은 이야기나, 생활 속에서 겪은 감동 어린 이야기를, 자유자재로 글로 표현할 수 있는 실력을 빨리 길러 주는, 정면돌파주의(正面突破主義)와 속전속결주의(速戰速決主義)를 지향하는, 실효성 높은 책을 만들도록 각별히 유념해야 하겠습니다.

⑪ '짧은글 짓기'와 '좋은 글 베껴쓰기'는 '한글 빨리 깨치기'에 둘도 없는 '특효약(特效藥)'

또 한 가지, 좋은 '한글 빨리 깨치기' 방법 중에는, '짧은글 짓기'와 교과서나 문집에 나와 있는 좋은 글 '베껴쓰기'와 같은, 아주 효과적인 좋은 방법도 있는데, 1학년 국어 교과서 그 어디에도, 그 효과적인 방법 활용에 대한 것이 전혀 나와 있지 않아서, 크게 실망을 했습니다.

새로운 낱말이 나왔을 때, 그 낱말의 뜻 이해를 심화하거나, 다른 낱말과의 연결방법을 익히려면, '짧은글 짓기' 방법을 활용하면, 아주 편리하고 효과적입니다. 어떤 낱말을 넣어서, 짧은글을 지어 입으로 말하게 한 후, 그것을 글자로 쓰게 합니다. 그러고는, 그것을 바른 글씨체(궁체)와 바른 맞춤법과 바른 표기법에 맞게 바르게 표기했나를, 하나하나 점검하며, 바르게 쓰기 지도를 완전학습 형식으로 철저하게 지도해 나가면, '한글 빨리 깨치기'에 아주 큰 효과를 올릴 수가 있습니다.

그리고, 교과서나 문집에 나와 있는 좋은 글 '베껴쓰기'는, 현재 배우고 있는 국어과 단원이나, 문집 등에 좋은 본보기글이 있을 때, 그것을 그대로 무제공책에 베껴 써 보게 하는 것인데, 교육적 효과가 너무 커, '한글 빨리 깨치기'와 기타 여러 가지 학력향상에, 이것을 덮을 만한 것이 없을 정도로, 특효성이 아주 뛰어난 공부 방법 중의 하나인 것입니다.

이 '좋은 글 베껴쓰기' 방법을 이용하면, 문장구조(文章構造) 이해·주술관계(主述關係) 이해·접속관계(接續關係) 이해·바른 맞춤법 익히기·문장부호 사용법 이해·공책 사용법 이해·줄바꿔쓰기 이해(단락의 이해) · 바른 글씨체(궁체) 익히기 등, 15가지 정도나 되는, 국어학습에 필요한 기초학력을 쉽게 습득하게 될 뿐 아니라, 고되어도 기어코 해내는, 극기력과 인내력, 그리고, 연필 바르게 쥐는 법과 운필법(運筆法) 등도, 익히게도 되는 부대효과는 물론, 한글을 옳게 모르는 한글 부진아 지도에도 특효가 크므로, 꼭 많이 활용해 보시기 바랍니다. 이런 도깨비방망이 같은, 효과만능의 한글 깨치기 최상의 방법이 있는 데도, 일선 학교나 가정에서, 어린이들이 힘들어한다고 해서 그만 포기해 버리고, 그걸 활용하지 않는다는 것은, 참으로 안타깝고 답답한 일이 아닐 수 없습니다.

양약(良藥)은 써도 먹어야 하듯, 공부나 인간 만들기에 꼭 필요한 일이라면, 기어코 게으름을 이겨 내고서 실천하는, 극기력(克己力)이며, 도전정신(挑戰精神)과 정면돌파정신(正面突破情神)을, 어린이들에게 꼭 길러 주어야 하겠습니다. 해방 후, 미국의 흥미주의(興味主義) 교육이론을 잘못 받아들여서, 그저 편히 놀고 먹는 것만을 좇는, 달콤한 교육만 하다 보니, 이 나라 어린이들을 다 버려 버리고 말았습니다.

물론, 부드러움도 필요하지만, 어린이들은 강하게 길러야 합니다. 미국의 흥미주의 교육이론의 본질은, 우격다짐으로 쑤셔넣는 주입식교육을 지양하고, 먼저 어린이들의 흥미를 불러일으켜서, 학습동기(學習動機)를 유발한 후, 교육을 하자는 것이지, 결코 편히 놀고 먹는 일만 좇아 하라는, 그런 잘못된 이론은 아니라는 것을, 알아야 할 것입니다.

(2) 교사(敎師) 쪽의 문제점

우리나라 초등학교 국어교육에 있어서, 한글 빨리 깨치기 지도를 잘못해, 국어 학력부진아만 많이 만들어 내고 있는 것은, 국어 교과서의 잘못이나, 학습자인 어린이들의 열의부족과 게으른 학습태도에도 그 원인이 있겠지만, 그 90% 이상이 교사의 연구부족과 성의부족 · 요령부족 등에, 더 큰 원인이 있다고 나는 생각합니다.

이 교사 쪽의 문제점에 대해선, 교과서 쪽의 이야기를 하면서, 이미 언급한 바가 많기 때문에, 여기서는, 핵심적인 문제에 대해서만, 몇 가지 지적해 보겠습니다.

① 국어과에 대한 깊은 연구도 없이 상식적(常識的)으로 가르치려 한다

교사들이, 국어과(國語科)가 가지고 있는, 다양한 성격이나 중요성에 대해서, 너무도 잘 모르고 있는 관계로, 국어과에 관한 전문적인 이론 연구도 없이, 과학이나 사회 등 일반교과 다루듯이, 너무도 상식적으로 국어과를 다루고 있다는 것은, 큰 문제가 아닐 수 없습니다.

우선 국어과의 성격을 놓고 보더라도, 언어(言語) 교과요, 도구(道具) 교과요, 내용(內容) 교과요, 문화(文化) 교과란, 다양하고 폭넓은 성격을 띠고 있어, 그것들에 대한 원리를 알고 옳게 가르치려면, 다방면의 책도 많이 읽고, 이론연구도 많이 해야 할 것입니다.

그중에서도 가장 시급하고 긴요한 것이, 한글의 원리와 국문법(國文法)에 대한 깊은 연구와 통달, 그리고, 한국문학과 아동문학과 글쓰기 지도 및 국어과 지도법 등에 대한, 폭넓은 연구와 지도기술의 습득인 것입니다.

이렇게, 국어과를 가르치려면, 다방면의 전문지식과 함께, 국어과 지도의 특성상 문장 하나 하나를, 문법적, 해석학적으로 따지고 새겨 읽어서, 주제를 파악케 하는, 고도의 독해법(讀解法) 지도기술도 가지고 있어야 합니다. 그런데도, 별로 깊은 연구도 없이, 그저 한국말을 할 수 있으니, 국어쯤은 가르칠 수 있지 않겠나 하는, 극히 피상적인 상식론을 가지고, 일반 내용교과 다루듯이, 수박 겉핥기식으로 적당히 넘어가려 하고 있으니, 올바른 국어과 지도가 될 리가 있겠느냐는 것입니다.

그래서, 초등학교 교사가 되려면, 국어과 지도에 관련된 이론연구부터 철저히 해야 합니다. 그래야, 국어과 지도를 성공시킬 수가 있고, 그렇게 국어과 수업을 성공시켜야만, 실력 있는 어린이로 만들 수가 있고, 또 그래야, 다른 교과학습도 성공시킬 수가 있습니다. 왜냐하면, 다른 모든 교과의 교과서도, 모두 국어로 표현되어 있어, 독해력이 뛰어난 어린이는,

그 교과의 내용을 보다 빨리 정확하고 빠르게 습득할 수가 있기 때문입니다. 그러한 국어과의 중요성 때문에, 국어과를 '교과 중의 교과', '중핵(中核) 교과', '기본(基本) 교과'라고 부르는 것입니다.

또 한 가지 잊어서는 안 될 일은, 국어과가 민족어(民族語)를 다루는 교과라는 것입니다. 그래서, 국어시간에는, 특히 한글의 우수성과 민족어의 중요성을 강조해 지도함으로써, 분단국가의 국민으로서 남북통일에 대한 집념과 민족의 동질성을 잊지 않도록 함은 물론, 민족문화 계승과 민족의 얼과 민족의 정체성(正體性) 및 민족적 자긍심(自矜心) 심기 교육을, 철저히 해야 한다는 것을, 절대로 잊어서는 안 될 것입니다.

② 무성의·무책임과 연구부족과 민족애·제자애 부족이 문제다

다음은, 교사들의 연구부족과 무성의와 무책임과 민족애(民族愛)·제자애(弟子愛) 부족 등을 지적하지 않을 수가 없습니다. 당사자들이 들으면, 기분도 많이 나쁠 것입니다. 그러나, 고학년이 되어도, 국어책도 옳게 못 읽을 뿐 아니라, 글 한 줄 제대로 못 쓰는 어린이가 수두룩한, 엄연한 증거 앞에선, 도저히 이 비난을 피할 도리가 없을 것입니다.

한글의 원리나 국문법이나 아동문학 및 글쓰기 등에 대한 걸 잘 모르고, 엉터리로 가르치거나, 국어과 지도기술이 서툴러 잘못 가르쳐서, 어린이들을 바보로 만드는 것은, 그 모두가 교사의 자질부족과 연구부족에서 기인된 것입니다.

그리고, 만약 교사들에게, 불타는 제자애와 민족애와 책임감 및 성의가 있었다면, 그렇게 국어를 희미하게 잘못 가르칠 리도 없을 것이고, 교사의 잘못으로 발생한 국어 부진아들을, 치료지도도 하지 않고, 한글도 옳게 모르는 까막눈이인 채로, 그렇게 무책임하게 방치해 두지도 않았을 것입니다.

초등학교 1학년 교육에 있어서, 가장 중요한 것은, 한글 빨리 깨치기가 급선무 중의 급선무인 것입니다. 그런데도, 교사의 자질부족과 연구부족으로, 국어를 잘못 가르쳐, 한글을 옳게 읽지도 쓰지도 못하는 어린이가

수두룩한 그대로, 다음 학년으로 올려 보낸다는 것은, 도저히 있을 수가 없는 일이라고 생각합니다. 양심이 있고 책임감이 있는 교사라면, 어떻게 그렇게 나 몰라라 방치해 둘 수가 있겠느냐는 것입니다.

교사로서, 한글 하나 똑바로 못 가르친다면, 벌써 교사 자격이 없는 사람인 것입니다. 그런 실력 없는 무자격 교사는, 국가의 장래와 어린이들의 장래를 위해서라도, 스스로 하루 빨리 물러나야 할 것입니다. 그런데, 만약에 철면피하게도 스스로 물러나려 하지 않는다면, 국가 장래를 위해서라도, 학부모들과 사회 여론단체가 함께 들고 일어나, 마땅히 추방조치를 취해야 할 일이라고 생각합니다.

3. 생활과 밀착된 문자(文字-한글) 지도

'기본 음절표(한글 본문장)'를 가지고, 한글을 아무리 야무지게 가르쳐 놔 봐도, 잊어버리기 쉽기 때문에, 그림일기를 쓸 때, 한글을 많이 활용해 표현하도록 부추켜야 합니다.

학교에서, 국어시간 등의 적당한 시간을 이용해, 그림일기를 쓰일 때, 그림 그리는 어린이 곁으로 가서, "이것 누구야?"라든가, "무얼 하고 있는 거야?" 하고 묻고서, "나예요."라든가, "그네."라고 대답한 어린이 노트에, '나', '그네'라고 써 넣어 주며, 문자표현(文字表現)에 대한 자극을 주어야 합니다.

그리고, 미끄럼틀을 그려 놓고, 그것에 대한 문자표현을 못하고 있는 어린이에게는, "이것은 '미'란 자, 이것은 '끄'란 자, 이것은 '럼'이란 자, 이것은 '틀'이란 자인데, 이것들을 합치면, '미끄럼틀'이 되는 거야."라고 가르쳐 주고, 학급 전체 어린이들에게 그걸 알려 주는 것도, 한 가지 좋은 방법일 것입니다. 이때, 받침이 없는 글자와 받침이 있는 글자의 구조의 다름을 알게 하고, 또 그것들을, 균형지게 쓰는 법도 잘 지도해야 할 것입니다.

이러한 구체적인 지도는, 1학년 1학기의 한글 입문기 지도에 있어서, 아주 중요한 작업입니다. 왜냐하면, 그 작업을 통해, 어린이들은, 문자(文字-한글)라는 것이, 우리 생활과 깊게 연결돼 있다는 것을 깨닫게 되기 때문입니다. 그리고, 따로따로의 문자(한글)를 짜맞추면, 하나의 말이 되고, 그 말들을 합쳐서 문장을 만들면, 자기가 이야기하고 싶은 것을 글로 나타낼 수 있다는 것을, 체험을 통해, 확실하게 자기 몸으로 느껴서 알게도 될 것입니다.

이렇게 어린이들 곁에서, 밀착된 그림일기 쓰기 지도를 하다 보면, "'쫓아갑니다'를 어떻게 써요?"라든가, "'꽃을 꺾었습니다'를 어떻게 써요?"하고, 묻는 수가 많습니다. 그럴 때는, 직접 가르쳐 주기도 하고, "누가, 지금, 철수가 물은, '쫓아갑니다'를 쓸 수 있어요?" 하고 물어서, 아는 어린이로 하여금 칠판에다 쓰게 함으로써, 빠른 문자 습득에 대한 자극을, 주는 것도 좋은 방법일 것입니다.

4. 긴 문장(文章)으로 그림일기 쓰기

한글 깨치기도 많이 되고, 체험과 어휘수도 많이 늘게 되면, 1학년 어린이들은, 점차 긴 문장으로 그림일기를 쓰려고 애를 쓰게 됩니다. 그러나, 긴 문장으로 일기를 쓰려면, 문장 구성에 있어서 문법적(文法的)으로 어려운 문제도 많고, 또 자세히 쓰기에 대한 요령도 잘 몰라, 어린이들이 많은 시행착오와 좌절감을 경험하게 됩니다.

글이 곧 될 것 같은 데도, 막상 써 보면, 마음대로 잘 안 되는 것입니다. 의욕(意慾)은 앞서는데, 실력(實力)이 뒷따르지 못해서 그런 것입니다. 문장 하나를 구성해 만든다는 것은, 그만큼 복잡하고, 어려운 작업이기 때문에 그런 것입니다.

아무리 자기가 하고 싶은 이야기를 표현해 보려 해도, 어휘가 모자라고 문장표현력(文章表現力)이 서툴러, 글이 마음먹은 대로 잘 씌어지지 않으면 그만 일기 쓰기를 포기하려는 어린이들이 생기게 됩니다. 이 시기가 일기 쓰기 지도에 있어서, 가장 어렵고 중요한 시기인 것입니다. 어떻게 해서든, 좌절감에 젖어 있는 어린이들 마음을 부추겨서, 일기 쓰기를 포기하지 않도록 해야 합니다.

그러려면, 매일 그림일기를 봐 주며, 모르는 어휘나 잘 안 되는 문장은 가르쳐 주기도 할 뿐 아니라, 잘 쓴 곳은 칭찬도 많이 해주며, 용기를 북돋아 주어야 합니다. 그렇게 해서, 이 어려운 고비를 꼭 넘기도록 해야 그림일기 쓰기가 성공하게 되는 것입니다. '긴 문장으로 그림일기 쓰기'에 있어서, 유의할 점은 다음과 같습니다.

(1) 틀에 박힌 글

그림일기 쓰기가 좀 익숙해지면, 그림 옆에 낱말만 몇 개 정도밖에 못 적던 어린이들도, 조금 더 긴 문장으로 쓰게 됩니다. 그러나, 그들이 쓴 글을 보면

'나는 어머니 심부름을 했습니다. 어머니가 칭찬해 주셨습니다.'

'아침에 일어나서, 밥 먹고, 학교 가서 공부했습니다.'

와 같이, 교과서에 실려 있는 글처럼, 문체는 딱 갖추어져 있어도, 구체적인 내용이 하나도 없는, 포괄적이고 개념적인 글들뿐입니다. 그 어디에서도, 어린이들의 살아 있는 모습이나, 훈훈한 목소리를 전혀 찾을 수가 없습니다. 어린이다움을 발견할 수가 없는, 무미건조하고 냉냉한 글들뿐입니다.

이런 유형의 글들이, 바로 국어 교과서가 지향하고 있는, 틀에 박힌 글들입니다. 즉, 〈무엇이 어떠하다.〉라든가, 〈무엇이 어떻게 한다.〉 등의, 주술(主述)의 문형(文型) 갖추기만을 중시한, 틀에 박힌 글들인 것입니다.

문형에 맞게 글을 쓰는 것도 중요하지만, 1학년 한글 입문기 지도 때부터, 글의 틀 갖추어 쓰기에 너무 치중하다 보면, 어린이들 자신까지도,

그 틀 속에 갇혀 버리게 되어, 개성(個性)도 창의성(創意性)도 없는, 유형적이고 상식적인 글밖에 쓸 수가 없게 됩니다. 그것은, 참으로 무서운 일이고, 또한 불행한 일인 것입니다.

그래서, 일기 쓰기나 생활문 쓰기를 지도할 때는, 틀(문형)로부터 들어갈 것 아니라, 어린이들의 자유분방한 발상(發想)과 자유스런 표현을 소중히 하는 방향으로, 나가야 합니다. 어린이들의 따뜻한 숨소리와 생생한 목소리가 담긴, 살아 있는 글을 쓰도록 유도해야 합니다. 그래서, 어린이들의 자유로이 지껄이는 소리나, 혼잣말을 붙잡는 일로부터, 들어가지 않으면 안 됩니다. 이 작업은, 학부모들의 협조가 필요하기 때문에, 학부모 간담회나 학급통신 등을 이용해, 협조를 얻도록 하는 것이 좋을 것입니다.

(2) '한글 빨리 깨치기'를 등한시한 1학년 국어 교과서

앞에서도 누누이 지적한 바와 같이, 1학년 국어 교과서가, 확실한 목표도 없이, 너무도 흥미위주 · 놀이위주로만 돼 있고, 실용성과 현실성은 거의 무시하고 있다는 것입니다. 1 · 2학기 국어 교과서 6권을 다 훑어봐도, 초미의 관심사이고, 모든 교육의 기초가 되는, '한글 빨리 깨치기'나 글쓰기 능력 기르기 등은, 완전히 등한시한 채, 만날 비실용적이고, 비현실적이고, 또 지엽적인 '흉내내는 말 타령' · '상상력 타령' · '꿈 타령'만 하고 있다는 것입니다. 다시 말하면, 그 국어책대로 공부하다 보면, '한글 빨리 깨치기'도, 글쓰기 능력 기르기도, 절대로 할 수가 없게 돼 있더라는 것입니다. 참으로 비참한 일이 아닐 수 없습니다.

어린이들이 한글도 옳게 모르고, 문장력도 없는데, 어떻게 '흉내내는 말'을 넣어 글을 만들 수가 있겠으며, 재미있는 내용을 '상상하여' 글로 쓰겠으며, 또 '꿈 속에서' 하고 싶은 일을 글로 쓸 수가 있겠습니까? 국어 교과서 어느 단원을 봐도, 모두가 변죽만 울리다 만, 지엽적(枝葉的)인

이야기만 늘어놓고, 시간낭비만 하고 있다는 것입니다. 본말전도(本末顚倒)가 되어도, 이만저만 된 게 아닙니다. 꼭 해야 할 일은 하나도 안 하면서, 해서는 안 될 일에 쓸데없이 열을 올리며, 야단법석을 떨고 있다는 것입니다.

물론, 초등학교 저학년 때는 인성교육을 중시해야 하는 것이지만, 너무 흥미위주·놀이위주로 교과서를 만들다 보니, 핵심과 목표를 잃어버리고 말았다는 것입니다. 이것은, 오로지 국어과 교육의 특질도 잘 모르고, 또, 1학년 지도 경험이 전혀 없는 사람들이 집필을 했기 때문에, 그렇게 된 것입니다. 이런 과오는, 즉각 시정되어야 할 것입니다.

어린이들이 초등학교에 들어오면, 제박사하고 먼저 바른 한글 깨치기부터 빨리 해야 하고, 한글 깨치기가 어느 정도 되면, 그 '한글 실력'을 더욱 넓히고 확실하게 하기 위해, 곧바로 어린이들의 뜨거운 목소리가 담긴, 그림일기나 생활일기 쓰기 및 시나 생활문 쓰기로 연결해서, 활성화시켜 나가도록 해야 합니다. 왜냐하면, 끓어오르는 불타는 생명력을 가지고 있는 1학년 어린이들은, 활동욕구와 표현욕구에 말할 수 없는 갈증을 느끼게 되는데, 그중에서도 특히 문자에 의한 표현욕구에, 간절한 호기심을 갖고 있기 때문입니다.

새로 배운 문자(한글)를 가지고, 자기 생각을 표현해 본다는 것은, 어린이들에게 있어서는, 그야말로 천지개벽(天地開闢)과 같은 대사건이고, 그렇게 신비로울 수가 없는 일인 것입니다. 그런 신비로운 글자를 가지고, 틀에 박힌 글이 아니고, 자기 마음속에 숨겨 두었던, 속마음의 비밀을 다 털어놓으라고 하니, 그렇게 좋을 수가 없는 일인 것입니다. 그렇게, 자기 속마음 털어놓기를 자꾸 하다 보면, 낱말 수도 늘고, 문장력도 늘고, 생각도 늘고, 한글 실력도 늘고 해서, 자기도 모르는 사이에, 공부 잘하는 똑똑한 어린이가 되어 버리는 것입니다.

다시 말하면, 국어교육이 핵심에서 벗어나, 먼 우회도로를 빙빙 돌며, 변죽만 울리고 돌아다니며 허송세월만 할 게 아니라, 바로 단도직입적

(短刀直入的)으로 직통로(直通路)를 통해 핵심으로 치고 들어가는, 정면돌파작전(正面突破作戰)을 쓰자는 것입니다. 그러면, 생활의 절대무기인 '한글'을 빨리 깨치게 되어, 자신감과 실력이 있는 어린이가 될 것이고, 그리하여, 드디어는 국제사회 어디다 내놓아도, 경쟁력 있는 자랑스런 한국의 어린이가 될 것입니다.

(3) 그림일기 봐 주기와 칭찬해 주기

어린이들이 그림일기를 써서 내면, 그때 그때 얼른 보고서, 그 장단점을 평가해 주어야 합니다. 직접 1대1로 대면해서, 말로 해주어도 되고, 아니면, 일기 뒤에다 도움말을 써 주어도 됩니다.

그런데, 도움말을 써 줄 때는, 길게 구질구질하게 써 봐도 소화해 내지 못하기 때문에, 큰 글씨로 간단히 쓰도록 하고, 내용도 틀린 글자에 대한 잔소리보다는, 잘 쓴 곳에 대한 칭찬이나 격려 위주로 하는 것이 좋습니다. 틀린 글자나 틀린 반점(,), 온점(.), 따옴표 등에 대한 지도는, 주의하도록 간단히 지적만 해주고, 그것에 대한 엄격하고 자세한 지도는, 일반 국어시간에 하도록 해야 합니다. 그림일기 봐 줄 때, 약점에 대해 잔소리를 너무 많이 하면, 일기 쓸 의욕과 용기를 꺾어 버릴 수도 있기 때문입니다.

그림일기를 보고 난 다음에는, 잘 된 것을 골라 교실 뒤에 게시하거나, 읽어 주어, 친구들의 좋은 점을 배우도록 하는 것이 좋습니다. 어떤 때는, 학급 어린이 전체 작품을 다 전시해 놓고, 스스로 비교 평가해서, 자기 위치를 알고, 분발하도록 자극을 주는 것도 좋을 것입니다.

또, 본보기가 될 만한 좋은 그림일기는, 복사해서 어린이들에게 나누어 주며, 그걸 참고로 해서, 자기의 그림일기 쓰는 법을 바꾸어 보게도 하고, 그걸 학부모들도 보게 함으로써, 자녀의 그림일기 지도에, 자극제가 되도록 하는 것도 좋을 것입니다. 그리고, 좋은 그림일기를 읽어 주며

칭찬할 때는

① 날짜(연월일)를 확실하게 썼나?

② 귀나 눈 등의 5감을 작동시켜, 자기가 보고 듣고 느낀 대로 야무지게 썼나?

③ 남이 알 수 있게, 6하원칙에 맞게, 구체적으로 쓰려고 애를 썼나?

④ 생활 이야기가 들어 있는 좋은 그림인가?

등의, 포인트를 짚어 가며 이야기해 주면, 모든 어린이들이 그림일기 쓰는 요령을, 자연스럽게 터득하게 될 것입니다.

그리고, 또 한 가지 유의할 점은, 그림일기를 보고 난 후, 도움말 대신 꽃모양의 도장이나, 〈잘 썼습니다〉, 〈좀더 힘내세요〉 등의 도장 찍는 일을 삼가라는 것입니다. 그런 도장 찍는 일을 거듭하다 보면, 점점 더 게을러져, 일기 내용도 보지 않고, 쾅쾅 그냥 멍텅구리 도장만 찍게 되고, 따라서 어린이들과도 멀어지게 됩니다. 그러므로, 아무리 바쁘더라도, 꼭 진심 어린 도움말을 써 주도록 해서, 어린이들과의 정신적 유대의 끈이 끊어지지 않도록 해야 할 것입니다.

(4) 낱장으로 된 그림일기장

그림일기 쓰기 입문기 지도를 하는, 약 한 달 동안은, 공책으로 된 그림일기장보다는, 낱장으로 된 것이 지도하기에 더 편리합니다. A$_4$용지의 상단은 그림 그리는 곳으로 하고, 하단에 1.5cm나 1.7cm 사방의 칸을, 앞면과 뒤면에 많이 만들어서, 사용하면 됩니다. 그때 한 가지 유의할 점은, 그림 그리는 부담을 줄이기 위해, 그림 그리는 칸을 6줄 정도로 적게 하고, 그 대신, 글을 쓰는 네모 칸을 더 많이 하라는 것입니다. 그렇게 하면, 앞면에, 가로 10칸짜리 줄이 10줄이라, 100칸이 되고, 뒷면은, 10칸짜리 줄이 16줄이라서 160칸이나 되어, 글을 쓸 수 있는 칸은 충분합니다.

이 낱장으로 된 그림일기장은, 다음과 같은 잇점들이 있으니, 참고해서 이용해 보시기 바랍니다.
① 그림일기를 게시판에 게시할 때나, 복사할 때도 간편하게 이용할 수 있어, 편리해서 좋습니다.
② 일이 바빠, 그림일기장을 못 돌려 주게 되었을 경우, 공책으로 된 것은, 아이들이, 일기장이 손에 없어 일기를 못 쓰지만, 낱장일 때는, 또 한 장 더 주면 되기 때문에, 그런 걱정을 할 필요가 없어 좋습니다.
③ 공책으로 된 그림일기장은, 무거워 다루기도 힘들고, 또, 그림을 그리거나 글을 쓸 때도, 마음대로 잘 움직여지지 않아 불편하지만, 낱장으로 된 그림일기장은, 다루기가 편리해, 마음놓고 자유롭게 그리고 쓸 수가 있어 좋습니다.
④ 공책으로 된 그림일기장은, 그림 그리는 공간이 너무 넓고, 칸 크기도 너무 크고, 글 쓸 칸 수는 적어서 불편한데, 낱장으로 된 것은, 그렇지 않아 좋습니다.

그리고, 이 칸막이 그림일기장 이용을 통해, 글씨 바르게 쓰기·띄어쓰기·온점과 반점 바르게 찍기·내용 길게 쓰기 등의 훈련이 끝나면, 칸막이를 없앤, 옆줄(괘선)로 된 그림일기장으로 넘어가도록 해야 합니다. 왜냐하면, 점차 글씨도 좀 잘게 쓰게 되고, 또 쓰는 내용도 많아져, 260칸을 훨씬 넘어서게 되기 때문입니다.

그 '옆줄 그림일기장'은, '칸막이 그림일기장'과 똑같이, 맨 A_4 용지를 사용하되, '칸막이 그림일기장'에서 세로줄만 빼서, 칸막이가 없어지게 하면 됩니다. 그러면, 앞면에 옆줄(괘선)이 10줄, 뒷면에 16줄이나 되어, 어지간히 길게 쓸 수도 있고, 그래도 모자라면, 난 밖의 빈 곳에 쓰도록 하면 됩니다.

그런데, 여기서 또 한 가지 유의해야 할 점은, 어렵더라도, 꼭 줄바꿔 쓰기, 즉, 시간과 장소와 내용이 달라질 때, 단락(段落)을 지어, 한 자 낮추어 쓰게 하라는 것입니다. 이게 굉장히 어렵습니다. 1학년 어린이로서는, 단락에 대한 개념의 이해가 굉장히 어렵기 때문입니다. 이걸 빨리 이해시키는 데는, 역시 본보기가 되는 글을, 베껴 쓰게 하는 게 가장 효과적입니다.

'칸막이 그림일기장'과 '옆줄 그림일기장'에 대한 본보기가, '제4부 제1장' 그림일기 설명하는 곳에 나와 있으니, 참고하시기 바랍니다.

그리고, 이 '옆줄 그림일기장'에다 쓰는 것은, 대강 7월경부터 시작하면 됩니다. 그런데, 이것도 일률적으로 하지 말고, 개개인의 능력과 진도에 따라, '칸막이 그림일기장'에 쓰기가 어느 정도 숙달이 되었을 때, '옆줄 그림일기장'으로 넘어가라는 것입니다.

그리고, 낱장으로 된 '옆줄 그림일기장'도 2주나 한 달 정도 연습하면, 옆줄로 쓰기가 익숙해지기 때문에, 그것을 졸업하고, '공책 일기장'으로 넘어가야 합니다. 그런데, 그때 시중에 나와 있는 '일기공책'을 쓰지 말고, '무제공책'을 이용하라는 것입니다. 왜 그러냐 하면, 일반 '일기공책'에는, 쓸데없는 것을 적는 칸이 너무 많고, 실제로 일기 쓸 공간은 너무 적기 때문입니다.

(5) 쓰다가 글자를 몰랐을 때

그림일기를 쓰다가, 글자를 몰랐을 때, 적극적인 어린이는, 자꾸 선생님한테 물어 가며 쓰지만, 소극적인 어린이는, 글자를 모르면, 그림일기 쓰기를 포기해 버리는 수가 많습니다.

그래서, 모르는 글자가 나왔을 때는, 우선 ○를 쳐 놓고 넘어갔다가, 나중에 남에게 묻거나 책을 보거나 해서, 알아 내 가지고 써 넣도록 지도하면 됩니다. '꽃○에서 꽃을 ○었습니다.'란 식으로 말입니다.

5. 바른 표기법(表記法) 공부 - '병(病) 걸린 글' 고치기

1학년 1학기 어린이들 그림일기를 보거나, 받아쓰기를 해보면, 별의별 괴상망측한 맞춤법도 나오고, 문장부호 잘못 찍은 것이나, 띄어쓰기가 잘못된 것도 많아, 무슨 말인지 알아볼 수 없을 때가 많습니다. 그럴 때, 그걸 어떻게 지도해서 어떻게 바로잡을까, 아무리 생각해 봐도, 병집이 너무 깊어, 어디서부터 손을 써야 할지를 잘 몰라, 억장이 무너질 때가 많습니다. 그런 '한글 부진아'(한글 고질병자)들은, 결국 교사가 잘못 가르쳐서 발생한 것이지만, 그 발생원인이나 증상이 워낙 복잡해, 치료지도 하기가 너무도 어렵고, 또, 한번 습관화되고 고질병화된 것은, 아무리 해봐도 잘 고쳐지지가 않기 때문입니다. 이 '한글 부진아' 문제는, 해방 후 60년 동안 앓아 온, 고질병 중의 고질병으로서, 이 나라가 시급히 해결해야 할, 초미(焦眉)의 중대사인 것입니다.

　그런데, 여기서 더 큰 문제는, 문제의 심각성을 깨닫지 못하고서, '학년이 올라가면, 점차 알게 되겠지, 뭐.'라든가, '한글 좀 틀리게 쓰면 어때? 아이들이 한글 틀리는 게 보통이지.' 등의 태평스런 소리를 하며, 그 빈사상태에 있는, 중환자들을 그대로 방치해 둔 채, 수수방관(袖手傍觀)하고 있는, 낙관론자(樂觀論者)나 점진론자(漸進論者)들의 무책임한 태도인 것입니다.

　'한글 부진아'는, 고질병인 '암' 환자와 같다는 것을 알아야 합니다. 암도 조기에 진단받고, 조기에 치료하면, 나을 수 있지만, 조기진단도 안 해보고, 태무심하고 있다가, 병집이 깊어질 대로 깊어진 후에야 겨우 암을 발견하게 되면, 아무리 허둥대 봐도 실기(失期)를 했기 때문에, 결국 죽을 수밖에 없게 되는 것입니다. 마찬가지로, '한글 부진아'도, 발생하지 않도록 국어 학습지도를 잘 함은 물론, 학습지도 후 반드시 평가를 해서, 학력 정착(定着)이 안 된 부진아를 조기에 발견해서, 꾸준히 되풀이해서 치료지도를 하면, 구제할 수가 있지만, 앞에서 말한 낙관론자나 점진론자 들의 말만 믿고, 방치해 두었다간, 그 '한글 부진아'는, 드디어 다른 모든 교과에서까지도 부진아가 되어, 결국 인생낙오자로 전락하고 말 것입니다.

 이런 무책임한 낙관론이나 점진론을 펴는 사람들은, 주로 국어과 지도의 경험과 실력이 모자란 교사나, 단기간의 강습을 받고, 글쓰기나 논설문 및 독서지도를 한답시고 돌아다니는 돌팔이 강사들인데, 자기들의 실력부족이나 무자격을 변명하기 위한, 자기 방어수단으로서 그런 말을 하고 돌아다니는 것이니, 절대로 곧이 들어서는 안 될 것입니다.

 그래서, 절대로 그런 되지도 않는 허튼 소리에, 귀기울여서는 안 될 것입니다. 국어수업을 마치고 나면, 즉석에서 평가를 해, 즉석에서 '한글 부진아'를 발견해서, 즉석에서 치료지도를 해서, 즉석에서 구제하는, 즉석주의(卽席主義)·정면돌파주의(正面突破主義)·속전속결주의(速戰速決主義) 방식을 취해 나가야 합니다. 그래야만, 병근(病根)이 뿌리내려 병이 깊어지기 전에, 빨리 치료지도를 할 수가 있기 때문입니다.

 '한글 부진아'의 유형별 실태와 치료지도법은, 다음과 같습니다.

(1) 맞춤법 마구 틀리게 쓰는 병 고치기

 어린이들이 맞춤법을 생각하지도 않고, 한글을 마구 휘갈겨 쓰는 실태를 보면, 그 고질병이 이만저만 심각한 게 아닙니다. 꼭 정신 나간 사람이 낙서를 해놓은 것 같습니다. 그 어디에서도, 한글을 아끼고 사랑하고, 그리고, 바르게 쓰려는 마음을 찾아볼 수가 없습니다. 실례를 들어 보겠습니다.

 줄럼기(넘)·없덜(여덟)·올라가다(갔)·한얹시(없이)·한얾시(없이)·여덥(덟)·내렸갔다(려)·갔이(같)·설래였다(레었)·벗겨졌다(벗)·워학(낙)·왠일(웬)·웨 일(웬)·웼일(웬)·푯속(핏)·뒷속(핏)·잔듯(뜩)·찾는(찾)·끓어당기는(끌)·나뭇입(잎)·일어낫다(났)·같은 겄(것)·박에(밖)·가만이(히)·다처 있다(닫혀)·박게 나가(밖에)·젊을(젖)·핥타(아)·잔뜯(뜩)·붙엇 있다(어)·나에(의)·집의(에)·괹찮았다(괜찮)·아랫배(랫)·온갈

(갖) · 꽹장히(굉) · 커다랗게(랗) · 갔았다(갈) · 온갖(갓) · 덮복이(떡볶) · 소리를 질렀다 (렀) · 학교 갔다 왔다(갔, 왔) · 똘같이(똑같) · 없었다(없) · 친찬(칭) · 앉았다(앉) · 싫다(쉽) · 쉬어(워) · 씌어(쉬워) · 괴롭혔다(롭) · 커닿라고(다랗) · 네 배(내) · 잖뜩(잔) · 진해라고(지 내) · 세 학교(새) · 계속(계) · 괘롭폈다(괴, 혔) · 눈의 띄었다(에) · 잖든(잠) · 알아듯지(듣) · 앉을 거라고(앉) · 쉬었다(웠) · 많은 사람(맡) · 아무렇치도(렇지) · 그렛더니(랬) · 두둘겨맞 고(맞) · 붙쳐(여) · 대었다(되) · 끈에(꺼내) · 잘랐 체(난) · 질렀다(렀) · 뭍자(묻) · 잘란 채(난, 체) · 재대로(제) · 제데로(대) · 좋다(좋) · 밣혀(밝) · 칭찮(찬) · 하지많(만) · 않 가고(안) · 밭 게서(밖에) · 한 겄을(것) · 돼겠다(되) · 앉자 있다(아) · 조서(주어, 줘) · 엄마에 말씀(의) · 1 번(한) · 하얗이(얀) · 앏밉다(얄) · 딱으려고(닦) · 멘 처음(맨) · 몽했다(못) · 낯썬(낯선) · 만은 (많) · 만이(많) · 겼고서(겸) · 첯째(첫) · 경괴한(쾌) · 불을 붗혀(붙여) · 솟아졌다(쏟) · 찾았다 (찾) · 옆으(의) · 무었(엇) 등등……

이것들은, 내가 1·2학년 어린이들에게 글쓰기 지도를 하면서, 받아쓰기나 글쓰기 작품을 볼 때 발견한, 괴상한 맞춤법들입니다. 훨씬 더 많이 있는데, 그 일부만을 여기 적어 본 것입니다.

얼마나 많이 틀리고 있습니까? 이렇게 많이 틀린 어린이들을 보고, 그래도, 선생님한테서 국어 지도를 받았다고 할 수가 있겠습니까? 내가 보기에는, 그 어디에서도 의도적인 국어 지도 받은 흔적을 찾을 수가 없습니다.

새로운 낱말이 나오거나, 맞춤법이 복잡한 낱말이 나올 때는, 반드시 문법적인 지도를 해야 합니다. 즉, 모음(홀소리)과 자음(닿소리)의 글자 모양(자양-字樣)과 소리값(음가-音價)이라든가, 초성(첫소리)과 중성(가운뎃소리)과 종성(끝소리-받침)이 만나서, 글자를 만드는 이치라든가, 단어와 조사(토씨)가 만날 때나, 어간(語幹-씨줄기)과 어미(語尾-씨끝)가 만났을 때의 받침의 발음법, 즉, 연음법칙(連音法則-내려읽기)이며, 절음법칙(絶音法則-끊어읽기)이라든가, 구개음화(口蓋音化-입천장소리되기)며, 음의 동화(同化-소리의 닮음) 등에 대한 문법적 이치를, 알아듣기 쉽게 잘 지도하면, 그 문법적 개념을 차츰 이해하게 되고, 그렇게 되면, 이론적으로 이해했기 때문에, 다시는 틀리지 않게 됩니다. 그래서, 아무리 1학년이라 하더라도, 1학년에 맞는 문법적 지도를 하라고, 나는 적극 권하고 있습니다. 왜냐하면, 무조건 외우라고 하기보다는, 합리적으로 설명을 해서 이해시키는 것이, 훨씬 이해가 빠르고, 정확하기 때문입니다.

　그리고, 맞춤법이 어려운 낱말은, 낱말카드에 써서, 문법적인 이론으로 설명한 뒤, 공책에 쓰면서 익힌 다음, 반드시 받아쓰기를 한 후, 바르게 썼나 여부를 확인을 해서, 완전히 정착시키도록 시도해야 합니다. 다시 말하면, 국어 교과서에 일단 나왔거나, 말하기나 글쓰기를 하다가 나온 낱말들은, 꼭 100% 이해 정착시킨다는, 완전학습법(完全學習法)을 지향해야 합니다. 아무리 어려운 맞춤법도, 이런 완전학습법을 적용해, 10번 정도 되풀이해 읽고, 되풀이해 써 본다면, 정복 못할 낱말이 있을 수가 없을 것입니다.

　어떤 사람은, 너무 무리한 강교육(强教育)이 아니냐고, 반론을 제기할지도 모르겠지만, 오늘날 이 나라 어린이들의 국어 실력이, 이렇게 엉망이 된 주요원인은, 바로 해방 후 밀려 들어온, 미국의 흥미위주의 연교육(軟教育) 때문이라고, 나는 생각합니다. 옛날 우리 조상들은, 그 어려운 한문을 어떻게 배웠습니까? 배운 대목을, 소리 내어 수십 번 읽은 후, 암송하고, 그리고, 그것을 붓글씨로 베껴 씀으로써, 완전히 이해한 뒤, 그 대목의 한문 학습을 마무리지었습니다.

　이것이 바로, 단도직입적(單刀直入的)인 정면돌파주의(正面突破主義) 완전학습법인 것입니다. 문자 학습에는, 이 이상 더 효과적인 학습법이 없습니다. 그래서, 세종대왕께서도, 한문책 한 권을 잡으면, 백 번 읽고 백 번 쓰는 '백독백습(百讀百習)'의 학습법을 써서, 완전히 익히셨다고 하지 않습니까? 옛날 것은, 케케묵었다고 무조건 배척하지만 말고, 좋은 것은 자꾸 끄집어 내어, 활용하도록 해야 할 것입니다.

　(2) 바른 문장부호(文章符號) 찍기('반점' – 쉼표와 '온점' – 마침표)

'오늘! 학교에서, 아이들과. 잡기놀이를 했습니다. 나는 철수를 붙잡았는데. 철수는 달아 나 버렸습니다? 그래서 나는. 쫓아가서. 기어코 붙잡았습니다.'

가령 어떤 어린이가, 위와 같은 문장부호를, 잘못 찍은 글을 써 왔다고 합시다. 그럴 때는, 그 어린이를 불러, 잘못 찍은 문장부호를 말해 주고, 다시 고쳐 써 오도록 해야 합니다.

그리고, 그것을 판서해서, 문장부호 ',. ! ?' 들의 쓰는 법을, 토론학습을 통해 바르게 찍도록 지도하면, 아주 좋습니다. 특히, 반점(, 쉼표)과 온점(. 마침표)의 다른 점을 잘 알려 주어야 하고, 숨쉬기표(∨,⩔)를 이용해, 온점(. 마침표)을 많이 찍으면, 읽다가 도중에, 많이 숨을 쉬어야 하기 때문에, 글을 빨리 읽을 수 없는 불편을 겪어야 한다는 것을, 알게 해주어야 합니다.

그리고, 느낌표(!)와 물음표(?)는, 각각 크게 느꼈을 때나 무엇을 물었을 때만 사용해야지, 얼토당토 않는 데다, 아무렇게나 남용하지 않도록 야무지게 가르쳐 주어야 할 것입니다.

(3) 따옴표(" ", ' ')의 사용법(使用法) 지도

이것도 역시, 다음과 같은 문장을 칠판에 써 놓고, 아이들을 지명해서 고쳐 보도록 하며, 학습을 진행하면 좋을 것입니다.

〈원문〉
오늘 쉬는시간에, 운동장에서 놀고 있으니, 영우가 실내화를 신은 채 나와서 놀았습니다. 그래서, 내가 영우에게 운동장에서 실내화 신고 놀아도 되나 하고 말하니, 영우는 상관하지 마 하고 말했습니다. 나는 선생님께 일러 버려야지 하고 생각했습니다.

〈따옴표를 넣어서 고쳐 쓴 문장〉

오늘 쉬는시간에, 운동장에서 놀고 있으니, 영우가 실내화를 신은 채 나와서 놀았습니다. 그래서, 내가 영우에게

"운동장에서 실내화 신고 놀아도 되나?"

라고 하니, 영우는

"상관하지 마."

하고 말했습니다. 나는

'선생님께 일러 버려야지.'

하고 생각했습니다.

(4) 띄어쓰기 지도

띄어쓰기는, '아버지가 방에 들어가신다.' 와 '아버지 가방에 들어가신다.' 에서와 같이, 띄어쓰기에 따라, 뜻이 달라진다는 것을, 알게 하는 것부터 시작하면, 아주 효과적일 것입니다.

그리고, 글을 읽기 좋고, 이해하기 쉽게 하기 위해, 조사(助詞)와 어미(語尾) 이외의 각 낱말은, 다 띄어쓰기로 한다는, 띄어쓰기 개념을 이해시킴은 물론, 서로 성질이 다르고 내용이 다른 낱말은, 서로 띄어쓰게 되는데, 모든 책은 다 그 띄어쓰기 법칙에 맞게 되어 있으므로, 책을 읽을 때, 눈치로 그 띄어쓰기 법칙을 익히도록 하라고, 지도하는 것도 좋을 것입니다.

그리고, 또 한 가지 좋은 방법은, 국어 교과서나 좋은 글을 베껴 쓰게 하여, 띄어쓰기 법칙을 체득하게 하는 것입니다. 이 베껴쓰기를 할 때, 원고지에 쓰이게 되면, 원고지 사용법도 알게 되고, 맞춤법·문장부호 쓰는 법 등도 아울러 익힐 수도 있어, 아주 효과적일 것입니다. 그야말로, 백문불여일행(百聞不如一行)의 아주 각인효과(刻印效果)가 큰, 최상의 지도방법이므로, 국어 부진아 지도 때도 많이 활용하시기 바랍니다. 물론, 원고지가 없을 때는, 무제공책에 베껴 써도 괜찮습니다.

(5) 부르는 글 '듣고쓰기'(청사─聽寫)

바른 표기법(表記法)을 몸에 붙이기 위해서는, 부르는 글 '듣고쓰기'(청사─聽寫)도, 아주 학습효과가 큽니다.
무제공책과 연필을 준비시킨 뒤
"선생님이 부르는 글을 잘 듣고, 그대로 바르게 적어 보세요."
하고는, 선정한 글을 천천히 읽어 주면 됩니다.
"한 칸 비우고, 그 다음부터 씁니다. '오늘은 상곡 학교를 떠나서, 새 학교로 전학 가는 날이었다. 학교 이름은 창일 초등학교였다.' 다 썼어요? 반점이나 온점 다 바르게 찍었어요? 이번에는 줄을 바꾸어 씁니다. 내용이 달라지니까……. 자, 계속해서 부르겠습니다. '나는 1학년 4반이 되었다. 교실에서 엄마와 선생님이 수다를 떠는 동안에, 애들이 나를 계속 쳐다보았다.' 다 받아 적었지요? 그러면, 틀린 데가 없는가, 다시 한 번 읽어 보고 고치세요. 그리고 공책을 선생님한테 내세요."
하고는, 나온 공책을 하나하나 검토하며, 잘못 받아 쓴 글자나 월점, 그리고, 잘못 띄어 쓴 곳은 고치지 않고 동그라미만 쳐 놓습니다. 그러고는, 자기 스스로 고치라고 하면, 아주 좋습니다. 어린이들이 고쳐서 나온 것을, 다시 점검해서 바르게 고쳤나 여부를 확인한 후, 다시 고쳐 쓰게 하는 것은, 두말할 것도 없을 것입니다.
글을 부를 때, 잘못 들은 아이가 있을지도 모르니까, 낱말을 한 세 번 정도씩 되풀이해서, 천천히 읽어 주도록 해야 합니다. 이 '듣고쓰기'를 되풀이해 연습하면, 바른 맞춤법과 바른 띄어쓰기와 바른 문장부호 쓰기 등의 힘이 굉장히 늘어나게 되니, 이 좋은 학습법도, 많이 활용해 보시기 바랍니다.

제5부 '그림일기'에서 '생활일기(生活日記)'로……

제1장 그림에서 문장(文章)으로

'칸막이 그림일기장'을 거쳐, '옆줄 그림일기장'에 쓰기가 숙달이 되는, 9월 초가 되면, 자연히 그림은 그리지 않고, 글만 많이 써 오는 어린이들이 많아지게 됩니다.
"선생님, 나 그림보다 글 쪽이 더 좋아요. 그림 그리기 싫은데, 안 그려도 되지요?"
하고 말입니다.
이것은, 바로 낡은 허물을 벗을 시기라는 것을 알려 주는 신호이고, 또한, 그만큼 어린이들의 글쓰기 실력이 성장했다는, 증거이기도 한 것입니다. 사실, 1학년 어린이들은, 여름방학을 마치고 2학기를 맞이하게 되면, 몸도 마음도 훨씬 커 버려, 꼭 딴 아이 같아 보일 때가 많습니다.
그러면, '그림일기' 쓰기를 졸업하고, 한 단계 더 높은 '생활일기' 쓰기 단계로 넘어가야 합니다. '생활일기' 일기장은, 문방구에서 파는 '일기공책'을 이용하지 말고, 1,2학년용 '무제공책'을 사용하는 것이 좋습니다. 왜냐하면, 그 '일기공책'에는, '일어나는 시간'·'잠자는 시간'·'오늘의 중요한 일'·'오늘의 착한 일'·'오늘의 반성'·'내일의 할 일' 등, 어린이들을 귀찮게 하는 쓸데없는 칸이 많아, 어린이들을 괴롭힐 뿐 아니라, 그 쓸데없는 칸들 때문에 실제로 일기 쓸 공간이 적어져 버려, 더 쓰고 싶은 데도, 더 길게 쓸 수가 없기 때문입니다.
그리고, '무제공책'을 일기장으로 이용할 경우, 날짜와 날씨는 맨 위 칸 밖 위쪽에 쓰고, 일기 제목은 칸 안 첫쨋줄에 쓰고, 일기 본문은 제목 밑의 한 줄을 비우고, 셋쨋줄부터 쓰게 하면 됩니다. 쓰는 분량은, 한 쪽 이상 쓰도록 권장을 하고, 그렇게 길게 쓰려면, '누가·언제·어디서·무엇을·왜·어떻게'의 '글쓰기 6하원칙'을 적용해 쓰도록, 유도하면 됩니다.

이렇게, 1학년 어린이들이 입학 후 6개월 동안, 허물벗기를 거듭해, '그림일기' 쓰기를 졸업하고, 1학년 2학기부터 '생활일기' 쓰기를 시작했다는 것은, 참으로 커다란 변화이고, 굉장한 사건이며, 일대혁명이 아닐 수 없습니다. 참으로 기쁜 일이고, 희망 벅찬 성취고, 발전이고, 전진이 아닐 수 없습니다.

이것은, 다 선생님들께서 매일마다 어린이들의 일기를 꾸준히 봐 주시며, 칭찬하고, 조언하고, 도움말을 써 주신 덕택인 것입니다. 참으로 위대한 희생이고, 성스러운 헌신인 것입니다. 누가 하라고 해서 한 것이 아니기 때문에, 더욱 거룩한 보람인 것입니다. 이 거룩한 노력과 희생과 헌신은, 어린이들이 일기를 쓰며 성장하고 있는 한, 잠시도 쉬지 않고 꾸준히 계속되어야 할 것입니다.

다음은, 1학년 2학기 초인 9월달을 전후해서 쓴, 1학년 어린이들의 일기입니다. 그런 대로, 자기 생각과 느낌이 잘 드러난 좋은 일기이니, 참고하시기 바랍니다.

머리 정리

서울 창일 초등학교 1학년   정아인

뒷머리가 너무나 지저분하고, 하나는 짧고, 하나는 길어서, 머리를 자르러 미장원으로 갔다.

주인 아저씨는, 분무기로 향기가 나는 물을 내 머리에 뿌렸다.

그런 다음, 싹둑싹둑싹둑 예쁘게 잘라 주셨다. 긴 머리를 늘어 가져가다가 잘라 주셨다. 근데, 가져갈 때, 내 얼굴과 머리가 기다란 머리 쪽으로 끌려가서, 나는 따라가지 않으려고 애를 섰다.

엄마는, 잡지를 보고 있었고, 효인이는, 주인 아줌마가 준 과자를 맛있게 먹고 있었다.

그 동안에, 아저씨와 아줌마는, 내 머리를 예쁘게 하느라고 어떤 핀을 많이 썼다.

아줌마와 아저씨가 지시하는 대로, 고개를 숙이고 올리고 했다. 다 자르면, 아주 예뻐질 것 같았다.

잠시 후, 아저씨 아줌마가 드라이로 내 머리를 말려 주셨다.

'내일 언니들에게 자랑해야지.' (1999.7.26.월.맑음)

〈정아인의 신나는 일기〉(온누리 출판사)에서 옮김

요리 교실

인천 길주 초등학교 1학년　정혜원

오늘, 현인이네 집에서, 요리 교실을 했다.

오늘은, '피자맛 떡꼬치 구이'를 만든다고 하셨다. 제일 먼저, 칼로 피망·후랑크 소시지·양파를 자르는데, 손을 베었다. 조금 아팠지만, 신나고 재미있었다.

칼로 다지니까, 내가 요리사가 된 것 같았다. 사실, 내가 아직 요리를 못해서, 엄마께서 조금 도와 주시기도 했다. 엄마 도움도 받았지만, 나는 지금 엄마한테 배우는 중이라는 걸 알고 있다.

후라이팬에서 떡꼬치를 굴리는데, 톡톡 튀는 소리가 들렸다. 나는 순간 깜짝 놀랐다.

이제 피자 소스를 바르고, 옥수수를 뿌리고, 피자 치즈를 뿌리고, 오븐에 넣어서, 피자 치즈가 녹을 때까지 굽고 있었다. 나는 빨리 익었으면 하고 속으로 말했다.

이제 다 구웠다. 노릇노릇하게 익었다. 빨리 먹고 싶었다. 그런데, 설거지를 아직 안 해서, 기다려서 먹자고 했다. 이제, 설거지를 다 해서 먹게 되었다. 쫄깃쫄깃하고 맛있었다.

요리를 하다 보니, 집에서도 도마랑 칼을 깨끗이 씻어야 되겠다고 느꼈다. 9월 14일에는, 인도 요리를 한다고 했다. 다음에는, 더 맛있게 만들어야겠다. (2004.9.7.화.맑음)

인터넷 게임

서울 강남구 대곡 초등학교 1학년　김성욱

학교에서 돌아오는데, 아파트 앞에서 엄마를 보는 순간, 갑자기 게임이 생각났다. 그래서 "게임 해도 되나요?"

라고 말했는데, 물론 엄마는 안 된다고 하셨다. 그래도, 나는 계속 조르다가, 결국 허락을 받았다. 그 대신, 1시 20분부터 피아노 연습을 20분 동안 하기로 했다.

그런데, 피아노를 엄마가 많이 시켜서, 연습을 30분이나 했다. 게임을 9분쯤 하고 있는데, 녹촌 선생님이 와서 글쓰기 공부를 했다.

공부가 끝나고, 게임을 2분 했는데, 갑자기 성연이 형이 들어와서, 자기가 계속 20분이나 했다. 기분이 무척 나빠서

"그만 해."

라고 말했더니, 성연이 형이

"조금만 더 하고……."

라고 말하며, 계속했다.

그때 엄마께서 컴퓨터를 끄고, 파파이스에 가자고 해서, 할 수 없이 나갈 수밖에 없었다.

하느님께서는 왜 게임을 좋아하게 만드시는지 모르겠다. 게임을 좋아하면, 머리가 나빠진다고, 어른들이 계속 말한다. 그런데, 게임을 하면, 기분이 얼마나 좋아지는지 모른다. 그래서, 게임을 할 때마다 자꾸만 더 하고 싶어진다.(2004.8.31.화)

제2장 일기 쓰기(글쓰기)를 싫어하는 어린이와 '게으름병'

이제, '그림일기' 쓰기를 졸업하고, 본격적인 '생활일기' 쓰기로 넘어가면서, 먼저, 꼭 해결해야 할 중대한 문제가 하나 있습니다. 그것은, 바로 일기 쓰기(글쓰기)를 싫어하는 어린이들을 어떻게 지도해서, 일기 쓰기(글쓰기) 좋아하는 어린이로 만드느냐 하는 문제인 것입니다.

어린이들의 일기 쓰기(글쓰기)를 싫어하는 이유를 종합해 보면, 다음과 같습니다.

① 쓸 것이 없다.
② 생각나는 것이 없다.
③ 무엇을 써야 할지, 제목을 모르겠다.
④ 한글을 잘 몰라, 쓰기 싫다.
⑤ 글씨가 지저분하다고 꾸중 듣는다. 그래서, 일기 쓰기가 싫다.
⑥ 생각하는 것이 싫다.

⑦ 긴 글을 못 쓴다.

　이런 이유들을 끝까지 파고들어가 보면, 결국 '한글도 잘 모르고, 글씨도 서툴러, 쓰기 싫다.'는 것과 '무엇을 써야 할지도 모르겠고, 생각하는 것도 싫어, 쓰기 싫다.'는 이야기가 됩니다.
　즉, 어린이들이 일기 쓰기(글쓰기)를 싫어하는 이유는, 어린이들의 취향과 소질이 안 맞고, 지능이 뒤떨어진 데도 원인이 있겠지만, 한글 미해득에 따른 '문장력 부족'과, 자기가 원하지 않아도 모든 물질이 저절로 공급되는 포만증(飽滿症)에 따른, 어린이들의 신종병인 '게으름병' 때문인 것입니다.
　위의 두 문제 중, '한글 미해득아'에 대한 문제는, 앞에서 중언부언이 될 정도로, 누누이 이야기를 해놨기 때문에 그만두고, 여기서는, 귀찮은 일은 뭣이든 싫어하는, 어린이들의 '게으름병'에 대한 문제만 생각해 보겠습니다.

(1) '게으름병' 바로잡으려면, 올바른 가정교육(家庭敎育)부터

　어린이들의 중대한 신종병인 이 '게으름병'은, 시대적 요인도 있겠지만, 가정교육과 학교교육의 잘못에서 오는 요인이 더 크다고 생각합니다.
　한마디로 말하면, 요즘 어린이들은, 편리하고 편안한 아파트에 갇혀 자연과 격리된 채 살면서, 물질적 풍요로, 고민하지 않고 노동하지 않아도 먹는 것 입는 것이 척척 공급되는, 안락한 생활만 하다 보니, 자기도 모르게, 신비스런 대자연이며, 거친 사회의 소용돌이며, 어려운 인생살이 등을 하나도 모르는, 숙맥 같은 게으름뱅이가 되고 만 것입니다.
　사람은, 땀 흘리는 농삿일 같은 고된 일도 해보고 고생도 해봐야, 세상 물정도 알고, 자연의 이치도 알고, 진짜 살아 있는 지혜와 지식도 많이 생기게 되는 법인데, 진짜 올바른 인간 만들기에 꼭 필요한, 그런 진짜 좋은 체험은 하나도 안 해보고, 그저 유흥문화(遊興文化)에 젖어, 학원에나 다니면서, 너무도 안락하고 편하고 달콤한 생활만 쫓다 보니, 그리 되어 버린 것입니다.

다시 말하면, 어린이 교육에 있어서 가장 중요한 것은, 인간의 기초가 되는, 예의범절이며, 정직·성실·근면·인내·극기·절약·자비 같은, 기본덕목(基本德目)을 버릇 들여, 몸에 붙여 주어야 하는 법인데, 자식을 미국사람들처럼 자유롭게 키운다는 명목 아래, 자식들 하자는 대로 끌려 다니다 보니, 결국 시기를 놓쳐, 좋은 버릇 들이기에 실패하고 마는 바람에, 누가 무슨 말을 해도 절대로 듣지 않는, 고집불통의 게으름뱅이 '자유방탕아(自由放蕩兒)' 가 되고 만 것입니다.

이것이, 오늘날 한국 어린이 교육의 현실입니다. 가정교육과 학교교육이 성공하고 있는 경우도 있지만, 내가 체험한 바로는, 실패하고 있는 경우가 훨씬 더 많습니다. 어린이들에게, 일기나 시나 생활문을 씌어 보면, 어린이들의 기본실력은 물론, 인간 됨됨이며, 인간의 기본바탕이며, 속마음까지도, 명명백백하게 다 드러나게 됩니다. 내가 글쓰기 지도를 하며, 실력도 없고, 성의도 없고, 순수성도 없는, '게으름병' 에 걸려 만신창이(滿身瘡痍)가 돼 있는 한국 어린이들에게 얼마나 많이 시달리고 속앓이를 하고 절망을 했으면, 이른바 '한국 어린이들이 앓고 있는 16가지 중병' 이란 진단서(?)까지 만들어, 세상의 학부모와 교육자들에게 경종을 울리고 있겠습니까?

그런데, 문제는, 어린이들이 앓고 있는 중병이 금방 응급실로 데려가야 할 정도로 위급상태인 데도, 학부모와 교육자들이 태무심하게 방관만 하고 있거나, 부질없이 장밋빛 낭만에만 젖어 있거나 한다는 사실입니다. 빨리 헛된 꿈에서 깨어나야 합니다. 발밑에 닥친, 자녀교육의 위기를 냉철하게 직시해야 합니다. 자기 자식들이 앓고 있는 중병상태를, 학교만 믿지 말고 즉각 점검해 보셔야 합니다. 국어책을 읽히거나, 일기장이며 학습장·글쓰기 공책을 뒤져 보시거나, 아니면, 받아쓰기나 쪽지시험을 쳐 보시면, 그 실태를 금방 거울 들여보듯이 환히 알 수가 있을 것입니다. 그걸 해보시면, 깜짝 놀라실 것입니다. 너무도 실력이 없다는 것에, 실망하시고 말 것입니다. 자녀교육에 무관심했던 자기자신에 대해 반성도 하고, 또, 믿었던 교육자들에 대한 분노도 느끼실 것입니다. 그리고, 나의 증언이 거짓말이 아니라는 것을, 확인하시게도 될 것입니다.

그러면, 미국의 부패문명에 병들지 않는, 한국혼이 담긴 건전한 한국 어린이로 키우려면, 가정교육을 어떻게 하는 것이 좋을 까요? 그것은, 인간 됨됨이의 기초공사가 결판 나는, 어린이가 태어나서 초등학교에 들어갈 때까지의 유아기 가정교육에서부터, 무엇보다도 바르고 좋은 버릇을 들이기 위해, 특단의 관심과 노력을 기울여야 하겠습니다. 그리하여, 버릇을 잘못 들여, 무슨 말을 해도 절대로 안 듣고 제멋대로만 하는, '자유방탕아'나 '게으름뱅이'가 한 사람도 발생하지 않도록, 완벽한 '원천봉쇄작전(源泉封鎖作戰)'을 펴 나가도록 해야 하겠습니다.

그런데, 그렇게 가정교육에 완벽을 기하려면, 먼저 부모들이 올바른 윤리관(倫理觀)과 가치관(價値觀) 및 교육관(敎育觀)을 가져야 하겠는데, 그러려면, 먼저 현재 실패를 거듭하고 있는, 한국 가정교육의 실패요인부터, 한 번 파헤쳐 봐야 하겠습니다.

(2) 가정교육의 실패요인(失敗要因)은 과연 무엇일까?

그 실패요인은, 두말할 필요도 없이, 우리나라에도 심오한 동양윤리에 입각한, 조상 전래의 전통적인 훌륭한 자녀교육법이 있는 데도, 케케묵었다고 그걸 헌신짝처럼 내동댕이쳐 버리고, 미국의 자유주의 교육과 홍미주의 교육 방식을 따르기만 하면, 마치 인간의 모든 문제가 다 해결될 것처럼 맹신한 나머지, 엄격을 요하는 기초윤리 심기는 하나도 하지 않고, 그저 애들이 하자는 대로 오냐오냐 하며, 자유방임주의(自由放任主義)로 허송세월만 했기 때문인 것입니다.

이 세상 모든 일은, 기본원리와 기본원칙에 맞아야 하는 법인데, 이윤독점(利潤獨占)과 물질만능(物質萬能)과 패권주의(覇權主義)와 무한대한 욕구충족(欲求充足)만을 추구하는, 그런 철학도 없고 깊이도 없는, 미국식 형식적 민주주의(民主主義)와 경박한 미국식 윤리 가지고서는, 복잡미묘하고 심오하기 짝이 없는 인간의 문제를, 도저히 해결할 수가 없는 것입니다. 유흥과 향락과 음란과 폭력·협잡·부패·강도·살인·사기·분류·패륜·암흑 등으로 얼룩진, 미국의 부패문명(腐敗文明)의 시커먼 탁류(濁流)가 이 세상을 뒤덮고 있는 한, 이 나라는 도저히 깨끗해질 수도 없고, 가정교육이며 학교교육도 제대로 될 수가 없습니다. 해방 후 무려 60년 동안이나 미국 사대주의(事大主義)에 빠져, 제정신을 못 차리고 미국의 부패문명에 젖어, 쾌락과 향락에만 탐닉(耽溺)하다가, 요 모양 요 꼴의 구제불능의 범죄공화국·음란공화국이 되고 만 것입니다. 결국, 중고등학교는 물론이고, 초등학교에까지 만연되어, 도저히 뿌리 뽑을 수 없을 정도로 창궐하고 있는, 일진회(一進會)란 폭력서클을 보아도 알 수가 있을 것입니다.

(3) 올바른 가정교육의 대안과 동양윤리(東洋倫理)

이제는 정말로 제정신을 차려야 합니다. 민족적 주체성(主體性)도 찾고, 민족적 정체성(正體性)도 찾아야 합니다. 암흑세계 탈출의 돌파구도 찾고, 대안(代案)도 찾아야 하겠습니다.

그 돌파구와 대안은, 바로 인간의 기본심성(基本心性)인 양심(良心)에 바탕을 둔, 동양윤리의 보고인 사서삼경(四書三經) 속에서 찾아야 할 거라고, 나는 생각합니다. 왜냐하면, 동양윤리(東洋倫理)는, 인간본성을 막다른 데까지 깊이깊이 파고들어 도출해 낸, 흔들릴 수 없는 깊은 진리(眞理)일뿐 아니라, 인간본성과 인간의 현실생활에도 딱 들어맞는, 실천 가능한 현실적인 윤리이기 때문입니다.

사서삼경을 다시 봐야 하겠습니다. 겸허한 자세로 무릎 꿇고 앉아, 사서삼경의 위대한 가르침을 귀기울여 듣고, 깊이깊이 되새겨 봐야 하겠습니다. 우주의 원리와 인간세상의 진리를, 이만큼 명쾌하고 알기 쉽게 갈파해 놓은 고전이, 세계 어디에도 없기 때문입니다.

해방 후, 자유 · 평등 · 권리 · 민주를 앞세운 솔깃한 미국문명(美國文明)에 현혹되어, 동양윤리를 봉건적이라고 배척하기도 하고, 한글전용에 따른 국수주의(國粹主義) 때문에, 한문문화(漢文文化) 전체를 적대시하기도 했지만, 그것은, 역사를 길게 내다보지 못한, 아주 큰 잘못이었습니다. 일본에선, 사장급이 된 사람들 중, 논어 등 사서삼경을 안 읽은 사람이 거의 없을 정도라고 합니다. 자녀교육의 참진리를 찾음은 물론, 무식쟁이란 핀잔을 듣지 않기 위해서도, 동양고전 공부를 다시 시작해야 하겠습니다.

그러나, 옛날 것을 무조건 다 따르자는 것은 아닙니다. 봉건적이고, 교조적(敎條的)이고, 비민주적인 요소는 배제하고, 현대화할 수 있는 것만 찾아서, 활용하자는 것입니다.

그리고, 동양윤리는, 사람에게 없는 것을 밖에서 가져와, 강제로 주입하는 것이 아니고, 사람이 태어날 때부터 하늘로부터 타고난 인간본성인, '인(仁) · 의(義) · 예(禮) · 지(智) · 신(信)'의 다섯 가지 도(道)를, 자기 양심에 비추어 스스로 깨닫고, 그 다섯 가지 도에 어긋나지 않게 행동하라는 가르침이기 때문에, 사서삼경을 연구해서, 어린이들에게 맞게, 감동을 줄 수 있도록 잘 지도하면, 어린이들은 금방 그 게으름병과 잘못된 행동에서 벗어나, 자각적이고 양심적인 착한 어린이로 재탄생하게 될 것입니다.

그렇게, 어린이들이 제정신을 차려, 주체적이고 자각적인 사람으로 변하게 되면, 자기 속마음을 털어놓는 글쓰기를 좋아하게도 될 것이고, 또 글을 쓸 때의 사색(思索)의 고통 그 자체를, 오히려 즐기고 좋아하게도 될 것입니다. 왜냐하면, 동양윤리나 글쓰기나 다 똑같이, 인간의 본심인 양심(良心)에 호소하는 공통점이 있기 때문입니다.

(4) '직접체험' 많이 시켜, '글쓸거리'·'감동거리' 많이 만들어 주기

　게으름과 소극성을 극복하고, 일기 쓰기와 글쓰기를 좋아하는 어린이로 만들려면, 땀 흘려 일하는 직접체험(直接體驗)을 많이 시킴으로써, 문제해결력과 극기력·추진력·적극성·의지력·창의력·사고력·어휘력·상상력 등을 기름은 물론, 일기 쓰기나 글쓰기의 직접동기(直接動機)가 되는, '이야깃거리'·'글쓸거리'·'감동거리'를 많이 만들어 주라는 것입니다.
　일하기의 직접체험은, 심부름과 청소 등의 집안일 돕기며, 식물 가꾸기와 동물을 기르는 사육재배체험이며, 농어촌체험·노동체험·여행체험·봉사체험·탐험체험·자연관찰체험·탐방답사관람체험·운동놀이체험·공장체험·산과 바다의 자연체험 등, 인생살이에 필요한 모든 체험을, 의도적 계획적으로 많이 시키는 것이 좋습니다. 왜냐하면, 색다른 체험을 많이 하면 할수록, 지식과 정보도 확충되고, 사고력·어휘력·상상력·창의력 등이 증대될 뿐 아니라, 지적호기심(知的好奇心)과 아울러, 강렬한 감동(感動)도 받게 되고, 강렬한 감동을 받게 되면, 자연히 누구에겐가 자기의 감동을 말하고 싶고, 글로 표현하고 싶어 못 견디는, 강렬한 문장표현욕구(文章表現欲求)를 느끼게도 되기 때문입니다.
　이렇게, 어린이들에게 색다른 체험을 많이 시켜, 지적호기심과 탐구심을 자극하는 방향으로, 지속적으로 지도해 나가면, 글을 쓰고 싶어 죽겠다는, 어린이들이 많이 생겼으면 생겼지, 절대로, 쓸거리가 없다며, 일기나 글쓰기를 꺼리는 어린이들이 많이 생길 리는 없을 것입니다.
　그런데, 여기서, 학부모와 선생님 들께서 한 가지 유의할 점이 있습니다. 어린이들에게 의도적 계획적으로, 색다른 체험을 많이 시켜 나가되, 그때마다 적당한 질문을 던져서, 지적호기심과 탐구심을 자극하고 심화

시킴은 물론, 반드시 '취재수첩(取材手帖)'을 준비시켜서, 그때 보고 듣고 행동하고, 강하게 느끼고 생각한 것을, 즉석에서 6하원칙에 맞게 정확하게 메모해 두었다가, 일기 쓰기나 시 쓰기나 생활문 쓰기 자료로, 삼도록 습관화시키라는 것입니다.

'취재수첩'을 준비하라고 하면, 어린이들은 흔히 너무 조그만 걸 사 가지고 오는데, 적을 칸이 꽤 많은 좀더 큰 것이 좋습니다. 그리고 수첩 안에 쓸데없는 그림이 없는 소박한 것이 좋습니다.

하여튼, 어린이들이 이 '취재수첩'을 갖추고, 활용하기 시작했다고 하면, 그 일기 쓰기나 글쓰기 지도는, 반 이상 성공했다고 해도 과언이 아닐 것입니다.

(5) 글쓸 수 있는 '분위기' 만들기와 '문집(文集)' 만들기

어린이들이 게으름병도 극복하고, 색다른 체험도 많이 해서, 일기나 생활문이나 시를 쓰고 싶은 마음이 일어났다 해도, 그때를 놓치지 말고, 당장 글을 쓸 수 있는 분위기와 계기를 만들어 주지 않으면, 불이 금방 꺼지고 말기 때문에, 모처럼의 그 귀한 불을 꺼치지 않도록, 학부모와 교사들께서는 세심하게 대처를 하라는 것입니다.

그러려면, 먼저 어린이들과 많이 친숙해져서, 무슨 말을 털어놓아도 다 받아들여질 수 있는 허용적인 학급 분위기와, 모든 일을 같이 기뻐하고, 같이 슬퍼하고, 같이 분해할 수 있는, 따뜻한 마음의 공감대(共感帶)가 이루어져 있어, 어린이들이 언제라도 마음이 내키는 대로, 글을 쓸 수 있는 계기를 마련해 주어야 합니다.

그리고, 글이 완성되면, 그 글을 중심으로 사제간(師弟間)에 '글이야기'를 나누며, 좋은 점을 칭찬도 해주고, 또 '한 장 문집'이나, '소문집'· '학급문집' 등을 만들어, 일기나 글쓰기 작품을 활자화(活字化)함으로써, 일기 쓰기나 글쓰기의 보람과 표현의 기쁨을 느끼도록 해주어야 합니다.

아무튼, 일기 쓰기나 글쓰기는, 어떤 주제 아래, 자기 생각을 짜 내고 또 짜 내서, 자기 말로 한 자 한 자 끈기 있게, 자기 힘으로 새로운 것을 개척하고 창조하며, 끝까지 써 내려가야 하는 것이기 때문에, 아무리 글쓰기를 좋아하는 사람이라 할지라도, 일단 글쓰기를 어려워하고 꺼려하기 마련입니다. 그러나, 글을 쓰는 과정이 아무리 어렵고 까다로워도, 작품 완성의 기쁨 또한 그만큼 큰 것이기 때문에, 어린이들은 정상정복(頂上征服)의 희열과 창작의 한없는 보람을 맛보기 위해, 모든 어려움과 고통을 무릅쓰고 기어코 도전해, 끙끙대며 끝까지 글을 써 나가기 마련입니다.

그렇게 노력해서, 일단 창작의 정상을 정복하고 나면, 한층 높은 종합적사고력(綜合的思考力)의 발달과 인간적 성숙에 의한, 새로운 가치관(價値觀)과 높은 정신세계(精神世界)가 열리게 되어, 보다 수준 높은 정신생활(精神生活)을 하게 되는데, 그 경지가 바로 일기 쓰기와 글쓰기의 목표요, 이상인 것입니다.

(6) "네가 고민하고 있는 것, 바로 그걸 써 봐라." - '정공법(正攻法)'

아무리 좋은 일기 쓸거리를 일러 주어도, 쓸 게 없다며 고민하고 있는 어린이들에게는, "그러면, 네가 쓸 게 없어서 고민하고 있는 이야기, 바로 그것을 그대로 써 봐라." 하고, 정공법(正攻法)을 한번 써 보라는 것입니다.

그러면, 자기가 몸부림치며 고민하던 생생한 이야기이고, 또 제목과 내용이 뚜렷한 이야기라, 예상 외로 자세하게 자기 속마음이 담긴 글을 쓰게 됩니다. 이렇게, 자기 자신의 고민을 쓰다 보면, 잠들고 있던 '정신'이 깨어나, 밖으로 떠돌고 있던 자기 마음도 '자기'에게로 돌아오게 됩니다. 그러면, 되는 것입니다. 대성공인 것입니다. 여태까지 "쓸 게 없다."고 하며, 하늘만 쳐다보고 있었던 것은, 마음이 병들어, 그 '자아의식(自我意識)'이 잠들고 있었기 때문인 것입니다. 그래서, 보고도 바로 못 보고, 느끼고도 바로 못 느끼고, 생각하고도 바로 못 생각하는, 희미한 정신상태에 놓여 있었던 것입니다.

이렇게, 병든 정신이 깊은 잠에서 깨어나, 자아의식을 되찾게 되면, 자기 마음속을 자기가 속속들이 다 들여다볼 수도 있고, 일상생활 속에서, 언제나 자기 마음의 움직임에 주의하여 생활하면서, 어떤 새로운 사건에 마주칠 때마다, 무엇인가를 느끼고, 생각하고, 그것을, 마음속에 붙잡아 둘 수도 있게 되는 것입니다.

그리하여, 일기 쓰기나 글쓰기는, 꼭 무슨 아주 특별한 사건이 있어야만 되는 것이 아니고, 일상생활 속의 아무렇지도 않은, 아주 흔해 빠진 일이라도, 색다르게 느끼고 색다르게 생각하면, 무엇이든 다 일기나 글쓰기의 제재가 된다는 것까지도 깨닫게 될 것입니다.

"쓸 게 없다"고, 게으름을 피우는 어린이들에게는, 이렇게 정공법(正攻法)을 써서, 정면돌파(正面突破)를 해 나가면, 오히려 더 효과적일 수도 있을 것입니다.

일기가 안 쓰인다

일본 어린이 ○○○

4월 20일 밤에 일기를 쓰다가, 내가 어머니에게
"어머니, 일기 쓸거리가 없어요."
라고 말했습니다.

그랬더니, 어머니는
"그걸 네가 알아서 해야지, 나한테 물으면 어떻게 하니?"
하고, 나무라셨습니다. 그래서, 내가

"미안해요, 엄마. 일기 제목이 얼른 안 떠올라서 그래요. 제목을 뭘로 할까요?"
하니,

"그럼, 십자매가 새끼 깐 것 써라."

라고 했습니다. 나는

"그것은 싫어요."

라고 하니까, 어머니가

"그러면, 애들하고 논 것."

하고, 말했습니다. 내가

"애들하고 논 것, 별로 생각 안 나요."

하고 말하니까, 어머니가

"이제 어머니 머리에서는, 아무것도 생각 안 난다."

라고 했습니다.

그래서, 뭘 쓸까 생각하다가, 내가

"그렇다. 지금 어머니와 이야기한 것, 쓰면 되겠다."

하는, 생각이 번쩍 떠올랐습니다.

그래서, 나는 그것을 그대로 일기에 썼습니다.

밤 9시까지 고민했다

일본 4학년 쇼지 하루히코

요즘, 점점 일기에 쓸거리가 없어졌다. 선생님이 여러 가지 쓸거리를 권하지만, 3일 정도 계속해서 그것을 쓰면, 나중이 되면, 무엇을 쓰면 좋을지 모르게 된다.

중간쯤에는, 쓸거리가 너무 많았는데, 지금은 무엇을 쓸까, 밤 9시경까지 고민하고 있다. 무엇을 쓸까, 무엇을 쓸까, 지금은 쓴다 해도, 쓸데없는 일뿐이다. 밤 9시까지 고민해도, 결국 쓸데없는 일뿐. 하루하루 지나감에 따라, 일기 쓰는 것이 싫어졌다.

그러나, 일기 덕분에, 선생님은, 우리들에 대한 것을, 여러 가지로 알게 되었다고 말하고 있고, 우리들도, 고민하고 있을 때, 그것을 일기에 쓰면, 선생님이 도와 준다. 한 번은 하기 싫다고 생각한 일기지만, 역시 제일 좋은 것은 일기구나 생각했다.

위에서 이야기한 것을 종합해서, '일기 쓰기 · 글쓰기 좋아하는 어린이 만들기 11가지 방법'을 아래 만들어 놨으니, 일기 쓰기나 글쓰기를 싫어하는 어린이 지도에, 많이 활용해 보시기 바랍니다.

◎ 일기 쓰기 · 글쓰기 좋아하는 어린이 만들기 11가지 방법

① 한글을 빨리 깨침은 물론, 우리말에 대한 지식을 정확하고 풍부하게 해 나갈 것.
② 모든 것을 하기 싫어하고, 그저 놀고 먹기만을 좋아하는, '게으름병'을 극복하고, 이 세상 모든 일에 대한, 강렬한 지적호기심과 탐구심을 가지고, 항상 탐색해 나가는 태도를 가지게 할 것.
③ 미리미리, 5감(五感)이 병들지 않게 해서, 신선하고 다감하게 느낄 수 있고, 잘 생각할 수 있는 어린이가 되어, 왕성한 표현의욕을 십분 발휘할 수 있도록 할 것.
④ 농어촌체험 · 사육재배체험 · 봉사체험 · 노동체험 · 답사여행체험 등, 땀 흘려 일하는 색다른 직접체험을 많이 시킴으로써, 항상 이야깃거리, 감동거리, 쓸거리가 많은 어린이가 되게 할 것.
⑤ 기쁜 일이나 슬픈 일, 그리고, 걱정이나 고민까지도, 다 속속들이 털어놓을 수 있을 정도로, 어린이와 교사의 사이가 친숙해져 있어야 할 것.
⑥ 학급의 모든 어린이들이, 한 사람 한 사람의 자유롭고 솔직한 표현을, 따뜻하고 바르게 받아들일 수 있는, 태도가 돼 있어야 할 것.
⑦ 일기 쓰기와 글쓰기는, 어린이들 성장에 아주 유익한 도구이므로, 가정의 비밀스런 일을 솔직하게 썼다 하더라도, 너그러이 받아 주는, 글쓰기 교육에 이해력이 아주 많은 학부모가 될 수 있도록, 사전 교육을 잘 해 둘 것.
⑧ 취재(取材), 구상(構想), 기술(記述), 퇴고(推敲), 감상 · 비평(鑑賞 · 批評) 및 문장(文章)이나 문체(文體) 등의 글쓰기 이론지도를 계속적으로 해서, 글쓰기에 숙달되게 할 것.
⑨ 일기 쓰기와 글쓰기를, 각 교과학습이나 특별활동 및 생활지도 등과 연관지어 지도하면, 각 분야간에 서로 지도효과가 크므로, 여러 분야의 학습활동 후, 인상 깊고 감동이 큰 소재를 붙잡아, 글로 표현케 함으로써, 여러 학습활동을 글쓰기로 심화시켜 마무리 지음은 물론, 일기 쓰기 및 글쓰기의 취재범위(取材範圍) 확충에도 도움이 되도록 할 것.
⑩ 어린이들이 일기 쓰기나 글쓰기를 하고 나면, 반드시 그것들을 일일이 다 보고 난 후, 어린이들과 글이야기(文話)를 나누며, 칭찬도 해줌은 물론, '한 장 문집' · '소문집' · '학급문집' 등을 만들어, 작품을 활자화(活字化)시킴으로써, 어린이들로 하여금, 글을 쓸 때 느낀 고통의 보람과 창작의 기쁨을 느끼도록 해줄 것.
⑪ "쓸 게 없다."고 고민하는 어린이들에게는, 바로 그 고민을 쓰라고 하는 정공법(正攻法)을 쓰게 되면, 어린이들이 오히려 깊은 잠을 깨고, '자아의식(自我意識)'을 되찾게 되므

로, 일기 쓰기나 글쓰기에, 이 방법을 활용해 보도록 할 것.

제3장 재미있는 글 읽어 주기

　일기 쓰기나 글쓰기를 지도할 때, 교사들은 흔히, '보고 듣고 느끼고 생각하고 행동한 대로, 솔직하고 정직하게 써라.'라는, 말을 많이 씁니다. 그러나, 어린이들은, 진짜로 하고 싶은 이야기는 마음속 깊은 곳에 감추어 두고, 변죽만 울리며, 그 비밀스런 이야기는 좀처럼 내비치려 하지를 않습니다.

　왜 그러냐 하면, 그 '솔직하고 정직하게'란 말의 개념이, 뚜렷하게 가슴에 와닿지 않을 뿐 아니라, 어느 정도까지 털어놔야, '솔직하고 정직하게'가 되는지도 명확하게 모르고, 또 마음속 비밀을 잘못 털어놨다가, 망신을 당하지나 않을까 하는 두려움과 자존심 때문에, 마음속 비밀의 문을 꽉 닫아걸고 있기 때문인 것입니다. 특히, '똥'이나 '오줌'에 관한, 생리적인 이야기나, '연애'에 대한 이야기를 할 때는, 부끄러움을 더 많이 느끼기 때문에 더욱 그렇습니다.

　그리고, 어린이들의 글쓸 마음을 북돋우기 위해, 읽어 주는 본보기글도, '사물을 보는 법 느끼는 법을 깊게 하는 데 적합한 것', '생산과 노동에서 취재한 내용이 알찬 것', '아무도 깨닫지 못한 것을 붙잡은 것', '어린이들의 꿈을 부풀게 하는 것' 등, 너무 딱딱하고 진지하고 근엄한 것들이 많아, 자기 신변의, 저속하지만 재미있는 이야기를 딱 까놓고 솔직하게 이야기해 볼까 하다가도, 혹시 친구들한테 깔보이지는 않을까 해서, 망설이는 수도 많습니다.

　자기 속마음을 털어놓은 글이라야, '솔직하고 정직하게' 쓴 좋은 글이 되는 법인데, 이렇게 속마음 털어놓는 것을 두려워하고, 쑥스러워하고, 부담스러워하고, 거부감을 가지고 있어 가지고서는, 진솔하고 생동감 넘치는, 진짜 감동 어린 좋은 글은 쓰지를 못할 것입니다.

그래서, 그 마음속의 두려움과 쑥스러움과 긴장감을 훌훌이 다 씻어내 버려야 합니다. 그러려면, 어린이들로 하여금, "와." 소리내어 웃게도 할 수가 있고, 배꼽을 붙잡고 웃게도 할 수 있는, 딱 까놓고 자기 비밀을 다 털어놓은, 진솔한 본보기글을 많이 읽어 주는 것이 좋습니다. 그러면서, 마음속 긴장을 풀고, 글을 잘 써 보려고 하는 욕심 같은 것도 다 버리고, 아무 부담 없이 아주 편안하고 즐거운 마음으로, 친구에게 이야기하듯이 쓰라고 하면, 어린이들은 글쓰기에 대한 두려움이나 부담감을, 다 털어 버리게 됩니다.

그러나, 여기서 한 가지 경계해야 할 일이 있습니다. 그것은, 그런 웃기는 이야기들은, 아무래도 좀 내용이 가볍고 저속하고 장난스러운 것이 많기 때문에, 어린이들 글이, 그런 저속하고 장난스러운 경박한 내용으로 흐르지 않도록, 유의해야 한다는 것입니다.

다음에, 좀 장난스럽고 웃기거나, 딱 까놓고 솔직하게 털어놓은, 비밀스런 이야기가 담긴, 여러 가지 글을 많이 실어 놓겠으니, 적의하게 잘 활용하시기 바랍니다.

똥

서울 삼성 초등학교 2학년 유상현

오늘 학교에서, 도시락을 먹고 한문을 썼다. 쓰는 도중에, 배에서 '꾸르릉꾸르릉' 소리가 나면서, 쓰라리게 배가 아팠다. 똥도 마려웠다.

수업이 끝나고, 똥이 나올까 봐, 몸을 막 떨면서 갔다. 배가 안 아프다 아프다 하다, 결국 1동 앞에서, 바지에다 똥을 한 덩이 쌌다. 집에 가서, 바지를 벗고, 휴지로 똥구멍을 닦은 다음에, 똥구멍을 비누로 닦고, 다시 똥을 쌌다.

그래도, 바지에 똥이 한 덩이만 나온 게 다행이다.

〈아무도 내 이름을 안 알아 줘〉(보리 출판사)에서 옮김

비밀

경기 광명 하안 초등학교 2학년 성상현

도시락 먹고, 선생님이 교실에서 놀아도 되고, 운동장에서 놀아도 된다고 하셨다. 석호랑 나랑 운동장으로 갔다.

석호가 똥이 마려워서, 담을 넘어서, 바지를 벗고 팬티를 벗고 똥을 쌌다. 똥을 싸는데, 김석호가 말했다.

"휴지는 어떻게 구할지 몰라, 그냥 닦지 말까?"

"그래."

우리는 담을 넘어 학교에 갔다. 그 똥 싼 얘기는, 말하지 않았다.(1995.3.7.)

〈아무도 내 이름을 안 알아 줘〉(보리 출판사)에서 옮김

고추

강원 태백 통리 초등학교 3학년 안지석

용하가 화장실에 가서 오줌을 누고 지퍼를 잠갔는데, 지퍼에 용하의 고추가 걸려, 선생님께 말하였는데, 선생님이 와서, 고추를 떼라 했는데, 우리가 옆에 가 보니 고추가 컸다. 그래서 우리가 웃었다. 선생님이 고추를 떼고 공부를 했다.

용하의 고추가 잘못 걸렸으면, 큰일 날 뻔했다. 그런데, 용하 고추가 컸다.(1997.7.7.)

〈아주 기분 좋은 날〉(보리 출판사)에서 옮김

여자에게 편지 받은 일

경기 성남 돌마 초등학교 3학년 이남길

지난 주 목요일의 일이다.

학교 운동장에서 축구를 하고 교실에 들어와서, 서랍에 책이 있어서 꺼낼려고 하는데, 무슨 종이가 손에 잡혔다. 꺼내 보니, ○○○이 나에게 보낸 편지였다. 편지를 열어 보니, 뭐, 좋아한다, 너에게 화낸 것 미안하다, 같은, 별 얘기가 다 있었다. 좀 기분이 언짢았지만, 처음 여자한테서 편지를 받아 보니, 기분도 조금 좋았다.

그런데, 공부시간에, ○○○이 계속 선생님 얼굴은 안 쳐다보고, 내 얼굴만 쳐다보는 것이었다. 그러다가, 선생님께 혼난 적도 있다.

또, 다음 쉬는시간에는, 편지가 또다시 왔다. 열어 보니, 답장을 달라는 것이었다. 나는, 편지를 보내는 여자아이가 참 미웠다. 편지 내용에, 이상한 말이 있었기 때문이다. 나는 이상한 말을 싫어한다. 그래서, 편지에 당당하게, 솔직하게 싫어한다고 써서 보냈더니, 나를 째려보았다. 나는 더더욱 참다 못해, 학교 끝나고

"싫어한다고 했는데, 왜 계속 째려봐!"

하고 소리쳤더니, 울면서 집으로 갔다. 그런데, 내가 생각해도, 내가 좀 너무한 것 같았다. 하지만, 다음날 여자아이가 편지를 보내지 않으니, 기분이 너무 좋았다.(1997.12.8.)

〈아주 기분 좋은 날〉(보리 출판사)에서 옮김

일요일날 아침

일본 어린이 1학년 ○○○

오늘은 일요일입니다. 나는 즐거웠습니다. 그것은, 학교가 쉬어서, 하루내 놀 수가 있기 때문입니다.

나는 이불 속으로 기어들면서, '무엇을 하고 놀까?' 하고, 생각했습니다. 야구하기 · 자전거 타기 등을 생각하고 있으니, 나는 오줌이 마려웠습니다. 이불 속에서 얼굴을 내미니, 어머니는 벌써 일어나, 아침밥 준비를 하고 있었습니다.

나는 잠옷 바람으로 화장실에 갔습니다. 팬티에서 고추를 내밀고 오줌을 누었습니다. 그랬더니, 고추가 구부러져 있었기 때문에, 오줌을 그만 팬티에 싸고 말았습니다. '꾸중 들겠다.' 하고 생각했습니다.

화장실에서 나오자, 나는 뛰어서 이불 속으로 기어들어갔습니다. 그리고는, 팬티를 벗어 말렸습니다. 그렇지만, 잘 마르지 않았습니다.

그때, 어머니가 화로에 숯불을 넣고 있었습니다. '됐다.' 하고 생각했습니다. 어머니가 가 버린 뒤, 나는 화로 있는 데로, 팬티를 가지고 가서 말렸습니다. 팬티에서 김이 났습니다.

나는 타 버릴까 싶어서 얼른 꺼냈습니다. 팬티를 자세히 보았습니다. 어디도 눋지 않았습니다. 나는 안심했습니다.

또 말렸습니다. 점점 김이 적어졌습니다. 어머니가 오시면 꾸중 듣기 때문에, 어머니 껌

새를 살폈습니다. 어머니는 부엌에 계셨습니다.

  이번에는, 완전히 마른 것 같았습니다. 나는 황급히 입었습니다. 시계가
"땡 땡 땡 땡……."
하고, 10시를 울렸습니다.

  팬티가 따뜻했습니다. 기분이 아주 좋았습니다.

똥

강원 삼척 소달 초등학교 5학년   임선희

  오늘 학교 갔다 집에 오는데, 배가 아프더니, 갑자기 화장실에 가고 싶었다. 그래서, 친구들과 가는데, 그런 내색을 하기가 부끄러워, 꾹 참고 걸어갔다.

  집에 오자마자, 휴지를 들고, 가방은 부엌에 내팽개치고, 쌩 하고 화장실에 달려갔다. 똥을 누는데, 똥은 나올려면 순순히 나올 것이지 안 나왔다. 그래서, 힘을 주었다. 안 됐다. 그래서, 이제는 숨을 들이쉬고, 똥구멍에 힘을 모았더니, 갑자기 뭐가 번쩍 하더니, 되게 따가웠다. 밑을 보니, 내 주먹 만한 똥이 뚝 떨어졌다. 너무 아파, 똥을 닦고 방에 들어갔다. 아파서 다리를 벌리고 걸었다.(1996.7.6.)

〈주먹 만한 내 똥〉(보리 출판사)에서 옮김

내 어린 시절

서울 서래 초등학교 4학년   조자숙

  내가 어린 시절에, 유치원에 갔다 오면, 한 12시 30분쯤 되어 집에 왔는데, 친구도 어디 가고, 집에서 못 나오고 그래서, 나 혼자 놀지 못하니깐, 만화가 보고 싶어, 엄마에게
"엄마! 만화 언제 해?"
그렇게 물었다. 엄마는
"한 5시쯤."
그러자, 나는 시계를 5시에 맞춰 놓고
"만화 한다!"
하며, 텔레비전을 켰다. 그러나, 텔레비전은 안 하고, 다른 프로도 하질 않았다. 그러자, 엄

마가

"누가 시계를 5시에 맞춰 놓은 거야?"

그래서, 나는

"엄마, 왜 만화 안 해?"

"그거야, 5시에 하지."

"엄마, 지금 5시잖아."

"그럼, 니가 시계 5시에 맞춰 놓은 거야?"

"응. 5시에 만화 한대며?"

그러자, 엄마는 마구 웃었다. 나는 가만히 있다가 울었다.(1994.12.26.)

〈아주 기분 좋은 날〉(보리 출판사)에서 옮김

우리 반 친구들 별명

서울 서래 초등학교 4학년 조자숙

우리 반 친구들 별명을 적어 보겠다.

첫째로, 장유라는 아이 별명은, '비누 곽 다리'다. 다리가 짧아서, 비누 곽의 조금 나와 있는 곳의 길이와 같다 해서, '비누 곽 다리' 이다. 더 짧은 아이는, '리모콘 곽 다리' 이다.

둘째로, 배시온의 별명은, '배추'이다. 그 이유는, 머리카락이 배추머리라서, 배추라고 하는 것이다.

셋째로, '삐까번쩍' 이라는 별명을 가진 김은지다. 이마가 넓다 하여 삐까번쩍이다.

넷째로, '코끼리' 라는 별명의 전수환이라는 아이는, 귀가 길어, 코끼리 같아 코끼리라는 별명이 붙게 되었다.

다섯째로, '썰렁이' 라는 별명을 가진 김원철은, 언제나 썰렁한 말만 한다 하여 '썰렁이' 다. 그래서, 맨날 추운 날은, "야, 우리 옆에 김원철 있다." 하는 식으로 놀려 준다.

여섯째로, '맘모스' 라는 별명을 가진 김준우는, 덩치가 크다 하여 '맘모스' 이다. 준우가 여자아이를 놀릴 때면

"안녕하십니까? 퀴즈를 시작하겠습니다. 김준우는 사람인가 맘모스인가?"

"띠이."

"장유라."

"맘모스입니다."

하면, 나는

"맞았습니다. 유라 학생에게는, 예쁜 맘모스 인형을 드리겠어요."

일곱째로, '똥장군 장미' 라는 별명을 가진 장유라는, 맨날 "나는 장미다." 하여, 남자아이들이, 똥에 묻힌 장미 중에서 제일 더럽다고 해서, '똥장미' 라고 했다.

그리고, 희선이는, 작고 빼빼해서, '빼빼로' 라는 별명이 붙게 되었다. 그리고, '딸기' 라는 별명을 가진 아이가 있는데, 왜 '딸기' 냐면, 그 아이의 볼이 빨개서 딸기이다. '지존파' 라는 별명을 가진 이민이는, 워커 신발 신고, 청바지 입고, 가죽잠바를 입고 다닌다.(1994.12.19.)

〈아주 기분 좋은 날〉(보리 출판사)에서 옮김

내가 하고 싶은 일

서울 사당 초등학교 6학년　이제사

난, 어렸을 때부터 꿈이 아주 많았다.

7살 때는, 거지가 되고 싶었다. 왜냐하면, 거지는 공부도 안 하고, 매일 돈만 얻으러 다니니까 아주 좋았다.

8살 때는, 깡패가 되고 싶었다. 깡패가 되면, 나를 괴롭히는 아이들을 막 때리고, 난 그 아이들을 괴롭히면, 재미가 있기 때문이었다.

9살 때는, 방구쟁이가 되고 싶었다. 하늘을 날아다니면서, 방구 냄새를 맡으며, 해외여행을 다니고 싶었기 때문이었다. 그리고, 깡패 형들이 나타나면, 방구를 뀌어서, 질식시키고 싶어서 방구쟁이가 되고 싶었다.

또, 10살 때는, 박사가 되는 게 꿈이었다. 박사가 되어서, 어머니를 기쁘게 해 드리고, 어머니가 힘들어하시는 것을, 로봇으로 다 해결해 드리게 하고, 발명을 해서, 최고 박사가 되고 싶었기 때문이었다.

11살 때는, 오락기와 오락 팩을 파는 사람이 되고 싶었다. 심심하면, 오락 팩을 오락기에 다 꽂고, 막 4~5시간 두들겨서, 재미있게 놀고 싶었기 때문이었다.

12살 때는, 야타족이 되고 싶었다. 머리에 헝겊을 두르고, 멋있는 자동차를 타고 다니며, "야, 타." 해서, 여자를 꼬시고 싶기 때문이었다.

13살 때는, 연예인·농구 선수·선생님이 되고 싶었는데, 그중에서 연예인이 되고 싶었다.

특히 코미디언이 되고 싶었다. 코미디언이 되면, 아이들을 웃겨서, 인기를 얻기 때문이다.

지금 것으로는, 크면 꼭 코미디언이 되겠다.(1994)

〈나도 민들레처럼〉(지식산업사)에서 옮김

고민

서울 상천 초등학교 4학년 최상헌

학원에서 오다가, 어떤 지갑을 보았다. 아무도 안 볼 때 주워서, 얼마 있는지 보았다. 3,600원이었다.

그걸 관리소에 내야 할지, 아니면, 그냥 내가 가지고 있을지, 생각해 보았다. 학교에서는, 당연히 내야 된다고 배웠지만, 직접 내가 겪어 보니, 그냥 주기에는, 너무 아까웠다.

어머니께 드릴까? 아니면, 내 용돈으로 쓸까? 하는 생각도 해 보았지만, 그러면, 왠지 내가 도둑 같다는 생각을 했기 때문에, 그러지는 못했다. 아직도 그 돈을 지갑째로 가지고 있지만, 어떻게 해야 할지 모르겠다.(1994.11.28.)

〈아주 기분 좋은 날〉(보리 출판사)에서 옮김

남자 친구에게 보낸 편지

서울 경희 초등학교 5학년 정지영

내 마음은, 여전히 두근두근 힘차게 뛰고 있었다. 왜냐하면, 남자 친구에게 줄 편지를 줄까 말까 하고, 고민중이기 때문이다.

그런데, 개성파라는 클럽 아이들이, 편지를 전해 준다고 하며, 얼른 빼 들고, 남자 친구에게 전해 주는 것이었다.

나는 웬일인지 불안하였다. 자리를 박차고 교실 복도에 있었던 나는, 교실 안으로 들어가, 한숨을 크게 쉬었다. 그래도, 여전히 심장 박동 소리는, 내 귀에 들리고 있었다. 난 갑자기

'남자애를 한 번만 보면, 얼마나 좋을까?'

하고, 생각을 하였다.

수업이 끝난 후, 화장실에 가려고 복도를 나서는데, 내가 좋아하는 아이가, 나를 보고 씩 웃는 것이었다. 나는 얼굴이 빨개져서, 다시 교실로 들어갔다. 그런데, 화장실에 가고 싶은

생각에 막 뛰어갔다. 금방 싸고 나와, 그 애가 있는 반을 얼쩡거렸다.

그때, 쉬는시간이 끝나는 종이 힘차게 들리는 것이었다. 나는, 하는 수 없이 그냥 우리 반으로 들어가야만 했다. 공부시간에도, 늘 머리 속에는, 그 애 생각뿐이었다.

어느 토요일, 세미, 주현, 그리고 나, 이렇게 셋이서 의논을 하였다. 우리 삼총사가 결정한 의제는, 사춘기라는 것이었다. 서로 해결하지 못한 비밀을, 다 꺼내 놓는 것이고, 이것을 비밀 보장하고, 서로 숨겨 주자는 것이었다.

나는, 내가 사춘기라는 것이 믿어지지 않았다. 집으로 돌아와, 나는 한없이 침대에 쭈그리고 앉아, 고민을 하였다. 사춘기, 남자 친구 등등…….

사춘기라서 그런지, 남자 친구만 보면, 가슴이 두근거리고, 얼굴이 붉어진다. 어떻게 하면 좋을까? 예전에는 안 그랬는데, 왜 이런지 모르겠다. 그 애에게 나의 마음을 전할 수 있다면, 참 속시원할 텐데…….

내 마음 한 구석에, 작은 사랑이 있는 것 같다. 그 애도, 내가 자기를 좋아하는 만큼, 나를 좋아하고 있을까? 너무나 궁금하다. 그 애한테 물어 볼 용기도 없고, 편지를 줄 용기도 없다.

그래서, 친구를 시켜 편지를 보낸 것이다. 이 용기는, 친구에게 얻은 것이다. 한 번뿐이었지만…….(1995)

〈나도 민들레처럼〉(지식산업사)에서 옮김

제6부 취재범위(取材範圍) 넓히기
— '제재(題材) 붙잡기' 지도의 중요성

어린이들이, 내용이 알찬 좋은 일기나 글쓰기 작품을 쓰려면, 쓰고 싶은 좋은 제재(題材)가 많아야 하는데, 요즘 어린이들은, 일기나 글쓰기 작품을 쓰라고 하면, "제목을 몰라요. 쓸 게 없어요." 하며, 하늘만 쳐다보고 있는 수가 많습니다. 그것은, 요즘 어린이들이, 대부분 자연과 격리된 기계적인 아파트에 갇혀, 학교와 학원만 왔다갔다 하는, 기계적인 생활만 되풀이하고 있기 때문인 것입니다.

이렇게, 쓸 게 아무것도 없다고 버티는, 도시문명에 잘못 길들여져 멍든, 게으른 어린이들을 데리고, 일기 쓰기나 글쓰기 지도를 한다는 것은, 참으로 어려운 일이 아닐 수 없습니다. 그래서, 이런 급격히 도시화돼 가는, 기계적이고 매마른 생활환경 속에서의, 일기 쓰기나 글쓰기 지도의 성공 여부는, 바로, 제재지도(題材指導)와 취재지도(取材指導)에 달려 있다고 해도, 과언이 아닐 것입니다.

그러면, 먼저, 도시화된 기계적인 환경 속에서 살고 있는, 요즘 어린이들의 생활의 특성부터 한번 살펴보도록 하겠습니다.

요즘, 논이나 밭에서 일하며 사는 순수 농촌 어린이는, 거의 볼 수가 없게 되어 버렸습니다. 또, 학원 공부 때문에, 집안일을 돕는 어린이도, 아주 적어져 버렸습니다. 그래서, 노동이나 집안일 돕기를 소재로 한 작품은, 거의 찾아볼 수가 없습니다.

그리고, 어린이들이 밖에서 왁자지껄 힘차게 뛰노는 광경도, 거의 볼 수 없게 되어 버렸습니다. 술래잡기·땅뺏기·돌치기·자치기·제기차기·딱지치기 등의 놀이는 없어지고, 집 안에서 TV나 비디오를 보거나, 컴퓨터 게임 등을 하며 노는, 어린이는 점점 많아지고 있습니다.

이렇게 해서, 독서생활도 소홀해지고, 침착하게 사물을 보고 생각하는 생활태도도 변질되고, 알뜰한 생활 리듬도, 점점 무너져 가고 있습니다.

또, 농삿일이나 동식물을 가꾸고 기르는, 자연과 밀착된 생활도 점점 적어져, 밤 줍기·도토리 줍기·벌레잡기·고기잡기 등도, 거의 볼 수 없게 되었습니다.

가정을 보면, 외동이나 두 형제 가정이 많아져, 형제간 싸움도 보기 드물어졌고, 애보기 광경도 보기 드물고, 서로 친절하게 돌보거나 격려하거나 하는 생활도, 적어졌습니다. 핵가족이라, 조부모님과의 관계도 멀어져, 버릇없는 어린이들도 많이 생기게 되었습니다.

이렇게, 21세기 도시 어린이들은, 자연인식(自然認識), 인간인식(人間認識), 사회인식(社會認識) 들이 다 모자란, 말하자면, 인간 만들기 기초공사에 꼭 필요한, 직접적인 생활체험(生活體驗)이 아주 부족한 사람으로 커가고 있는 것입니다. 그리하여, 어린이들은, 농작물이나 동식물 이름을 하나도 모를 뿐 아니라, 흙이 몸이나 옷에 묻으면, 똥보다도 더 더럽게 생각하는 세상이 되고 말았습니다.

이것은, 참으로 무서운 일입니다. 일기 쓰기와 글쓰기의 제재 문제는 물론이고, 인간의 성장기 환경이 이래서야 되겠는가 하는, 걱정이 먼저 앞서기도 합니다. 그래서, 앞으로 이 문제를, 일기 쓰기나 글쓰기 제재(題材)의 취재범위(取材範圍) 넓히기 지도와 직결시켜, 적극적으로 해결해 나가도록 해야 하겠습니다.

그러면, 여기서, 직접체험이 결핍되어, 쓸거리 부족으로, 일기 쓰기나 글쓰기를 못하겠다고 버티는, 어린이들의 '숙맥병'·'게으름병' 극복을 위해 필요한, 여러 가지 효과적인, 일기 쓰기 및 글쓰기 제재의 취재범위 넓히기 지도법에 대해, 하나하나 검토해 보도록 하겠습니다.

제1장 제재(題材)의 다면화(多面化)와 제재의 심화(深化)

취재지도(取材指導)에서 중요한 일은, 제재를 넓히기 위한 다면화와 하나의 제재에 대해 깊게 파고드는 제재의 심화, 이 두 가지를 잊어서는 안 될 것입니다.

　이 제재의 심화문제에 있어서는, 단순히 '무엇무엇에 대한 것'이라고 하는, 단순한 제재 골라잡기뿐만 아니고

　'아버지의 작업장(목수)에 가서 보니, 목수의 일이란 굉장히 위험해서, 항상 주의하지 않으면 다치기 마련이라, 대단히 어려운 일이란 것을 알았기 때문에, 그것을 쓴다.'

　'사육당번이 되어, 매일 동물 돌보기를 해보니, 동물의 모습을 잘 알 수 있어, 귀엽다고 느꼈기 때문에, 그것을 쓴다.'

　'부모님의 이야기를 들으니, 이번에 아버지가 딴 직업을 갖게 되었다는데, 앞으로의 우리 집 살림이 어떻게 될까 걱정이 되기 때문에, 그걸 쓴다.'

등처럼, 쓸 대상에 대한, 자기의 보는 법·느끼는 법·생각하는 법을 확실히 해 가지고, 써야 합니다.

　테마(주제)를 명확히 해서, 대상을 붙잡도록 해야 합니다. 중고학년이 되면, 제재에 대한 관점(觀點)을 확실하게 한 후에, 쓰도록 하는 게 중요합니다. 단순히, 무언가를 했으니까 쓴다고 하는 것으로부터, 한 걸음 나아가, 어떤 대상(對象)에 맞서는 자세를 확실하게 해 가지고, 취재하도록 해야 합니다. 대상과 자기가 어떻게 관계를 맺고, 거기에서 무엇을 발견하고, 느끼고, 생각했는가 등의 자기의 입장을 확실하게 해 가지고, 취재하도록 하라는 것입니다. 그렇게 하기 위해선, 다음과 같은 취재방법이 있습니다.

1. '가장 쓰고 싶은 것'을 찾아내 취재하도록 할 것

　어린이들은, 자기의 흥미와 관심이 강하면 강할수록, 대상에 대해 더욱 애착을 갖고, 깊은 관계를 맺게 되는 것입니다. 지금, 가장 쓰고 싶은 일이 있다고 한다면, 그 어린이가, 지금 그것과 아주 깊게 관계를 맺고

있다는 증거인 것입니다. 아마도, 그 대상에 대해서, 다른 것보다도 더 잘 알고 있기 때문에, 마음도 강하게 끌려 가 있을 것입니다.

그런 대상을 취재해서 글을 쓴다면, 대상에 대해서도 깊이 느끼고, 생각하고 있는 것도, 선명하게 나타나는 것입니다. 대상에 대한 애착이 희박하면, 표현도 겉발림으로 끝나 버리게 될 것입니다.

똑같은 '낚시질'이란 제재로 쓴 글이라도, 낚시질을 좋아하는 어린이가 쓴 것은, 낚싯밥 끼우는 법, 낚싯대 사용법, 찌의 움직임에 대한 것, 냇물의 흐름, 낚싯대 당길 때의 요령 등, '낚시 박사'라고 불릴 만한, 정밀한 묘사를 하며 잘 표현하지만, 별로 낚시질을 해보지 않은 어린이는, 거기까지 눈이 미치지 못해, 작품도 평범한 것으로 끝나 버릴 것입니다.

2. 어린이에게 '절실(切實)한 문제'를 붙잡아 취재하도록 할 것

어린이에게 있어서, 지금 '가장 절실한 문제'를 붙잡아 쓰게 하는 것이, 어린이들의 보는 법·느끼는 법·생각하는 법을, 심화시키는 일이 되고, 문장표현력을 높이는 일이 되기도 합니다. 가장 곤란받고 있는 일, 걱정하고 있는 일, 고민하고 있어 마음에 걸리는 일, 기뻐서 참을 수 없는 일, 즐거워 즐거워서 가만히 있을 수 없는 일 등을, 주의 깊게 쓰게 함으로써, 어린이들의 느끼는 법·생각하는 법을, 한층 깊게 할 수가 있을 것입니다.

'형의 대학진학 문제로, 온 가족이 초조해 하고 있는 일', '할아버지가 입원을 해서, 어머니가 매일 병원에 왔다갔다 해야 하기 때문에, 어려움을 겪고 있는 일', '여동생이 태어났는데, 매일 볼수록 갓난아이가 무럭무럭 자라 가고 있기 때문에, 기뻐서 견딜 수 없는 일' 등처럼, 테마를 확실하게 하는, 좀 긴 제목을 붙이게 함으로써, 초점 뚜렷한 문장을 쓸 수 있게 할 수도 있습니다. 그리고, 또 그것을 어떻게 보고, 어떻게 느끼고, 어떻게 생각하고, 어떻게 행동했는가도, 알 수 있도록 자세하게 취재하는 것도 중요합니다.

3. 자기 생활을 야무지게 '응시(凝視)' 하고서 취재하도록 할 것

평소의 생활 모습이, 그대로 어린이들의 글쓰기에 반영됩니다. 매일 멍하니, 무의식적으로 지내고 있으면, 자연에 대해서도, 세상일에 대해서도, 세상 사람들의 사는 모습에 대해서도, 문화적인 일에 대해서도, 어린이들 마음은 향해 있지 않습니다.

특히, 자기 신변의 생활에 눈을 돌리도록, 예문을 보여 주기도 하고, 교사의 글이야기(文話)도 해주고, 어린이 한 사람 한 사람에게 이야기도 걸면서, 가족에 관한 일, 가족들의 사는 모습에 관한 것, 친구들에 관한 일, 학교 공부에 대한 것, 계절의 바뀜에 따른 자연의 변화 등에, 눈을 돌리게끔 합니다. 그렇게 함으로써, 평상시 별 관심도 없이 지내 온 사실 속에서, 어린이 나름의 가치를 발견하고, 그것에 애착을 갖게 되어, 새로운 느끼는 법, 생각하는 법이 생겨나게도 되는 것입니다.

4. '취재의 기회'를 붙잡도록 할 것

어린이들 주변에서는, 종종 뜻하지 않은 일도 일어납니다. '큰 눈이 온 일', '태풍으로 제방이 무너진 일', '교통사고', '이웃집이 불탄 일', '친한 친구의 전학' 등, 곰곰이 생각하게 되는 사건들을 만나게 되면, 기회를 놓치지 말고, 취재해서 글을 쓰게 하는 것도, 어린이들 생각을 심화시키는 일이 될 것입니다.

제2장 제재(題材)의 개성화(個性化)로 '그 어린이다운 글'을 쓰게 할 것

요즘 어린이들은, 도시 어린이건, 농촌 어린이건, 생활양식이 똑같아져서, 사물 보는 법·느끼는 법·생각하는 법도 유형화(類型化)되어, 개성과 특징이 없어졌다고들 말합니다. 의식이나 감정·감성도 획일화(劃一化)되었다고 합니다. 겉만 보고 있으면, 그렇게 생각되는 현상은, 우리들 주변에 얼마든지 있습니다.

그러나, 어린이들 움직임을 잘 보고 있으면, 한 사람 한 사람의 차이점을 볼 수가 있습니다. 어린이들이 모두 함께 있을 때는, 똑같은 반응과 행동을 취하고 있어도, 자세하게 관찰해 보면, 역시 한 사람 한 사람의 차이점을 깨닫게 됩니다. 요즘 어린이들을, 한데 묶어서 통틀어 취급해 가지고서는, 한 사람 한 사람 어린이의 인간적 발달을 촉진시킬 수가 없고, 따라서, 한 사람 한 사람의 어린이를 정말로 깊게 파악할 수도 없을 것입니다. '그 어린이다운 제재'를 선택해 글을 쓰게 하는 일이, 그 어린이의 인간적 발달을 돕는 계기가 될 것입니다.

그렇게 하기 위해서는, 다음과 같은 일을 고려해야 할 것입니다.

1. 한 사람 한 사람의 어린이가, 지금 살고 있는 '생활환경(生活環境)'에 의거해 취재토록 할 것

어린이들의 생활환경을 살펴보면, 양친이 다 살아 계셔서 아무 부자유도 없이 생활하고 있는 어린이, 집 안에 언제나 웃음소리가 끊이지 않는 집의 어린이, 양친이 다 살아 계시지만, 언제나 부모간의 옥신각신이 끊이지 않는 속에서 생활하고 있는 어린이, 아버지가 혼자 전근 가셔서, 한 달에 한 번밖에 오시지 않는 집의 어린이, 아버지가 객지로 돈 벌러 가셔서, 반 년 동안 만나지 못하는 가정의 어린이, 아버지의 술버릇이 나빠서, 가정에서 금전 문제가 끊이지 않는 가정의 어린이, 아버지가 외국으로 출장 가서, 3년간 귀국하지 않는 가정의 어린이, 모자가정(母子家庭), 부자가정(父子家庭) 등등, 여러 가지입니다.

이렇게, 학급 어린이들이 지금 살고 있는 가정환경은 똑같지가 않고,

가지각색입니다. 그런 환경의 차이가, 어린이들 성장에 무언가의 영향을 줄 것입니다. 따라서, 한 사람 한 사람의 어린이들마다, 환경에 따른 독특한 문제들이 꼭 있을 것입니다. 그래서, 그 어린이가 아니면 쓸 수 없는, 독특한 제재도 꼭 있을 것입니다. 그런 것에, 눈을 돌리도록 하는 것이 아주 중요합니다.

2. 학급에 갖가지 성격의 어린이들이 있으므로, '그 독특한 어린이다움'에 의거해 취재토록 할 것

얌전해서, 사람 앞에 서면, 말수가 많지 않지만, 언제나 무언가를 생각하고 있는 것 같은 어린이가 있습니다. 잠깐이라도, 꼼짝 않고 침착하게 있지를 못하는, 활기찬 어린이도 있습니다. 누구의 말이라도 금방 믿어 버리고, 딴 사람이 말한 것을, 잘 이해하지도 못하면서 그냥 받아들여 버리는, 의심할 줄 모르는 어린이도 있습니다. 어떤 일에도 적극적이어서, 언제나 하고 싶은 마음 가득해서, 실패해도 낙담하지 않는 어린이도 있습니다. 학습에는 별로 의욕적이지 않으나, 무언가 일을 시키면, 야무지게 최후까지, 끈기 있게 몰두하는 어린이도 있습니다. 자기 주장이 강해서, 자기가 말하는 대로 안 되면, 금방 비뚤어져 버리는 어린이도 있습니다. 공부가 뒤떨어진 친구들의 일을, 언제나 걱정하고, 남의 일을 잘 돌봐 주는, 친절한 어린이도 있습니다.

이렇게, 예를 들어 보면, 끝이 없을 정도로, 어린이들은, 각각의 성격과 특징을 갖고 있습니다. 나날의 생활 속에서, '그 어린이다움'을 드러내면서, 생활을 하고 있습니다. 교사는, 한 사람 한 사람 어린이들의 '그 독특한 어린이다움'을 인정하면서, 바람직하지 않은 것은 보완하고, 바람직한 것은 더욱 신장시켜 나가는 지도를, 축적해 나가야 하겠습니다. 그러기 위해서는, 그 어린이들의 생활에 따라 지도하고, 개성에 따라 지도하는 것이 중요합니다.

'그 독특한 어린이다움'의 사실을 취재해서, 그것을 표현시킴으로써, 어린이들은 자기 생활 속에서 자기를 응시하고, 또 다시 응시함으로써, '그 독특한 어린이다움'을, 더욱 신장해 가게도 될 것입니다. 그리하여, 자기가 사는 법·생활하는 법도 다시 고쳐 생각하는 기회가 되기도 할 것입니다.

3. 어린이들의 '생육력(生育歷)의 다름'에도 눈을 돌려서, 거기에서 취재토록 할 것

이것은, 1·2와 깊이 관련된 일이지만, 어린이들이 어떤 육성방식에 의해 길러졌느냐의 문제는, 지금의 어린이들을 생각할 때, 빼서는 안 될 일인 것입니다.

글쓰기를 소중히 하고 있는 교사들이, 가정방문 등을 통해, 학부모와 충분히 이야기 나누는 일을 소중히 하고 있는 것은, 그 때문입니다. 현재의 어린이들의 환경을 자세히 파악함과 동시에, 지금까지의 어린이들의 성장방식이, 현재의 어린이들에게 어떤 영향을 끼쳤는가를 아는 데 있어서도, 없어서는 안 될 일이기 때문입니다.

어린이들 발달의 한 고비인 중학년이나, 사춘기 전기의 고학년 어린이들에게, 자기의 '생육력'에서 취재해서, '내가 태어났을 무렵의 이야기'나, '성장과정의 기록'을 쓰게 하는 것은, 어린이들 자신에게, 자기들의 성장의 내력을 뒤돌아보게 해서, 지금의 자기를 다시 붙잡게 하기 위한 것입니다. 졸업기념을 위해서라는, 임시 모면의 이유에서 하는 것은 아닙니다. 그리고, 또 교과서 교재에 있기 때문에 하는 것이라고, 안이하게 생각해서도 안 될 것입니다.

제3장 '취재수첩(取材手帖)' 갖기와 '제재일람표(題材一覽表)' 및

'제재력(題材歷)' 만들기

1. '취재수첩(取材手帖)' 갖기

 한 사람 한 사람의 어린이들에게 조그만 '취재수첩'을 갖추도록 해, 호주머니나 책가방 속에 넣고 다니도록 하면, 취재하기에 아주 편리합니다. 놀고 있을 때도, 물건 사러 갔다 올 때도, 집안일을 돕고 있을 때도, 가족들과 이야기하고 있을 때도, 무엇이든 깨달은 일이나, 마음에 느낀 일을, 그 자리에서 메모하도록 습관화시키는 것입니다.
 '취재수첩' 갖추기를 시작한 약 10일간은, 매일 아침 협의 시간에, 취재수첩 갖추기 상황도 점검하고, 몇 사람의 취재수첩에 적힌 내용을 소개해 주기도 하면, 아주 효과적입니다. 처음 무렵에는, 아무것도 적혀 있지 않은 수첩도 있습니다. 아무것도 안 느낀 게 아니고, 무엇을 어떻게 메모할 줄을 몰랐기 때문일 것입니다.
 친구들의 메모수첩을 소개받는 동안에, 무엇을 어떻게 메모하는가를 점차 알게 될 것입니다. 그런데, 이 취재수첩 갖기 운동을 해보면, 갖추기도 어렵고, 또 메모하는 것 습관화시키기도 참 어렵습니다. 학급 어린이들이 다 취재수첩을 갖추고, 느낀 것을 적기 시작했다면, 교육적으로도 대단한 대성공인 것입니다.
 왜냐하면, 일상생활 속에서 보고 느낀 것을, 즉석에서 메모수첩에 적는 것이 습관화가 되면, 그 어린이의 눈빛이 달라지고, 생각도 달라지고, 행동도 달라집니다. 아주 의식적이고, 주의력이 있고, 깊이 생각하는 적극적인 어린이로 탈바꿈하게 됩니다. 참으로 놀라운 교육적 성과인 것입니다. 그러므로, 꼭 야무진 각오를 가지고, 실천해 보시기 바랍니다.
 취재수첩에는, 월일, 시간(아침·낮·밤, 또는 몇 시), 어디에서, 누구와, 무엇을, 어떻게 생각했는가를, 6하원칙에 맞게 적도록 습관화시키면 됩니다. 다음에, 그 보기를 들어 보겠습니다.

· 2005년 3월 11일(토)―오후, 어머니와 밭둑에서 다래를 캤다. 많이 나 있어서 오졌다. 저녁을 먹을 때, 달래를 간장에 무쳐서 먹으니, 맛있었다. 향긋한 봄 향기도 났다.
· 2005년 3월 12일(일)―아버지 차 타고, 충남 서산에 놀러 갔다. 풀밭에서 노란 민들레꽃을 보았다. 민들레꽃이 너무도 예뻤다.
· 2005년 3월 13일(월)―넷째 시간인 과학시간에, 운동장에 있는 나무 이름을 조사했다. 처음으로 안 나무 이름은, 플라타너스·백목련·매화나무·동백나무·대추나무·백일홍·벚나무 등이었다. 깜짝 놀랐다. 나무 이름을 너무도 많이 몰라 부끄러웠다.
· 2005년 3월 14일(화)―밤에, 동생과 인터넷 게임을 서로 많이 하려다 싸움이 되어 버렸는데, 나만 꾸중을 많이 들었다. 억울했다.

2. '제재일람표(題材一覽表)' 만들기

　어린이들 각자가 가지고 있는 글쓰기 공책 뒤표지에, 다음과 같은 항목의 일람표를 복사해서 주고, 붙이도록 하면 됩니다. 자기가 쓴 글쓰기 작품의 제목을, '자연에 대한 것', '가족에 대한 것', '학교에서 일어난 일', '길거리에서 보고 느낀 일', '사회에서 생긴 일', '그 밖의 것' 등의 각각의 난에, 써 넣도록 하면 됩니다.
　이렇게 하면, 어린이들은, 각자의 '제재일람표'를 보고, 자기가 어떤 분야의 작품을 많이 쓰고 있으며, 어디가 부족한가를 깨닫게 되어, 자기 스스로 취재의 다면화를 실천하게 될 것입니다.

3. '제재 달력(題材歷)' 만들기

　어린이들 글쓰기의 제재가 될 것으로 생각되는, '지역사회의 행사', '학교·학급의 행사', '동물과 식물', '기후', '음식물', '놀이와 일' 등을 월별로 뽑아 써서, 달력 모양으로 정리한 일람표를 모조지 두 장을 붙인 종이에 써서, 교실 벽에 게시해 두고, 어린이들이 취재할 때, 참고하도록 하면 아주 좋을 것입니다.

〈제재 달력〉

구별 달	지역의 행사	학교·학급 행사	동물과 식물	기후	음식물	놀이와 일
3월	·3·1절	·입학식 ·새로 오신 선생님 ·전근 가신 선생님 ·새 교과서 ·반장 선거 ·클럽활동 조직 ·신체검사	·민들레꽃 ·냉이 ·달래 ·보리 캐기 ·진달래꽃 ·개나리 ·산수유꽃 ·매화꽃 ·살구꽃 ·병아리	·경칩(5일) ·춘분(20일) ·물의 날(22일) ·기상의 날(23일) ·봄서리	·화전 만들기 ·진달래꽃 따먹기	·연 날리기 ·팽이치기 ·나물 캐기 ·꽃씨 뿌리기 ·화전놀이 ·교실 대청소
4월	·식목일(5일) ·한식(5일) ·보건의 날(7일) ·4·19혁명 기념일 ·장애인의 날(20일) ·과학의 날(21일) ·충무공 탄신일(28일)	·봄소풍 ·전교 어린이회 회장 선거 ·가정방문	·벚꽃 ·백목련 ·자목련 ·황매화 ·제비 ·토끼 기르기 ·새 기르기	·곡우(20일)	·쑥떡	·채소 씨 뿌리기 ·꽃씨 뿌리기 ·나물 캐기 ·딱지치기 ·롤러브레이드 타기 ·꽃 심기

제4장 '과제(課題) 글쓰기'로 '자유제(自由題) 글쓰기'의 폐단 막기

쓰고 싶은 것을 자유로이 쓰이는, '자유제(自由題)) 글쓰기'를 오래 하고 있으면, 제재가 한쪽으로 치우치기도 하고, 글을 잘 쓰는 어린이와 글 잘 안 쓰는 어린이의 차이가, 크게 나 버리기도 합니다. 이래 가지고서는 안 됩니다. 균형을 잡아야 합니다.

그래서, 참된 글쓰기 교육에서는, 어린이들에게 쓰고 싶은 것을 자유로이 쓰는 '자유제 글쓰기'도 하고, 필요에 따라서는, 제목을 주어서 쓰이는 '과제(課題) 글쓰기'도 해서, 양면이 균형을 유지하도록 해야 합니다.

과제를 해서 글을 쓰이는 '과제 글쓰기'는 (1) 특정의 어린이에게 어떤 과제를 주어 쓰이는 경우, (2) 교과 및 교과 외 교육의 필요에서, 일제히 글을 쓰이는 경우, (3) 어린이들의 생활정황(生活情況)을 고려해서, 어떤 과제에 대해서 일제히 쓰이는 경우, (4) 교사의 계획에 따라, 어떤 지도과제(指導課題)를 주어, 표현 각 과정에 걸쳐, 일정 시간을 가지고 계통적 지도를 하는 경우 등을, 생각할 수가 있습니다.

(1)과 (4)는, 딴 데서, 자세히 언급이 되었기 때문에, 여기서는, (2)와 (3)에 대해서만 이야기하도록 하겠습니다.

(2) 교과 및 교과 외 교육의 필요에서, '일제히 과제(課題) 해서 쓰이는 경우

저학년의 사회과 학습의 과정이나 학습이 끝난 뒤, '벌레 잡기'한 일이나, '물건 사러 갔을 때' 등의 일을, 사실에 따라 쓰이거나, '학급 만들기'나, '클럽활동'에서 일어난 문제를 붙잡아서, 일제히 쓰이는 것이, '학급 만들기'를 하는 데 있어서 도움이 되는 일이 아주 많습니다. 그 경우, 사실을 야무지게 붙잡고 쓰도록 하는 것이 중요합니다.

특히, 사회과 학습의 경우, 동물이나 식물을 의인화해서, '해바라기에게 보내는 편지'란 형식의 문장을 쓰여서는, 절대로 안 됩니다. '공원을 언제나 깨끗이 합시다', '쓰레기를 버리지 않도록 합시다' 등의 도덕적인 글도 피해야 됩니다. 어디까지나, 쓰는 대상을 야무지게 인식할 수 있는 과제를 주어서, 쓰이도록 해야 합니다.

중고학년에서는, 각각의 교과학습과 관련된 과제를 주어서 쓰이는 기회를, 될 수 있는 대로 많게 하는 것이 중요합니다. 그렇게 함으로써, 어린이들의 문장표현력을 신장시킴과 동시에, 교과학습에서 배운 것을 되살려서, 자기 생활이나 자기 주변에서 일어나는 문제들을 응시하거나, 다시 고쳐 생각하는 힘을 기르는 일이 되게 할 수도 있습니다. 그리고, 자기의 생활사실을 교과학습 속에서 확인하기도 하고, 다시 생각해 보기도 하는 힘을, 기르는 일이 되기도 하는 것입니다.

이것은, 교과학습 속에서 글쓰기 활동을 살린다는, '문필활동'으로서 쓰이는 것도 아니고, 교과학습을 진행하는 과정에서 쓰이는, 감상문이나 논설문도 아닙니다.

사회과 학습 때, '전쟁과 평화'에 관한 학습 뒤에, '조부모님한테 전쟁체험에 대한 이야기 듣고, 그대로 쓰기'를 한다든가, 과학과 학습 때, 동물과 식물에 관한 학습 뒤, '살아 있는 것들과 관계 짓고 있는 사실을 자기 생활 속에서 찾아서 쓰기', 또는 인권이나 인간의 존엄성을 테마로 한 문학작품의 독해지도 뒤에, [학급 속에 있는 '차별'에 눈을 돌려서 쓰기] 등, 과제해서 쓰일 글거리는 얼마든지 많습니다.

교과 외 활동도 똑같습니다. 어린이회활동, 클럽활동, 어린이회 임원선거, 어린이회 주최의 각종 자주적 창조적 활동에서 취재해서, 과제해서 쓰일 필요가 있을 때가 많습니다. 글로 씀으로 해서, 그런 여러 활동을, 한층 더 활발하게 활성화시킬 수가 있기 때문입니다.

(3) 어린이들의 '생활정황(生活情況)'을 고려해서, 어떤 과제(課題)에 대해 일제히 쓰이는 경우

학급에서 일어난 여러 사건에 대해서 쓰인다든지, 전학 간 어린이에 대해서 쓰인다든지, 예를 들자면, 한이 없습니다. 또, TV나 신문에 크게 보도 되어, '아들이 아버지를 죽인 사건'이나, '어린이 자살 사건' 등을

취재해서, 쓰이는 것도 좋을 것입니다.

특히, '어린이 자살 사건'에 대해선, 자기 스스로 자살을 생각해 본 사건에 대한 자신의 생각을, 비판적으로 써 보도록 하는 것도 좋을 것입니다.

털북숭이

일본 5학년 여자　○○○

4학년 때의 어느 체육시간, 준비체조를 하고 있을 때, A군이 나를 보고, '시커먼 털북숭이'라고 말했다. 나는 모르는 척하고 있었다. 그렇지만, 마음속에선, 분해서 분해서 참을 수가 없었다. 체조를 하면서, 때때로 A군 쪽을 보았지만, A군은, 그런 것은 완전히 잊어버린 것 같았다. 그러나, 나는, 그 말이 마음에 걸려서, 수업 같은 것, 하나도 귀에 들어오지 않았다.

집에 돌아와서도, 그 일만을 생각하고 있었다. 어머니가, 무언가 말을 걸어 와도, 대답도 하지 않고, 책상에 앉아서, 책을 읽는 척하고 있었다. 책을 펴고 있어도, 책의 내용은, 조금도 머리에 들어오지 않았다. 만일에, 쭉 계속해서 '시커먼 털북숭이'라고 불리운다면, 시집도 갈 수 없다고 생각하니, 점점 자기 스스로 어떻게 하면 좋을까, 알 수 없게 돼 버렸다. 털이 덥수룩하다는 것은, 지금 어떻게 할 수도 없는 일이라고 생각하니, 이제 그 이상 더 생각할 수가 없게 되어 버렸다.

그러자, 문득 '자살'이란 말이 떠올랐다. 자살이란 말이 마음속에 번지자, 이제 그 길밖에 없다고 생각되었다. '자살', '자살' 하고, 마음속에서 그 말이 자꾸 튀어나왔다.

그러나, 생각해 보니, 어떻게 해서 자살할까 하고, 생각했다. 나이프밖에 없는데, 나이프라면 찌를 때 아프기 때문에, 아파서 죽는 것은 싫다. 게다가, 나는, 지금 민속악기 연습을 하고 있는데, 내가 죽어 버리면, 민속악기 울리기를 할 수 없을 거라고 생각했다.

민속악기에 대한 것이, 이번에는 내 마음속에 번져 왔다. 여러 사람과 민속악기 연습할 때의 일이 생각나니까, 죽는다는 것이, 어쩐지 손해 보는 것같이 생각되었다. 죽어 버리면, 민속악기 연습도 못하고, 학교에도 못 간다고 생각하니, 죽는 것이 점점 바보스러워졌다.

제5장 '보고 듣고 느끼고 생각한 것 이야기하는 시간(時間)' 갖기

저학년, 특히, 1학년 어린이들로 하여금, 일기 및 글쓰기의 제재 붙잡기 기회를 넓혀 주기 위해, 아침 자습시간을 이용해, '보고 듣고 느끼고 생각한 것 이야기하기 시간'을 갖도록 하면 좋습니다. 5, 6명에서 10명 정도 나와서, 자기가 보고 듣고 느끼고 생각한 것 이야기를 하게 하는데, 내용은, 어제 학교를 나온 후, 그 이튿날 아침 학교에 도착할 때까지의, 인상 깊은 이야기를 한 가지씩만, 6하원칙에 맞게, 남이 잘 알 수 있도록 자세하게, 차례로 나와서 이야기하도록 하면 됩니다.

그러면, 학교에서 돌아올 때, 귀여운 강아지를 본 이야기, 길가에 피어 있는 예쁜 민들레꽃을 본 이야기, 집에 오다가 친구와 싸운 이야기, 집에 오니 아파트 문이 잠겨 있어서 난감했던 이야기, 가족과 함께 어디로 놀러 갔던 이야기 등, 여러 가지 이야기를 하게 됩니다.

그때, 교사와 학급 어린이들은, 이야기하는 사람의 말을 조용히 들으면서, 잘 받아들여 주어야 합니다. 그래야, 어린이들은 자신감을 갖고 이야기할 수도 있고, 또, 그래야, 무슨 말을 해도 아무 허물이 없는 허용적인 분위기 속에서, '표현(表現)의 해방감(解放感)'을 느낄 수도 있기 때문입니다.

그리고, 이야기를 듣고 있다가, 의문 난 점이 있으면, 질문하도록 하는 것도 좋습니다. 가령, 어떤 어린이가 집으로 돌아오다 친구와 싸웠다고 하면, 자연히 누구와 어째서 싸웠는지가 궁금해질 것입니다.

"누구와 싸웠니?"

"영식이하고 싸웠어."

"무엇 때문에 싸웠니?"

"내가 꺾은 민들레꽃을, 영식이가 빼앗아 가서 싸웠어."

이런 식으로, 6하원칙에 따라 서로 이야기를 주고받다 보면, 이야기가 점점 더 재미있어지고, 또, 이야기의 내용도 많이 부풀려져서, 하나의 글감(제재)으로 발전할 수도 있게 될 것입니다. 그리고, 자기도 모르는 사이에, 기본문형(基本文型)에 대한 것도 차츰 깨닫게 될 것입니다.

교사는, 어린이들의 체험담을 듣고 있다가, 사물을 정확하게 관찰한 이야기나, 남이 알 수 있도록, 조리 있고 자세하게 이야기한 어린이가 나타났을 때, 좋은 대목을 짚어서 칭찬해 주면, 아주 효과가 클 것입니다. 그리고, 친구들이 이야기하는 것을 듣고, 거기에서 취재해서, 그림일기나 생활일기를 쓰도록 하면, 아주 효과적일 것입니다.

이렇게, 아침 자습시간을 이용해, 학급 어린이들의 체험담을 듣다 보면, 친구들의 생활도 알 수가 있게 되고, 또 넓은 세상일에도 눈을 뜨게 되어, 점차 호기심에 찬 반짝이는 눈으로, 세상일을 살피게도 될 것입니다. 그리하여, 자기들 생활 속에서 생긴 모든 생활활동이나 사건이, 모두 생생한 글감(題材)이 될 수 있다는 것을 깨닫고서, 글감을 멀리서 찾지 않고, 바로 자기 생활 속에서 찾으려고 하게 될 것입니다.

제6장 '남의 좋은 작품(作品)' 읽어 주기와 스스로 많이 읽기

어린이들이, '쓸 것이 없다.', '제목이 잡히지 않는다.' 라고 하는 것은, 어린이들의 눈이 어떤 범위 안에 갇혀서, 거기에서 벗어나지 못하고 있기 때문에 그런 것입니다. 그런 좁은 생활의 틀에서 벗어나게 하려면, '취재범위(取材範圍) 넓히기' 와 '제재의 다면화(多面化)' 를 시도해야 합니다.

그 방법에는, 여러 가지가 있겠지만, '다른 사람의 작품 읽어 주기' 와 '스스로 많이 읽기' 도 아주 효과적인 방법일 것입니다.

1. '남의 좋은 작품' 읽어 주기

다른 사람의 일기나 글쓰기 작품을, 하루에 한 편 이상 읽어 주는 것이 가장 좋습니다. 그 날 나온 일기를 다 읽고, 나누어 줄 때, 문제가 되는 좋은 어린이들 일기를 읽어 주고, 또, 그와 비슷한 제재의 본보기글을, 시중에 나와 있는 좋은 일기문집에서 골라, 읽어 주면 아주 효과적입니다.

학급 어린이들 일기를 읽어 줄 때는, 잘 쓰는 어린이 글에만 치중하지 말고, 서툰 어린이 글까지도, 좋은 점을 찾아내어, 골고루 다 읽어 주도록 유의하고, 칭찬할 때도 문장표현의 좋은 점뿐만이 아니고, 생활내용이 좋은 것도 칭찬해 주도록 유의해야 합니다. 왜냐하면, 일기 쓰기가 문장력 기르기에만 그 목적이 있는 것이 아니고, 생활지도, 즉, 인간 만들기에, 더 큰 목적이 있기 때문인 것입니다.

그렇게, 학급 어린이들 일기를 골고루 읽어 주면, 어린이들이 인정감(認定感)을 느끼게 되어, 더욱 자신감을 가지고 일기를 열심히 잘 쓰게 됩니다. 특히, 공부를 잘 못해 기가 죽어 있는, 어린이들의 알아볼 수 없을 정도로 서툰 일기라 하더라도, 그 속에서 색다른 표현이나 생활내용이 좋은 것을 발견해 칭찬해 주면, 그 어린이 자신의 생활태도가 달라질 뿐 아니라, 친구들의 보는 눈도 달라지고, 따라서 학급에서의 위치도 달라지게 됩니다.

좋은 본보기글을 읽어 줄 때는, 진실되고, 실감도 나는, 살아 있는 좋은 글을 골라야 합니다. 자연과 생산과 노동과 학습 등에 관해서, 직접체험을 하고서 쓴, 실감나면서도 가치 있는 좋은 글을 읽어 감동시킴으로써, 세상을 보는 눈을 넓힘은 물론, 가치 있는 생활로의 올바른 방향도, 제시해 주어야 합니다.

왜 이렇게 직접체험한 것을 쓴, 실감나는 본보기글을 강조하느냐 하면, 요즘 기술주의적(技術主義的)이거나 능력주의적(能力主義的)인 '글짓기'의 잘못된 풍조의 유행으로, 국어 교과서 등을 중심으로, '상상그림 그리기', '상상글 짓기' 등이 마구 유행하는 바람에, 실제체험의 사실이나 진실은 무시해 버리고, '상상글 짓기'란 이름 아래, 아무 실감(實感)도 안 나고, 감동(感動)도 줄 수 없는, 망령되고 허무맹랑한, 허튼 소리를 해 놓고 있는 데도, 그런 글을 상상력이 풍부하다고, 오히려 잘 썼다고 추켜세우는, 가치전도의 괴상한 풍조가 만연되어 있기 때문입니다.

그러면서, 그들은, 또 그런 엉터리 '상상글 짓기'만 잘하면, 마치 상상력이나 창의성이 무한대로 발달해, 세상만사가 다 해결되는 것처럼 도취되어, 깊은 잠에 빠져 있어. 그래서, 더 큰 걱정인 것입니다. 어떤 상상력이나 창의력도, 타당한 현실과 사실의 발판 위에서만, 제대로 된 힘을 발휘할 수 있는 것이지, 현실과 사실의 발판에 기초하지 않는, 상상력과 창의력은, 한낱 망상(妄想)과 몽유병(夢遊病)에 불과하다는 것을 똑똑히 알아야 할 것입니다.

그리고, 또 한 가지, 직접체험을 다룬 실감나는 본보기글을 강조하는 이유는, 요즘 어린이들이 아파트에 갇혀, 대자연과 격리된 생활을 하는 관계로, 직접체험이 너무도 부족해, 아는 것이 너무도 없기 때문에, 직접체험을 많이 시킬 것을 강조하기 위해서인 것입니다. 왜냐하면, 농삿일·사육재배 등의 직접체험을 많이 시키면, 어휘력과 인식력 등이 많이 늘고, 어휘력과 인식력이 늘면, 문장력과 사고력도 늘어, 일기 쓰기 및 글쓰기도 더욱 잘하는, 똑똑한 어린이로 성장할 수가 있기 때문입니다. 이렇게, 직접체험한 좋은 작품을 많이 읽어 주다 보면, 어린이들의 귀와 눈이 넓어질 것이고, 따라서, 어린이들의 직접체험 활동도 많아져, 글감 취재 범위도 한없이 더욱 넓어지게 될 것입니다.

본보기글로 삼을 만한, 살아 있는 좋은 글이 실려 있는, 좋은 일기문집으로는, '온누리' 출판사에서 나온 '정아인의 신나는 일기'(유치원·1·2학년용)와, '정아인의 진짜 신나는 일기'(3·4학년용), 그리고, '새벽소리' 출판사에서 나온 '윤복이의 일기'와, '예림당' 출판사에서 나온 '경미의 이민일기' 및 '보리' 출판사에서 나온, '아무도 내 이름을 안 불러줘'(1·2학년용)와, '아주 기분 좋은 날'(3·4학년용)과 '주먹 만한 내 똥'(5·6학년용) 등이 있으니, 참고하시기 바랍니다.

심부름

서울 창일 초등학교 1학년   정아인

어머니 심부름으로, 언니에게 보낼 편지를 가지고, 브레이드를 타고 우표를 사러 갔다. 그런데, 그 문방구에서는 우표를 팔지 않았다. 그래서, 다른 문방구에 갔다.

그래서, 문방구 주인에게 우표 값 170원을 내고, 우표를 사 가지고, 저쪽에 가서 편지를 땅에 놓고, 주머니에서 예쁜 풀을 꺼내, 우표를 붙였다.

그리고, 또다시 기쁜 마음으로 브레이드를 타고, 우체통의 '빠른 우편'에 넣으려는데, 어디선가 승래가 나타나서 말했다.

"아인아, 너 우표 몇 개야? 한 개네. 그럼, '보통 우편'에 넣어야 돼. 우리 이모가 그러시는데, '빠른 우편'에 넣으려면, 우표가 두 개 있어야 된댔어."

그러자, 다른 아이가 말했다.

"아니야, '빠른 우편'에 넣어야 돼."

나는 정말 어이가 없었다. 누구의 말을 믿어야 할지 몰랐다. 그러자, 한 아이가 내 편지를 빼앗아 들고, '보통 우편'에 넣어 버렸다. 즐거웠다.

이제부터, 심부름 할 때마다 브레이드를 신을 거다.(1990.8.23. 월.맑음)

〈정아인의 신나는 일기〉(온누리 출판사)에서 옮김

껌팔이 소년

대구 대명 초등학교 4학년 이윤복

하늘은 또 비를 내리고 싶은지, 동쪽 하늘로부터 서서히 검어져 옵니다. 아마 올 여름이 다 가도록, 장마철은 계속되려는 모양입니다.

어제만 해도, 아침에는 날씨가 개일 것 같더니, 저녁때부터는 비가 내리기 시작했습니다. 정말 우리 집같이, 하루하루 벌어서 먹고 사는 사람들은, 여간 고통스러운 일이 아닙니다.

점심때가 좀 지나서, 나는 껌을 팔러 나가기 싫었지만, 또 한 끼 굶을 것을 생각하니, 한 푼이라도 벌어야겠다고 생각했습니다. 국수라도 사서 삶아 먹겠다고, 비를 맞고 시내로 들어갔습니다.

중앙통 산울림 다방에 들어가니, 손님은 몇 사람 되지 않고, 자리가 텅텅 비어 있었습니다. 다방 안을 한 바퀴 돌고 나오려고 할 때, 창문 옆에 앉은 손님이 찻잔을 앞에 놓고서, 걱정스러운 얼굴로 신문을 들여다보고 계시기에, 나는 가만히 다가가서, 신문을 들여다보면서, 옆에 앉은 또 다른 손님과 이야기하는 것을 엿듣고 서 있었습니다.

비가 많이 와서, 집이 물에 잠기고, 산사태가 나서 모두 흙에 파묻혀, 사람이 몇이 죽었답니다. 나는 갑자기, 움집 속에 누워 계시는, 아버지와 동생들이 눈에 떠올랐습니다.

오늘은, 삼십 원만 벌면, 집에 일찍 들어가야겠다고 마음먹었지만, 저녁 열 시가 넘어서야 집으로 돌아올 수 있었습니다. 비가 너무 많이 와서, 길바닥은 질퍽질퍽했습니다. 역전에서 대구 대학까지는 아스팔트길이라, 걸어오기에 불편하지 않았지만, 대구 대학 버스 종점에서부터 우리 집까지는, 매우 질어서 집에 돌아오니, 흙탕물이 튀어서 옷은 볼 모양이 없었습니다.

움집 안으로 들어가니, 아버지와 동생들이 누워서 자고 있었고, 순나는 어디 갔는지 보이지 않았습니다. 아마 배가 고파서, 먹을 것을 구하러 나갔다가, 아직 안 들어온 모양입니다.

나는 성냥을 찾아서 등에 불을 켜고, 오늘 번 돈을 세어 보았습니다. 십 원짜리 종이돈이 셋, 동전이 일곱 닢이었습니다. 돌아오는 길에, 국화빵을 삼 원어치 사 먹었으니, 모두 사십 원입니다.

그러나, 집을 나갈 때 십 원을 가지고 나갔으니, 결국 오늘은 삼십 원을 번 셈입니다. (1963.6.3. 월. 비)

〈윤복이의 일기〉(새벽소리 출판사)에서 옮김

경애네 집

대구 대명 초등학교 4학년 이윤복

아버지께서 앓고 계시고, 윤식이와 태순이는 새벽부터 배가 고프다고 울기에, 나는 눈물도 나지 않고, 기가 막혔습니다. 몇 시간 후, 날이 환하게 밝아 왔기에, 나는 깡통을 들고 밥을 얻으러 나갔습니다.

오늘 얻으러 간 곳은, 계명 대학 뒷동네였습니다.

얼마 동안 부지런히 돌아다니면서 밥을 얻었더니, 벌써 밥은 한 통이 다 차 갔습니다. 이제 몇 집만 더 얻고, 집으로 돌아가야 하겠다고 생각하며, 한 집에 들어가

"아줌마요, 밥 한 숟갈 보태 주이소."

하니, 방 안에서 문을 열고 나오는 소리가 들렸습니다.

고개를 푹 숙이고 서 있다가, 신을 신고 나오기에, 고개를 쳐들고 보다가, 나는 깜짝 놀랐습니다. 나오는 사람은, 우리 반 경애였기 때문입니다.

경애도, 나를 쳐다보고 깜짝 놀랐습니다. 나는 얼른 돌아서서, 경애네 집을 뛰어나왔습니다. 경애가 따라나오며, 뒤에서

"윤복아."

부르는 소리가 났지만, 못 들은 척하고 골목길로 걸어가는데, 또 따라오면서 불렀습니다.

"우리 집에, 밥 얻으러 왔다, 와 그냥 가노?"

"경애야, 너거 집 그거가? 나는 모르고 들어갔다."

"우리 집에 가자, 윤복아. 밥 좀 먹고 가그라."

"괜찮다."

하고, 돌아서서 막 뛰어오니까, 뒤에서 경애가

"윤복아, 그라문, 좀 가지고 가라."

하였습니다.

나는 아랫골목으로 뛰어, 큰 골목 밖에 나와, 한숨을 쉬며 뒤를 돌아보니, 경애는 저쪽 골목 끝까지 나와서, 나를 바라보고 서 있었습니다.

정말이지, 경애 보기가 부끄러웠습니다.(1963.12.2.월.흐림)

〈윤복이의 일기〉(새벽소리 출판사)에서 옮김

내가 만약 해리 포터의 친구라면

서울 창일 초등학교 4학년　정아인

　나는 해리 포터 이야기를 정말 좋아한다. 그것을 읽고 있을 때는, 나도 마치, 그 마법의 세계에 들어가 있는 것 같은 착각이 들 정도이다.

　지금은 다 읽었지만, 여전히 해리 포터와 마법의 세계의 상상에 빠져 있다. 만약 내가 맥고나걸 교수라면……, 내가 만약 해리의 친구 헤르미온느, 패르바티라면……, 여러 가지 생각이 내 머릿속에 파고든다.

　내가 만약 해리의 친구 헤르미온느라면, 거짓 기사를 신문으로 퍼 낸, 리타 스키터의 비밀을 모두 파헤쳐 복수를 해줄 것이고, 해리의 '파이어볼트'를 사고, 다이애건 앨리에서, '폴리주스 마법의 약'을 만드는 데 필요한, 준비물을 모두 살 것이다. 몰래 훔치자니, 꼭 들킬 것만 같기 때문이다. 들키는 것보다는, 돈을 꾸준히 모아서, 나중에 다이애건 앨리에서 사는 것이 나을 것 같다.

그리고, 호그스미드의 허니듀크에 가서, 맛있는 초콜릿과 사탕 같은 것들을 사서, 할로윈 때, 해리·론·패리바티 등의 다른 친구들에게, 깜짝 선물을 해주고 싶다.

그리고, 덤블도어 교수에게, 마법의 돌을 없애지 말고, 잘 간수하라고 그럴 것이다. 그것을 도둑 맞게 될 수도 있지만, 더 깊숙한 곳에, 어둠의 왕이 발을 들여놓지 못할 정도로, 잘 감추어 놓으면, 안전할 것이기 때문이다.

그 다음에는, 여러 가지 못된 일로, 그리핀도르를 괴롭히는, 스네이프 교수가 한 일을, 모두 맥고나걸 교수님께 일러바칠 것이고, 여자 화장실의 모우닝 머틀도, 놀리지만 말고, 잘 위로해 줄 것이다. 억울하게 죽은 머틀이 불쌍하기 때문이다.

그리고, 도비에게 양말 외에도, 다른 옷들을 선물로 주고, 크리스마스 때에는, 해그리드에게도 괴물 책이나, 다른 멋진 선물을 줄 것이다.

나는 이외에도, 아직까지 여러 가지 주인공이 되어, 많은 상상을 하고 있다. 그리고, 4권에서 끝난 해리 포터 시리즈가, 어서 5권까지 나왔으면 좋겠다. 5권 이야기는, 또 얼마나 재미있을지 궁금하다.(2003.3.17.일.맑음)

〈정아인의 진짜 신나는 일기〉(온누리 출판사)에서 옮김

한국! 드디어 4강까지……

서울 창일 초등학교 4학년　정아인

월드컵에서의 첫승에 이어, 16강 진출만 하는 것도 과분하다고 생각했었다. 그런데, 그 어려운 16강과 8강 고지도 무사히 넘고, 드디어 그 어렵다는 4강까지 진출하게 되다니…….

사실 나는, 스페인에게 굉장히 화가 나 있었다. 학교에서 월드컵을 기념해서, 포스터 칼러로 스페인 국기를 그릴 때, 괜히 어려운 국기를 가지고 있어서, 나를 힘들게 했기 때문이었다. 스페인이 국기를 좀 간단하게 했거나, 아예 월드컵에 참여하지 않았다면, 내가 그런 고생은 하지 않아도 되었을 텐데, 하는 생각도 했었다.

4강전을 처음부터 보려고 했지만, 은별·주희와 다음 주 화요일의 미술시간을 위해, 무언가를 만든다고 하다가, 처음부터 보지 못했다.

그런데, 어찌 된 일인지, 우리 선수들이 시들시들했다. 가끔 좀 주춤거리는가 하면, 골을 거의 넣을 뻔했는 데도, 아쉽게 못 넣고 하며, 골 넣을 기회를 몇 번이나 놓쳤다. 게다가, 스

페인이 두 번이나 골을 넣었을 줄 알았는데, 다 오프사이드여서 다행이었다.

가슴 졸이던 전반전도 가고, 후반전도 갔다. 이제 남은 것은, 아슬아슬한 연장전. 나는 이탈리아전 때, 안정환이 연장 후반 12분에, 골든골을 넣은 것을 떠올리면서, 이번에도 제발 그래 주길 바랐다.

하지만, 연장 후반이 다 되어도, 두 팀 다 골을 넣을 기미는 없었다. 가슴이 조마조마해진 나는, 아빠께 연장전 때도 무승부면, 그 다음에는 어떻게 하느냐고 묻자, 아빠는 승부차기를 한다고 했다. 승부차기……? 처음 듣고, 한 번도 안 본 경기여서, 한 번 그것을 보고 싶었다. 그래서, 내심 연장전이 빨리 그냥 끝나길 바랐다.

그러나, 엄마와 아빠는, 승부차기는 우리가 불리할 거라며, 지겠다고 하셨다. 하지만, 나는 오히려 잘할 수 있다고 생각했다. 우리에게는, 멋진 골키퍼 이운재가 있기 때문이었다. 이운재는, 전·후반전 때, 스페인이 골을 넣으려는 것을, 멋지게 막아 위기를 잘 이겨 냈었다. 그런 이운재가 있으면, 쉽게 이길 수 있다고 생각했다.

아아아……! 승부차기가 시작되자, 비로소 그것이 어떤 경기를 뜻하는지 알 수 있었다. 먼저 우리 팀부터 찼다. 내가 짐작했던 대로, 우리는 첫 번째 골을 멋지게 넣었다! 그러나, 두 번째 골은 우리가 못 막아냈다. 또, 우리가 골을 넣고, 다시 못 막아내고…….

그런 식으로, 계속 '넣고, 못 막아내고'가 반복되다가, 네 번째 때, 안정환이 멋지게 골을 넣었다. 다음은, 스페인이 찰 차례인데, 이상하게 이번에는 이운재가 꼭 막아낼 것만 같았다. 계속 "제발…, 제발…" 하면서 빌었다. 그랬더니, 와아아아아아!!! 마침내, 이운재가 공을 멋지게 막아낸 것이었다!!!

이제, 다음은 우리가 4강에 진출할 것인가, 떨어질 것인가를 결정 짓는 순간이었다. 그런데, 내 바람대로, 우와!!! 홍명보가 골을 시원스럽게 넣어 주었다! 마침내, 우리가 스페인을 물리치고, 4강에 진출하게 된 것이다. 이번엔, 서울 시내 전체가 진동을 하는 것만 같았다!

동생 효인이는, 아무것도 모르면서, 신나기는 제일 신이 났다. 나는 목이 쉬도록, 베란다에다 대고, 소리를 질러 댔다. 이야! 16강도 어려울 것 같던 우리가, 어떻게 이렇게 4강까지 진출하다니……. 이젠, 결승전까지 도전해 볼 거다. 가자! 요코하마로!(2002.6.22.토. 맑음)

〈정아인의 진짜 신나는 일기〉(온누리 출판사)에서 옮김

플루트 배우기

경기 부천 상인 초등학교 4학년   정아인

아름이 언니는, 요새 플루트를 배우고 있다.

나는, 리코더가 잘 안 불어져서, 조금 골이 나 있었고, 치고 있는 피아노는, 그렇게 내 취미가 아니라서, 플루트 하니까, 좀 그럴 듯하였다. 옆으로 놓고 부는 플루트는, 참 부는 것이 재미도 있어 보였고, 나도 하고 싶었다.

엄마께서도, 그런 내 마음을 아시고, 이사 와서 처음으로, 'Rostock'라는 플루트 학원을 다니게 해주셨다. 그 곳은, 플루트와 클라리넷을 배우는 곳이었다.

거기에 가려면, 나 혼자 버스를 타고 가야 한다고 했다. 나는 여태까지, 혼자 버스를 타고 어디로 돌아다닌 적이 없다. 어디 먼 학원엘 간다 해도, 셔틀버스를 타고 갔는데, 혹시 그냥 버스를 타고 가다가, 길을 잃거나 정거장을 놓치는 실수를 저지를까 봐, 걱정이 되었다.

오후 2시에, 엄마와 함께 버스를 타고, 플루트 학원으로 갔다. 엘리베이터를 타고, 5층에 있는 학원으로 들어가니, 예쁘게 생기신 여 선생님께서, 우릴 반갑게 맞아 주었다. 나는 오늘이 첫 수업인지, 아니면 알아 보려고 왔는지, 잘 몰랐다. 선생님께서, 곧 내 플루트가 도착할 거라고 말씀하시고는, 기다리라고 하셨다.

내 플루트! 와아, 드디어 플루트를 배우는 것이구나! 플루트가 리코더보다 좀더 멋있고, 어려울 것 같았다. 선생님께서는, 내 플루트를 가지고 온 사람과 꽤 이야기를 나누셨다. 그리고, 엄마와도 얘기를 나누시다가, 드디어 오늘 첫 수업을 하겠다고 말씀하셨다. 가슴이 두근거렸다.

세 부분으로 나뉘어져 있는, 플루트를 꺼내시더니, 입으로 부는 부분을, 내 손에 들려 주려다가 도로 놓았다. 그리고, 플루트를 불 때는, 보통 숨을 쉬는 것이 아니라, 배로 숨을 쉬어야 한다고 하셨다. 배로 숨을 쉰다고? 어떻게 하는 걸까? 선생님께서, 선생님이 배로 숨쉬는 동안, 배를 만져 보라고 하였다. 그래서, 만져 보니, 고무처럼 탱탱하고 딱딱했다.

'아, 이런 것이 바로 배로 숨쉬는 것이구나.'
하고 생각하였다.

목은 바람이 지나가는 통로이기 때문에, 나에게 입에서 바람이 나오는 것을 느껴 보라고 하셨다. 빨대 구멍에서, 바람이 솟아 나오는 것 같은 느낌이었다. 나는, 몇 번 배로 숨쉬는 것을 선생님과 연습하였다. 내가 숨을 쉬면, 선생님께서는

"아니지, 배에 조금만 힘을 주어서 해봐."
하시면서, 다시 한 번 시범을 보여 주셨다. 한 다섯 번 정도 반복을 하고, 드디어 플루트를 쥐어 주셨는데, 취구가 있는 부분만을 나에게 주셨다. 내가 조금 슬픈 얼굴로 플루트 쪽을 바라보자, 선생님께서는, 음은 나중에 익히고, 먼저 부는 것부터 배워야 한다고 하셨다.

그러고는, 거울을 보고 연습을 해야 한다며, 선생님께서 플루트를 아주 천천히 내 입술에 대 주셨다. 내가 숨쉬고 내뱉는 바람은, 반은 플루트 안으로, 그리고, 반은 밖으로 나가야 한다고 하셨다.

그리고, 취구를 입술 라인에 대고 거울을 보았을 때, 보이는 구멍은 ⅜이어야 한다고 하셨다. 플루트는, 휘파람 불 때처럼, 입술을 모으고 불면 절대로 안 된다고 하셨다. 나는, 하도 휘파람을 많이 불어서 잘 되지 않았다. 그러자, 선생님께서 휘파람을 잘 부는 사람은, 플루트를 잘 불게 된다고 하셔서 기운이 났다.

선생님께서, 먼저 시범을 보여 주셨다. 마치 피아노의 '라' 음 소리가 나는 것 같았다. 아주 또렷했고, '쉬이익' 하는 바람 소리나 휘파람 소리는 전혀 나질 않았다.

우린 거울 있는 데로 갔다. 선생님께서는, 거울을 보고 구멍을 내 입술에 대어 주셨다. 플루트를 불 때, 입술을 '에'를 발음할 때 모양으로, 불어야 한다고 하셨다.

준비가 끝나고, 나는 입술을 '에' 발음할 때 모양을 하고 불었다. 그러나, '쉬이익' 과 '뻬이~' 소리밖에 나지 않았다. 내가 잘할 수 없다는 얼굴로 선생님을 보자, 선생님께서 배에 힘을 더 주고, 세게 배로 숨을 쉬라고 하셨다. 나는, 한 10번을 넘게 이것을 연습했다. 열 번 중, 한 네 번 정도는 겨우 성공했다.

으아, 한 다섯 번쯤 하고 나니까, 어지럽고, 몹시 목이 말랐다. 선생님께서, 내게 물을 갖다 주셔서 마시고, 또 다시 연습하였다.

휴, 수요일날 또 하기로 했다. 플루트 부는 것은, 생각보다 쉽지가 않았다. 하지만, 생각보다 재미가 있었다. 나중에, 아름이 언니와 한 번 같이 부는 것도, 좋을 것 같았다.(2003.2.3.월.맑음)

〈정아인의 진짜 신나는 일기〉(온누리 출판사)에서 옮김

놀림감

미국 메릴랜드주 중학교 1학년 이경미

복도에서 다음 반으로 가기 위해 서두르는데, 미국 애들이 힐끗힐끗 나를 쳐다보는 것 같았다. 하지만, 별로 개의치 않고, 난 내 반으로 서둘러 들어갔다.

그 반에서 나와, 또 다음 반으로 들어가려고 복도로 나왔는데, 이번에는, 주위에서 힐끗거리며 쳐다보는 것뿐만 아니라, 낄낄거리며 웃기까지 한다. '너희들, 왜 그러는 거냐' 고,

물어 보지도 못하고, 벙어리 냉가슴 앓듯, 바보같이 그들의 놀림감이 된 내 자신이, 순간 그렇게 싫을 수가 없었다.

다음 반에, 필요한 필수품을 챙기기 위해, 내 라커로 돌아왔는데, 친구 지미와 만났다. 내 것을 다 챙기고, "그럼, 또 보자." 하며, 막 돌아서는데, 그 애가 내 등 뒤에 뭐가 붙어 있다며, 떼어 주는 거였다. 뭔가 했더니, 누군가 종이에

"I can't speak English."(나는 영어를 못합니다.)

라고, 큼지막하게 써서, 내 등 뒤에 붙였던 거였다. 순간, 그들이 왜 낄낄거렸는지 짐작이 갔다.

갑자기 눈물이 핑 돌았다.

신경 쓰지 말라고, 위로해 주는 지미도 뿌리치고, 나는 화장실로 달려가서, 눈알이 빨개지도록 울고 말았다.

벌써 아이들은, 교실로 다 들어가고, 복도도 조용했지만, 나는 교실에도 들어가지 못한 채, 아무도 없는 화장실에서 혼자 서럽게 울었다.

오늘은, 정말 속상한 하루였다.(1981.2.14.)

〈경미의 이민 일기〉(예림당)에서 옮김

인정머리 없는 미국인들

미국 메릴랜드주 고등학교 1학년   이경미

우리 한국 사람들은, 먹을 것이 좀 생기면, 이웃에 돌리기를 좋아하고, 또 가까운 사람들과 나눠 먹기 좋아한다.

그런데, 대부분의 미국사람들은, 좀처럼 남에게 권할 줄을 모른다. 빈말이라도 한마디 없다. 빤히 마주 보이는 앞에 앉아 있어도, 저 먹을 것만 먹으면 그만이다.

그것이 먹고 싶어서가 아니라, 내 눈에는 그들의 행동이 참 인정머리 없어 보이고, 이기적으로 느껴진다. 내 경우는, 어쩌다 학교에서 초콜릿이나 껌이라도 한 통 사면, 친하든 별로 친하지 않든, 옆에 있는 사람들에게 우선은 한 번씩 권해 본다.

싫다면 할 수 없는 거지만, 나 혼자 먹는 것보다는, 나눠 먹을 때 더 기분이 좋고 맛도 좋다. 난, 또 그것이 기본적인 예의라고 믿어 왔고, 지금도 그 생각엔 변함이 없다. 그런데, 요즘은 나도, 먹을 것을 옆에 있는 미국 애들에게 권하면서, 속으로

'이 바보야, 여기는 한국이 아닌 미국이란 말야. 뭣하러 너 혼자만 인심 쓰니?'
문득문득 이런 생각을 하게 된다.(1983.5.3.)

〈경미의 이민 일기〉(예림당)에서 옮김

키가 작은 열등감

미국 메릴랜드주 고등학교 2학년 이경미

가끔 내가 동양인이라는 사실을 잊어버리고, 매일 접하게 되는 미국 애들의 외모와 내 자신의 외모를, 똑같이 비교하려 드는 때가 있다.

왜 난 쟤네들같이, 좀 키가 쭉쭉 뻗질 못했을까 등등. 그러다가는, 또 정신이 들어, 동양인이 동양인같이 생긴 건 당연한 거 아니냐며, 스스로를 자책한다.

하지만, 키 작은 거에 대해서만은, 아직도 그 미련을 떨쳐 버릴 수가 없다. 요즘은 한국에서도, 식생활 개선으로 내 나이 또래의 아이들 키가, 다 늘씬하다는데 말이다.

한 번은 누군가가, 침대 기둥에 다리를 묶고, 힘껏 잡아당기는 연습을 몇 주간 하면, 효과가 있을 거라고 해서 열심히 한 적이 있다.

물론, 내 다리가 고무줄이 아닌 이상, 그렇게 커다란 기적을 바라고 한 것은 아니었지만, 역시 짐작대로 아무런 효과도 없었다.

난 애기 때, 엄마 젖은 입에 대지도 않고 우유만 먹었다는데, 그것도 나중에는, 우유 꼭지에 구멍을 두 개나 뚫어, 콸콸 받아 마셨다는데, 왜 키는 자라지 않고, 요 모양인지 모르겠다.

제아무리 발버둥쳐 봐야, 소용 없는 일일까?(1984.3.16.)

〈경미의 이민 일기〉(예림당)에서 옮김

아프리카 돕기 모금

일본 2학년 가즈노리 타케요시

어제, 선생님이 '카메라는 무엇을 보았는가?'란 책을 읽어 주었습니다. 이것은, 아프리카 난민에 대한 이야기입니다. 도중에, 선생님이 책에 나와 있는, 사진을 보여 주었습니다. 그것은, 눈 언저리에 파리가 꾀어 있어도, 그것을 쫓을 힘도 없기 때문에, 그대로 놔두고 있는 사진입니다.

나는 그것을 보고, 와아, 아프리카 어린이들은, 파리가 꾀어 있는 데도 쫓을 힘도 없다니, 그 정도로 밥을 먹지 않았을까? 나라면, 파리가 앉아 있으면, 즉시 티슈로 잡아 버릴 것이다 하고, 생각했습니다.

집에 돌아와서, 저녁을 먹을 때, 어머니와 이야기를 했습니다. 똑같은 어린이인데, 나라가 다른 것만으로, 이렇게 다르다니, 참 불쌍하구나 하고 말했습니다. 그리고, 어머니가 어째서 먹을 것이 없어지기도 하고, 죽어 버리는지, 말해 주었습니다. 그래도, 엄마도 자세한 것은, 잘 모른다고 말했습니다.

기온도 높고, 비도 오지 않았기 때문에, 가뭄이 들어서, 먹을 것이 없어져 버린다고 합니다. 2학년으로서, 아프리카 돕기 모금을 하기로 했습니다. 엄마가, 나와 유우에게

"그런 사람들이 있다는 걸 어떻게 생각하니? 어떤 일을 할 수 있겠니?"

하고 물었습니다. 우리들은 프레센트를 반으로 줄이거나, 간식을 줄인다고 했습니다.

엄마는, 풀에 갔을 때, 주스를 안 사기로 한다면 어떻겠니 하고 말했습니다. 1주일에 두 번이니까, 세 사람이 참고 견딘다면, 한 달에 2,400엔이 됩니다. 나는

"그렇게 해요."

라고 말했습니다. 유우는, 조금 싫어하는 눈치였습니다.

이렇게 일기를 쓰고 있어도, 몇 만 명의 사람이 죽는다고 하니, 믿어지지 않습니다. 나는 일본에 태어나서, 다행이구나 하고, 생각했습니다. (12.1.)

곤들매기

일본 1학년 이사야마 히로유키

"곤들매기란 고기, 생선 가게에서 팔아요?"

하고 물으니까, 엄마가

"곤들매기는, 깨끗한 물이 흐르는 강에 살고 있는 물고기야. 왜?"

"'용의 아들 다로오'를 읽었더니, '곤들매기를 세 마리 먹으면 용이 된다.'라고, 씌어 있는데, 혹시 생선 가게에서 팔고 있으면, 세 마리 사다 주세요, 네?"

하고 말하니까, 엄마가

"히로유키가 용이 되면, 어디론가 가 버릴 거야."

"네, 그래요. 그렇게 되면, 나, 다마강으로 갈까? 그래도, 물이 증발하고 있으니까 싫어.

등이 드러나 버린단 말이야. 사카와강으로 갈까? 사카와강도 물이 적으니까, 등이 드러나 버린단 말이야."

그 뒤, 나는 조금 생각했습니다. 만일에 용이 된다면, 어느 강으로 갈까? 그러나, 나는 간다면, 호수로 가겠습니다. 호수라면, 어디로 할까? 나는 생각한 끝에, 비와호로 정했습니다.

그리고, 누군가 낚시 하러 오면, 낚싯줄을 잡아당겨서, 물에 빠지게 해주자 하고 생각했습니다.(3.30.일)

<독후감> '커다란 순무'를 읽고

일본 1학년   고바야시 고이치

할아버지와 할머니와 해도, 뽑히지 않았어요. 손자가 와도 뽑히지 않았어요. 손자가 개를 불러와도, 뽑히지 않았습니다. 개가 고양이를 불러와도, 뽑히지 않았습니다. 고양이가 쥐를 불러오니까, 뒤로 나자빠지며 뽑혔어요. 쥐가 장사예요.

<독후감> '원숭이와 모자 장수'를 듣고

일본 1학년   키무라 에츠코

오늘 밤에, 어머니가 책을 읽어 주셨습니다. 내가 학교 도서실에서 빌려 온 책입니다. '원숭이와 모자 장수' 란 책입니다. 글자가 옆으로 되어 있어서, 읽기 어려웠습니다.

어머니가 읽어 주셨는데, 좀 읽는 것이 길었지만, 내가 읽는 것보다 아주 빨랐습니다. 아주 재미있었습니다. 한 번 빌린 일이 있는데, 한 번 더 빌리겠습니다.

<독후감> 안네의 일기

일본 5학년   스기야마 요시미

안네는, 유태인이었기 때문에, 전차도 못 타고, 매일 자전거로 학교에 다니고 있었습니다. 학교는, 유태인이 다니는 학교였습니다.

안네는, 밝은 성질을 가졌고, 마음가짐도 명확했기 때문에, 반의 모든 친구들로부터 사랑을 받았습니다. 학교의 모든 선생님들로부터도, 귀여움을 받았습니다.

안네는, 몬테소리 유치원에 다니기 시작해, 초등학교도 거기서 다니고, 중학교는, 유태중학교에 입학했습니다.

나는, 유태인은 왜 보통 사람들과 사이좋게 살 수 없는 것일까 이상해서, 견딜 수가 없었습니다. 사이좋게 지내는 것이, 나라를 위해서도, 평화를 위해서도, 좋을 텐데 하고 생각했습니다.

히틀러는, 유태인을 보면 죽였습니다. 가혹하다고 생각했습니다. 안네말고도, 유태인으로서, 15세로 일생을 마치지 않으면 안 됐던 사람들이 많았습니다. 히틀러 때문이었습니다. 어째서 히틀러 같은 나쁜 사람이 있었을까요?

안네는, 독일에 살고 있었지만, 히틀러가 정권을 잡은 1930년 초에, 네덜란드로 이주했습니다. 그 뒤, 제2차세계대전으로, 네덜란드가 독일에 점령당하니까, 안네의 일가는, 유태인이었기 때문에, 도망 가지 않으면 안 되었습니다. 그래서, 사무실 같은 곳의 낡은 빌딩의 한 방에서 살게 되었습니다.

안네 식구들은, 매일 신경을 써서, 생활하지 않으면 안 되었습니다. 그리고, 안네가 13세가 됐을 때, 양친으로부터의 생일 축하의 선물로서, 새로운 일기장을 받았습니다. 그 일기장이, 그때부터의 안네의 생활을 쓰는, 마음의 친구가 되었던 것입니다. 안네는, 1944년 8월 1일까지 일기를 계속 썼습니다. 그 3일 후, 독일병이 찾아와서, 유태인의 도살장으로 불리어지는, 폴란드의 아우슈비츠에서 살게 되었고, 다음해 3월에, 15세로 죽게 되었습니다. 안네는, 일기 속에, '죽은 뒤에도, 살아 있을 때와 같은 일을 하고 싶다. 문장을 쓰고, 내 마음을 표현하고 싶다.' 라고 쓰고 있습니다.

안네는, 15세에 죽다니, 얼마나 억울했을까요? 히틀러가 없었다면, 안네는 더욱 오래 살면서, 머리가 좋으니까, 세상을 위한 유익한 일을 많이 했을 것이라고 생각합니다.

나는, 이와 같이, 사람을 죽이기도 하고, 빨리 죽지 않으면 안 되게 되는, 전쟁을 왜 하는지, 온 세계가 회의를 열어서, 전쟁하지 않도록, 서로 의논했으면 좋겠다고 생각합니다. 그렇게 하는 것을, 안네는 마음으로부터 원하고 있을 것입니다. 안네의 일기는, 전세계의 어린이도 어른도, 다 읽었으면 좋겠습니다. 모두 이 책을 읽어 주십시오.

'아련한 빛' 이라는 책입니다.

⟨독후감⟩ **도둑벌의 배추흰나비 애벌레 사냥**

일본 2학년 　 무라세 시게미

'도둑벌의 배추흰나비 사냥' 이란 책을 읽었습니다. 보통 때, 내가 읽고 있는, 이야기 책과는 다르다는 것을 알아차렸습니다.

도둑벌은, 알 낳을 곳을 발견하면, 그 위치를 잊어버리지 않도록, 쥘부채 모양으로, 몇 번이고 몇 번이고 나는 연습을 하기 때문에, 사람과 같은 곳도 있어서, 계속 노력하고 있구나 하고 생각했습니다.

알을 낳는 장소는, 대나무 구멍으로서, 알은 마디가 있는 곳에서, 1cm 정도의 바로 옆 천장으로부터 매달아져 있어서, 비엔나 소세지 같은 모양이었습니다. 축 늘어뜨린 앞에 붙어 있는 끈은, 어떻게 해서 만들었는지, 나는 이상하기 짝이 없었습니다.

나는, 벌이 애벌레를 발견하고, 쫓아가는 장면이 재미있었습니다. 벌레와 벌이 숨바꼭질을 하며 왔다갔다 하자, 벌레는 지쳐서, 말려 있는 잎사귀 밖으로 뛰어나가 버립니다. 나는, 아, 이제 안 되겠구나 하고 생각했습니다.

지독하구나 하고 생각한 것은, 벌이 날카로운 침으로, 벌레에게 주사를 놓는 장면입니다. 두 번에서 다섯 번 정도, 가슴 언저리에 독액을 주사하니, 몸의 앞 절반이 움직여지지 않게 되어서 이상했습니다. 그래도, 살아 있습니다. 벌은 과학적이구나 하고 놀랐습니다.

대나무 통 깊숙한 곳에, 알을 매달고 벌레를 넣더니, 진흙 벽으로 칸막이를 했습니다. 벌은 미장이가 되었구나 하고 생각했습니다. 입과 앞발이 흙벽을 만드는 연장입니다. 흙이 굳어지면, 입에서 물을 뿜어 내서 부드럽게 합니다. 나는, 벌의 머리 속은, 사람 비슷한 곳이 있어서, 느끼기도 하고, 생각하기도 하는구나 하고 생각했습니다. 개미처럼, 일도 잘 하는구나 하고 생각했습니다.

내가 믿어지지 않는 것은, 어미도둑벌이, 알이 수놈인지 암놈인지 안다는 것입니다. 내 생각에는, 혹시, 제일 먼저 태어나는 것은 암놈이고, 뒤에 태어나는 것은 수놈이라고, 정해져 있는 것은 아닐까 하고 생각했습니다.

〈독후감〉 **별의 목장**

일본 5학년 　 다케무라 요시코

전체를 읽고, 나는 참으로 즐거웠다. 내 자신, '모미이치' 가 돼 버린 것처럼 생각되기도 했다. 집시들과 함께 살아서, 산의 여러 가지 이상한 일들을 만나고, 그리고, 산포도·들딸기·아름다운 많은 꽃들·안개처럼 춤추는 나비들, 이런 자연이 갖고 있는 풍요로움에, 나는 깜짝 놀라고 말았다.

그리고, 마지막의 148페이지 언저리는, 마치 많은 꽃과 별이 한꺼번에 핀 것 같아서, 책이 반짝반짝 빛나는 것 같았다. 앞으로 내가 소풍 가서, 먼 산들을 보면, '모미이치'의 목장이나 집시의 일을, 틀림없이 생각해 낼 것이다.

'모미이치'에 있어서, '쓰키스미'는, 처음엔 같이 있었지만, 전쟁에서 돌아온 후로는, 환상의 말이 되고 말았다. 바람 소리가 말발굽 소리로 들리고, 무리져 있는 나비 떼의 날개짓 소리도, '쓰키스미'의 발소리로 들렸다. 그것은, '쓰키스미'를 자기 동생처럼 삼고, 귀여워해 왔기에, 결사적인 몸부림으로 자기 위험도 잊어버리고, 가라앉는 배에서 구해 내려고 했을 정도로 사랑했기 때문이다. 꿈 속에서, 드디어 '모미이치'는 '쓰키스미'를 만날 수가 있었기 때문에, 나는 나도 모르게

"잘됐다."

하고, 책 속의 '모미이치'에게 말했다.

이 책을 쓴 선생님은, 많은 고산식물이며, 나비며, 나무, 그리고, 훌륭한 음악을 만들어 내는 악기를, 많이 알고 있어서 놀라 버렸다.

'노트르담의 꼽추'를 읽고

서울 창일 초등학교 3학년   정아인

나는 저번에, 비디오 선전에 나오는 '노트르담의 꼽추'를 보고, 관심이 많아졌다. 선전에 나오는 것은, 정말 재미있어서, 그 비디오를 꼭 보고 싶었다.

그 내용이라도 알고 싶어서, 선전을 보기만 하면, 언제나

"아, 나도 한 번 그 비디오 영화를 보았으면……."

이라는 말이, 저절로 튀어나왔다.

하지만, 엄마께서 '논술 세계명작'을 50권 사 주시고 나서부터는, 그 비디오 같은 생각은 싹쓸이로 잊어버렸다. 비디오보다 더 환상적이고, 아름다운 이야기책, '노트르담의 꼽추'를 읽게 되었기 때문이었다. '빅토르 위고'가 지은 이 이야기는, 내게 큰 감동을 안겨 주었다.

집시 처녀 에스메랄다를 사랑하는, 악마 클로드 신부의 양아들 콰시모도는 불구자였다.

애꾸눈이에다가, 꼽추·귀머거리·절름발이인 그를 비웃는, 냉정한 사람들 속에서 살아야 하는, 콰시모도가 참 불쌍했다.

재미있었던 부분도 있었다. 그것은, 엉터리 재판에서 재판관 플로리앙도 귀머거리였는데, 피고 콰시모도가 질문에 대답을 하는 줄 알고, 엉뚱한 말만 하니까, 정말 재미있었고, 재판장 로베르가 하는 질문에, 콰시모도가 자꾸 엉뚱한 대답을 하는 것도 참 재미있었다.

콰시모도가 형벌을 받을 때, 에스메랄다는, 물을 달라고 울부짖는 그에게, 한 모금 물을 적셔 주었다. 나도, 에스메랄다처럼 불쌍한 사람들을 도울 줄 알아야겠다.

또, 그때 콰시모도는, 정말 고마워서, 죽을 때까지 잊지 않고 그녀의 원수를 갚아 주었다. 나도, 콰시모도처럼 은혜를 갚을 줄 아는 사람이 되어야겠다.

모든 사람들이 싫어하는 그에게, 그런 친절을 베푼 착한 에스메랄다에게, 누명을 씌워 교수대로 보냈던, 사악한 신부 클로드는 정말 나쁘다.

에스메랄다는, 페뷔스를 사랑하는데, 클로드는, 에스메랄다가 자기를 사랑하지 않는 것에 화가 나서, 페뷔스를 몰래 에스메랄다의 칼로 찌르고, 에스메랄다가 마술을 부렸다고 누명을 씌웠다. 아무리 자기를 좋아하지 않는다 해도, 사람을 죽이는 잔인한 짓을 하다니!

그리고, 성경 이야기에도, 사람을 죽이지 말라고 돼 있는데, 신부가 어떻게 그런 하느님을 모욕하는 짓을 할까? 나는, 그런 나쁜 사람이 되지 말아야겠다.

책은, 나에게 감동과 깨달음을 심어 주고, 어떤 것이 옳고 그른지, 말해 주는 해답자다. 그런 좋은 책을 많이 읽어야겠다.(2001.4.7.토.맑음)

〈정아인의 진짜 신나는 일기〉(온누리 출판사)에서 옮김

2. '남의 좋은 작품(作品)', 스스로 많이 읽기

취재범위를 넓히려면, 좋은 글을 많이 읽어 줄 뿐만 아니라, 좋은 글을 어린이 스스로 많이 읽도록 유도해야 합니다. 책방에 나와 있는 글쓰기 작품집(作品集)이나, 이웃 학교 학급문집과 학교문집 등을 많이 읽어 눈을 넓히도록 해야 합니다. 그러나, 지은이와 출판사를 잘 보고, 살아 있는 좋은 글이 실려 있는, 올바른 작품집이라야 합니다. 죽어 있는 가짜 작품이 실려 있는 엉터리 작품집도 많기 때문에, 주의해서 잘 골라야 합니다. 왜냐하면, 죽어 있는 엉터리 작품집은 아무리 읽어 봐도, 실감도

안 날 뿐 아니라, 감동도 하나도 안 주고, 그리고, 글쓰기 방향도 그릇된 쪽으로 빠지게 만들어 버리기 때문입니다.

그래서, 실감나는 좋은 작품이 많이 실려 있는 진짜 글쓰기 작품집을 골라, 좋은 작품을 자기 스스로 많이 읽도록 해야 하겠습니다. 그러면, 살아 있는 좋은 작품들을 읽는 사이에, 좋은 글감 찾는 요령을 자연히 알게 될 것입니다. 즉, 좋은 글감이란 것은, 무슨 특별한 일이 아니고, 다 평범한 일상생활 속에서 일어난, 색다른 일이라는 것을 알게 될 것입니다.

그래서, 글감을 고를 때는, 자기 생활과 동떨어진 먼 데서 찾으려 하지 말고, 자기의 일상생활 속에서, 가슴 찡하게 감동한 일이나, 인상이 깊어 잊을 수 없는 일을 하나 골라, 주제를 확실히 해서 쓰면, 좋은 일기가 되고, 생활문이 된다는 것을, 체험을 통해서 터득하게 될 것입니다.

높은 옥상에서

서울 창일 초등학교 2학년   정아인

학교 갔다 오는 길.

엘리베이터 앞에 섰을 때, 나는 몹시 놀랐다. 엘리베이터가 고장이 났다는 거다. 계단으로 가는 수밖에 없다는 것이다.

조금만 가도 다리가 아픈데, 어떻게 12층까지! 다른 방법을 찾아 보았지만, 그 방법밖에 없었다.

그런데, 16층에 사는 오빠가 왔다. 오빠는 '승강기 고장'이라고 쓰인 종이를 읽더니, 다른 데로 가기 시작했다.

나는 어떻게든 집에 빨리 가고 싶어서, 나도 모르게 4학년 오빠들을 따라가기 시작했다. 오빠들이 간 곳은, 5-6 라인이 아닌, 3-4 라인의 옥상, 옥상이라니!

난생처음 가 보는 곳이라, 호기심이 가득 찼다. 나는, 이때까지, 높은 옥상에 가 본 사람이 없을 거라고 생각했다. 나는 신기해서, 놀라움이 가득한 눈으로 밑을 내려다보았다. 눈이 아찔했다. 내 눈에는, 자동차가 장난감보다 더 작게 보였다.

드디어 5-6 라인에 도착. 가슴이 두근거려서, 민지가 준 슬러시를 꼬~옥 쥐었다. 조그만

문을 통과하니, 계단이 나왔다.

'옥상 통과!'

나는 속으로 이렇게 소리를 질렀다. 잠시 후, 오빠가 말했다.

"자, 여기서 내려가면 되는 거야."

그래서, 나는 무사히 옥상을 통과하였다.

오늘 옥상에 간 건, 내게 좋은 경험이 되었다. 나중에도, 옥상에 가 봐야겠다.(2000.9.2. 토.맑음)

〈정아인의 신나는 일기〉(온누리 출판사)에서 옮김

그리운 한국 생각

미국 메릴랜드주 중학교 1학년 이경미

낮에 잠깐 낮잠을 자서 그런지, 식구들이 모두 잠든 뒤에도, 왠지 잠이 안 온다. 내일 학교에 가기 위해서는, 빨리 잠을 자야 될 텐데, 그런 생각을 할수록 잠은 더 달아난다.

창 밖을 내다보니, 차들이 가끔 하나 둘 지나갈 뿐, 상점들도 다 문을 닫고 한산하기 그지없다.

올해는 일찍 추위가 온 때문인지, 작년 같지 않고, 나무들은 벌써 잎이 다 떨어져 나가고, 나뭇가지만 앙상하게 남아 있다.

문득 돌아가신 할머니가 그리워진다. 잠이 별로 없으신 할머니는, 나에게 밤마다 옛날 얘기를 들려 주셨다. 한겨울 따끈한 이불 속에서, 할머니의 옛날 얘기를 듣고 있노라면, 바깥에서

"메밀묵 사려어. 찹쌀떡 사려어."

하고, 골목길을 누비는 정겨운 목소리가 있었다.

우리 집 골목 어귀에서, 호떡 장사 하시던 아저씨. 엄마 심부름으로, 두부나 콩나물을 사러 곧잘 갔던 집 앞 단골 가게 아줌마. 저녁마다 우리 집에 들르셨던 생선 장수 아줌마. 동네 공터에 가끔 나타나시곤 했던 뻥튀기 아저씨……. 모두들 그립다. 오늘 밤엔.

〈경미의 이민 일기〉(예림당)에서 옮김

빈 병을 주우려고

대구 대명 초등학교 4학년 이윤복

"아버지예, 학교 못 가겠어예."
"가야 한다. 우리가 지금은 이렇게 살아도, 나중에 어떻게 될지 아나?"
하고 아버지가 말씀하셨습니다.
　나는 이제 정말 학교를 못 가겠습니다. 학교에 가긴 싫지만, 영 못 간닥 생각하니, 우리 선생님이 자꾸만 걱정을 하고 있는 것 같아서, 몇 번인가 학교에 가려고, 마음먹어 보았습니다만, 용기가 나지 않았습니다. 아버지께서 속히 학교에 가거라 하시기에
"아버지예, 이틀이나 굶고, 힘이 하나도 없는데, 우예 학교 가겠어예?"
하니, 아버지께서 한숨을 쉬시면서
"윤복아, 목숨이 붙어, 살아 있는 날까지는 살아 보자."
고 하시며, 아버지의 눈에서도, 금방 눈물이 흘러내릴 것 같았습니다.
"어서 학교 갈 준비나 해라."
"이렇게 굶고서, 학교 가서, 무슨 공부가 머리에 들어오겠어예?"
하고, 눈물을 흘리면서 내가 말하니, 아버지께서도 눈물을 흘리시면서, 아무 말씀도 하시지 않았습니다. 나는 눈물을 닦고
"아버지, 나, 역전에 나가 보겠어예. 빈병이라도 주워 장사 밑천 해서, 껌장사 다시 시작하겠어예."
"니, 하고 싶으문 해 바라."
고 아버지가 말씀하시기에, 나는 일어나서, 그 길로 힘없이 역전을 향해 걸어갔습니다. 몇 때를 굶었기 때문에, 머리 속에서 윙윙 소리가 나며 어지러웠습니다.
　우리 학교 옆을 지날 때, 눈물이 자꾸 흘러내렸습니다.
　아이들 공부하는 소리가 들리고, 운동장에서 뛰어 노는 1학년 아이들도 보였습니다.
　역 앞까지 가서 가만히 궁리하다가, 그때도 해 본 일이지만, 또 한 번 해보자 하고서, 마음을 가다듬고, 칠성시장 쪽으로 가서, 철조망 뚫린 구멍으로 들어가, 살금살금 객차가 서 있는 곳으로 갔습니다. 나는 빈 찻간에 숨어서, 기차가 오기를 기다리고 있었습니다.
　조금 있으니, 기차가 소리를 지르면서, 역 안으로 들어와 섰습니다. 나는 거기서 나와, 방금 들어온 기차에 올라, 역 직원들의 눈을 피해 가면서, 의자 밑을 살피고 다녔습니다.
　손님들이 버린, 빈병을 줍기 위해서입니다.
　맥주병 하나, 사이다병 다섯 개를 주워 들고, 기차가 떠나기 전에 얼른 뛰어내려, 역 직원

들의 눈을 피해, 철조망 쪽으로 뛰어갔습니다. 아까 들어올 때의 구멍으로 빠져 나와, 역 앞 병 도매상에 가서 팔아 보니, 모두 십팔 원입니다.

그 돈으로 껌을 사러, 껌 도매상 아주머니한테로 뛰어갔습니다. (1963.10.22.화.맑음)

〈윤복이의 일기〉(새벽소리 출판사)에서 옮김

밭에 갔다가
서울 창일 초등학교 2학년 정아인

새벽 6시, 나는 아침 일찍 일어나, 할머니 할아버지와 함께 밭에 갔다.

할머니 친구 분께서, 대구 근처의 가창에 밭을 가지고 계시는데, 우리 할머니께 같이 밭을 가꾸자고 하셔서, 채소를 가꾸시게 되었다고 했다.

그래서, 오늘 할머니 할아버지께서 밭에 일하러 가시는데, 내가 따라가기로 한 것이다.

나는 피곤했지만, 밭에만은 한 번 꼭 가 보고 싶어서, 얼른 준비를 했다.

정말 궁금했다. 할머니의 밭이 어떤 곳인지 궁금했다. 서울의 조그만 우리 밭처럼, 씨앗이 심어져 있는 보기 좋은 곳일까? 나는 곧 밭의 상상에 빠져 들었다. 초록빛 싹들이 있는 아름답고 평화로운 밭……. 그런 생각 때문에, 양말을 미처 신지 못했다.

차 안에서, 할머니께서, 밭에는 벌레나 모기들이 많아, 긴 바지를 입고 가야 한다고 하셨지만, 나는 별거 아니라고 생각하고, 귀 뒤로 받아 넘겼다.

밭에 도착해서, 나는 할머니의 긴 작업복 바지를 입고 들어섰다. 밭은, 내가 생각했던 것과는 달랐다. 아주 넓고, 풀밭이 펼쳐져 있는, 한적한 곳이었다.

벌레들이 윙윙 날아다니는, 그 곳을 지나, 얼마쯤 가다 보니, 파란 비닐을 깐 곳이 나왔는데, 그 위에, 낫 두 개와 장갑과 세숫대야가 놓여 있었다. 거기가 할머니 밭이었다.

할아버지와 할머니께서는, 낫과 장갑을 가지고 가셨다. 얼마쯤 또 가다 보니까, 정말 멋진 곳이 나왔다.

호박덩굴도 있었고, 고추가 정말 많이 심어져 있었다. 흠잡을 데가 하나도 없는, 모두 깨끗하고 싱싱한 고추였다. 피처럼 아주 빨간 고추들은, 모두 한껏 제가 잘났다고 멋을 내는 것 같았다. 나는 고추들을 여러 개 땄다.

그러다 문득, 할아버지께서 계시는 곳을 보았다. 할아버지는 옥수수밭에 계셨다. 며칠 전부터, 옥수수에 대해 알고 싶어했던 나는, 얼른 그쪽으로 갔다.

할아버지께서, 낫으로 자른 큰 옥수수 줄기를 주시며, 옥수수를 따 보라고 하셨다. 나는 처음 해보는 일이어서, 짬깐 멈칫했다.

옥수수 줄기는, 여러 겹으로 싸여 있었다. 그중 한 겹은 넓게 벌어져 있었는데, 그 안에 옥수수가 들어 있었다. 그것 역시 풀잎 같은, 얇은 껍질 속에 싸여 있었다. 꼭지에 달린 수염이 우스꽝스러웠다. 나는 옥수수를 붙잡고 땄다. 쉬웠다.

나는 옥수수를 여러 개 따다가, 고추밭으로 왔다. 그런데, 손과 발이 너무 간지러웠다. 못 견딜 정도였다. 나는 주저앉아 긁었다. 벌겋게 부어 올랐다.

옥수수밭에선, 벌레가 앉았다 갔었는데, 나는 일부러 모른 체했다. 그러다가, 결국 물린 것이다. 할머니께서도 걱정하시며, 바지를 안 입었으면 어떻게 할 뻔했느냐고 하셨다.

결국 나와 할머니만 남아 있고, 할아버지는 위쪽 밭으로 올라가셨다. 나는 위쪽에는, 무엇들이 심어져 있는지 궁금하면서도, 모기 때문에 가고 싶지가 않았다.

할머니 댁에 돌아와서, 할머니께서 옥수수를 삶아 주셨다. 직접 가꾸어서인지, 사 먹는 옥수수보다 훨씬 맛있었다.

이번에 밭에 갔던 일은, 정말 내게는 좋은 경험이었다. 내가 가꾸고 있는 밭도, 잘 가꾸어야겠다.(2000.7.27.목.맑음)

〈정아인의 신나는 일기〉(온누리 출판사)에서 옮김

제7장 심부름 등, 여러 가지 '일' 많이 하기[실제체험(實際體驗) 많이 하기]

시골 어린이들은, 부모님의 직업에 따라, 농삿일이나 자영업(自營業) 돕기 등, 가족과 함께 많은 일을 합니다. 그리하여, 가족의 일원으로서의 존재감(存在感)과 자각(自覺)을 느끼게도 되고, 일을 하는 방법·요령 등도 배우고, 달성의 성취감도 맛보게 됩니다. 그런 노동을 통해, 온몸의 근육도 발달하고, 손재주도 늘게 되고, 일을 끝까지 버텨서 해내는, 의지력·끈기·자기제어력(自己制御力)·주의력 등도 생기게 됩니다.

또, 직업의 종류에 따라서는, 주문 받는 법, 배달하는 법, 손님 접대하는 법, 물건 파는 법, 사료 주는 법, 전지(剪枝)하는 법, 과일봉지 씌우는 법, 성게 껍질 까는 법, 풀 베는 법, 나무 써는 법, 장작 패는 법, 벼 베는 법 등, 참으로 실제체험(實際體驗)을 많이 하게 됩니다.

그렇게 땀 흘려 일하는 사이에, 어린이들은 많은 어휘(語彙)를 습득하게 되고, 느낌과 생각도 많이 갖게 되어, 사고력(思考力)도 발달하게 되고, 풍습과 전통도 알고, 세상살이의 어려움과 즐거움도 깨닫게 되고, 자연(自然)의 이치나 신비로움이며, 인간의 도리까지도 터득하게 됩니다. 그리고, 그 체험의 창고에 꽉 쌓인 그 보물들은, 모두 다 일기 쓰기나 글쓰기의 귀중한 글감이 되기도 하는 것 입니다.

그런데, 요즘 아파트에 갇혀 살며, 학교와 학원만 왔다갔다 하는 도시 어린이들은, 방 안에서 TV를 보거나 컴퓨터 게임이나 하며, 애완동물이나 온실 속의 화초처럼 편하게만 자라기 때문에, 체험도 적고, 아는 것도 별로 없어서, 숙맥이 다 돼 가고 있습니다. 이래 가지고서는, 도저히 인간 노릇을 할 수가 없습니다.

그래서, 아파트에서도 할 수 있는, 여러 가지 체험들은 고안해 내서, 의도적으로 실천해 나가도록 해야 하겠습니다. 예를 들자면, 자기 방과 부모님 방 청소하기, 설거지 돕기, 화장실 청소, 빨래하기, 아파트 계단 청소하기, 아파트 베란다에서 화초와 농작물 가꾸기 및 소동물 기르기, 지렁이 기르기, 아파트 주차장에 농촌체험장 만들기, 아파트 단지 안에 있는 모든 나무와 식물과 곤충 이름 다 알기, 아파트 근처 산과 냇물 답사하기, 주말농장 가꾸기, 아파트 내 소동물원 만들기, 아버지 회사 방문하기 등, 이루 다 헤아릴 수가 없을 정도로 많습니다.

또, 방학이나 여름과 가을의 농번기에, 농어촌 친척 집에 1주일이나 10여 일 정도 머무르면서, 땀 흘려 일하는 농어촌체험도 시도해 보고, 아니면, '산촌 스테이'나 '농촌 스테이' 프로그램에 참여해, 농산촌체험을 시도해 보는 것도 좋을 것입니다.

이렇게, 자연체험 · 농어촌체험 · 일체험 · 사육재배체험 · 봉사체험 · 여행체험 · 답사체험 등을 많이 해봐야만, 대자연의 신비로움과 인생살이나 세상살이의 어려움도 알게 되고, 그래야만, 보다 성숙된 어린이로 성장할 수가 있게 되는 것입니다.

또 그래야만, 일기 쓰기나 글쓰기의 취재범위도 넓어지고, 그런 귀중한 체험을 일기나 생활문으로 표현함으로써, 그 체험을 보다 뜻 있고 값진 것으로 만들어, 그 사람의 인간적 성장에, 피가 되고 살이 되게도 할 수가 있을 것입니다.

심부름
일본 3학년　다카미야 쿠미코

　나는 여러 가지 심부름을 하고 있습니다.
　가령, 집 안 청소를 합니다. 자주 하는 데는 현관입니다. 일요일에는 대부분 하고 있습니다. 어머니가
　"현관 청소 해 다오."
라고 합니다. 나는
　"좋아요."
라고 말하고, 청소를 해 드립니다.
　먼저 구두를 모두 밖으로 내고, 우산꽂이도 밖으로 내고, 현관을 텅 비게 합니다. 그 다음에, 빗자루로 티끌을 밖으로 쓸어내고, 또, 구두나 우산꽂이를 원자리에 갖다 놓습니다.
　그 다음에, 개집 청소도 합니다. 개집 청소를 할 때는, 개가 방해가 되니까
　"개야, 조금 비켜 다오."
라고 말하고, 개를 비켜 가며 청소를 합니다.
　나는 현관이나 개집 청소를 할 때는, 대개 다른 집 앞도 깨끗이 청소합니다. 도로의 쓰레기를 한 장소에 모아서, 쓰레받기에 받아서 쓰레기통에 넣습니다. 그리고, 어머니에게
　"다 했어요."
하고 말합니다. 그러면, 어머니는
　"고맙다."
하고, 말씀하십니다.
　저녁때가 되면, 대개 목욕탕 청소를 하고 있습니다. 목욕탕 청소는, 형과 교대로 바꿔서

하고 있습니다.

처음에는, 수세미로 욕조 안을 깨끗하게 합니다. 그 다음은, 샤워기로 욕조 안을 씻습니다. 다 씻어 버리고, 발을 닦고 목욕탕에서 나가면, 어머니는

"수고했다."

하고 말씀하십니다.

그리고, 밤이 되면, 저녁상에 사용할 접시와 찻잔을 내놓습니다. 접시 내놓기는, 여동생이 할 때도 있습니다.

젓가락도 내놓고

"어머니, 더 내놓을 것 없어요?"

하고 묻고, 더 있으면 다른 것도 내놓습니다.

나는 심부름 하는 것이 즐겁습니다. 심부름은 즐거운 일입니다.

귤 농사

일본 사가현 아카미츠 소학교 5학년　도쿠시마 미사오

학교에서, 큐슈의 귤 농사는 '풍작 가난' 이라고 들어서, 나는 왜 많이 따는 데도 가난해지는 것일까 하고 생각했습니다. 왜 이렇게 되느냐고 선생님에게 물었더니, 전국적으로 너무 귤이 많이 생산되어, 소매가격이 아주 싸져서, 생산자의 수입이 적어지기 때문에, 가난해지는 것이라고 하셨습니다.

TV를 보았더니, 북큐슈(후쿠오카, 나가사키, 쿠마모토, 사가)의 각 현의 귤농사는 아주 많이 발달되어 있어, 지금까지 일본 제일이었던 시즈오카현을 앞지르고, 현재 일본 제일의 자리에 있다고 합니다. 그러나, 귤이 너무 잘 되어서, 벌이가 없어졌기 때문에, 일본 제일의 자리에 있다고 해도, 생산자로서는 그다지 즐겁지 않다고 합니다.

나는, 비료나 농약 치기처럼, 다른 일보다도 바쁘고 비용도 더 많이 들어, 수입이 적어졌다면, 빨리 어떻게 다른 방법을 생각하지 않으면, 안 된다고 생각했습니다. 가와카미에 사는 우리 할머니 집에는, 귤산이 많이 있고, 들에도 귤밭을 만들어, 귤농사를 짓고 있습니다. 그래서, 나는 매년 귤산으로 귤따기 하러 가서, 귤을 조금 얻어 옵니다. 그래서, 금년에도 도와 주러 갔습니다.

올해에는, 귤산도 들의 귤밭도, 전년보다 귤이 많이 열려 있고, 품질도 아주 좋은 것 같

아, 내가 할아버지께

"올해는 대풍작이어서, 돈을 벌겠네요."

라고 했더니

"올해는 귤이 싸다. 어디에서도 품질 좋은 귤이 많이 나와서 말이야. 벌이가 시원찮단 말이야."

라고 하며, 애석해하고 있었습니다.

올해는, 작년보다 5분의 1 정도 싸져 있다고 하며, 스스무 형은

"올해는, 귤 수입을 예상하고, 창고에 큰 돈을 투입했고, 그 위에 자동차를 새로 샀기 때문에, 귤을 딴 비율만큼 값이 싸져서, 돈이 안 남는단 말이야."

라고 하며, 한숨을 쉬고 있었습니다.

이와 같이, 가격 하락이 심할 때는, 농민들의 생활이 곤란해져 버립니다.

나는 귤이 너무 많이 날 때는, 그대로 팔지 말고, 모자란 분량만 팔고, 나머지는 통조림으로 만들거나, 주스를 만드는 쪽이 좋을 것이라고 생각했습니다. 또, 귤을 파는 겨울부터 조금 계절을 벗어나 귤을 판다면, 좋은 값에 팔릴 거라고 생각합니다.

우리 할아버지 집에도, 귤을 저장해 놓는 창고가 있는 데도, 썩는 귤이 아주 많다고 합니다. 창고에 넣어 두어도 썩는 것은, 아직 오래 보관하는 방법이 안 돼 있기 때문이라고 합니다. 그저 귤을 창고 안에 놔둘 뿐이기 때문에, 썩는 것이라고 생각합니다.

그러니까, 귤 보관방법 등을 더욱 연구해서, 썩지 않도록 한다면, 귤의 '풍작 가난'이라는 말은, 없어질 것이라고 생각합니다.

친구의 고백

미국 메릴랜드주 고등학교 2학년 이경미

덴버에서, 한국 여학생인 S가, 우리 학교로 일주일 전에 전학 왔는데, 마침 나와 같은 잉글리시 클래스에 있어, 금세 친해졌다.

S는, 지금 어머니 친구 집에서, 어머니와 함께 묵고 있다고 하는데, 성격이 명랑하고 사교적이라서, 친구들을 금방 사귀는 것 같았다.

오늘 점심을 같이 먹고 시간이 남아, 휴게실에 가서 이런 저런 얘기를 하다가, S가 갑자기 나에게 고백할 말이 있다고 했다.

"실은 엄마와 단 둘이서 살아. 아버지는 오래 전에 돌아가셨고, 엄마가 재혼을 하셨어. 그런데, 새아버지의 학대가 너무 심해, 얼마 전 이혼하고, 이 곳에서 장사하는 어머니 친구만 믿고, 덴버에서 여기까지 오기는 왔는데, 그 집에 얹혀 있는 것도 불편하고, 또 요새는, 아줌마가 하신 약속이 처음과 자꾸 달라지고 있어서, 엄마가 불안해하셔. 그래서, 우린 어쩜, 다시 덴버로 돌아가게 될지도 몰라."

나한테 그런 말까지 할 필요는 없었는데, 힘들어하면서 속사정을 다 털어놓는 S가, 괜히 측은한 생각이 들었다.

아무도 의지할 데가 없어서, 누구에게라도 속시원하게 속마음을 털어놓고, 위로라도 받고 싶었나 보다.

이럴 때, 우리 집에 남는 방이 있다면, 아니, 내 방이라도, S와 S의 어머니가 자립할 동안까지, 도움을 줄 수 있었으면 얼마나 좋을까.

S야, 기운 내!(1984.3.2.)

〈경미의 이민 일기〉(예림당)에서 옮김

휴지 줍는 할아버지

미국 메릴랜드주 중학교 2학년 이경미

아파트 길을 산책하다 보면, 가끔 휴지 같은 게 길바닥에 아무렇게나 나뒹굴어져 있는 모습을 보게 된다. 그런데, 많은 사람들이 그걸 그냥 짓밟고 지나가거나, 피해서 지나가거나, 또는 신발 끝으로 옆에다 슬쩍 밀어 놓는 사람들이 대부분이지, 그걸 허리 굽혀 일일이 주워서, 휴지통에 집어넣는 사람은 그리 흔하지 않다.

나 역시도, 그냥 모르는 척 지나가기 일쑤다. 그게 결코 힘든 일이 아니라는 걸 알면서도, 왠지 내 자신이 버리지도 않은 더러운 물건을 선뜻 줍기가 꺼려져, 모르는 척하게 될 때가 많다.

그런데, 아파트 주민 중 딱 한 분만은 예외다. 근처 아파트에 사시는, 어느 미국 할아버진데, 그분은 숫제 비닐봉지까지 들고 다니면서, 남들이 버린 휴지를 줍는다.

누가 시켜서도 아니고, 또 무슨 이익을 바라서도 아니고, 순전히 자진해서, 그것도 거의 매일 해가 질 무렵, 아파트 주위를 한 바퀴 돌면서, 남들이 버린 휴지를 줍는다.

그 모습을 보면, 뭔가 찡하니 마음속에 와닿는 게 있다. 모든 사람들이, 다 그 할아버지 마음 같다면, 이 사회는, 법 없이도 항상 깨끗하고, 질서 정연한 사회가 되지 않을까.(1984.8.12.)

〈경미의 이민 일기〉(예림당)에서 옮김

마지막 해님

대구 대명 초등학교 5학년 이윤복

순나야!

오늘은 12월 31일, 올해도 마지막 가는 날이다.

대덕산 저쪽으로, 올해의 마지막 해님이 빙긋이 웃음 지으며 사라졌단다. 너는, 어느 산 아래서, 저 해를 보내느냐, 순나야.

네가 인제 열한 살. 그러나, 너는 고생을 많이 하니, 더 살이 빠졌겠지?

나는 지금 일기장을 앞에 놓고, 자꾸만 순나야! 순나야! 하고, 네 이름을 쓴단다. 따뜻한 방바닥에 이렇게 엎드려서.

작년 이맘때만 해도, 우리는 추위에 손을 호호 불며, 껌통을 들고, 거리거리를 쏘다녔지 않았느냐. 껌 한 통을 팔기 위해, 멀고먼 중앙통 거리를 몇 번이나 왔다갔다 했느냐. 발이 시리고 손이 아파도, 따뜻한 불 한 번 쬐어 볼 수 있었느냐.

일 년이란 세월, 하느님은 우리를 버리지 않았단다.

하느님은, 우리에게 빛을 내려 주셨단다.

순나야! 너는 아느냐?

내 일기장이 책방에 나와, 많이많이 팔리고 있는 것을 아느냐?

얼마나 많은 사람들이, 우리를 칭찬하고 도와 주는지 아느냐?

나는, 이제 껌장사를 안 해도 살 수 있단다.

윤식이와 태순이가, 밥 얻으러 안 가도 된단다. 깡통 대신, 쌀자루가 윗목에 놓여 있단다. 배고파 울던 날은, 지나가 버렸단다.

순나야!

너는, 어느 곳에 살고 있기에, 이렇게 오빠 소식을 모르느냐?

우리나라 어느 곳이든, 내 책이 나가 팔린다는데, 너는, 어이 그 책을 보지 못하느냐?

껌통을 든 거지아기가, 불쌍하게 걸어가는 그림의 책, '저 하늘에도 슬픔이'란 그 책이,

바로 네 오빠가 쓴 일기책이란다.

　순나야! 신문이 날마다 네 사진을 찍어 내고, 라디오가 밤마다 너를 찾고, 김동식 선생님, 반진석 아저씨가, 얼마나 너를 찾는데, 순나야, 너는 어디 있기에, 이렇게도 소식이 없느냐?

　순나야!

　돌아오너라. 어서 속히 돌아오너라.

　태순이가 얼마나 너를 찾고, 윤식이가 얼마나 네 이름을 부르는지 아느냐? 밥상 앞에 앉은 아버지가, 한 끼라도 네 말을 하지 않고, 밥을 잡숫는지 아느냐? 어떻게 우리만이 배부르게 밥을 먹겠느냐? 우리만이 어떻게 따뜻한 방에서 잘 수 있겠느냐?

　순나야!

　돌아오너라. 웃음 핀 우리 움막집으로 부디부디 돌아오너라.

　껌장사 안 시킬게. 절대로 이제 껌장사 안 시킬게. 순나야!(1964.12.)

〈윤복이의 일기〉(새벽소리 출판사)에서 옮김

제8장　친구들과의 관계(關係) 속에서 일어난 일

　어린이들이 관계 짓는 인간관계 중에서, 가장 깊은 것은, 첫째가 부모와 가족간의 관계이고, 그 다음이 친구와의 우정관계(友情關係)일 것입니다. 매일 함께 어울려 놀고 싶고, 하루 한시라도, 안 보면 보고 싶어 못 배기는, 죽고 못 사는 관계가, 바로 어린이 시절의 친구 관계입니다.

　그런 친구들과 새로 만나 사귀다 보면, 서로 친숙해지기도 하고, 갈등을 빚기도 하고, 또 서로 싸워서 결별하기도 하고, 그러다가 화해하고 재결합해서 서로 협력하기도 하고, 서로 도와 주기도 하고, 배반당하거나 따돌림당하기도 할 것입니다. 그러다 보니, 가지 많은 나무에 바람 잘 날 없듯, 우정관계(友情關係)의 행로에도 여러 가지 사연과 사건과 우여곡절과 추억 등, 무궁무진한 화젯거리가 생기게 될 것입니다. 그 화젯거리가 다 일기 쓰기와 글쓰기의 훌륭한 제재가 될 것입니다. 친구와의 관계도 파고들어가 보면, 이렇게도 쓸거리가 무궁무진한데, 쓸 것이 없다고 하늘만 쳐다보고 있다는 것은, 말이 안 되는 이야기인 것입니다.

또, 좀더 파고들어가, 사귀는 친구들의 성격을 유형별로 살펴보면, 별의별 사람이 다 있다는 걸 알게 될 것이고, 따라서, 느끼고 생각하는 것도 많아져, 글쓸거리도, 무지 많아질 것입니다.

친구들의 성격을 한번 살펴보면, 성질이 밝고 무사태평한 어린이, 일솜씨가 느린 어린이, 요령 있게 빨리 하는 어린이, 성질 급한 어린이, 화를 잘 내는 어린이, 남을 괴롭히는 어린이, 마음씨 고운 어린이, 겁이 많은 어린이, 정의감이 있는 어린이, 어려움을 잘 참는 어린이, 기가 약한 어린이, 공부 잘하는 어린이, 공부 잘 못하는 어린이, 온화한 어린이, 부지런히 일 잘하는 어린이, 용기 있는 어린이, 성실하고 양심적인 어린이, 미적 센스가 있는 어린이, 병적이고 장애가 있는 어린이, 집안일 잘 돕는 어린이, 만화나 전자오락에 빠져 있는 어린이, 뻔뻔스런 어린이, 꼼꼼한 어린이, 책임감이 있는 어린이, 책임감이 없는 어린이, 약속 잘 지키는 어린이, 약속을 잘 안 지키는 어린이, 몸이 불결한 어린이, 모든 것을 다 잘하는 만능 어린이, 책을 좋아하는 어린이, 향상심이 있는 어린이, 지기 싫어하는 어린이, 게으른 어린이, 거짓말 잘하는 어린이, 꾀가 많은 어린이, 변명 잘하는 어린이 등등……. 참으로 한끝이 없습니다.

어린이들은, 실로 위와 같은, 천차만별의 성격과 개성을 가진 친구들과 놀며 학습하며 커 가는 것입니다. 그 과정 속에서, 사람 사귀는 법, 서로 협조하는 법과 또 지도력 등의 사는 힘을 비축해 가는 것입니다. 이것이 집단교육(集團教育)의 장점이기도 한 것입니다. 이런 친구들과의 관계에서 취재해서, 일기나 생활문이나 시로 쓴다는 것은, 효과도 크고, 또 뜻있는 일인 것입니다. 특히, 놀이에 대한 것을 많이 쓰이는 것이, 소재도 많고 해서, 어린이들도 쓰기를 좋아할 것입니다.

약속

일본 3학년 스미코치 유키코

학교에서 돌아올 때, 야마다 군이

"오늘 시간이 있으면, 우리 집에 올래? 같이 놀자꾸나."

라고 했습니다. 야마다 군이

"좋아. 갈게."

라고 했습니다.

집으로 돌아와, 야마다 군이 오기를 기다렸습니다. 한 시간이 지났습니다. 야마다 군은 아직 안 왔습니다. 나는 어째서 그런 것일까? 무슨 일이 생겼는지도 모르겠다고 생각하면서, 기다리고 있었습니다.

밤이 되었습니다. 나는, 야마다 군이 결국 안 온 것을 꿈으로 꾸었습니다. 아침에 일어나서

"어머니, 약속을 안 지키는 사람은 나쁜 사람이지요?"

라고 말했습니다. 어머니는

"약속을 해도, 지킬 수 없을 때도 있는 거야."

라고, 하셨기 때문에, 나는, 야마다 군의 잘못을 마음속에서 조금 용서해 주었습니다.

아침에 학교에 갔더니, 야마다 군이 곧바로 나한테로 와서

"어제는 미안했다. 집에 가서 어머니와 외출을 해서, 못 갔던 거야."

라고 했습니다. 집에서 어머니가 나에게 말씀하신 대로였습니다. 나는 야마다 군에게

"약속을 해도, 지킬 수 없을 때도 있는 거야."

라고 말하고, 용서해 주었습니다.

일기

일본 4학년   다카하시 히로키

그그저께, 목요일의 일이었다. 핫쪼호리로 돌아가는 날이라, 사게키 군과 함께 돌아왔다. 동서선 전철을 타고, 나시오기에 닿았을 때, 시게키 군이, 갑자기

"자, 일기 도움말이라도 읽어 볼까?"

라고 하고, 책배낭(란도셀) 안에서 일기장을 꺼냈다. 나는, 시게키 군의 일기장을 보고 싶어서

"야, 일기 교환해서 볼까?"

라고 했다. 시게키 군은 잠깐 생각하더니

"O.K."

라고 말하고, 나에게 일기장을 넘겨 주었다. 나도 시게키 군에게 내 일기를 넘겨 주었다. 잠깐 동안, 둘이 다 열심히 읽고 있었다. 나는 사실, 시게키 군의 일기가 짧은 데 깜짝 놀라고 말았다. 시게키 군은

"흥―."

이라고 하더니

"그렇다 하더라도, 타카하시의 일기는 너무 길다. 나와는 비교가 안 되잖아. 다카하시는 선생님 사정 생각하고 있나?"

라고 했다. 나는 '아이쿠나.' 하고 생각했다. 선생님 사정 생각하고 있지 않고 있다는 것은, 어떤 뜻일까? 그리 생각하고, 시게키 군에게

"선생님 사정 생각하고 있지 않다는 것은 무슨 뜻이야?"

라고 물었다. 시게키 군은

"그렇고 말고. 나는 선생님을 지치지 않게, 짧게 쓰고 있는 거야. 그런데, 다카하시는 너무 길잖아."

라고 했다.

나는 그렇지 않다고 생각한다. 염치 없는 일 같지만, 길게 쓴 까닭으로 해서, 선생님은 지칠지도 모른다. 그러나, 알맹이 있는 글이라면, 피로도 날아가 버릴 거라도 생각한다. 반대로 짧아도, 알맹이 없는 글이라면, 아이고 하고, 한층 더 지치는 것은 아닐까? 나는 그렇게 생각한다. 시게키 군은 잊어버렸겠지만, 나에게는, 매우 깊이 생각하게 하는 한마디였다. 선생님, 어떻습니까?(3.8.일)

얼굴이 예쁜 우리 어머니

대구 대명 초등학교 4학년 이윤복

염소집 주인이 준 비닐 우산을 쓰고, 바위 위에서 풀을 뜯어 먹고 있는 염소들을 바라보면서, 힘없이 앉아 있었습니다.

멀리 비산동 쪽에서, 기차가 기적을 울리면서 달려옵니다. 나는, 저 기차 속에 어머니가 타고 와서, 집에 돌아와 주었으면 얼마나 좋을까 하고 생각해 봅니다.

어머니는, 왜 우리를 버리고 집을 나갔을까?

나는, 어머니가 집을 나갈 때를, 아직도 눈앞에 선하도록 기억하고 있습니다. 얼굴도 예

쁜 우리 어머니, 얼마나 속이 상했으면, 어린 우리들을 버리고 집을 나갔을까?

　어머니는, 우리들이 미워서 간 것이 아니고, 아버지가 미워서 간 것입니다. 아버지는, 그 때 매일 술만 잡수시고, 여자를 하나 얻어, 서울로 살림을 하며 다녔습니다. 그때, 어머닌, 어린 우리들을 데리고 말못할 고생을 했습니다.

　그때, 어머니 마음이 비뚤어졌을 것입니다.

　속을 태우시며 걱정하시던 어머니 얼굴, 나는 아버지와 어머니가 싸움을 하던 때를 생각하면, 아버지가 얼마나 미운지 모르지만, 이젠 아버지마저 없으면, 우린 살아가지 못할 것입니다.

　난 그때, 학교에도 다니지 않고, 여섯 살 때였습니다. 아버지와 어머니가 왜 싸움을 하는지도 몰랐습니다.

　그때, 어머니가 조금만 더 참고 집을 나가지 않으셨다면, 지금 우리가 이 고생을 하지 않을 것입니다.

　그래서, 나는, 누구든지 어머니에 대해 따져 물으면 정말 싫습니다.

　나도 모르게, 어머니가 미워지면서도, 어머니 얼굴이 보고 싶어집니다. 어머니와 같이 한집에서 살 땐, 우리도 목공소를 가지고 있었고, 아버지도 직공들을 많이 거느리고 있었습니다.

　그런데, 지금은 왜 이다지도 배가 고플까요.

　배가 고프니, 눈물밖에 나지 않습니다. 배고프면, 왜 슬프고, 자꾸 눈물만 나오는지 모릅니다.(1963.7.11.목.비)

〈윤복이의 일기〉(새벽소리 출판사)에서 옮김

순나는 더 팔자 하고

대구 대명 초등학교 4학년　이윤복

　공부가 끝나갈 때의 일입니다. 나는 자꾸만 집으로 달려가고 싶었습니다. 이렇게 생각하고 있는데, 마침 우리 선생님이

　"그럼, 오늘 공부는 모두 끝마치겠어요."

하셨습니다.

　"일어섯! 차렷! 경례!"

반장의 말이 끝나기가 바쁘게, 나는 집으로 뛰어왔습니다.

집에 돌아오니, 아버지는 계시지 않고, 순나와 윤식이, 태순이가 장난을 치면서 놀고 있었습니다.

"순나야, 학교 갔다 왔나?"

"오빠, 니보다 쪼매 앞서 왔다."

"빨리 장사하러 나가자."

"오빠 먼저 가거라. 내 쪼매 있다 나갈께."

"저녁 굶는다. 빨리 나가자."

하고, 재촉했더니

"응."

하며, 순나는 일어섰습니다.

"오빠, 내 오늘 니보다 더 많이 벌란다."

하고서, 움집에서 나와, 둘이서 시내로 들어갔습니다.

순나는 조금 앞에서 걸어가고, 나는 순나 뒤를 따라갔습니다. 나는 걸어가면서 생각해 보니, 동생들이 불쌍했습니다. 이렇게 살다가도 장차 희망이 있을까 하고 생각하니, 또 어머니 얼굴이 내 눈앞에 아른거렸습니다.

어머니는, 우리들을 버리고 왜 집을 나갔을까? 이젠, 영영 집에 들어오시지 않을 것 같습니다.

저녁 열 시쯤, 만미당 빵집 앞에서, 순나를 만났습니다.

"순나야, 이자 고만 집에 가자."

"오빠, 한 시간만 더 팔고 가자."

"순나야, 니 몇 통 남았노?"

"요고 두 통만 팔면 된다."

하면서, 껌통을 나에게 보였습니다.

나는 그 소리를 들었을 때, 눈물이 날 것 같았습니다. (1963.6.5.수.맑음)

〈윤복이의 일기〉(새벽소리 출판사)에서 옮김

속상한 일

서울 창일 초등학교 3학년 정아인

나와 혜인이는, 다운이를 따라 다운이네 집에 놀러 갔다. 가자마자, 혜인이와 다운이는, 다운이 엄마에게 내 자랑을 하기에 바빴다. 혜인이와 다운이가, 나에 대해 좋은 점을 연달아 말하자, 나는 저절로 우쭐해졌다.

아줌마께서는, 나를 아주 반갑게 맞아 주시고, 우리에게 짜파게티를 만들어 주셨다.

그런데, 다 먹고 나니, 다운이가 라면을 끓일 줄 안다고 자랑을 하였다. 다운이가 정말 부럽게 생각되었다. 그래서, 우리는 라면도 먹었다.

우리는 점심을 먹고, '글라스 데코'라는 스티커 물감으로 달걀을 꾸몄다. 나는 달걀에 '파닥몬'을 그리고, 'Padakmon's Happy Easter'라고 썼다. 그리고, 또 하나는 그냥 무늬만 그려 놓았다.

그리고, 우리는 혜인이네 집에서 치킨을 먹고, 밖에서 예쁜 꽃을 꺾으며 놀았다. 나는 혜인이와 다운이와 교회까지 따라갔다. 나는, 혜인이가 따라오라고 하길래 갔더니 교회였다. 다운이와 혜인이는, 성가대 연습을 해야 하기 때문이었다.

정말 신경질이 났다. 교회에서 노래를 배우려면, 헤어져서 각자 학원 가고, 집에 가고 해야지, 노래도 모르고, 또 엄마가 빨리 오라고 하셨는데, 여기까지 데리고 오다니…….

내가 다니는 곳도 아니고, 빨리 집에 가야 하는데, 이렇게 데리고 와서 힘들게 하니까, 정말 화가 났다.

교회가 끝나고, 혜인이와 다운이는, 자기네들끼리만 군것질을 하러 갔다. 그리고, 나한테는 쌀쌀하게

"우리는 성가대니까, 먹으러 가는 거야. 너는 교회 안 다니니까, 거기서 기다려."
하고 말했다.

나는 그 말에, 얼굴이 빨개질 정도로 화가 났다. 그러나, 엉겁결에, 상냥하게 이렇게 말해 버리고 말았다.

"그래, 여기서 기다릴게. 너희들끼리 갔다 와."
하고…….

기다리면서, 나는, 혜인이가 다운이를 데리고 저희들끼리만 간 것도 섭섭했고, 마치 혜인이에게, 착한 다운이를 뺏긴 것 같아 화도 났다. 저절로 눈물이 나왔다.

나는 잠시 화장실에 갔다. 그런데, 밖에서, 뛰는 듯한 발소리와 다운이를 부르는 혜인이의 목소리가 들려 왔다. 내가 얼른 나갔지만, 이미 가고 없었다. 나는 외롭고 슬프고 화도 나서, 슬피 울었다.

왜 아이들은 이렇게 변덕이 심할까? 이해할 수가 없었다. 1학년 때는, 나를 아기 취급을

하더니, 다운이가 생기자, 갑자기 다운이만을 특별히 아껴 주니까, 정말 질투도 났다.

나는, 혜인이하고는 더 이상 사귀고 싶지 않았다. 정말로 오늘은 속상한 날이었다.(2001.4.14.토.맑음)

〈정아인의 진짜 신나는 일기〉(온누리 출판사)에서 옮김

새 친구 민지

서울 창일 초등학교 4학년 정아인

요즘도 갈수록 4학년 5반이 좋아지고 있다. 벌써 4학년 5반에서의 생활도 2주일이 넘었다. 그래서, 웬만한 친구 이름은 다 알고 있고, 새 친구도 몇 명 생겼다.

그중에서 가장 친한 친구가 민지다. 민지는, 내 바로 앞자리에 앉은 아이인데, 나랑 사귀고 싶은지, 계속 말을 걸어 오고, 만나면 언제나 먼저 반갑게 인사를 한다. 내 짝인 원태와 말싸움을 할 때, 나에게 유리한 말을 해주고, 운동장에서라도 만나면, 얼른 같이 놀던 다른 친구들한테, 내 얘기를 해주며 같이 놀자고 조른다. 우리는 저번부터, 거의 매일 점심시간에 밖에 나가서 논다.

오늘도 민지와 같이 운동장에서 놀 생각에, 밥을 조금씩만 받고 빨리 먹고, 25분에 재빨리 나갔다. 운동장에서, 민지의 언니인 은지 언니, 은지 언니의 친구 은솔이 언니, 시연이 언니, 그리고, 그 외에 다른 몇몇 오빠들과 정글짐에서 얼음땡을 하였다.

시연이 언니가 규칙을 정하였는데, 그 규칙은, '얼음은 다섯 번만 할 수 있다.', '정글짐에서 떨어지면 술래가 된다.', '술래들은 각자 시작할 때 눈을 감고, 2 · 5 · 10을 세고 잡아야 한다.' 였다.

처음 보는 오빠들이었지만, 민지와 나는, 오빠가 입고 있는 옷의 무늬로 술래를 구별했다. 빨간색 옷을 입은 오빠는, 굉장히 빠르고, 힘든 정글짐을 아주 잘 빠져 나가서, 민지와 나는, 몇 번이나 잡힐 뻔했을 뿐만 아니라, 얼음을 세 번이나 하였다. 주황색 옷을 입은 오빠는, 빨간색 옷만큼은 아니지만, 꽤 빨라서 역시 위험한 고비를 많이 넘겼다.

하지만, 시연이 언니랑 은지 언니랑 우리 모두는, 한 번도 술래가 되지 않고 무사했다. 우리들은, 되도록 복잡한 안으로 들어가지 않고, 바깥으로 빙글빙글 돌면서 도망쳤기 때문이다. 나는, 술래였던 파란 체크무늬 옷 오빠에게 잡힐 뻔했지만, 다행히 시연이 언니가, 얼른 '땡~'을 쳐 주지 않고, 술래가 포기할 때까지 계속 기다려 줘서, 겨우 위기를 모면할 수 있

었다.

　민지 외에도, 다른 좋은 친구들도 있다. 하지만, 나는, 민지만큼 나에게 정말 좋은 친구는 없는 것 같다. 민지와의 새로운 우정은, 다운이와의 우정처럼, 영원히 변치 않았으면 좋겠다. 다운이와 민지도, 서로 아는 사이였다면 얼마나 좋을까? 그럼 다운이와 나의 '라일락 슈퍼' 의 회원도 늘어날 텐데……

　내게는, 1학년 때부터 차례대로 한 명씩의 단짝친구들이 있었다. 1학년 때 친구인 '정세현' 은, 1학년이 채 끝나기도 전에 나를 배신했고, 2학년 때 친구인 '김민지 I' 은, 요즘 나와 별로 친하지 않다. 3학년 때 친구인 '정다운' 은, 그때까지 사귄 친구들 중에서 가장 좋다. 2학년 봄방학 때 전학 왔다는데, 예의도 정말 바르고 착하다. 그리고, 지금 친구인 '김민지 II' 도, 다운이처럼 좋아지려고 한다.

　'민지야! 너도 '김민지 I' 처럼, 날 배신하지 않을 거지? 우리 영원히 변치 않는 친구가 되자!' (2002.3.19.화.맑음)

〈정아인의 진짜 신나는 일기〉(온누리 출판사)에서 옮김

제9장　'감동(感動)한 것' 붙잡기[사물에의 흥미(興味)와 관심(關心) 끌기]

　신선한 감각(感覺)을 가지고 있는 어린이들에게 있어서, 이 세상은, 그 모든 것이 다 관심거리요, 흥미거리요, 호기심거리요, 감동거리일 것입니다. 왜냐하면, 이 세상의 자연(自然)이나 사회(社會)나 인간(人間)의 모든 것이, 어린이들에겐 처음 보는 것들이 많기 때문에, 모든 것이 새롭고 신기하고 흥미로워서, 마음을 움직이게 하기 때문입니다. 즉, '감동(感動)' 을 주기 때문입니다.

　그런데, 이렇게 새로움과 신기함으로 꽉 차 있는, 흥미투성이·관심투성이·감동투성이 세상 속에서 살고 있으면서도, 일기 쓰기나 글쓰기를 하라고 하면, 어린이들은 쓸거리가 없어서 못 쓰겠다고 하며, 멍하니 앉아 있는 수가 많습니다.

　그것은, 미국의 부패문명 때문에 감각기관(感覺器官)이 고장나, 그 흥미거리와 관심거리·감동거리 들을, 신선하고 강하게 느끼지 못한 데도 원

인이 있겠지만, '감동'이란 말의 개념을 잘 몰라, 감동했으면서도, 감동한 것을 붙잡지 못하고 있는 수도 많습니다.

'감동(感動)'은 쉽게 말하자면, '마음속에 깊이 느낀 것', 또는 '일종의 마음의 흥분상태', '마음속의 큰 움직임이나 큰 흔들림'이라고 할 수가 있습니다. 다시 말하면, 우리들이 무엇을 보거나 듣거나 행하거나 하면, 그때마다 반드시 마음속에 감정의 물결이 일고, 상상의 무지개가 뜨곤 하는데, 그 가운데서도, 가장 인상이 깊고 충격이 커서, 도저히 잊을 수 없는 것을 '감동'이라고 하는 것입니다.

감동을 좀더 쉽게 말하면, TV를 보거나 노래를 들을 때, 가슴이 뭉클해지거나, 가슴이 찡해지거나, 코가 시큰해지는 것이, 바로 감동의 대표적인 발현상태인 것입니다. 우리가 일상생활 속에서 체험하는, 감동스런 마음의 상태를 들어 보면, 다음과 같습니다.

'가슴이 찡해지는 마음', '기뻐서 울렁거리는 마음', '보고 싶어 애타는 마음', '그리워 가슴이 미어지는 마음', '걱정 때문에 납덩이처럼 무거워진 마음', '걱정이 사라져 가벼워진 마음', '일을 기어코 해내 후련해진 마음', '소망이 이루어져 날아갈 듯 기쁜 마음', '분해서 사지가 부르르 떨리는 마음', '미워서 마구 욕해 주고 싶은 마음', '질투가 나서 미워 죽겠는 마음', '억울해서 어디 하소연하고 싶은 마음', '외톨이가 되어 말할 수 없이 외로운 마음', '아름다움에 넋을 잃고 반한 마음', '존경스러워 고개 숙여지는 경건한 마음', '성스러워 우러러 보고 싶은 마음', '양심 바르게 살고 싶어지는 마음', '슬픔', '동경', '실망', '희망', '불가사의(不可思議)', '놀람(경악)', '이래서는 안 되는데 하는 정의로운 마음' 등등……

이렇게, 감동의 여러 종류를 들면서, 가장 인상 깊고, 가장 크게 놀라고, 가장 크게 감동한 것 중에서 하나를 골라, 글을 쓰라고 하며, 그와 비슷한 본보기글을 읽어 주면, 어린이들은, "아, 나에게도 그런 것이 있지." 하며, 제목을 하나 잡아 쓰게 됩니다.

그런데 여기서 한 가지 유의할 점은, 감동에는 플러스(+) 쪽과 마이너스(-) 쪽 두 종류가 있다는 것을 깨닫게 해주어야, 취재범위가 넓어지게 됩니다. 감동이라고 하면, 흔히 어린이들은, 플러스 쪽인 '기쁨'이나 '아름다움'과 같은 밝은 쪽만 생각하는데, 마이너스 쪽인 '슬픔'이나 '분노'도 크게 느낀 것이니까, 어두운 면의 감동이 될 수 있는 것입니다.

그리고, 실제체험을 많이 해야 그 과정에서 감동을 많이 하게 되는데, 요즘 어린이들은, 도시 어린이건 시골 어린이건 간에, 학원 다니느라, 자연체험이나 사육재배체험·일체험 등을 못하고 있는 수가 많습니다. 그래서, 교사나 학부모들은, 어떻게 하든지, 실제체험을 많이 시키도록 계속 노력을 해야 합니다.

나는 학교 경영을 할 때, 어린이들의 탐구심과 연구심·의문심·호기심 등을 자극하고, 감동할 기회를 많이 만들기 위해, 학교 소유의 논과 밭에 농작물을 심어 가꿈은 물론, 학교에서 토종닭과 토끼와 염소 등을 기르며, 새끼를 낳아 길렀으며, 꽃과 나무도 많이 심고 가꾸었습니다. 화분을 많이 만들어, 학교 안과 밖 어디서나, 꽃을 볼 수 있게 했으며, 교실에도 화분에 덩굴식물을 많이 심어, 교실 녹화를 시도함은 물론, 식물관찰도 많이 할 수 있도록 하였습니다.

그때, 내가 있던 학교가 모두 시골 오지 학교였기 때문에, 어린이들이 가정에서 다 체험하고 있는 것들이었지만, 좀더 의도적 교육적으로 체험시켜서, 글감을 많이 안겨 주기 위해, 일부러 그런 시도를 했던 것입니다.

그런데, 요즘 서울 시내의 학교 옆을 지나다가 보면, 농촌체험장이나 사육장도 하나 없고, 꽃밭 가꾸기나 나무 심기 한 흔적도 별로 안 보인데다. 학교 운동장이 선생님들의 승용차 주차장으로 변해 있는 걸 많이 보게 되는데, 그때마다 나는, 저런 기계적이고, 고식적이고, 폐쇄적인 환경 속에서, 과연 창의적이고, 역동적이고, 감성이 풍부하고, 풋풋한 어린이가 길러질 수 있을까 하고, 한심스런 생각을 가질 때가 많습니다. 진정한 교육자라면, 가슴에 손을 얹고, 내 말이 옳은지 그른지, 곰곰이 한번 생각해 봐야 할 것입니다.

여기서, 일본 어느 학교 1학년 교실의, 감동스런 강낭콩 싹틔우기 관찰 지도 기록을 하나 소개하겠습니다.

6월 17일, 하룻밤 물에 담가 둔, 강낭콩 씨앗을 밭에 뿌렸다. 그와 동시에, 교실 창쪽에 샤레를 갖다 놓고, 거기다 탈지면을 깔고 물을 넣고, 강낭콩 씨앗 4개를 얹어 놓았다.

그로부터 3일 지난, 6월 22일에는, 씨앗에서 하얀 뿔 같은 싹이 나왔다. 어린이들은, 강낭콩 씨앗의 조금 옴폭 파인 부분에 있는, 조그만 동그란 문양 같은 곳에서, 싹이 나올 것이라고 예상하고 있었기 때문에, 그 기쁨은 말할 수 없었다. 그래서, 그 기쁨을 어린이들에게 글로 씌었다.

· 나는, 강낭콩 씨앗은 살아 있다고 생각했습니다.(T)
· 요전에, 샤레 위에 얹어 놓은 강낭콩에서, 벌써 싹이 나와서 깜짝 놀랐다.(M)
· 나는, 샤레에 넣은 종자가 살아 있다고 생각한다.(S)
· 나는 이십일무를 뽑고, 강낭콩 씨앗을 뿌릴 줄은 몰랐습니다. 씨앗이 살아 있다는 것을 알았습니다.(K)

어린이들은, 그 싹 같은 것이, 강낭콩 싹이라고 생각하고 있었는데, 그 다음날이 되니까, 거기에서 많은 가는 털 같은 것이 나왔다.

"선생님, 어쩐지 이상해요, 이런 털 같은 것이 나오기 시작했어요."

"참, 이상하구나."

라고들 이야기하고 있는 사이에, 그 털들이 천만 뜻밖에도, 탈지면에 달라붙은 것처럼 되어 갔다. 이럭저럭 하는 동안에, 24일, 즉 씨앗을 샤레에 얹은 지 1주일 되는 날 아침, 어린이들은, 거기에서 놀랄 만한 것을 발견한 것이다.

놀랍게도, 길이 2cm 가까운 강낭콩 씨앗이, 3cm 정도의 가는 줄기에 받쳐져서, 야무지게 들어올려져 있었던 것이다. 그 위의 씨앗은 조금 갈라져서, 그 속에서, 초록의 잎이 조금 내다보고 있는 것이다. 물론, 줄기는, 맨 먼저 나온 뿌리로 떠받쳐지고 있었다.

어린이들은, 그 놀라움을 다음과 같이 번갈아 써 왔다.

· 나는, 솜 위에서 강낭콩은 자라지 않을 거라고 생각했는데, 자라나서 좋았습니다.(E)
· 나는, 맨 처음 나온 것이 싹이라고 생각하고 있었는데, 뿌리였습니다.(O)
· 나는, 그런 가는 뿌리가 그렇게 커다란 씨앗을 들어올리다니, 꿈을 꾸는 것 같아요.(Y)
· 나는, 강낭콩 씨앗이 들어올려지리라고는, 생각하지 않았습니다.(R)
· 나는, 길쭉한 끈 같은 것과 커다란 콩이 이어져 있어서, 깜짝 놀랐습니다.(W)
· 왜 씨앗이 위에 있고, 이파리는 밑에 있는 것일까? 그리고, 씨앗이 위로 오다니, 굉장해요.(I)
· 혹시, 씨앗이 거꾸로서기를 했나 하고 생각했습니다.(M)

강낭콩 싹틔우기 관찰을 할 때, 1학년인 데도, 뿌리가 먼저 나오고 싹이 나중에 나오는 과정을, 얼마나 정확하게 관찰을 하고, 또, 그때 느낀 감동과 발견한 사실을, 얼마나 정확하게 기록을 하고 있습니까?
우리나라에서도, 이런 관찰학습을 할 때 형식적으로 하지 말고, 이렇게 좀더 정직하고 착실하게 진행시킬 뿐 아니라, 과학학습과 글쓰기를 연결시켜, 학습효과를 배가시키는 치밀성을, 배우도록 해야 하겠습니다.

감동적인 영화
서울 창일 초등학교 2학년 정아인

엄마가 'ET'란 비디오를 빌려다 준다고 하셨다. 그래서, 오후 2시쯤, 엄마와 함께 비디오 가게에 갔다.
가게에는, 많은 비디오들이 진열되어 있었다. '라이온 킹Ⅱ'·'주만지'·'링'·'드래곤 볼'······.
하지만, 나와 내 동생이 그렇게 기대했던 'ET'는 없었다. 그래서, 다른 비디오를 빌리기로 했다. 나는 '라이온 킹Ⅱ'를 원했다.
그런데, 엄마는 '아름다운 비행'을 사 주셨다. 이름과 그림으로 보아서, 별로 재미있어 보이지 않았다. 그래서, 나는 기대도 않고 있었다. 그런데, 보니까, 너무 감동적이고도 재미있었다.
13살인 에이미는, 교통사고로 엄마가 죽자, 아빠랑 살게 되었는데, 하루는, 거위 알을 발견하고, 집에 가져와 알을 까어서 키웠다.

갓 태어난 새끼거위는, 맨 처음 본 물체를 엄마라고 생각하고, 평생 그 물체를 따라다닌다는데, 정말 부모 없는 거위들은, 매일 에이미만 엄마인 줄 알고 따라다녔다. 에이미를 따라, 풀밭을 뛰어다니는 거위들은 너무 귀여웠다.

그런데, 가을이 되자, 거위들은 벌써 거의 다 컸다. 하지만, 철새라서 겨울을 나기 위해, 조금 있으면 먼 남쪽 나라로 가야만 했다.

그래서, 나는 연습을 하기 위해, 헹글라이더를 만들어 타고, 나는 연습을 시키려고 했는데, 역시 거위들은 아빠를 따라 날지 않고, 에이미만 따라다녔다. 그래서, 할 수 없이 새 모양의 헹글라이더를 만들어서, 헹글라이더를 배워, 새끼들이 날 수 있도록 연습을 시켰다.

그래서, 거위들은 멋지게 날아서, 남쪽 나라로 갈 수 있었다. 정말 멋진 하늘나라의 여행이었다.

더 신기한 건, 거위들이 아무렇게나 날아가는 것이 아니고, 차례대로 줄을 지어 가는 것이었다. 마치 멋진 줄 행렬 같았다. 뉴스 기자들은, 곳곳을 돌아다니며, 사진을 찍느라 정신이 없었다.

그런데, 절름발이 거위 '이고르'는 날 수가 없어서, 에이미 뒤에 얌전히 앉아서 가고 있었다. 하지만, 에이미 아빠가 헹글라이더에서 떨어져 어깨를 다쳐서, 에이미 혼자 거위를 몰고 남쪽 나라에 도착했다.

그리고, 계절이 바뀌자, 거위들은 에이미가 사는 고향으로 다시 찾아왔다. 정말 생각보다 아름답고도 멋진 영화였다.

나도 한 번 헹글라이더를 타고, 새들과 함께 하늘나라를 여행하고 싶었다. 그러기 위해서는, 에이미처럼 용감한 소녀가 되어야겠다.(2000.10.22.일.맑음)

〈정아인의 신나는 일기〉(온누리 출판사)에서 옮김

제10장 부모(父母)와 자식(子息)간의 '대화(對話)'에서 취재하기

인간관계 가운데, 부모와 자식간의 관계(關係)만큼 가깝고 친밀한 관계가 없고, 인간끼리 나누는 대화 중에서도, 부모와 자식간의 대화만큼 깊고 따뜻한 게 없을 것입니다.

그리고, 부모와 자식간의 생활이나 기타 가족간의 생활도, 거의 따뜻한 대화로 이루어지고, 또한 그런 대화는 반드시 어떤 사연을 갖고 있는 것이기 때문에, 인상 깊었던 대화 중에서 취재해서, 일기 쓰기나 글쓰기를 하면, 아주 좋은 글을 쓸 수가 있을 것입니다.

그런데, 세상이 복잡해져, 맞벌이 부부도 늘고, 아버지나 어머니의 귀가 시간이 늦은 관계로, 부모와 자식간에 대화할 기회가 적어지는 수가 많은데, 그런 데서 오는 어린이들의 불만(不滿)이나 외로움이나 불편(不便)에 취재해서, 쓰이는 것도 좋을 것입니다.

그러면서, 같은 집에서 살면서도, 시간이 엇갈리는 가족끼리는, 편지쓰기로 대화를 하거나, 일요일 등을 이용한, 가족 모임 등을 통해, 가족끼리 대화의 기회를 많이 갖도록 해야 할 것입니다.

또, 여러 가지 사고나 이혼으로 인해, 부모 중 한쪽이 없는 편모가족(偏母家族)이나 편부가족(偏父家族)도 많고, 또 양쪽 다 없는 고아나, 소년소녀가장도 많은데, 거기서 겪는 쓰라린 고통과 외로움에 취재해서 글을 쓰이면, 실감나는 좋은 글이 될 것이고, 마음의 고통을 카타르시스 하는 데도, 큰 도움이 될 것입니다.

어머니 눈 속에는 내가 살고, 내 눈 속에는 어머니가 있다
대구 옥포 초등학교 2학년　김상인

오늘 아침에, 집에서 옷을 입을 때, 허리띠를 맨다고 했는데, 잘 안 돼서, 어머니에게
"해주세요."
하고 말을 했다. 어머니께서 와서, 허리띠를 매 주시면서
"상인아, 엄마 눈 속에 누가 있는지 봐라."
하고 말씀하셨다. 내가 어머니 눈 속을 자세히 들다보니, 내가 있었다.
"상인이 눈 속에는, 엄마가 있단다."
하고 말씀하셨다. 나는 너무나 신기했다. 어떻게 내 눈 속에는 어머니가 있고, 어머니 눈 속에는 내가 있을까?
'너무나 사랑해서 그럴까?'

하고 생각했다.(1995.6.8.)
〈아무도 내 이름을 안 알아 줘〉(보리 출판사)에서 옮김

아버지의 손

일본 6학년 카미야스시 히사오

내가
"그 손, 어째서 그리 되었어요, 아버지?"
물었다.
아버지는 조금 생각하시더니
곧 자세히 이야기해 주셨다.
"7년 전 무더운 여름날의 일이었지.
기후현의 미노시란 곳에서
수도공사를 하고 있었는데
발밑이 옳지 않아 넘어졌던 거야.
그때 옴폭한
콜타르 녹이는 가마솥에
왼손을 처박고 말았던 거야.
콜타르가 손에 달라붙어서 떨어지지 않았어.
병원에 가서 손의 살갗과 함께
벗겨 냈단다.
그랬더니, 네 개의 손가락이 들러붙은 것같이 되었단다."
아버지는 그 뒤, 그 손가락을 스스로 움직여서 고친 것이었다.
노력을 해서 고쳐서, 손은 아무렇지 않게 움직이게 되었다.

지금은 피부색은 다르지만
완전히 좋아진 훌륭한 아버지의 손.
이것은 자기 힘으로 지옥에서 천국으로 기어올라가 행복을 잡은 손이다.
아무지게 생긴

힘센 큰 손이다.

색깔은 다갈색이고 피부는 부드러워도

노력하면 불가능을 가능하게 한다는 것을 가르쳐 주고 있는 손이다.

아버지의 손은

나에게 사는 힘을 안겨 준다.

나는 아버지의 손을 볼 때마다

기어코 힘내어 분발하겠다고 생각한다.

저 하늘에도 슬픔이

대구 대명 초등학교 4학년   이윤복

하늘을 쳐다보니까, 참말로 맑았습니다.

아무리 구름을 찾아보려고 해도, 구름이 보이지 않습니다.

우리 식구도, 저 하늘처럼 말끔했으면 얼마나 좋을까?

저 하늘에도 슬픔이 있을까요?

순나는 지금 어디 있을까?

어디 가다 죽어도 하늘 밑이겠지요?

순나야, 나는 기쁜 일이 있어도, 순나 네 생각만 하면, 슬픔이 소복이 가슴에 모여 눈물이 난다.

순나야, 살아 있으면, 집으로 돌아와 같이 살자.

순나야, 너는 왜 집에 안 들어오느냐.

나는 네 마음을 안다. 왜 집에 안 들어오는지 나는 알지.

너는 돈을 벌어, 성공해서 들어오려고 하는 거지?

순나야, 나는 껌장사를 하러 나갔다가, 대구 백화점 앞에서, 어떤 아주머니가 아이들 셋을 데리고, 백화점에서 나오는 것을 보니, 정말 행복해 보이더라. 모두 옷도 잘 입었고, 신발도 좋은 것을 신었더구나.

나는 걸어가다 발걸음을 멈추고, 한참 동안 바라보았어.

나도, 어머니가 있고 동생이 있는데, 왜 이렇게 고생만 하고 있을까 하고 생각하니, 껌장사도 하기 싫더구나.

순나야, 우리도 잘살 날이 있지 않겠나?

굶더라도, 서로 헤어지지 말고, 한집에서 같이 살자. 순나야, 살아 있으면, 어서 집으로 돌아오렴.(1963.12.20.금.맑음)

〈윤복이의 일기〉(새벽소리 출판사)에서 옮김

매 새끼

대구 대명 초등학교 4학년　이윤복

동생 윤식이가, 어디서 매 새끼 한 마리를 잡아 왔습니다. 벌써 어미가 다 되어 가는 새였습니다. 윤식이는, 하루 종일 그 매 새끼를 가지고 놉니다.

방 한 구석에다, 나무 조각으로 집을 지어, 그 속에다 매 새끼를 가둬 놓고, 윤식이는 태순이와 밖에 나가, 방아깨비 새끼를 잡아다가, 방에 들어와서는, 끽끽 소리를 내어, 매 새끼가 입을 벌리면, 방아깨비를 입에 넣어 주곤 합니다.

나는 가만히 방에 누워, 윤식이와 태순이가 좋아하며, 새끼를 들여다보고 있는 모습을 보고 있었습니다. 매 새끼도 배가 고픈지, 곧잘 받아먹습니다.

나는 눈을 감고, 매 새끼의 어미를 생각해 봅니다. 그래서, 나는 윤식이를 보고, 돌아누우며
"윤식아, 그 새끼 날가 보래 조라."
"씨야, 와?"
"아무래도 못 살고 죽을 끼다. 불쌍하잖나?"
"어어, 응, 싫다."
"죽어 버리문, 죄 받는다."
"씨야, 날가 보내 주면, 저 엄마 찾아가겠나?"
"어디서 잡았노? 그 곳에 갖다 놓으면, 저 어미가 데리고 갈끼다."
하고, 내가 말했더니, 윤식이는 아무 말도 하지 않고, 눈만 깜박거리며, 매 새끼를 들여다보고 있었습니다. 이따금씩 밖에서 참새가 짹짹 할 때마다, 매 새끼는 제 어미가 온 줄 알고 찍찍 하며, 소리내어 울었습니다.(1963.8.2.금.맑음)

〈윤복이의 일기〉(새벽소리 출판사)에서 옮김

쏟아진 밥

대구 대명 초등학교 4학년 이윤복

어제 구두를 닦아, 사십 오 원을 벌었지만, 국수를 사 오지 않았기에, 오늘 아침도 밥을 얻으러 나가야 했습니다.

윤식이와 서로 밥을 얻으러 나가라고 다투다가, 결국 내가 가게 되었습니다.

오늘은, 복명 국민학교 쪽으로 밥을 얻으러 갔습니다. 집도 별로 좋지 못한 집에 들어가서
"아줌마요, 밥 한 술 주이소."
하니, 아주머니가 나와서, 밥을 반 그릇쯤 주었습니다.
"안주 밥 요고밖에 못 얻었나?"
"예…, 고맙습니더."
하고, 그 집을 나왔습니다.

그 아줌마의 얼굴을 보니, 마음이 퍽 좋아 보였습니다.

또 다른 집으로 가서
"밥 한 술 보태 주소."
하니까, 그 집을 들어갈 때 노려보던 개가, 갑자기 짖으며 나에게 달려들었습니다.

나는 겁이 나서, 밥도 못 얻고 대문 밖으로 쫓겨나오는데, 개가 달려와서 내 옷자락을 물고 늘어졌습니다. 나는, 그만 정신 없이 밥이 들어 있는 깡통을 휘두르며 개를 쫓으려다가, 깡통을 땅에다 놓쳐서, 밥이 다 쏟아져 버렸습니다.

나는 쏟아진 밥을 도로 깡통에 담고, 천천히 그 아랫골목으로 갔습니다. 좁은 골목길을 돌아 넓은 골목길로 나오니, 거기엔, 가게가 많았습니다.

내가 깡통을 들고 지나가려고 하는데, 가게 앞에서 놀던 아이들이
"거지, 거지."
하고 놀렸습니다.

나는 아무 말도 못하고, 그 소리를 들으며 걸어오기만 했습니다.

다시 집집마다 밥을 얻으러 다니는데, 눈물이 자꾸만 흘러내렸습니다. (1963. 8. 9. 금. 바람)

〈윤복이의 일기〉(새벽소리 출판사)에서 옮김

제11장 9개 교과의 교과활동(敎科活動)이나 특별활동(特別活動)의 활동 중에서 취재하기

어린이들은, 하루 생활의 3분의 1인, 8시간 정도를 학교에서 보냅니다. 학교에서는, 9개 교과와 특별활동을 합해서, 10개 분야의 여러 가지 활동이 벌어집니다. 그 교과활동과 부별활동 들은, 모두가 창의적인 사고와 의욕적인 탐구를 요하는, 새로운 단원의 새로운 학습과제나 연구과제를 해결해야 하는, 문제해결과정(問題解決過程)의 학습활동들입니다.

예습·복습활동, 숙제·과제해결활동, 학습준비활동, 조사연구활동, 견학·관찰활동, 독서활동, 토론활동, 학급당번활동, 청소활동, 급식당번활동, 어린이회활동, 사육재배활동, 학예회, 운동회, 소풍, 글쓰기대회, 미술실기대회, 웅변대회, 동화구연대회, 예술제, 학력검사, 지능검사, 적성검사, 신체검사, 예방접종, 학기말고사, 월말고사, 쪽지시험, 받아쓰기 등등……

이상이, 학교에서 벌어지는 여러 가지 활동들을 총망라해 본 것입니다. 그 모든 활동들이, 다 어려움과 흥미로움과 성취감과 감동 등을 안고 있을 것입니다. 학교에서 벌어지는 교과활동이나 특별활동이나 생활활동에서 취재해서, 일기 쓰기나 글쓰기를 한다면, 참으로 무궁무진할 것입니다. 그야말로 학교생활은, 어린이들의 일기 쓰기나 글쓰기 소재의 보물창고인 것입니다.

이렇게, 어린이 주변에 글감이 널려 있는 데도, 쓸거리가 없다며, 일기 쓰기나 글쓰기를 기피하는 어린이들은, 소질과 능력에도 문제가 있겠지만, 주로 정신적 병인 '게으름병' 때문인 것입니다. 그 '게으름병'은, 이 나라를 켜켜이 뒤덮고 있는, 시커먼 미국의 부패문명(腐敗文明) 때문인데, 그런 무섭고 더러운 미국의 부패문명에 병들지 않게 하려면, 어려서부터 한국혼이 담긴 깨어 있는 어린이로, 유의해서 길러야 할 것입니다. 따라서, 학교교육의 내용과 교사들의 교육방식도 많이 바꾸어야 할 것입니다.

다음, 사회에 대한 눈을 넓히기 위해 쓰였을, '공부' 나, '어머니가 하는 일' 이란 사회과 학습활동 과정에서 나왔을 글이나, 과학과 학습활동 과정에서 나온 일본 어린이가 쓴, '감자 관찰' 이라는 관찰기록문 등을 읽어 보시면, 한국의 교육이 확 바뀌어야 되겠다는 것을, 강렬하게 느끼시게 될 것입니다.

공부
서울 대현 초등학교 4학년   김수연

엄마들은 매일 귀에 못이 박히도록 공부만 하라고 그러신다. 나는 커서 어른이 되면 그렇게 애들을 공부하라고 그러지 않을 것이다.

하루에 기상 6시 30분, 책 읽기 80분, 문제집 1시간, 일기 매일 쓰기, 피아노 40분, 영어책 40분, 영어 비디오 40분, 이빨 닦기, 매일 이정도면 됐지, 우리가 무거운 공부를 지고 가는 노예인가? 어쩔 때는 그렇게까지 생각된다. 그리고 하루에 저기 위(계획표)에 있는 것 다 하고 남은 시간은 좀 놀려고 하면 그것도 안 된다.

그리고, 나처럼 학원 많이 다니는 아이가 어디 또 있는지 모르겠다. 영어 학원 2곳, 피아노 학원, 글짓기 학원, 문제집 학원, 벌써 네 곳이다. 그전에는 성악도 했는데, 그것도 두 곳인데 시간이 모자라 두 곳 다 끊었다. 좀 시간이 있으면, 못 놀게 하는 것은 엄마가 아니고 학원이다.

문제집은 우리 집에서 현재 길잡이까지 합쳐서 15개이다. 그것은, 문제집을 집으로 가져다 주는 것이고, 문방구에서 산 것은 두 개이다.

어른들은, 우리가 롤러 스케이트처럼 굴리면 무조건 가는 건 줄 아나 보다. 나는, 무조건 어른이 되면, 강제라는 것은 모르는 사람이 되겠다. 그리고, 어린이를 노예로 공부한테 팔지 않겠다.

난 그렇지만, 일기는 좀 친근감이 간다. 모든 것을 써도 받아 주기 때문이다.

*매일 : '날마다' 가 깨끗한 우리말이다.

어머니가 하는 일

일본 1학년   우메오카 사유리

　어머니는, 요시미즈에 일하러 가서, 크리스마스 트리의 막대기를 만들고 있습니다. 기계로, 검은 테이프 같은 것을 막대기에 감고 있습니다. 그것이 되면, 다른 사람이 끝에 동그란 것을 붙입니다.
　어머니는, 요시미즈에서 돌아오면, 밥을 지어야 하니까 바쁘고 또 바쁜 거예요. 아버지가 돌아오면, 술상도 차려야 되기 때문에, 바빠 견딜 수가 없는 거예요.
　어머니는 바쁘기 때문에, 내가 도와 드려요. 반찬과 밥을 짓는 심부름도 하고, 아버지에게 밥을 담아 드리기도 합니다.
　저녁때, 어머니가 돌아와서
　"오늘 또 일하러 가서, 10시에 돌아온다."
라고 했습니다. 그래서, 나는
　"가지 말아요."
라고, 떼를 썼습니다. 그러면서, 조금 울었습니다. 그래서, 어머니는 긴 말 하지 않았습니다.
　아직 안 갔을 때, 내가 아버지께
　"이제 가셨어요?"
하고 물으니, 아버지는
　"아직 안 가셨다."
라고 했습니다. 나는 아직 안 가서 다행이라고 생각되어, 마음이 놓였습니다. 또, 조금 있다가
　"가셨어요?"
라고 물으니까, 아버지는 가셨다고 했습니다.
　다음날도, 어머니는 요시미즈에 가셨습니다. 한 번 집에 왔다가, 또 가셨습니다.
　어머니가
　"이번에는, 울지 않아 참 착하다."
라고 말했습니다. 그리고, 안아 주었습니다. 고다츠(각로)를 넣고 갔습니다.

감자 관찰

일본 4학년   아오야마 사시키

4월 18일

과학시간에, 감자를, 학교 근처의 치에코 양 할머니 밭을 빌려서 심게 되었습니다.

가기 전에, 종자 감자를 관찰했습니다. 종자 감자의 표면과 속을 자른 모양을, 자연 공책에 그렸습니다. 나는, 싹의 하나를 확대해서 그렸습니다. 그 싹이 다음 그림입니다. 감자의 속은, 누르스름하고, 둘레에 엷은 다갈색의 줄이 있습니다. 밭이랑은, 약 50cm 정도씩 사이를 띄워 만들었습니다. 이랑의 넓이는, 약 20cm 정도로, 선생님이 해주었습니다.

감자를 네 개 정도로 자르고, 벤 자리에, 밭 구석에서 짚을 태워 만든 재를 묻혔습니다. 그리고, 명부 순으로, 재를 묻힌 쪽을 밑으로 해서, 옆의 애와 30cm에서 40cm 사이를 떼고 심었습니다. 나는, 감자가 어떤 모양으로 성장할지, 즐거움이었습니다. 또, 다른 사람보다, 큰 감자가 많이 달리면 좋겠다고 생각했습니다.

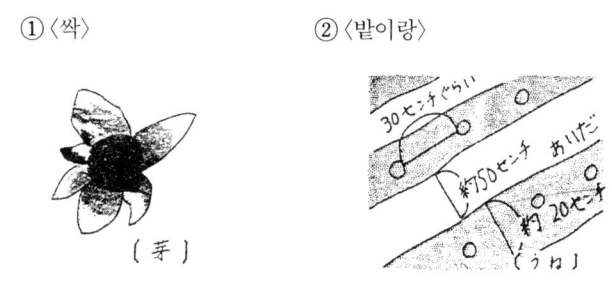

①〈싹〉　　　　②〈밭이랑〉

5월 9일

최초의 관찰을 하러 갔습니다. 즉시 나의 싹이 있는 데로 가서, 쪼그리고 앉아 관찰을 시작했습니다. 아직 감자 싹의 키는, 10cm 정도였지만, 생기가 넘치게 자라고 있었습니다. 관찰 카드에는, 날짜와 자란 키와 줄기의 직경을 측정한 기록과 그림을, 쓰게 돼 있습니다. 거기다가, 1회에 한 잎의 붙는 모양, 줄기, 꽃, 뿌리 등처럼, 포인트를 정해서, 충분히 조사해 오도록 돼 있습니다.

줄기는, 우들두들하고 둥그런데, 가늘어서 바람에 나부끼는 것 같았습니다. 뿌리 쪽은 적자색이고, 나머지는 전체적으로 엷은 황록색이었습니다.

잎은, 초록색을 띠었습니다. 큰 잎이 붙어 있는 부분 언저리에, 작은 잎이 붙어 있는 것이 특징이었습니다. 작은 흰 털이 나 있었습니다. 털이 붙는 법은, 다음 그림과 같습니다.

꽃은, 흰 꽃잎과 황록색의 수술과 암술이 있었습니다. 수술은, 꽃잎의 한가운데 엉기어 붙어 있고, 암술은, 그 한가운데에 약간 나와 있을 뿐이었습니다. 꽃이 붙어 있는 줄기는, 다음 그림처럼 조금 단차(段差)가 있었습니다. 색깔도 조금 달라서, 따 내는 것도 쉬웠습니다. 꽃은 고왔지만, 꽃에 양분이 가면, 감자가 커지지 않으니까, 관찰한 뒤에 따 냈습니다.

뿌리는, 실험용으로 따로 심는 것 중에서, 네 개 파서, 모두 같이 보았습니다. 뿌리는, 줄기의 제일 밑에서 나와 있었습니다. 그 줄기는, 종자 감자는 썩어 있고, 군데군데서 흰 싹이 나와 있었습니다. 새 감자는, 뿌리 중에서도 굵은 뿌리의 끝 쪽에 붙어 있었습니다. 그 굵은 뿌리는, 보통 뿌리의 배 정도 되었습니다. 새 감자는, 노르스름하고, 좁쌀 같은 것이 많이 있었습니다. 아직 그리 커져 있지 않았습니다.

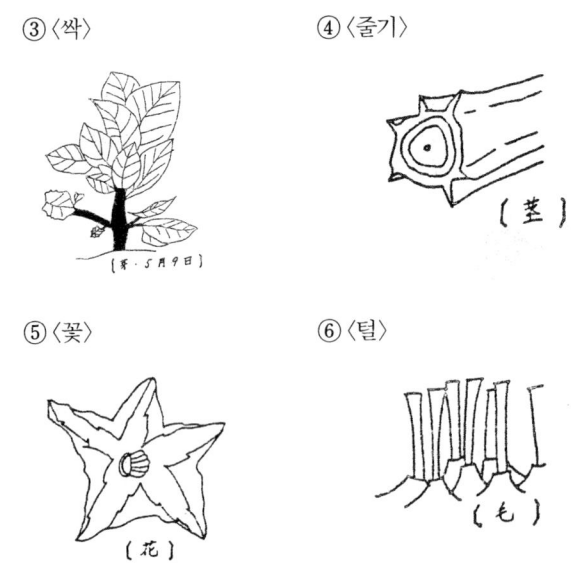

7월 11일

양지와 음지의, 크는 모습의 다름을 조사했습니다. 실험용으로 기른 것 중에서, 양지에서 4개, 한랭사(寒冷紗)란, 미세한 눈의 검은 그물을 이중으로 쳐 놓은 것으로부터, 4개 뽑았습니다. 과학실에서, 저울 등을 사용해 조사한 결과, 다음과 같았습니다. 평균은, 나온 숫자를 전부 더해서, 4개의 4로 나눈 것입니다. 동그라미가 쳐진 것은, 양지와 음지를 비교해서, 큰

⑦ ⟨수술, 암술, 꽃잎, 줄기, 꽃⟩　　⑧ ⟨뿌리⟩

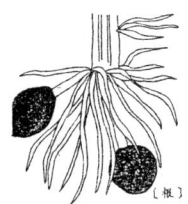

쪽입니다. 양지 쪽이 크고 튼튼하다는 것을 알았습니다. 음지는, 키만은 가늘고 약하게 많이 자랐어도, 전체적으로 작다는 것을 알았습니다.

또, 햇빛에 쬐인 잎과 쬐이지 않은 잎을 요드액(옥소액)을 칠해서, 전분이 만들어지는 법을 조사하는 실험도 했습니다. 선생님께서, "이 상자를 반별로 가져가세요."라고 말해서, 푸른 상자를 가져왔습니다. 상자 속에는, 비커 · 석면 · 샤레에 든 요드액 · 삼발이 · 성냥 · 알코올 램프 · 핀셋 · 감잣잎 두 개 등이 들어 있었습니다. 한 장은 햇빛을 쬔 것이고, 또 한 장은 과학부가 앞에 검은 종이를 덮어서 준비한 음지의 잎이었습니다. 음지 쪽의 잎에 칼집을 내서 표적을 삼았습니다. 설명을 듣고, 알코올 램프에 불을 붙여, 석면을 깐 삼발이 밑에 넣었습니다. 그 위에, 물이 든 비커를 얹어, 두 장의 잎을 넣어서 쪘습니다. 엽록소란 색소를 빼기 위한 것이라고 합니다. 조금 있으니까, 끓는 물이 녹색으로 물들어 갔습니다.

잎을 비커에서 내서, 요드액 속에 넣었습니다. 한 장의 잎은 검게 물들었고, 또 한 장은 그대로였습니다. 물든 쪽은, 그대로의 칼집이 없는, 음지의 잎이었습니다. 이 일로 해서, 전분은, 햇빛 쪼이면 잎에 만들어져서, 새 감자로 보내진다는 것을 알았습니다. 양지 쪽이 잘 자라기 때문입니다.

내 감자는, 햇빛을 받고 크고 튼튼하게 자랐습니다.

잎의 수도, 200매를 넘고, 키도, 믿을 수 없을 만큼 커졌습니다.

성장의 요약

성장의 데이터가 밑에 있습니다. 제일 컸던 것은, 6월 5일, 34㎝였습니다. 5월 4일엔, 싹치기를 했습니다. 3개 있어서, 한 개 자르고 두 개 남겼습니다.

かぶ	茎(cm)	草たけ(cm)	葉(枚)	いも(g)	いも合計(g)
A	0.8	32	120	80, 54, 52, 8 チビ5こで1g	195
B	1.3	40	182	134, 50, 28, 28 18, 18, 12, 6, 4	312
C	1.5	34	153	55, 45, 3, 15 チビ3こで0.5g	160
D	0.8	48.8	278	82, 14, 14, 2 0.5	110.5
平均	○ 1.1	○ 38.7	○ 183		○ 169.4

（日なた）

かぶ	茎(cm)	草たけ(cm)	葉(枚)	いも(g)	いも合計(g)
A	0.9	48	301	18, 12, 10, 4 1, 0.5	45.5
B	1.1	60	119	50, 20, 10 チビ3こで1g	81
C	0.6	31	56	6, 5	11
D	1.0	48.8	102	11	11
平均	○ 0.9	○ 46.9	○ 115		○ 37.1

（日かげ）

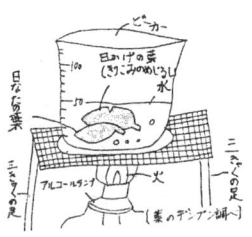
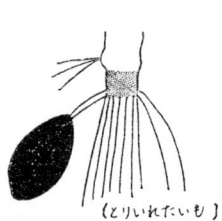

또 5월 16일, 뿌리 북돋우기를 했습니다. 높이 10cm 정도 흙을 쌓고, 비료도 주었습니다. 줄기는, 최초에 쟀을 때와 최후에 쟀을 때와는, 직경이 약 5mm 차이가 났습니다. 점점 굵고 튼튼해진 것을 알았습니다.

그리고, 7월 11일, 감자 수확을 했습니다. 삽으로 뿌리부터 파 일구어서, 교실로 가져왔습니다.

뿌리 모양을 관찰했습니다. 뿌리는, 처음에 넣었던 짚에 휘감겨 있고, 줄기의 두 곳에서 나와 있었습니다. 그 나와 있는 곳은, ⑧의 그림과 같습니다. 감자는, 뿌리 중에서도, 특별히 굵은 뿌리 끝에 달려 있었습니다. 줄기는, 흙에 파묻혀 있는 곳에서부터, 색이 변해 있었습니다.

캔 감자 수는, 단 다섯 개였지만, 크고 무거운 것이 3개, 작은 것이 2개여서, 만족했습니다. 더욱이, 감자는, 놀랄 정도의 커다란 변화를 보여 주었습니다.

수확이 끝나자, 이제까지의 관찰 카드를 정리해서, 글로 요약했습니다. 다음은, 카레라이스의 감자 파티가 즐거움입니다.

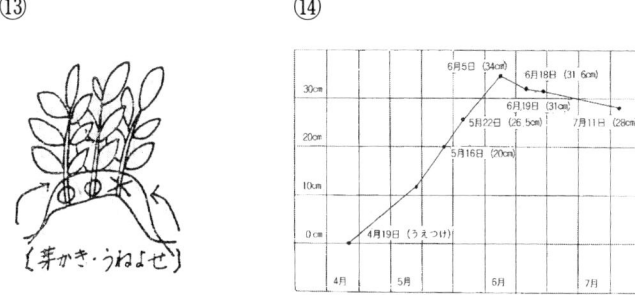

제12장 '사랑받는 일'과 '사랑하는 일' 중에서 취재(取材)하기

　사람은, 어려서나, 젊고 늙어서나, 한평생을 부모지간 · 가족간 · 이웃간에 서로 사랑받고 사랑하며 살아가는 것이, 사람의 일생이 아닐까 생각합니다.

　그 사랑받는 마음과 사랑하는 마음을, 궁극까지 파고들어가 보면, 결국 '함께 있고 싶어하는 마음'이란 것을 알게 될 것입니다. 부모 자식 사이도 그렇고, 사랑하는 연인들끼리도 그렇고, 인간과 동물 사이도 그런 감정일 것입니다. 서로 떨어져 있으면, 혹시 상대방에게 무슨 일이 있는 것은 아닐까? 무사히 잘 지내고 있을까? 하고, 끊임없이 생각하면서, 함께 있고 싶어하는 간절한 마음이 바로 '사랑'인 것입니다.

　그 사랑하는 대상도 인간에 한정되지 않고, 동식물일 수도 있고, 사물일 수도 있을 것입니다. 소 · 토끼 · 민들레 · 소나무 · 잠자리도, 아름다운 대자연도 도자기 그릇도 사랑의 대상이 될 것입니다.

　이렇게 우리 인간은, 가족애(家族愛) · 동료애(同僚愛) · 인류애(人類愛) · 민족애(民族愛) · 평화애(平和愛) · 동식물애(動植物愛) · 자연애(自然愛) 등의, 떼려야 뗄 수 없는 뜨거운 사랑 속에서, 서로 웃으며 울며 살아가는, '애정의 동물'인 것입니다.

그 서로 사랑받고 사랑하는 '사랑' 속에서, 가장 뜨겁고, 가장 간절하고 애절한 것을 골라, 글로 쓴다면, 실로 무궁무진할 것입니다.

사랑받은, 따뜻하고 은혜로운 체험이나, 사랑을 실천하고 얻은, 뿌듯하고 기쁜 체험을 그냥 흘려 버리지 말고, 명확하게 되살려 자각시켜서, 일기나 시나 생활문으로 표현하게 한다는 것은, 진짜 인간 만들기 교육에 있어서, 없어서는 안 될 아주 소중하고 값진 일인 것입니다.

이런 아주 소중하고 값진 체험을, 일기 쓰기나 글쓰기라는, 마음에 새기고 뼈에 새기는, '쓰는 작업'을 통해서, 진짜로 순수하고 숭고한 참사랑에, 어린이들이 눈을 뜨게 된다면, 폭력·사기·강도·절도·살인·마약 같은 청소년들의 비행은, 절대로 일어나지 않을 것입니다.

그런데, '사랑'을 소재로 한 글을 쓸 때, 유의할 점이 한 가지 있습니다. 그것은, 교육과정에서 요구하고 있는, '도덕성'을 너무 강조해서는 안 된다는 것입니다. 어린이들 글쓰기에 도덕성을 강조하다 보면, 어린이들이 갑자기 도덕군자(道德君子)가 다 되어, 어린이다운 순진성이나 진실성이 하나도 없는, 입발림의 지당론(至當論)만 늘어놓는, 알맹이 없는 거짓스런 글만 쓰게 됩니다.

'부모님께 효도하는 사람이 되겠습니다.', '나라에 충성하는 사람이 되겠다고 굳게 다짐했습니다.', '깊이 반성했습니다.', '항상 감사하는 마음을 잊지 않겠습니다.', '남을 위해 몸바쳐 일하는, 사람이 되겠다고 결심을 했습니다.' 등이, 그 글투들입니다.

이런 글을 아무리 많이 늘어놔 봐도, 하나도 가슴에 와닿지 않습니다. 오히려 지겨워서, 보기 싫어지기까지 합니다. 그 모든 말들이, 사실과 진실과 현실에서 떠나 둥 떠 있는, 관념적(觀念的)인 허사(虛辭)들이기 때문입니다. 글이 이래서는 안 됩니다. 그것보다는, 자기 생활이나 행동을 최후까지, 진실 그대로, 사실 그대로, 리얼하게 실감나도록 소박하게 쓰게 하는 것이 좋습니다. 그것이 글쓰기의 정도(正道)입니다. 진실한 사랑이나 연대감(連帶感)은, 관념적인 언어에 의해서가 아니고, 인간적 진실과 과학적 진실을 추구하며, 자기의 내면(內面)과 외계(外界)를 리얼하게 붙잡고, 실감(實感)과 사실(事實)을, 응시하고 확인해 나가는 가운데, 감성(感性)과 지성(知性)의 공감(共感)에 의해서 형성되는 것입니다.

더구나, 21세기는 정보화시대입니다. 이 시대를 살아가려면, 정보를 정확하게 읽는 힘을 몸에 붙이지 않으면 안 되는데, 그것은, 두말할 것도 없이, 사실을 있는 그대로 정직하게 추구하는, 정직한 눈과 마음을 갖는 일인 것입니다. 따라서, 앞으로, 사실과 현실을 있는 그대로 진실되고 정확하게 붙잡는, 글쓰기 교육이 무엇보다도 중시되고, 실천되어야 할 것입니다.

어머니

일본 1학년　류자키 마사에

어머니가
"어깨가 뻐근하다."
라고 했습니다.
내가 어깨를 두들겨 드리니
어머니가
"아, 기분 좋다."
라고 했습니다.
톡톡 톡톡 두들겼습니다.
손이 피로해졌습니다.
"손이 지쳤어요."
라고 말하고 그만두었습니다.
어머니가 내 손을 주물러 주었습니다.

어머니가 보고 싶다

일본 후쿠시마현 이와기시 이즈미 소학교 2학년　사카모토 미에

학교의 기둥시계가 9시가 되었습니다. 내 가슴은, 두근두근 숨이 막힐 것 같았습니다.

'어머니 수술이 시작될 시간이야. 어머니, 힘내세요. 신령님, 아무쪼록 우리 어머니를 살려 주세요.'

눈을 감고, 마음속으로 말했습니다. 과학에 대한 TV를 보고 있어도, 무얼 하고 있는지 알 수 없었습니다. 발이 바들바들 떨려서, 멈추려 해도 멈춰지지 않았습니다.

"미에, 잊어버린 것 없니? 열심히 공부하는 거야."

라고, 언제나 다정하게 말해 주시던 어머니 얼굴이, 감은 내 눈에 떠올랐습니다. 찡하니 눈이 뜨거워져서, 금방이라도 눈물이 나올 것 같았습니다.

우리 어머니는, 9월 28일, 병원에 입원했습니다. 대변이 안 나와서, 매일 배가 아프다고 하고 있었습니다. 그래서, 10월 20일에 배를 가르기로 했습니다.

입원하기 2,3일 전부터, 밤이 되면 어머니는 울었습니다.

이불 속에서 듣고 있으면

"걱정하지 마. 의사 선생님한테 모든 것을 맡겼으니까……. 의사 선생님도, 아무 걱정 말라고 하니까 말이야."

라고, 아버지가 말했습니다.

"그렇게 말해도, 배를 가르는 건 나잖아요. 죽으면 어떻게 해요? 아이들이 불쌍해요. 응—응—."

라고, 어머니가 울며 불며 말했습니다.

나는 어머니의 말하는 소리를 듣고, 이불을 뒤집어쓰고 울어 버렸습니다.

'죽어 버리면 어떻게 할까. 죽어 버리면 어떻게 할까.'

그렇게 생각하면, 눈물이 막 나와서, 좀처럼 잘 수가 없었습니다.

입원하는 날 아침, 밥을 먹으면서 살짝 어머니 얼굴을 보았습니다. 어머니도 나를 보고 있었습니다. 나는, 아무렇지도 않은 얼굴로 방긋 웃었습니다. 어머니는 창백하고, 금방이라도 울 것 같은 이상한 얼굴이었습니다.

"어머니, 힘내세요. 병원에 문안 드리러 갈게요."

라고 했습니다. 어머니가

"미에야, 할머니 말씀 잘 들어라. 심부름도 해 드려라. 오빠하고 싸움하지 말아라. 공부 열심히 하는 거야. 미에야, 미에야."

라고 말하고, 얼굴을 양손으로 가리고 있었습니다.

'어머니, 불쌍해, 불쌍해…….'

나는, 와악 울고 싶은 것을 참았습니다. 그러나, 눈이 점점 뜨거워졌습니다.

아버지가

"학교가 늦어진다. 빨리 가거라. 어머니 걱정은 하지 말아라."

말해서, 일부러 힘차게 집을 나섰습니다.

그 날, 학교에서 공부를 하고 있어도, 쉬는시간에 친구들과 놀고 있어도

'지금쯤, 어머니는 병원에서 뭘 하고 있을까? 미에를 생각하고 있을까?'

하는 생각만 하고 있었습니다.

그 날 밤 7시경, 어머니로부터 전화가 걸려 왔습니다. 할머니가 받아서

"얘, 미에야, 어머니가 미에와 이야기하고 싶단다. 얼른 받아라."

라고 했지만, 나는, 내 방으로 달려와 버렸습니다. 몹시 받고 싶었습니다. 그래도, 가슴이 찡해져서, 어떻게 말할지 몰랐습니다.

'어머니, 용서해 주십시오.'

하고, 피아노 의자에 앉아서 빌었습니다.

수술 전날 밤에도, 어머니로부터 전화가 왔습니다. 이번에는, 나는 실컷 이야기했습니다. 어머니는, 아주 기뻐하고 계셨습니다.

12일, 수술한 날 밤에는, 가게 일을 돕고 있는, 에사카 아주머니와 아버지가 병원에서 잤습니다. 어머니의 오빠가 밤에 와서, 수술한 이야기를 할머니에게 했습니다. 나는, 어머니는 꼭 좋아질 거라고 생각하고 있었습니다. 신령님도, 또한, 틀림없이 살려 줄 것이라고 생각했습니다.

그래도, 어머니는 죽어 버렸습니다.

작년 12월 10일, 셋째 시간 공부를 하고 있을 때, 선생님이

"미에양, 얼른 집에 가 보아라."

라고 했습니다. 선생님의 얼굴은 아주 새하얗고, 눈에 눈물을 짓고 있었습니다. 데리러 온 아저씨 차에 오빠와 함께 타고, 병원의 어머니 방으로 들어가니까, 아버지랑 할머니랑 아저씨랑 아주머니랑, 모두 울고 있었습니다. 어머니는 침대 위에서, 하얀 얼굴을 하고 자고 있었습니다.

"미에야, 에이니야, 어머니는 죽어 버렸단다."

라고 말한, 아버지의 얼굴은, 눈물로 흠뻑 젖어 있었습니다. 나와 오빠는

"어머니, 어머니."

하고, 어머니를 흔들며 울었습니다.

지금은, 할머니가 오셔서, 우리들 식사며, 여러 가지 시중을 들어 주고 계십니다. 파머 일을 돕던 에사카 아주머니도, 매일 와서 도와 주고 있습니다.

어머니가 죽은 후, 1주일간 학교를 쉬었습니다. 그럭저럭 하는 사이에, 나는 어머니 생각을 하면, 학교에 가는 것이 싫어졌습니다. 그리고, 또 1주일간도 쉬어 버렸습니다. 와치 선생님이 걱정이 되어 찾아오셨습니다. 그리고, 나에게

"미에양, 언제까지나 학교를 쉬고 있으면, 천국에서 어머니가 걱정하실 거야. 내일부터 학교에 나오너라."

라고 했습니다.

나는, 그 이튿날부터 학교에 나가기로, 선생님과 약속을 했습니다.

다음날 학교에 갈 때, 하늘을 보았습니다. 그리고

'어머니가 있는 천국은 어느 근처일까? 어머니가 나를 보고 있을지 몰라.'

하고 생각했습니다. 교실에 들어가니, 선생님은 나를 보고 방긋 웃었습니다. 나도, 부끄러워하며 빙긋 웃었습니다. 선생님이, 친구들에게

"미에 양이, 건강하게 오늘부터 학교에 나왔어요. 참 잘했어요."

라고 했습니다. 친구들이 짝짝 박수를 쳐 주었습니다.

집에 돌아와서, 어머니 사진을 향해, 학교에 잘 갔다 왔다고 이야기했습니다. 사진 속의 어머니는, 방긋방긋 웃고 있었습니다. 그 뒤 가게에 가서, 의자에 앉아서, 거울을 보면서 어머니에 대해 생각했습니다.

손님의 파머를 하고 있던 어머니는, 아주 기쁜 듯이, 손을 움직이고 있었습니다. 때때로 나에게

"바닥에 있는 머리털을 쓸어 다오."

라고 말했습니다. 내가 즐거워하며 하면

"아주 잘 쓸었구나. 고맙다."

라고 말해 주던 어머니. 거울에 하아하아 입김을 불어서, 땀을 흘리며 어머니와 거울을 닦았던 일, 치과에 함께 갔던 일, 백화점에 가서 양복을 사 주신 일, 레스토랑에 가서 외식을 한 일, 교실 꾸밀 꽃을 사 주시던 일, 소풍 때 맛있는 도시락을 만들어 주시던 일 등, 여러 가지 일들이 많이 있었습니다. 거울을 보면서, 여러 가지 일을 생각해 내고 있으니까, 갑자기 어머니를 만나고 싶어졌습니다.

'어머니, 어머니, 미에는 어머니가 보고 싶어요. 어머니, 하늘 속 어디에 계세요?'

하고, 마음속으로 중얼거리고 있는 사이에, 가슴이 찡해지더니, 눈이 뜨거워져서 눈물이 흘

러나왔습니다. 그리고, 아무도 없는 가게에서, 소리를 내어 엉엉 울어 버렸습니다.

밤에, 할머니와 목욕탕에 들어갔을 때도, 어머니와 목욕탕에 들어가서, 서로 등을 밀어 주던 생각이 났습니다. 어머니의 등은 아주 하얬습니다. 내가 수건으로 박박 미니까, 어머니의 등이 조금 빨개졌습니다. 몰래 살짝 어머니 젖을 만지니, 어머니가 웃은 적도 있었습니다. 목욕하기 좋아하는 어머니는, 천국에서도 목욕탕에 들어가나 하고 생각했습니다.

여러 가지 많은 추억 가운데, 내 마음속에 남아 있는 일은, 어머니와 함께 부엌에서 일을 한 일입니다. 여자는 여러 가지를 배워 두지 않으면 안 된다면서, 여러 가지를 가르쳐 주었습니다.

밥공기 씻는 법, 닦는 법, 정돈하는 법, 쌀 씻는 법, 물의 눈대중 보는 법 등, 아주 다정하게 가르쳐 주었습니다.

달걀부침을 만들 때, 달걀은 이렇게 해서 하는 거야 하며, 해 보이기도 하고, 소금 넣는 법, 설탕 넣는 법, 후라이 팬에 기름 바르는 법, 푼 달걀 넣는 법 등을, 가르쳐 주었습니다.

불룩 부풀어오른 달걀 부침을, 어머니와 둘이서 먹었던 그 좋은 맛은, 어른이 되어도 절대로 잊을 수 없을 것입니다.

달걀을 먹을 때마다, 목욕탕에 들어갈 때마다, 어머니 일을 생각합니다.

어머니를 만나고 싶다. 어머니를 만나고 싶다. 어머니를 만나고 싶다고 하니까

"불단을 보아라."

라고 할머니가 말했습니다. 하지만, 불단 안에는

'사카모토 요시이 36세.'

라고 쓴, 위패와 사진이 있을 뿐입니다.

나는, 사진이 아닌, 진짜 어머니를 만나고 싶습니다.

제13장 '대자연(大自然) 체험(體驗)'하며 보고 느낀 것에서 취재하기

과학시간에, 어린이들을 데리고 들이나 뒷동산으로 나가
"어떤 꽃이 피어 있습니까? 어떤 풀이 나 있습니까? 어떤 벌레가 살고 있어요? 동식물 찾기놀이를 해봅시다."
하고 말하면, 어린이들은 "우와!" 하며 기뻐합니다. 어린이들은, 산이거나 들이거나, 무조건 학교 밖으로 나가, 대자연의 품에 안기기만 하면,

그렇게 좋아할 수가 없습니다.

"야, 민들레꽃이 피었다."

"자운영꽃으로 꽃목걸이 만들 거야."

"폭신한 자운영밭에서 씨름하자."

하며, 떠들기도 하고

"선생님, 이런 꽃이 피어 있었어요. 무슨 꽃이에요?"

하고, 이상한 꽃을 가지고 와서 물어 보기도 합니다. 모두가 즐거운 얼굴들입니다. 어린이들은, 교실에서는 도저히 할 수 없는, 대자연 속에서의 진짜 위대한 공부를 하고 있는 것입니다.

몸 가득 봄 향기를 품고 교실로 들어온 어린이들은, 꺾어 온 여러 가지 꽃을 꽃병에 꽂기도 하고, 책상 위를 아름답게 장식해 놓기도 합니다.

그때, 교사는 미리 준비해 둔 '계절소식' 이라고 쓰인 A_4 용지를 나누어 주며

"이 종이에는, 언제나 계절 따라 새로 보고 놀란 것이나, 이상하다고 생각한 것을 그림과 함께 써 주세요. 꽃에 대한 것, 식물에 대한 것, 벌레에 대한 것, 날씨에 대한 것 등, 새롭게 발견한 것을 쓰세요."

라고 말합니다. 그러면서 종이를 나누어 주면, 거기다 '관찰그림'도 그리고, 새롭게 발견한 것이나, 이상하게 생각한 것에 대해서도 쓰게 됩니다. 그 A_4 용지는, 상단에 그림 그리는 적당한 공간을 만들어 놓고, 그 공간 아래 쪽에서 뒷면까지는, 괘선을 그어 놓으면 되는데, 그 용지를 교실에 비치해 두고서, 어린이들이 쓸거리가 생겨 필요로 할 때마다, 자유로이 가져다 사용하도록 하면 됩니다.

이렇게 하며, 저학년 때부터, 우리 인류의 어머니인 대자연으로 어린이들의 눈을 돌려, 계절(季節)의 변화나, 동식물의 생태나, 날씨 변화 등을 관찰하며, 의문점을 갖게 하면, 대자연 속의 동식물의 이름이나 생태나 계절감각(季節感覺)은 물론, 대자연의 원리나 위대함이나 신비로움까지도 깨닫게 되는, 온전한 어린이로 성장할 수가 있게 됩니다.

이렇게, '대자연체험'을 많이 해서, 대자연의 신비에 대해 많이 아는, 전인적(全人的)인 온전한 어린이가 되어야만, 교과서에 나와 있는, 대자연에 대한 것을 다 이해할 수 있는, '온전한 공부'를 할 수가 있는 것입니다.

그런데, 요즘 기계적인 아파트에 갇혀, 기계적인 생활만 하고 있는 도시 어린이들은, 동식물의 이름이나 생태는 물론, 대자연의 위대함이나 신비로움을 하나도 모르는 '자연맹(自然盲)'이 되어, 대자연을 함부로 파괴하면서도, 대자연의 아픔을 전혀 모르는 '숙맥'으로 변질되어 가고 있습니다. 심지어, 자기가 살고 있는 지역의 동서남북(東西南北)도 모르고, 행정구역이나 집 주소며, 자기 집 가문의 내력이나 친척과의 촌수에 대해서도, 전혀 아는 게 없습니다. 그러면서, 속알머리 없이 그저 거드럭거리며 짓까불며, 놀고 먹기만을 좋아합니다.

모든 교과서 교재의 거의 모두가, 대자연의 원리나 자연물을 바탕으로 해서 꾸며진 것이 대부분인데, 도시 어린이들이, 그렇게 대자연을 전혀 모르는 '자연맹'이 되고, '숙맥'이 다 되어 있으니, 어떻게 교재의 내용이나 깊은 원리를, 이해할 수가 있겠느냐는 것입니다.

그러니, 오늘날 학교교육에 있어서 가장 중요하고 시급한 것이, 대자연체험·일체험·사육재배체험·농어촌체험 등을 통해, 대자연의 원리를 알게 하는 일인 것입니다.

그런데, 여기서 한 가지 유의할 점은, '대자연'이란 말에 대한 개념인데, 반드시, 깊은 산골이나 시골에 있는 그런 순수한 자연만을 말하는 것이 아니라는 것입니다. 도시건 시골이건, 사람이 손이 안 가서, 조그만 생태계를 이루고, 동식물이 잘 살고 있는, 그런 소박한 곳을 말합니다. 그런 소박한 대자연은, 우리 주변에서도 얼마든지 찾을 수가 있습니다.

학교 근처의 동산이나, 들이나 냇가는 물론이고, 학교 뒤 운동장이나, 담장 밑이나, 생울타리 밑이나, 심지어 시소 밑 같은 곳을 보면, 풀이 나 있고, 꽃이 피어 있고, 곤충이 살고 있는 것을 발견할 수가 있습니다. 아파트도 마찬가지입니다. 아파트 뒤꼍이나 화단이나 담 밑이나 생울타리 밑이나 보도블럭 사이 등에서도, 살아 있는 생태계를 발견할 수가 있고, 아스팔트 도로변 가로수 밑둥 주변에 우거진 잡초들에게서도, 대자연을 발견할 수가 있습니다.

물론, 인공적으로 조경해 놓은 것도, 심을 때만 인공이 가해지는 것이지, 자랄 때는, 대자연의 법칙에 따라 우거지는 것이기 때문에, 대자연의 범주 속에 넣어도 될 것입니다.

다음은, 일본의 1학년 어린이들이, '계절소식'이나 '날씨 일기'나 '나팔꽃 관찰' 등에 써 놓은 '관찰기록'들을 모아 논 것이니, 어린이들 자연관찰 지도에 많이 활용하시기 바랍니다.

그리고, 이렇게, 관찰하고 발견한 것을, 구태여 글로 다시 쓰이는 것은, 글로 쓰기 위해서는, 그 사물이나 현상을 다시 한 번 또 보고, 만져 보고 하는 과정을 통해서, 지금까지 막연하게밖에 붙잡지 못하고 있었던 사실을, 다시 확실하게 붙잡아서, 살아 있는 지식으로 정착시킬 수가 있기 때문인 것입니다.

나비

일본 1학년 키시모토 요시후미

나비를 잡았습니다. 나비의 입은 길었습니다.
입을 동그랗게 하고 있었습니다. 날개에서 가루가 떨어졌습니다.(5월 10일)

자운영 씨

일본 1학년 나가이 키미요

자운영꽃이 바나나처럼 돼 있었다. 바나나 같은 것을 까니까,
씨가 들어 있었다.(4월 26일)

매미의 유충

일본 1학년 키시모토 요시후미

나는 학교에서 풀뽑기를 하고 있으니까, 야에미 양이 매미를 잡아서 나에게 주었습니다. 그때, 날개가 하얬는데, 저녁때 보니까, 까매져 있었습니다. 깜짝 놀랐습니다. 어째서 까매졌을까요?(7월 10일)

투구벌레

일본 1학년 우매오카 사유리

투구벌레가 매화나무 밑에 있었습니다. 커다란 뿔이 있었습니다. 느릿느릿 움직이고 있었습니다. 나는 투구벌레를 어떻게 할까?
하고 생각했습니다. 살려 줄까 하고 생각했습니다. 그대로 두고 있는데, 형이 돌아왔기 때문에, 투구벌레를 주었습니다.(7월 21일)

귀뚜라미 잡기

일본 1학년 키시네 유미

이다이시에서, 사유리 양과 사유리의 동생과 귀뚜라미를 잡으러 갔다. 풀 그늘이나 돌 밑쪽에 많이 있었다. 잡으려고 하니까,
뽕뽕 재빠르게 달아났기 때문에, 쫓아갔다. 사유리 양은 10마리, 나루 양은 18마리, 나는 20마리였다. 내가 제일 많았다.(9월15일)

방울벌레

일본 1학년 우에무라 미호

코마토 보육원의 오츠 양이 방울벌레를 주었다. 내가 귀를 곁에 대니까, 롤롤롤… 하고 울었다.

방울벌레와 귀뚜라미가 다른 곳은, 등이 틀려요. 나머지는, 흙 속에 침을 처박고 알을 낳으니까, 똑같아요. 나, 재미있는 일이 생겨서 기뻤다.(9월 17일)

밤 줍기

일본 1학년　고바야시 카즈미츠

학교에서 돌아올 때 보니, 밤송이가 떨어져 있었다. 밤송이에 찔려서 아팠지만, 밤을 깠다. 큰 것이 하나, 눌려 납작해진 것이 하나 들어 있었다. 반들반들한 밤이었다.(10월 7일)

국화꽃

일본 1학년　하루나 카즈야

어머니가 "국화꽃이 피었다."라고 했다. 보니까, 노랑과 분홍과 빨강의 꽃이 피어 있었다.
선생님께 드리고 싶었다. 너무 고와서 그림으로 그렸다. 꿀벌이 꽃에 있었다. 꽃을 만지고 있으니까, 어머니가 "벌에 쏘인다."라고 해서 하지 않았다.(11월 13일)

싸락눈

일본 1학년　이시하라 이쿠코

아침, 좋은 날씨였다. 정오가 조금 지났을 무렵, 싸락눈이 내렸다. 많이 내렸다. 학교에서 돌아올 때도 내려서 아팠다. "아프다." 하며 돌아왔다.(2월 10일)

비

일본 1학년　이시하라 이쿠코

어제 따뜻해서 비가 내렸다. 구름은 쥐색 같았다. 비는 한번 그쳐서 그칠까 했더니, 또 내렸다.

길을 고친 흙이, 모두 진흙탕이 되어 있었다. 빗신을 신고 그 위를 지나갔더니,
흙이 묻어서 빗신이 무거워졌다.
비가 와서 놀러 갈 수가 없어서, 비는 아주아주 싫다. 비라는 것은, 어째서 이렇게
내리는 것일까?(3월 1일)

나팔꽃 관찰
일본 1학년 후지이 사유리

아침에 학교에 가서 보니까, 아직 싹이 나와 있지 않았는데, 낮에 보니까,
나팔꽃 싹이 나와 있었습니다.
네 개 나와 있었습니다. 더 많이 나왔으면 좋았을 텐데……. 그것을 즐거움으로 하고
있습니다.
집의 것도 다섯 개 나와 있었습니다. 빨리 크면, 받침대를 꽂아 줄 텐데 말이야.(5월 21일)

나팔꽃 관찰
일본 1학년 후지이 사유리

나팔꽃이 20개 피었습니다. 처음으로 피었습니다. 20개나 피었습니다. 기뻤습니다.
한 번도 핀 일이 없었는데 하며, 나는 기뻐했습니다.(8월 27일)

나팔꽃 관찰
일본 1학년 이노우에 유미

나팔꽃 안을 보았습니다. 그랬더니, 환한 불이 켜진 것처럼 보였습니다.
나팔꽃은 여러 가지 색깔의 꽃이 핍니다. 빨강, 하양, 보라, 파랑. 이파리도 여러 가지
모양이었습니다.
나팔꽃은 왜 금빛이 없을까? 나팔꽃 덩굴은 오른쪽으로 감고 있었습니다.(9월 9일)

나팔꽃 관찰

일본 1학년 키무라 에츠코

오늘 나는 새벽 4시에 일어나서, 나팔꽃을 보았습니다.
그리고, 회중전등을 들고, 어머니와 함께 보러 갔습니다. 그랬더니, 벌써 나팔꽃은 피기 시작하고 있었습니다.
아직 조금만 오무리고 있었습니다. 나팔꽃은 5개 피어 있었습니다. 빨강보라만 피어 있었습니다. 아주 아름다웠습니다. (9월 12일)

나팔꽃 관찰

일본 1학년 우에무라 미호

나팔꽃의 꽃은, 이파리 옆에서 나오는 것이지요?
나는 오늘 처음으로 알았습니다. (9월 14일)

씨앗 심기

서울 창일 초등학교 4학년 정아인

4월 4일 목요일에, 외할아버지께서 나에게 글쓰기를 가르쳐 주러 오셨다. 글쓰기가 끝나고, 외할아버지께서는 나를 데리고 꽃집에 가서, 식목일에 심을 씨앗을 사 주셨다. 사루비아·나팔꽃·봉숭아 씨앗이었다.
그래서, 식목일에 심으려고 했는데, 여의도의 벚꽃 축제에 가느라고 심지 못했고, 어제는 비가 와서 못 심었다. 오늘은 심기에 적절한 날인 것 같아, 오전 10시쯤, 아빠·효인이와 함께 아파트 옆 꽃밭으로 씨앗을 심으러 갔다. 씨앗 세 봉지, 장난감 삽이 몇 개 들어 있는 '푸우의 모래상자 놀이', 꽃삽, 물뿌리개를 가지고 나갔다. 땅이 젖어 있어서, 물뿌리개는 굳이 필요하지 않았지만, 혹시나 해서 가지고 나갔다.
아빠가 심을 자리와 심을 씨앗을 정해 주셨다. 먼저 봉숭아 씨앗부터 심기로 했다. 라일락나무들이 있는 곳은, 꽤 좋은 자리인 것 같았다. 아빠는 꽃삽으로 흙을 파 주셨다. 봉숭아 씨앗은 많아서, 씨앗 심을 자리를 일곱 곳쯤 파야 했다. 그리고, 씨앗은 두 개씩 심자고 하셨다.

효인이도 심었는데, 글쎄 말썽꾸러기 효인이가 과연 잘할 수 있을지 궁금하였다. 아빠도, 효인이가 어떤 말썽을 부릴지 모른다는 생각에 도와 주셨다. 뒤처리는 효인이가 맡았다. 효인이는, 꽃삽으로 흙을 잘 덮어 주는 일을 하였는데, 덮어 주는 것이 아니고, 아예 흙을 파는 것 같았다.

다음은 나팔꽃을 심기로 하였다. 효인이는, 흰 라일락나무 옆쪽에 두 군데 심기로 하였고, 나는, 장미덩굴 옆에 세 군데 심기로 했다. 씨앗은 똑같이 두 개씩 심었다. 나팔꽃 씨앗은, 작년 가을에 많이 본 것이어서, 봉숭아 씨나 사루비아 씨처럼 그다지 흥미로워 보이지 않았다. 작년 가을에 자주 따서 모으던 것이 나팔꽃 씨앗이었다. 그 씨앗은, 다른 것보다 컸다. 약간 세모 모양이고, 조금 둥그스름하기도 하였다.

땅이 축축하게 젖어 있어서, 물은 정말로 필요가 없었다. 하지만, 아까운 물을 다른 곳에 버릴 수도 없어서, 조금씩만 주기로 하였다.

마지막은 사루비아. 사루비아는 효인이가 너무도 좋아하는 꽃이다. 물론 효인이는 직접 사루비아꽃을 본 적은 없지만, 씨앗이 담긴 봉투의 사진에는, 정말 아름다운 꽃으로 나와 있고, 이름도 예뻐서, 단번에 그 꽃이 좋은 것이라는 것을 아는 것 같았다.

아빠가 씨앗 봉투를 계속 달라는 데도, 듣지 않고, 자기가 뜯겠다고 하더니, 엉뚱한 곳을 뜯어 버렸다. 그것은, 이-마트로 가는 길 옆의 아무것도 없는 허전한 화단에, '기역' 자 모양으로 쭉 심기로 했다. 사루비아 씨앗을 심을 때는, 조금 실수가 많았다. 효인이가 두 개씩 심기로 했던 것을 모르고, 세 개씩 심어 버리는가 하면, 물을 너무 많이 주기도 했다.

하지만, 다 아름답게 크기를 바란다. 조금 많이 심어서, 어디에 심었는지 정확히 기억이 나지는 않지만, 대충 어디어디에 심었는지는 안다. 꽃들이 모두 잘 자라기를 바라고, 특히 달콤한 꿀이 들어 있는 사루비아는, 더욱 어서 빨리 자라기를 바란다.(2002.4.7.일.맑음)

〈정아인의 진짜 신나는 일기〉(온누리 출판사)에서 옮김

첫눈

서울 창일 초등학교 3학년　정아인

아침에 일어나니, 기다리고 기다리던 첫눈이 하얗게 쌓여 있었다. 신이 나서, 아침을 먹고 당장 나가겠다고 했다.

그런데, 밥을 채 다 먹기도 전에, 다시 눈이 잔뜩 내리기 시작했다. 내리면 내릴수록 아주 좋았다. 드디어 첫눈이 잔뜩 내리기 시작한 것이다.

눈이 그친 후, 12시가 다 되어서, 아주 신이 나서 효인이와 함께 밖으로 나갔다. 벌써 내게는, 눈사람도 만들고, 한사랑 놀이터에서, 다운이를 만날 기대에 가득 차 있었다.

106동 아파트 앞 주차장 옆에서, 눈을 모아 열심히 굴려서 조금씩 크게 만들고, 중간 크기쯤 되어서 그만 하고, 효인이를 데리고, 한사랑 놀이터에 갔다. 115동에 사는 다운이는, 이런 눈 오는 날엔 분명 동생 원기를 데리고, 함께 눈싸움을 하며, 놀고 있을 것이라고 생각했기 때문이었다.

그런데, 효인이가 춥다고 통 따라오지 않았다. 그래서, 효인이의 유치원 친구 현일이네 집에 가겠다고 으름장을 주고는, 겨우겨우 아주 느린 발걸음으로, 고생고생 해서 한사랑 놀이터에 가니, 다운이는 없었다. 아마 방학이라고 어디 놀러 갔거나, 집에 있거나, 다른 곳에 갔는 것 같았다.

할 수 없이 실망하며, 도로 106동으로 돌아오는데, 또 시간이 걸렸다. 나는 이렇게 해서는, 눈사람을 도저히 못 만들겠다고 생각해서, 110동 길에서부터, 쭉 눈을 굴리면서 오기 시작했다. 길가에 쭉 눈이 쌓인 것이 오히려 다행이었다.

내 동생은 신이 나서, 자기가 1등으로 가겠다며, 얼른 나를 앞질러 달려가고, 자기의 아주 작은 아기의 주먹 만한 눈덩어리를 들어다가, 내 길에다가 파묻으며, 내 흉내를 내기도 했다. 그런 동생이 정말 귀여웠다.

다시 아까 놀던 곳으로 돌아와서, 나는 효인이에게 조금 큰 눈덩어리를 주면서, 언니처럼 굴리라고 했더니, 아직 서툴러서, 자꾸 굴리다가 깨뜨리고 하면서도, 다섯 개씩이나 만들어서 주었다.

다른 친구들도 여러 명 만났다. 그러나, 한참을 굴려도 나만큼 커지지 않았다. 나는 벌써 내 주먹의 세 배 정도의 크기로 만들었는데…….

그래서, 만들다 만 내 동생의 것도 열심히 굴리고 있는데, 심심해진 동생은 집에 가겠다고 떼를 썼다. 나는 몇 번이나 으름장을 주며 만들었는데, 동생은 춥다고 막무가내로 집에 가겠다고 했다.

할 수 없이 가는 나뭇가지로 팔만 만들어 가지고, 아파트 바로 앞의 나란한 계단 난간에 눈덩어리를 놓고, 슬그머니 효인이가 만든 눈덩어리를 눈사람 위에 얹으니, 효인이는 싫다고, 자꾸만 자기 것이라고 작은 손으로 내 손을 막았다. 화가 난 나는, 효인이 손을 꽉 잡고 눈덩어리를 집으려 했다.

그러나, 효인이가 잡힌 손의 반대 쪽 손으로 나를 미는 바람에, 눈덩어리는 깨져 버렸다. 효인이가 슬피 울자, 나는 겁이 났다. 그래서, 얼른 효인이를 안다시피 해 가지고 집으로 돌아왔다.

그러고는, 엄마에게 자초지종을 말하고, 밖으로 나가서, 완성하고 돌아오겠다는 비밀 허락을 받고 나갔다.

동생 몰래, 동생이 만든 눈덩어리를 더 굴려서 크게 만든 다음, 아주 짧고 가는 나뭇가지 2개로, 눈썹을 만들고, 나뭇가지로 구멍을 여러 개 뚫어, 눈·코·입을 만들었다. 멋진 눈사람이 만들어졌다. 지나가던 어른들도, 귀여운 눈사람이라고, 모두 웃으면서 지나갔다. 나는 아주 기분이 좋았다.

이번에 온 첫눈은, 좀 늦게 왔지만, 많이 온 덕분에 멋진 눈사람을 만들고, 많은 친구들을 만날 수 있었다. 내년에는 조금 더 일찍 왔으면 좋겠다.(2001.12.29.토.맑음)

〈정아인의 진짜 신나는 일기〉(온누리 출판사)에서 옮김

제7부 '얼거리 짜기' 지도(구상지도-構想指導)

일기 쓰기에, 무슨 '얼거리 짜기'냐고 하실 분도 있을지 모르겠습니다. 그러나, 아침에 일어나서, 저녁에 잘 때까지의 일을 쓰는, 보통 일기 같으면 모르겠지만, 글쓰기와 연관시켜 쓰는 '제목 일기'는, 꼭 한 번 '얼거리 짜기'(구상-構想)를 지도해 둘 필요가 있습니다. 그래야, 중심이 잡히고, 알맹이가 있으면서도, 짜임새가 있는, 알찬 생활일기를 쓸 수가 있기 때문입니다.

제1장 '얼거리 짜기'(구상-構想)의 참뜻

'얼거리 짜기'에는, '넓은 의미의 얼거리 짜기'와 '좁은 의미의 얼거리 짜기'의 두 가지가 있습니다.

'넓은 뜻의 얼거리 짜기'란, 일기 쓰기를 하건, 글쓰기를 하건, 한덩어리의 문장을 쓸 때는, 쓰기에 앞서, 쓰고자 하는 글에 대한 대강의 모습, 즉 '예견(豫見)'을 세우게 되는데, 그 '예견'을 말하는 것입니다. 즉, 어떤 테마(주제-主題)로 쓸 것인가? 어떤 것을 취재해서 쓸 것인가? 어떤 서두로 시작해서, 어떤 문장형식으로 다 쓴 다음, 어떻게 마무리를 지을 것인가? 등, 글쓰기 표현과정의 전과정에 대한 예견을 세우는 일인 것입니다. 즉, ① 표현의욕(表現意慾) 일으키기, ② 취재(取材)·제재(題材) 정하기, ③ 구상(構想)하기, ④ 기술(記述)하기, ⑤ 퇴고(推敲)하기, ⑥ 감상(鑑賞)·비평(批評)하기 등이 그것들입니다.

이것에 비해서, '좁은 의미의 얼거리 짜기'란, '넓은 의미의 얼거리 짜기'의 전체 구조 중의 하나인, '③ 구상하기'로서, 문장을 얽어 짜는 법, 즉 '문장구성법(文章構成法)'을 말하는 것입니다.

그래서, 여기서는, 후자의 '좁은 의미의 얼거리 짜기'(구상-構想)에 대한 것만을 이야기하겠습니다.

어떤 '얼거리 짜기'를 할 것인가 하는 것은, 글을 쓰는 어린이 자신이, 쓰려고 하는 글감(제재)의 내용을 어떻게 인식하고, 이해하고, 또 얼마나 그 글감과 깊게 관계 짓고 있나의, 글감과 어린이와의 관계를 빼 버리고 생각할 수가 없습니다. 과거의 체험을 재현하듯이, '~했다.', '~했습니다.'라는 '전개적표현(展開的表現)'을 하는 경우나, 과거의 거듭된 체험을 짜맞추어서, '~이다.', '~입니다.'라는 '총합적설명풍(總合的說明風)의 표현'을 하는 경우도, 다 똑같습니다. 글감과 어린이와의 관계를 빼 버리고, 문장구성의 틀만을 가르친다면, 그것은, 어린이들 실제 글쓰기엔 조금도 도움이 되질 않습니다. 왜냐하면, 어린이의 실제 생활현실과 아무 관계가 없는 동떨어진 일이기 때문입니다.

그런데, 교과서나 참고서적에는, 대부분 '보고문(報告文)의 얼거리 짜기', '논설문(論說文)의 얼거리 짜기', '기록문(記錄文)의 얼거리 짜기' 등, 장르별 문장의 틀에 대한 것밖에 없습니다. 이런 식으로 아무리 문장구성의 형식을 많이 가르쳐 봐도, 어린이들의 얼거리 짜기의 힘, 즉 구상력(構想力)은 조금도 늘지 않습니다. 그것은, 쓰려고 하는 글감 내용을, 어린이가 어떻게 붙잡고 있고, 어떻게 어린이들 현실생활과 관계 짓고 있나의, 글감과 어린이와의 관계를 빼 버리고, 그 틀대로 아무리 많이 쓰인다 해도, 아무 소용이 없기 때문입니다.

'얼거리 짜기' 지도(구상지도-構想指導)는, 다음과 같은 순서에 따라 이루어집니다.

첫째, 글감과 테마(주제-主題)와의 관계로 보아, 필요한 소재인가, 불필요한 소재인가를 골라내는 작업을 먼저 해야 합니다. 즉, 여러 가지 체험 가운데서, 주제에 맞는 것만을 골라내어, 어디서부터 쓰기 시작해서, 어디서 끝낼 것인가를 결정 짓는, '장면(場面) 끊어 내기' 작업인 것입니다.

이 '장면 끊어 내기'는 말하기는 쉬운데, 머리 속에서 이루어지는 관념적인 작업이라, 어린이들은 굉장히 어려워합니다. 색다른 체험을 많이 가지고 있으면서도, 어린이들이 '어디서부터 써야 할지 모르겠어요.', '쓸 것이 없어요.' 하며, 하늘만 쳐다보고 있는 것도, 그래서, 그런 것입니다. 그래서, 적절한 본보기글을 감상·비평하면서, 그 '장면 끊어내기' 요령을 되풀이해 지도해야 합니다.

둘째, 골라낸 소재 가운데, 무엇이 가장 중심적(中心的)이고, 중요한가를 생각하는 일을 해야 합니다. 중요한 소재부터 '◎ ◯ ○' 등의 기호를 붙여 등급화 해서 확실하게 해 둡니다.

셋째, 골라낸 소재를 다 모아 놓고, 그 중요성(重要性)에 따라, 어디서부터 쓰기 시작해서, 어디를 중심으로 해서, 자세히 쓴 다음, 어디서 끝맺을 것인가의, 기술(記述)의 순서를 정한 뒤, 실제로 쓰기 시작하면 됩니다.

제2장 저학년(低學年)에서의 '얼거리 짜기' 지도(구상지도-構想指導)

저학년에서는, 취재(取材), 구상(構想), 기술(記述), 퇴고(推敲), 감상(鑑賞)·비평(批評) 등의 여러 글쓰기 과정 중에서, 각별히 '구상지도'를 무리하게 할 필요가 없습니다. 앞에서 말한 바와 같이, 한덩어리의 문장에 대한 '예견'을 갖는다는 것은, 저학년 어린이들에겐 무리한 일이기 때문입니다.

'무엇을 쓸 것인가?' 가의 '중심생각'이 결정되면, 시간의 순서와 사건의 전개에 따라, 쭉쭉 써 내려가면 되는 것입니다. 쓰면서 생각하고, 쓰면서 생각해 내는 것입니다. 저학년, 특히 1학년의 경우는, 쓰고 싶은 것을, 대담하게 쓰도록 하는 것이 가장 중요합니다.

이렇게 하면 되는 것을, 쓰기 전의 '구상지도'에 얽매이거나, '처음'(서두), '가운데'(중심), '끝'(마무리) 등의 형식에 따라, 메모시켜서 쓰이거나 하면, 오히려 왕성한 표현의욕(表現意慾)을 위축시켜서, 형식적인 문장이 되게 하기가 쉽습니다. 소박하고 대담하게 쓰는 것을, 방해하는 지도는 해서는 안 됩니다.

'○○ 때의 일(운동회나 캠프)'이란 제목으로 글을 쓰이게 되면, 어떤 때의 일 전체를 뭉뚱그려서 붙잡는 힘, 그 사항을 요약할 능력이 필요하기 때문에 퍽 어렵습니다. 그것보다는, 신변의 간단한 이야기를 골라, 쓰고 싶은 대로 마음껏 쓰게 하는 것이 더 중요합니다.

완성된 작품을 맛보는 감상과정에서, "시간의 순서에 따라 잘 썼다.", "어머니와 이야기한 것에서부터 쓰기 시작한 것을 잘했다.", "여기를, 제일 잘 생각해 내서 쓰고 있다."라고 이야기하거나, 문집 속의 작품을 읽어 주면서, 글쓰기 작품에는, '얼거리 짜기'(구상-構想)가 있다는 것을, 아주 자연스럽게 알게 하면 됩니다.

제3장 중학년(中學年)에서의 '얼거리 짜기' 지도

중학년이 되면, 표현의욕도 왕성해져서, 보고 듣고 느끼고 생각한 것을, 자꾸 쓰고 싶어하게 됩니다. 시간의 순서나 사건의 전개에 따라, 차례차례 쓰는 것도 알게 됩니다.

그러다 보니, 쓸 내용의 정리가 안 된 채로, 신물이 나도록 길게, 아침에서 저녁까지의 일을 시간의 경과를 따라서, 쓸데없는 일까지 다 써 버리는 수가 많습니다. 어린이에 따라서는, 다음날의 일까지도 쓰는 수가 있습니다. 또, 이야기가 옆길로 흘러가 버리는 수도 있습니다.

3학년 2학기경부터, 쓰기 전에 '처음'(서두), '가운데'(중심), '끝'(마무리)에 무엇을 쓸 것인가를, 미리 가늠을 해 가지고 쓰도록 시키는 것이 좋습니다. 3학년에서는, 자세한 얼거리 짜기는 아직 필요하지 않습니다. 완성된 작품을 사용해서, '처음', '가운데', '끝'의 구상의식(構想意識)을 갖게 하도록 하면 됩니다. 그러나, 지능이 높은 어린이는, 자세한 '얼거리 짜기'를 해서, 글을 쓰도록 하는 것도 괜찮습니다. 이것은, 저학년 어린이의 경우도, 마찬가지입니다.

문학작품이나 설명문의 독해지도(讀解指導) 때, 문장의 구성에 관한 의식적인 지도가 필요합니다. 독해지도를 통해서, 문장에는 구조(構造)가 있다는 것, 즉, '발단(發端)', '연결(連結)', '절정(絶頂)', '대단원(大團圓)'과 문장 구성상 '기(起)·승(承)·전(轉)·결(結)'과 '서(序)·파(破)·급(急)' 등이 있다는 것을 이해시킴으로써, 자기들이 문장의 구조를 생각하며 글을 써야 할 때에, 그걸 되살려 이용할 수 있게 해 두는 것이 중요합니다.

중학년에서의 '얼거리 짜기' (구상-構想) 지도의 중심은, '중심을 잡고 쓰기' 입니다. 또, 필요가 있으면, 문장의 중간에 설명(說明)을 끼워 넣어서, 누구에게나 다 알 수 있는 문장을 쓸 수 있는 힘을, 몸에 붙여 주는 일입니다.

4학년이 되면, '얼거리 짜기' 를 한 뒤에, 글을 쓰이는 것이 꼭 필요합니다. 그러나, 글을 쓸 때마다 꼭 '얼거리 짜기' 를 할 필요는 없습니다. 특히, 자기가 쓰고 싶은 일을 자유롭게 쓸 경우에는, 머리 속에서, 구상을 해 가지고 쓰는 경우가 많기 때문입니다. 그리고, 글을 쓸 때마다, 무리하게 일일이 '얼거리 짜기' 를 요구하면, 글쓰기를 싫어하는 어린이를 만드는, 원인이 된다는 것을 명심해야 할 것입니다.

그리고, '얼거리 짜기' 를 할 때에는, 무엇을 쓰려고 하는가의, '글의 중심' 을 명확하게 한 후에, 하는 것이 아주 중요합니다.

그리고, '말해 주고 싶은 이야기 상대' 를 정하는 것은, 그렇게 하면, 이야기 상대를 생각하면서 쓰기 때문에, 이야기의 핵심도 더 명확해지고, 또 상대방이 잘 알 수 있게 더 자세하게 쓰게도 되기 때문에, 그렇게 한 것입니다. 즉, 주관적인 글이 아닌 객관적인 글이 되게 하기 위해서인 것입니다.

얼거리 짜기

( ) 초등학교 ( ) 학년 ( ) 반   이름 (   )

제 목	접는 우산	말해 주고 싶은 이야기 상대	아버지에게
제일 쓰고 싶은 것 (중심내용)	어머니가 접는 우산을 나에게 사 주신 걸 보고, 동생이 울어 버려서, 가련한 생각이 들어, 그것을 동생에게 준 일.		
얼거리	처음 (서두)	① 공부를 하고 있으니까, 어머니가 접는 우산을 사 왔다고 알려 줌. ② 왜 접는 우산을 사 주셨는지에 대한 설명.(어제의 일)	
	가운데 (중심)	③ 여동생 영이가 "내것은?" 하고 성낸 일. ④ 접는 우산을 폈다 접었다 하며, 까불며 떠든 일. ⑤ 여동생이 울며 방으로 들어가 버린 일. ⑥ 여동생이 울음을 그치지 않아서, 가련한 생각이 든 일. ⑦ 여동생에게 접는 우산을 주겠다고 하며 위로한 일.	
	끝 (마무리)	⑧ 어머니께, 여동생에게 접는 우산을 주겠다고 이야기한 일. ⑨ 어머니와 할머니한테 칭찬받은 일.	

제4장 고학년(高學年)에서의 '얼거리 짜기' 지도

　중학년에서는, '얼거리 짜기'(구상-構想) 지도에 너무 얽매일 필요가 없지만, 고학년이 되어도, 중심이 없는 질질 끄는 글을 쓰거나, 논지(論旨)가 명확하지 않는 글을 쓰는 어린이에게는, '얼거리 짜기' 지도가 꼭 필요합니다.

　먼저, 앞에서 말한 것과 같은 '얼거리 짜기'를 해서, '어느 날 어느 때의 일'을, 시간의 순서나 사건의 전개에 따라서 자세하게 쓰는 것을, 야무지게 지도하는 것이 아주 중요합니다. 이런 중요한, 살아 있는 생활문 쓰기 지도는 소홀히 하면서, 교과서에 나와 있거나, 아니면, 교육행정기관에서 하라고 하는, 논설문이나 독후감 등과 같은, 형식적이고 개념적인 메마른 문장만 내도록 쓰이고 있어 가지고서는, 도저히 진짜 표현력을 기를 수가 없습니다.

'어느 날 어느 때의 일'을 쓰일 때, 고학년에서는, '자세히 쓰기'(정서-精敍)와 '생략하거나, 간단하게 쓰기'(약서-略敍)가 지도의 중심이 됩니다. 어떠한 문장을 쓸 경우에도, '정서'(精敍)와 '약서'(略敍)의 힘은 필요합니다. '얼거리 짜기'를 할 때도, '처음'·'가운데'·'끝' 중에서, '가운데'를, 중학년의 경우보다도 조금 더 자세하게 짜서, 좀더 깊게 생각하게 해야 합니다. 때로는, 장면마다 단락(段落)을 만드는 작업을 시킬 필요가 있을 때도 있을 것입니다.

　시간의 순서나 사건의 전개에 따라 쓸 수 있게 되면, 시간의 순서를 의식적으로 바꾸어 쓰는 법, 즉, '구성(構成)'에 의해 쓰는 법도 있다는 것을, 이해시킬 필요가 있습니다. 문학작품의 독해지도를 할 때, 전체의 문장구성을 음미하거나, 주제(主題)를 추구하기 위해, 작품을 분석하거나 할 때, 전체의 문장구성 방법을 이해시키는 일이, 어린이들이 문장의 구상을 세울 때 도움이 되므로, 이 작업을 소홀히 해서는 안 될 것입니다.

　고학년의 '얼거리 짜기'에는, '시간의 순서를 바꾸어, 구성(構成)에 의한 구상을 하는 경우'와 '마음속에 강하게 남아 있는, 좀 오래된 가족의 이야기 등을 모아서 설명풍(說明風)으로 쓰는 경우'의 두 가지가 있는데, 그 두 가지를 예시하면, 다음과 같습니다.

1. '시간의 순서(順序)를 바꾸어, 구성(構成)에 의한 구상(構想)을 하는 경우'의 얼거리 짜기

　　　얼거리 짜기

( ) 초등학교 ( ) 학년 ( ) 반　　이름 (　　　)

제 목	전학 가는 창식이	말해주고 싶은 이야기 상대	반 친구들에게
제일 쓰고 싶은 것 (중심내용)	전학 왔다가 전학 간 창식이와 싸우기도 했지만, 정답게 지냈던 이야기.		

얼거리	처음 (서두)	① 창식이가 전학 간다는 이야기 들음. ② 창식이와 나눈 이야기.
	가운데 (중심)	① 창식이가 전학 왔을 때의 이야기.(3학년 때 3월) ② 창식이와의 싸움(4학년 때 5월 어느 날) ③ 창식이 어머니의 입원.(5학년 때) ④ 창식이 아버지의 전근 결정. ⑤ 창식이 집에서 잔 날 밤의 일.
	끝 (마무리)	① 창식이와의 송별 모임. ② 창식아, 언제까지나 건강해 다오.

2. '마음속에 강하게 남아 있는, 좀 오래된 가족의 이야기 등을 모아서 설명풍(說明風)으로 쓰는 경우' 의 얼거리 짜기

'어느 날 어느 때의 일을 시간의 순서에 따라 쓰기' 나, '어느 날 어느 때의 일을, 구성에 의한 구상을 연구해서 쓰기' 의 경우와는 달리, 여기서는 '마음속에 강하게 남아 있는, 좀 오래된 가족의 이야기 등을 한데 모아서 설명풍으로 쓰는 경우' 입니다. 하나의 테마(주제)에 따라, 있었던 사실들을 한데 모아서 쓰기 위해서는, 시간의 경과나 사건의 전개에 따라, 전개적(展開的)으로 써서는 안 되고, 그 테마에 따른 구성(構成)을 새로 해 가지고, 그 구성의 배열 순서에 따라 써야 합니다.

먼저, 테마(주제)를 정합니다. 테마가 정해지면, 테마(보기-'아버지가 하시는 일')에 관계 있는 일들을, 생각나는 대로 써 나갑니다. 말하자면, 나열적(羅列的)으로 메모를 하는 것입니다.

· 아버지는 노가다다.
· 아침 8시경 집을 나선다.
· 블록 나르는 일이 아주 어렵다고 한다.

- 아버지 손은 거칠거칠하다.
- 세 사람이서 일하고 있다.
- 서울까지도 일하러 간다.
- 돌아오는 시간은, 밤 10시가 넘을 때가 많다.
- 할아버지와 일 때문에 말다툼을 할 때도 있다.
- 어머니가 아버지 도시락 만들 때 고생하신다. 매일 같은 걸 쌀 수 없기 때문.
- 월말에 수금한다.
- 손에 쇠조각이 박혀 고생한 일이 있었다.

이렇게 하는 것을, '얼거리 짜기' '1차 메모'라고 합니다. 이 '1차 메모'를 근거로 해서, 한덩어리가 된 일들을 정리해서, '2차 메모'(구상 메모)를 만듭니다. 관계 있는 일들을 하나로 뭉쳐서, 그것을 어떤 차례로 배열할 것인가를 구상하면, '2차 메모'가 만들어지는 것입니다. 그 '2차 메모'에 따라, 문장의 기술로 들어가는 것입니다.

얼거리 짜기

(   ) 초등학교 (   ) 학년 (   ) 반   이름 (   )

제 목		아버지가 하시는 일	말해 주고 싶은 이야기상대	선생님 (같은 반 친구들)
제일 쓰고 싶은 것 (중심내용)		아침 일찍부터 토목공사 현장에 나가서 노가다 일을 하시는 아버지 모습이 너무 애처롭고, 또 존경스러워 누구에겐가 말해 주고 싶었음.		
얼 거 리	처음 (서두)	① 아버지가 하는 일은, 노가다 일이다.(설명) ② 언제부터 왜 이 일을 하게 되었는가에 대한 이야기.(설명)		
	가운데 (중심)	① 아버지 일의 특징 설명(시간과 작업 내용) ② 아버지와 함께 작업 현장에 가서, 일하는 모습 본 일.(사실) ③ 아버지와 다른 두 분과 힘을 합쳐, 블록 쌓기를 하는 모습.(사실)		

리	가운데 (중심)	④ 아버지 손의 꺼칠꺼칠함.(설명) ⑤ 점심 때의 세 사람 모습.(설명) ⑥ 작업을 위한 딴 사람들과의 교제.(설명) ⑦ 노는 날이나, 비 오는 날, 집에서 연장 손질하는 모습.(설명)
	끝 (마무리)	① 아버지의 일하는 모습에 관한 감상.(설명)

그리고, '얼거리 짜기'를 발전시킨, 또 한 가지 좋은 방법이 있습니다. 그것은, 독해지도 할 때 잘 그리는, '심정곡선(心情曲線)'을 가미한 것입니다. 감정의 기복(起伏)이나 사건의 추이(推移) 등을, 다음에 도시(圖示)한 것처럼, 산봉우리나 골짜기나 평탄한 곳 등으로 나타내고, 거기 알맞는 내용을 써넣으면 되는 것입니다.

이와 같이, 글의 얼거리를 그림 형식으로 나타내는 일은, 상당히 어려운 일이므로, 좋은 본보기글을 하나 분석해서, 예시(例示)해 주면, 더 효과적일 것입니다.

'얼거리 짜기'를 할 때, 아무리 '주제(主題)'며, '기(起)·승(承)·전(轉)·결(結)'이며, '서(序)·파(破)·급(急)' 같은 것을 이야기해도, 관념적인 이야기라 잘 모르다가도, 이렇게 도해(圖解)를 해서 가르쳐 주면, 이해가 빠르고, 글쓰기에도 많은 도움이 될 것입니다.

그리고, 또 한 가지 덧붙이고 싶은 것은, '처음'(서두)과 '가운데'(중심)와 '끝'(마무리)의 분량(分量) 비율이, 어떻게 되는 것이 가장 알맞느냐는 문제입니다. 일반적으로, '20% : 50% : 30%'로 되는 것이 이상적이라고 합니다.

물론, '5% : 80% : 15%'로 되는 수도 있을 것이고, 문장에 따라서는, '가운데'와 '끝'이, 확실하게 구별되지 않을 때도 있을 것입니다. 그러나, '얼거리 짜기'를 해서 글을 쓰다 보면,

(1) 중심이 없이 질질 끄는 글.
(2) 조리가 안 통하는 따로따로 흩어진 글.

(3) 쓰려고 하는 방향을 잃고, 옆길로 빠져 버린 글.
같은 것은, 점점 없어지게 될 것입니다.

그림 얼거리 짜기

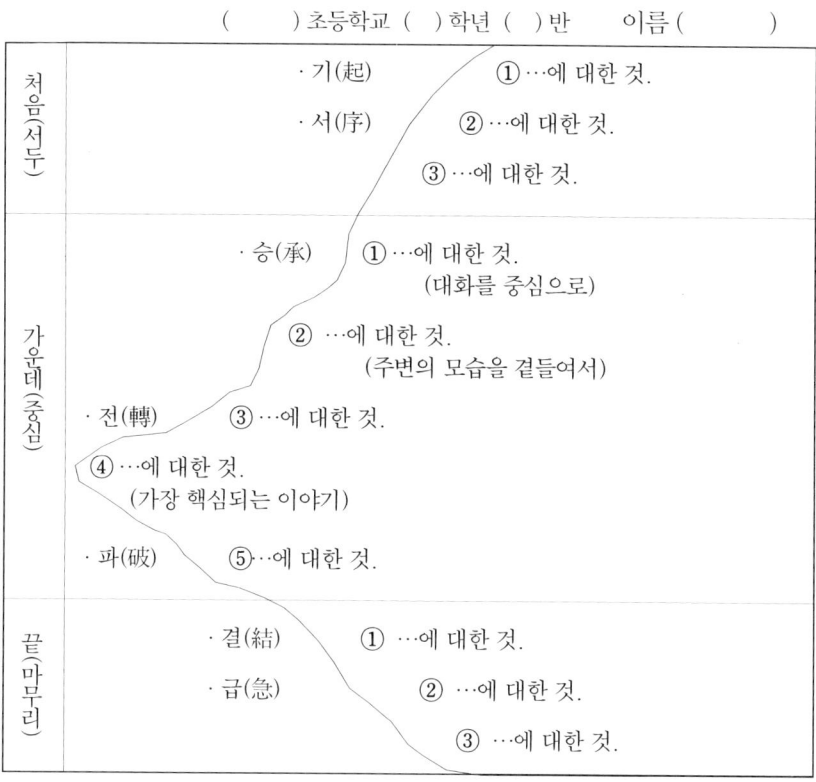

제8부 '자세하고 길게 쓰기'(기술-記述) 지도

제1장 글의 '서두'(序頭-첫머리) 지도

무슨 글이든, 글을 쓸 때 가장 어렵고 고민스러운 것은, 글의 첫머리, 즉, 글의 '서두'입니다. 시건, 산문이건, 글의 실마리인, 서두만 잘 해결되면, 뒤는 술술 잘 풀려 나갑니다.

그러나, 그 글의 서두는, 잘 잡히지가 않습니다. 한참 동안 고민을 하고 몸부림을 쳐야 합니다. 글의 서두 때문에 고민하는 것은, 어린이건 어른이건, 다 마찬가지입니다. 글을 잘 쓰는 사람이건, 못 쓰는 사람이건, 다 똑같습니다.

글의 서두가 그렇게 어려운 것은, 그 짧은 한 마디가, 그 글의 내용이나 주제 등을 결정 짓기도 하고, 또 글의 앞길을 암시하기도 하는, 아주 중요한 글의 열쇠를 쥐고 있기 때문입니다. 그래서, 시나 소설이나 동화의 첫머리인 서두를 읽어 보면, 그 글의 내용이나 성격이나 글의 진로를, 대강 짐작할 수가 있는 것입니다.

글을 쓸 때, 글의 서두가 그렇게 고민스러운 것은, 적절한 글의 첫머리 말이 빨리 떠오르지 않기 때문인데, 그것은, 연속된 생활 가운데, 어디서 어디까지의 어느 장면들을 끊어 내, 어떻게 써 나갈 것인가의, 글의 '얼거리'(구조-構造)가 명확하게 잡혀 있지가 않기 때문입니다. 그래서, 글의 '처음', '가운데', '끝' 등의 구조를 명확히 세우는 것은 물론, 그 글의 얼거리를 구상할 때부터, 글의 '첫머리 말'을 생각해 두어야 하고, 심지어는, 취재를 할 때부터도 그것을 생각해 두어야 하는 것입니다.

글의 서두를 지도할 때, 유의할 점은 다음과 같습니다.

1. '시간'과 '주어'를 생략하고, '행동(行動)'이나 '동작(動作)'부터 쓰기

어린이들이 일기 쓰기나 글쓰기를 할 때, '나는'과 '오늘'이라는 말로, 글의 첫머리를 시작하는 수가 많은데, 이 두 말을 안 쓰도록 해야, 어린이들이 긴 글을 쓰게 됩니다. 왜냐하면, '나는'이나 '오늘'을, 글의 서두에 붙이는 어린이들은, '나는, 학교에서 돌아와서, 소꿉놀이를 했습니다.'라든가, '오늘, 아버지와 산에 갔습니다.'와 같이, 무엇이든 일괄해서, 2,3행으로 개념적으로 처리해 버리기 때문입니다.

이렇게, '소꿉놀이 한 것'이나 '산에 간 것'을, 한 마디로 정리해 버릴 것이 아니라, 소꿉놀이 한 행동이나, 산에 간 행동 그자체부터, 쓰기 시작하도록 지도해야 합니다. 그렇게 하려면, '학교에서 돌아와서……'라든가, '아침에 눈을 뜨니까……'라든가, '넷째 시간 차임이 울렸습니다.……', '나무토막으로 뱀 꼬리를 치니까……', '이불 위에 손을 짚고 거꾸로서기를 하고 있으니까, 어머니가……', '공을 찼더니, 유리창에 부딪혔다.……', '부엌에서 쨍그렁 소리가 났다.……', '흰개미가 마당에 들어왔다.' 등등, 사물에 직접 부딪혀서 일어나는 행동(行動)부터, 쓰도록 하는 것이 좋습니다.

다시 말하면, "한 일부터 쓰세요.", "귀로 들은 것부터 쓰세요.", "눈으로 본 것부터 쓰세요.", "말한 것부터 쓰세요." 하고, 설득하며 유도하는 것이 좋습니다.

이렇게 어린이들로 하여금, 생활의 첫 실마리를 발견하게 하는 것은, 사물의 핵심을 붙잡거나, 사물을 바르고 정확하고 자세하게 보는 눈을 기르는 데, 큰 도움이 될 것입니다.

그러나, '시간'이나 '장소'를 대담하게 생략하고, '행동'이나 '동작'으로부터 쓰기 시작한다는 것은, 저학년에서는 상당히 어려운 작업이므로, 기초지도를 잘 해야 할 것입니다.

자전거 고치기

1학년 김철수

학교에서 돌아와서 놀지 않고, 자전거 고장 난 곳을 고치려고 마음먹었습니다. 나는 자전거 페달을 고쳤습니다. 이번에는, 자전거 핸들이 비뚤어져 있어서 고쳤습니다. 그래도, 아직 핸들이 비뚤어져 있어서, 힘껏 했더니, 똑바로 되었습니다.

이번에는, 자전거의 다른 곳을 보았습니다. 자전거 안장이 비뚤어져 있었습니다. 그것도 바르게 고쳤습니다. 그래서, 기분이 좋았습니다.

넘어진 일

1학년 윤현지

<u>넷째 시간의 차임이 울렸습니다.</u> 나는 뛰어서 들어가다, 현관에서 넘어졌습니다. 무릎을 다쳐서 피가 났습니다.

교실로 울고 들어가니, 선생님께서
"조심해 다녀야지."
하시며, 보건실로 데려다 주셨습니다. 고마웠습니다.

2. 사건(事件)이 일어난 '장소(場所)'를 서두로 하는 것도 좋다

사건이 일어난 '장소'를 서두로 해서, 글을 시작하는 것도, 많이 있는 일입니다. 예를 들면, 다음과 같은 것들입니다.

· <u>운동장에 가 보니</u>, 눈이 많이 쌓여 있었습니다.
· <u>우리 집 지붕에</u>, 고양이가 올라가 있어서 놀랐습니다.
· <u>방에서</u> 공부를 하고 있으니, 친구들이 놀자고 밖에서 불렀습니다.

3. '대화문(對話文)'을 서두로 하는 것도 좋다

'대화문(對話文)'으로 글을 시작하는 것도, 신선한 느낌을 주어 아주 좋습니다. 저학년 어린이들이 이 수법을 쓰면, "새로운 수법을 썼구나." 하고, 칭찬해 주면 됩니다. 그러나, 무리하게 권할 필요는 없습니다.

"아버지, 왜 빨리 안 일어나세요?"
하고 물으니, 아버지는
"응, 내가 가슴이 좀 아파서 그렇다."
하고, 그냥 누워 계셨습니다.
학교 갔다 돌아오니, 어머니가
"아버지가 입원하셨단다."
라고 해서, 깜짝 놀랐습니다.

4. 여러 가지 '서두 쓰는 법' 지도해야 한다

중학년부터는, '서두 쓰는 법'의 여러 가지를 각별히 지도해야 합니다. 여러 가지 '서두 쓰는 법'이 있다는 것을 깨닫게 하는 것은, 여러 가지의 생활장면(生活場面) 끊어 내는 법이, 있다는 것을 알게도 될 것이고, 또 그것은, 표현효과를 높이는 일이 되기도 할 것입니다.

'시간', '장소', '행동이나 동작', '대화문' 외에, 다음과 같은 서두도 있다는 것을, 예문을 사용해 알려 주는 것도 좋을 것입니다.

- 우리 아버지는, 3개월 동안이나, 강원도 탄광에 가서 일하고 계십니다. ('설명'으로 시작하는 것)
- 내가 눈이 나빠진 것은, 유치원에 들어가면서부터였습니다. ('의문'이나 '문제점'을 미리 확실히 해놓는 서두)
- 만일 내가 어른이 되어, 아버지의 뒤를 이어 철공소를 한다면, 틀림없이 지금의 아버지보다, 더 복잡한 기계로 일을 하게 될 것입니다. ('추측'이나 '상상한 것'부터 쓰는 서두)

위에 이야기한 것들과 다른 것들을 더 보충해 하나의 표로 정리하면, 다음과 같습니다.

생활문 '서두'의 여러 가지 틀(형)

보 기	틀(형)
① 〈어머니가 안 계시던 날〉(제목) 지난 달 끝 무렵, 어머니께서 대구에 일이 있어 가셔서, 이틀 동안 안 계셨던 때의 일입니다. 어머니께서는……	〈화제형〉(話題型) · 화제(이야깃거리)로 시작했다.
② 〈어머니〉(제목) 우리 어머니는 몸이 크지만, 자상하신 어머니입니다. 저번 때도……	〈주제형〉(主題型) · 글의 주제(결론)를, 먼저 말하며 시작했다.
③ 〈어머니〉(제목) 달달달달 달달달달……. 재봉틀 밟는 어머니의 발이 기계처럼 빨리 움직인다. 때로는 늦어지기도 하면서……	〈정경형〉(情景型) · 둘레의 정경(모습)부터 그리며 시작했다.
④ 〈고양이의 발톱〉(제목) 지난 3월 28일 수요일의 일이었다. 우리 집의 검둥이라는 고양이가 길을 건너려 하다가 그만 차에 치이고 말았다. 그래서……	〈시간형〉(時間型) · 일이 일어난 날짜를 먼저 밝히며 시작했다.
⑤ 〈고기 잡기〉(제목) "현우야, 너 뒷골 연못에 낚시하러 안 갈래?" "안 돼. 난 지금부터 숙제할 참이야." 그래서, 나는 할 수 없이 혼자서 낚시질 하러 갔다.……	〈대화형〉(對話型) · 주고 받은 대화로 시작했다. 그래서, 상황을 설명하지 않아도 선명하게 보인다.
⑥ 〈일돕기〉(제목) 학교에서 돌아오니, 온 식구들이 밭에서 배추씨 심기를 하고 있었습니다. 그래서, 나도 가서 거들었습니다. 물도 떠다 드리고, 그리고, 동생 돌보기도 했습니다.	〈행동형〉(行動型) · 행동한 것부터 쓰기 시작하면, '내가'나 '어제' 같은 말을 안 쓰게 되고, 글도 길게 써지게 된다.

제2장 '남이 잘 알 수 있도록, 눈에 보이게 구체적(具體的)으로 자세히 쓰는 법' 익히기

남이 잘 알 수 있도록, 눈에 보이게 구체적(具體的)으로 자세하게 쓰라고, 아무리 말을 해도, 그게 좀처럼 잘 되질 않습니다. 그것은, 어린이들에게 그럴 마음은 있어도, 쓰는 법도 잘 모르고, 또, 그런 기능도 없기 때문인 것입니다.

그 '남이 잘 알 수 있도록, 눈에 보이게 구체적으로 자세히 쓰는 법'을 어린이들 몸에 붙여 주기 위해서는, 좋은 본보기글을 택해서, 그것을 베껴 쓰게(서사書寫)하는 것이, 가장 정확하고, 가장 효과적인 방법입니다. 왜냐하면, 그 본보기글 베껴쓰기(서사書寫)가, 글쓰기 연습학습(練習學習) 방법 중 가장 효과적인 방법이기 때문입니다.

그 방법에는, 다음 세 가지가 있습니다. (1) 줄거리가 선 바른 문장을 쓰는 기초의 힘 다지기, (2) 묘사(描寫)하는 것처럼 쓰는 법의 연습으로서, 어떤 한정된 일을 스케치풍으로 쓰기, (3) 설명풍(說明風) 문장의 기초를 이해시키기 위해, 어떤 일을 설명풍의 짧은 문장으로 쓰기가 그것들입니다. 그 본보기 글들을 들어 보면, 다음과 같습니다.

1. [줄거리가 선 '바른 문장(文章)'을 쓰는 '기초(基礎)의 힘' 다지기]의 본보기글

집에서 학교까지의 길

일본 3학년　여학생

집을 나서면, 곧 눈앞이 T자로로 되어 있다. T자로를 왼쪽으로 굽이틀어 3분 정도 가면, 십자로가 된다. 십자로 모퉁이에는, 모두 보통의 주택이 있다. 푸르스름한 기와 지붕의 2층 집이다. 오른쪽으로 가는 길은, 크게 커브져 있다.

십자로를 왼쪽으로 굽이틀어, 8분 정도 걸어가면, 공원이 오른쪽에 있다. 공원 둘레에는, 1년 내내 초록 잎을 단 삼나무 같은 나무가 심어져 있다. 공원 입구 옆에, 그네며 미끄럼틀이 있다. 한가운데가 광장처럼 돼 있다.

　공원 울타리를 따라 조금 가면, 밭이 길 양쪽에 있지만, 아직 오른쪽 밭에는 아무것도 심지 않았다. 왼쪽에는, 비닐 하우스가 있다. 밭 사이의 길을 조금 가면, 또, T자로가 된다. 거기에 커브밀러가 있다. 오른쪽 귀퉁이에, '스즈키 미트 숍'이란 식육점이 있다.

　T자로를 오른쪽으로 굽이틀어, 식육점 앞을 지나가면, 또, 양쪽이 밭으로 되어 있다. 밭을 지나면, 새 집들이 양쪽에 줄 서 있다. 왼쪽 빈터에는, 풀이나 민들레꽃이 피어 있다.

　거기를 지나면, 오른쪽에 제재소가 있다. 그 앞으로 지나가면, 5거리로 되어 있다. 5거리 귀퉁이의 야채가게 앞을 지나, 왼쪽으로 가면, 학교의 서쪽 문 앞에 나온다. 집에서 학교까지, 보통으로 걸어서 15분 정도 걸린다.

2. ['묘사(描寫)하는 것처럼 쓰는 법'의 연습으로서, 어떤 한정된 일을 '스케치풍'으로 쓰기]의 본보기글

도로 공사장 아저씨

일본 5학년　남자

　녹색의 크레인 차에 앉아 있는 아저씨가, 담배를 피우면서 크레인을 움직이고 있다. 흰 핼맷을 쓴 아저씨는, 담배를 문 채, 꼼짝 않고 크레인 끝 쪽을 보고 있다. 옆에서 샤벨차(삽차)가, 무너뜨리고 있는 자갈을, 퍼내듯 들어올린다. 두세 번 자갈을 퍼내 듯 하다가, 옆에 서 있는 덤프트럭의 짐칸에 그것을 넣는다. 와르르 소리를 울리면서, 자갈이 덤프트럭에 실린다. 덤프트럭의 운전기사가, 운전석에서 얼굴을 내밀고, 크레인에 올라가 있는 아저씨한테, 무언가 고함치듯 말하고 있지만, 크레인 소리와 자갈 소리로, 무얼 말하고 있는지 들리지 않는다.

　무너뜨린 자갈 옆에서, 푸른 작업복을 입은 두 사람의 아저씨가, 아무 말 없이 삽으로 자갈을 모으고 있다. 허리를 구부리는 듯하고, 삽을 움직이고 있다. 튼튼한 몸매의 아저씨다. 끝이 평평해진 삽은, 자갈과 빨간 흙 때문에, 다갈색스럽게 돼 있다. 아저씨는, 때때로 자갈 긁어 모으기를 그만두고, 이마의 땀을 닦고 있다. 왼손 손등으로, 두세 번 이마를 닦은 뒤,

턱 언저리를 손바닥으로 문지르듯이 하고 있다. 아저씨는 때때로, 훅 한숨을 쉬면서, 일을 계속하고 있다.

3. '설명풍(說明風) 문장의 기초를 이해시키기 위해, 어떤 일을 설명풍의 짧은 문장으로 쓰기'의 본보기글

집에서 하는 일의 설명

일본 6학년 여학생

우리 집의 직업은, 빗자루 만들기입니다. 빗자루뿐만이 아니고, 대나무도 베어서 팝니다. 빗자루 만드는 데, 아버지는 약 5, 6분 걸립니다. 빗자루 만들기는 힘드는 일이라, 큰일입니다.

먼저, 잔가지를 어른 손으로 한 웅큼 정도, 자룻대에 평평하게 갖다 대고, 철사로 움직이지 않게 한 다음, 굵은 줄기에서 떼 낸, 두 갈래 가지를 쪼개서 꽂아 넣습니다. 그것을 철사로 고정시킵니다. 그리고, 두 갈래 가지와 굵은 가지를 꽂아 넣습니다. 철사로 세 바퀴씩 두 군데를 고정시키고, 끝의 이리저리 흐트러진 곳을, 잘라서 가지런히 합니다.

이와 같이, 대나무 가지를 맞상대 해서 일을 하기 때문에, 손을 베기도 하고, 스쳐서 껍질이 벗겨지기도 하는 일이, 자주 있습니다. 그래서, 아버지의 손은, 언제나 상처의 흔적이 있어서 거칠거칠합니다. 손바닥은 울퉁불퉁하고, 아주 딱딱한 손바닥입니다. 대개 반창고나 무언가를 붙이고 있습니다.

상처가 났을 때는, 언제나 "반창고 가져오너라." 하고, 큰 소리로 말합니다. 나는 "예."라고 말하고, 언제나 반창고를 반짇고리에서 꺼내서, 얼른 갖다 드립니다. 반창고를 붙이고 있는 아버지의 손을 보면, 새빨간 피가 뿜어 나와서, 아주 아파 보입니다. 아버지 손을 보면, 아버지가 가련해집니다.

제3장 순서(順序) 있게 쓰기

1학년 일기 쓰기나 글쓰기에서는, '얼거리 짜기'(구상-構想)를 각별히 지도할 필요도 없고, 또 할 수도 없습니다. 그저 쓰고 싶은 것을 차례차례 잘 생각해 내서, 순서 있게 쓰라고 하면 됩니다.

그러나, 1학년 어린이들에게는, 이 '순서 있게'나 '차례차례'라는 말이 얼른 머리에 오지를 않습니다. 그래서, 아무리 행동을 한 차례대로, 순서 있게 쓰라고 해도, 앞뒤 일의 순서가 뒤바뀌고, 말이 왔다갔다 하는, 종잡을 수 없는 글을 쓸 때가 많습니다.

그런 현상은, 주로 무엇을 쓸 것인가 하는, 글의 중심(中心)이 명확히 잡혀 있지 않을 때 횡설수설하는 수가 많지만, 글의 중심이 잡혀 있다 하더라도, 시간의 흐름과 사건 전개의 순서에 따라, '순서 있게' 쓴다란 말의 개념(槪念)을 잘 몰라, 무질서한 글을 쓸 때도 많습니다.

그래서, '순서 있게 쓰기' 지도를 할 때는, 어떤 순서 있게 쓴 작품을 하나 골라, 그 작품의 중요장면을 그림으로 그린 다음, 그 그림을 뒤섞어 놓고, 원문(原文)과 비교해, 이야기의 순서에 맞게 줄 세워 보게 함으로써, '순서 있게 쓰기'의 참뜻을, 스스로 깨닫도록 하는 것이 좋습니다.

주사

1학년 이영미

선생님께서
"예방주사 맞으러 가자."
라고 하셨습니다. 그러자, 철수가
"주사 아파요, 아파요."
라고 했습니다. 나는
"아프지 않다."
라고 했습니다.
모두들 선생님을 따라, 보건실로 갔습니다.
주사를 팔에 맞았습니다. 아팠지만, 참았습니다. 철수가
"아, 이제 지긋지긋한 주사 맞는 것 끝났다."

하며, 교실로 뛰어갔습니다.

　선생님께서

"주사 맞는 곳 주물러야 한다."

라고 하셨습니다. 나도, 주무르는 것 잊고 있어서, 얼른 주물렀습니다.

　딴 아이들도, 모두 주사 맞은 데를 주물렀습니다.

　위의 글의 내용을, ① 선생님이 주사 맞으러 가자고 말하는 장면, ② 주사 맞으러 가는 장면, ③ 주사를 맞는 장면, ④ 주사 맞은 데를 주무르는 장면 등의 네 장면의 그림을 그린 다음, 그 그림을 '②-③-④-①'의 순 등으로, 뒤섞어 놓고, 원문의 내용과 비교시키면 될 것입니다. 그러면, 시간의 흐름이나, 사건의 전개과정에 따라, 순서 있게 쓰지 않으면, 글이 뒤죽박죽이 된다는 것을, 확실하게 깨닫게 될 것입니다.

　그리고, '순서 있게 쓰기'에 있어서, 또 하나 중요한 것은, 계속된 여러 가지 생활장면(生活場面) 중에서, 어디서 어디까지를 끊어 내어 쓸 것인가를, 결정하는 일인 것입니다. 그래서, 머리 속에서 대강 생각해 놓은, '처음', '가운데', '끝'의 구상에 따라, 중심생각과 관련이 있는 장면만, 차례대로 끊어 내어 쓰도록 지도하면 됩니다. 그러면서, '이영미'가, 선생님께서 주사 맞으러 가자고 한, 장면부터 쓰기 시작한 것이, 참 잘한 거라고 칭찬해 주어야 합니다.

　그리고, 또 한 가지는, "영미가 쓴 글에서, 잘 쓴 곳이 또 한 곳이 있는데, 어디인지 알아요?" 하고 질문을 해서, 대화문이 많이 들어가서, 생동감(生動感)이 있는, 좋은 글이 됐다는 것을 깨닫게 해주는 것이 중요합니다.

제4장　잘 생각해 내서, '구체적(具體的)'으로 '자세하게' 쓰기

　　　　자전거 타다가 다친 일

2학년　○○○

　　오늘, 나는, 아버지와 자전거 타기를 했는데, 아버지는 앞에 타고, 나는 뒤에 탔습니다. 달리니까, 자전거가 오른쪽으로 갔다가, 왼쪽으로 갔다가 해서, 나는 무서워서 자전거에서 떨어져 버렸습니다. 그래서, 다쳤습니다. 병원에 가서, 치료를 해서 나았습니다.

　위의 글은, 취재지도(取材指導)나 기술지도(記述指導) 등을 전혀 받지 않은, 어떤 2학년 어린이가 쓴 글입니다. 병원에 갈 정도로 상처를 입었다면서도, 어디를 어떻게 다쳐서, 어떤 상처를 입었으며, 어떤 병원에 갔는지, 씌어 있지 않습니다. 또, 어느 날, 몇 시경에, 어디에서 자전거를 타다가, 어디쯤에서 넘어졌는지도, 전혀 안 나타나 있습니다. '글쓰기 6하원칙'에 대한 기본개념이 전혀 안 되어 있는 어린이의 글입니다. 또, 자전거에서 어떻게 떨어졌는지가, 구체적으로 씌어 있지가 않아, 떨어졌을 때의 모습도, 전혀 알 수가 없습니다. 그리고, 또 아버지와의 대화도, 하나도 안 나타나 있습니다. 자전거를 타러 갈 때나, 자전거를 탈 때는 물론, 자전거에서 떨어졌을 때나, 병원에 갈 때 등, 부자간에 많은 대화가 오고갔을 텐데, 대화가 단 한 마디도 안 나와 있습니다.
　이 글은, 이 나라의 대부분의 초등학교 저학년 교실을 지배하고 있는, 개념문(槪念文)의 하나입니다. 특히, 교사의 무성의와 무연구로 인해, 전혀 글쓰기 지도를 함이 없이, 내팽개쳐 두었을 때, 더욱 많이 이런 글이 나오게 됩니다.
　어린이들이 이런 글을 써 왔을 때, 그 어린이를 불러, "그때, 어떻게 했지?", "그 다음, 어떻게 했지?", "그때, 무얼 느끼고, 무슨 생각을 했지?" 등을 물어 보면, 돌아오는 대답은 "잊어버렸어요.", "몰라요."란 말뿐입니다. 2, 3년 전 이야기도 아니고, 바로 엊그제 일을 물었는 데도, "몰라요."라고 말합니다. 자기와 아무 상관없는 일이거나, 인상이 별로 깊지 않은 일을 묻고 있는 게 아니고, 상처가 나서 병원에 간 일을 묻고 있는 것입니다. 그런데도, "잘 모르겠어요."라고 합니다.

어린이들은 정말로 잊어버린 걸까요? 아니면, 희미하게는 기억하고 있지만, 막상 글로 쓰려고 하니, 아무래도 명확히 생각나지가 않아서 그런 것일까요? 그렇잖으면, 잊어버린 게 아니고, 귀찮아서 그런 것은 아닐까요? 아마도, 포만증(飽滿症)에서 오는 '게으름병' 때문에 생기는, '무관심병(無關心病)'으로 인한 희미한 기억과 '한글 모르는 병'으로 인한, '문장력 부족' 때문에, 글을 쓰는 것 그자체가 귀찮아서, 그럴 경우가 거의 대부분일 것입니다.

아무튼, 저학년 어린이들에게 있어서, "생각해 낸다."거나, "생각해 낸 것을, 남에게 전한다."는 것은, 그리 간단한 일이 아닙니다. 더구나 '순서 있게 생각해 내서 쓰기'나, '자세하게 생각해 내서 쓰기'의 경우는, 더더욱 어려운 일인 것입니다. 그래서, '잘 생각해 내서 구체적으로 자세하게 쓰기' 방법을, 저학년 때 야무지게 가르쳐 놓지 않으면 안 됩니다. 그 문제를 해결할 수 있는 효과적인 방법에는, 다음 두 가지가 있습니다.

1. '어제의 일'을 생각해 내서, 자세하게 쓰기

먼저, 어린이들에게

"어제 아침부터 저녁까지의 사이에, 한 일을 잘 생각해 내 보세요. 논 일, 공부한 일, 심부름한 일, 학원에 간 일, TV 본 일, 컴퓨터 게임 한 일 등, 많이 있지요? 그중에서, 보통 때는 안 했지만, 어제만 한 일을, 다음에 따라, 글쓰기 공책에 써 보세요."

하고, 흑판에,

첫째, 어제 내가 한 일.

둘째, 어제 보고 들은 일.

셋째, 어제 느끼거나 생각한 일.

하고 씁니다. 그러고는, 조목별로 조목조목 메모하도록 합니다. 밥 먹은 일은, 매일 하는 당연한 일이니까, 쓰지 않아도 되지만, 카레라이스를 세 그릇 먹고 배가 아픈 일은, 진귀한 일이니까 쓰도록 합니다.

그러면, 어린이들은, 조목별로 여러 가지 생각나는 일을, 다음과 같이 적게 됩니다.

첫째, 어제 내가 한 일

(1) 누나가 아파서 결석했기 때문에, 누나 선생님께 편지 갖다 드렸다.
(2) 선희와 공원에 가서, 그네를 탔다.
(3) 놀고 있으니까, 감기 걸렸으면서도, 누나가 날 데리러 왔다.
(4) 술래잡기를 했다.
(5) 자전거 경주를 했는데, 내가 졌다.
(6) 철수와 창식이와 야구를 했다.
(7) 자전거를 속력 내서 타다가 넘어졌다.
(8) 장난감총으로, 고양이 맞히기를 했다.
(9) 철봉놀이를 했다.
(10) 가게에서 반찬거리를 사 오는 심부름을 했다.

둘째, 어제 보고 들은 일

(1) 문조가 서로 붙어서, 부리로 털을 쪼고 있었다.
(2) 어떤 어린 여자아이가, 병원 안으로 들어갔다.
(3) 호식이가, 야구할 때 홈런을 쳤다.
(4) 자그만 새끼쥐가, 자동차에 깔려 납짝하게 죽어 있었다.
(5) 새끼참새가 지붕 위에 앉아서, 엄마에게 먹이 달라고 보채고 있었다.
(6) 지붕 위에서, 고양이가 점프를 했다.
(7) 소방차 사이렌 소리가 멀리서 들렸다.

셋째, 어제 느끼거나 생각한 일

(1) 옆 공장에서, 아는 아주머니를 만났다. 거기서 일하시는구나 하고 생각했다.
(2) 영희가 유령에 대한 이야기를 해서, 아주 무서운 느낌이 들었다.
(3) 장난감총으로, 고양이 맞히기를 해도 잘 안 맞혀졌는데, 그러기를 잘 했다고 생각했다.

단 하루 동안의 일을 적게 했는 데도, 일기 쓰기나 글쓰기의 제목이 될 만한, 여러 가지 충실하고 매력적인 사건이나, 체험들이 쏟아져 나왔습니다. 이걸 봐도, 어린이들 곁에는, 글쓰기 제목이 언제나 얼마든지, 뒹굴고 있다는 것을 알 수가 있습니다.

이렇게, 보고 듣고 느끼고 생각하고 한 일 적기가 끝나면, 교사는, 한 사람 한 사람의 메모를 점검하면서, 여러 가지 질문을 던져, 어린이로 하여금 지껄이게 함으로써, 그 일에 대한 인식이나 느낌이나 생각을, 더욱 명확하게 심화 확대시키도록 해줍니다. 그러고는, 자기가 적은 메모 중에서, 가장 인상이 깊고, 이야깃거리가 많은 것을 골라, 제재로 삼고 글을 쓰도록 시킵니다. 그러면서, "그 이야기 참 재미있을 것 같다. 좀더 자세히 알고 싶으니까, 선생님이 잘 알 수 있도록, 6하원칙에 따라, 구체적으로 자세히 써 주세요." 하고 말해 둡니다.

그러면, 어린이들이 자기 딴에는 자세하게 썼다고 하며, 작품을 가져옵니다. 그러나, 6하원칙의 자를 들이대어 따져 보면, 여전히 허점이 많은, 자기중심적(自己中心的)이고 주관적(主觀的)인 글들이 많습니다. 그러면, 설명(說明)이 모자라 알 수 없는, 궁금한 곳을 꼬집어 묻습니다.

"어디서 롤러스케이트를 누구랑 탔어?"
"뒹굴었을 때, 어쩌다 뒹굴었고, 어디를 어떻게 다쳐서 아팠어?"

그러면, 손짓 발짓까지 하며 잘 설명해 줍니다. 그러나, 문장으로는 자세히 못 쓰는 것입니다. 말로 지껄일 때의 몸짓 손짓이며, 그 풍부한 표정 같은, 자기 행동이나 느낌이나 생각 같은 것은, 다 빼 버리고, 뼈다귀

뿐인 개념적(槪念的)인 글을 쓰니까, 그리 돼 버린 것입니다.

　일이 이렇게 돼 버리곤 하는 것은, 교사가 아무리 "○○을 좀더 자세히 써라." 해도, 사실은, 어디를 어떻게 자세히 써야 하는지를 몰라서 그런 것입니다. 그것은, 또 왜 그러냐 하면, 자기가 경험한 일이라, 자기로서는 다 잘 알고 있는 것이고, 또 너무도 당연한 일이기 때문에, 자기만족에 빠져 있을 뿐, 상대방이 잘 알 수 있게, 자세하게 객관적으로 써야겠다는 의식이 전혀 없기 때문인 것입니다.

　이 자기밖에 모르는, 자기중심적이고 주관적인 글을 쓰는 버릇 고치기 문제는, 아무리 입으로 이해시키고 설명을 해 봐도, 개념적인 설명이라, 이해가 잘 되질 않습니다. 그래서, 어떤 '퇴고연습작품(堆敲練習作品)'을 하나 골라서, 복사해 나누어 주고, 거기서 '궁금한 것', '더 알고 싶은 것', '아무래도 알 수 없는 곳'을 찾아내어, 서로 토론하며 고치는, '퇴고연습학습'을 실행해 보는 것이 아주 좋습니다. 그렇게 실제로 실천을 해 봐야, 현장에서 실지로 써먹을 수 있는, 실질적이고 기능적인 '진짜 실력'이 붙기 때문입니다.

　먼저, 다음과 같은 '할아버지가 쥐를 죽인 일'이란 '퇴고연습작품'을 복사해 나누어 주고, 그 '글' 중에서 '궁금한 것', '더 알고 싶은 것', '아무래도 알 수 없는 곳'을 찾아내어, 의문점을 적어 보라고 합니다. 그러면, 보기에서와 같은 의문점들이 많이 쏟아져 나오게 될 것입니다.

할아버지가 쥐를 죽인 일

2학년　김선우

　①아침 일찍 일어나서, 쥐잡기 하는 걸 ②보니까, ③쥐를 바구니 안에 쥐가 ④들어가 있었습니다. 그리고, 나는 ⑤큰방에 가서 ⑥문을 열었습니다. ⑦그래서, ⑧어머니가
　⑨"참 좋구나."
라고 했습니다. 그리고, ⑩책가방을 밑에 놓았더니, ⑪할아버지께서

⑫"목욕탕에서, 파란 물통에, 철수야, 얼굴 씻으면 버리지 말고, 물통에 부어 두어라. 그 물은, 쥐를 담가서 죽이는 거야. 응? 철수야, 알았지?"

⑬"예, 알았어요."

그리고, ⑭학교에 가려고 하니까. 어디서

⑮"찌익 찌익."

하는 소리가 들렸습니다. 그래서, 나는 ⑯깜짝 놀랐습니다. 그리고, ⑰겨우 ⑱친구들 있는 데로 갔습니다. 그러고는

⑲"순이야, 학교에 가자."

⑳그랬더니, ㉑할아버지가 쥐를 죽이고 있었습니다. ㉒그때, ㉓어딘가의 쓰레기통에 ㉔쥐를 넣었습니다. 그러니까, ㉕여자아이가

㉖"꽥—."

소리쳤습니다. 그래서, ㉗우리들도

㉘"에이, 더럽다."

㉙라고 말하고, 학교에 갔습니다.

어린이들한테서 나올 수 있는, 의견들은 다음과 같습니다.

① '아침 일찍' 이란, 몇 시경이었을까? 다른 가족들은 다 일어났었던 것일까?
② 일어나서, 바로 쥐를 보러 간 것일까? 딴 일을 하고 있을 때, 언뜻 본 것일까?
③ 쥐잡기 바구니란, 무엇으로 어떻게 만든 바구니일까?
④ 바구니 안의 쥐는, 아직 살아 있었나? 안에서 난폭하게 설치고 있었나? 아니면, 이미 죽어 있었나?
⑤ 왜 큰방으로 갔던 것일까?
⑥ '문을 열었습니다.' 라고 했는데, 어느 쪽의 문이었을까?
⑦ '그래서' 는, '그랬더니' 로 해야 옳지 않을까?
⑧.⑨ '참 좋구나.' 라고 했는데, 무엇이 좋다는 건지 모르겠다. 어머니

가 한 말이 더 있지 않았을까? 그리고, 그때 어머니는, 큰방에서 무얼 하고 있었을까? 아직 자고 있었던 것일까?

⑩ 책가방을, 어디에서 어디로 가져갔는지 알 수 없다. '밑에' 란 어느 밑일까? 설명이 부족하다.

⑪ 할아버지는, 어디서 무얼 하고 계셨을까? 갑자기 할아버지 이야기가 나오니까, 잘 알 수가 없다.

⑫ 이 말들은, 혼잡스러워 잘 알 수 없다.

⑬ "예, 알았어요." 했는데, 어떻게 하라는 걸로 알았을까? 그리고, 선우는 어떻게 했을까? 그게 안 쓰어 있다.

⑭ 학교에 가다니, 아침은 먹지도 않은 걸까?

⑮ 그때, 쥐는 어디에 있었던 것일까? 쥐는 어디서 울었는지 알 수 없다.

⑯ '깜짝 놀랐습니다.' 라고 했는데, 깜짝 놀라서 어떻게 한 것일까?

⑰ '겨우' 라고 했는데, 어째서 좀체로 친구 있는 데로 가지 못했던 것인지, 그 이유를 알 수가 없다.

⑱ '친구들' 이란, 누구 누구인 것일까?

⑲ 순희는, 그때 어디에 있으면서, 어떻게 대답했을까?

⑳ '그랬더니' 란 말이 이상하다. "학교 가자."라고 하니까, 할아버지가 쥐를 죽인 것같이 느껴진다.

㉑ 그 동안 할아버지가 어디 있다가, 갑자기 나타난 것일까? 쥐를 죽이고 있었다고 했는데, 할아버지는 어떤 방법으로, 쥐를 죽였을까? 그걸 보고 있었던 어린이는, 누구 누구였을까?

㉒ '그때' 란 말이 이상하다. '그리고' 나 '그 뒤' 가 나올 것 같다.

㉓ '어딘가' 라고 해 가지고는 자세히 알 수가 없다.

㉔ 어떻게 들고 가서, 어떻게 넣었을까?

㉕ '여자아이' 란, 누구를 가리키는 것일까? 몇 학년 아이일까?

㉖ "꽥—." 이라고 했을 때, 그 여자아이는 어떻게 하며 그랬을까? 가만히 서서, "꽥—." 이라고 했을까?

㉗ '우리들'이란 누구누구일까? 여자아이들도 끼어 있었던 것일까?
㉘ '더럽다.'고 했을 때, 어떻게 하고 말했을까?
㉙ 더 쥐 이야기는 하지 않았을까?

이 밖에, '쥐틀에 쥐가 걸린 것은, 이번이 처음이었을까?', '어째서 쥐틀을 놓게 된 것일까?', '고양이는 없었던 것일까?' 등의 질문도, 나올 수 있을 것입니다.

2. 짧은 시간의 일을 잘 생각해 내서, 자세하게 쓰기

이것은, '오늘 아침에 일어나서, 학교 올 때까지의 사이에 한 일', '저녁 먹을 때 일어난 일(대화 포함)', '체육시간의 일', '청소시간의 일' 등, 24시간 계속되는 하루 생활 가운데, 어느 일부분을 짧게 끊어서, 그 사이에 일어난 일을 생각해 내서, 시간의 순서에 따라 자세하게 쓰는, '자세하게 쓰기' 훈련의 한 방법입니다.

우선 어린이들에게, '오늘 아침에 일어나서, 학교 올 때까지의 사이에 한 일'을 말해 보라고 하면, 의아스런 얼굴을 하며, "이빨 닦고, 얼굴 씻고, 밥 먹고, 그리고, TV를 좀 보고, 친구가 불러서 같이 학교 왔어요." 하고, 대답할 것입니다. "그러면, 오늘 아침에 일어난 것은, 자연히 잠을 깨서 일어났나? 아니면, 어머니가 일어나라고 해서 일어났나?" 하고 물으면, '어머니가 일어나라 해서, 일어났다.', '아버지가 이불을 벗겨 버려서, 일어났다.', '부엌의 딸가닥거리는 소리에, 잠이 깨었다.' 등, 여러 가지, 아침 일어나기 방식을 이야기할 것입니다. 그러면, 그때 "오늘 아침에, 자기가 어떻게 눈을 떴는지, 이불은 누가 갰는지, 정확하게 이빨을 닦았는지, 아침 식사 때는, 무얼 먹었는지, 아버지나 어머니와 어떤 이야기를 했는지, 집을 나설 때, 어머니와 어떤 이야기를 나누었는지…… 등, 생각해 낼 수 있는 것은, 얼마든지 있을 거예요. 자,

그러면, 오늘 아침에, '눈을 떠서 학교 교문에 도착할 때까지의 일'을, 자세하게, 아주 많이 생각해 내 보세요. 생각해 내기 경쟁이에요. 자기가 한 일, 아버지나 어머니, 형제들 등, 다른 사람들이 하고 있는 일을 본 것, 학교 어린이들이 지껄이거나 한 일을, 본 순서, 들은 순서, 한 순서에 따라, 잘 생각해 내서, 그대로 잘 써 보세요."
하고, 지시합니다.

그러면, 어린이들은 그것쯤이야 하는 얼굴을 하고, 머리 속에서, 아침에 있었던 일을 반추하면서, 한 줄 한 줄 써 나갈 것입니다. 한 10여 분이 지나면, 다 썼다고 하면서, 가지고 나오는 아이들도 있을 것입니다.

그러나, 읽어 보면, 기대에 못 미치는 글이 더 많을 것입니다. 쓰기 전에, 이것저것 쓰는 법을 상당히 많이 가르쳐 주었는 데도, 대략적인 설명의 글이 되어 버려, 그 장면 장면 들을 야무지게 붙잡고서, 섬세하게 그려 내지 못한 글들이 대부분일 것입니다.

"영수와 만났을 때, 무슨 이야기 한 것 없었니?" 하고 물으면, " '안녕.' 하고 손을 흔들었어요."라고 말합니다. "그런 것도 썼더라면, 좋았었을 텐데……." 하면, "그런 것도 다 써요?" 하고 말합니다.

또, " '빨리 학교에 가거라.' 라고 한 것도, 어머니가 말씀하신 그대로가 아니지?"라고 말하면, '저 봐라, 저 봐라, 또 저런다. 언제나 주의하라고 그랬잖아. 늦게 일어나서 급하게 화장실에 가니까, 그렇게 늦어지는 거야. 얼른 준비해라. 학교 늦어진다.' 라고, 고쳐 옵니다.

이렇게, 써 온 어린이들의 글을 하나하나 다 읽고서, 자세하게 쓰지 못한 곳을 일일이 지적해 주며, 고치거나 다시 쓰도록 해서, 다시 점검을 함으로써, 반드시 학습성과를 올려, 정착을 시키도록 노력을 해야 합니다.

'눈을 떠서부터 교문에 닿을 때까지'란 글을 쓴다는 것은, 단순히 자세히 쓰는 기술을 익히기 위한, '드릴' 학습만으로 끝나는 게 아닙니다. 어느 가정이거나 분주한 아침 생활 속에서는, 부모와 자식간, 또는 형제간에 무슨 사건이 있고, 조그만 시비도 일어나기 마련입니다. 다만, 그것이 매일 다반사로 되풀이되는 일이고, 아침의 아주 짧은 시간에 생기는 일이라, 어린이들의 기억에 남지도 않고, 또 일기 쓰기나 글쓰기의 제재가 좀처럼 되지도 못합니다.

그러나, 이런 글을 쓰는 가운데, 어린이들은, 새삼스럽게 아침의 그 짧은 시간 동안에도, 그렇게도 많은 체험을 하고 있다는 것과 아울러 그 분주한 삶 속에도, 뜻있는 진짜 삶이 있다는 것을, 재인식하게도 될 것입니다.

눈을 떠서부터 학교에 닿을 때까지
일본 2학년 이와자키 준코

2층에서, 눈이 띄었습니다. 어머니가 제일 먼저 아래로 내려갔습니다. 그 다음이 나였습니다. 계단을 내려갔습니다.

방에 가니까, 언니가 내 의자에 앉아 있었습니다. 오늘 아침밥은 밥과 김입니다. 김을 간장에 찍어서, 김으로 밥을 싸서 먹었습니다.

내가 이제 곧 다 먹을 무렵에, 오빠가 일어나, 밥 먹으러 왔습니다. 오빠가 먹기 시작할 무렵에, 나는 밥을 다 먹었습니다.

그 뒤, 언니가 경대 쪽으로 갔습니다. 나는 언니보다 먼저 채비를 하고 싶었기 때문에, 뛰어가서 경대에 있는 브러시와 빗을 가지고 왔습니다. 어머니에게 머리를 빗어 달라고 했습니다.

그리고, 체육복 윗도리를 나 혼자 입었습니다. 그 사이에, 언니는 이빨을 닦고 있었습니다. 그래서, 내가

"함께 해요."

했더니

"배반했으니까, 안 돼."

라고 했습니다. 언니가 끝났기 때문에, 즉시 부엌으로 갔습니다. 물을 뜨고, 칫솔을 잡고, 치약을 칫솔에 묻혔습니다. 허둥댔기 때문에, 치약을 너무 많이 묻혔습니다. 물로 떨어 내리고 물에 담갔더니, 너무 적어져 버렸습니다. 귀찮으니까, 그냥 그대로 이를 닦아 버렸습니다. 학교 늦을 것 같은 시간이 돼 버렸기 때문에, 쓱쓱 간단하게 닦고 말았습니다.

내가

"엄마, 얼굴."

하고, 말했기 때문에, 어머니가 왔습니다. 세숫대야를 설거짓대에 놓고, 뜨거운 물을 떠서, 타올을 뜨거운 물에 담가, 물을 세숫대야에 붓고, 타올을 짜서 나에게 주었습니다. 얼굴을 훔쳤더니, '옹' 하고, 8시 25분 사이렌이 울렸습니다.

오빠가 TV를 트니까, 방송극을 하고 있었습니다. 부엌에서 나오니, 오빠가 TV를 보고 있었습니다.

앞으로 5분 있으면, 30분입니다. 가방과 모자를 가져왔습니다. 27분이 되니, 미에양과 후미양이

"준 양, 히로미 양."

하고, 불렀습니다.

나는 서둘러서 책가방을 메었습니다. 모자도 서둘러서 썼습니다. 28분입니다.

"엄마, 머플러, 머플러……."

라고 했습니다. 그랬더니, 엄마가 머플러를 가지고 왔습니다. 머플러를 감고, 현관에 가서 구두 신고

"갔다 오겠습니다."

라고, 커다란 소리로 말했습니다. 오빠도, TV를 끄고 나왔습니다.

밖에 나가니, 30분의 사이렌이 '옹-.' 하고 울렸습니다.

목수가 피우는 모닥불이 있었습니다. 거기서, 조금 불을 쬐고 갔습니다.

이 일본 어린이의 글은, '잘 생각해 내서 자세히 쓰기'의 본보기글로서 딱 알맞는 글입니다. 이것을 어린이들에게 복사해 나누어 주고, 감상·비평 학습을 하면, 아주 좋을 것입니다.

그러면서, 이 글에, 몇 가지 이야기가 씌어져 있으며, 또, 이 글이 왜 그렇게 길어졌는지를, 생각해 보도록 합니다. 이 글에 씌어진 이야기는, '아침에 일어난 일', '아침밥 먹은 일', '오빠가 일어난 일', '머리 빗은 일', '옷을 입은 일', '이를 닦은 일', '얼굴을 물수건으로 닦은 일', '오빠가 TV를 본 일', '학교 갈 준비를 한 일', '집을 나선 일', '모닥불을 쬔 일' 등, 11가지나 됩니다. 아침에 집에서, 한두 시간 동안에 일어난

일을, 하나도 빠뜨리지 않고, 보고 듣고 행한 대로 어지간히 야무지게 붙잡고서, 자세히 쓴 점에, 주목시키도록 유념해야 합니다.

그리고, 이 글이 상당히 길어진 것은, '이 닦는 장면'과 '얼굴을 물수건으로 닦는 장면' 등을, 자세히 묘사해 썼기 때문이라는 것을, 깨닫게 해주어야 할 것입니다.

3. 공통(共通)으로 경험(經驗)한 것 자세히 쓰기

자기가 보고 듣고 생각하고 행동한 것을, 잘 생각해 내서, 자세하게 글로 쓰기 위해서는, 먼저 사물을 야무지게 보고, 야무지게 인식해서, 야무지게 기억해 두는, 야무진 인식력(認識力), 야무진 관찰력(觀察力)·통찰력(洞察力)·각인력(刻印力)·직관력(直觀力) 등이 있어야 합니다.

그런 야무진 인식력을 기르기 위해선, 한 시간의 공부시간에 일어났던 일을, 자세하게 쓰게 한다든지, 아니면, 교사가 어떤 행동을, 간단히 시연(試演)해 보여 주고서, 그걸 자세하게 쓰게 한다든지, 하는 방법을 쓰면, 좋은 성과를 거둘 수가 있을 것입니다.

그러면, 여기서, 교사가 어떤 행동을 시연해 보여 주고서, 그것을 자세하게 쓰게 하는, 방법의 실시요령에 대해, 이야기하겠습니다.

먼저, 교사가 커다란 '귤상자'에, '꼭두각시 인형'을 하나 넣어 가지고, 교실 문을 열고 들어가

"이 속에 무엇이 들어 있는지 알겠어요?"

하고 묻습니다. 여러 어린이들에게 알아맞히게 한 다음, 한 어린이로 하여금 상자를 열게 합니다. 그렇게 한 후에, 종이를 한 장씩 나누어 주고

"자, 선생님이 교실에 들어와서부터, 지금까지 한 일을 자세히 써 봅시다. 선생님이 교실에 들어올 때부터의 일을, 잘 생각해 내서, 선생님이 말한 것, 행동한 것, 여러분이 말한 것, 행동한 것도 자세히 써 보세요."

하고, 글을 쓰입니다.

어린이들 중에는, "잊어버렸어요." 하고, 묻는 사람도 있을 것입니다. 그러면, 한 번만 더 시연해 보여 주도록 합니다.

무엇부터 써야 할지를 몰라, 연필만 굴리고 있는 어린이가 있으면, 옆으로 가서, "'선생님이 문을 열고……'라는 데서부터 쓰면 어떨까?" 하고, 살짝 귀띔을 해주는 것도 괜찮을 것입니다.

너무 시간을 많이 주어도, 별로 효과가 없으므로, 한 10분 정도에서 끊고, 걷어서 얼른 훑어보도록 합니다. 그리고, 눈에 띄는 것을 두어 작품 골라, 흑판에 적어 두고서, 서로 다른 점과 좋은 점을 비교해 가며, 토론 학습을 진행합니다.

(A)

1학년 ○○○

선생님이 문을 열고 들어왔다. 선생님은 상자를 갖고 왔다. 선생님이
"이 속에 무엇이 들어 있을까요?"
하고 물었다. 영식이가
"보여 주세요."
라고 했다.
송희가 여니까, 인형이 나왔다.

(B)

1학년 ○○○

선생님이 드르륵 문을 열고 들어왔다. 커다란 궤상자를 들고 들어왔다. 선생님은 웃으면서
"이 속에 무엇이 들어 있는지, 알겠어요?"
라고 했다.
송희가 여니까, 꼭두각시 인형이 나왔다.

판서한 두 작품을 비교해 보고

(1) A에는, 그냥 '문을 열고'라고 씌어 있으나, B에는, '문을 드르륵 열고'라고 더 자세하게 씌어 있다.

(2) A에는, '상자'라고 씌어 있으나, B에는, '커다란'과 '귤'을 붙여, '커다란 귤상자'라고, 더 자세하게 씌어 있다.

(3) A에는, 그냥 '선생님이'라고 씌어 있으나, B에는, '선생님이 웃으시면서'라고 씌어 있다.

(4) A에는, 그냥 '인형'이라고 씌어 있으나, B에는, '꼭두각시 인형'이라고, 더 정확하게 씌어 있다.

등의 장단점을 파악케 하여, B쪽이 '눈'과 '귀'를 더 활발하게 작동시켜, 사물을 더 정확하고 자세하게 붙잡고 있다는 것을, 깨닫게 해야 할 것입니다.

4. 구체적인 본보기 작품 감상을 통한, '잘 생각해 내서 자세히 쓰기'

"자세하게 쓰자."라든가, "잘 생각해 내서 쓰자."라고 아무리 말해도, 어린이들은, 그 말 자체가 관념적인 말이라, 막연해서 잘 모릅니다. 그렇기 때문에, 구체적인 본보기글 감상을 통해, 그 '자세하게'와 '잘 생각해 내서'란 말이, 무엇을 뜻하는가를, 잘 알게 해주어야 합니다.

'자세히 쓰기'는, 형식면(形式面)과 내용면(內容面)의 두 면을 통해, 심화지도를 해 나가야 합니다.

첫째, 형식면(形式面)에서는, 단위문(單位文) 자세하게 쓰기를 통해야 가능합니다. 앞의 '구체적으로 자세히 쓰는 법 연습하기'에서 인용된, '도로공사장 아저씨'란 글 가운데, 다음과 같은 글이 있습니다.

'무너뜨린 자갈 옆에서, 푸른 작업복을 입은 두 사람의 아저씨가, 아무 말 없이 삽으로 자갈을 모으고 있다.'

이 글의 기본형(基本型)은, '아저씨가 ○○하고 있다.' 입니다. 거기에

· 무엇을 해서?―자갈을 모아서

· 어떻게 하며?―아무 말 없이

· 어떤 아저씨가?―푸른 작업복을 입은 두 사람의 아저씨가

· 어디에서?―무너뜨린 자갈 옆에서

등의 단어를 사용함으로써, '자세한 단위문(單位文)'의 기본이 되게 하고 있습니다. 주어(主語), 술어(述語), 대상어(對象語-목적어), 규정어(規定語-형용사), 상황어(狀況語-부사) 등에 의해, 기본적으로 단위문을 만들 수가 있습니다.

이것은, 우리말의 문법지도에 있어서의, 이단어문(二單語文), 삼단어문(三單語文), 사단어문(四單語文), 오단어문(五單語文)의 글 만들기나, 독해지도(讀解指導)에 있어서의, 글의 구조(構造) 이해 등의 의식적인 지도에 의해서, 한 문장 만들기의 기초적인 힘을 기르는 것이, 전제되어야 가능한 것입니다.

이 경우에도, 단순히 형용사(形容詞)나 부사(副詞)를 넣은 글 만들기라는, 형식적인 지도만 해서는 안 됩니다. 눈앞의 현실적 사실과 연결된, 글 만들기를 해야 한다는 것을, 잊어서는 안 될 겁입니다. 말(단어-單語)과 사실을 연결시키는 원칙을, 소홀히 해 가지고서는, 언어의 지도를 할 수가 없기 때문입니다.

둘째, 내용면(內容面)의 지도란, 대화문을 넣어서 쓴다거나, 본 일, 생각한 일, 느낀 일을 쓰는 것을 말합니다. 보통 '자세히 쓰기'나 '잘 생각해 내서 쓰기'라고 하는 것은, 이 내용면의 지도를 말합니다. 이것에는, 몇 가지의 방법이 있습니다.

(1) '개별지도(個別指導)', 즉 '1대1 지도'에 의해서, 문장(文章)을 자세하게 하기도 하고, 깊게 하기도 하는 방법

어린이들이 써 가지고 나온 작품을 함께 읽으면서, 뜻이 분명하지 않은 곳이나, 더 써 넣어야 될 곳에 대해서, 어린이와 1대1로 글이야기를

나눕니다. 이때, 먼저 좋은 점을 칭찬해 주고 난 다음, 불충분한 곳을, 이 야기하도록 해야 한다는 것을 잊어서는 안 됩니다.

먼저, 잘 쓴 곳을 칭찬해 준 뒤에, "이때, 너는 어떻게 했지?"라든가, "어머니는 어떻게 하고 있었지?", "친구가 어떻게 너를 때렸지?" 등처럼 문답을 하면서, "그것을 더 써 넣으면, 아주 좋아요." 하고 말해 줍니다. 이것을 '1대1 지도', '대면지도(對面指導)', '슬하지도(膝下指導)'라고 합니다. 글쓰기 지도에 있어서, 이 이상 더 효과가 큰, 인간적이면서도 교육적인 방법은 없을 것입니다.

이 '슬하지도'는, 적어도 학급의 모든 어린이들이, 1학기 중에, 한 번 이상은 받을 수 있도록 해야 할 것입니다.

(2) 같은 제재로 쓴 두 예문을 비교하면서 연구해 가는 방법

예를 들면, 다음과 같은 '돼지가 팔려 간다.'에 대한 글을 두 편 준비합니다. 왼쪽에는, 그리 자세히 쓰지 못한 작품을 싣고, 오른쪽에는, 자세하게 잘 쓴 작품을 실어서, 복사를 합니다. 그때, 왼쪽 '자세히 쓰지 못한 글'의 지은이가, 그 학급의 어린이일 때는, 지은이의 이름을 밝히지 않도록 해서, 마음에 상처를 주지 않도록 배려하거나, 다른 학교 어린이의 작품을 사용하는 것이 좋을 것입니다. 아니면, 뒤에 나와 있는 본보기글처럼, 같은 사람의 작품을 싣되, '원래의 글'과 '고쳐 쓴 글'을 비교해, 좌우에 실으면 더욱 좋을 것입니다.

두 예문을 비교하면서, 어디가 서로 다른가, 오른쪽 문장은 왜 잘 알 수 있는가 등을 발견해서, '자세히 쓰기'와 '잘 생각해 내서 쓰기'의 참뜻을 깨닫도록 해야 합니다.

〈원문〉

돼지가 팔려 간다

일본 1학년 오구라 고오키

① 돼지 울음소리가 들려 왔다. 나는 벌떡 일어나 돼지우리로 갔다.

② 돼지우리 앞에는, 많은 사람들이 와 있었다.

③ 할아버지가 돼지를 꽉 누르고 있고, 아버지가 돼지 발을 묶고 있었다. 그리고, 아버지가 로프로 돼지의 코를 묶었다.

④ 어머니가 들것을 들고 왔다. 들것에 돼지를 얹었다.

⑤ 들것에 얹힌 돼지를, 할아버지가 자동차 있는 곳까지 날랐다.

⑥ 그물을 씌우니까, 돼지는 가만히 있었다.

〈고쳐 쓴 글〉

돼지가 팔려 간다

일본 1학년 오구라 고오키

① 돼지 울음소리가 집 안에까지 들려 왔다.

"꿀꿀 꿱꿱."

이란 울음소리였다. 그렇다. 오늘은 돼지가 팔려 간다. 나는 벌떡 일어나 돼지우리로 갔다.

② 돼지우리 앞에는, 많은 사람들이 와 있었다. 마모루 군의 할아버지, 키요미 양의 할아버지, 시모노 양의 할아버지도 와 있었다.

③ 할아버지들이 함께 힘을 합해, 큰 돼지를 꽉 누르고 있었다. 아버지가 로프로 돼지 발을 묶고 있다. 돼지는 꿱꿱 소리를 지르며, 몸부림 치고 있다.

"불쌍하다."

라고 말하며, 보고 있었다.

④ 아버지가 굵은 로프로 돼지 코를 묶었다.

그래서, 돼지는

"꿀꿀."

하며, 배로 숨을 쉬고 있었다. 아버지는 땀투성이가 된 얼굴로

"빨리 들것을 가져오너라."

라고 했다. 어머니가 들것을 들고 왔다.

　이번에는, 할아버지들이 힘을 합해, 들것에 돼지를 얹었다. 아버지가 로프를 당기니까, 돼지가 고통스러운 듯 울었다. 나는 돼지가 바보니까, 아픈 꼴 당한다고 생각했다. 얌전히 걸어간다면, 저런 아픈 꼴을 당하지 않아도 될 텐데 하고 생각하며, 보고 있었다.

⑤ 들것에 얹은 돼지를, 할아버지들이 들어올렸다.

"좀더 굵은 막대기가 아니면 안 돼요."

하고, 마모루 군 할아버지가 말하고, 굵은 막대기를 구해 왔다. 모두는

"이것이면, 걱정 없다."

"이것이면, 부러지지 않겠다."

라고 말하고, 그 막대기를 들것에 꿰어서, 돼지를 들고 갔다.

가즈야 양 집 근처의 오르막 들머리까지 가서 내려놓고 쉬었다.

"무겁다, 무거워."

하고, 할아버지들은 말하고 있다.

우리 집 식구 모두가, 매일 먹이 주어 키운 돼지라, 무거운 거라고 생각하고, 나는 돼지를 보았다. 형이 또

"불쌍하구나."

라고 했기 때문에, 나도

"불쌍하구나."

라고 했다.

돼지는 할아버지들에게 들려서, 다리 있는 데까지 갔다. 거기까지 얌전하게 있던 돼지는, 다리 위에서 퍼덕퍼덕 몸부림 치기 시작했다. 다리가 지지직 소리를 냈다. 그래도 꺼지지 않았다.

⑥ 돼지는, 간신히 자동차 있는 데까지 옮겨졌다. 돼지는 자동차에 실리고, 위에 그물이 씌워졌다. 아버지가 로프를 풀었다. 돼지는 이제 설치지 않았다. 말없이 자동차 위에, 납죽 엎드려 있었다.

"야, 정말 큰 돼지다."

산으로 가는 할머니가 놀란 듯 말했다. 자동차 위에서, 돼지는 설치지 않고 가만히 있었다.

⑦ 나와 형은, 자동차가 길모퉁이를 돌 때까지 보고 있었다. 돼지가 안 보이게 되자, 형이

"불쌍하다."

라고 했다. 그래서, 나도

"불쌍하다."

라고 했다.

(3) 평소에 좋은 작품 감상을 많이 하거나, 많이 읽어 주기에 의한 방법

일기 쓰기나 글쓰기에 대한 공부를 시작하기 전에, 반드시 그 상황에 맞는, 좋은 본보기글 감상·비평을 먼저 하고서 시작하면, 학습효과를 많이 올릴 수 있습니다. 따라서, 좋은 본보기글이 많이 실려 있는, 좋은 문집(文集)을 교실에 많이 갖추어 두어서, 어린이들이 즉각적으로 사용할 수 있도록 해 두어야 합니다.

제5장 '대화문(對話文)' 넣어서 쓰기

'대화문'을 넣어서 글을 쓰면, 문장이 생생해지는 것은 사실입니다. 그래서, 글을 구체적으로 자세하게 쓰려고 할 때, 대화문을 아주 소중히 여기고, 꼭 동원을 해야 합니다. 대화문을 소중히 하는 이유를 들어 보면, 다음과 같다.

(1) 대화문은, 장황한 설명 없이도, 그때의 장면과 모습을 생생하게 나타낼 수가 있다. 그것은, 대화문에 의해, 대화하는 사람들의 얼굴, 모습, 마음의 움직임까지도 읽어 낼 수가 있고, 대화하는 사람들을 둘러싸고 있는, 주위의 모습이나 상황도 상상할 수가 있고, 대화문에 의해서 일의 진행상태도 알 수가 있기 때문이다.

(2) 그 때문에, 글에 대화문을 넣으면, 문장이 생생해지고, 무미건조한 개념적인 문장으로 흐르는 것을 막아 준다.

(3) 대화문을 넣어서 글을 쓰는 힘이 몸에 붙게 되면, 일상적으로 교환되는 사람들과의 대화도, 각별히 관심을 갖고 들으면서, 대화의 내용이나 의미를 확실하게 붙잡으려고 하는 생활태도를 갖게 된다.

(4) 그리하여, 대화 속에 담겨 있는, 사람들의 미묘한 마음의 움직임까지도 깊이 붙잡을 수가 있고, 따라서, 사물을 보는 법, 생각하는 법, 느끼는 법을 풍부하게 할 수가 있다.

(5) 대화 속에 내포되어 있는, 우리말의 여러 가지 말의 형태를 자연스럽게 이해하게 된다.〔예, 청유형(請誘形), 서술형(敍述形), 명령형(命令形), 추량형(推量形), 부정형(否定形), 의문형(疑問形) 등등〕

(6) 그리고, 사투리(방언-方言)가 갖고 있는 묘미도, 이해할 수가 있다.
그러면, 대화문 넣어서 쓰기 지도는, 어떻게 하는 것이 효과적일까요?

1. '대화(對話)'가 있는 실제생활(實際生活) 속에서, 대화 붙잡는 법 익히기

우리 인간의 생활을 들여다보면, 거의 모든 생활이 대화로 가득 차 있습니다. 그래서, 일기 쓰기나 글쓰기에 필요한 보물 같은 소재들도, 그 대화 속에 꽉 차 있는 것입니다. 그런데도, 너무도 흔하기 때문에, 다반사로 알고, 중요한 것까지도, 그냥 귓가로 흘려 버리는 수가 많습니다.

그러나, 어떤 가치를 추구하는 삶을 살아가는, 깨어 있는 사람이라면, 그렇게 소홀한 삶을 살아서는 안 될 것입니다. 더구나, 글을 쓰는 사람들은, 그 보물창고를 놓쳐서는 절대로 안 될 것입니다.

그래서, 만성화된 그 무관심(無關心)의 버릇을 깨뜨리기 위해, 다음과 같은 방법으로, '대화 속에서의 대화 붙잡기' 연습을 시켜 보면, 대화문에 대한 인식을 높이는 데, 아주 큰 도움을 줄 것입니다.

즉,
- "오늘 일기는, 온 집안 식구가 모여 저녁을 먹을 때 나온 이야기들을 써 보세요."
- "오늘 아침 학교에 오는 도중에, 친구들과 주고받은 이야기를 써 보세요."
- "학교에서 돌아오는 길에, 친구들과 어떤 이야기를 했는가를, 오늘 일기에 써 보세요."
- "오늘 일기장을 어머니에게 보여 드리고, 어머니와 이야기한 것을 써 보세요."

하고, 과제를 주어, 쓰이는 것이 아주 좋습니다. 그리하여, 대화문에 대한 의식을 높이도록 시도해야 합니다.

다음에, 가족들과 저녁 먹을 때 나온 대화만으로 쓴 글과 대화문이 들어간 글을 몇 편 실었으니, 참고하시기 바랍니다.

○

"아버지, 술 드실래요?"

"당연하지."

"그래도, 오늘 아침에, 이제 술 안 드신다고 했잖아요?"

"그랬는가? 그런 말 내가 했는가?"

"그랬어요. 그랬어요."

"좀 그렇게 괴롭히지 마라. 술 마시고 싶단 말이야. 하하하하."

"흠, 그러면 드세요."

○

"난, 이거 싫어요."

"무엇이든지 잘 먹지 않으면, 튼튼해지지 않는다."

"튼튼해지지 않아도 좋아요."

"그래도 먹어라. 무엇이든지 잘 먹지 않으면 안 된다."

안 간지럽나?

부산 가락 4학년　최명화

저녁에, 아빠 발을 씻어 주었다. 아빠가 안 웃길래, 내가 발을 간질었다.

"안 간지럽나?"

"뭐가 간지럽노. 하나도 안 간지럽구마는."

"아빠, 아빠 발에 핏줄이 다 보이네."

"늙어서 그렇지."

"어구, 늙기는 만다 늙노?"

"니도 크면, 늙는다."

"발꾸랑내가 와 이래 많이 나노?"

"일해서 그렇지."

"일하면, 발꾸랑내 나나?"

"그래. 아이고, 우리 딸, 우리 명화가 제일 좋다."

수건으로 발을 닦기 시작했다.

"아빠."

"왜?"

"심심하니까, 불러 봤다."(1994. 5. 9.)

〈아주 기분 좋은 날〉(보리 출판사)에서 옮김

형이 꾸중 들었다

일본 1학년 키시네 유미

아침에, 어머니가

"여기 놔둔 500엔 어디 갔나?"

라고, 말하며 성을 냈다. 형이

"몰라요."

라고 했다. 나도

"몰라요."

라고 했다. 그래도, 역시 형이기 때문에, 형은 어머니한테

"무엇에 쓴 거야?"

란 말을 들어서 울었다.

어머니는

"히로시, 거짓말은 도둑의 시작인 거야. 이제부터 거짓말 하면, 안 된다."

라고 했다. 또

"히로시, 누가 돈을 벌어 오니?"

라고 하니까, 형이

"아버지요."

라고 했다. 어머니는

"이젠 낭비해서는 안 된다."

라고 했다. 그리고

"일기 보여 다오."

라고 했다. 그래도, 형은 일기 쓰지 않기 때문에, 보일 수 없었다.

어머니가

"얼른 가져와 봐."

라고 하니까, 형이

"'마하 고 고' 본 것 쓸 거예요."

라고 했다. 어머니가

"바보. 만화 보았다고 쓰거나, TV 봤다고 쓰거나 하면 안 돼."

라고 했다. 형은 책상 있는 데로 쓰러 갔다. 나는 그것을 일기에 썼다.

2. 극히 초보적(初步的)인 '대화문(對話文)' 넣는 법의 지도

먼저, 대화문이 없는 글과 대화문이 있는 글을 비교해서, 대화문이 들어 있는 글 쪽이, 그 장면의 모습이 더 잘 나타난다는 것을, 이해시킵니다.

이 경우, 될 수 있는 대로 같은 제재로 쓴 작품을 사용하거나, 아니면, 한 작품을, 대화문이 들어 있는 원래대로의 것과 대화문 부분을 삭제한 것을 사용하거나 해서, 어린이들에게 대화문의 중요성을 쉽게 이해시키도록 궁리를 해야 합니다.

좌우 2단으로 해서, 두 작품을 비교할 경우, 왼쪽에는 대화문이 많은 것을 그대로 싣고, 오른쪽에는 대화문을 뺀 것을 싣습니다. 그러면, 한눈으로 어느 부분이 대화문이 빠져 있는가를 금방 알 수가 있을 것입니다.

두 작품을 비교하면서, 대화문이 들어가 있으면, 그때의 모습을 잘 알 수 있다든지, 대화하고 있는 사람들의 마음을 잘 알 수 있다든지, 그 사람들이 어떤 인품의 사람들인가를 알 수도 있다든지를, 이해시키는 등 해서, 대화문이 들어 있는 글이, 훨씬 생생하게 살아 있다는 것을, 실제로 깨닫도록 해야 합니다.

이런 학습이 끝난 뒤, "오늘 저녁에, 밥 먹을 때 주고받은 가족의 대화를 꼭 한 번 써 보세요."라고, 과제를 주는 것도, 좋을 것입니다.

그리고, 대화문을 원고지에 쓸 때는, 줄을 바꾸어 한 자 낮추어 쓴다는 것과 대화문이 길어서 원고지 오른쪽 끝까지 다 채우고, 왼쪽으로 줄을 바꾸어 쓸 때는, 한 칸을 비우고, 위의 따옴표 아래 칸에 쓴다는 것을, 실제로 연습을 몇 번 되풀이해서, 원고지 쓰기가 완전히 정착이 되도록 유념해 지도해야 합니다. 그렇지 않으면, 자꾸 되풀이해서 틀리기 때문입니다.

그리고 또, 대화문이 들어 있는 작품을 교사가 읽어 줄 때는, 대화 부분을 연극의 세리프를 읽을 때처럼, 힘을 주어서 낭독함으로써, 어린이들의 대화문에 대한 의식(意識)을 강하게 심어 주도록 배려해야 합니다.

3. 글에 '대화문(對話文)'을 너무 많이 넣는 경우의 지도

글에 대화문을 넣으면, 좋은 글이 된다고 하며, 칭찬을 너무 많이 해주면, 쓸데없는 대화까지도 마구 넣어서, 대화문투성이의 글을 써 오는 경우가 생깁니다.

그럴 때는, 글의 주제(主題)와 관계가 없는 쓸데없는 대화는 다 빼 버리고, 아주 중요한 대화만 넣어서 쓰도록, 잘 지도해야 합니다.

4. '대화문' 앞뒤의 모습을 설명(說明)하는 글 넣어서 쓰는 법 지도

어린이들이 대화문을 넣어서 글을 쓸 때, 제일 잘 안 되는 것이 하나 있습니다. 그것은, 대화문(對話文)과 지문(地文)과를 연결하는 법을 잘 모르거나, 그 사람이 어떤 모습으로 어떻게 말하였는지, 설명하는 글을, 대화문 앞뒤에 넣는 법을, 잘 모른다는 것입니다.

```
방에서 공부를 하고 있으니, 친구들이 (1) ┌──────────┐
"영식아, 놀자."
(2) ┌──────────┐
그래도 나는 아랑곳하지 않고, 방에서 공부를 하였습니다.
```

위의 예의 경우, (1)에는, '문을 두드리면서' 나, '왁자지껄 떠들면서' 등의 설명(說明)을 넣고, (2)에는, '하고, 큰 소리로 불렀습니다.' 하는 설명을 넣어야, 문맥(文脈)도 통하고, 그때의 상황(狀況)이나 부르는 어린이들 모습도 잘 드러날 텐데, 어린이들은, (2)부분의 설명을 쓰지 않고 그냥 비워 두고 있으면서도, 문맥이 잘 안 통하고, 또, 이상하다는 것을, 전혀 느끼지 못하고 있는 수가 아주 많습니다.

대화문을 넣어서 글을 쓸 줄 알게 되면, 다음과 같이, 대화자들의 대화

전후(前後)의 모습이나, 주변상황(周邊狀況)의 모습까지도, 야무지게 붙잡아 쓰도록 지도해야 합니다.

"성희야, 가게에 가서 채소 좀 사 오너라."
하고, 어머니의 심부름 부탁을 받을 때마다, 자전거가 있었으면 하고 생각하고 있었습니다. 친구들은 다 자전거가 있어, 보란 듯이 씽씽 타고 돌아다닙니다. 그걸 볼 때마다, 나도 자전거 사 달라고 해야 되겠다고 생각하고 있었습니다.
오늘도 어머니가 심부름을 시키셨습니다. 그래서, 작심을 하고, 어머니에게
"어머니, 나도 자전거 사 주세요. 친구들은 다 자전거 타고 심부름 다니고 있어요."
하고, 떨리는 목소리로 애원하듯 부탁을 했습니다.
그러니, 어머니께서 나를 보시며
"그런데, 네가 잘 타겠냐?"
하고, 걱정스러운 듯이 말씀하셨습니다. 나는 더욱 용기를 내어
"작은 자전거라면, 얼마든지 탈 수 있어요."
하고, 자신 있게 대답을 했습니다.

제6장 '느낀 것, 생각한 것'을 글 끝에다 몰아 쓰지 말고, 글 가운데 그때 그때 쓰기

글을 실감나게 하기 위해, '느낀 것, 생각한 것'을 자세히 쓰라고 하면, 글 끝에다 무엇을 덧붙이듯, 몰아서 써 버리는 수가 많습니다.

오늘 학교에서, 자연보호에 대해 공부했는데, 집에 오면서 보니, 길가에 과자껍질·휴지·담배꽁초 등의 쓰레기가, 많이 버려져 있었습니다. 앞으로, 나는 절대로 쓰레기를 버리지 않겠다고 굳게 결심했습니다.

일기 쓰기나 글쓰기는, 사물을 보는 법, 느끼는 법, 생각하는 법을 올바르게 가르치려고 해서 하는 것인데, 아무 느낌도 줄 수 없는, 이런 개

념적인 글을 절대로 씌어서는 안 됩니다. 이와 같이, 글 끝에다 느낀 것과 생각한 것을 한꺼번에 몰아서 쓰면, 예문과 같이, '도덕적인 결의문'처럼 돼 버립니다.

이래서는 안 됩니다. 글을 써 나가면서, 느끼고 생각한 것을, 그때 그때 써 넣도록 하면, 다음과 같이, 문장도 훨씬 더 길어지고, 또, 더 실감나고, 절실한 좋은 글이 되기도 할 것입니다.

새빨갛게 물든 커다란 커다란 저녁 해가, 차가 나아감에 따라, 조금씩 조금씩 수평선으로 가라앉더니, 어느새 보이지 않게 돼 버렸습니다. 마술쇼를 보고 있는 것처럼, 이상한 기분이 되었습니다.

왜 저녁 해는 수평선으로 가라앉는 것일까? 틀림없이 수평선 밑으로부터, 자석으로 빨아당기고 있는 것은 아닐까?

그렇지 않으면, 귀신이 위에서부터 억누르고 있는 것은 아닐까? 거기다가, 어디서 보더라도, 같은 모양을 하고 있는 것일까? 우리 마을에선, 산너머로 해가 지는데, 바닷가에선 저녁 해가 수평선 밑으로 집니다.

그리고, 교사가 글을 읽어 줄 때는, '느낀 것 생각한 것'을 쓴 부분을 소리를 크게 해서 읽거나, 천천히 읽거나 하면서, "느낀 것도 잊지 않고 썼구나.", "생각한 것도 쓰고 있지?" 하고, 강조(强調)해서 말을 해주어야 합니다. 그렇게 해서, '느낀 것 생각한 것'을, 글 가운데 어떻게 쓰면 좋은가를, 의식화시켜 주어야 합니다.

제7장 잘 보고 자세하게 쓰는 '묘사법(描寫法)'의 지도

어린이들은, 한 일이나 대화문을 넣어서 쓰는 것은, 그런 대로 쉽게 되지만, 본 것이나 관찰(觀察)한 것을 자세하게 묘사(描寫)해서 쓰는 것은, 아주 서툽니다. 아무리 "잘 보고 자세하게 써라."고 말을 해봐도, 효과가 나타나지를 않습니다. 좋은 예문을 가지고, 구체적으로 지도를 하지 않으면 안 됩니다.

앞에서 말한, 글쓰기 연습학습(練習學習)으로서의, '문장에 의한 스케치하는 법' 등을 때때로 실시함으로써, '묘사하는 것처럼 쓰기'를 알게 해 둘 필요가 있습니다. 그러나, 실기(實技)를 하지 않고, 이론(理論)으로만 끝나 버린다면, 실제로 글을 쓸 때는, 살릴 수가 없습니다. 실제로 좋은 본보기글을 감상하거나, 공동연구를 하는 가운데, 어떻게 묘사해서 쓰는가를, 스스로 그 기법(技法)을 터득하도록 해주어야 합니다.

올챙이

일본 3학년   ○○○

〈전략〉

호소산의 연못은, 산으로 둘러싸여 있습니다. 호소산의 연못으로 가 보니까, 연못 가 쪽에, 검고 조그만 올챙이가, 많이 꼬리를 흔들며 헤엄치고 있었습니다. 가끔 조그만 올챙이 속에, 황소개구리의 올챙이도 있었습니다.

참개구리의 올챙이는, 머리가 둥글고 꼬리가 짧지만, 황소개구리의 올챙이는, 머리가 개구리 모양을 하고 있고, 꼬리도 참개구리보다 큽니다. 색깔은, 참개구리 쪽은 검지만, 황소개구리의 올챙이는, 검정과 짙은 갈색의 엷은 색입니다. 황소개구리의 올챙이는, 참개구리의 올챙이보다 4배 정도 크기 때문에, 나는 깜짝 놀라고 말았습니다.

그물로 잡으려고 해도, 아주 재빠르기 때문에, 잡을 수가 없습니다. 꼬리를 흔들며, 깊은 쪽으로 재맥질해 가 버립니다. 나는

"꼭 한 마리라도 좋으니까, 붙잡겠다."

라고 했습니다.

그래도 전혀 잡지 못했습니다. 그래서, 돌아오려고 연못 가를 보니까, 풀의 줄기 쪽에, 한 마리 숨어 있었습니다. 살짝 그물을 던져서 잡으려고 하니까, 또 달아나 버렸습니다. 요시노리 양이

"좀더 빨리 하지 않으면, 안 돼."

하고, 말했습니다. 〈후략〉

어린이들이 묘사(描寫)하는 글을 잘 쓰느냐 못 쓰느냐 하는 문제는, 쓰려고 하는 대상과 얼마나 깊게 관여하고 있으며, 그것에 대해 얼마나 강하게 마음을 움직이고 있느냐에 따라 결정됩니다. 위의 '올챙이'란 글의 경우도, 지은이가 '올챙이'를 어떻게 해서든, 잡겠다는 의욕이 있었기 때문에, 그러한 상세한 표현이 된 것입니다. 따라서, '묘사하듯이 쓰는 법'만을 아무리 자세히 가르쳐 준다고 해도, 쓸 대상과의 깊은 관계 없이는, 별로 큰 도움을 줄 수가 없습니다.

그리고, 감상(鑑賞)에 이용되는 본보기글도, 어린이들의 공감과 공명을 불러일으킬 수 있는 좋은 작품이라야 합니다. 어린이들의 공감을 불러일으킬 수 있는 훌륭한 내용일 때는, "나도 한번 그렇게 해보자.", "나도 그렇게 해본 일이 있지." 하고, 글쓸 의욕(意慾)을 북돋우게 될 것입니다.

이러한 좋은 예문을 사용해, 묘사가 잘 된 곳을 찾게 할 때는

(1) 모양의 다름을 어떻게 쓰고 있나?

(2) 색깔의 다름은 어떻게 쓰고 있나?

(3) 크기에 대한 것은 어떻게 쓰고 있나?

(4) 움직임에 대한 것은 어떻게 쓰고 있나?

등으로, 분석적(分析的)으로 표현을 따져 봄으로써, 묘사하듯 쓰기 위해, 어떻게 마음을 움직이는 것이 좋은가를, 알게 하는 것이 중요합니다. 그렇게 함으로써, 다음에 글을 쓸 때, 어떤 일에 마음을 써야 할지를, 이해시킬 수가 있게 되는 것입니다.

그러기 위해, 다음과 같은 일이 소중하다는 것을, 알게 해야 합니다.

(1) 한 일을 잘 생각해 내서 쓸 것.

(2) 본 일을 잘 생각해 내서 쓸 것.

(3) 본 것의 모양·색깔·크기·냄새 등도, 필요하면 잘 생각해 내서 쓸 것.

(4) 손이나 몸으로 느낀 것도, 잘 생각해 내서 쓸 것.

(5) 들은 말(대화)이나, 그때의 상대방의 표정(表情), 몸의 움직임도,

잘 생각해 내서 쓸 것.

(6) 자기가 그때 느끼거나, 생각하거나, 궁리하거나 한 것도, 그 장면(場面) 속에 삽입해서 쓸 것.

(7) 사항과 사항과의 관계도 생각하면서, 그 장면의 모습을 잘 생각해 내서 쓸 것.

(8) 읽는이가 잘 이해(理解)하기 어려울 것 같은 곳에서는, 필요한 설명의 글을 삽입해서 쓸 것.

제8장 '묘사풍(描寫風)'의 문장 도중에, 필요한 '설명(說明)' 넣어서 쓰기

어린이들은, 글을 쓸 때, 자기가 알고 있는 것은, 남도 다 잘 알고 있을 거라고, 생각하기 쉽습니다. 그렇게, 읽는이(독자)를 의식하지 않고, 글을 쓰기 때문에, 설명해 놓지 않으면, 읽는이가 도저히 알 수 없는 것을, 설명하지 않고 그냥 넘어가 버리는 수가 아주 많습니다.

(A)
3분 정도 걸어가 보니까, 아저씨와 아주머니 들이 후리질 그물을 당기고 있었습니다. 우리들도 곁에 가서 해보았습니다. 너무 많이 해서, 옷이 새까매져 버렸습니다.

(B)
3분 정도 걸어가 보니까, 아저씨와 아주머니 들이 후리질 그물을 당기고 있었습니다.
후리질 그물 끌기는, 바닷가에 있는 어촌에서, 옛날부터 하고 있는 고기잡이의 한 방법입니다. 후리질 그물은, 한가운데가 주머니 그물로 되어 있고, 그 양쪽 끝에서부터, 또 길고 가느다란 그물이 길게 이어져 있습니다. 그 그물을 크게 입처럼 벌려서, 긴 로프를 당깁니다. 그 속에 들어간 고기는, 한가운데 붙어 있는 주머니 그물로, 몰려 들어가게 되어 있습니다. 아침 일찍, 앞바다에 장치한 그물을, 어부들이 모두 나가 당겨서 잡는 고기잡이입니다.
우리들도 곁에 가서, 해보았습니다. 맨발을 벗고 로프를 당겼습니다. 로프에 물이 묻어 있었기 때문에, 손이 흠뻑 젖어 버렸습니다. 너무 많이 했기 때문에, 옷이 새까매져 버렸습니다.

예문 (A)에서는, '너무 많이 해서, 옷이 새까매져 버렸습니다.' 란 표현의 의미를, 읽는이에겐 알 수가 없습니다. 어째서 옷이 새까매졌는가의 이유가, 안 씌어져 있기 때문입니다.

그러나, 예문 (B)에서는, '후리질 그물 끌기'에 대한 설명이 삽입돼 있고, 그 후리질 그물 끌기를 거들 때의 일이 씌어져 있어서, '옷이 새까매져 버렸습니다.' 란 표현의 의미를 확실히 알 수가 있습니다.

사정(事情)을 모르는 읽는이에게도, 그때의 모습을 잘 알 수 있도록 쓰려면, 필요한 설명을 끼워 넣어서 써야 한다는 것을, 이해시켜야 합니다. 이 예문은, (B)가 원문(原文)입니다. (A)는, 원문 (B)와 대비시켜, '설명 넣어서 쓰기'를 의식화시키기 위해서, 원문에서 '설명 부분'을 빼 버리고, 남긴 부분입니다.

이 글을 쓴 어린이는, 아마도 '후리질 그물 끌기'를 거든 감동(感動)을, 꼭 남에게 알려 주고 싶은 의욕이 있었기 때문에, '후리질'에 대한 설명을 끼워 넣어서 썼을 것입니다.

그리고, 본보기글 감상을 할 때, 설명을 끼워 넣어서 쓴 부분이 나오면, 그것을 깨닫도록 강조해 지도해야 합니다.

- "글 속에 갑자기 '철수'가 나타났는데, '철수'가 어떤 사람인가에 대한 설명을 써 넣은 것, 참 잘했지요?"
- "이 부분은, 왜 외할머니께서 반 년 만에 오셨는가에 대한 설명인데, 설명을 참 잘 끼워 넣어 썼지요?"

하는 식으로, 설명의 필요성을 극히 자연스럽게 깨닫도록 하는 것이 좋습니다.

그리고 또, 고학년에서는, 얼거리 짜기를 할 때, 미리 어디를 묘사풍(描寫風)으로 쓰고, 어디를 설명풍(說明風)으로 쓸 것인가를 정해 놓고 쓰도록, 지도하는 것도 필요할 것입니다.

제9장 좀 긴 동안의 일을 통해, 느끼거나 생각해 온 것을 정리해서, '설명풍(說明風)'으로 쓰기

이것은, 학교생활에서도, 가정생활이나 세상사에서도, 좀 긴 동안의 일을 통해 느끼거나 생각해 온 것을 정리해서, 설명풍으로 쓰이기 위한 지도입니다. 이런 수법은, 일기를 쓰거나 생활문을 쓸 때, 종종 필요한 경우가 많습니다.

여태까지는, '어느 날 어느 때의 생긴 일'을 시간의 순서나, 사건 추이의 순서에 따라 쓰는 경우만을, 생각해 왔습니다. 그런 표현방법을, 옛날부터 '전개적과거형표현(展開的過去形表現)'이라고 해 왔습니다. 경험한 것을, '했다, 했습니다.'라고 과거형으로, 사건의 전개에 따라서 쓰는 문장이었기 때문입니다.

그러나, '정리해서 설명한다.'는 것은, 좀 긴 동안의 경험 중에서, 느끼거나 생각해 온 것을, 총합하거나 분석하거나 하면서 쓰는 문장인데, 이것을 '총합적설명형표현(總合的說明形表現)'이라고 합니다. '정리해서 설명하는 것'이기 때문에, '했다, 했습니다.'란 문장형태로부터, '이다, 입니다, 인 것이다.'란 문장형태를 취해 쓰는 경우가 많아집니다.

다만, 역사적(歷史的) 사실을 쓰는 경우에는, 설명을 할 때도, '이었다, 이었습니다.'라고 하는, 과거형표현(過去形表現)을 하는 것이 보통입니다. 지도상의 유의점은 다음과 같습니다.

1. '테마'를 확실(確實)히 해야 한다

학교생활에서 취재해서 쓸 경우, '우리 학급'에 대해 설명할 때, '우리 학급'의 무엇에 대해 쓸 것인가. 1년 동안에, 학급에서 생긴 일 가운데서, 어떤 관점으로, 무엇을 테마로 할 것인가를, 먼저 확실히 해야 합니다. 테마가 확실하지 않으면, 자료수집도 문장의 구상도 할 수가 없습니다.

가정생활이나 세상사에서 취재한 경우에도, 마찬가지입니다. 테마가 확실하지 않으면, 무얼 쓰고 싶은가가 확실하지 않은, 혼잡스럽고 어수선한 문장이 돼 버립니다. 다시 말하면, 줄거리가 통하지 않는 문장이 돼 버린다는 것입니다. 그러지 않기 위해서는, 먼저 '제일 쓰고 싶은 것'을 짧은 문장으로 써 두라는 것입니다. 글 얼거리를 짤 때도, 그 테마를 쓴 문장을 옆에 놔두고, 구상을 하도록 하면 좋을 것입니다.

2. '서술(敍述)'·'기술(記述)' 하는 법의 지도

국어시간에 독해지도를 할 때, 문학작품 속의 설명부분의 표현법이나, 좋은 설명문 교재의 기술법(記述法)에 유의해서, 그것을 시사(視寫)시키거나 하면서, 그 서술법을 평상시에도 익히도록 하는 것이 중요합니다.

또, '정리해서 설명풍으로 쓴' 예문에 많이 맞딱드리게 해서, 그 쓰는 법으로부터, '설명하듯 쓸 때'에는, 어떤 기술법이 있는가를 깨닫도록 해야 합니다.

실제로 글쓰기로 들어갈 때에는, 먼저 다음과 같은 적당한 예문을 사용해서, 그 기술법을 연구·음미해 두는 것이 좋습니다.

다음은, 앞의 얼거리 짜기에서 예로 들었던, '얼거리 짜기' 한 것을 근거로 해서 쓴, '아버지가 하시는 일' 이란 글의 전반 부분입니다.

아버지가 하시는 일

일본 6학년 여자 　○○○

우리 아버지는, 건축 공사장에서 일하시는 노가다이다. 노가다라는 것은, 집을 지을 때, 제일 중요한 기초 다지기나, 블록 쌓는 일을 하는 직업이다.

아버지가 이 일을 시작한 것은, 21세 때였다. 아버지의 아버지가 하고 있었기 때문에, 아버지가 장남이고 해서, 그 일에 끌려서 시작했다고 한다. 그래서, 벌써 21년간이나 이 일을 하고 있는 셈이 된다.

아버지는, 이 일을 하고 있기 때문에, 아침, 근무하는 사람들보다 한가롭다. 나나 여동생이 학교에 갈 때쯤이 되어, 일어나는 것이다. 그리고, 8시 10분경 집을 나선다고 한다.

아버지의 작업장에, 나는 더러 따라갈 때가 있다. 아버지는, 고이케 씨와 야마나카란 사람과 함께 일을 하고 있는데, 그 사람들에게 척척 지시하기도 하고, 고이케 씨와 상의하기도 하며, 차례차례 일을 진행해 나간다. 육체노동이라서, 아버지는

"이 일은, 블록을 세 개 정도 한꺼번에 들어올릴 수 없다면, 할 수 없는 일이야."
라고 말한다. 블록은 굉장히 무겁다.

또, 쇠를 사용하는 일을 할 때, 상당히 오래 전의 일이지만, 손톱 속에 쇠 조각이 들어가 버려서, 뺄 수 없었던 일이 있었다. 상당히 긴 동안 빼지 못했다.

그런 일도 있어서, 아버지의 손은 굉장히 거칠어져 있다. 아버지 손을 만지면 꺼칠꺼칠하다. 그리고, 거무스름한 색깔을 하고 있어 더럽다. 그래도, 그 손은, 열심히 일하고 있다는 증거다. 그 이유 때문일까? 일터에서 돌아오면, 곧

"어이, 밥 다오, 밥. 빨리 다오."
라고 말한다. 준비가 되어 있지 않으면, 고다츠(각로)에 들어가서, 곧 잠들어 버린다. 상당히 피로했구나 하고 생각한다.

저녁을 다 먹어도, 한가로울 때도 있지만, 대강은 목욕을 하고 곧 밖으로 나간다. 일에 대한 상의를 하러 가는 것이다.(후략)

제10장 '베껴쓰기(서사-書寫)'를 통한 '자세히 쓰는 법' 익히기

이 '베껴쓰기(서사-書寫)'의 특효성에 대한 것은, 앞에서 '한글 빨리 깨치기' 방법에 대해서 이야기할 때, 충분히 말해 두었습니다. 그런데, 이 '베껴쓰기'가 일기 쓰기 및 글쓰기의 자세히 쓰기에도, 역시 특효성이 있기 때문에, 그와 관련된 것에 대해서만, 간단하게 이야기해 두겠습니다.

본보기글을 귀로 듣거나, 눈으로 보고 소리내어 읽는 것은, 주로 음성언어(音聲言語)에 의한 것이라. 아무래도 막연해서, 깊이 있게 이해를 못하고, 또, 금방 잊어버리게 됩니다. 그래서, 보다 문장내용을 깊이 있게

이해하고, 또, 글을 자세하게 쓰는 요령을 빨리, 오래도록 뿌리 내리게 하기 위해서는, 그 문장을 베껴 써 보는 것(서사-書寫)이 가장 효과적입니다.

그래서, '취재범위 넓히기'에 대한 이야기를 할 때도 말했지만, '자세히 쓰는 법' 익히기에 있어서도, 다른 교실이나 다른 학교의 학급문집이나 학교문집을 많이 보는 게 좋은데, 좋은 글을 듣거나 소리내어 읽거나 한 다음, 그중 좋은 글을 하나, 반드시 한 번 베껴 써 보게 하는 것이 더욱 좋습니다.

베껴쓰기에는, '듣고쓰기(聽寫)'와 '보고쓰기(視寫)'가 있는데, '듣고쓰기'는, 짧은 문장을 베껴 쓸 때 이용하고, '보고쓰기'는, 긴 문장을 베껴 쓸 때 이용하는 것이 좋습니다.

그리고, 베껴 쓸 때도, '원고지에 쓰기'와 '공책에 쓰기' 두 가지가 있는데, 원고지에 쓰는 것은, 원고지 사용법 익힐 때만 원고지에 해보고, 보통 때는, '베껴쓰기 공책'을 하나 만들어, 그 공책에다 베껴 쓰는 것이 편리하고 좋습니다.

이렇게, 본보기글이나 다른 좋은 글을 베껴 쓰다 보면, 자세하고 길게 쓰는 법은 물론, 글감 취재하는 법·구상하는 법·문장부호 사용법·대화문 쓰는 법·줄바꿔쓰기·띄어쓰기·맞춤법 바르게 쓰기·바른 필체로 쓰기(궁체) 등과 그리고, 끈기와 차분한 학습태도까지, 실로 다방면의 많은 교육효과를 한꺼번에 얻을 수가 있습니다. 이렇게, 만병통치의 도깨비방망이 같은, 좋은 비법이 있는 데도, 많은 교사와 학부모들이 그걸 깨닫지 못하고, 한글 부진아나 글쓰기 부진아를, 나 몰라라 방치해 두고만 있으니, 참으로 안타깝기 짝이 없습니다. 이웃 나라 일본에서는, 이 베껴쓰기를 저학년의 문자(文字) 지도나 글쓰기 지도에도, 많이 활용하고 있다는 걸 명심하시고, 우리나라 선생님들께서도, 많이 활용해 보시기 바랍니다.

방세가 밀려

대구 대명 초등학교 4학년 이윤복

학교를 가려고 책가방을 꾸리는데, 집주인이 와서, 당장 집을 비워 달라고 야단을 쳤습니다. 아버지께서, 집주인 아저씨께 사정 이야기를 하니

"당신이 나갔으면, 다른 사람이 벌써 들어와서, 돈이라도 받았을 것인데, 왜 이래 애릴 믹이는 거요? 방을 못 비워 주면, 밀린 방세라도 내놓아요."

하며, 싸울 듯이 말했습니다.

옆에서 보고 있던 나는, 기가 막혔습니다. 양식이 있으면 나무가 없고, 나무가 있으면 양식이 없고, 또, 방을 비워 달라니, 이 추운 날씨에 어디로 이사를 갈까요?

집주인이 마구 아버지와 입다툼을 하고 있는 것을 보니, 눈물이 절로 나왔습니다. 누가, 우리 아버지에게 일자리라도 하나 구해 주면, 얼마나 좋을까요.(1963.12.7.토.흐림)

〈윤복이의 일기〉(새벽소리 출판사)에서 옮김

인심도 갖가지

대구 대명 초등학교 4학년 이윤복

껌을 팔러 나갔다가, 해가 조금 있어, 일찍 집으로 들어왔습니다. 껌이 하두 팔리지 않기에, 국수도 사지 못하고, 집으로 돌아왔습니다.

껌통을 방에다 감추어 놓고, 저녁밥을 얻으려고, 깡통을 들고 봉덕동 쪽으로 갔습니다. 한 집에 들어서며

"아줌마요, 밥 한 숟갈만 보태 주소."

하니까, 방 안에서

"밥 다 묵었다, 내일 온나."

하는, 여자의 음성이 날카롭게 들려 왔습니다. 방 안에서 밥 먹는 소리가 나는 데도, 밥을 다 먹었다고 하는 것입니다.

나는 그 집을 나와서, 다른 집으로 갔습니다.

이번엔, 집을 잘 짓지 않고 사는, 허수룩한 집에 들어가서

"아줌마요, 밥 한 숟갈만 보태 주소."

해도, 조용하게 방 안에서 밥 먹는 소리만 들려왔습니다. 이번엔, 좀더 큰 소리로
"아줌마요, 밥 한 숟갈만 보태 주소."
하니까, 방 안에서
"자야, 거기 밥 좀 조라."
하고, 소리를 하니까, "예" 하는 소리가 부엌에서 들려 왔습니다. 나는 부엌으로 갔습니다. 식모인지, 순나보다 조금 큰 아이가, 밥 한 그릇을 깡통에 넣어 주기에, 얼른 받고 그 아이를 자세히 쳐다보니, 얼굴도 예쁘게 생겼습니다.
나는 그 집을 나오면서, 순나도 어느 집에서 저렇게 식모살이를 하겠지 하고, 생각했습니다. (1963.8.5. 월. 맑음)
〈윤복이의 일기〉(새벽소리 출판사)에서 옮김

한국인 입양아

미국 메릴랜드주 중학교 2학년   이경미

저녁 먹고, 아파트 단지를 한 바퀴 산책하는데, 저 아래서, 어떤 미국 부인이 유모차를 끌고, 내 쪽으로 올라오고 있었다.
그런데, 언뜻 보기에, 유모차에 탄 어린애가 까만 머리이고, 왠지 동양 애 같았다. 꽤 거리가 있었기 때문에, 처음엔 그냥 내 눈을 의심했는데, 거리가 좁혀지자, 짐작대로 역시 한두 살쯤 되어 보이는, 동양 꼬마가 앉아 있었다.
저도 뭔가 끌리는 게 있는지, 나를 물끄러미 쳐다보면서, 나에게서 시선을 떼려 하지 않는다.
유모차를 끌고 있던 미국 부인이 미소를 지으며, 혹시 코리언 아니냐고, 나에게 물어 왔다. 그렇다고 하니까, 반가워하며, 자기 애를 얼마 전 한국에서 입양해 왔는데, 나더러 한국말로, 꼬마에게 말을 좀 걸어 볼 수 없냐고 부탁했다.
글쎄, 내가 무슨 말을 할 수 있을까? 난 꼬마 앞으로 다가가
"너, 이름이 뭐니?"
"너, 몇 살이니?"
하고 물었더니, 멍하니 쳐다만 볼 뿐, 아무 대답이 없다.
그 미국 부인 말이, 낮에는 잘 노는데, 밤만 되면, 이 곳이 아직 낯선지, 자꾸 칭얼대며 보

챘다는 것이다.

내가 살고 있는 아파트를 손으로 가리키며, 혹시라도 나중에 내가 도움이 될 만한 일이 생기면, 기꺼이 돕겠다고 했더니, 진심으로 고마워했다.

참 이상하다. 미국에도 고아들이 많은데, 왜 그 부인은, 굳이 한국까지 가서, 누가 보아도 자기가 낳은 자식이 아니라는 걸 한눈에 알아볼, 동양 아이를 입양해 왔는지 정말 모르겠다.

낳아 준 부모도 내버린 그 아이들을, 내 나라 사람도 아닌, 남의 나라 사람이 거두다니……. 정말 그들은, 어떤 이유에서, 또 어떤 마음을 가진 사람들일까?(1982.10.17.)

〈경미의 이민 일기〉(예림당)에서 옮김

버릇없는 아이들

서울 창일 초등학교 2학년 정아인

요즘 우리 학교에는, 선생님과 어른들을 때리고 대드는, 나쁜 버릇을 가진 아이들이 많아지고 있다. ○○이와 ○○이는, 그런 일 때문에, 두 번씩이나 선생님께 혼이 났다.

○○이와 상준이가 싸워서, 선생님께 꾸중을 들었다. 그래서, 선생님은 둘을 남겼는데, 상준이는 청소만 하고 가게 하고, ○○이는, 그대로 두었다.

○○이는, 반성은 안 하고, 오히려 더욱더 씩씩거리며, 책상을 마구 발로 차고 때리고, 난리를 치는 것이었다. 나는 깜짝 놀랐다.

선생님은, ○○이를 진심으로 사랑하고 열심히 가르치는데, 오히려 자기 잘못을 뉘우치기는커녕, 반성도 안 하고, 선생님이 잘못했다며, 선생님의 책상을 때리다니……. 선생님이 얼마나 속이 상했을까?

또 한번은, 이런 일도 있었다. 체육시간에, ○○이가 말썽을 부려서 선생님이 때리니까, 오히려 ○○이는 때리지 말라며, 선생님을 때리는 것이었다. 자기가 잘못했으면, 선생님 말씀을 들어야지, 선생님을 때리다니, 앞으로, 그런 버릇없는 아이들이 마음을 바로잡았으면 좋겠다.

그리고, 선생님 말씀도 잘 듣고, 잘못도 반성하고, 예의 바른 어린이가 되었으면 좋겠다.(2000.12.13.수.맑음)

〈정아인의 신나는 일기〉(온누리 출판사)에서 옮김

제11장 고학년(高學年)이 되어도, 사건(事件)의 대충의 줄거리밖에 못 쓰는 어린이를 어떻게 할까?

기본적으로는, 대상과의 관계 맺음의 빈약과 대상에 대한 애착(愛着) 부족이, 대충대충의 문장을 낳게 하는 것입니다.

따라서, 어린이들이, 일상생활 속에서 모든 사물에 적극적으로 애착을 갖고 덤벼들고, 한 가지 일에 열중하고, 또 집중(集中)하는 삶을 살도록, 격려해 주어야 합니다. 그러면서, 어떤 사물에 맞닥뜨릴 때마다, 무엇인가 느끼고 생각한 것을, 마음속에 새겨 두고, 그 마음속의 움직임을 들여다보며, 주의 깊게 생활하는 태도를 길러 주어야 합니다.

그리고, 정신을 바짝 차리고 살면서, 눈에 불이 번쩍 켜질 정도로 충격(衝擊)이 강한 진짜 감동(感動)이나, 기쁨이나 슬픔·곤란함·놀람·즐거움·걱정·불안·실망·의문·분함 등에서 취재해 쓴다면, "쓸 것이 없어요."라고 말할 리도 없을 것이고, 대충대충의 알맹이 없는 글을 쓸 리도 없을 것입니다.

어린이들 마음이 잠들고 있고, 대상을 향해 마음이 움직이지도 않고 있는데, 아무리 "모습이 떠오르도록 자세히 씁시다."라고 해봐도, 그 말이 어린이들 귀에 잡힐 리가 없는 것입니다.

그런 어린이에게는, 지금 가장 관심(關心)이 있는 일을 쓰이는 것밖에는, 다른 방법이 따로 없습니다. 그 무엇에도 마음을 움직이지 않을 것같이 보이는 어린이라도, 그 무엇인가에는, 반드시 마음을 움직이고 있을 것입니다. 그래서, 그 무엇인가를, 어린이 쪽에 서서 찾아내 주어야 합니다. 무엇에 마음이 움직이고 있는가를, 본인도 잘 모르고 있는 수가 많기 때문에, 어린이들에게 바짝 달라붙어서, 그것을 함께 찾아내 줄 필요가 있는 것입니다.

"아무것도 생각하지 않는다.", "아무것도 느끼지 않는다.", "아무것도 궁리하지 않는다."라고 말하는 어린이라도, 그 어린이와 무릎을 맞대고 차분히 이야기를 나누면, 그 아이의 마음의 움직임을 감지할 수도 있고, 그 아이의 진짜 모습도 붙잡을 수가 있는 것입니다. 그리하여, "너, 이런 것 쓰고 싶지?" 하고, 그의 속마음을 알아맞히면, "예, 그런 걸 쓰고 싶어요." 하고, 정직하게 대답하게 됩니다. 그러면, 그걸 쓰이면 됩니다. 절대로 초조해할 필요가 없습니다.

평소 사물에 마음이 움직여지지 않기 때문에, 글쓰기를 좋아하지 않았던 어린이도, 어떤 일을 계기로 해서, 단숨에 글을 쓰게 된 예는 얼마든지 있습니다. 다음 작품은, 나의 강의를 1년 정도 들은 어린이인데, 1년 동안 내내, 여러 가지 형태의 글을 쓰였는 데도, 쭉 단 한 작품도 쓰지 못하다가, 무슨 계기에선지, 갑자기 이 작품을 원고지에 딱 써 가지고 왔기 때문에, 깜짝 놀랐습니다. 더구나, 예쁜 글씨에 원고지 사용법도 딱 맞게 써서, 더욱 놀랐습니다.

그렇다고, 마음만 움직이면, 자연히 묘사문(描寫文)이 잘 써지는 것은 아닙니다. 어린이의 내면의 마음의 움직임과 표현력이 하나가 되었을 때, 어린이는 생생한 문장을 쓸 수가 있게 되는 것입니다. 이 어린이의 경우도, 약 1년 동안의 여러 가지 글쓰기에 대한, 이론이나 실기 지도의 축적이 있었기 때문에, 가능했던 것입니다.

돌고래 쇼

서울 당현 초등학교 3학년 박지영

지난 12월달에, 휴가로 가족들과 함께 대한항공을 타고 제주도에 갔다.

제주도에서 12월 23일날, 중문단지 근처 바닷가에서, 돌고래 쇼를 봤다. 11시 50분에 시작인데, 콘도에서 늦게 나와, 돌로 쌓아진 계단을 뛰어서 내려갔다.

돌고래 쇼장에 도착하니, 막이 오르고 있었다. 처음 1부 쇼에서는, 돌고래 4마리가 나와서, 재주를 부렸다. 내가 보기엔, 돌고래들의 피부는, 부드럽고 촉촉할 것 같았다. 만져 보지 못한 게 너무나 안타까웠다.

돌고래들이, 천장에 실로 매달아진 공을 '탁' 치기도 하고, 조련사 아저씨들이 지휘를 하니까, '꽥꽥' 등 여러 가지 소리를 내기도 했다.

또, 플라스틱으로 만들어진, 동그라미를 막대기에 붙여 들고 있으니까, 돌고래가 그 동그라미를 점프해서, 왔다갔다했다. 돌고래들이 점프를 할 때, 대충 생김새를 봤다. 입은 새의 부리하고 비슷하게 생겼고, 몸은 새의 일자에 꼬리만 달면, 몸과 비슷하게 될 것 같았다.

1부 쇼가 아쉽게 끝났다. 그래도, 곧 이어, 2부 쇼가 시작되었다. 2부 쇼에서는, 물개 3마리가 나와 재주를 부렸다. 물개들은 몸집이 크고, 얼굴은 농구공 만했다. 물개들이 나올 때, 조련사 언니가 구령을 붙이니까, 물개들이 그 구령에 맞춰, 짝 미끄러지듯이 나왔다. 물개들은 제각기 나무토막 위에 앉았다.

물개 두 마리가 농구를 해서, 골대에 농구공을 넣고, 바닥에서 배구도 했다. 물개 2마리가 농구와 배구를 하자, 물개 한 마리가 박수를 쳐 달라고, 손을 '짝짝짝' 하고 쳤다. 그리고, 물개 두 마리가, 관중석 앞에 있는 막대기에 올라서서, 사진을 찍어 달라고 포즈를 취했다.

더 재미있었던 것은, 물개들이 기악합주를 하는 것이었다. 한 마리는, 보통 피아노보다 조금 작은 걸 쳤고, 또 한 마리는, 큰 북과 심벌즈가 붙어 있는 걸 막대기로 쳤고, 마지막 한 마리는, 조련사 언니가 잡고 있는 탬버린을 손으로 쳤다.

'무엇이 무엇이 똑같은가'를 쳤는데, 너무나 재미있었다. 피아노 치는 한 마리가, 피아노로 '무궁화 삼천리'를 쳤는데, 그것도 재미있었다. 끝나는 게 너무나 아쉬웠다.(1994)

〈엄마가 된 방우리〉(지식산업사)에서 옮김

제9부 '글고치기(퇴고-推敲)' 지도

　일기 쓰기에, 무슨 퇴고냐고 할지 모르겠습니다. 그러나, 모든 글은, 쓰고 난 다음에, 반드시 다시 한 번 읽고, 고쳐야 하는 것이 원칙이기 때문에, 일기도 쓰고 난 다음에, 꼭 한 번 다시 읽고, 고치는 습관을 들이는 것이 좋습니다. 일기를 쓰고 난 후, 다시 한 번 읽고, 글을 고치는 습관이 잘 안 돼 있는 관계로, 생활문 쓰기 지도할 때, 글을 쓰고 난 후, 자기 스스로 자기 글을 고치는, 글고치기 지도가 잘 안 되어, 퍽 힘들 때가 많습니다.
　글고치기에는, '퇴고(推敲)'와 '첨삭(添削)'의 두 가지 방법이 있는데, 먼저 그 개념부터 살펴보고 넘어가겠습니다.
　'퇴고(推敲)'란, 자기가 쓴 문장 틀린 곳을 자기가 고치거나, 불충분한 곳을 더 써넣거나, 때로는 전부를 다시 고쳐 쓰는 것을 말합니다. 그것은, 쓰면서 퇴고하는 경우도 있고, 모두 다 쓴 다음에, 다시 읽으면서 오자(誤字), 탈자(脫字)의 정정을 포함해, 의미가 불충분한 곳을 고치거나, 모자란 곳을 더 써넣는 경우 등, 갖가지 경우가 있습니다. 물론 글쓴이 본인이 그 일을 하는 것입니다.
　'첨삭(添削)'이란, 글쓴이 본인의 의사와는 관계없이, 제3자가 문장을 고치는 작업으로서, 완성된 문장을, 다른 사람이 글을 보태거나 깎거나 하면서, 글을 가지런히 다듬는 것을 말합니다. 본인의 의사를 무시하고 행한다는 점에서, 퇴고와는 본질적으로 다릅니다. 첨삭된 문장을 보고, 글쓴이가 자기의 글솜씨의 불충분을 깨닫거나, 새로운 문장작법(文章作法)을 배우거나 함으로써, 표현력을 신장시켰다 하더라도, 그것은 어디까지나, 제3자의 힘을 빌어서 표현력을 몸에 붙인 것입니다.
　학교교육에서 행해지는 것은, 퇴고이어야지, 첨삭이어서는 안 됩니다. 글쓴이 본인의 납득 없이, 교사가 마음대로 어린이의 문장을 고쳐 쓰거나 더 써넣거나 하는 것은, 허용될 수가 없습니다.

'퇴고수업'을 할 때, 학급 친구들이 의견을 내 토론하면서, 한 어린이의 작품을 너무 '첨삭' 해 버려, 최초의 작품과는 완전히 다른, 딴 작품이 돼 버리는 수가 있습니다. 그래서, 수업이 끝난 뒤, 글쓴이 본인이, "내 작품이 아닌, 딴 작품이 돼 버렸잖아." 하며, 개탄하는 수도 있습니다.

본인의 의사 확인 없이, "여기는, 어떻게 쓰면 좋을까요?"라고 교사가 물어서, 어린이들로 하여금 여러 가지 의견을 발표시킨 뒤, "이 여러 의견 중에서, 어떤 것이 가장 좋을까요?"라고 물은 다음, 다수결로 결정해 버리는 수업을 종종 볼 수가 있습니다. 이것은, 퇴고지도도, 딴 무엇도 아닙니다. 딴 사람이 제멋대로 남의 문장을 주물러, 못 쓰게 만드는 것에 불과합니다. 퇴고수업은, 퇴고하는 법을 이해시키는 일이지, 작품 그 자체를 새로 고쳐 만드는 일은 아닌 것입니다.

퇴고지도 때, 유의할 점은 다음과 같습니다.

1. 다 쓰면, 반드시 다시 읽어 보는 습관(習慣)을 몸에 붙여 줄 것

어린이들이 글을 다 쓰면, 성취감(成就感)에 취해, 다시 한 번 읽고 고치지도 않고, 쓰자마자, "선생님, 다 썼어요." 하며, 자랑하듯 곧장 교사에게로 가져옵니다. 그러나, 읽어 보면, 잘못투성이일 때가 많습니다. 단 한 발작도 앞으로 나아가지 못하고, 첫줄부터 잘못된 표현 때문에 걸리는 수가 많습니다. 귀찮아하면서 써서 던져 버린 글이니, 그럴 수밖에 없습니다.

그럴 때면, "한 번 읽어 봤니?" 하고 물어 보고, 안 읽었으면, 차분히 다시 여러 번 읽고, 고쳐 가지고, 자신이 있거든 가지고 나오라고 하며, 되돌려 보냅니다. 그러면서, 선생님으로부터 "이것저것 지적을 받으면, 기분도 나쁘고, 자존심도 상하는 일이니까, 자존심 상하지 않도록, 이만하면 됐다 할 수 있을 정도로, 충분히 고쳐 가지고 나오너라." 하고 말해 줍니다. 자기가 쓴 것을 소중히 하는 의미에서도, 쓴 다음, 반드시 자기 스스로 천천히 여러 번 읽고, 고치는 습관을, 꼭 들여 주어야 합니다.

저학년의 경우에는, "선생님, 다 썼어요." 하고 가져오면, "잘 썼다. 소리 내어 한 번 읽어 보렴." 하고, 교사 앞에서 소리 내 읽게 합니다. 그러면, 오자, 탈자, 표기의 잘못 등, 글의 잘못된 곳을 스스로 발견하게 됩니다. 그러면, 다시 한 번 고쳐 써 가지고 나오라고 합니다. 이걸 몇 번 되풀이하면, 교사에게 내기 전에, 자기 스스로 다시 한 번 읽고, 고쳐서 나오게 됩니다.

2. 옆의 어린이들과 '교환(交換)' 해 읽고 고치기

친구끼리 작품을 서로 교환해서 읽게 하면, 자기 혼자서는 깨닫지 못한 것도, 친구들이 발견해서 가르쳐 줍니다. 자기 스스로는, 자기가 쓴 의도를 가지고 읽기 때문에, 틀렸어도 자기 작품에 대한 믿음이 앞서서, 리얼하게 읽지 못하는 경우가 많습니다. 저학년은 더욱 그런 경향이 강하게 나타납니다. 자기 작품에 대해, 친구들의 지적을 받은 후에야, 비로소 틀린 곳이나 불충분함을 깨닫게 되는 것입니다.

3. 교사(敎師)와의 '1대1 대면지도(對面指導)'

"내가 네 작품을 소리를 내서 읽을 테니까, 이상한 곳이 있으면 말해 줘요."라고 말하고, 교사가 어린이 작품을 그대로 읽어서 들려 줍니다. 글자가 빠진 곳이나 표기가 틀린 곳도, 그대로 읽습니다. 주어(主語)와 술어(述語)의 어긋남도, 그대로 읽어 줍니다. 문맥(文脈)이 혼란스러운 곳은 천천히 읽어서, 어린이가 깨닫도록 해줍니다.

내용면이나 표현의 불충분한 곳은, "이것은 무슨 이야기야?"라든가, "이때, 너는 어떻게 했지?", "어머니는, 아무 말도 안 하셨나?" 등등, 교사가 질문을 해서, 어린이가 그때의 모습을 또 한 번 되생각해 낼 수 있도록, 유도질문을 던집니다. 어린이가 대답하면, 곧 "그걸 써라." 해도 되고, 아니면, "다음엔 잊지 말고 그렇게 쓰도록 해라." 하고, 다음 번으로 기대를 미루는 것도 한 수법이 될 것입니다.

4. '고쳐쓰기' 보다는 '보태쓰기' 위주로……

'퇴고=고쳐쓰기'로 생각하기 마련인데, 될 수 있는 대로, '고쳐쓰기'는 삼가고, '보태쓰기' 위주로 하는 것이 좋습니다. 왜냐하면, 너무 부담을 주면, 글쓰기를 기피하게 될지도 모르기 때문입니다. 모자란 부분을 보태 쓰는 일에, 퇴고지도의 중점을 두는 것이 효과적입니다.

문집 등에, 보태쓰기 하기 전의 작품과 보태쓰기를 한 후의 작품과를 나란히 실어서, 어디를 어떻게 보태 쓰고, 고쳐야 할지를 구체적인 작품의 예로써, 이해시키는 것이 아주 효과적입니다.

제10부 '감상(鑑賞)·비평(批評)' 지도는 어떻게 할까?

　일기 쓰기나 글쓰기 교육은, 쓰는 '과정(過程)'의 지도와 쓴 작품을 가지고 서로 읽고 서로 이야기하는, '감상(鑑賞)·비평(批評)'의 지도를, 한 몸뚱이의 일로 보고 소중히 해야 합니다. 다 쓰면 그만이라는 것이 아니고, 쓴 작품을 학급 친구들과 서로 비평하고, 서로 배우는 것은, 글쓰기 교육의 중요한 일로서 꼭 실천해야 할 일인 것입니다.
　어린이들 작품을, 학급에서 서로 읽고 서로 이야기함으로써, 거기서 문장표현 하는 법, 사물 보는 법, 느끼는 법, 생각하는 법, 생활하는 법 등을 새로 배운다는 것은, 글쓰기 교육에서 빼놓을 수 없는 소중한 일인 것입니다. 어린이에게 일기 쓰기나 글쓰기를 한 후, 빨간펜으로 도움말을 써 주는 것으로 끝나 버린다면, 글쓰기 교육은 한쪽으로 치우친 것이 돼 버릴 것입니다.
　글쓰기 작품을 서로 읽고 이야기하는 '감상·비평'은, 크게 나누어 두 가지 경우로 나눌 수가 있을 것입니다. 그 하나는, 어린이가 쓰고 싶은 것을 자유로이 써 온 일기문이나 생활문, 또는 제재를 주어서 쓴 작품 등을 이용해, 한 단위시간(單位時間)을 이용해, 서로 읽고, 서로 이야기하는 경우입니다.
　또 하나는, 각 표현과정을 거쳐 나갈 때, 일정의 지도과정(指導過程)(표현의욕 환기, 취재, 구상, 기술, 퇴고, 감상·비평의 지도) 속에서 나온 작품을, 지도과정의 '한 단계'로서 행하는 감상·비평 지도의 경우입니다.
　실제적인 한 지도과정의 지도 속에서, 도입단계(導入段階)나 기술지도(記述指導) 전에, 참고작품을 이용해 작품연구를 하기 위해 행하는, 작품 읽기나 이야기 나누기는, 여기서 말하는 감상·비평과는, 별개의 것으로 봐야 하겠습니다. 취재(取材)나 기술(記述) 등의 한정된 내용을 가진 공동연구이지, 작품 전체를 통째로 감상·비평하는 것과는 다르기 때문입니다.

1. 한 '단위시간(單位時間)'에 작품을 읽고 서로 이야기하는 경우

제일 먼저 명심해야 할 것은, 그 '감상·비평' 수업에 취급되는 작품의 글쓴이인 어린이 당사자가, 수업이 끝난 후에, '작품을 쓰기를 잘했다.' 하고 만족해하는 수업이어야 한다는 것입니다. 왜냐하면, 그 수업의 주인공은, 글쓴이인 그 어린이이고, 그 작품이기 때문입니다.

따라서, 수업에서는, 특별한 이유가 없는 한, 글쓴이인 그 어린이의 자기 작품 음독(音讀)으로 시작해서, 그 어린이의 음독으로 끝나는 것이 바람직합니다. 글쓴이의 음독이 서툴 경우에는, 교사가 전문을 낭독하거나, 낭독을 잘하는 어린이로 하여금, 전문 또는 일부분을 읽히는 것도 좋습니다.

보통은, 최초의 첫줄부터 주의 깊게 읽고 이해하면서, 표현법의 좋은 점, 사물 보는 법, 느끼는 법, 생각하는 법의 좋은 점, 생활 모습의 적극성이나 의욕·창의성 등이 나타나 있는 곳을 인정하고 격려하도록, 수업을 전개해 가는 것이, 어린이 작품을 소중히 하는 일이 됩니다. 먼저, 작품의 좋은 점을 들어서 인정해 주는 것을, 수업의 원칙으로 삼아야 합니다.

지도목표(指導目標)에 따라서는, 전체 문장 중의 일부분만을 초들어, 표현하는 법이나, 생활하는 모습에 대해서, 서로 생각하거나 이야기하는 일도 있을 것입니다.

지도내용(指導內容)으로서는, 다음과 같은 것을 생각할 수가 있습니다.

(1) 표현하는 법에 대해 음미하면서, 글쓴이 본인이나 학급 어린이 전체가, 좋은 표현력을 몸에 붙이게 할 수 있는 것.
(2) 글감 붙잡는 법, 사물 보는 법, 느끼는 법, 생각하는 법, 생활하는 모습을, 한층 바르고 풍부하게 할 수 있는 것.
(3) 구상(構想)하는 법에 대해서, 서로 배움으로써, 다음 작품의 문장표현의 구상에 보탬이 될 수 있는 것.
(4) 작품의 내용에 따라서는, 학급 전체로서 어떻게 대처(對處)할 것인

가를, 서로 생각하고 서로 이야기하기 위한 것.

2. 지도과정(指導過程) 속에서의 '감상·비평'의 경우

일련의 지도과정 속에서의 '감상·비평'은, 일정한 지도 제목에 따른 수업이 진행되기 때문에, 당연히 지도목표가 확실해야 할 것입니다. '감상·비평'도, 그 목표에 따라서 행해질 것입니다.

가령, '어느 날 어느 때, 집안일 때문에, 마음을 크게 움직인 일 쓰기'였다면,
(1) 집안일의 어떤 일에서, 제재(題材)를 찾아냈는가?
(2) 그것에 대해 어떻게 느끼고, 어떻게 생각하고 있는가?
(3) 그것을 어떻게 표현하고 있는가?
등이, '감상·비평'의 주요 내용이 될 것입니다. 어쨌든, 표현하는 법과 생활하는 모습의 양면에서, 감상·비평을 해야 합니다. 여기에서도, '좋은 점'을 먼저 인정해 주는 것이 필요합니다.

감상·비평 수업이 끝난 뒤, 학급 어린이 전원에게, 그 작품의 글쓴이와 작품에 대한 감상을 써 내게 해서, 그것을, 서로 읽고 감상하는 것도 잊어서는 안 될 것입니다.

제11부 일기 쓰기, 글쓰기 작품의 '평가(評價)'는 어떻게 할까?

일기 쓰기나 글쓰기 작품은, 모두 어린이들의 자기표현의 발로(發露)이기 때문에, 일률적으로 평가할 수는 없습니다. 다른 사람이 볼 때는, 별로 뜻이 없는 표현이라도, 그 당사자인 어린이에게는, 깊고 중요한 의미를 갖고 있는 일이 아주 많습니다.

또, 어떤 일과 맞닥뜨렸을 때, 그 일을 어떻게 느끼고 어떻게 생각할 것인가도, 그 어린이의 발달단계나, 그 어린이가 놓여 있는 상황에 따라 달라집니다. 그것을, 이렇게 느끼고 이렇게 생각하지 않으면 안 된다고, 처음부터 결정해 버려서는 안 됩니다. 이렇게 느끼고, 이렇게 생각하게 되었으면 하고, 바라는 것은 할 수 있어도, 그 시점에서, 그 어린이가 느끼거나 생각한 것이 사실이라면, 그것은, 그것으로서, 어린이의 진실한 표현으로서, 평가해 주지 않으면 안 됩니다.

또, 교사의 어린이 작품을 읽는 역량(力量)과도 관계가 있습니다. 어린이가 애써서 중요한 일을 썼지만, 교사가 그것을 눈치 채지 못하거나, 못 읽고 빠뜨리거나, 어린이 작품의 진의(眞意)를 놓쳐 버리는 수도 많습니다.

'학교문집'을 읽어 보면, '입선작품'이란 작품이, 아주 관념적이거나, 형식적인 것들뿐이고, 내용이 공허하거나 한 작품들을 볼 수가 있습니다. 그와 반대로, 왜 이 작품을 뽑지 않았을까 하고 생각되는, '좋은 작품'에 대해, 바르게 평가되어 있지 않은 것을, 볼 수도 있습니다. 이것은, 바로 교사의 문장관(文章觀)의 다름에서 오는, 평가의 오류인 것입니다.

이렇게 생각해 보면, 글쓰기 작품의 평가는 굉장히 어렵다는 것을 알 수가 있습니다. 오히려 일률적으로 평가할 수 없는 데에, 일기 쓰기나 글쓰기의 특질이 있다고 해도 좋을 것입니다.

더구나, 일기 쓰기나 글쓰기 작품을, 수량화(數量化)해서 평가한다는 것은, 도저히 있을 수가 없는 일인 것입니다. 그런데도, '100점짜리 글쓰기', '80점짜리 글쓰기' 하며, 평가하는 교사도 있다고 하니, 참으로 무모한 일이 아닐 수 없습니다. 그 점수의 근거를 물어 보아도, 확실하게 대답을 못한다고 합니다. 교사의 주관(主觀)이나 취향(趣向)만으로, 평가하고 있는 것에 불과한 것입니다. 그 피해를 입는 사람은 바로 어린이들인 것입니다.

그러나, 교육으로서 이루어지고 있는 일기 쓰기나 글쓰기이기 때문에, 전혀 평가를 하지 않을 수는 없습니다. 씌어진 것은, '작품'으로서 객관적으로 존재하고 있기 때문에, 그 작품이 한국말로 씌어진 사실은, 움직일 수 없는 진실입니다. 따라서, 그것이 한국말로서의 표현으로서, 적절한가 여부의 평가는 가능한 것이고, 그 관점을 확실히 하는 것도 가능할 것입니다.

지금까지 이야기한 것을 전제로 해서, 객관적으로 존재하는 일기 쓰기나 글쓰기 작품의 평가관점(評價觀點)을, 여기 들어 보겠습니다.

1. 씌어진 내용(內容)이, '잘 알 수 있게' 씌어 있는가?

어린이들 작품이라도, 문장인 이상 읽는이가 내용을 알 수 있도록 쓰지 않으면 안 됩니다. 특히 일기는 자기중심(自己中心)으로 쓰는 관계로, 남이 알기 힘든 표현을 하는 수가 많습니다. 그래서, 일기도, 남이 알 수 있는 객관적(客觀的)인 문장으로 쓰도록 습관을 들이는 것이, 생활문이나 논설문 지도를 위해서도 좋습니다.

무엇이 씌어 있는지 알 수가 없어 가지고서는, 문장이라고 할 수가 없습니다. 읽는이에게 의미가 통하도록 써야 합니다. 문장에 있어서 가장 중요한 제1 조건은, '전달성(傳達性)'입니다. 어떤 종류의 문장이라도, 전달성을 갖추고 있지 않으면 안 됩니다. 어린이들의 일기 쓰기나 글쓰기 작품도 마찬가지입니다.

무엇을 쓰려고 하고 있는가를, 확실히 알게 하기 위해서는, 한 문장 한

문장의 의미가 확실해야 되고, 문장과 문장의 연결이 적절해야 하고, 전체의 줄거리가, 명확하게 통해 있어야 하는 일 등이 꼭 필요합니다.

그러기 위해서는,

(1) 문자(文字)나 기호(記號)가 틀림없이 사용되고 있는가?
(2) 단위문(單位文)이나, 문장과 문장의 연결 등이, 문법상의 규칙에 맞게 쓰어 있는가?
(3) 전개적표현(展開的表現)이라면, 사실의 경과가 잘 알 수 있게 표현되어 있는가?
(4) 총합적설명형표현(總合的說明形表現)이라면, 논리가 잘 통해 있는가?

등의, 형식적인 면의 정돈을 무시해 가지고서는, 문장으로서의 조건을 충족시켰다고는 할 수가 없을 것입니다.

다음과 같은 문장으로서는, 의미가 통할 수가 없을 것입니다.

· 나는 비가 오고 있었습니다.
· 어제 비가 그칠 것입니다.
· 학교에서 서둘러 돌아왔습니다. 선생님이 "이것으로, 네 시간째 수업을 마칩니다."라고 하셨기 때문에, 나는 책가방을 밥상 위에 올려놨습니다.

2. '사실(事實)'을 확실(確實)하게 붙잡고 있는가?

아무리 문장의 형식적인 면이 잘 다듬어져 있다 하더라도, 쓰려고 하는 대상인 '사실'을 확실히 야무지게 붙잡지 못하고 있으면, 올바른 글을 쓸 수가 없습니다. 이 경우, '확실하게 붙잡고 있다.'의 내용에 관해서는, 학년단계(學年段階)에 따라 요구되는 질은 당연히 다르겠지만, 각각의 학년에 어울리는 내용은 꼭 충족되어야 할 것입니다.

학년에 따라, 대상이 되는 사실에 대해, 글쓴이인 어린이가, 그것을 어떻게 인식하고, 어떻게 관계 짓고 있는가를, 알 수 있게 표현되어 있는가의 여부가, 그 내용의 충족도(充足度)를 가늠하게 해줄 것입니다.

3. '자기(自己) 말'로 글을 쓰고 있는가?

옛날부터 일기 쓰기나 글쓰기에서는, 문장표현을 할 때, '자기 말로 쓴다.', '체험이나 사고에 뒷받침된 말로 쓴다.' 등의 말들을 많이 합니다. 그러면, '자기 말이 아닌 말'이란, 어떤 것일까요? 다음 예문을 비교해 보시기 바랍니다.

(1) 뜰의 흰 매화꽃 위에, 따사함을 느끼게 하는 비가, 촉촉히 소리도 없이 계속 내리고 있습니다. 매화꽃을 하얗게 적시는 한 방울마다에, 봄이 바로 거기까지 다가와 있는 것 같은, 계절의 발걸음을 생각나게 하는 것 같은, 조용한 비를 보고 있으면, 역시 어렴풋한 봄의 숨결을 느낍니다. 그것만으로, 행복을 느끼게 하는 것 같은 기분이 됩니다.

(2) 우리들을 실은 열차가, 터널 속으로 들어가니, 갑자기 열차는, 굉음(轟音)을 울려서, 내 가슴에 공포(恐怖)를 느끼게 했다. 뒤쪽 좌석에서 독서에 빠져 있던 사촌 형이, 이상한 환성(歡聲)을 지르며, "터널이다." 하고 외쳤다. 암흑(暗黑) 속에서, 두 소리가 이상한 울림으로, 내 귀에 푹 찔려 들어왔다.

(3) 어머니는, 여느 때와 같은 구태스런 모습을 하고, 슈퍼의 물건주머니를 들고 걷고 있었다. 어머니 바로 뒤에, 젊은 여자가 역시 물건주머니를 들고 걷고 있었는데, 그 사람은, 어머니의 구태스런 모습에 비해서, 훨씬 현대적인 모습을 하고, 아무리 봐도, 젊음이 넘쳐 있는 것 같은 느낌이었다. 나는 어쩐지 '네그라' 비슷해졌다.

(4) 태풍으로, 굵은 화백나무가 뿌리로부터 대숲 쪽으로 넘어져 있었다. 뿌리가 흙째 솟아 올라, 그 자리에 커다란 구덩이가 파여 있었다. 화백나무가 넘어져 있는 오른쪽에, 정확히 손으로 쥘 만한 유자나무가 있었다. 나는 그 유자나무를 붙잡고, 화백나무 위를 건너가려고 생각했다.

(1)의 문장은, 어른들의 소설 문장을 흉내낸 것 같고, (2)의 문장도, 일부러 야단스럽게 과장하기 위해, 어려운 한자말을 많이 쓰고 있습니다.

(3)은, 유행어(流行語)에 매혹되어, 그것을 흉내내 남용한 글이고, (4)는, 자기 말로, 솔직하게 사실을 본 그대로 쓰고 있습니다.

  자기 말로 쓴다는 것은, 남의 것을 흉내내거나, 아예 남의 것을 빌려 오지 않고, 서툶 그대로 정직하게, 자기가 평소에 쓰는 말로 쓰는 것을 말합니다.

  일기 쓰기나 글쓰기의 평가는, 교사가 얼마나 잘 지도해 놨나를, 스스로 살펴보는 일입니다. 절대로 어린이들의 표현력을 차등 짓는 것이 아닙니다. 교사의 일기 쓰기·글쓰기 지도력의 자기 반성 자료로서의 평가인 것입니다.

제12부 일기의 종류(種類)와 일기의 형식(形式)

제1장 일기의 종류

일기의 종류에는, 다음과 같은 것들이 있습니다.

1. 그림일기

일기 쓰기의 기초를 다질 때, 쓰는 일기입니다. 글자도 잘 모르고, 어휘력도 부족한 유치원생이나 초등학교 1학년 어린이들이, 흔히 쓰는 일기입니다. 글로 다 표현할 수 없는 것은, 그림으로 보충하고, 그림으로 다 나타낼 수 없는 것은, 글로 보충하는, 그야말로 그림과 글의 장점을 살려, 어린이들의 표현욕구(表現欲求)를 충족시키는, 하나의 방식으로서, 일기 쓰기 입문기 지도 때, 사용하는 아주 초보적인 방식입니다.

2. 생활일기(生活日記)

일기 쓰기의 대표적인 방식입니다. 하루의 이야기를 다 쓰는, 일반적인 일기 쓰기 방식이 아니고, 글쓰기와 연결시켜, 하루의 생활 중에서, 가장 인상 깊은 색다른 일을 하나 골라서 쓰는 '제목일기' 방식인 것입니다.

그런데, 그렇게, 색다른 일을 붙잡아 쓰라고 해도, 주의력이 없는 어린이들은, 학교 가고, 학원 가고, 밥 먹고, 자고, 매일 똑같은 일만 되풀이되기 때문에, 아무것도 특별한 게 없어, 그래서, 쓸 게 없다고 합니다.

그런 어린이들과는, 자주 대화를 나누어, 자기가 한 일을 다 이야기하게 한 후, 거기서 보통 때와는 다른, 색다른 일을 하나 찾아 내어, 그것으로 일기를 써 보라고, 권하는 것이 아주 효과적입니다.

3. 독서일기(讀書日記)

책을 읽고, 크게 감동한 것을, 어떤 형식에도 구애받지 않고, 아주 자유롭게 쓰는 일기입니다. 하루 생활이 너무 평범해, 별로 일기 쓸거리가 없을 때, 독서일기를 쓰도록 하면 됩니다. 독서도, 하루 생활 중에서, 아주 중요한 한 부분이기 때문입니다.

이야기 속의 주인공과 자기 생활과를 비교하면서, 느낀 것을 써 나간다면, 생각의 폭도 넓어질 것이고, 또, 독후감상문 쓰기의 연습도 될 것입니다. 그리하여, 선생님께서 독후감 숙제를 냈을 때, 그 독서일기 중에서 한 편을 골라, 내용을 조금 더 보태고 형식을 갖추어서 내면, 아주 편리할 것입니다.

4. 관찰일기(觀察日記)

과학공부를 할 때, 식물이나 동물의 생태변화를, 과학적으로 계속 관찰하면서, 쓰는 일기입니다. '나팔꽃 관찰일기', '강낭콩 관찰일기', '배추흰나비 관찰일기', '감자 순 관찰일기' 등이 그것들입니다.

이때 중요한 것은, 감성적인 느낌은 가급적 많이 줄이고, 측정한 수치나, 발견한 과학적 사실들을, 정확하고 냉철하게 기록하면서, 거기서 과학적 진리나 법칙을 발견하도록 하는, 탐구심(探求心)을 갖도록 하는 일입니다.

5. 사육일기(飼育日記)

집이나 학교에서, 새나 곤충이나 동물을 기르면서, 먹이·성장·새끼치기 등을 관찰하고서 쓰는 일기입니다. 기를 수 있는 새나 곤충이나 동물은, 십자매·문조·닭·누에·하늘소·오리·고양이·토끼·강아지·염소·소·다람쥐·햄스터 등입니다.

사육일기를 쓰면, 새나 곤충이나 동물의 생태에 대한 지식은 물론, 새나 곤충이나 동물에 대해 애정을 갖게 되어, 정서안정에도 도움이 되며, 동물의 진화나 지구와 우주의 탄생 등에까지도, 생각이 미치는, 폭넓은 공부를 할 수도 있게 될 것입니다.

그리고, 새나 곤충이나 동물을 사육하게 되면, 많은 과학적 지식도 얻을 수 있고, 풍부한 감성도 기를 수가 있음은 물론, 일기 쓰기나 글쓰기의 글감을 많이 얻을 수도 있어, 아주 많은 도움이 될 것입니다.

6. 재배일기(栽培日記)

집이나 학교에서, 교재에 나오는 화초나 농작물이나 특수작물을 가꾸면서, 씨앗 뿌리기 · 옮겨 심기 · 물 주기 · 거름 주기 · 병충해 구제하기 · 수확하기 등에 대해 배우고, 발견한 것을 적는 일기입니다.

집이나 학교에서 가꿀 수 있는 것은, 수선화 · 채송화 · 튤립 · 아마릴리스 · 봉숭아 · 벼 · 보리 · 밀 · 콩 · 수수 · 호박 · 오이 · 고추 · 가지 · 채소 · 토마토 · 목화 · 마늘 · 파 등입니다. 실습지나 농촌체험장을 만들어, 이런 화초나 농작물을 가꾸며, 땀흘려 일도 하고, 재배일기도 쓰게 하면, 농사짓기나 노동의 어려움은 물론, 흙과 물과 공기와 자연의 소중함이나, 지구와 우주의 생성원리며, 환경오염 · 유기농법 등까지도 알게 될 것입니다. 그런 체험은, 또, 건실한 인생관 · 가치관 · 자연관 · 우주관 확립에도, 큰 도움을 주게 될 것입니다.

그리고, 이런 일을 많이 하게 되면, 감성이 풍부해지고, 정서가 부드러워져서, 일기 쓰기나 글쓰기 할 때, 글감도 풍부하고, 느낌과 생각도 넉넉해서, 아주 좋을 것입니다.

7. 여행일기(旅行日記)

여행을 하면서, 여행지의 이동 관계나, 여행지에서 보고 듣고 생각한 것을, 기록한 글입니다. 요즘은 교통이 편리해져, 국내여행은 물론, 외국여행도 많아졌습니다. 처음 보는 색다른 여행지에 가면, 보고 듣고 느낀 것이 너무도 많을 것입니다. 그것들을, 그때 그때 기록해 두지 않으면, 다 잊어버리게 됩니다. 그래서, 반드시 그 날 그 날 여행일기를 써서 남겨두어야 합니다.

또, 요즘은, 박물관이며 기념관 등의 순례도 많고, 또 유적지 순례나 역사 기행도 많기 때문에, 그럴 때도, 현장에서 보고 듣고 느낀 대로, 여행일기에 써서 남기면, 아주 좋을 것입니다. 나중에 필요할 때, 그것들을 다듬어, 본격적인 기행문으로 쓸 수도 있기 때문입니다.

8. 기타

기타 당번일기(지)나 학급일기(지) 등이 있으나, 이것들은 개인의 것이 아니고, 단체적으로 한 일을 적는 것이기 때문에, 일지(日誌)라고 해야지, 일기(日記)라고 하기엔, 성격이 안 맞는다고 생각합니다.

제2장 일기(日記)의 형식

1. 생활문(生活文) 형식

대부분의 일기는, 이 생활문 형식을 취합니다. 생활문 형식은, 자기가 행하거나, 보고 듣고 느끼고 생각한 일들을, 다시 생각해 내서, 시간의 흐름이나, 사건 전개의 순서에 따라, '～했다.', '～했습니다.' 란 문형으로 쓰는, '전개적(展開的) 과거형(過去形)'의 글을 말합니다.

이때 조심할 것은, 자기 신변의 일을 많이 쓰다 보면, 자기만이 아는 주관적인 글이 되기 쉽다는 것입니다. 따라서, 구체성(具體性)이 없어, 무슨 이야기인지 알 수 없는, 개념적인 글이 되기 쉽습니다. 그래서, 남이 알 수 있도록, 6하원칙에 맞게, 구체적으로 자세하게 쓸 것을 강조해 지도해야 합니다.

턱을 다친 사고

서울 창일 초등학교 2학년 정아인

오늘 아침, 나는 뜻하지 않은 사고로, 턱에 큰 상처를 입고 말았다.

어젯밤에 눈이 왔다고 해서, 나는 아침부터 신이 나서, 밥도 먹는 둥 마는 둥 하고, 빨리 나가서 놀고 싶어했다.

마침내 준비가 끝나자, 밖에 나가서 눈뭉치를 만들려고 했다. 하지만, 본래 이런 것을 잘 못하는 나는, 제대로 동그랗게 만들지 못하였다.

실망한 나는, 몹시 시무룩한 얼굴로 집으로 올 때, 누군가가 나를 불렀다. 내가 소리 난 쪽을 보니, 내 친구 김민영이 있었다. 나는 민영이를 보자, 표정이 금세 밝아졌다.

우리는, 눈으로 케익을 만들어 보고 싶어서, 나뭇잎·열매 등을 땄다. 나는, 또 마땅한 열매를 보고 손을 뻗었다. 그러나, 너무 높아, 옆에 있던 유모차 길의 흰 벽에 올라갔다가, 나뭇가지를 잡는 순간 미끄러지고 말았다.

그 바람에, 유모차 다니는 길에 턱을 부딪혀 심하게 다쳤다. 보통 때 같으면 울었을 텐데, 아무 일도 없었다는 듯 "아야." 이 소리만 할 뿐, 태연한 얼굴로 일어났다.

왜냐하면, 평소에도 많이 그런 곳에서 넘어졌는데, 그때는 멍만 들었을 뿐, 아무 상처도 나지 않았기 때문이었다.

그런데, 민영이가, 턱이 찢어지고, 손과 얼굴이 온통 피투성이라고 해서 손을 보았더니, 손이 온통 피로 범벅이 되어 있는 것이었다. 나는, 마치 유령이 눈앞에 나타나기라도 한 기분이 들어서, 엉겁결에 울음을 터뜨리고 말았다.

엄마는 깜짝 놀라시며, 꿰매야 된다고 집안을 왔다갔다 하시더니, 아빠가 일하시는 국립의료원이란 병원으로 서둘러 데려가 주셨다.

의사 선생님은 꿰매기 전에, 마취주사를 4번 놓으시더니, 흰 테이프 같은 것을 움직이시며 한참 동안 치료해 주셨다. 다 되자, 나는 턱이 얼얼한 느낌이 들었다.

이제부터는 눈 위에서 놀 때, 조심해서 이런 일이 없도록 해야겠다.(2001. 1. 2. 화. 맑음)

〈정아인의 신나는 일기〉(온누리 출판사)에서 옮김

비둘기를 그린 마음

대구 대명 초등학교 4학년 이윤복

미술시간이었습니다.

다른 동무들은, 도화지와 크레용을 가지고 와서, 그림을 그렸으나, 나는 크레용과 도화지가 없어서, 그림을 그리지 못했습니다.

　동무들은 그림을 열심히 그리고, 나는 연습장을 내어 놓고, 연필로 어머니 얼굴을 생각해 보면서 그리고 있는데, 옆에 앉은 상규가 물었습니다.

　"윤복아, 그 여자 누고?"

　"우리 엄마다, 와?"

　"너거 엄마 그리 생겼나?"

　"이래 생기지는 않았어도, 좀 닮았을 끼라."

하니, 상규가 웃었습니다.

　나는, 또 비둘기 한 마리를 그렸습니다.

　"상규야, 이거 무슨 새겠노?"

　"가마귀 아이가?"

　"틀렸다, 비둘기다."

　"비둘기 안 닮았다"

고 말합니다.

　나는, 내가 만일 변해서 비둘기가 된다면, 하늘을 날아다니면서, 어머니와 순나를 찾을 것이라고 생각해 봅니다.

　순나 생각을 하면, 언제나 눈물이 날 것 같았습니다.

　언젠가 여름에 밥 얻으러 나갔다가, 개한테 물리고 집에 와서, 치료를 하던 때가 생각납니다.

　순나야, 너는 왜 집을 나갔느냐?

　배가 오죽 고팠으면 나갔겠나?

　순나야, 그때 조금만 더 참았으면, 지금 한식구로 같이 살 것인데.

　순나야, 오늘 아침엔, 쌀밥을 해 먹었다. 김동식 선생님이 쌀을 한 말 가져오셨단다. 밥을 해서, 한 번 마음껏 먹어 보라구 했어.

　나는 그 밥을 먹다, 네 생각이 나서 숟가락을 놓았단다.

　순나야, 끝까지 살아서 성공해서, 우리가 다시 만나고, 그때 어머니가 돌아오시면, 고생한 이야길 어머니께 다 말씀 드리자.(1963. 12. 16. 일. 맑음)

〈윤복이의 일기〉(새벽소리 출판사)에서 옮김

무서운 집세

미국 메릴랜드주 고등학교 1년 이경미

저녁을 먹고 났는 데도, 요즘은 해가 길어져, 바깥은 아직 환하다. 그래서, 소화도 시킬 겸 동네를 산책하는데, 어디선가 웅성거리는 소리가 들렸다.

호기심이 나서 그쪽으로 가 보았더니, 누구네 집 살림 가구가 바깥에 몽땅 나와 있고, 아파트 주민들이, 그 안에서 쓸 만한 물건들을 찾느라, 정신이 없는 거였다. 소파며 탁자며, 그릇에서부터 아이들 공부하는 책까지, 잔뜩 쌓여 있었다.

그런데, 왜 저들은 남의 물건에, 함부로 손을 대는 것일까?

어리둥절해서 바라보고 있다가, 그 인파 속에서, 아래층 혜원이 동생을 만났다.

"얘, 너, 지금 거기서 뭐 하고 있는 거니?"

물으니

"누나, 여기 있는 거, 마음대로 가져가도 돼. 누나도 골라 봐."

하는 거였다.

"도대체 이게 다 누구네 건데, 여기 나와 있는 거니?"

"응, 저기 아파트에 살던 사람들 건데, 아파트 월세가 몇 달 밀려서, 어디로 도망 갔다나 봐. 아파트 관리인들이 나와서, 그 사람들 가구를 몽땅 바깥으로 내놓은 거야. 주인이 없으니까, 가져가도 상관없어. 벌써 사람들이 좋은 건 다 가져갔는 걸, 뭐."

혜원이 동생은 나한테 설명해 주느라, 또, 저 필요한 물건 찾느라, 정말 정신이 없었다. 어른 애 할 것 없이, 어떻게들 알고 왔는지, 벌떼처럼 모여들어, 한 가지라도 더 나은 물건을 찾느라고, 야단법석들이었다.

어떻게 임자가 없다고, 남의 물건을 저럴 수 있을까?

그 당사자들이 저걸 보면, 얼마나 기가 막힐까?

아파트 월세가 밀리면, 처음 몇 번은 경고장을 보내지만, 나중에는, 관리인 측에서 규칙대로, 주인이 있어도 그 집 세간을 모두 밖으로 내놔, 집을 비운단다. 그리고, 남이 그 물건들을 집어 가도, 관리인의 책임이 아니란다.

세상이 참 무서운 것 같다.(1983. 4. 11.)

〈경미의 이민 일기〉(예림당)에서 옮김

2. 감상문(感想文) 형식

감상문이라고 하면, 독후감상문(讀後感想文)만이 감상문인 줄 아는 어린이가 많습니다. 이 잘못된 생각을, 고쳐 주어야 할 것입니다. 즉, 책·영화·비디오·연극·음악회·미술전람회 등을 보고서, 마음속으로 느껴서 일어난 느낌을 쓴 것은, 모두가 다 감상문인 것입니다.

따라서, 감상문 형식의 일기를 잘 쓰려면, 다정다감(多情多感)해야 하고, 책도 많이 읽고, 체험도 많이 하고, 활동도 많이 해서, 상식도 많고, 좀 박식(博識)해야 합니다.

그리고, 문장표현력의 기초가 잘 다져져 있고, 또 풍부해야, 감상문을 자유자재로 능숙하게 잘 쓸 수가 있습니다. 문장력이 풍부해지려면, 어휘력(語彙力)이 풍부하고, 문장구사력(文章驅使力)은 물론이고, 독해력(讀解力)·주제파악력(主題把握力)·요약력(要約力)·서술력(敍述力)·구상력(構想力) 등, 15가지 정도의 국어기초학력(國語基礎學力)이, 미리 단단히 다져져 있어여 합니다.

그런데, 이 나라의 교육현실을 보면, 이런 중요한 기초학력 다지기는 하나도 하지 않고서, 무작정 독후감이나 논설문을 써 오라고 강요만 하고 있어, 어린이들은 '독후감 기피증(忌避症)'에 걸려, 독후감 이야기나, 일기 쓰기·글쓰기에 대한 이야기만 나오면, 진절머리를 내는 실정입니다. 그러니, 이런 점 충분히 고려해서, 먼저 기초지도에 힘을 쓰도록 하고, 숙제로 독후감 써 오라고, 강요해서는 안 될 것입니다.

그리고, 독후감을 쓰라고 하면, 대부분이, 책의 내용을 복사라도 한 듯, 이야기 줄거리를 질질 끌고 가다가, 감상은 마지막에 딱 한 줄, '참 재미있었다.'나, '참 슬펐다.'로 마무리 짓는, 상투적인 감상문을 써 오는 어린이들이 많습니다. 그래서, 감상이 감상문 전체의 3분의 2 정도를 차지하는, 그야말로 느낌을 많이 넣어 쓰는, 감상문다운 감상문을 쓰도록 유도해야 할 것입니다.

　　　　　영화 '타이타닉'을 보고

서울 창일 초등학교 3학년　정아인

내가 공부하는 영어책에, 타이타닉에 대한 이야기가 두 번씩이나 나왔다. 그때 선생님께서 타이타닉 영화가 재밌다고, 한번 보라고 하셨고, 나도 타이타닉 이야기에 대해서, 더 자세히 알고 싶었다.

그래서, 엄마랑 효인이와 함께 비디오 가게에 가서, 타이타닉 비디오를 빌려 왔다.

무서울 줄 알았는데(내가 보는 영화는 이상하게 무엇이나 다 무서웠다.), 타이타닉은 별로 무섭지 않았다. 나는, 잭과 로즈가 뱃머리에 팔을 벌리고 서 있는 장면만 빼고, 오늘 처음으로 보는 것이었다. 그런데, 아빠도, 내가 본 장면과 똑같은 장면만 보았다고 하셨다.

그 영화에서는, 타이타닉에 탄 사람들은 2,200명이었는데, 705명은 구명보트에 타서 살았고, 1500명은 다 바닷물에 빠졌다고 나왔다. 하지만, 바닷물이 얼마나 찼는지, 대부분의 사람들은 다 얼어 죽고, 6명만 살아 남았다고 했다. 즐겁게 배 안에서 지내다가, 반 이상이 죽다니, 정말 끔찍한 일이었다.

타이타닉이 빙산에 부딪혔을 때, 물이 얼마나 위험한지를 알았다. 아무리 구명조끼를 입어도, 얼어 죽을 또 하나의 위험이 있구나 하는 생각이 들자, 공연히 내가 마치 타이타닉에 탄 것처럼 겁이 났다.

또, 나는, 막 타이타닉에 거의 물이 가득 차 올랐을 때, 로즈가 도둑으로 의심받아, 방에 갇혀 죽게 된 잭을 구하기 위해, 열심히 헤엄쳐 가서 잭을 찾아냈을 때는, 정말 크게 감동을 받았다.

오늘 본, 타이타닉은 정말 재미있었다. 그리고, 신문에 나오고 싶어서, 빙산의 위험에 대한 주의를 7번이나 들었으면서도, 대양을 빨리 건너려고, 욕심을 부린 타이타닉의 선원들이 정말 의심스러웠다.

또, 내가 만약 배를 타고 여행을 떠난다면, 타이타닉보다 더 튼튼하고 완벽한(물이 샐 염려가 거의 없는) 배를 타고 싶었다.(2002. 1. 24. 목. 맑음)

〈정아인의 진짜 신나는 일기〉(온누리 출판사)에서 옮김

'갸륵한 호랑이'를 읽고

성남 은행 초등학교 2학년 2반　백지수

이번 겨울방학에, 독후감에 대한 공부를 할 때, '옛날 이야기'(이영 글·예림당·4,000원)란 책을 읽었는데, 그중에서 '갸륵한 호랑이'란 이야기가 제일 감동스러웠다.

그 이야기는, 어떤 나무꾼이 산에서 나무를 하다가, 호랑이를 만나 죽게 되자, 그 호랑이가 자기 형이라고 설득을 했다. 그런데, 그 호랑이는 그 말을 곧이듣고, 매월 초하루와 보름이면, 어머니 해 드리라고 산짐승을 한 마리씩, 꼭 물어다 놓는다는 얘기이다.

느낀 점은 다음과 같다.

첫째, 짐승인 호랑이가 약속을 꼭꼭 지킨다는 것을 보고 참 놀랐다. 동물의 왕인 호랑이에게는, 사냥하는 일쯤이야 식은 죽 먹기일 것이다. 짐승이지만, 약속도 잘 지키고, 효성도 깊은 호랑이를 본받고 싶다.

둘째, 호랑이가 약속도 잘 지키고, 효성도 깊지만, 조금 바보인 것 같다. 나무꾼을 빨리 잡아먹어 버렸더라면, 나무꾼이 그런 꾀를 내지는 못했을 것이다.

셋째, 나무꾼은 설득력이 강한 사람인 것 같다. 얼마나 설득을 잘했으면, 그 거짓말에 호랑이가 넘어갔을까? 내가 호랑이를 그렇게 설득을 했어도, 호랑이가 처음에, "어림도 없다. 어림도 없어. 내가 왜 네 형이냐?" 하고, 호랑이가 말했을 때, 나라면 포기했을 것이다.

그러나, 나무꾼은 포기하지 않고, 끝까지 호랑이를 설득하였다. 힘들게 설득을 한 나무꾼은, 목숨도 구하고, 늙은 어머니께는, 고기를 먹게 해 드리는 효도도 하게 되었으니, 얼마나 좋은가? 자기도 고기를 실컷 먹게 되었고…….

나는, 효성 깊은 호랑이와 꾀 많은 나무꾼을 본받고 싶다. '갸륵한 호랑이'는 본받을 점이 많은 것 같다.

'명심보감'을 배우고

서울 사당 초등학교 3학년 4반 전광성

나는, 명심보감을 처음 배울 때는 어려움이 많았다.

처음으로 한자 공책에 쓸 때는, 한자 10자만 쓰는 대목을 해서 쉬운 줄 알았는데, 그 후에는, 약 40자 정도 되는 한자를 외웠다.

그러나, 그중에서는, 알고 있는 한자가 10자를 넘어서, 그렇게 어렵지는 않은 대신 지겨웠다.

그래서인지, '빨리 배우는 시간이 지났으면.' 하는 생각으로 받아쓰기를 했는데, 그중에서, 14자 정도만 뽑아서 했다.

그런데, 6자 정도만 빼고 다 틀렸다. 정말 아까웠었다.

그러나, 나에게도 기다려지는 때가 있었다. 그때는, 그 대목의 뜻을 배울 때이다. 나는, 명심보감에 있는 한 대목마다, 깊은 뜻이 있는 것 같았다.

그중에서, 가장 깊은 뜻이 있는 것으로 느낀 것은, 천명편(天命編) 중의 한 대목이다. 거기서는, '자왈 순천자존 역천자망(子曰 順天者存 逆天者亡)'이라고 했다. 나는, 이 대목에서 느낀 점이 있다. 바로 천명을 따라야겠다는 점이다.

그리고, 양심을 속여서 몰래 도둑질을 하거나, 나보다 학년이 낮은 아이를, 이유 없이 때리면서, 돈을 뺏어 가는 나쁜 짓을 하지 않겠다고 생각했다. 그러나, 마음대로 되지 않는다.

그리고, 군자구용(君子九容)도 재미있고, 깊은 뜻이 있는 것 같았다. 거기서는, '족용중(足容重)·수용공(手容恭)·목용단(目容端)·구용지(口容止)·성용정(聲容靜)·두용직(頭容直)·기용숙(氣容肅)·입용덕(立容德)·색용장(色容莊)', 이렇게 아홉 가지가 있었다.

나도, 군자구용의 뜻을 따라야겠다. 그러나, 앞에 쓴 것처럼 마음대로 되지 않으나, 꼭 몇 가지라도 지킬 것이다. 그중에서도, '족용중'과 '구용지'·'색용장'을 못 지키겠다. '족용중'을 왜 못 지키겠냐 하면, 나는 발을 떠는 것이 버릇돼서 그렇다.

'구용지'는, 내가 하고 싶은 말을 못 참기 때문에, 못 지키겠다. '색용장'은 내가 밝은 모습을 못 내고, 거의 하루 동안 찡그리고, 그 모습을 풀려고 해도, 잘 안 되기 때문에 못 지키겠다.

나는, 받아쓰기를 할 때가 가장 두근거린다. 받아쓰기를 하고 나서 내면, 맞을지 틀릴지 두근거린다. 결과가 나왔을 때나, 맞았으면, '어휴, 다행이다.'라는 생각이 드는데, 틀렸으면, '에이, 이런 것도 틀려?' 이런 생각이 들고, 나도 모르게 화가 난다.

중간 정도 되자, 어려운 한자가 많아졌다. 그래서, 한자 45자가 있으면, 30자 정도만 외워도 될 정도고, 한자 25자가 있으면, 10자 정도만 외워도 될 정도이다.

나는, 명심보감의 뜻을 배울 때는 재미있다가, 한자 외울 때는 지겹다. 왜냐하면, 한자를 외울 때, 한자가 안 외워지면, 나도 모르게 갑자기 화가 나기 때문이다.

나는, 명심보감에 나와 있는 대로 해야 하겠다. 그중에서도, 특히 '군자구용'과 '천명편'을, 조금이라도 꼭 지킬 것이다.

3. 시(詩) 형식

계절이 바뀌어, 신선한 계절감각(季節感覺)을 자극 받았거나, 기쁜 일이나 슬픈 일 때문에, 가슴이 뭉클해졌을 때, 그걸 짧게 시로 표현해, 시 형식의 일기를 쓰는 것은, 일기에 변화도 가져다 주고 해서, 신선해서 아주 좋습니다. 또, 일기에 시가 들어가면, 일기책이 향기로워지고, 멋스러워지고, 고급스러워 보입니다. 그리고, 좋은 생활시(生活詩) 공부도 될 것입니다.

그러나, 글도 짧고 간단하다고 해서, 힘 덜 들이려고, 아무 내용도 없는, 말 맞추기식 말장난의 가짜 시를 늘어놓는 일을 해서는, 절대로 안 될 것입니다.

진달래

서울 삼곡 초등학교 1학년 정아인

진달래 진달래
아름다운 꽃
봄에 피는 예쁜 꽃.

밤이나 새벽에도
시들지 않고
언제나 싱싱해서 좋아요.

봄에 매일
친구들과 진달래를 보며
뛰어 놀았으면…….
(1999. 3. 10. 수. 맑음)
〈정아인의 신나는 일기〉(온누리 출판사)에서 옮김

하영이의 이사

서울 창일 초등학교 1학년   정아인

하영아, 왜 나만 두고 떠났니?
세현이도 있지만, 우린 친한 친구잖아.
한 발짝 한 발짝 소리 내는 친구가
너였으면 좋겠구나.

하영아, 잊지 말고 놀러 와라.
매일매일 놀러 와라.
오랫동안 나를 기억해라.
꼭 기억해라.
나도 너를 기억할게.
진심으로······.
(1999. 5. 22. 토. 맑음)
〈정아인의 신나는 일기〉(온누리 출판사)에서 옮김

햄스터
서울 창일 초등학교 2학년   정아인

우리 집 햄스터는 참 귀엽다.
창살 사이로 해바라기 씨를 주면
주둥이를 내밀고
잽싸게 가져가서 까먹는다.

물을 마실 때
쪽쪽 빨아먹는 모습은
꼭 아기가 젖병을 빨아먹는 것 같다.

둘이서 뒹굴면서 장난치고

사이좋게 쳇바퀴 돌리는 모습을 보면
좋기도 하지만 불쌍해 보이기도 한다.

작은 방에서 얼마나 답답할까?
넓은 들판에
햄스터가 자유롭게 뛰어 놀 수 있도록
놓아 주고 싶다.
(2000. 8. 19. 토.)
〈정아인의 신나는 일기〉(온누리 출판사)에서 옮김

덕수궁

서울 창일 초등학교 2학년   정아인

덕수궁 미술관에 가서
고흐 · 밀레 등
프랑스의 유명한 여러 화가들이 그린
그림들을 보니
꼭 사진 같았다.

'로슈포르의 탈출' 은
파도가 일렁이는 모습이
정말 아름답게 느껴졌다.

'노르망디 농가' 는
나무들이 우거진
평화롭고 한가한 시골 모습이
너무 좋아서
그 곳에서 살고 싶어졌다.

또 '샘'이란 그림은
물 속에 비춰지는 여인의 발이
마치 진짜 물에 발을
담그고 있는 것 같았다.

나도 그림 그리기를 좋아하는데
멋진 화가가 되어
이런 미술관에 내 그림을
전시하고 싶었다.
(2001. 1. 20. 토. 맑음)
〈정아인의 신나는 일기〉(온누리 출판사)에서 옮김

4. 메모 형식

일이 바쁘거나 몸이 아파서, 길고 자세하게 쓸 시간이 없을 때, 중요한 내용만을 간단히 메모하는 형식입니다.

2005년 3월 10일 목요일 맑음

서울 대치 초등학교   ○ ○ ○

오늘 머리가 아파 학교에 못 갔다.
1시에 병원에 갔다 왔다. 감기 약 먹고 푹 잤다.
학교 숙제가 뭔지 몰라 걱정이다. 친구들이 보고 싶다.

5. 반성문(反省文) 형식

사람은 완전한 존재가 아니기 때문에, 누구나 다 실수를 할 수가 있습니다. 거짓말을 한다거나, 게으름을 피운다거나, 친구들과 싸운다거나, 할 수가 있습니다.

그런 잘못을 저지르고 나면, 반드시 양심에 찔려 후회가 되고, 마음이 괴로워져 반성을 하게 됩니다. 그런 것은, 또 부끄러워, 남에게 이야기를 못합니다. 그런 마음속 괴로움을, 일기에 털어놓으면, 마음이 후련해져 좋습니다. 그래서, 일기는, 괴로운 마음의 '호소처'요, '처리장'이라고 할 수도 있을 것입니다. 그래서, 일기는, 진정한 나의 '마음의 벗'이요, '마음의 의지처'인 것입니다.

반성 일기라고 해서, "다음부터 그러지 않겠다고, 굳게 다짐을 했다." 하는 식의, 경직된 말투로 쓰면, 일기가 어색해지고, 부자연스럽기 때문에, 감정의 흐름에 따라, 자연스럽고 정직하게 쓰도록 유도해야 할 것입니다.

내 짝꿍

서울 구일 초등학교 2학년 박수진

오늘은, 내 짝꿍이 발을 내 의자에 올려서 화가 났다.
내가 책상 금을 넘어왔다고, 내 짝꿍이 발을 차고 자로 때렸다. 난 미안하다고 얘기하였다. 그래도, 내 짝꿍은,
"미안하면 다야?"
하고 소리쳤다. 나도 화가 나서
"넌 남자인데, 참을 수도 없니?"
난 외쳤다. 내 짝꿍이
"두고 봐."
그렇게 말하면서 화장실에 갔다.
둘째 시간에, 선생님이 산수 문제 어려운 것 열 문제를 칠판에 써 주셨다. 그 앤 피곤하다고 말하면서, 내 의자에 발을 올렸다. 난 너무 속상해서
"선생님, 애가 자꾸 발을 내 의자에 올려요."
하고, 선생님께 일렀다. 선생님께선 내 자리에 오셔서, 내 짝꿍 발을 보시고, 넓적다리를 먼지떨이 끝으로 때리셨다. 내 짝꿍은, 그래서 억지로
"미안해."

하였다. 선생님은

"바보같은 놈."

하셨다.

내 짝꿍을 이른 내가 한심스럽다. 1학년 선생님이, 이른 사람은, 잘못한 사람보다 더 나쁜 사람이라고 하셨는데……

〈아무도 내 이름을 안 불러 줘〉(보리 출판사)에서 옮김

미안해

서울 신성 초등학교 6학년　김혜미

학교가 끝날 무렵, 동생이 왔다.

"누나, 나랑 집에 같이 가자."

"안 돼. 저기 친구들 있네. 재랑 가."

"아, 심심하단 말야."

"싫어, 니 혼자 가."

나, 승희, 성화는, 윤태를 따돌리기 위하여, 우리 반으로 잽싸게 뛰기 시작했다. 도중에, 나는 3층 여자 화장실로 빠졌다. 그러고는, 조심조심 우리 반으로 들어갔다. 그래도, 내 동생은 문 앞에 계속 있는 것이다.

사실, 오늘 중요한 일들이 많아, 늦으니까 먼저 가라고 한 건데, 성화와 승희는

"야, 누나가 가래잖아."

하고, 내 동생에게 나보다 날뛰는 것이다. 지 동생도 아니면서. 나도 그렇지만, 좀 너무한다는 생각이 들었다.

그래서, 같이 가자고 말하려고 일어서는데, 선생님께서

"윤태, 가!"

하고, 소리를 지르셨다. 장난으로 하신 거지만, 내 동생이 얼마나 속상했을까?

내가 잡는 데도, 울음을 터뜨리며

"놔!"

하고, 가 버렸다. 째려보면서. 내 동생의 모습이 너무 초라해 보였다. 너무 속상해, 남몰래 울기도 했다.

집에 갈 때, 사과를 하겠다고 마음먹고, 아이스크림을 사서 들고 갔다. 문도 겨우 열고 들어가고. 내 동생은, 침대 위에 엎어져 자고 있었다.

"윤태야, 누나 왔어."

하면서, 얼굴과 베개를 보니, 온통 눈물 범벅이었다.

아! 불쌍한 내 동생. 내가 화를 내면, 그 기분은 어떨까? 앞으로 좀더 친절히 잘 대해 주어야겠다. 그리고, 난 한 가지를 알았다. 윤태가 날 무지 좋아한다는 것을. 윤태야, 미안해!(1996. 6. 25.)

〈주먹 만한 내 똥〉(보리 출판사)에서 옮김

6. 편지글 형식

전학 간 친구나, 방학 동안에 그리워진 선생님, 그리고, 이혼으로 헤어진 어머니가 보고 싶을 때, 그 애틋한 그리움을, 편지글 형식의 일기로 나타낼 수도 있습니다.

또 수고하시는 부모님에 대한 고마움을, 직접적으로 말로 나타내지 못할 때, 일기에다 편지글 형식으로, 간접적으로 나타낼 수도 있습니다.

어머니

대구 명덕 초등학교 4학년　이윤복

어머니, 오늘은, 하루 종일 비가 내리고 있습니다.

비가 내리니, 유난히 어머니가 보고 싶어집니다. 나는 가만히 자리에 누워서, 어머니가 우리를 두고 집을 나가신 것은, 무슨 마음으로 나가셨겠나 하고 생각합니다. 어머니만 계시면, 우리 식구는 지금 이 고생은 하지 않을 것이라 생각됩니다.

어머니, 우린 남산동에서, 집세를 내지 못해 쫓겨났어요. 그래서, 아버지와 같이, 앞산 밑 대명동에, 누가 염소를 먹이려고 지어 논 움집으로 이사를 했습니다.

어머니, 순나는 어머니 얼굴을 기억하지만, 윤식이와 태순이는 어머니 얼굴도 알지 못하고, 매일 배가 고프다고 먹을 것밖에 찾지 않습니다.

어머니, 우리는 지금 양식이 없어, 밥을 해 먹지 못하고, 순나와 내가 껌장사를 해서 번

돈으로, 국수를 사다 끓여 먹으며 살아가고 있습니다. 그러니, 우리 식구에겐 즐거운 생활은 없고, 모두 슬픔 속에 싸여 눈물뿐입니다.

어머니, 나는 어머니 손을 잡고 놀러 가고도 싶고, 어머니가 해준 밥을 먹고도 싶어요. 그러나, 지금 어머니가 없으니까, 이런 생각은 소용없겠지요.

어머니, 우리는 왜 서로 떨어져, 소식도 모르고 살아야 합니까?

어머니, 잘 살고 못 살고가 문제 아닙니다. 어머니는, 우리가 불쌍하지도 않으십니까? 어머니, 어디 계시는지는 모르지만, 어서 빨리 우리를 찾아 주세요.

나는, 어머니만 돌아오시면, 말도 잘 듣고, 공부도 열심히 하겠습니다. 동생들은, 어머니를 보지 못해서, 어머니 소리도 안 합니다. 어머니가 돌아오시면, 온 집안이 얼마나 기쁘겠어요.

어머니, 아버지가 미웁더라도, 하루 빨리 집으로 돌아와서 같이 살아요. 아버지는, 지금 얼마나 어머니를 기다리는지 몰라요.(1963. 6. 2. 일. 비)

〈윤복이의 일기〉(새벽소리 출판사)에서 옮김

아버지께

강원 삼척 홍전 초등학교 5학년　이유리

아버지께

아버지, 안녕하세요? 아버지 몸은 건강하시죠?

제가 석탄 박물관에 가서, 느낀 것이 많아요. 전 아버지의 딸로서, 해 드린 것도 없는데, 아버지는 저를 위해 많은 노력을 하시고, 힘든 일을 하시면서 늘 웃는 얼굴을 하시지요.

전 석탄 박물관에서 본 것 중에, 폐에 이상이 생긴 것, 가스가 새는 것, 석탄 덩어리가 떨어져서 머리 다치는 것이, 가장 기억에 남아요.

아버지를 생각하니, 눈물이 눈에서 흘러내리려고 해요. 4학년 1학기 때, 노상규 선생님이 "탄광에 다니는 사람들은, 석탄 가루가 입으로 들어가, 폐에 병이 생겨 병원에 입원한 사람이 많았다."

고, 하셨어요.

그때, 전

"아버지, 이제 탄광에 다니지 말고, 다른 곳에서 살아요!"

하니, 아버지는

"위험하니까, 월급이 많잖니?"

그러셨잖아요.

이제 용돈도 조금 달라고 하고, 옷도 사 달라고 조르지 않을게요. 그때, 제 어린 생각이, 아버지께 설움을 드렸을 거예요.

정말 죄송해요. 아버지, 너무 사랑해요.

아버지, 이만 연필 놓을게요.

1997년 9월 30일, 아버지의 딸 유리 올림.(1997. 9. 30.)

〈주먹 만한 내 똥〉(보리 출판사)에서 옮김

그리운 어머니

대구 대명 초등학교 4학년 이윤복

어머니, 지금 어디에 계셔요. 요사이는 무척 어머니가 보고 싶어집니다.

어머니는 우리를 낳아서, 왜 끝까지 키우시지 않고, 집을 나가 버렸어요. 굶어도 같이 굶고, 죽어도 같이 죽어야지, 어머니만 살려고 우리들을 그냥 두고, 가 버리시면 어떻게 해요.

어머니! 어머니! 아무리 불러 보아도, 어머니 목소리는 간 곳 없고, 대답이 없군요. 어머니, 어디에 계시는지 모르지만, 어머니도 가끔 우리가 생각나서, 눈물을 흘리시겠지요.

나는, 돈 많이 있어 잘사는 것도 좋아하지만, 가난해도 어머니 모시고, 행복하게 살면 그만이야요.

어머니, 아버지가 미웁더라도, 꼭 집으로 돌아와 같이 살아요. 아버지는 지금 한숨을 쉬며, 얼마나 어머니를 기다리는지 몰라요. 어머니, 다른 동무들은, 어머니 아버지 모시고 행복하게 살지 않아요? 나는 그것이 제일 부러워요.

지금은 김동식 선생님과 유영자 우리 선생님이, 많이 도와 주고 있어요. 모두가 어머니 때문이야요.

그렇지만, 어머니, 꼭 돌아와 같이 살아요.

나는, 돈을 벌면, 하루 열 번도 더 신문에 내어, 어머니를 찾아 보았으면 하고 생각해요. 그러나, 집에는 어머니 사진 한 장 없어요.

나는, 어머니 사진 한 장 없는 것이, 얼마나 원망스러운지 몰라요.(1963. 12. 8. 일. 맑음)

〈윤복이의 일기〉(새벽소리 출판사)에서 옮김

7. 논설문(論說文) 형식

살다 보면, 가정이나 교실이나 학교나 사회에서, '이래서야 될까?' 하는, 사리에 안 맞는 일과 맞닥뜨릴 때가 많습니다. 그럴 때면, 정의심(正義心)과 비판정신(批判精神)이 불끈 치솟아, 속이 부글부글 끓고, 금방 바른 소리를 내뱉고 싶어질 때가 많습니다.

그러면, 그런 마음을 감추지 말고, 그 자리에서 논리에 맞게 이야기해, 똑바로 충고를 해주는 것도 좋고, 아니면, 논설문 쓰기 연습 겸해, 일기에다 논설문 형식으로, 그 잘못을 따지고 비판하는 글을 써 보는 것도 좋을 것입니다.

논설문 형식의 일기를 쓸 때는, 서론·본론·결론의 짜임을 생각하면서 쓰되, 그저 일방적으로 지당론(至當論)만 펴지 말고, 원인분석도 하고, 해결책도 제시하는, 합리적이고 논리적인 주장을 펴도록, 유의해야 할 것입니다.

이래서야 될까?(거짓말)

원명 초등학교 5학년 6반 마성전

요즈음 학교에서, 건강달리기를 한다. 우리의 규칙은, 친구와 함께 운동장을, 두 바퀴나 두 바퀴 반을 뛰는 것이다.

그런데, 아이들은 대부분이 건강달리기를 하지 않는다.

1994년 4월 3일 오전 8시에, 난 다른 때보다 더 일찍 학교에 갔다. 마침 나와 같이, 반대편 쪽에서, ○○과 ○○이가 오고 있었다.

난 ○○과 ○○이, 건강달리기를 하나 보려고, 그 두 사람이 뛰지 않은 것을 기억해 두었다. 난 회장에게, 달리기를 하자고 말하였다. 그러자, ○○은 벌컥 성을 내더니

"7시 30분에 와, 뛰고 오는 거야!"

하고 말하더니, 뭔가 급한 듯, 재빨리 중앙현관으로 들어가 버렸다. ○○도 마찬가지였다.

그 순간, 나는 무척이나 놀랐다. 학급 아이들에게 모범을 보이기 위해서라도, 열심히 뛰어 주어야 할 ○○이, 모범은커녕, 더 못하기 때문이었다.

과연 이래서야 될까?

어떤 아이는, 한 바퀴를 뛰고, 두 바퀴를 뛰었다고, 거짓말을 하고 들어갔다.

그렇다면, 주번은 얼마나 무능력한가? 그야말로 주번은 허수아비다.

건강달리기 규칙은, 1~3학년은, 혼자서 한 바퀴나 한 바퀴 반을 뛰고, 4~6학년은, 두 바퀴나 두 바퀴 반을 뛰는 것이다.

앞으로는, 나 혼자라도 규칙을 지켜, 건강달리기를 열심히 하여야겠다.

이래서야 될까?(종교 선전)

사당 초등학교 6학년 김문겸

선생님의 종교 선전이 시작된 것은, 사회 첫째 시간부터였다.

배울 곳은, 1단원 1과의 '단군왕검'이라는 소제목의 단원으로, 우리나라의 건국신화에 대한 것이었다.

선생님은, 단군 왕검이 환웅의 아들이고, 환인은 즉 하느님의 손자이므로, 우리 민족은, 건국신화부터 기독교를 믿어야 한다고 주장하셨다.

물론 단군 왕검은 하느님의 손자다. 그러나, 기독교에서 말하는 하느님은, 하느님이 아니라 하나님이다. 한마디로, 엉뚱한 말을 한 것이다.

한때 기독교 신자였던 나도, 너무 심한 말이 나올 정도였다. 이건 대단한 종교 선전이며, 다른 교를 타박하는 것이었다.

또, 예를 들어 비판하는데, 너무나 터무니없어, 예를 들어 보겠다.

하나님은 세상에 단 하나뿐이니, 신으로서 우리를 구원해 줄 수 있으나, 부처님은 신도 아니고, 인간도 아닌 한낱 귀신에 불과하므로, 불교의 뜻도 모르고 부처님을 믿는 것은, 명청한 짓이라고 하였다.

또, 선생님은, 여러 행사도 할 겸, 도덕 점수도 깎을 겸, 벌금을 매기셨다.

그래도, 숙제 · 일기 안 쓴 것, 기분상 100~400원. 말하자면 100원 정도는 참을 수 있으나, 종이 하나 떨어지면, 100원, 쓰레기통에 쓰레기 버리면, 1,000원, 앞문으로 들어오면, 10,000원 등을 내게 하셨다.

그리고, 안 내면, 도덕 점수를 깎는다고 으름장을 놓으셨다. 그러면서, 어린이날 전날 다과회를 한다면서, 그 돈을 학급을 위해 안 쓰고, 담배를 사셨다.

그렇게 하시면서, 공부시간엔 개판으로 가르치신다. 이야기를 하시다가 엉뚱한 데로 가면, 그 이야기로, 공부시간을 때우는 게 한두 번이 아니었다.

그리고, 숙제만 9-20개 정도로 내신다.(오늘 숙제, 245문제 공책에 해 오기, 자습 밀린 것 다 하기.)

그래서, 자연히 학교 가기가 싫어지고, 공부하기도 싫어진다.

나는 처음에 '이 선생님은 엄하시니까, 공부를 잘할 거야.' 하고 생각했는데, 그 생각과 영 반대로 나가신다.

매만 많이 때리고(단체기합으로 맞은 것만 모두 52대), 너무 화가 나서, 존경할 마음이 안 생긴다.

끔찍한 사건

사당 초등학교 6학년 2반 김문겸

내가 이 사건을 처음 들은 건, 5월 26일 안방에서 나오는 뉴스를 들을 때였다.

"박한상 군 사건은, 우리에게 충격을 던져 준 사건이었습니다. MBC 뉴스 ○○○입니다."

무엇인가 해서, 더 들어 보았더니, 박한상(23)이 부모를 50여 군데나 찌르고, 그것도 모자라, 집에 불까지 지른 사건이었다.

다시 다음날, 신문을 보니, 사건의 내용이, 입이 다물어지지 않을 정도였다.

박한상은 대한한약협회 서울시 지부장인 박순태(47) 씨와 어머니 조순희(46) 씨의 아들로, 재산이 100억이나 된다고 했다.

그 유산을 차지하려고 저지른 범행인데, 모자람 없이 큰 박한상 군이, 왜 아버지·어머니를 살해했는지, 심각한 일이고, 이후에도 이야기거리가 될 만한 사건이다.

동방예의지국이라 자칭하는 우리나라가, 과연 동방예의지국일까? 어떻게 이렇게 체면에 똥칠을 해도 분수를 넘긴, 박한상 사건에 대해 알아 보고, 그 잘못도 되새겨 보았다.

이 사건의 발단은, 박한상이 서울에 있는 H고교를 졸업하고, 공부를 못해 지방 대학에 다니게 됐는데, 힘들다고 해서, 유학을 가게 되면서부터였다.

지방 모 대학을 휴학하고, 아버지 박순태 씨가 다니던 교회 목사의 소개로, LA 근교 프레즈노 어학원으로 갔다. 그러나, 한 달에 160여만 원(미화 2,000달러)이라는 많은 생활비 때문에, 자연히 놀러 온 유학생들과 라스베이거스 도박장을 다니며 도박을 하게 되었다.

한 번에 5,000달러(한화 400여만 원)를 날렸다. 처음에는, 눈앞이 캄캄하였으나, 통 큰 친구들 때문에, 그까짓 것 하는 생각이 다시 들어, 도박에 재미를 붙였다.

나도 모의도박(카지노 게임)을 해 봐서 알지만, 한 번 돈을 잃으면, 더 하여 본전을 찾겠다는 생각이 들고, 따면, 다시 딸 수 있다는 생각을 하기 때문에, 더 하게 된다.

그만큼 도박은, 심리적 생각을 교묘히 간파한 게임인 것이다.

그 후 빚을 많이 져, 한국으로 귀국하여, 아버지 박순태 씨 이름으로 조흥은행 카드를 써서, 돈을 빼내, 오렌지족 여자아이들과 어울리게 되었다. 이때 아버지가 그것을 알고, 벼락같이 화를 냈다. 그런데, 문제는 그때도 고칠 수 있었는데, 다시 미국으로 보낸 것이 잘못이었다.

다시 간 한상 군은, 다시 도박을 했고, 또, 승용차를 산다고 아버지로부터 얻어 낸, 1,300여만 원을 갖고, 다시 도박을 시작했다.

그 후, 돌아온 박한상 군에게, 아버지는 빚진 것을 알고, "호적 파 가라."란 말을 했다. 박한상은, 이때 최종적으로 범행을 결심했다고 한다.

흉기는 등산용 칼, 불지른 것은 휘발유, 범행 수법은, 미국영화에서 본따서 했다.

19일 0시, 이모가 관광 간 뒤에, 범행에 착수했다. 아버지와 어머니를 칼로 50번이나 찌르고, 시체를 불태워 버렸다.

드디어, 머리에 묻은 피와 여러 증거로 적발되었다. 박한상은 일문일답에서, 자기가 유산을 상속받아, 빚을 갚은 다음 사업을 한다고 했으니, 그의 말이 믿기지 않는다.

참으로 이 박한상 사건은, 우리에게 커다란 충격을 주었다. 가정교육이 잘못된 지금의 오렌지족도, 이런 범행을 할 수 있다는 것이다. 나는, 먼저 우리 반의 ○○○과 ○○○도, 자칫하면, 이럴 수도 있다고 생각한다.

그 본보기로, ○○○은, 하루에 10,000씩 받아 와서, 여자아이들에게 고급과자를 사 나눠 주고, ○○○은, 아이들에게 인심을 쓰는 척 사 준다.

나는, 이들도 빨리 행동을 고쳐서, 착한 어린이가 될 것을 믿고, 이런 사건이 앞으로는 없었으면 좋겠다.

타키모도 선생님

재일교포 4학년 안말숙

　1년간 우리를 돌보아 주시고 아껴 주신 선생님, 기분이 좋으실 때는 여러 가지 재미있는 이야기를 해주셨고, '메-샤라호코샤라호-'라고 우스꽝스러운 발음을 하셔서는, 우리들을 웃겨 주시며 즐겁게 해주셨습니다.
　선생님은 한 번 가르쳐 주셨던 것을, 우리들이 잊어버렸을 때는 몇 번이고, 잊어버리지 않았을 때에도 복습을 하게 해서, 알기 쉽게 머리 속에 넣어 주시곤 하셨습니다.
　그러나, 나는 선생님이 그다지 마음에 썩 좋지 않은 때가 있었습니다. 그것은 2학기 때입니다.
　1학기 때는, 우리들은 오오쓰루의 학습부에 있을 때라, 반장하고 같이 자습도 하고, 조회 땐 반 단위로 1주일간의 성적 강평이 있어, 그럴 때마다 4학년 3반이 제일 성적이 좋다고 칭찬을 받곤 했었는데, 2학기에 들어서면서부터는 학습부의 반장도 갈리고, 점점 크라스가 나빠졌습니다.
　조회 때 학습부의 반장이 자습이 나쁘다고 발표한 날이면, 선생님은 그 날 하루 종일 기분이 상하셔서는 변변히 공부도 잘 가르쳐 주시지 않았습니다.
　모두들 무서워서 잠자코 있으려면, 선생님은 사나운 늑대 음성으로
　"왜 멍청하니 앉아들 있어."
하고 소리를 치십니다. 모두 책들을 꺼내느라고, 책상 뚜껑을 덜컹덜컹 소리 내고 열고 닫으면
　"조용 조용히 못할까?"
하고 호통을 치십니다. 그럼, 또 교실 안은 조용해집니다.
　어떤 아이가 코를 훌적만 해도
　"왜 코를 팽 못 풀어?"
하고, 코를 풀라고 하십니다. 그래서, 우리들이 우루루 교실 밖으로 나가서, 풀고 들어오려고 일어서면
　"어딜 나가?"
하고, 무리한 말씀만 하십니다. 선생님이 풀라고 하시고는 야단입니다. 그래서, 만일 '4년 3반에 자습이 나쁘다.'고 발표만 되는 날이면, 나는 '또 시작되겠구나.' 하고 육감에 옵니다.
　선생님이 화내신 얼굴이란, 먼저 시뻘개지시며, 눈을 크게 부릅뜨고, 입을 무섭게 다물어 버리십니다. 그러면, 사람 같지 않은 괴상한 형상이 되시곤 합니다.

그러나, 어떤 때는 나쁘다고 발표가 되어도, 야단치지 않으실 때도 있습니다. 그 대신 교실에서 수업할 때는, 반장들만을 골라 야단치십니다.

그래서, 화가 나신다고 수업을 하지 않으실 때는, 나도 좀 약이 오릅니다.

우리들은 공부를 하러, 3킬로 반이나 되는 길을 걸어서 왔는데, 글자 한 자도 쓰지 않고 올라간다면, 무엇 때문에 왕복 7킬로의 먼 길을 걸어야 하느냐고, 선생님께 말씀 드리고도 싶었습니다만, 드디어 말씀 드리지 못하고 4학년을 지내고 말았습니다.

1학기 때 일이지만

"너의 담임 선생님이 누구시지?"

하길래

"타키모도 선생님이야."

했더니

"타키모도 선생님은 아주 여자들을 좋아한대. 그것도 부잣집 계집애만 골라서 좋아한대. 그런데, 너는 부자가 아니니까, 공부나 잘해야지, 그렇지 않으면 미움 받는다."

고, M이 말했습니다.

나는 부잣집 사람만 두둔한다는 것은 싫습니다. 나는 사택에 사는 아이들이 아주 싫어요. 저희 집들이 부자라고, 선생님 옆에만 가려고 하고, 보기 싫게 어리광을 부리고…….

나는, 타키모도 선생님이 그렇다는 말을 들은 날부터 싫어졌습니다. 딴 아이들도 나와 같은 생각을 하고들 있었습니다.

과연 선생님은, 미치야마 쿠니코와 후쿠시마 기미코 들을 가난한 아이들보다 귀여워하시는 것 같았습니다. 숨바꼭질 할 때에는, 부잣집 아이들하고만 하고 있는 셈이 될 정도로, 그 애들하고만 노십니다. 부잣집 아이가 선생님의 발등을 밟으면, "앗" 하시고 웃고 마시지만, 가난한 아이들이 밟으면, 사내애들이나 계집애들이나 간에, 화를 내시며 때리셨습니다.

이때부터 타키모도 선생님의 마음을 알았습니다. 나는 선생님이 부잣집 아이를 야단치는 걸 본 일이 없습니다.

소풍을 갈 때에도, 미치야마와 후쿠시마 두 아이만 양쪽 손에 잡고, 걸어가던 선생님의 모습이 생각납니다.

타가 치아키를 선생님이 제일 귀여워하시지만, 치아키는 부끄러워서 선생님 옆으로 가지를 않았습니다. 딴 아이들이 옆으로 가려고 애를 썼으며, 선생님은 선생님대로 후쿠시마와 미치야마를 가까이하시려고 했습니다.

내가 만일 선생님이 된다면, 가난한 사람이고 부잣집 사람이고 다 같은 사람이니까, 똑같이 귀여워하겠습니다.

어떤 겨울 추운 날, 선생님은 오바를 입으신 채, 머플러를 하신 그대로 교단 위에 서시며

"선생님은 좀 감기가 든 모양이어서, 오바 입은 채 공부하겠다. 핫핫핫."

하시며, 헛기침을 하시고는

"그 대신, 머플러 가지고 온 사람들은 꺼내서 둘러도 좋아요."

하셨습니다. 또 어떤 날씨가 좋은 날에는

"참 좋은 날씨로구나. 하루 종일 양지 쪽에서 일광욕이나 하면 좋겠다."

하시어, 모두를 웃기시었습니다.

선생님의 말씀이지만, 선생님은 선생님이 될 얼굴이 아니라고 하신 대로, 선생님의 얼굴은 시골 청년의 얼굴 모습입니다.

선생님은 우리들에게 시험을 보게 하시고는, 무슨 책을 읽으시면서 뻑뻑 담배를 피우십니다.

선생님 양친이 계신 곳은 니코바랍니다. 그래서, 선생님은 이리노시에 방 한 칸을 빌려 살고 계십니다. 선생님은 이따금 교실에 도시락을 두 개 가지고 오셔서는

"선생님은 오늘 아침 늦잠을 자서, 아침밥을 도시락으로 만들어 가지고 왔다. 하나 먹을 터이니, 너희들은 자습이라도 해라."

하시고는, 도시락을 꾸역꾸역 우리들 앞에서 잡수십니다.(딴 선생님도 그러실까 싶었습니다.)

선생님은 잡수실 때 왼팔을 짚고, 몸을 왼쪽으로 삐딱하니 하시고는, 입을 마음껏 크게 벌리고 볼이 메게 잡수십니다. 아주 볼썽 사나운 모습입니다. 댁에서도 그렇게 잡수시나 하고 생각해 보았습니다.

나는 선생님한테 좋게 보이고는 싶지만, 딴 아이들한테 선생님이 두둔을 하고 있다고 미움을 받고는 싶지 않습니다. 그래서, 나는 타키모도 선생님이 과히 좋지 않습니다.(1954)

* 사택 : 회사 간부 사원들을 위하여 마련한 주택.
* 안말숙은, 재일교포 소녀인데, 일기를 하도 잘 써, 일본에서 일기문집〈구름은 흘리도〉를 펴내, 영화로까지 만들어지기도 한 유명한 어린이임.

〈나도 민들레처럼 〉(지식산업사)에서 옮김

제13부 일기 '봐 주기' 와 '도움말' 써 주기

제1장 일기 '봐 주기'

여기서, 일기 지도의 교육적(敎育的) 가치(價値)에 대해 다시 한 번 생각해 보면, 다음과 같습니다.

일기 지도를 한마디로 요약하자면, 어린이들로 하여금, 하루 생활을 되돌아보게 한 후, 그 하루 동안, 보고 듣고 느끼고 행한 일 가운데, 가장 인상 깊게 마음속에 남아 있는 일을 생각해내 일기로 쓰게 한 다음, 그 일기를 교사가 보고, 어린이 한 사람 한 사람에게 도움말로 응답해 주거나, 필요하면 학급 어린이들에게 공개하기도 하면서, 지도를 가해, 어린이들의 인간적 성장 발달을 도모하는 일인 것입니다. 그 내용을 더욱 구체적으로 나열해 보면, 일기 지도는

(1) 교사가 한 사람 한 사람의 어린이를 더욱 잘 알기 위해,
(2) 계속적으로 어린이들의 생활을 더욱 잘 알기 위해,
(3) 어린이들의 사물(事物) 보는 법·느끼는 법·생각하는 법·행동하는 법 등을 심화시키기 위해,
(4) 어린이들의 개성을 풍부히 하기 위해,
(5) 문장표현력을 정확하게 하기 위해,
(6) 기타 어린이들의 여러 가지 심신 발달을 촉진시키기 위해,
(7) 교사 자신, 교사의 생각을 어린이들이나 학부모들에게 알리기 위해,
하는 것입니다.

이렇게, 일기 지도는 학교에서 이루어지고 있는 교육행위 중에서, 가장 교육적 효과가 큰 교육수단인 것입니다. 그러나, 실제로 일기 지도를 하는 데는, 어려움이 너무도 많기 때문에, 애정을 가지고, 끈기 있게 꾸준히 지도해 나가지 않으면, 도저히 소기의 성과를 거둘 수가 없을 것입니다.

그 일기 지도에 있어서의 어려움이란, 바로 일기 봐 주기와 도움말 써 주기인 것입니다. 이 두 가지는, 다 많은 시간과 노력과 전문적인 기술을 요하기 때문에, 그래서 어렵다는 것입니다. 거기다가 일기 지도는, 정식 교과도 아니고, 의무적으로 꼭 해야 된다는 법적 근거도 없는, 자유선택으로 결정해야 할 일이기 때문에, 교사가 성의를 내어, 실제로 일기 지도를 실천하는 데는, 퍽 어려움이 많습니다.

그러나, 일기 지도를 옳게 하려면, 이 두 가지 일을 성실하고 착실하게, 꼭 실천해야만 하는 것입니다. 농사도 농부의 성의 있는 보살핌 여하에 따라, 풍작과 흉작이 판가름 나듯, 일기 지도도 교사의 열의 있는 보살핌 여하에 따라, 그 성패가 결정 나는 것입니다. 일기 봐 주기와 도움말 써 주기에서, 유의해야 할 점은 다음과 같습니다.

1. 일기 '봐 주기'

(1) 일기 '봐 주기'의 어려움

어린이들이 써 온 일기는, 성실하게 봐 주어야 합니다. 성실하게 봐 주면, 어린이들은 보람을 느끼고, 더욱 열심히 쓰게 됩니다. 또, 일기를 안 쓰던 어린이들도, 그 성의에 못 이겨 쓰게 될 것입니다. 일기 지도의 성공 여부는, 오로지 일기 봐 주기의 실천 여하에 달려 있다고 해도, 과언이 아닐 것입니다.

일기를 써 오라고 해 놓고는, 내용을 옳게 봐 주지도 않고, 그냥 검인 도장만 찍어 주거나, 볼 시간이 없다며, 일기를 며칠씩 묵혔다 내 주거나 한다면, 어린이들의 열의나 관심은, 금방 식어 버리고 말 것입니다. 손뼉도 마주 쳐야 소리가 나는 법인데, 어린이들에게 일기를 쓰라고 해 놓고서, 교사 쪽에서 시간이 없다며 흐지부지하고 만다면, 아무런 성과를 거둘 수가 없을 것입니다.

사실, 일기 지도에 있어서 가장 어려운 문제가, 이 일기 봐 줄 시간을 내는 문제일 것입니다. 만일 40명 어린이를 5개 조로 나누어, 1주일에 한 번씩 일기를 내게 한다면, 하루에, 8명의 1주일 분 일기를, 다 봐야 할 터인데, 도움말을 써 주고 하려면, 아무래도 1시간 내지 1시간 반 정도가 걸리게 될 것입니다.

그런데, 9개 교과를 가르쳐야 하는 초등학교 교사로서, 하루에 1시간 내지 1시간 반 정도의 짬을 낸다는 것은, 이만저만 어려운 일이 아닐 것입니다. 왜냐하면, 초등 교사는 교과지도 이외에도, 교재연구 · 학습자료 준비 · 분장사무 추진 · 공문서 처리 · 직원회의 참석 · 학교 행사 추진 · 성적물 평가 등의, 자질구레한 잡무가 너무도 많기 때문입니다.

그래서, 만일 일기를 그 날 중으로 내 주려고 한다면, 아무래도 아침 자습시간이나, 쉬는시간, 및 점심시간을 이용해야 할 것이고, 하룻밤 재워서 내 주려면, 방과 후 시간을 이용해야 될 것입니다. 그야말로 잠시도 쉴 시간이 없는, 초인적인 활동이 요구되는 작업인 것입니다. 짧은 시간에 짬을 내어, 재빠르게, 그러면서도 꼼꼼히 봐 주어야 하기 때문에, 고도의 전문지식과 숙달된 기능과 끈기와 열정이 요구되는, 교육행위 중 가장 어려운 일이기도 한 것입니다.

이런 어려움 때문에, 대부분의 교사들은, 좌절감을 느끼고 일기 지도를 중도에 포기하거나, 형식적인 도장 찍기로 끝나 버리는 수가 많습니다. 더구나, 아무 소신도 없이 위에서 하라고 하니까, 마지못해 눈가림으로 일기 지도를 하는 교사들은, 시간이 없다는 핑계로, 미련 없이 그만두는 수가 아주 많습니다.

이렇게, 힘들고 시간이 없다는 이유로 일기 지도를 그만두면, 물론 교사는 편해서 좋겠지만, 그러나, 문제는 그렇게 단순하게 끝나는 것이 아니라는 것입니다. 왜냐하면, 일기 지도를 받는 아이와 안 받는 아이와는, 학력이나 인간적 성숙도 면에서, 엄청난 차이가 나기 때문입니다. 일기 지도를 계속적으로 하다 보면, 관찰력 · 주의력 · 사고력 · 판단력 · 문장력 · 통찰력 · 사회성 · 인간성 · 지혜 등의, 눈에는 잘 안 보이는 보배로운 학력이 몸에 너무도 많이 붙게 됩니다. 그런데, 만일 일기 지도를 못 받은 공백기간이, 1년 내지 6년이나 지속된다고 가정했을 때, 일기 지도를 못 받은 어린이가 입는 피해는, 그 얼마나 크겠습니까? 마치, 나무가 한창 자라날 성장기에, 그늘에 가려 햇살을 잘 못 받아, 나무답게 자라지 못하는 것과 똑같은, 결정적인 타격을 받게 될 것입니다.

다시 말하면, 교사의 태만으로 인한, 일기 지도의 중단은, 여러 어린이들의 장래를 망치게 만드는, 실로 엄청난 죄를 짓게 된다는 것입니다.

일기 지도의 포기가 이렇게 가공할 결과를 가져오는 데도, 이 나라 교직자들의 일기 지도에 대한 무관심과 무성의 · 무신념 · 무연구의 실태는, 참으로 비참한 상태라고 해도 과언이 아닐 것입니다. 이 나라 교직자들이, 일기 지도에 대한 신념이 부족하고, 인간사랑 · 제자사랑의 마음도 너무 부족해, 나라의 장래가 참으로 걱정입니다. 더구나, 이번에 교육인적자원부가 대한 국가인권위원회의 권고를 수용해, 일기를 강제로 쓰게 하고, 이를 평가 시상하는 것은 지양하되, 교육적 효과를 감안해 일기 쓰기는 지속적으로 지도하라는 공문을 각 시도 교육감에게 전달하였다고 하는데, 그 때문에, 일기 지도의 열의가 행여 꺾이지나 않을까 더욱 걱정입니다.

혹시 어떤 사람은, 모두들 열심히 일기 지도를 실천하고 있는데, 왜 그렇게 과소평가하느냐고, 반문할지도 모르겠습니다. 그러나, 나는 그 반문자의 의견에 도저히 동의할 수가 없습니다. 왜냐하면, 전국의 어느 학교나 학급치고, 경영목표에 일기 지도를 안 내건 데가 없을 정도인 데도, 정말로 어린이들의 피가 되고 살이 되게, 교육적 · 인간적으로, 아주 올바르게 지도하는 교사는, 극히 소수에 불과하다는 것을, 다년간의 직접 체험을 통해, 그 실태를 속속들이 다 알고 있기 때문입니다.

일기 지도에 대한 이런 나의 과소평가는, 어림 잡아 하는 소리가 아니고, 45년간의 교육현장 체험과 퇴직 후에도 쉬지 않고, 꾸준히 조사연구를 통해서 얻은 결론인 것입니다. 그래도 내 말이 믿기지 않거든, 당장 일선 학교에 나가, 어린이들 일기장 내용을 한 번 점검해 보시면, 금방 판결이 날 것입니다. 진짜로 정성 들여서 칭찬 들을 만하게, 일기 지도를 잘하고 있는 교사가, 한 학교에 과연 몇 명 있는가를 조사해 보시면, 그 문제의 실상이, 불을 보듯 환하게 다 드러나고 말 것이기 때문입니다. 만일에, 실제로 직접 점검해 보신다면, 크게 실망하고 말 것입니다. 그리고, 교실붕괴·학교붕괴 현상에 대한 의문도, 금방 풀리게 될 것입니다.

(2) 어린이들 일기를 '자세하고 깊이 있게' 읽어야 한다

일기를 봐 줄 때 가장 중요한 일은, 일기를 '자세하고 깊이 있게' 읽는 일입니다. 그래야만, 일기에 담겨 있는 깊은 뜻과 그 어린이의 사소한 마음의 움직임까지도, 자세히 알 수가 있기 때문입니다. '일기 자세하고 깊이 있게 읽기'의 관점은, 다음 네 가지입니다.

① 이 어린이가 쓰고 싶어한 것은 무엇이었을까? (무엇에 대해서 쓰려고 했나?)
② 이 어린이는 무엇에 대해, 어떻게 느끼고 있을까?
③ 이 어린이가 이것을 쓰게 된 근원이 된 생활은 무엇일까?
④ 표현으로서 빼어난 곳이나, 또, 문장으로서 좀 이상한 곳은 어디일까?

위의 네 가지 관점 중, 세 번째의 '이것을 쓰게 된 근원이 된 생활 알기'가 아주 중요한 일이라고 생각합니다. 우리가 어떤 말의 내용을 이해할 때, 그 말을 하게 된, 그 배경이 되는 생활까지를 모두 다 알고 있어야만, 그 말의 참뜻을 알 수 있기 때문입니다. 그렇게, 어떤 말을 하게 된, 그 어린이의 생활 배경까지 자세히 알고 있으려면, 일상생활이나 수업시간을 통한 관찰은 물론, 기타 놀이나 행사를 통한 접촉, 그리고, 일기나 글쓰기 작품을 통해서 얻은 정보들을 많이 가지고 있어야 할 것입니다.

제2장 '도움말' 써 주기

　일기 지도에 있어서, 가장 어려운 일이, 이 '도움말' 써 주기입니다. 쓸 시간도 문제지만, 도움말 쓰는 요령이나, 문장표현력 등도 큰 부담이 되기 때문입니다. 사실, 대부분의 교사들이, 이 도움말 써 주기의 어려움 때문에, 일기 지도를 포기하거나, 형식적인 지도로 얼버무리는 수가 많습니다.

　교사가 써 오라고 해서, 어린이들은 일기를 열심히 써 왔는데, '검'이나 '잘했어요' 등의 멍텅구리 도장만 찍어 줄 뿐, 교사의 아무런 반응이 없을 때, 어린이들은 크게 실망을 하고, 점차 일기 쓰기에 대한 흥미와 열의를 잃게 될 것입니다. 이 일기 쓰기에 대한 의욕 저하는, 단순히 거기에 그치지 않고, 다른 학습에까지도 영향을 미쳐, 모든 학습활동과 학교생활에, 적극성이나 성취의욕을 잃게도 됩니다. 참으로, 이 일기의 도움말 써 주기 문제는, 일기 지도의 성패를 좌우할 뿐 아니라, 어린이들의 모든 학교생활에도, 큰 영향을 준다는 것을 알 수가 있습니다. 그러니, 아무리 시간이 없고, 문장표현력이 모자라더라도, 꼭 성의를 가지고 써 주도록 해야 하겠습니다.

　사실, 이 도움말 써 주기의 교육적 가치는, 이만저만 큰 게 아닙니다. 교육에 있어서의 가장 이상적인 교육형태가 1대1 교육인데, 1대1 대화나 마찬가지인 도움말 써 주기야말로, 1대1 교육 중에서도, 가장 심도 깊은 이야기를 나눌 수 있는, 참으로 이상적인 교육형태라고 나는 주장하고 싶습니다. 왜냐하면, 어린이들의 일기를 읽어 보면, 그 어린이가 지금 무엇에 관심을 가지고 있고, 무엇을 고민하고 있으며, 교우관계는 어떠한지 등의, 어린이의 모든 생활실태와 마음의 기상도(氣象圖)까지도 다 알 수 있게 되는데, 거기에 교사의 진심 어린 도움말을 써 주게 되면, 그걸 계기로, 어린이들과 더욱 깊은 대화를 나눌 수가 있기 때문입니다.

　이상에서 본 바와 같이, 일기에 도움말 써 주기의 교육적 가치와 효과는, 거의 절대적이라는 것을 알 수가 있습니다. 그래서, 앞으로 어떻게든 시간을 만들어, 꼭 도움말 써 주기를 실천하도록 해서, 참되고 알찬 한국인 만들기에, 기여하도록 해야 하겠습니다.

그러면, 여기서, 실제로 도움말을 쓸 때, 어린이들 일기의 어떤 점에 주목해서, 칭찬을 하고, 격려를 하고, 공감을 하고, 또 주의의 말을 써 주어야 할지, 그 착안점(着眼点)을 몇 가지 들어 보겠습니다.

1. '생활태도(生活態度)'에 관계되는 일 칭찬하기

(1) 자기 주변 사람에 대해서 적극적으로 마음을 쓰거나, 작용한 일에 대해서······

먼저, 부모·형제·선생과 친구·이웃 사람이나, 마을 사람들의 언동에 감동하거나, 생각하기도 하고, 또 윗사람의 말이나 가르침을, 공손하게 들었다고 생각되었을 때. 친구나 형제자매에 대해 다정한 마음씨를 나타내거나, 적극적으로 돌보아 주거나 했을 때. 학급 어린이회나 학교 어린이회에 참가해서, 남을 위해 자진해 생각해 주기도 하고, 또 발언하거나 행동으로 옮기거나 했을 때 등······.

(2) 열심히 공부했거나, 친구와 어울려 잘 놀았거나 한 일에 대해······

여러 교과의 공부시간에 진심으로 학습에 몰두했거나, 친구들과 사이 좋게 놀았거나 한 모습이, 잘 나타나 있을 때. 또 집에 돌아가 역시 적극적으로 공부도 하고, 즐겁게 놀았다고 생각되었을 때 등······.

(3) 자기 주변의 자연(自然)의 변화(變化)를 주의하여 보거나, 아름다움

을 깨닫거나 한 일에 대해……

비와 바람, 그리고, 초목의 모습에서, 자연의 변화와 계절의 추이 등을 깨닫고, 그런 일에 관해서 일기를 썼을 때. 또, 물과 꽃의 아름다움이나 살아 있는 것의 아름다움, 기후의 변화에 따른 하늘의 아름다움, 또는, 산천과 같은 큰 경치의 아름다움을 깨닫고, 일기를 썼을 때 등…….

(4) 적극적으로 노동(勞動)을 하고, 심부름을 하고, 일에 몰두하거나 한 일에 대해……

농삿일 돕기나, 가축 돌보기나, 자기 방 정리며, 집안 청소, 꽃밭 가꾸기, 심부름 등에, 몰두해 열심히 일을 했을 때.

(5) 신문이나 TV · 인터넷 · 책 · 영화 등을 보고, 거기에서 무언가를 얻으려고 한 일에 대해……

신문이나, TV · 인터넷 · 책 · 영화 등을 보고, 자기 신변의 일이 아닌 것에 관해, 깊이 생각하거나, 지식을 얻으려고 한 것이 엿보였을 때. 가령 다른 나라 전쟁이나, 국내에서 일어난 애처로운 사건 등을 알고, 깊이 생각해 보려고 하는 자세가 엿보였을 때.

(6) 사물을 계속적으로 관찰(觀察)하거나, 계속적인 행동(行動)을 한 일에 대해서……

가령, 나팔꽃이나 누에 관찰, 날씨나 온도 조사 등을 계속해서 한 일. 또는, 책임을 지고, 사육동물을 돌보거나, 체력단련을 위해, 달리기 · 줄 넘기 등의 훈련을 계속해서 했을 때 등……

2. '표현기법(表現技法)'에 관계되는 일 칭찬하기

(1) 좋은 제재(題材)를 고른 데 대해……

여러 가지 생활경험 중 가장 마음에 남은 사건으로서, 그것이, 그 어린이의 앞으로의 생활에, 큰 관련이 있을 것 같은 값어치가 있는 것을 골랐을 때. 자기가 보고 들은 일을 토대로 해서, 자기 주변의 생활이나, 세상의 일어난 일 등에 관해서, 깊이 생각하거나, 의견을 말하거나 한 것을 골랐을 때.

(2) 좋은 주제를 붙잡은 데 대해……

있었던 일, 했던 일, 또 일련의 사건을 쓰는 가운데, 그 어린이가 무얼 말하려고 했는가, 무얼 표현하려고 했는가가, 뚜렷이 나타났을 때.

(3) 글의 얼거리(구성-構成)가 야무지게 짜여져 있는 데 대해……

생긴 일을, 그저 줄줄 매끄럽게 써 놓은 게 아니고, 딱 규칙 바르게, 처음(서두)·가운데(중심)·끝(마무리)의 의식을 가지고 썼을 때. 또, 순서 세우기가 정확하게 돼 있어, 사건의 순서가 앞뒤로 왔다갔다 하지 않고, 읽는이가 명확하게 알 수 있게 써 놓았을 때. 그리고, 글의 서두를 적당히 아무렇게나 쓰지 않고, 언제·어느 때·누가 어떻게 했는가와 같은, 시간이나, 자기 입장이나, 위치 등을, 확실히 하고 쓰기 시작했거나, 처음에 현재의 일을 쓴 후, 과거의 일로 거슬러 올라가 쓰는 것과 같은,

궁리를 하고 썼을 때.

(4) 읽는이가 알기 쉽게 썼는 데 대해……

잘 보고 듣고 한 일을, 색깔·모양·대화·소리·동작 등을 자세하게 잘 생각해 내서, 될 수 있는 대로, 그 일을 자세하게 쓰려 하고 있을 때. 자기가 갖고 있는 말 중에서, 그 장면이나 마음속을 나타내는 데, 가장 적절한 것을 골라서 정확하게 사용하고 있을 때.(쓸데없이 화려한 말이나 어른스런 말을 써서는 안 됨.) 또, 자기 이외의 다른 사람이 읽었을 때, 잘 모를 것 같은 일에 대해, 잘 알 수 있도록 설명을 잘해 놓았을 때.

(5) 자기 의견(意見)이 확실히 나타나 있는 데 대해……

자기 주변의 일에 대해서도, 영화나 TV나 인터넷에서 본 일에 대해서도, 책을 읽은 일에 대해서도, 자기가 보고 들은 사실에 의거해서, 확실한 자기 생각을 갖고 썼을 때.

제3장 '도움말' 쓸 때 유의할 점

일기에 도움말을 쓸 때, 유의할 점은 다음과 같습니다.

(1) '초점(焦点)'을 정해 놓고 쓰되, 칭찬을 많이 해줄 것

어린이들의 일기를 읽어 보면, 칭찬해 주고 싶고, 격려해 주고 싶은 일도 나오지만, 마음에 걸리는 일이나, 고쳐 주고 싶은 일들도 많이 나옵니다. 문장 쓰는 품이나 어법에 대한 것은 물론, 문장에 나타난 생활태도

며, 사물 보는 법·느끼는 법 등에 대한 것 등, 모든 것에 신경이 쓰여 견딜 수가 없게 될 때가 많습니다. 욕심이 많은 교사일수록, 눈에 거슬리는 것에 성급하게 입을 대려 할 것입니다.

그러나, 참아야 합니다. 이것저것 잘못된 것을 꼬집다 보면, 잔소리가 돼 버리고, 그러다 보면, 어린이들의 일기 쓸 의욕까지도 꺾어 버리게 되어, 일기 지도에, 하나도 도움이 되질 않습니다. 세상 모든 일은, 고치려고 해도 한꺼번에 다 고쳐지질 않습니다. 특히, 어린이 교육에 있어서 더욱 그렇습니다. 그러니, 눈 딱 감고 방향을 바꿔, 잔소리보다는 장점을 살려 칭찬해 가며, 기를 살려, 점진적으로 한 가지씩 고쳐 나가도록 해야 할 것입니다.

가령 어떤 어린이가, '천둥'을 제재로 일기를 썼는데, 천둥 소리를 일반적으로 쓰는, '구르릉 구르릉 쾅쾅'이라는 의성어를 쓰지 않고, 자기가 들은 소리대로, '따다닥 땍때그르르 땍때그르르'라고, 개성적으로 묘사해 표현했다고 합시다. 그러면, 그 어린이의 그 독창적(獨創的)이고 개성적(個性的)인 표현에 주목을 해

"'따다닥 땍때그르르 땍때그르르'라는 표현이 참 재미있어요. 누구나 다 쓰는 '구르릉 구르릉 쾅쾅'이라고 쓰지 않고, 자기가 들은 천둥 소리대로, 흉내내어 쓴 것이 참 좋았어요. 소리는 사람에 따라, 다 다르게 들리는 법이에요. 자기 귀에 들리는 가락대로, 표현하는 것이 글쓰기에 있어서는 특히 소중한 일인거예요."

라고 칭찬해 주면, 교육적으로 아주 성공한 도움말이 될 것입니다.

그러나, 고학년 어린이의 경우, 교사의 충고를 받아들일 수 있을 것으로 생각될 때는, 그 어린이의 일기 쓰기에 대한 불만이나, 고칠 점을 솔직하게 털어놓으며, 정신 바짝 차리도록, 호되고 길게 타이르는 것은 괜찮을 것입니다.

(2) 그 어린이의 얼굴을 '눈앞에 떠올려 놓고' 쓸 것

어린이들의 일기를 보고 있으면, 저절로 어린이들의 얼굴이 떠올라, 바로 내 앞에 앉아 있는 것처럼 느껴집니다. 그러면서, 일기 내용과 연결되어, 그 어린이의 행동과 모습이 비디오 화면처럼, 선명하게 떠오르게 됩니다. 그러면, 자연히 그 어린이와 이야기를 나누고 싶어지고, 또, 그날의 일기에 대해서도, 무언가 격려가 되는 말을 해주고 싶어집니다. 그럴 때, 어린이와 1대1의 대화를 나누듯, 아주 자연스런 마음가짐과 자세로 도움말을 써 내려가면, 참으로 따뜻하고 좋은 도움말이 될 것입니다.

이렇게 도움말은, 그 어린이의 일기에 대한 답장을 쓴다고 생각하고, 대화(對話)를 나누듯, 아주 수월한 마음으로 쓰는 것이 가장 좋습니다. 그럴 때, 가장 중요한 것은, 그 어린이의 재롱스런 얼굴을 눈앞에 떠올려 놓고, 그 어린이와 다정하게 이야기를 나누며 쓰라는 것입니다. 그러면, 교원 냄새가 나는 잔소리는 사라지고, 친구처럼 솔직한 이야기가 오고 가는, 다정스런 도움말이 될 것입니다.

(3) 그 어린이의 이름을 직접 넣어서 쓸 것

도움말을 쓸 때, 그 어린이의 이름을 직접 넣어서, "영수야, 이번의 일기 참 재미있게 잘 썼더구나." 하는 식으로 써 주면, 아주 효과가 큽니다. 왜냐하면, 도움말 속에 자기 이름이 들어 있으면, 선생님이 꼭 자기 혼자에게만 이야기해 주는 것 같고, 그래서, 선생님이 자기를 좋아하고 있다고 믿는, 인정감(認定感)을 느끼게도 되기 때문입니다.

그리고 또, 그 어린이의 이름을 넣어서 쓰게 되면, 꼭 그 어린이의 이름을 부르는 것 같아, 그 어린이의 얼굴이 더 확실하게, 교사의 눈앞에 떠오르게도 되기 때문입니다. 그렇게 되면, 어린이와의 친근감(親近感)이 생겨, 도움말이 더 술술 잘 나오게 될 것입니다.

(4) '선생님'이란 말을 도움말에 쓰지 말 것

도움말을 쓸 때, '선생님은' 하고 쓰지 말고, '나는' 하고 쓰는 것이 좋습니다. '선생님은' 하고 말을 꺼내면, 어린이들과 거리도 멀어지고, 또 자기도 모르게, 이야기가 설교적(說敎的)으로 돼 버리기 때문입니다. 그러나, '나는' 하고 말을 시작하면, 어쩐지 친구처럼 대해 주는 것 같아, 어린이들에게 더욱 친근감도 주고, 거리감도 좁힐 수가 있을 것입니다.

(5) 틀린 맞춤법이나 잘못된 표현을 가지고 너무 잔소리를 하지 말 것

어린이들 일기를 보면, 글씨쓰기 · 맞춤법 · 문장부호 · 문장표현 등에, 많은 잘못이 드러나게 됩니다. 그야말로, 허점투성이 · 문제점투성이라, 어디서부터 손을 대야 할지를 모를 때가 많습니다. 한글 바르게 쓰기와 글쓰기 지도가 얼마나 어렵고, 또, 그 기초지도가 얼마나 중요한가를, 뼈저리게 느낄 때도 많습니다.

그래서, 내용도 희미하고, 오자(誤字)투성이인 일기를 보려고 하면, 짜증도 나고, 전 담임은 무얼 가르쳤고, 부모들은 자식을 왜 이 모양으로 만들어 놨을까 하고, 원망이 산더미처럼 쌓이면서, 도저히 일기 볼 마음이 나지 않을 때도 많습니다.

그러나, 참아야 합니다. 눈 딱 감고, 틀린 글자 뒤에 숨어 있는, 일기의 참뜻, 즉, 그 어린이가 무얼 나타내려고 했는지의, 초점(焦点)을 찾아내야 합니다. 그러면, 반드시, 그 서툰 표현과 틀린 글자 뒤에 숨어 있는, 어린이의 진심(眞心)이 보이기 시작합니다. 그러면, 그 장점(長点)부터 먼저 칭찬해 주고 난 다음, 국어공부를 더욱 열심히 해서, 바른 글을 쓰도록 하라고 타일러야 합니다. 왜냐하면, 한글 바르게 쓰기 문제는, 꾸짖는다고 해서 금방 해결될 문제가 아니고, 국어시간에 특별지도를 해서, 거기서 해결해 주어야 할 문제이기 때문입니다. 이 한글 바르게 쓰기 문제는, 1학년 담임 및 각 학년 담임교사들의 한글 기초지도의 잘못으로 인해, 학습목표 달성은 하나도 이루지 못하고서, 실패만 거듭하고 있는, 이 나

라 국어교육의 근본원인이기도 해서, 온 교육자들이 총력을 다해, 시급히 해결해야 할 문제이기도 한 것입니다. 그래서, 앞의 장에서 한글 기초 지도 방법에 대해, 상세히 서술해 놨으니, 참고하시기 바랍니다.

그래서, 어린이들 일기에 글씨쓰기가 잘못된 곳과 맞춤법이 틀린 곳에는, ○표를 해 두거나, 고쳐 주도록 하고, 너무 야단스럽게 나무라서는 안 됩니다. 왜냐하면, 표기문제를 가지고 야단을 치면, 일기 쓸 마음을, 완전히 꺾어 버리게 되기 때문입니다. 또, 문장표현이 잘 된 곳에는, 꼬불꼬불한 곡선 언더라인(~~~~)을 쳐 주고, 표현이 서툰 곳에는 직선 언더라인(———)을 쳐서, 주의를 환기시키도록 하면 좋습니다.

나도, 교사 시절 의성에서, 2학년 어린이들을 담임하고 있을 때, '유승하'라는 어린이가 있었는데, 어머니를 일찍 여의고, 아버지와 같이 살고 있었습니다. 가정이 불안정하니, 한글도 잘 모를 뿐 아니라, 손버릇도 나쁘고, 학용품도 제대로 못 갖춰 오는 문제아였습니다. 그러니, 교사의 성화에 못 이겨 일기를 써 오기는 했지만, 매일 도저히 내용을 알 수 없는, 난필(亂筆)의 일기를 낼 뿐이었습니다.

그런데, 하루는 일기를 보니, '나는 어제 밥소을 씨어웁니다.' 라는 대목이 눈에 띄었습니다. 곰곰이 뜯어보니, '밥솥'을 씻었다는 이야기였습니다. 순간, 나는 안쓰러움을 느꼈습니다. 그 장난꾸러기이면서 난잡한 애가, 어머니를 대신해서 설거지까지 하는 걸 보고, 그 애에게 그런 착한 면도 있었구나 싶어, 나는 큰 감동을 받았습니다. 그래서, 칭찬의 도움말을 길게 써 주었습니다. 그리고, 그 날 하교하기 직전, '좋은 일기 읽어주기' 시간에, 그의 일기를, 반 어린이들에게 소개해 주며, 크게 칭찬해 주었습니다.

그랬더니, 그 후 그 어린이는, 일기도 바르게 쓰려고 노력했을 뿐 아니라, 생활태도도 딴 사람처럼 많이 변해 갔습니다. 질책보다는, 교사의 따뜻한 칭찬 한 마디의 힘이 얼마나 큰가를, 그때 새삼 절실히 깨달았습니다.

이렇게 도움말을 쓰려고 하면, 어린이들 일기에 문제도 많지만, 눈 딱 감고, 우선은 어린이들이 하고 싶은 말을, 마음껏 털어놓을 수 있도록, 용기와 흥미를 북돋아 주도록 해야 합니다.

그러나, 그렇다고 해서, 표기나 표현상의 잘못된 점을, 그대로 방치해 두라는 것은 절대로 아닙니다. 일기 쓸 의욕을 꺾지 않는 한도 내에서, 자극을 주어, 바로잡도록 해야 합니다. 교직경험도 없이, 단 몇 개월만의 강습을 받고, 소위 '글짓기' 강의를 하고 돌아다니는, '떠돌이 강사'들 중에는, 일기 지도에서는, 글자나 맞춤법 틀린 것을, 그대로 놔두어도 좋다고 주장하는 사람도 있다고 들었습니다. 절대로 그렇지가 않습니다. 일기 쓰기에 대한 의욕과 흥미를 꺾지 않는 한도 내에서, 어떻게 해서든 자극을 주어, 빨리 한글 표기를 100% 바르게 하도록 조치를 해야 합니다. 절대로 그런 엉터리 같은, 무책임한 주장에 귀기울여서는 안 될 것입니다.

(6) 두려워하지 말고 마음 놓고 쓸 것

도움말을 아무리 오래 쓰고 있다고 해도, 도움말을 쓸 때마다, 항상 두 가지 두려움이 앞섭니다. 그래서, 그 두려움 때문에, 손이 움츠러들어 도움말 쓰기가 싫어질 때가 많습니다.

그 두 두려움이란, 교사 자신이 글씨도 서툴고, 문장력도 별로 없는데, 자기의 도움말이 과연 얼마나 정확하고, 또, 얼마나 어린이들에게 받아들여지고 있을까 하는, 어린이들에 대한 두려움과 또 어린이들의 부모들은, 서툰 자기의 도움말을 보고, 과연 어떻게 생각할까 하는, 학부모에 대한 두려움입니다.

그러나, 그런 소극적인 생각에 사로잡혀 있어 가지고는, 아무 일도 할 수가 없습니다. 아무리 짧은 글이라도, 그걸 쓸 때는, 누구나 다, 말이 되나 안 되나, 또는 맞춤법이 맞나 안 맞나 하고, 걱정을 하게 됩니다. 그리고, 교사로서, 모든 분야를 다 잘할 수는 없습니다. 그러니, 현재 내가 가지고 있는 그대로의 모습과 실력을 가지고, 진실성(眞實性) 있게 부딪혀 나간다는, 적극적(積極的)인 자세로 대처해 나가야 합니다.

도움말을 멋지게 잘 써 본답시고, 남의 말을 빌어다 쓰게 되면, 오히려 부자연스러워지고, 또 호소력도 없게 됩니다. 문장이 좀 서툴더라도, 자신의 몸에서 우러나온, 진실된 언어로 써 내려가면, 훨씬 더 친근감이 있고, 또, 교육적인 효과도 클 것입니다. 모든 일은, 오직 진실성과 성의(誠意)로 밀고 나가는 것이 가장 중요합니다. 그 진실성과 성의는, 이 세상의 모든 어려운 일을, 다 뚫어 낼 수가 있기 때문입니다.

뒤에, 도움말의 본보기를, 여러 가지로 예시해 놓았습니다. 그걸 그대로 빌어다, 베껴 쓰거나 하지 말고, 그 예시문을 실마리 삼아, 재창조해서, 자기 마음과 자기 목소리가 담긴, 도움말이 되게 하시기 바랍니다.

(7) 일상의 말투로 자연스럽게 쓸 것

도움말을 쓸 때, 너무 교육적인 딱딱한 말을 쓰거나, 격식을 차리지 말고, 일상의 말투로, 평상시 말을 거는 것처럼 자연스럽게 쓰는 것이 좋습니다. 왜냐하면, 보통 수업시간이나 그냥 어린이들과 이야기를 나눌 때는, "…… 그게 뭐야? …… 그런 거야." 하고 말하기도 하고, "그렇습니다. 바로 그대롭니다." 하고 말하기도 하는 것처럼, 상체(常體)와 경체(敬體)를, 자연스럽게 섞어 써도 괜찮다는 것입니다.

그렇게 어린이들에게 말을 걸 듯이, 자연스럽게 쓰면, 어린이들이, 도움말을 써 준 선생님의 모습을 떠올리기도 쉽고, 또, 어린이들 마음에, 솔직하게 받아들여지기가 쉽기 때문입니다.

(8) 즐겁게 읽을 수 있는 도움말이 되게 할 것

어린이들은 일기를 낸 후, 언제 선생님이 일기를 되돌려 주나 하고, 은근히 기다립니다. 그것은, 일기장에 어떤 도움말이 씌어져 있을까가 궁금해서인 것입니다.

그러다가, 일기를 받아 들면, 마음이 조급해져, 얼른 일기장을 펼쳐 들고, 일기장 속에 얼굴을 파묻고서, 자리로 돌아가면서 읽습니다. 마치 누가 그 도움말을 훔쳐보면, 큰일이라도 날 것처럼 말입니다. 그러다가, 도움말 속에 칭찬의 말이라도 들어 있으면, 흐뭇하게 웃지만, 도움말이 없거나, 나무라는 말이 들어 있으면, 그만 얼굴이 시무룩해져 버립니다. 일기를 열심히 안 쓰는 사람은, 좋은 소리 못 들을 것을 뻔히 알면서도, 그래도, 잔소리 듣거나 주의받는 것을 굉장히 싫어합니다.

흐뭇해하는 얼굴을 보면, 마음이 즐겁지만, 시무룩한 얼굴을 보면, 써 준 쪽도 별로 마음이 좋지가 않습니다. 그러니, 도움말은, 될 수 있는 대로 장점을 발견해서, 칭찬해 주고 격려해 주도록, 노력해야 하겠습니다. 도움말에, 설교(說敎)가 많고 잔소리가 많아지면, 도움말을 기다리지도, 또, 읽으려고 하지 않을 뿐 아니라, 일기 쓰기조차도 싫어하게 될 것입니다.

그러면, 즐겁게 읽을 수 있는 도움말이 되게 하려면, 어떻게 하면 좋을까요?

① 어린이 눈높이가 되어, 어린이와 대등한 입장에서 써야 합니다. 교사는 펜을 들면, 곧잘 명령자(命令者)가 되어 버리기 일쑤입니다. 그러나, 어린이들은, 위에서 내려다보고, 이래라 저래라 하는 명령조의 도움말은, 절대로 좋아하질 않습니다. 그러니, 어린이와 대등한 입장이 되어, 속삭이듯이 써야 합니다. 그리하여, 도움말을 빨리 보고 싶어 마구 덤벼드는, 즐거운 일기장이 되도록 해야 하겠습니다.

② 어린이들은, 교사의 어린이 시절 이야기를 아주 좋아합니다. 더구나, 자기가 일기에 써 놓은 이야기와 똑같은 체험을, 교사도 어릴 적에 했다며, 교사의 어릴 적 체험담(體驗談)을 써 주면, 무엇보다도 좋아합니다.

또, 일기 내용이 빈약해, 도움말로 써 줄 만한 내용이 별로 없을 때, 잔소리보다, 그 일기의 소재와 관련된 교사의 경험담을 써 주면, 하나의 읽을 거리가 되기 때문에, 아주 좋아합니다. 토끼에 관한 일기일 때는, 어릴 적 토끼 기른 이야기나, 토끼 잡은 체험담, 또, 밤줍기에 관한 일기일 때는, 자기의 밤줍기에 대한, 어릴 적 체험담을 써 주면, 어린이들의 간접적인 경험 확충에도, 큰 도움이 될 것입니다.

③ 웃음소리를 넣어 쓴다거나, 괘선을 벗어나 파격적(破格的)으로 쓴다거나 하는 것도, 어린이들을 즐겁게 해줄 것입니다. 어린이들의 일기가 아주 재미있어서, 웃음이 나올 때는, 웃음소리 그대로 "앗, 하하하."라든가, "우화, 하하하."라고 웃음소리 그대로 적는 것입니다. 그러면, 어린이가 그런 도움말을 읽었을 때, 보다 더 선명하게 선생님의 모습을 떠올리며, 즐거워할 것입니다.

또, 도움말이 길어지면, 괘선을 벗어나, 난 밖으로까지 나갈 수도 있을 것이고, 또, 그래도 모자랄 경우에는, 다음 장으로 넘어갈 수도 있을 것입니다. 어린이들은, 이렇게 어떤 형식의 틀을 벗어나, 파격적인 행동을 하는 것도 즐거워합니다.

(9) '자세하게 써라.'는 말 자체가 자세하지 않다

도움말을 쓸 때, 흔히 '자세하게 써라.'라는 말을 많이 합니다. 아무리 이런 지시를 해봐도, 어린이들의 일기는, 좀처럼 자세하게 써지지가 않습니다.

왜냐하면, 어린이들의 표현이 너무 개괄적(槪括的)이라는 것을, 지적해 줄 양으로, '자세히 써라.'라고 지시를 했는데, 교사의 그 지시 자체가 벌써 개괄적이라는 것입니다. '자세히 써라.'라고만 해 놨지, '어떻게 자세하게' 쓰는지의 '어떻게', 즉, 자세하게 쓰는 방법(方法)을 가르쳐 주기 않았기 때문입니다.

그래서, 만일 어린이들로 하여금, 일기를 자세하게 쓰게 하려면, 교사의 가르치는 방법 자체부터가, 자세해져야 하겠습니다. 가령 어떤 어린이가, 다음과 같은 야구에 대한 일기를 써 왔다고 합시다.

'내가 타자가 되어 나갔더니, 모두가 잘 치라고 꽥꽥 시끄럽게 소리를 질러서, 나는 귀를 막았습니다.'

이 글을 놓고, 어린이들에게 아무리 '자세히 써라.'라고 해도, 어린이들은, 어디를 어떻게 자세하게 써야 하는지를 몰라, 망설이게 됩니다. 그래서, 그 방법을 자세하게 예시(例示)를 하며, 가르쳐 주어야 합니다.
즉, '모두들'이나 '꽥꽥'이라고 쓴 것은, 너무 유형적(類型的)이고 개괄적인 표현이라, 누가 어떻게 꽥꽥거렸는지를 알 수 없기 때문에, 다음과 같이 써 보라고, 본보기글을 예시해 주어야 합니다.

내가 타자가 되어 나갔더니, 창호는
"철수야, 한 방 날려라!!"
하고 외쳤고, 민수는
"홈런, 부탁한다!!"
하며 떠들었고, 수만이는
"네가 한 방 날리면, 역전이야!!"
하고, 꽥꽥 소리를 질렀습니다.

일반적으로, '꽥꽥·쏴쏴·반짝반짝·철석철석·파릇파릇'과 같은, 의태어나 의성어를 많이 쓰면, 사물의 모습이 잘 나타날 것이라고 생각하는데, 그렇지가 않습니다. 왜냐하면, 의태어나 의성어 자체가 관념적(觀念的)인 말이기 때문에, 모습이나 소리의 표면적인 시늉을 조금은 흉내낼 수는 있지만, 그 사물의 살아 움직이고 있는 구체적(具體的)인 모습은 도저히 표현해 낼 수가 없는 것입니다. 그것이, 의태어와 의성어의 한

계점(限界点)인 것입니다. 사물의 살아 움직이는 모습을 나타내려면, 사물의 움직임이나 상황 하나하나를 찾아, 비유(比喩)하고, 구체적으로 정확하게 묘사(描寫)해, 생생하게 그려 내야 하는 것입니다.

이것은, 글쓰기의 문장 표현기술에 있어서, 가장 중요한 기법(技法)의 하나인데, 일기 지도를 할 때도, 글쓰기와 연계시켜서, 그 좋은 기법들을 도입해 지도해 나가면, 아주 효과적일 것입니다.

(10) 다른 사람의 일기 흉내내기

어린이들이 써 온 일기 중, 잘 쓴 것이나, 제재를 잘 잡은 것 등이 눈에 띄었을 때, 도움말을 통해 개인적으로 칭찬을 해주지만, 학급 전체 어린이들에게 알려 주고 싶을 때가 많습니다.

그럴 때, 가장 좋은 방법은, 그 일기를 학급 전체 어린이들에게 읽어 주고 난 뒤, 그 일기를 직접 한 번 살펴보도록, 교실에 전시해 두는 일입니다. 또, 전체적으로 학급에서 협의해 봤으면 하는 내용일 때는, 복사나 인쇄를 해서, 나누어 주고, 학습 자료로 삼는 것도 좋을 것입니다.

이렇게, 어떤 가치가 있는 일기를 칭찬해 주고 소개해 주면, 어린이들에게서 아주 큰 반향이 일어나게 됩니다. 자기도, 그렇게 한 번 칭찬을 받고 싶어서, 전에 없던 의욕(意慾)을 보이는 수가 많습니다. 그렇게, 남의 일기를 보고 듣고 자극을 받아, 그걸 참고로 해서, 자기 나름의 길을 개척해 나간다면, 그 이상 더 바람직한 일이 없을 것입니다.

그런데, 문제는, 그렇게 남의 일기를 참고로 하는 것은 좋으나, 칭찬받은 그 친구의 일기를, 몽땅 흉내내 버리는 수가 많다는 것입니다. 저학년 어린이들에게, 특히 그런 경향이 많습니다. 가령, 어떤 어린이가 산에 대한 일기를 잘 써 와서, 그 일기를, 어린이들에게 도움말도 함께 읽어 주면, 다음날부터, 산에 대한 일기가 갑자기 많아진다는 것입니다. 그리고, 또 한 가지 문제는, 자기가 오른 산은 다 다른 산일 텐데, 내용을 보면,

읽어 준 일기의 산과 비슷한 내용의 산이 돼 버린다는 것입니다.

그런, 남의 것을 흉내낸 것 같은 일기를 읽을 때면, 좀 진절머리도 나지만, 그렇다고 해서, 아무 값어치도 없는 것처럼 소홀히 다뤄서는 안 됩니다. 이런 현상은 인간의 모방본능에서 나온 것이고, 또 예술도 모방본능을 바탕으로 해서 탄생되는 것이기 때문에, 그 어린이의 모방행위를, 무조건 부정해 버려서는 안 될 것입니다. 남의 산에 대한 일기를 좀 흉내냈다고 하더라도, 자기도 산을 오른 것은 사실이고, 또 산의 아름다움에 눈을 돌리게 된 것도, 기특한 일이기 때문에, 무조건 칭찬을 해주어야 하는 것입니다. 그렇게 칭찬을 해주면, 그 어린이는, 더욱 자연의 아름다움을 찾아, 감동받기를 좋아하게 될 것이고, 나중에는, 자연과 우주의 신비스러움에까지 파고들게도 될 것입니다.

이렇게, 좀 서툴기는 하지만, 거기서 좋은 점을 찾아내 칭찬해 준다는 것은, 하나의 '진리(眞理)의 씨앗 퍼뜨리기'라고 나는 생각하고 있습니다. 사람은 누구도 완벽할 수가 없습니다. 더구나 미성년인 어린이들은, 더욱 모든 것이 서툴기 마련입니다. 그래서, 그 서툶이 바로 성장의 발판이라는 진리를 깨닫고, 어린이들의 서툶 속에서, 성장의 싹인 장점을, 발견해서, 더욱 많이 칭찬해 주도록 해야 하겠습니다.

(11) '멍텅구리 도장'만 찍어 주는 일이 없도록 할 것

아무리 바쁘더라도, 어린이들의 일기는 꼭 보고, 그 날로 돌려 주어야 하고, 또 꼭 도움말을 써 주도록 해야 합니다. 일기 지도는, 서로가 작용(作用)과 반응(反應)을 주고받는, '오가는 메아리'요, '1대1 대화'이기 때문에, 꼭 그렇게 해주어야 하는 것입니다. 손바닥도 서로 마주 쳐야 소리가 나듯, 그렇게 서로의 마음과 호흡과 혼이 오고가야, 무엇인가 열매가 맺히게 될 것입니다.

그래서, 어린이들에게 일기를 써 오라고 해 놓고서, 시간이 없다는 등

의 평계로, 절대로 '검'·'잘했어요'·'별표'·'표' 등의, '멍텅구리 도장'을 찍어서, 그냥 내주는 일이 있어서는 안 될 것입니다. 그것은, 어린이들과의 약속위반(約束違反)이요, 사기요, 배신이요, 무책임이요, 무성의요, 어린이 무시요, 멸시이기 때문입니다.

 일기는 쓰라고 해 놓고, 일기도 성실하게 봐 주지도 않고, 도움말 한 줄 옳게 써 주질 않으니, 거기서 어떻게 올바른 일기 지도가 이루어지겠으며, 또 올바른 어린이로 자랄 수가 있겠습니까?

 특히, 교육은, 근본문제부터 해결해 나가야 합니다. 근본이 엉망진창이 돼 있는데, 마치 새 시대를 가장 앞서 가는 양, 제아무리 '세계화'며, '열린 교육'·'수행평가'를 외쳐 봐도, 아무 소용이 없습니다. 교육의 가장 기초요, 기본이요, 또 전체인, 일기 지도부터, 확실하고 성실하게 실천해 나가야 하겠습니다. 일기를 열심히 봐 주고, 또 도움말도, 성의를 다 해 써 주어야 하겠습니다. 이 나라 교육의 성패는, 실로 일기 지도 성패 여하에 달려 있다고 해도, 과언이 아닐 것입니다.

 (12) 도움말은, 안 써 온 일기에도……

 일기 지도는, 정식교과가 아니기 때문에, 끝끝내 자발성(自發性)에 호소해 지도해야 하는 관계로, 참으로 어려움이 많습니다.

 만일, "일기 쓰기를 강요는 안 할 테니까, 자유로이 쓰세요."라고 했을 때, 자발적으로 써서 낼 사람이 과연 몇 명이나 될까요? 그렇게 완전히 자유의사(自由意思)에 맡겨 두면, 계속해서 알차게 일기를 쓸 사람은 몇 사람이 안 될 것입니다.

 만약, 일기 지도를 완전히 자유의사에 맡긴 관계로, 일기 쓰기가 흐지부지 돼 버린다면, '일기 쓰기 작업을 통하여, 인식력이 똑바르고, 마음이 넉넉한 인간다운 참인간을 기른다.'는 일기 지도의 본래의 목적은, 도저히 달성할 수가 없을 것입니다. 그래서, 일기 제출율(提出率)을 높이기 위해선, 어쩔 수 없이 일기를 쓰건 안 쓰건, 일기를 내는 날짜엔, 꼭 내도록 의무화한 대책을, 세우지 않을 수 없게 되는 것입니다.

그렇게, 일기 제출을 의무화하는 것은, 그것이 계기가 되어, 혹시 한두 줄이라도 써서 낼 것이고, 그러다 보면, 일기 쓰기에 취미를 붙여, 계속 쓰게 되지 않을까 하는, 기대감에서인 것입니다. 사실, 일기 쓰기를 습관화시키기란, 이만저만 어려운 게 아닙니다. 그래서, 어쩐지 좀 강요하는 방법 같기는 하지만, 어쩔 수 없이, 이런 방법을 쓰지 않을 수가 없게 되는 것입니다. 왜냐하면, 좋은 습관은 어려서 붙여 놓아야지, 시기를 놓치면, 아무리 노력해도 잘 안 되기 때문입니다.

그런데, 그런 방책을 강구했는 데도, 끝내 일기를 안 내는 어린이가 있기 마련입니다. 글을 몰라, 못 쓰는 어린이는 어쩔 수가 없는 일이지만, 공부 잘하는 애들 중에, 잘 쓰다가 갑자기 안 내게 되는 수가 더러 있습니다. 그런 경우는, 대부분 가정사정, 즉 경제파탄이나, 부부 싸움이나, 이혼, 사춘기 마음의 갈등 등의 요인 때문에, 그렇게 되는 수가 많습니다. 그런 어린이는, 상담을 통한 심리적인 치료도 중요하지만, 그런 마음 속의 고민과 갈등을 해소시키는 데는, 일기 쓰기 이상 더 좋은 방법이 없기 때문에, 비밀을 지켜야 할 일이 있다고 하더라도, 모든 고민과 갈등을 일기 속에, 속시원히 다 털어놓도록 유도해 나가야 할 것입니다.

그때, 가장 중요한 것은, 무엇이든 보고 들은 대로, 느끼고 생각한 대로, 숨김없이 어디에서든 다 털어놓는다는, 글쓰기의 기본태도에 따른, 허용적(許容的)인 분위기를 만들어 주어야 한다는 것입니다. 오직 올바른 교육을 위해, 올바른 인간 만들기를 위해, 교실도 학교도 가정도, 모두 무슨 말을 해도 되는, 그런 자유로운 분위기를 만들어 주어야 할 것입니다.

그런데, 어떤 사람은, 학교에 내는 일기와 집에서 쓰는 일기를, 두 개 따로 가지고 쓰면 되지 않느냐고, 말하기도 하지만, 그것은, 어린이에게 큰 부담을 주게 되어, 실천이 불가능할 것입니다.

(13) '이야깃거리 적기'로 꾸준히 설득(說得)하기

아무튼, 일기 안 쓰는 어린이 지도에 대한, 여러 가지 대안들이 많이 나와 있기는 하지만, 가장 효과적인 방법은, 역시 좌절하지 말고, 끈질기게 설득하고, 접촉하고, 몸으로 부딪혀, 뚫고 들어가는 수가 제일이라는 것입니다.

그 육탄전(肉彈戰) 전략이란, 바로 일기를 안 써 온 공백의 공간에, '도움말' 대신, 교사의 '이야깃거리 적기' 난을 만들어, 교사 쪽에서 꾸준히 글로써 말을 걸어, 어린이의 지치고 병든 마음과 혼을 일깨워 주자는 것입니다. 원래 도움말은, 어린이의 일기에 대한 답장격(答狀格)인 것인데, 일기를 써 오지 않아, 답장 쓸 근거가 없어졌기 때문에, 궁여지책으로, 그런 방도를 강구해 본 것입니다. 왜냐하면, 일기를 안 써 왔다고 해서, 아무것도 안 써 주고 공백으로 놔두면, 소외감을 느낄 수도 있기 때문입니다. 그리고 또, 일방적인 것이기는 하지만, 교사 쪽에서 무엇이든, 이야깃거리를 만들어 적어 주는 것이, 안 쓴 일기책을 억지로라도 낸 성의에 대한, 최소한의 예의가 될 수도 있기 때문입니다.

일기 공백에, '이야깃거리 적기'는, 이런 요령으로 하면 될 것입니다. 즉, 그 어린이의 하루 학교생활 중에서, 눈에 띄는 것을 하나 잡아 내, 그것을 소재로 해서, 칭찬도 해주고, 용기와 의욕을 북돋아 주도록 하면 좋을 것입니다. 사람은, 누구나 특기를 가지고 있는 것이기 때문에, 그 어린이의 특기 중에서 취재해, 이야깃거리를 만들면 될 것입니다.

가령, 그 어린이가 체육시간에 발야구를 할 때, 홈런 볼을 찼다고 합시다. 그러면, 그것을 소재로 해서, 다음과 같이 써 주면 될 것입니다.

'창식아! 오늘 네가 찬 홈런 대단했다. 조금만 더 세게 찼더라면, 운동장 담을 넘어갈 뻔했다. 철희는, 공부는 잘해도 몸이 약해, 공이 코 앞에 떨어졌는데, 너는, 특등짜리 홈런 볼을 찼어. 아주 통쾌했어!!

네 다리 힘이 세서, 그런 거야. 역시 너는, 우리 반의 체육왕이야. 너는, 몸이 건강해서, 앞으로 무슨 일을 해도, 성공할 수 있을 거야. 모든 일에 자신감을 가지고, 오늘처럼 열심히 하여라.'

이렇게, 어린이의 좋은 점이 발견되었을 때, 칭찬해 주고 격려해 주면, 마음의 아픔과 갈등과 실망을 이겨 내고, 서서히 자신감과 의욕을 되찾게 될 것입니다. 교육자들이 이 돈 안 드는 '칭찬요법(稱讚療法)'만 적시에 잘 이용만 한다면, 상업주의 부패문명에 병들어, 방황하고 있는 어떤 중병환자들도 다 구제할 수가 있을 것입니다.

그리고, '이야깃거리 적기'를 할 때, 그 날에 생긴 일이 없으면, 2·3일 전의 일 중에서 취재해서, 이야기를 걸어도 될 것입니다. 놀이에 대한 일·공부시간의 일·청소시간의 일·급식시간의 일·선생님을 도와 준 일 등, 눈여겨 관찰하면, 얼마든지 이야깃거리를 붙잡을 수가 있을 것입니다.

그리고, '이야깃거리 적기'를 할 때는, 절대로 일기를 쓰라고 조르거나 잔소리를 하거나 하지를 말고, 아무렇지도 않는 듯한, 유연한 태도로 써 주도록 하는, 고등전략을 써야 한다는 것을 잊어서는 안 될 것입니다.

그런데, 그런 일기도 안 써 온 빈 공책에, 그런 걸 써 준다고 해서, 무슨 효과가 있을까 하고, 의문을 가지실 분도 있을 것입니다. 그러나, 실제로 해보면, 열 번 찍어서 안 넘어가는 나무가 없듯이, 반드시 반응이 나타난다는 것을, 경험하게 될 것입니다.

일기를 다 보고, 하교 시간에 어린이들에게 나누어 주면, 일기를 안 쓴 어린이들도, 일기를 받은 즉시, 호기심 어린 눈으로 일기를 펴 봅니다. 선생님이 무어라고 써 놨을까 하고 말입니다. 그걸로 보아, 비록 자기는 일기를 안 써 왔지만, 교사의 도움말 읽기는, 좋아하고 있다는 것을 알 수가 있습니다.

이런 징후로 보아, 일단 '이야깃거리 적어 주기' 작전이, 성공하고 있다는 것을 알 수가 있습니다. 이렇게 해서, 교사의 빨갛게 쓴 도움말이, 3회 정도 거듭되면, 어린이 쪽에서도, 그냥 있을 수가 없게 되는 것입니다. 그래서, 성의에 못 이겨, 한두 줄씩 쓰다 말다 하다가, 혼자 소외되기가 싫어서, 드디어, 일기 쓰는 무리 쪽으로, 되돌아오게 될 것입니다.

제4장 '도움말'의 교육적(敎育的) 효과

일기 지도를 하며, 일기를 읽고, 또 거기다가 도움말까지 써 준다는 것은, 이만저만 어려운 일이 아닙니다. 거기다가, 교사들에게는, 교과지도·생활지도·학급사무·학교 담당사무 등의 본무가 있어, 그 본무를 하고 난 다음에, 일기 지도를 하기 때문에, 더욱 어렵습니다. 그래서, 모두들, 일기 지도는, '일기 미치광이'란 말을 들을 정도의 열성교사가 아니면, 도저히 해낼 수가 없는, 벅찬 일이라고 말하고들 있는 것입니다.

그런데도, 그런 어렵고 벅찬 모든 악조건들을 무릅쓰고, 기어코 일기 지도를 실천하며, 쓰러져 가는 이 나라 교육을 지탱하고 있는, 열성교사들이 이 나라에도 꽤 많습니다. 그들은, 누가 알아 주건 말건, 승진도 출세도 아부도 요령도 모른 채, 오직 '건전한 참한국인 만들기'만을 염원하며, 매진하고 있는 것입니다.

그러면, 왜 그들은, 현실적으로 근무평점이나 승진에 아무 보탬도 되지 않는, 일기 지도를 버리지 못하고, 바보처럼 끝끝내 거기 매달려, 사서 고생만 하고 있는 것일까요? 그것은, 그만큼, 어느 교육활동에서보다도 더 보람찬, 숭고한 가치를, 일기 지도를 통해, 자기들 눈으로 생생히 보고 느끼고 있기 때문인 것입니다. 그러면, 그 숭고한 가치란, 또 무엇일까요? 그것은, 도움말의 영향에 따라, 어린이들이 날로 달로 어제와는 다른, 건전하고 착실하게 성장하고 있는 실증(實證)을, 일기 지도를 통해 확인하고서, 날마다 보람을 느끼는 것, 바로 그것인 것입니다.

(1) 인간(人間)이 변한다

일기 지도에 있어서 가장 큰 가치(價値)는, 도움말의 영향을 받아, 어린이 스스로, 자꾸 착한 어린이로 변해 가는 일일 것입니다.
이 일기 지도를 통한, 어린이의 변화(變化)는, 교육의 궁극적 목표와도 일치하는 일인 것입니다. 왜냐하면, 교육도 궁극적으로, 어린이의 행동 변화를 목표로 하고 있기 때문입니다.
그런데, 그 행동의 변화는, 교사나 부모가 행동을 바꾸라고 명령한다고 해서, 되는 것도 아니고, 또, 어린이가 변하겠다고 입으로 외친다고 해서, 되는 것도 아닙니다. 내적동기(內的動機), 즉 어린이의 마음의 변화가 있어야, 비로소 행동의 변화가 일어나게 되는 것입니다.
그런데, 그 마음의 변화를 일으키는 데 있어서, 가장 효과적인 방법은, 역시 작품법(作品法), 즉 문장표현을 하는 과정을 통해서, 마음의 변화를 일으키게 하는 방법인 것입니다.
일기를 쓰거나 글쓰기를 할 때는, 자기가 했던 행동이나 생각을, 되생각해 내 쓰게 됩니다. 그때, 어린이는, 그 글쓰는 과정을 통해서, 자기 행동을 객관화시켜 놓고 직시를 할 수도 있고, 시시비비를 가릴 수도 있고, 뉘우칠 수도 있고, 자기비판과 반성과 자각을 할 수도 있고, 또 마음속에 굳게 다질 수도 있게 되는 것입니다.
이렇게, 일기 쓰기라는 문장표현에 의한, 깊고 넓고, 또 높은 사고활동을 통해서, 어린이는 심적변화를 일으켜, 마음속에 다지고 새김으로써, 정신적 행동적으로 많은 성장을 하게 되는 것입니다. 그러면, 여기서, 일기 쓰기를 통해, 인간적으로 많은 성장을 할 수 있었다고 스스로 고백한, 어느 일본 6학년 어린이의 일기를, 한 번 읽어 보시기 바랍니다.

마지막 일기

일본 6학년 남자　○○○

마침내 선생님께 보여 드릴 최후의 일기가 돼 버렸습니다. 6년 동안, 일기를 계속해서 써서, 나는 참으로 좋았다고 생각합니다.

일기를 내지 않으면, 안 되기 때문에, 마지못해서 겨우 쓴 날이 있습니다. 그래도, 일기를 쓰지 않고서는 못 배기는, 날도 있었습니다. 이것은 꼭 써 두어야겠다고, 생각한 것도 있었습니다.

일기장을 책상 위에 놓고, 그것을 꼼짝 않고, 응시하며 노려보고 있는 사이에, 그 날 하루의 일을 되살려 내서, 생각해 보았습니다. 그리고, 일기를 쓰고 있는 동안에, 자기의 하루 생활을 반성할 수 있었습니다. 일기를 내어 버리면, 그 일기를 선생님이 읽으신 후, 되돌려 받는 것이 즐거움이었습니다. 선생님이 써 주신, 도움말 읽는 것이 제일 즐거웠습니다.

일기를 쓰고 있는 동안에, 나는 점점 주위 사람들의 생활에, 눈을 돌리게 되었다고 생각합니다. 만약에, 일기를 쓰고 있지 않았더라면, 그 날 일을 되돌아보는 일을, 전혀 하지 않고 있었을 것입니다. 한 가지 일이 끝나면, 반성도 안 하고, 그 다음 목표도, 세우지 않게 되었을 것입니다.

그와 마찬가지로, 자연의 변화도 관찰을 잘 하게 되었다고 생각합니다. 벚꽃 봉오리가 부풀어 올랐다든가, 매화꽃이 피었다든가 등, 그런 것을 일기에 씀으로 해서, 여러 가지를 생각하게 된 것입니다.

만일 일기를 쓰고 있지 않았더라면

"아, 매화꽃이 피었구나."

하고, 끝나 버렸을 것입니다. 꽃이 피어 있는 것도 몰랐을지도 모릅니다.

어머니는 나에게

"나오히로는 일기를 쓰기 시작하면서부터 생각하는 법이 점점 변해 왔고 말이야, 생각하는 어린이가 되었어요."

라고 말합니다.

일기를 써서, 하루 동안의 자기의 행동 등을 되돌아보고 하면, 자기 스스로 반성을 하게도 됩니다. 그렇게 하면, 일기를 씀으로 해서, 하루하루의 생활을 소중히 하고 있는 일이 되는 것입니다.

선생님의 도움말 중에서, 마음에 남아 있는 것은

"인간은, 자기 스스로 자기를 잘 되게 하려고 하지 않으면 안 된다."

"진짜 솔직함이란, 젊은이가 자주적으로 되는 것."

등입니다.

공부는 물론 소중, 운동도 소중, 건강도 아주 소중합니다. 그것과 같을 정도로 소중한 것이 생활입니다. 생활은 정확히 이루어지지 않으면 안 됩니다.

선생님께서 언제나 말씀하고 계시지만, 아름다운 마음은 소중합니다. 나는 내 속에 그 아름다운 마음을 자꾸자꾸 만들어 갈 생각입니다.(3.15.목)

(2) 표현의욕(表現意慾)이 왕성해진다

교사의 도움말은 봄비와도 같은 것이어서, 써 온 일기에 대해서, 반응해 주고 인정해 주고 칭찬해 주면, 어린이는 용기를 얻어, 일기 쓰기에 더욱 흥미와 의욕을 갖게 됩니다.

어린이들은, 자기가 쓴 일기를 써 놓고는, 선생님이 그걸 알아 주나, 못 알아 주나를 제일 궁금해합니다. 그런데, 일기장에 도움말이 씌어져 있을 경우, 선생님께서 자기가 쓴 일기를 알아보고, 뜻밖에도 인정해 주었을 뿐 아니라, 잘 썼다고 칭찬까지 해주셨으니, 그렇게 반갑고 흐뭇할 수가 없는 일인 것입니다. 그래서, 일기 쓰기에 자신이 생기고 해서, 자꾸 일기가 더 쓰고 싶어지게 되는 것입니다.

그래서, 도움말을 쓸 때, 일기가 문장이 서툴고, 틀린 글자나 맞춤법이 많고 하더라도, 뒤에 숨어 있는 어린이의 속마음의 참뜻을 찾아내어, 참 좋은 말을 했다고, 인정해 주고 칭찬해 주도록 해야 합니다. 맞춤법이 틀리고 표현이 서툴고 하는 것은, 어린이들에겐 으레 있을 수 있는, 너무도 당연한 일인 것입니다. 그런데, 기대치를 너무 높게 잡아, 서툰 데를 꼬집어, 잔소리를 하거나 하면, 어린이들은, 좌절감을 느껴, 일기 쓰기를 그만 꺼려하게 되고 말 것입니다.

그래서, 일기 쓰기의 입문기 시기인 그림일기 지도단계 때는, 특히 칭찬 제일주의로 나가야 합니다. 글자도 잘 모르고, 글씨도 서툴고, 문장도 엉망이고 하지만, 꿈보다 해몽이 더 좋듯이, 눈 딱 감고, 장점을 발견해서, 인정해 주고 칭찬해 주면, 표현욕구에 기름을 끼얹는 것과 같은, 효과가 나타나게도 될 것입니다.

(3) 일깃감(제재) 붙잡는 힘이 는다

　일기나 생활문을 쓸 때, 어린이들이 제일 고민하는 것은, 쓸거리가 없다는 것입니다. 사실은, 어린이들의 생활 자체가 일깃감투성인 데도, 사물을 막연하게밖에 볼 줄 몰라, 찾아내지를 못하기 때문에, 그런 것입니다. 그런데, 일기를 쓰며, 교사의 도움말을 통해 지도를 받다 보면, 우리의 생활 주변에, 일깃감이 주체할 수 없이, 많이 널려 있다는 것을 깨닫게 될 것입니다.
　어린이들은, 교사들로부터, 보고 듣고 느끼고 생각하고 행한 것을, 그대로 솔직하게 쓰라고 하는 말은, 매일 귀에 못이 박히도록 듣지만, 실제로 어떻게 쓰는 것이 솔직하게 쓰는 것인지를, 어린이들은 잘 모릅니다. 그러다가, 어떤 어린이가, 어느 날 힘센 어린이한테 억울한 일을 당해, 분풀이 겸 마음속에 있는 울분을, 다 토해 내 솔직하게 썼더니, 도움말을 통해 솔직하게 잘 썼다고, 큰 칭찬을 받았다고 합시다. 그러면, 그때서야, 그 어린이는, 실제 생활 속에서, 강하게 느낀 것을 일깃감으로 택해서, 보고 듣고 느낀 대로, 솔직하게 꾸밈 없이 쓰면, 좋은 일기가 된다는 것을, 몸으로 터득하게 될 것입니다.
　이렇게 일기의 도움말은, 어린이들에게 어떤 것이 가치 있는 일깃감(제재)인가 하는, 취재의 눈과 함께, 어떻게 사는 것이 가치 있는 삶인가, 하는 것도 아울러 깨닫게 해주는 것입니다.
　교사로부터 칭찬받을 수 있는, 가치 있는 일깃감(제재)은, 다음과 같은 것들입니다.
　① 일상생활이나 하루의 일 가운데서, 아주 즐거웠거나, 또 분해서 참을 수 없었던 일.
　② 처음으로 알았거나, 처음 본 일의 사실과 놀라움에 대한 일.

③ 한 가지 일에 정성을 들여 작업을 하거나, 몰두해서 노력한 일.
④ 심부름과 일하기, 또는, 노동하는 사람을 보고 감동한 사실과 또 그것에 관한 생각.
⑤ 아름다운 것에 감동한 일이나, 아름다운 것을 표현하려고 했던 일.
⑥ 사회에서 일어난 일의 사실에 대한, 자기 생각이나 의견.
⑦ 책을 읽거나, TV · 인터넷 · 영화 · 비디오를 보고 안 일이나, 그것에 대한 감상, 또는 의견.
⑧ 자기 주변 사람들의 생활이나, 그 사람들과 자기와 접촉하는 사이에 일어난 일.
⑨ 자연이나 기후 및 계절의 변화를 보며, 느끼고 생각한 일.

(4) 표현기술(表現技術)이 는다

① 주어(主語)와 술어(述語)의 관계(주술관계)를 명확히 해서, 글을 쓸 수 있다.

어린이들이, 남이 잘 알 수 있도록 일기를 써 왔을 때, 교사는 도움말을 통해 칭찬을 해주게 되는데, 문장이, 남이 잘 알 수 있게 쓰여진 이유는, 주술관계(主述關係)가 명확해서, 그런 거라고 말해 주면 좋습니다. 다시 말하면, '무엇이 어떻게 됐다.' 라고, 주술관계를 명확히 해서 표현했기 때문에, 남이 잘 알 수 있는 문장이 된 거라고 하면서, 문법의식(文法意識)을 일깨워 주어, 문장을 문법적으로 분석해 볼 수 있는 눈을, 서서히 길러 주어야 합니다.

그러면, 어린이들은 그 도움말의 영향을 받아, 문장을 쓸 때면, 주술관계가 명확하면서도, 주어와 술어가 모순 없이 서로 잘 어울리는(주술호응—主述呼應) 문장을 쓰게 됩니다. 다시 말하면, '나는 학교를 갔다.' 와 같은, 주술호응에 안 맞는, 모순된 문장을 안 쓰게 될 것입니다. 즉, '학교에'로 바로잡아 쓰게 될 것입니다.

② '잘 되생각해 내서' 쓰는 요령을 알게 된다

일기나 생활문은, 거의가 다, 과거의 생활사실을 되생각해 내서 쓴 것이 대부분입니다. 과거의 일을 잘 되생각해 내, 잘 쓴 문장을 칭찬해 줄 때는, 다음과 같은 착안점을 가르쳐 주면서, 노력하라고 격려해 주는 것이 좋습니다. 또, 정확하게 되생각해 내지 못한 문장을 썼을 때는, 엄하게 그 모자란 점을 지적해 주며, 그 착안점에 따라, 구체적으로 하나하나 되생각해 내도록, 지도해 주어야 할 것입니다.

그때는, '언제' 였더라?

그때, 나는 '어떻게' 하고 있었지?

그때, '어떤 일'이 내 눈에 들어왔었지?

그때, '누가' 무어라고 해서, 나는 무어라고 말했었지?

그때, 누가 '어떻게' 했었지?

그리고, 나는 '어떻게' 했었지?

그래서, 나는 '어떻게' 생각했었지?

③ '적합한 말'을 골라 쓸 줄 아는, 표현기술이 늘어나게 된다

사물이나, 장면·심정·정경 등을, 자기가 보고 느끼고 생각한 대로, 정확히 묘사해 표현하려고 할 때, 가장 어려운 것은, 자기가 가지고 있는 말 중에서, 거기에 가장 꼭 들어맞는 말을 골라 쓰는 일인데, 그런 힘을 기르기란, 참 어렵습니다.

그러나, 도움말을 통해서, 내용이 생생하게 잘 표현됐을 때는, 자기 느낌에 꼭 들어맞는 말을, 잘 골라 묘사했기 때문에, 그렇게 된 거라고 칭찬해 주어야 합니다. 그리고, 말을 잘 골라 쓰려면, 무엇보다도 어휘력(語彙力)이 풍부해야 되기 때문에, 평소에 책을 많이 읽어, 의도적으로 새로운 낱말들을 많이 알도록 하고, 또 많이 모으도록 유도해야 합니다.

그리고 또, 말을 잘 골라 쓰려면, 사물의 관찰이 정확해야, 정확한 말을 골라 쓸 수 있기 때문에, 평소에 사물을 더욱 자세하고 정확하게 보고

듣고 느끼고 생각하는, 생활을 습관화하도록 해 두어야 합니다.

④ '표현을 이끌어내는 말'을 사용할 줄 안다

표현기술이 늘면, 문장의 내용을 더욱 풍부하게 해주는, '표현을 이끌어내는 말'인, '~하면서'·'자세히 보니'·'왜냐하면' 등을, 사용할 줄 알게 됩니다.

㉠ '~하면서' …… 사람이나 사물의 연속되는 움직임을, 나타낼 때 쓰는 말인데, '철수는 책을 <u>읽으면서</u>, 걸어가고 있었다.'처럼 사용하면, 사람이나 사물의 움직임을, 자세하게 나타낼 수가 있습니다.

㉡ '자세히 보니(까)' …… 이 말은, 일상의 평범한 생활 속의 일들을, 그냥 아무렇게나 보아 넘기지 않고, 자세히 봄으로써, 여태까지 몰랐던 사실을 새로 발견하게 하고, 또 문장의 내용도 풍부하게 하는 데도, 많은 도움을 주는 용어입니다.

'대팻밥을 <u>자세히 보니</u>, 가는 선이 들어 있었습니다.', '싹튼 콩의 뿌리를 <u>자세히 보니</u>, 가는 실뿌리가 서릿발처럼 하얗게 수없이 나 있어서 깜짝 놀랐습니다.' 등의 예를 보더라도, '자세히 보니'란 말을 써서, 대상에 파고들면, 새로운 인식을 얻게도 되고, 새로운 발견을 하게도 됩니다.

그러니, 모든 어린이들에게 이 '자세히 보니'의 용법을 권장해, 사물도 자세히 보는 태도도 기르고, 문장도 자세하고 길게 쓰도록, 유도해 나가야 하겠습니다.

㉢ '왜냐하면' …… 설명을 이끌어낼 때, 쓰는 말입니다. 고학년에서, 설명 부분으로 들어갈 때는, '그것은……' 이나 '실은……' 이란 말을 써서, 아주 자연스럽게 설명을 해 나가게 됩니다. 저학년에서는, '왜냐하면'의 용법을 잘 활용하면, 문장을 길게도 하고, 논리적이게도 할 수가 있습니다. 그리고, '왜냐하면' 하고, 설명조로 시작된 문장의 끝맺음은, '~때문입니다.'로 해야, 주술호응(主述呼應)에 맞습니다.

'왜냐하면'을 쓰면, 자기 마음속 이야기나, 어떤 일의 이유나 원인을, 자세하게 설명할 수가 있습니다. 가령, 마음속으로 생각한 것을 설명한 예를, 하나 들어 보겠습니다.

　'학교를 파하고, 집으로 오려고 하니, 비가 추적추적 내리고 있었습니다. 우리 집에서는, 아무도 우산을 가져다 주지 않는데, 철수는, 할머니가 장화와 비옷을 가지고 오셨습니다. 나는 철수가 부러워, 철수는 좋겠구나 하고 마음속으로 생각했습니다.

　<u>왜냐하면</u>, 철수는 감깃기가 있는데, 장화를 신기면, 운동화가 젖지 않을 것이고, 또 비옷을 입히면, 옷도 안 젖을 것이고, 따뜻할 것이기 <u>때문입니다</u>.'

또, 이유를 설명한 예를 들어 보면, 다음과 같습니다.

　'TV에서, 자동판매기에 대해서 나왔는데, 나는 그걸 보고 깜짝 놀랐습니다. <u>왜냐하면</u>, 햄버거라든가, 튀김이라든가, 라면 등의 자동판매기까지, 다 있었기 <u>때문입니다</u>.'

제5장　도움말의 보기

　앞에서, 도움말 쓰는 요령에 대해서, 여러 가지로 상세하게 설명을 했습니다. 그러나, 쓰는 요령은 알았다고 하더라도, 막상 쓰려고 하면, 실마리가 안 잡혀, 애를 먹을 때가 많습니다.

　그럴 때 참고하시라고, 여러 가지 도움말의 보기를 다음에 들어 놨으니, 참고하시기 바랍니다. 그러나, 절대로 이대로 베껴 쓰는 일이 있어서는 안 될 것입니다. 쓰는 법을 참고하셔서, 그 어린이의 일기 내용에 적합하면서도, 어린이의 혼을 뒤흔들 수 있는, 진심 어린 도움말을 만들어 쓰도록 노력하시기 바랍니다.

　── 닭이 한쪽 다리를 들고 있는 것을 보고, 이상하다고 생각한 것이 참으로 좋은 점입니다. 의문을 갖고 보는 것이, 바로 과학이나, 모든 공부의 기초가 되는 것이니까요.
　학이나 황새도, 한쪽 다리를 들고 섭니다. 한쪽 다리로, 쉬고 있는 것일까요, 아니면, 생각하고 있는 것일까요? 나도 모르겠습니다. 같이 연구해 보도록 합시다.

― 어머니와 둘이서, 튤립 알뿌리 심기를 해서, 참 즐거웠겠구나. 즐거웠을 뿐 아니라, 참으로 좋은 자연 공부를 한 것 같구나. 아름다운 저녁놀 밑에서, 심은 알뿌리라, 꼭 저녁놀 빛깔 같은, 튤립꽃이 필지도 모르겠구나. 물도 주며, 오는 봄을 기다리려므나.

― 좋은 일기입니다. 심부름 가서, 좋은 공부를 했습니다. 왕우럭조개는, 나도 좋아하는 조개입니다. 밝은 코끼리의 코 같지만, 속은 흰색과 봉숭아색인데, 아주 아름답습니다. 맛이 좋아요. 자세히 본 것을, 정확하게 잘 썼습니다. 좋은 일기입니다.

― 응, 그래. 잘 생각했다. 네가 참기 잘 했다. 철이가 아무리 집적거려도, 대꾸하지 않고, 웃어 넘기는 네가, 아주 어른스럽구나. 참는 사람에게, 복이 온다는 말도 있지 않느냐? 어리석은 철이를, 좋은 방향으로 잘 이끌어 주어라.

― 산을 보고, 아름답다고 생각한 것이 아주 좋습니다. 아름다운 것에 마음이 움직였다는 것은, 좋은 일인 것입니다. 아름다운 것을 아름답게 보고, 거기 젖어 있으면, 마음이 자꾸 더 아름다워지는 법이에요. 아름다운 것이 있거든, 자꾸 써서, 더 많이 보여 주세요. 참 좋은 일기였습니다. 좋아, 좋아, 좋아…….

― 요즘 아주 따뜻해졌지? 요즘은, 냇물이 오염되어 못 들어가겠지만, 내가 어렸을 적에는, 오늘처럼 날씨가 좋은 날에는, 모두 시냇가로 가서, 고기잡이도 하고, 가막조개를 잡기도 했었지. 시냇물도 깨끗하고, 복사뼈 위까지 잠길 정도의 곳도, 있었으니까 말이야.
가막조개가 잡히면, 된장국에 넣어 끓여 먹었지. 조그맣고 예쁜 다갈색의 조개였었지.(일기 안 씨 온 일기장에 쓴 것.)

― 영희는, 처음으로 펭귄을 보고, 신기하게 생각한 것을 썼는데, 아주 잘 했습니다. 이렇게, 하루 일 중에서, 가장 마음에 남아 있는 것을 쓰면, 자연히 좋은 일기가 되는 겁니다.

― 잘 씌어지지 않는 일기를 쓰느라, 애먹었겠구나. 일기 쓰기가 싫다 싫다고 하면서도, 용케 잘 써 왔다. 춘자의 일기를 읽으면, 아, 그렇구나 하고, 생각되는 대목이 있어서

좋아요. 그래서, 춘자의 일기를 읽는 것이 즐거움이란다.

— 어머니가 소매치기를 당하다니, 어머니께서 굉장히 걱정하셨을 거예요. 10만 원이란 돈도 아깝겠지만, 소매치기 당한다는 것은, 참으로 기분 나쁜 일이어요. 그때의 어머니의 마음을 알 것 같아요.
소매치기 당했을 때의 주위 사람이나, 가게의 모습 등은, 아주 잘 나타나 있으나, 가장 중요한, 어머니의 놀란 모습의 묘사가 좀 부족한 것 같아요. 얼굴 색·떨리는 손 등에 대한 것을, 좀더 구체적으로 썼더라면, 좋았을 것 같아요.

— 학교에 가다가, 더러운 개똥을 밟은, 반장의 싫어하는 얼굴이나, 운동화에 묻은 개똥을 떼내려고 애쓰는, 모습이 아주 잘 나타나 있어요. 곤란을 당한 반장을, 안타깝게 생각하고 걱정해 주는, 정자의 고운 마음씨가 아주 착하게 느껴졌어요. 학교에 가는, 짧은 사이에 일어난 일인 데도, 아주 잘 생각해 내서, 자세하게 잘 썼어요.

— 좋다. 아주 좋다. 지금까지 헌집 헐기 준비를 하고 있었는데, 그 작업이 드디어 오늘 시작되었구나. 보통 때와 다른 것을, 붙잡아 쓴 것이 좋았다. 헌집이지만, 헐리니까 아깝다고 말하는, 어머니의 이야기를 쓴 것도 잘했다.

— '젓가락으로 집어 올리면서'·'몸을 쑥 내밀면서' 등처럼, '~면서' 라고 쓴 것이 좋았다. 이것 때문에, 어머니의 움직이고 있는 모습이, 잘 나타났어요. 앞으로도, '~면서'를 많이 넣어서 쓰세요.

— '자세히 보니까' 라고, 쓴 것이 훌륭했어요. 그것은, '자세히 보니까' 라고 쓰면, 본 것을, 자세하게 잘 생각해 낼 수 있어서 그래요. '자세히 보니까' 하고 썼기 때문에, 대팻밥에 들어 있는 선을, 발견하고 쓸 수 있었던 거예요.

— '왜냐하면' 이란 말을, 넣어서 쓴 것이 훌륭했어요. '왜냐하면' 하고 썼기 때문에, 네가, 순정이 할머니의 마음씨가 좋다고, 두 번이나 생각한 이유를, 잘 쓸 수 있었던 거예요. 그래서, 나는, 순정이 할머니의 좋은 마음씨를 잘 알았어요.

— 좋았어요. 아주 좋은 경험을 했습니다. 이런 좋은 생활을 한 날은, 좀더 자세하게 생각

해 내서 썼더라면, 좋았을 거예요.
　먼저, 첫머리의 어머니한테 들은 말을, 잘 생각해 내서, 그대로 써야 해요. 그리고, 그 때 생각한 것을 써야 해요. 그 다음에, 체육교실에서부터 걷기 시작했던 일을 생각해 내서 쓰고, 지하철 역 개찰구에서 어떻게 헤맸는지도 써야 해요. 또, 집까지 걸으면서 생각한 것도 써야 해요.
　어때요? 이것들을, 다시 한 번 고쳐 써 보세요. 고쳐 써 보면, 그 날이 얼마나 좋은 날이었는지, 알게 될 거예요. 좋은 체험을 했으니까요.

— 잘 썼다. 그런데, 너의 일기에, '여러 친구들'·'손을 구부려.' 등의, 구체성이 없는 막연한 표현들이 많아, 실감이 안 나는데, 다음과 같이 고쳐 쓰면 어떻겠니?
　'여러 친구들'이라고 하면, 도대체 누구누구인지 모르니까, 그 친구들 이름을 구체적으로 다 들도록 하여라. 또 '손을 구부려.'도, 그렇게 쓰지 말고, [창식이가 나의 팔꿈치 부분을 찌르면서, "여기를 구부려." 하고 말해 주었습니다.]라고 썼더라면, 훨씬 더 그 장면의 모습이 잘 떠오르고, 실감도 더 났을 거야.

— 재미있다. 아주 재미있다. 투구벌레와 명수가 장난치고 있는 장면이, 눈에 보이는 듯 하구나. '세차게 쭉쭉 뻗은 발의 뾰족한 곳에서'라든가, '내 얼굴에 달라붙어서'라든 가가, 투구벌레의 모습이 잘 나타난 곳이다. 결국, 명수가 투구벌레한테 지고 만 거야. "꺅." 하고, 소리를 질렀으니까 말이야.

— 민수는, 참으로 마음씨 고운 사람이라고, 나는 생각해요. 친구도, 갖고 싶어할 것이라고 생각하고서, 친구에게 메뚜기를 준 거라든가, 그리고, 친구에게 주기는 했지만, 그대로 두면, 죽어 버릴 거라고 생각하고서, 메뚜기를 되찾아서, 풀밭에 놔 준 것 등은, 다 민수의 마음씨가 곱기 때문에, 일어난 행동들이에요. 나는, 민수의 그 작은 생명의 아픔을 아는, 착한 마음씨에 감동을 했습니다.

— 창식아, 나도 어렸을 때 추우면, 너처럼 어머니 이불 속에 발을 밀어 넣고, 찬 발을 녹인 적이 있었단다. 창식이 덕분에, 나는 어렸을 때, 어머니의 따뜻함이라든가, 어머니 냄새 같은 것을, 생각해 낼 수 있었단다. 너의 일기에, 나는 고맙다고 인사를 해야겠구나. 그런데, 어머니의 병은 좀 좋아지셨니?

─ 놀랐다, 놀랐어. 아주 말을 잘 골라 썼어요. '재미있는 듯이 다리를 뻗고, 꼬리를 바짝 위로 세우고'라든가, '이쪽을 보았지만, 안심한 것처럼 살짝 돌아서서'라든가 등, 말을 잘 골라 썼기 때문에, 그 장면이 알기 쉽게, 눈에 잘 떠오릅니다.

그리고, 더욱 좋다고 생각된 곳은, 다람쥐가 쳇바퀴를 잘 돌리고 있을 때 소리는, '대그락 대그락'이라고 표현하고, 처음 돌리기 시작했을 때의 소리는, '대대그락 대대그락'이라고, 구별해 소리흉내를 낸 점입니다. 이것에, 나는 홀딱 반해 버렸어요. 대단하다. 대단하다. 대단하다.

─ 좋아, 좋아, 참 잘했어요. 이 일기를 읽고, 동생에게 어떻게 장티브스 예방주사를 맞혔는가를, 잘 알 수 있었어요. 그 까닭은 , 한 행동을 순서에 따라, 아주 똑똑하게 잘 써 놨기 때문이에요. 먼저, 학교에서 집에 돌아올 때 이야기를 쓰고, 다음에, 집에서의 이야기를 쓰고, 그리고, 애를 업고 나설 때의 이야기, 그리고, 예방주사 놓는 곳을 어렵사리 찾아간 이야기, 그 다음에, 가까스로 주사를 맞힌 이야기 등을, 했는 차례대로 잘 썼습니다.

─ 재미있다. 재미있다. 아버지도 재미있고, 형도 재미있다. 철수도 재미있다. 어머니도 인정스럽다. 철수 집엔, 모두 좋은 사람들뿐인 것 같구나. 즐겁고 인정스러운 집이구나. 나도 철수가 되어, 그런 집에서 한 번 살아 보고 싶구나.

─ 야, 참 좋은 일기였어요. 지희야, 이건 정말 굉장하다. 이틀의 일기가 다 근사하다. 하나는, 독서에 대한 것인데, 이것은, 좋은 공부를 했다고 생각했기 때문에, 자신있게 쓸 수가 있었을 거예요. 또 하나는, 동물에 대한 것이었는데, 그것도 재미가 있었어요. 자세히 씌어 있었어요.

지희는, 무엇이든, 한다고 하면 야무지게 해요. 그것이 훌륭한 거예요. 그것이, 지희의 가장 좋은 장점이에요. 무엇이든, 끈질기고 야무지게 하는 어린이가, 요즘 점점 적어지고 있는데, 지희는, 그런 것들을 잘 해내고 있어요. 나는 참으로 기뻐요.

─ 혜리! 많이 먹어라. 지금은, 키가 작고 가냘프지만, 많이 먹으면, 틀림없이 어느 날 갑자기 커지게 될 거야. 혜리는, 어머니가 크니까, 너도, 틀림없이 키가 크게 될 거라고

나는 믿고 있어. 그러나, 지금 잘 먹지 않으면, 키가 크지 않게 돼요. 급식을 먹을 때, 즐겁게 많이 먹도록 해요.

나는, 요즘, 혜리가 운동을 열심히 하고 있어서 기뻐요. 공놀이도 철봉도, 아주 잘 하고 있어요.

— 영수야, 저번에 네가 힘차게 손을 들었을 때, 아주 기뻤어요. 내가 너에게 손을 들라고 한 것은, 손을 들어 자기 의견을 말하고, 모든 학급 어린이들과의 이야기 속으로, 뛰어 들어가면, 그 시간의 공부가, 자기 것이 되기 때문이어요.

나는 영수가 손을 들면, 기뻐서 못 견딜 지경이에요. 무턱대고 들지 말고, 말하고 싶은 것이 있을 땐, 서슴지 말고 들도록 하세요.

— 어머나, 어머나, 깜짝 놀랐다. 이것이 명숙이의 일기라니……. 나는 너무도 놀랐다. 깜짝 놀라, 기겁을 할 지경이었어. 나는 딴 사람의 일기인 줄 알았던 거야. 표지를 두 번이나 봤단다. 혹시 아닌가 해서…….

명숙이도, 이제 일기를 충분히 쓸 수 있게 되었다. 여태껏 그저 쓰지 않았던 것뿐이야. 꽤 긴 슬럼프였지, 그지? 그러나, 이젠 걱정이 없다. 핼리 혜성에 대해서 쓴 것처럼, 자기가 보고 생각한 대로, 열심히 쓰면 되는 거야.

— 좋아졌다. 참으로 좋아졌다. 네가, 요즘 자주적으로 생활하게 되었다는 걸, 이 일기를 보면, 나는 금방 알 수 있단다. 어머니도 좋아하고 계실 것이다. 이것이, 언제까지 계속될지 모르겠지만, 지금 열심히 하고 있는 것만은 틀림없는 일. 이 지금이 중요한 것이다.

인간이란, 자기가 하고 싶은 일을 열심히 하면, 굉장한 즐거움을 느끼는 법이다. 네가 진정으로 열심히 하게 된다면, 그야말로 굉장한 결과가 나올 것이다. 나도 즐거움이 늘어서, 참으로 기쁘다.

— 영숙아, 봄은 즐거운 계절이라는데, 좋은 날씨가 너무도 없지요? 이런 때에, 날씨 조사를 했다는 것은, 참으로 훌륭한 일이라고 생각합니다. 필요에 따라, 조사하는 것이 좋은 점이에요.

나도, 막연하게 참으로 날씨가 나쁘다고 생각하고 있었는데, 이렇게 표로 나타내 놓으니까, 참으로 금년은, 봄 날씨가 너무도 나쁘다는 것을 금방 알 수가 있습니다.

도시에서는, 야채 값이 말할 수 없이 오르고, 그래서, 큰일이 났습니다. 꼭 날씨 때문만은 아니지만, 날씨는, 농민뿐만이 아니라, 도시 사람들에게도, 큰 영향을 준다는 것을, 이것을 통해 알 수가 있겠지요?

영숙이의 좋은 점은, 날씨의 변화를 유심히 보고, 관찰했다는 것입니다.

제14부 '생활문(生活文)' 쓰기 지도의 지름길

먼저, 너무도 잘못되어 있는, 우리나라 '생활문' 쓰기 교육의 현황과 문제점부터 살펴보고, 생활문 쓰기의 지도과정인, ① 글감 찾기, ② 얼거리 짜기, ③ 글 쓰기, ④ 글고치기, ⑤ 작품의 뒤처리 등의 차례로, 해설해 나가겠습니다.

1. 우리나라 생활문 쓰기 교육의 현황(現況)과 문제점(問題点)

첫째, 소위 '글짓기' 유파의 글쓰기 지도관(指導觀)의 잘못으로, 거짓글·가짜글이 판을 치고 있습니다. 생활문은, 자기가 체험한 것을, 보고 느끼고 생각하고 행한 대로, 아무 꾸밈 없이, 6하원칙에 맞게, 정직하게 그대로 표현하는 것이 생명입니다. 이렇게 정직하게만 쓰면, 글이 좀 서툴더라도, 실감도 나고, 감동도 주게 됩니다.

그런데, 요즘 어린이들이 써 놓은 생활문을 보면, 자기가 체험하지도 않은 것을, 상상해서 쓴다며, 마구 거짓으로 꾸며 대 쓰기도 하고, 또 체험한 걸 썼다고 하더라도, 허풍을 떨어서, 자기 과시를 하려다가, 그만 글을 망쳐 버리는 경우가 아주 많습니다.

또, 글을 예쁘게 꾸미는 기교주의(技巧主義)에 치우친 나머지, 남의 글을 흉내내거나 베끼는, 표절행위(剽竊行爲)가 아무 부끄럼 없이 예사롭게 행해지고 있어, 이만저만 큰일이 아닙니다. 어느 백일장에서 나온, '시골'이란 제목의 글들을 보니, '아버지 차를 타고 시골에 갔다. 거기 가니, 시냇물이 졸졸 흐르고, 송아지가 음매 울고 있었다.' 하는 식으로, 처음부터 끝까지, 거짓으로 꾸며 쓴 글이, 아주 많았습니다. 시골에 한 번도 가 본 적이 없는 도시 어린이가, 백일장에 나갔다가, '시골'이란 제목이 떨어지니, 제목이 자기에게 안 맞으면 상상해서 쓰라는, 지도교사의 지시에 따라, 그런 잘못을 저질렀겠지만, 참으로 개탄스러운 일이 아닐 수 없습니다. 이제는, 정말 어린이들을 거짓말쟁이로 만드는, 이런 어리석은 짓은, 그만두어야겠습니다. 또, 상을 타기 위해서, 양심을 버리고, 표절과 과장과 거짓을 함부로 저지르는, 그런 상업주의적인 그릇된 백일장과 '상상 글짓기'라는 것도, 그만두어야 하겠습니다.

둘째, 잘못된 논설문 지도 때문에, 글쓰기의 본질(本質)이 말할 수 없이 왜곡되고, 또 망쳐지고 있다는 사실입니다.

논설문 지도는, 원래 심리학적으로, '상징적 추론'(象徵的 推論)이나 '조합적 사고'(組合的 思考)가 가능한, '형식적 조작기'(形式的 操作期)인, 12세 이후(5·6학년)가 되어야만, 비로소 가능하다고 합니다.

그런데, 어린이들의 심신발달 단계는 전혀 고려하지 않고, 저학년 때부터, 무작정 논설문을 지도하는가 하면, 고학년에선, 신문 사설 형식의 논설문을 쓰라고, 마구 강요를 하고 있어, 어린이들이 큰 혼란과 고민에 빠져 있는 실정입니다. 자기 생각이나 주장이 하나도 들어 있지 않은, 흉내내기나 베껴쓰기만을 일삼다 보니, 어린이들이 점차 자신감을 잃어 가고 있고, 우울증까지도 앓고 있는 어린이들이 꽤 많다고 합니다.

초등학교 교육은, 인간으로서의 모든 기초를 다지는, 첫단추 교육입니다. 그래서, 논설문 지도도, 그 기초가 되는, 생활문 쓰기 지도부터 착실하게 해 나가야 합니다. 생활문을 자유자재로 쓸 수 있는 능력이 붙어야만, 비로소, 살아 있는 올바른 논설문을 쓸 수가 있게 되는 것입니다. 학원에서 강요하고 있는, 신문 사설 외우기와 흉내내기의 논설문 지도방식에, 절대로 현혹되어서는 안 됩니다. 그렇게 달달 외워서 익힌 기능은, 절대로 어디 가서도 써먹을 수가 없습니다.

요즘 대학 교수들이, 논설문 형식에 좀 안 맞아도 좋으니, 제발 자기 목소리가 담긴 논설문을 좀 써 달라고, 수험생들에게 애원하고 있는 걸 보더라도, 학원식 논설문 지도가, 얼마나 잘못되어 있는가를 잘 알 수가 있을 것입니다.

초등학교에서의 논설문 지도는, 생활문 쓰기 실력이 붙은 후, '이래서야 될까?' 하는 관점에서 붙잡은, 가정·학교·사회의 문제점들을, 논리적으로 비판하는 글을 쓰게 함으로써, 논설문의 기초가 되는, 문제의식(問題意識)과 비판정신(批判精神)을 길러 주는 것으로, 만족해야 할 것입니다.

다시 말하면, 초등학교에서는, 먼저 생활문 쓰기 실력 다지기에, 더 많은 힘을 기울이라는 것입니다.

2. 살아 있는 생활문(生活文) 쓰기 지도법

(1) 글감 찾기(취재-取材)

글감 찾기(취재)란, 일상생활의 수많은 생활체험 가운데에서, 가장 인상 깊고, 감동적인 것을 골라, 글쓸 대상을 선택하는 일입니다.

어린이들은, 일상생활 속에서, 보고 듣고 느끼고 감동하고 반항하고 생각하고 하는 등, 아주 많은 신체적 심리적 경험을 하는 데도, 막상 글감을 하나 골라 쓰라고 하면, 쓸 것이 없다며, 하늘만 쳐다보고 있는 경우가 많습니다. 그래서, 글감 찾기 지도에서는, 다음과 같은 점을 유의해야 합니다.

첫째, 항상 '글감수첩'(取材手帖)을 가지고 다니면서, 좋은 글감이 생기면, 그 자리에서, 즉시 6하원칙에 따라 적게 하라는 것입니다.

사람의 머리 속에, 떠오른 생각이나 느낌은, 오래 가지를 못하고, 금방 사라지고 맙니다. 그래서, 보고 듣고 느끼고 생각한 것을, 기억이 생생할 때, 현장에서 금방 적어 두는 습관을, 어렸을 때부터 길들여 두는 것이 좋습니다.

장사도 밑천이 있어야 하듯이, 글쓰는 사람들은, 글감을 많이 적을 수 있는, '글감수첩'이란 밑천을, 항상 준비해 두어야 합니다. 또, 글감을 고를 때, 일기장을 이용하는 것도, 좋은 방법일 것입니다.

둘째, 글감을 찾을 때, 서로 '잊을 수 없는 일'을 이야기하게 한 후, 그 중, 가장 인상 깊고, 기억에 남는 일을, 고르게 하는 것도, 아주 좋은 방법일 것입니다.

이 '잊을 수 없는 일 생각해 내서 쓰기'는, 생활문 쓰기의 거의 대부분을 차지할 만큼 중요한 분야이므로, 많은 연구를 해 가며, 지도해야 할 것입니다. 겪은 일을 생각해 내는 일은, 아주 쉬울 것 같으면서도, 막상 해보면, 기억이 막연하고 희미해서, 어려울 때가 많습니다.

그래서, 경험 당시의 사실과 정경(情景)과 느낌 등을, 정확하고 많이 생각해 내게 하기 위해서, 그 실마리가 되는, '글감수첩'·사진·그림·테이프 리코더·비디오 테이프·본보기글 등을 동원하는 것도, 아주 효과적일 것입니다.

셋째, 취재범위를 넓히기 위해서는, 의도적으로 아이들이 많은 경험을 하도록, 꾀해야 합니다.

예를 들자면, 나팔꽃 씨앗 등, 꽃씨 뿌려 가꾸기, 새·닭·토끼·염소·햄스터 등의 동물 사육 관찰하기, 콩·보리·벼·조·수수·고추 등의 농작물 가꾸기, 농촌 일 체험하기, 소방서·관공서·시장 등을 방문 조사하기, 시골 여행하기, 신문·방송 등을 이용해 견문 넓히기, 국토 순례 하기 등, 얼마든지 좋은 방법이 있을 것입니다.

특히, 도시 어린이들에게는, 땀 흘려 일하는 일체험을 반드시 많이 시켜야 합니다. 힘든 일을 해봐야, 세상 물정도 알고, 사물의 속성도 자세히 알게 되어, 지혜와 가치관도 생기게 되는 법인데, 도시 어린이들은, 만날 학원에나 다니며, 편한 생활만 하고 있어, 자연이나 세상살이에 대해선 아무것도 모르는, 완전한 바보가 돼 버렸습니다. 그렇게, 체험한 게 별로 없기 때문에, 도시 어린이들 가운데는, 글 한 줄 옳게 못 쓰는 아이들이 수두룩하다는 사실에, 우리는 크게 주목하고서, 꼭 대책을 강구해야 할 것입니다.

넷째, 글감 찾기를 할 때는, 단순히 글 쓸 대상만 골라잡을 게 아니라,

생각을 정리해, 글의 중심(주제)을 생각해 보기도 하고, 글 제목도 정해 보기도 하고, 쓰고 싶어하는 것도, 미리 예상해 보기도 하는 것을, 함께 연결시켜 이루어지도록, 지도해야 할 것입니다.

다섯째, 글쓰기를 지도할 때, 가장 어려운 점은, "쓸 것이 없어요.", "무얼 쓸지 모르겠어요." 하며, 멍하니 앉아 있는, '쓰지 못하는 어린이'들 처리 문제입니다.

이런 지진아나 부진아 들에게, 한글 깨치기는 물론, 쓰려고 하는 의욕과 흥미를 불러일으켜 주기 위해선, 사물을 보고 느끼는 법, 생각하는 법 등을, 교육활동의 모든 분야를 통해서, 미리 길러 놓아야 한다는 것을 명심해야 하겠습니다.

(2) 얼거리 짜기(구성-構成)

얼거리 짜기는, 선택된 글감을 효과적으로 표현하기 위해, 어떤 주제(主題) 밑에 어떤 순서(順序)로, 어떻게 조립해 나갈 것인가를 설계(設計)하는 일입니다. 따라서 글의 얼거리는, 건축의 설계도나, 일의 계획서와 마찬가지라고 할 수가 있을 것입니다.

어떤 의도에 따라, 효과적인 표현을 하기 위해, 얼거리를 짠다는 것은, 아주 중요한 일입니다. 따라서, 아주 어려운 일이기도 합니다. 그래서, 어린이들은, 그 귀찮고 어려운 얼거리 짜기를 아주 싫어합니다.

그런데, 그렇게 얼거리도 짜지 않고, 또 공책에 초벌쓰기도 하지 않고, 원고지에다 그냥 아무렇게나 끄적거린 글은, 절대로 옳은 글이 될 수가 없습니다. 그래서, 꼭 얼거리 짜기를 한 후, 글을 쓰도록 지도해야 합니다. 이 얼거리 짜기는, 조직력이나 사고력을 높이는 데도, 아주 효과적이므로, 잘 지도해서, 꼭 습관화시키도록 하는 것이 좋을 것입니다.

얼거리 짜기를 지도할 때, 유의할 점을, 몇 가지 적어 보겠습니다.

첫째, 얼거리 짜기에는, 체험한 시간의 흐름과 장소 변화의 순서에 따라 짜는, '자연(自然)스런 얼거리 짜기'와 시간의 흐름에 따르지 않고, 의도적으로 앞뒤를 바꾸기도 하고, 필요 불필요에 따라 덧붙이기도 하고, 깎아내기도 해서, 새로운 생각을 짜 내는 '의도적(意圖的)인 얼거리 짜기'의 두 가지가 있습니다.

'자연스런 얼거리 짜기'는, 주로 저학년에 적합하고, 생활문 따위를 쓸 때 사용됩니다. 그리고, '의도적인 얼거리 짜기'는, 주로 고학년에 적합하고, 논설문이나 설명문·독후감 등을 쓸 때 사용됩니다. 그러므로, 학년 정도와 글의 종류에 따라, 얼거리 짜기 지도법이 다르다는 것을 명심하시고, 거기에 알맞는 지도를 하도록 유의해야 하겠습니다.

얼거리 짜기 지도는, 구상의식(構想意識)이 또렷이 생기는, 3,4학년 때부터 본격적으로 지도하는 것이 좋겠으나, 시간의 흐름에 따라 차례로 쓰는, '자연스런 얼거리 짜기'는, 별로 어려운 일이 아니므로, 2학년 때부터 지도하는 것도 괜찮을 것입니다.

왜냐하면, 1·2학년 어린이들에게, 얼거리 짜기를 하지 않고, 그냥 쓰라고 하면, 중심이 없는 이야기를 이것저것 나열해 놔서, 도무지 무슨 말인지 알 수 없는, 너절한 글을 쓰기 일쑤이기 때문입니다.

'쓰려고 하는 것을 확실하게', '중요한 것을 빠뜨리지 않고', '쓰려는 것을 정리해서', '단락이 확실한 문장', '효과적으로 표현하기' 등은, 교육과정 쓰기 목표에 나와 있는 말들인데, 그 모두가, 얼거리 짜기와 관련된 말들이니, 얼거리 짜기를 지도할 때, 그 말들을 되새기며 지도하시기 바랍니다.

둘째, '의도적인 얼거리 짜기'를 하려면, 어린이들에게, 자연스런 시간의 흐름을, 통일적 객관적으로 보고, 그걸 재조직해 가는 힘이 있어야 하고, 또 계속해서 일어나는 사건이나 접촉하는 사물을, 어떤 한 시점에 따라, 선별 정리해서 끌어들이는 힘도 있어야 합니다.

그리고, 글을 쓰는 목적과 의도에 따라, 자기 자신을 객관화시킬 수 있는 능력도 있어야 하고, 또, 글 전체의 앞을 내다보며, 글 앞뒤의 어울림,

글의 부분과 부분 및 앞뒤의 흐름이나 연결상태 등, 글의 조화를 다스릴 수 있는 힘도 있어야 합니다.

　이러한 힘은, 국어시간의 독해지도 때, 길러져야 하는 것이므로, 글쓰기 지도에 앞서, 먼저 국어의 독해지도를 완벽하게 해야 한다는 것을, 명심해야 하겠습니다.

　셋째, 끝으로, '얼거리 짜기' 지도의 실제에 대해, 말씀 드리겠습니다.

　① 〔표 1〕을 참고해서 지도하시되, '얼거리 짜기'는 짧은 시간 내에 끝내야 하므로, 문장식으로 쓰지 않고, 메모식으로 간단하게 중요한 것만 메모하도록, 지도해야 합니다.

　② 어린이들은, '중심내용' 쓰기를 상당히 어렵게 생각하고, 시간을 오래 끄는 경우가 많습니다. 가벼운 마음으로, 쉽게 간단히 쓰도록 지도하시기 바랍니다.

　③ '이야기 상대'를 왜 적게 하느냐 하면, 상대의식(相對意識)을 가지고, 상대방에게 알기 쉬운 글을 쓰게 하기 위해서입니다. 내가 겪은 이야기를, 상대방에게 정확하게 알린다는 상대의식을 가지고 쓰면, 글이 객관화되기도 하고, 또, 6하원칙에 따라, 궁금한 것이 없는 글을 쓰게도 됩니다.

　④ '서두'·'중심'·'마무리' 부분을 메모할 때는, '중심' 부분을 먼저 쓴 뒤, '서두'와 '마무리' 부분을 쓰도록 하면, 글의 중심이나 주제를 명확히 하는 데, 아주 큰 효과가 있습니다.

　⑤ 어린이들은, 얼거리 짜기에 저항을 느껴, 시간을 끄는 경우가 많으므로, 10분 내지 20분 이내에 끝내도록, 훈련시켜야 합니다. 또 얼거리 짜기가 익숙해지면, 꼭 〔표 1〕과 같은 용지를 이용하지 않고, '초벌쓰기' 공책 윗부분의 공간을 이용해, 간단히 메모해 놓고, 쓸 수도 있습니다. 그러니, 짧은 시간 내에, 간단히 얼거리를 메모하고서, 얼른 '초벌쓰기'로 들어가도록, 습관화시키는 것이 좋을 것입니다.

　그리고, '얼거리 짜기'가 익숙해지면, 글쓸 때마다 짜지 않고, 그냥 머리 속에서 얼거리를 짜 가지고, 쓰도록 해도 됩니다.

[표 1] 얼거리 짜기(개요 짜기, 구상하기, 상 짜기)

(은혜) 초등학교 (6) 학년 (진) 반 이름 (김서현)

제목		강원도에서의 2박3일		
중심내용 (하고 싶은 이야기)		5학년 여름방학 때, 우리 식구와 엄마 친구 분 식구와 강원도 양구로 피서 갔던 이야기.	누구에게 (이야기 상대)	학급 친구들에게 (선생님께)
구 상 내 용	처음 (서두)	· 96년 8월 5일의 일임. · 엄마·오빠·나·정은이 언니·정은이 어머니·아버지, 이렇게 6명은 정은이 아버지가 운전하는 봉고차를 타고, 오후 3시 강원도로 출발. · 가는 도중 경치가 너무 좋아, 마음이 두근두근했음. · 차가 별로 안 막혀, 4시간 만인 오후 7시경, 양구 어느 계곡에 도착. · 계곡 물도 깨끗하고 공기도 맑아, 역시 서울과 다르다는 것을 느꼈음.		
	가운데 (중심)	· 도착하자마자, 나무 밑에 텐트 두 개를 침(나는 구경만 함). · 배가 고파서 밥부터 먹음. 라면이었지만, 정말 맛있었음. · 금방 깜깜해져서, 물에서 놀 수가 없었지만, 내일을 기대하며 잠이 듦. —익숙하지 않은 텐트라, 몸이 배겼음. · 이튿날 일어나, 속이 훤히 들여다보이는 물에, 다리를 담그고 세수를 하니, 정말 상쾌했음. · 수영복으로 갈아입고, 언니·오빠들과 수영을 하며 신나게 놀았음. · 물이 차가웠지만, 놀다 보니, 하나도 안 추웠음. · 밤에 모닥불을 피워 놓고, 감자와 옥수수를 구워 먹으니, 아주 맛있었음.		
	끝 (마무리)	· 8월 7일 아침에, 짐을 쌈. 정말 너무너무 아쉬웠음. · 더 놀고 싶었으나, 엄마 일이 바빠서, 아침 7시에 출발했음. · 토라져 버린 나는, 차에서 계속 자면서 옴. · 자다 깨어 보니, 집에 도착했음.—오전 11시경. · 기억에 남는 여행이었음. · 서울도 공기가 맑았으면 하고 생각했음.		

(3) 글 쓰기(기술−記述)

첫째, 글을 쓰는 과정은, ① 본보기글 맛보기, ② '초벌쓰기'(공책), ③ 자기 스스로 고치기(1차 퇴고), ④ 옆사람과 작품 서로 바꿔 보기(2차 퇴고), ⑤ 선생님과 글이야기 나누기, ⑥ 다시 고치기(3차 퇴고), ⑦ 원고지 쓰기(정서), ⑧ 원고지에 쓴 것 고쳐 쓰기(4차 퇴고) 등의 차례를 거치는 것이 보통입니다. 이런 과정을 거치면, 상당히 짜임새 있는 글이 만들어져 나오게 됩니다. 그 과정마다의 지도상 유의점을, 아래 적어 보겠습니다.

① 글을 쓰기 전에, 제목과 비슷한 내용의 '본보기글 맛보기'를 하면, 글을 쓸 의욕을 북돋우는 데, 큰 효과가 있습니다. 그때, 꼭 살아 있는, 좋은 본보기글을 골라, 읽어 주도록 유의해야 합니다.

② 얼거리 종이를 보며, '초벌쓰기'를 할 때는, 무제 공책에다 하는 게 좋고, 공책 두 쪽 정도 쓰도록, 길이의 목표를 주는 것도 좋습니다. 공책의 두 쪽 정도를 쓰면, 원고지 5장 정도의 길이가 되기 때문입니다.

또, 글은, 쓸 마음이 내켰을 때, 집중력(集中力)을 발휘해, 한달음에 쓰도록 습관화시켜야 합니다.

③ 자기가 쓴 글을 다시 읽고, '자기 스스로 고치기(1차 퇴고)'를 하는 것은, 아주 중요한 일입니다. 자기가 쓴 글을 다시 읽게 되면, 자기를 객관화시켜 보게 되고, 자기 생각과 글의 미숙함을 발견하게도 되어, 사고를 심화시키는 데, 이 이상 더 좋은 방법이 없으므로, 꼭 습관화시키도록 해야 합니다.

자기 작품 고치기를 할 때, [표 2]와 같은 '생활문 고치기 관점표'의 평가항목(評價項目)과 대조해 가면서, 글고치기를 하면, 아주 효과적일 것입니다.

④ 자기 스스로는, 자기의 약점을 잘 모를 때가 많으므로, 옆사람과 서로 작품을 바꿔 보고, 서로 글의 장·단점에 대해, 이야기를 나누도록 하면, 자기 글과 자기 생각을 객관화시켜 봄으로써, 많은 것을 깨닫게 될

것입니다.

⑤ '선생님과 글이야기(文話) 나누기'는, 글쓰기 지도에 있어서 가장 중요한 작업입니다. 이것은, 교사가 어린이의 글을 일일이 봐 주면서, 중심 잡기, 단락 나누기, 서두와 중심과 마무리의 어울림, 맞춤법, 문장부호와 6하원칙에 맞게 썼나 여부 등에 대해, 어린이와 꼼꼼하게 글이야기를 나누는 작업입니다. 이 '글이야기 나누기'는, 어린이 교육에 있어서, 이 이상 더 효과적이고 인간적인, 훌륭한 교육방법이 없을 것이므로, 꼭 신념을 가지고, 꾸준히 실천하도록 하시기 바랍니다.

⑥ 선생님과 글이야기를 나눈 뒤, 지적된 점은, '다시 고치기(3차 퇴고)'를 해야 합니다. 그렇게 하면, 상당히 세련된, 초벌쓰기 글로 바뀌게 될 것입니다.

⑦ '원고지 쓰기(정서-整書)'는, 원고지 사용법에 맞게 씀은 물론, 단락 나누기(줄바꿔쓰기), 띄어쓰기, 맞춤법 등에도, 유의해 쓰도록 훈련시켜야 합니다. 특히, 단락 나누기(줄바꿔쓰기)를 지도할 때는, 같은 내용의 이야기는, 같은 단락으로 묶어, 계속 '이어 쓰도록' 하고, 시간과 장면과 내용이 바뀌거나, '그러나', '그래서', '그런데', '그리고', '또', '왜냐하면' 따위의 접속사가 나왔을 때, '줄을 바꿔 쓰도록' 일러 주면, 쉽게 이해를 하게 됩니다.

⑧ '원고지에 쓴 것 고쳐 쓰기(4차 퇴고)'는, 원고지에 정서한 글을 다시 한 번 읽어 본 다음, 쓰기(정서)가 제대로 안 됐거나, 보태거나 깎아 내는 등의, 고쳐야 할 필요성이 생겼을 때, 한 번 더 고쳐 쓰게 하는 것인데, 이것을 실천하면, 원고지 바르게 쓰기, 인내력 기르기, 서사력(書寫 力) 기르기 등, 교육적 효과를 올리는 데도, 아주 효과가 큽니다.

둘째, 글을 아무리 열심히 썼다 해도, 상대방이 잘 알 수 없다면, 아무 소용이 없습니다. 그래서, 글은 상대방이 잘 알 수 있도록, 뚜렷한 주제의식과 상대의식을 가지고 써야 합니다.

또 궁금한 곳이 없도록 하기 위해, 누가, 무엇을, 언제, 어디서, 왜, 어떻게의 6하원칙에 맞게 쓰도록, 지도해야 합니다. 그렇게 구체적으로 쓰면, 정경(情景)이나 상황(狀況)이 잘 나타나게 되고, 또, 거기다 묘사법이나 비유법까지 동원하면, 더욱 효과적인 표현이 될 것입니다.

셋째, '생각해 내서 쓰기'에서, 과거 기억을 회상시킬 때는, 프로그램 학습 때처럼, 천천히 차례차례 생각해 내도록 유도해야 합니다.

넷째, 글쓰기 지도에서 제일 어려운 것은, 1학년 때의 입문기 지도입니다.

본보기글 베껴쓰기, 입으로 말한 것을 글로 옮겨 쓰기, 공동경험을 시킨 후, 공동으로 글쓰기 등의 방법이 있으므로, 효과적인 지도법을 연구해, 기초지도를 확실히 해 두어야, 순조로운 성장을 할 수가 있다는 것을, 명심하시기 바랍니다.

(4) 글고치기(퇴고-堆敲)

'글고치기'(퇴고)는, 자기가 쓴 글이, 상대방이 잘 알 수 있도록, 효과적인 표현이 잘 되었나를, 스스로 읽으며 고치는, 아주 자주적인 작업인 것입니다.

'글고치기'를 하게 되면, 표기법이 정확해지고, 글이 완벽해짐은 물론, 사고력이 깊어지고 세련되어, 자기개혁(自己改革)까지도 이룰 수가 있게 됩니다. 그러므로, 이 글고치기 지도법에 대한 연구를 많이 해서, 올바른 지도가 이루어지도록 해야 하겠습니다.

'글고치기' 지도의 유의점을, 아래 적어 보겠습니다.

첫째, '글고치기'는, 저·중·고학년을 막론하고, 지도하기가 상당히 어렵습니다. 따라서, 어린이들의 작품을 보는 눈을 기르는 데, 항상 힘써야 합니다.

그러기 위해서, [표 2]와 같은 '생활문 고치기 관점표'를 만들어 두었으니, 이것을 이용해, 개인퇴고·상호퇴고·공동퇴고 때, 이용해 보시기 바랍니다.

둘째, 상대방이 잘 알 수 있는, '효과적인 표현'을 하기 위해서는, 적절한 말을 잘 골라 써야 하고, 그렇게 하기 위해서는, 어휘가 풍부해야 하고, 맞춤법도 올바라야 합니다.

[표 2] 생활문 고치기 관점표

( ) 학년 ( ) 반 이름 ( )

글고치기 관점	배점	작품 이름		
		병아리		
① 주제가 뚜렷하고, 얼거리가 잘 짜여져 있는가?	20	13		
② 남이 잘 알 수 있게, 6하원칙에 따라 자세히 썼는가?	20	12		
③ 단락 나누기가 잘 되어 있으며, 중심단락이 확실한가?	20	10		
④ 글의 서두와 끝부분이 서로 잘 어울리는가?	20	14		
⑤ 맞춤법과 문장부호를 바르게 쓰고 있는가?	20	8		
계	100	57		

또, 어휘가 풍부해지도록 하기 위해선, 독서를 많이 해야 하고, 표기를 바르게 하기 위해선, 국어교육을 올바르고 정확하게 해야 하겠습니다.

그런데, 우리나라 어린이들 중에는, 한글을 정확하게 쓸 줄 모르는 애들이 수두룩해, 글 한 줄 옳게 못 쓰는 애들이 아주 많을 뿐 아니라, 써 놓은 글도 맞춤법이 엉망인 것이 대부분입니다. '몰한다(못)', '옛날(옛)', '멎은 후(먹)', '주사를 맞고(맞)', '아쇱다(쉽)', '무릅(릎)', '모든지(뭐)', '그래서(래)', '않 된다(안)', '됬다(됐)', '학교 같다 왔다(갔·왔)' 등, 괴상망측한 맞춤법이 너무 많아, 도대체 학교에서 국어교육을 하고 있는지가 의심스러워, 분노를 느낄 때가 아주 많습니다.

국어교육 실태가 이 지경인지라, 한글을 가르쳐 가면서, 글쓰기 지도를 해야 할 판국입니다. 그래서, 우리나라에서의 글쓰기 지도가, 이만저만 어려운 게 아닙니다. 모든 교육자와 학부모들이 대오각성해서, 어린이들의 '한글 모르는 병', '한글 천시의 병'을 하루 빨리 고치도록 해야 하겠습니다.

셋째, 글 고치는 부호를 잘 익혀서, 바르게 사용하도록 해야 하겠습니다.

(5) 작품의 뒤처리

첫째, 쓴 작품은, 반드시 읽어 보고 나서, 평가 결과를 어린이들에게 이야기해 주며, 격려해 주어야 합니다. 그렇게 하면, 어린이들이 글쓰기에 흥미를 느껴, 실력이 향상될 뿐 아니라, 사제지간에, 따뜻하고 믿음직스러운 인간관계가 이루어져, 올바른 인간교육도 할 수가 있게 될 것입니다.

어린이 작품을 읽고 평가할 때, 〔표 3〕을 이용하면, 아주 정확한 평가를 할 수가 있을 것입니다.

둘째, 작품을 한데 묶어서, 교실 뒤에 걸어 두고, 모든 어린이들이 읽어 보게 하거나, 어린이들 가정으로 돌려서, 학부모들이, 자기 자식의 글쓰기 실태를 파악할 수 있게 하는 것도, 좋을 것입니다. 또, 좋은 작품을, 운동장 조회나 방송 조회 때, 읽어 주는 것도, 작품 감상·비평력을 기르는 데, 큰 도움이 될 것입니다.

셋째, 글쓰기 작품은, 꼭 활자화시켜 문집(文集)으로 만듦으로써, 어린이들에게 자신감과 인정감을 심어 주도록 해야 합니다.

또, 그것을, 수업시간에 재투입해 활용함으로써, 피드백의 교육적 효과를 올리도록 시도해야 합니다.

[표 3] 교사의 생활문 작품 평가표

( )학년 ( )반 이름( )

평가 항목		배점	감점	득점
내용	① 자기가 말하고 싶은 걸 충분히 나타냈는가? ② 주제가 뚜렷한가? ③ 얼거리가 잘 짜여져 있는가? ④ 자세히 보고 썼는가? ⑤ 감동을 줄 수 있는 내용인가?	40		◎
표현	① 남이 잘 알 수 있도록 자세하게 썼는가? ② 전체적으로 짜임새가 잡혀 있는가? ③ 읽는이의 마음을 끄는 곳이 있는가? ④ 필요에 따라 설명을 넣어 자세하게 쓰고 있는가? ⑤ 단락 나누기가 잘 되어 있는가? ⑥ 글의 서두와 중심과 끝 부분이 잘 어울리는가?	30	-5 -5	○
표기	① 맞춤법과 글씨가 바른가? ② 띄어쓰기가 잘 되어 있는가? ③ 단락 나누기 및 줄바꿔쓰기가 잘 되어 있는가? ④ 문장부호를 바르게 사용하고 있는가? ⑤ 경체와 상체를 잘 구별해 쓰고 있는가?	30	-2 -2	
채점	※ 평가표에 감점만 기입한다. ※ '내용'과 '표현'은 결점 -5, '표기'는 -2점.	100	-14	86
지도 사항	※ 단락 나누기와 줄바꿔쓰기가 잘 안 돼 있음. ※ 끝 부분의 내용이 불충분함.			

문집(文集) 만드는 방법으로는, 육필문집(肉筆文集)과 활자문집(活字文集)으로 내는 방법도 있고, 또 학급문집과 학교문집으로 내는 방법도 있으니, 사정에 따라, 적절한 방법을 택하면 될 것입니다.

문집을 만드는 데는, 비용의 문제가 있기는 하지만, 내겠다는 열의만 있으면, 안 될 일이 없기 때문에, 후원자를 찾는 등, 무작정 밀고 나가는 것이 좋을 것입니다.

〈원고지 쓰기의 보기〉

　　　　　　　운동회날
　　서울 종암 초등학교 3의 3
　　　　　　　　　　　고인재

　기다리던 운동회날이 왔다. 아침을 일찍이 먹고 학교로 갔다. 교문을 들어서자 파란 하늘에 매달린 만국기들이 어서 오라고 손짓을 했다. 운동장에 그어 놓은 하얀 줄을 보니, 금방이라도 달려 보고 싶었다.
　개회식 때,
　"처음부터 끝까지 규칙과 질서를 지키고 정정당당하게 경기를 합시다."
하시던 교장 선생님의 말씀이 자꾸 생각났다.
　달리기에서 연습 때는 3등을 했는데, 오늘은 2등을 해서 너무나 기뻤다. 창호는 나보다 출발이 늦어서 3등이 되었다며 내 등을 두드렸다.

〈원고지 쓰기 연습용 본보기글〉

고마우신 아버지

서울 경희 초등학교 2의 3　이호식

　학교 버스에 앉아 있으니, 비가 내리고 있었다. 나는 마음속으로
　'어머니께서 우산을 가지고 오시겠지, 뭐.'
하고 생각하였다. 학교 버스에서 내렸는데, 어머니께서 나와 계시지 않았다. 나는 어머니가 밉고 나쁘다고 생각하였다. 1학년 어머니께서 우리 집까지 차로 데려다 주셨다.
　집에 도착하여, 나는 가방을 내던지고 어머니께 물었다.
　"왜 우산 가지고 나오시지 않으셨어요?"
라고 소리를 질렀다. 어머니께서는 깜짝 놀라시며, 아버지께 전화를 걸으셨다. 그리고, 나한테 또 물으셨다.
　"정말 아버지께서 나가지 않으셨니?"
하고 물으셔서, 나는 그렇다고 대답했다.
　아버지하고 통화를 하고 난 후, 어머니께서는
　"아버지가 건너편에서 힘차게 소리 치시는 것을 모르고, 1학년 동생 차로 가니, 할 수 없이 회사로 돌아가셨다."
고 하셨다.
　난 그 소리를 듣고
　'아버지께서 바쁘신 데도, 나를 위해서 우산을 가지고 나오셨는데…….'
하고, 어머니께 소리 지른 것을 후회했다. 정말 고마우신 우리 부모님이시다.

찾아보기

❖ 인용문 찾아보기

아버지 전남 진도 4학년 김예자	16
도장 부산 6학년 이희성 〈주먹 만한 내 똥〉(보리)	19
김동식 선생님 대구 4학년 이윤복 〈윤복이의 일기〉(새벽소리)	23
선생님의 도시락 대구 4학년 이윤복 〈윤복이의 일기〉(새벽소리)	25
숙제 안 한 날 부산 6학년 이홍기 〈주먹 만한 내 똥〉(보리)	25
고함 지르기 서울 6학년 송영익 〈주먹 만한 내 똥〉(보리)	30
나는 짐승도 아닌 똥이다 경기 6학년 박정길 〈주먹 만한 내 똥〉(보리)	30
불안한 점심시간 경남 충무 6학년 신소화 〈주먹 만한 내 똥〉(보리)	31
엄마, 다른 아이와 … 경기 광명 4학년 이민경 〈아주 기분 좋은 날〉(보리)	32
따돌림 서울 1학년 정아인 〈정아인의 신나는 일기〉(온누리)	34
우리 식구들이 하는 일 경기 고양 4학년 유성훈 〈아주 기분 좋은 날〉(보리)	35
빛 전북 장수 6학년 우정화 〈주먹 만한 내 똥〉(보리)	36
씨앗 뿌리기 일본 2학년 무라세 시게미	38
부엌에서 부산 6학년 김현련 〈주먹 만한 내 똥〉(보리)	39
바다 전남 진도 4학년 김예자	42
가게에서 경북 청도 6학년 박욱태 〈주먹 만한 내 똥〉(보리)	43
소설 '콜리야' 경기 부천 4학년 정아인 〈정아인의 진짜 신나는 일기〉(온누리)	46
흑인 폭동사건을 보고 경북 울진 6학년 심명아 〈주먹 만한 내 똥〉(보리)	46
보름달 뜬 날 경남 거창 6학년 이경화 〈주먹 만한 내 똥〉(보리)	47
머리 정리 서울 1학년 정아인 〈정아인의 신나는 일기〉(온누리)	212
요리 교실 인천 1학년 정혜원	213
인터넷 게임 서울 1학년 김성욱	213
일기가 안 쓰인다 일본 어린이 ○○○	223
밤 9시까지 고민했다 일본 4학년 쇼지 하루히코	224
똥 서울 2학년 유상현 〈아무도 내 이름을 안 알아 줘〉(보리)	227
비밀 경기 광명 2학년 성상현 〈아무도 내 이름을 안 알아 줘〉(보리)	228
고추 강원 태백 3학년 안지석 〈아주 기분 좋은 날〉(보리)	228

여자에게 편지 받은 일 경기 성남 3학년 이남길 〈아주 기분 좋은 날〉(보리)	228
일요일날 아침 일본 어린이 1학년 ○○○	229
똥 강원 삼척 5학년 임선희 〈주먹 만한 내 똥〉(보리)	230
내 어린 시절 서울 4학년 조자숙 〈아주 기분 좋은 날〉(보리)	231
우리 반 친구들 별명 서울 4학년 조자숙 〈아주 기분 좋은 날〉(보리)	231
내가 하고 싶은 일 서울 6학년 이제사 〈나도 민들레처럼〉(지식산업사)	232
고민 서울 4학년 최상현 〈아주 기분 좋은 날〉(보리)	233
남자 친구에게 보낸 편지 서울 5학년 정지영 〈나도 민들레처럼〉(지식산업사)	233
털북숭이 일본 5학년 여자 ○○○	248
심부름 서울 1학년 정아인 〈정아인의 신나는 일기〉(온누리)	252
껌팔이 소년 대구 4학년 이윤복 〈윤복이의 일기〉(새벽소리)	253
경애네 집 대구 4학년 이윤복 〈윤복이의 일기〉(새벽소리)	254
내가 만약 해리 포터의… 서울 4학년 정아인 〈정아인의 진짜 신나는 일기〉	255
한국! 드디어 4강까지…… 서울 4학년 정아인 〈정아인의 진짜 신나는 일기〉	256
플루트 배우기 경기 부천 4학년 정아인 〈정아인의 진짜 신나는 일기〉(온누리)	257
놀림감 미국 메릴랜드주 중학교 1학년 이경미 〈경미의 이민 일기〉(예림당)	259
키가 작은 열등감 미국 메릴랜드주 고 2학년 이경미 〈경미의 이민 일기〉(예림당)	261
아프리카 돕기 모금 일본 2학년 가즈노리 타케요시	261
곤들매기 일본 1학년 이사야마 히로유키	262
'커다란 순무'를 읽고 일본 1학년 고바야시 고이치	263
'원숭이와 모자 장수'를 듣고 일본 1학년 키무라 에츠코	263
안네의 일기 일본 5학년 스기야마 요시미	263
도둑벌의 배추흰나비 애벌레 사냥 일본 2학년 무라세 시게미	264
별의 목장 일본 5학년 다케무라 요시코	265
'노트르담의 꼽추'를 읽고 서울 3학년 정아인 〈정아인의 진짜 신나는 일기〉	266
높은 옥상에서 서울 2학년 정아인 〈정아인의 신나는 일기〉(온누리)	268
그리운 한국생각 미국 메릴랜드주 중 1학년 이경미 〈경미의 이민 일기〉(예림당)	269
빈 병을 주우려고 대구 4학년 이윤복 〈윤복이의 일기〉(새벽소리)	269
밭에 갔다가 서울 2학년 정아인 〈정아인의 신나는 일기〉(온누리)	271
심부름 일본 3학년 다카미야 쿠미코	274
귤 농사 일본 사가현 아카미츠 소학교 5학년 도쿠시마 미사오	275
친구의 고백 미국 메릴랜드주 고 2학년 이경미 〈경미의 이민 일기〉(예림당)	276
휴지 줍는 할아버지 미국 메릴랜드주 중 2학년 이경미 〈경미의 이민 일기〉	277
마지막 해님 대구 5학년 이윤복 〈윤복이의 일기〉(새벽소리)	278

약속 일본 3학년 스미코치 유키코 280
일기 일본 4학년 다카하시 히로키 281
얼굴이 예쁜 우리 어머니 대구 4학년 이윤복 〈윤복이의 일기〉(새벽소리) 282
순나는 더 팔자 하고 대구 4학년 이윤복 〈윤복이의 일기〉(새벽소리) 283
속상한 일 서울 3학년 정아인 〈정아인의 진짜 신나는 일기〉(온누리) 284
새 친구 민지 서울 4학년 정아인 〈정아인의 진짜 신나는 일기〉(온누리) 286
감동적인 영화 서울 2학년 정아인 〈정아인의 신나는 일기〉(온누리) 291
어머니 눈 속에는 내가 살고, 내 눈 속에는…
      대구 2학년 김상인 〈아무도 내 이름을 안 알아 줘〉(보리) 293
아버지의 손 일본 6학년 카미야스시 히사오 294
저 하늘에도 슬픔이 대구 4학년 이윤복 〈윤복이의 일기〉(새벽소리) 295
매 새끼 대구 4학년 이윤복 〈윤복이의 일기〉(새벽소리) 296
쏟아진 밥 대구 4학년 이윤복 〈윤복이의 일기〉(새벽소리) 297
공부 서울 4학년 김수연 299
어머니가 하는 일 일본 1학년 우메오카 사유리 300
감자 관찰 일본 4학년 아오야마 사시키 300
어머니 일본 1학년 류자키 마사에 307
어머니가 보고 싶다 일본 후쿠시마현 2학년 사카모토 미에 307
나비 일본 1학년 키시모토 요시후미 314
자운영 씨 일본 1학년 나가이 키미요 314
매미의 유충 일본 1학년 키시모토 요시후미 315
투구벌레 일본 1학년 우매오카 사유리 315
귀뚜라미 잡기 일본 1학년 키시네 유미 315
방울벌레 일본 1학년 우에무라 미호 315
밤 줍기 일본 1학년 고바야시 카즈미츠 316
국화꽃 일본 1학년 하루나 카즈야 316
싸락눈 일본 1학년 이시하라 이쿠코 316
비 일본 1학년 이시하라 이쿠코 316
나팔꽃 관찰 일본 1학년 후지이 사유리 317
나팔꽃 관찰 일본 1학년 후지이 사유리 317
나팔꽃 관찰 일본 1학년 이노우에 유미 317
나팔꽃 관찰 일본 1학년 키무라 에츠코 318
나팔꽃 관찰 일본 1학년 우에무라 미호 318
씨앗 심기 서울 4학년 정아인 〈정아인의 진짜 신나는 일기〉(온누리) 318

첫눈 서울 3학년 정아인 〈정아인의 진짜 신나는 일기〉(온누리)	319
넘어진 일 1학년 윤현지	337
집에서 학교까지의 길 일본 3학년 여학생	340
도로 공사장 아저씨 일본 5학년 남자	341
집에서 하는 일의 설명 일본 6학년 여학생	342
주사 1학년 이영미	343
자전거 타다가 다친 일 2학년 ○○○	344
할아버지가 쥐를 죽인 일 2학년 김선우	349
눈을 떠서부터 학교에 닿을 때까지 일본 2학년 이와자키 준코	354
돼지가 팔려 간다 일본 1학년 오구라 고오키	361
안 간지럽나? 부산 4학년 최명화	365
형이 꾸중 들었다 일본 1학년 키시네 유미	366
올챙이 일본 3학년 ○○○	371
아버지가 하시는 일 일본 6학년 여자 ○○○	376
방세가 밀려 대구 4학년 이윤복 〈윤복이의 일기〉(새벽소리)	379
인심도 갖가지 대구 4학년 이윤복 〈윤복이의 일기〉(새벽소리)	379
한국인 입양아 미국 메릴랜드주 중 2학년 이경미 〈경미의 이민 일기〉(예림당)	380
버릇없는 아이들 서울 2학년 정아인 〈정아인의 신나는 일기〉(온누리)	381
돌고래 쇼 서울 3학년 박지영 〈엄마가 된 방우리〉(지식산업사)	383
턱을 다친 사고 서울 2학년 정아인 〈정아인의 신나는 일기〉(온누리)	402
비둘기를 그린 마음 대구 4학년 이윤복 〈윤복이의 일기〉(새벽소리)	403
무서운 집세 미국 메릴랜드주 고 1년 이경미 〈경미의 이민 일기〉(예림당)	404
영화 '타이타닉'을 보고 서울 3학년 정아인 〈정아인의 진짜 신나는 일기〉(온누리)	406
갸륵한 호랑이'를 읽고 경기 성남 2학년 2반 백지수	407
'명심보감'을 배우고 서울 3학년 4반 전광성	408
진달래 서울 1학년 정아인 〈정아인의 신나는 일기〉(온누리)	410
하영이의 이사 서울 1학년 정아인 〈정아인의 신나는 일기〉(온누리)	411
햄스터 서울 2학년 정아인 〈정아인의 신나는 일기〉(온누리)	411
덕수궁 서울 2학년 정아인 〈정아인의 신나는 일기〉(온누리)	412
내 짝꿍 서울 2학년 박수진 〈아무도 내 이름을 안 알아 줘〉(보리)	414
미안해 서울 신성 초등학교 6학년 김혜미 〈주먹 만한 내 똥〉(보리)	415
어머니 대구 명덕 초등학교 4학년 이윤복 〈윤복이의 일기〉(새벽소리)	416
아버지께 강원 삼척 5학년 이유리 〈주먹 만한 내 똥〉(보리)	417
그리운 어머니 대구 4학년 이윤복 〈윤복이의 일기〉(새벽소리)	418

이래서야 될까?(거짓말) 서울 5학년 마성전	419
이래서야 될까?(종교 선전) 서울 6학년 김문겸	420
끔직한 사건 서울 6학년 김문겸	421
타키모도 선생님 재일교포 4학년 안말숙 〈나도 민들레처럼〉(지식산업사)	423
마지막 일기 일본 6학년 남자 ○○○	453
운동회날 서울 3학년 고인재	482
고마우신 아버지 서울 2학년 이호식	483

— 인용문에 출처가 없는 것은 저자가 직접 어린이들에게 받아 지도한 글, 외국 어린이 글을 번역한 것이거나 출처가 불분명한 경우입니다. (편집부)

❖ 표 서식 찾아보기

기본 음절표(한글 본문장)	92
〔그림·Ⅰ〕 음성기관 단면도	94
〔그림·Ⅱ〕 모음 발음 상태 단면도	94
〔그림·Ⅲ〕 자음 발음 상태 단면도	94
〔표·Ⅰ〕 단모음(單母音)의 구분	94
〔표·Ⅱ〕 모음 사각도(四角圖)	96
〔표·Ⅲ〕 자음(子音)의 구분	98
〈'칸막이 그림일기'의 보기〉	156
〈'옆줄 그림일기'의 보기〉	156
일기 쓰기·글쓰기 좋아하는 어린이 만들기 11가지 방법	225
〈제재 달력〉	245
얼거리 짜기1	327
얼거리 짜기2	329
얼거리 짜기 3	331
그림 얼거리 짜기	333
생활문 '서두'의 여러 가지 틀(형)	339
〔표 1〕 얼거리 짜기(개요 짜기, 구상하기, 상 짜기)	474
〔표 2〕 생활문 고치기 관점표	478
〔표 3〕 교사의 생활문 작품 평가표	480
〈원고지 쓰기의 보기〉	482
〈원고지 쓰기 연습용 본보기글〉	483

❖ 본문 찾아보기는 차례를 상세하게 넣은 것으로 대신합니다. (편집부)